U0906544

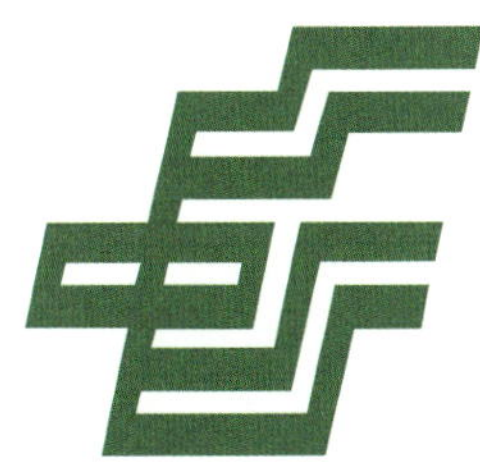

中国邮政集团有限公司

年鉴 2022

中国邮政文史中心（中国邮政邮票博物馆） 编

图书在版编目（CIP）数据

中国邮政集团有限公司年鉴. 2022 / 中国邮政文史中心（中国邮政邮票博物馆）编. —北京：中国文史出版社，2022.12
ISBN 978-7-5205-3781-0

Ⅰ. ①中… Ⅱ. ①中… Ⅲ. ①邮政－邮电企业－企业集团－中国－2022－年鉴 Ⅳ. ①F632.1-54

中国版本图书馆 CIP 数据核字（2022）第 181657 号

责任编辑：李晓薇

出版发行：中国文史出版社
社　　址：北京市海淀区西八里庄路 69 号　　邮编：100142
电　　话：010－81136606　81136602　81136603（发行部）
传　　真：010－81136655
印　　装：北京新华印刷有限公司
经　　销：全国新华书店
开　　本：889mm×1194mm　1/16
印　　张：22
字　　数：807 千字
版　　次：2023 年 4 月北京第 1 版
印　　次：2023 年 4 月第 1 次印刷
定　　价：238.00 元

《中国邮政集团有限公司年鉴》编委会

《中国邮政集团有限公司年鉴》编辑部

编辑说明

一、《中国邮政集团有限公司年鉴》由中国邮政集团有限公司主管，综合部主办，中国邮政文史中心（中国邮政邮票博物馆）编纂出版。

二、本年鉴收录的内容包括中国邮政集团有限公司总部各部门、控股子公司、直属单位、集团公司寄递事业部、各省（自治区、直辖市）分公司工作，是一部全面、翔实记录全国邮政工作的纪年性资料工具书。

三、《中国邮政集团有限公司年鉴（2022年）》以年鉴体例为基础，根据邮政特点，采用分类编辑法，分为特载，综述，大事记，网路运营，邮政服务，业务发展，邮票发行及集邮，企业管理，邮政科技，党的建设，工会工作，交流与合作，控股子公司、事业部及直属单位工作，各省、自治区、直辖市分公司工作，附录共15个栏目。起止时限为2021年1月1日至12月31日，个别条目采取了追溯的办法，以保证文献的连贯性。

四、本年鉴所涉及单位名称除第一次出现时使用全称外，其余部分采用简称，如“中国邮政集团有限公司”简称“集团公司”，个别采用“中国邮政”描述；“中国邮政集团有限公司内蒙古自治区分公司”简称“内蒙古分公司”；“中国邮政集团有限公司广西壮族自治区分公司”简称“广西分公司”；“中国邮政集团有限公司西藏自治区分公司”简称“西藏分公司”；“中国邮政集团有限公司宁夏回族自治区分公司”简称“宁夏分公司”；“中国邮政集团有限公司新疆维吾尔自治区分公司”简称“新疆分公司”；“中国邮政储蓄银行股份有限公司”简称“邮储银行”；“中国邮政集团有限公司寄递事业部”简称“集团公司寄递事业部”；“中邮人寿保险股份有限公司”简称“中邮保险”；“中邮证券有限责任公司”简称“中邮证券”；“中邮信息科技（北京）有限公司”简称“中邮信科”；“邮政科学研究规划院（中国邮政集团有限公司邮政研究中心）”简称“邮政科学研究规划院”；“石家庄邮电职业技术学院（中国邮政集团有限公司培训中心　中共中国邮政集团有限公司党校）”简称“石邮学院”；“中国邮政集团有限公司新闻宣传中心”简称“新闻宣传中心”；“中国邮政文史中心（中国邮政邮票博物馆）”简称“文史中心”；“中国邮政广告传媒公司（中国邮政广告有限责任公司）”简称“中邮传媒”；“中邮资本管理有限公司”简称“中邮资本”；“中国邮政航空有限责任公司”简称“邮航”。

五、本年鉴所载全国性统计资料和数据均未含香港、澳门特别行政区和台湾地区；部分内容含港澳台地区。全书数据因各单位统计层级、口径不同略有差异。

《中国邮政集团有限公司年鉴》编辑部

2022年12月

目 录

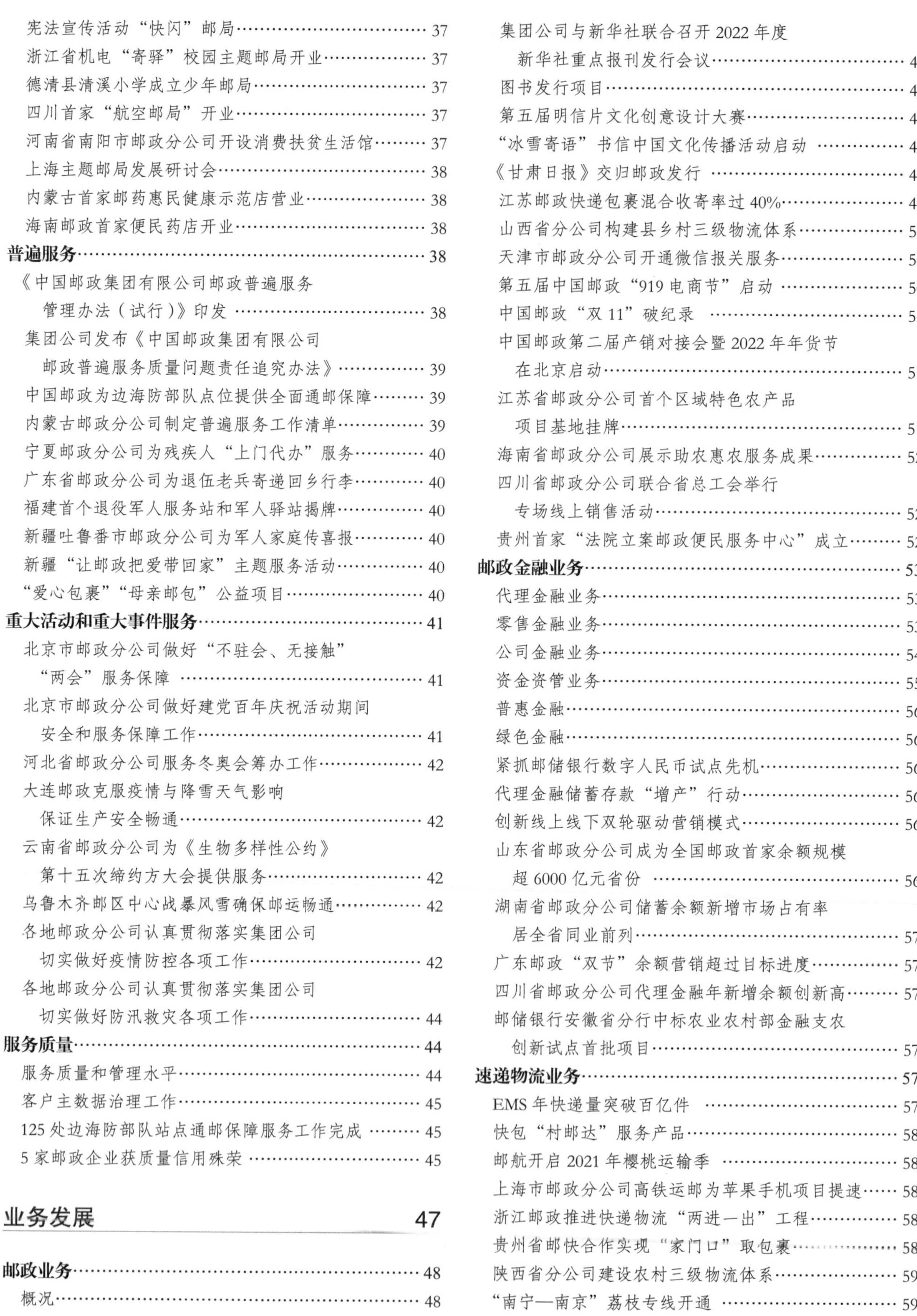

邮票发行及集邮 61

企业管理 71

邮政科技 95

党的建设 101

工会工作 109

交流与合作 117

控股子公司、事业部及直属单位工作 123

各省、自治区、直辖市分公司工作 147

特　载

◇ 习近平总书记在广西考察时视察邮政服务设施令邮政员工深受鼓舞
中国邮政集团党组深入贯彻落实总书记重要讲话重要指示精神

◇ 立足新发展阶段　坚持新发展理念　融入新发展格局
以改革创新全力构建高质量发展的新邮政
——党组书记、董事长刘爱力在中国邮政集团有限公司 2021 年工作会议暨第一届第二次职工代表大会上的讲话

习近平总书记在广西考察时视察邮政服务设施令邮政员工深受鼓舞 中国邮政集团党组深入贯彻落实总书记重要讲话重要指示精神

4月25日至27日，习近平总书记在广西考察期间，视察中国邮政服务设施。

中国邮政集团有限公司党组书记、董事长刘爱力第一时间要求尽快整理出习近平总书记的重要讲话，以便集团公司学习宣传、贯彻落实，激励百万员工。4月27日晚，集团公司通过邮政官微、微信群等将习近平总书记的重要讲话内容和视频报道传达全系统学习领会。4月29日，刘爱力组织召开电话会议，再次对传达贯彻落实习近平总书记重要讲话重要指示精神提出明确要求。4月30日一早，集团公司党组组织召开电视电话会议，进一步学习传达、贯彻落实习近平总书记在广西考察的重要讲话精神和视察主题邮局的重要指示精神。集团公司党组全体成员出席，党组书记、董事长刘爱力主持并讲话，强调要把总书记重要讲话重要指示精神切实转化为推动中国邮政改革发展的强大动力，以更强的责任意识、更大的担当作为、更有力的工作举措，把各项工作抓实抓细抓落地，推动中国邮政事业焕发生机活力、取得新的更大成绩。集团公司总部各部门、各省（区、市）邮政分公司、邮储银行各一级分行主要负责人在各会场参加。

在广西考察期间，习近平总书记专门来到象山景区主题邮局。“当时，我真不敢相信自己的眼睛。”邮局营业员文镜霖说。在介绍邮局销售的文创产品时，文镜霖向总书记推介了画册《漓江赋》、广西壮族自治区成立60周年时发行的邮票和印有山水图案的搪瓷杯。“介绍的每一件东西，总书记都拿在手里细细端详。”文镜霖说，特别是《漓江赋》，里面有猫儿山、磨盘山、碧莲峰等20处桂林精华旅游景点的水彩图案和介绍，总书记仔细翻阅，边看边称赞。据了解，主题邮局的图书柜台还销售发行党史学习教育指定书目和《习近平在正定》《习近平在厦门》《习近平在宁德》等政务图书。营业员介绍说，象山景区是中小学素质教育的研学基地，很多学生来这里学习党史、接受教育，买了书还可以直接邮寄回去。

习近平总书记视察象山景区主题邮局，令邮政广大干部职工倍感温暖、倍感振奋、备受鼓舞。与会同志一致表示，总书记行程那么紧张，沿途经过那么多地方，能够来到邮政网点视察，详细了解宣传漓江专题邮票、邮政窗口销售发行党史学习教育系列丛书情况，对我们提出了指示要求，充分体现了总书记心系邮政、心系基层、心系人民群众美好生活需要，充分体现了总书记“仁动于天、厚植于心”的为民情怀。总书记视察桂林象山景区主题邮局，是对包括广西分公司在内的中国邮政的充分肯定，是对我们百万邮政员工极大的鼓舞和鞭策。从总书记和我们基层一线员工唠家常式的交流中，我们深刻体会到总书记对中国邮政事业发展的亲切关怀，深刻体会到总书记对邮政发挥自身优势、服务地方经济社会发展的殷切期望，深刻体会到总书记对新时代邮政创新服务、满足人民美好生活需要的深切嘱托。总书记的重要讲话重要指示精神，为推动中国邮政高质量发展提供了根本遵循，为推动中国邮政二次崛起增强了必胜信心，为我们立足新发展阶段、育先机开新局凝聚了强大力量。我们要第一时间将总书记对中国邮政的关心、关爱和期待传达到中国邮政每一位员工，把总书记重要讲话重要指示精神切实转化为增强“四个意识”、坚定“四个自信”、做到“两个维护”的思想自觉和行动自觉，转化为推动中国邮政高质量发展的强大动力，转化为广大邮政员工砥砺奋进、创新作为的责任担当。我们一定要学习好、宣传好、贯彻好总书记的重要讲话重要指示精神，以无处不在的邮政网络满足无处不在的美好用邮需要，以优质高效的邮政服务推动经济社会发展，以改革发展的优异成绩回报总书记的殷切厚望。

会议指出，要坚持质效并举，加快实现高质量发展。习近平总书记在广西考察时指出，推动经济高质量发展，既要深刻认识贯彻新发展理念、构建新发展格局对推动地方高质量发展的原则要求，又要准确把握本地区在服务和融入新发展格局中的比较优势，走出一条符合本地实际的高质量发展之路。我们要坚定不移贯彻新发展理念，结合中国邮政具体实际，结合我们的比较优势，全力服务国家战略，满足人民需要，在推广惠农合作项目、服务乡村振兴战略中担当作为，在畅通“双循环”、构建新发展格局中发挥作用，在推进中国邮政质量第一、效益优先方面做出成效，努力走出一条符合中国邮政实际、满足人民群众需求、适应市场经济要求的高质量发展之路。

会议强调，要坚持以人民为中心，不断丰富普遍服务内涵。习近平总书记在广西北部毛竹山村考察时指出，让人民生活幸福是“国之大者”。普遍服务是中国邮政立业之基、生存之本，承载了党和国家重托、社会期望、人民信赖。作为央企，我们要心怀“国之大者”，主动服务国计民生，积极践行“人民邮政为人民”的初心使命，认真履行普遍服务义务，厚植党执政的群众基础；要叠加叠加再叠加、代理代理再代理、代办代办再代办，积极拓展警邮、税邮、代办政务、代收代缴等便民服务，不断丰富普遍服务内涵，提升服务品质，切实满足人民日益增长的美好用邮需要。我们的主题邮局，是展示邮政形象、提供邮政服务的窗口，既要销售邮品、文创产品，也要因地制宜叠加警邮、税邮等政务服务项目和代收代投等便民服务业务，让邮政网点的服务内容更加完整、更加饱满、更加丰富、更有内涵，更好地承担起普遍服务职责，更好地发挥“以邮彰文、以邮促旅、以邮惠民”的作用，更好地促进经济社会发展。

会议指出，要坚持服务大局，积极服务乡村振兴战略。习近平总书记在广西考察时强调，全面推进乡村振兴，要立足特色资源，坚持科技兴农，因地制宜发展乡村旅游、休闲农业等新产业新业态，贯通产加销，融合农文旅，推动乡村产业发展壮大，让农民更多分享产业增值收益。各级邮政企业要认真学习领会总书记的重要讲话重要指示精神，提高政治站位，从解决农民合作社、家庭农场等新型农业经营主体的“融资难”“销售难”“物流难”问题入手，全面推进惠农合作项目高质量发展。要充分发挥邮政资源禀赋优势，坚持政府支持与邮政企业投入相结合，着力推进三级物流体系建设和交邮联运，尽快构筑农产品进城、工业品下乡的双向通道，切实解决监管要求的网点补白、投递进村、投递频次问题和邮政自身的运输成本、投递成本、网点效率等问题，有效满足农村市场的多元化需求，推动乡村产业发展壮大、助力农民创收致富。

会议强调，要坚持“政”字为先，全力保障党史学习教育图书发行。近年来，中国邮政发挥网点、客户、渠道优势，利用遍布全国、覆盖城乡、点多面广的邮政网络优势，主动作为，积极参与政务图书发行，将习近平总书记重要讲话精神及党史学习教育系列政务图书及时传递到基层党组织和每一位党员，及时传播党和政府声音，取得了明显成效。目前，已发行《习近平谈治国理政》第一、二、三卷合计650万册；尤其是今年以来，仅一个多月的时间，就发行党史学习教育系列丛书超2000万册，在服务保障党史学习教育中发挥了重要作用，彰显了邮政政务图书发行品牌影响力。下一步，各省（区、市）邮政要把党史学习教育系列图书发行工作作为重要政治任务，切实抓好《习近平谈治国理政》第一、二、三卷和《习近平的七年知青岁月》《习近平在正定》《习近平在厦门》《习近平在宁德》等政务图书的发行销售工作，努力打造主阵地、主渠道，使邮政网络、邮政网点的工作内容更加充实、更富有“政”字内涵，让习近平新时代中国特色社会主义思想贯彻落实更加及时、更加深入人心，使党史学习教育在基层更好做到位、见实效。（《中国邮政报》5月1日）

立足新发展阶段　坚持新发展理念　融入新发展格局
以改革创新全力构建高质量发展的新邮政

——党组书记、董事长刘爱力在中国邮政集团有限公司2021年工作会议暨第一届第二次职工代表大会上的讲话

（2021年1月8日）

这次会议主要任务是：以习近平新时代中国特色社会主义思想为指导，全面贯彻落实党的十九大和历次全会及中央经济工作会议精神，总结工作，分析形势，部署2021年工作。下面，我讲三方面的内容。

一、统筹推进疫情防控和经营发展，各项工作成效显著，为加快打造行业“国家队”奠定坚实基础

2020年是中国邮政发展历程中极不平凡的一年。面对疫情的严峻考验，面对世情国情企情的深刻变化，面对艰巨繁重的改革发展任务，我们坚持以习近平新时代中国特色社会主义思想为指导，全面贯彻落实中央决策部署，坚持高质量发展，革故鼎新、攻坚克难，为推动二次崛起奠定坚实基础。

我们坚持党建引领，全力推动党建工作由中央巡视指出的虚化、弱化向党建和经营发展深度融合转变，国企党建的独特优势进一步发挥。坚持转型升级，全力推动中国邮政由商业模式传统、经营方式粗放、服务手段单一向业务生态化、运营精细化、服务多样化转变，市场竞争优势进一步培育。坚持科技赋能，全力推动全业务、全流程由业技融合差、人工环节多、迭代响应慢向智能化、自动化、敏捷化转变，企业核心竞争力进一步增强。坚持扁平管理，全力推动管理体系由组织层级多、运营效率低、管理链条长向集中管控、权责明确、总部主建、基层主战转变，企业运营效能进一步提升。坚持平台建设，全力推动网点渠道由线下为主向线上线下充分融合的综合服务平台转变，协同集聚效应进一步彰显。坚持协同发展，全力推动各板块由“各人自扫门前雪”向构建“普服＋金融＋寄递＋电商”生态协同体系转变，“一个中国邮政”的力量进一步汇聚。坚持激发活力，全力推动管理机制由“能上不能下、能进不能出、能增不能减”向“能者上、优者奖、庸者下、劣者汰”转变，内生动力进一步迸发。坚持改进作风，全力推动工作作风由安于现状、故步自封、因循守旧向以“三个视角”“三大规律”找差距、抓落实转变，求是求实的氛围进一步营造。坚持质效并举，全面加快普服、金融、寄递、电商业务转型步伐，各板块运营质量和效率显著提升，柱立则房固，梁稳则屋成，“四梁八柱”的基石进一步夯实。“却顾所来径，信心满胸怀”，一年来的工作值得认真总结。

（一）围绕服务国家大局，提高站位、主动担当，在践行央企责任上展现新作为

积极践行央企责任，扎实做好“六稳”工作，全面落实“六保”任务，全力服务经济社会发展。

——疫情防控彰显担当。坚决贯彻落实总书记重要讲话重要指示精神，集团公司党组统一指挥、周密部署，各级邮政企业闻令而动、积极作为，广大党员干部主动请缨、冲锋在前，基层一线职工逆行出征、勇毅前行，充分发挥了“先行军”“主力军”的重要作用，交出了一份经得起历史和人民检验的抗疫答卷。作为国家应急保障体系的重要组成部分，我们担当的责任前所未有；作为国民经济运行体系中不可或缺的重要力量，我们发挥的作用前所未有；作为畅通国内“微循环”、打通国际物流“大动脉”的行业“国家队”，我们表现的能力前所未有；作为各级政府抗击疫情的重要依靠力量和有效抓手，我们赢得的评价前所未有；作为社会全面复工复产的先行者和有力支持者，我们取得的社会影响前所未有；作为防疫物资和百姓生活用品运递保障的“主力军”，我们品牌的传播力度前所未有。

——三大攻坚战成果丰硕。脱贫攻坚任务超额完成。在陕西商洛两区县提前一年脱贫摘帽的基础上，接续推进全面脱贫与乡村振兴有效衔接，大力开展金融扶贫、电商扶贫、产业扶贫、教育扶贫，超额完成了邮政扶贫三年规划目标任务。绿色邮政建设卓有成效。“9792工程”全面达标，获评“2020年度环境社会责任企业”。重大风险底线牢牢守住。全年未发生重大金融风险和重大安全事故。邮储银行资产质量保持同业领先。

（二）围绕推动高质量发展，加快转型、协同联动，在提升发展质效上实现新突破

坚持质量第一、效益优先，集团公司整体发展保持良好态势，完成总收入6655.61亿元，同比增长7.83%；实现利润605.5亿元，同比增长12.36%。

——普遍服务质量全面达标。乡镇网点覆盖率和建制村直接通邮率保持100%，全网信件、挂刷、普包全程时限全部达标，机要通信万无一失。3587个网点实现转型，叠加代收代缴便民服务项目和警邮、税邮、烟草零售等业务的网点数量快速增长；零收入网点同比下降83%，万元以上收入网点占比达81%，同比增长12%，网点无业务可干现象明显改观。

——金融业务转型成效突出。邮储银行着力提升产品服务能力和资金运用能力，量质并重推进稳健转型，经营业绩稳步提升。中邮理财加快打造“普惠＋财富＋特色”品牌。代理金融扎实开展“补产”“追产”“增产”三项行动，做到了调结构、稳规模、提质效。完成收入1130.5亿元，增幅8.4%；客户AUM同比新增11.4%，新增代发单位同比增长93%，收单商户较年初新增125%、联动活期存款新增占比26%，公司存款较年初增长43%，由此带动活期存款同比多增672亿元，三年期存款同比少增2280亿元，在存款新增6861亿元的情况下，付息成本较年初仅上升1个BP，成本压降效果显著。中邮保险深化价值转型，优化资产配置，完成收入937.1亿元，同比增长25.2%，对集团增收贡献率56%。保费增长21%，增速明显高于行业，其中长期期交新单保费增长177%；实现投资收益123.7亿元，增长52.1%。中邮证券强化协同效应，经营业绩大幅提升，收入、利润分别同比增长

24.3%、29.5%。

——寄递业务竞争能力快速提升。大力推进“五大体系”建设，特快次日递率由 2019 年 3 月的 63.7% 提升至目前的 74%，快包 T+3 日递率由 83.7% 提升至 90.2%，中心局人均日处理量由改革前的 472 件提升至 729 件，为构建全新的竞争优势奠定了坚实基础，有效促进了业务发展。特快业务量收均实现两位数以上增长，快包业务量收增幅均高于通达系，物流业务连续 7 个月收入增幅超 20%。与菜鸟裹裹合作，在 2.2 万个邮政网点开展“到站寄件”业务，合作寄件点数量行业第一。

——农村电商发展加快推进。以提升站点质效、做优消费品下乡、助力农产品进城、搭建协同场景为抓手，提高平台流量，促进产销对接，完善运营模式，推动构建新生态。通过业务叠加，共激活站点 30.8 万个；打造大单品，实现自营批销额 50.3 亿元，同比增长 67%；打造了 50 个农产品基地，带动农品销售 45.3 亿元，同比增长 40.3%。

——协同发展战略有效落地。六大协同项目取得明显成效。其中，惠农合作项目聚焦融资难、销售难、物流难，推动农村市场源头获客，分别走访农民合作社、个体农户（含家庭农场）44.9 万、56.6 万户；极速鲜、标准箱寄递共实现收入 34.8 亿元。军民融合项目实现突破，中标被装被服仓配一体化、附油仓储配送等项目；完成军委某部无人机三区四线常态化保障试点项目；各兵种战区交流广泛开展。

（三）围绕全面深化改革，精准发力、纵深推进，在激发企业活力上取得新成效

坚持以改革增动力、激活力，多项重点改革攻坚任务落地见效。以国企改革三年行动方案为基本遵循和纲领性文件，制定了具体详尽的实施方案；完成中邮科技引战混改；剥离企业办社会职能取得实质进展，退休人员社会化管理移交主体任务全面完成。数字货币、直销银行、物流基金、军民融合、惠农合作、“三关合一”等多项关系邮政长远发展的顶层设计实现了重大突破，为中国邮政健康可持续发展奠定了坚实基础。

特别是寄递业务紧扣“时限更快、价格更优、丢损更少、稳定可控”，以“三个视角”找差距、立标杆，以“三大规律”促改革、求创新，全面深化改革。一是按照行业规律，在 5 省试点“两集中”管控，总结经验，完善方案；二是聚焦按量组网、打破区划、压缩层级、提质增效，有序推动陆运网改革；三是按照管理架构扁平化、资源配置市场化、运营管控实体化的原则，在 5 个省会邮区中心局先行改革，为全网优化中心局机构设置和人员配置提供依据；四是通过单改双、委办改自办、小车改大车、经转改串行、扩大高铁运邮“四改一扩”组合拳，探索运输管控和效能提升模式；五是深化揽投网改革，扩大自提范围，围绕政、商圈合理设置揽投网格，推进中转接驳作业，揽投作业效率有效提升。

随着改革的深入，寄递业务发生了脱胎换骨的变化，改变了“官慢贵繁”“繁慢差难”的负面形象，竞争能力不足之“痛”有效缓解。一是时限质量全面提升，实现了从慢且不稳到基本上与竞争对手旗鼓相当、各有千秋。特快与快包整体时限均超 2019 年最佳水平，特快时限直追竞品，快包时限与竞品差距由 8 小时缩至 4 小时，六大重点区域快包时限连续 5 个月赶超竞品。二是服务质量全面改善，实现了从客户体验较差到满意度大幅提升。特快、快包异常发生率从 11%、15% 降至 8%、10%，问题邮件一次及时解决率由 85% 提升至 91%，有责申诉率降至百万分之 1.4，创历史最好水平。“双 11”寄递网运行畅通有序，在业务量再创新高的情况下，一改过去“限量、限流、积压、爆仓”现象，圆满实现了“促发展、保畅通、重体验”目标。三是环节成本全面压降，实现了从成本居高不下到部分环节接近行业水平。聚焦收分运投和管理支撑五大环节、25 项关键管控要素进行压降，快包件均成本下降 12.9%。四是获客能力全面增强，实现了从单打独斗、等客上门到协同作战、主动获客。强化板块协同、分级开发，与华为、腾讯等 29 个战略客户合作；阿里、拼多多平台日均量分别增长 18.5%、53%。五是 IT 赋能全面加快，实现了从以手工作业为主向信息化、自动化、智能化的突破。深化业技融合，推进“智能 +”转型，开展智能排班、智能派揽、智能路线规划、智能运力匹配、车辆智能管控等试点，提升了生产处理效率。

（四）围绕强化科技赋能，规划先行、建管并重，在打造竞争能力上迈上新台阶

坚持能力建设提前布局、超前储备，信息化自动化智能化水平进一步提高，为打造核心竞争能力提供了新动能。

——寄递网能力再创新高。推动邮件处理从全散件向集包模式转变；应用自动理货、自动摆轮、自动供件、直连配发等新工艺新装备，基本实现了分拣作业自动化、智能化，人均效能提高 53%。加强南京、郑州国际枢纽和 40 个国际邮件互换局建设，新增通关处理能力 241 万袋件 / 天，实现了场所集约化、分拣自动化、查验信息化。全网日处理能力提前两年实现 1 亿件目标。

——科技赋能成效凸显。一是金融数字化转型加快。邮储银行推进新一代个人业务核心系统建设，上线开放式缴费平台等 206 项重点工程，有效赋能客户营销、风险识别、产品创新。中邮保险加快营销数字化和服务线上化转型，线上出单率达 98%。二是寄递智能化转型取得实效。全程时限计算耗时由 10 天缩短至 35 分钟，有效支撑了时限的实时管理；对全国 11 万余条线路进行 IT 智能规划，达到菜鸟时限标准的线路占比提升 27%。三是自主科研能力跻身行业前列。中邮科技中标顺丰鄂州机场项目，打破了货运机场工艺建设长期被国外公司垄断的格局。

——四大数据库建设取得突破。一是时限库建设已见成效，全面建立时限标准，逐条对标行业线路，强化问题查找推送，实现了全链路分环节时限管控，为时限水平提升和优势邮路建立提供了智能手段。二是成本库建设基本成型，实现了五大环节25项关键要素的管控分析，为推动端到端、全环节、全要素降本增效提供了有力支撑。三是市场库建设有序推进，客户画像更加完整，竞争态势更为明晰，为精准营销和市场拓展提供了重要抓手。四是服务库建设全面启动，量化管控服务目标，为服务水平提升提供有效助力。

（五）围绕企业中心工作，加强党建、转变作风，在凝聚发展合力上彰显新气象

全面落实新时代党的建设总要求，围绕中心、服务大局，不断提高党建质量，凝聚了攻坚克难、干事创业的强大力量。

——党的政治建设全面加强。深入学习贯彻习近平新时代中国特色社会主义思想，着力强化党员干部理论武装，持续巩固深化主题教育成果，树牢了“四个意识”，坚定了“四个自信”，做到了“两个维护”，以“三个坚决”确保了中央决策部署件件有着落、事事有回音。

——基层党组织和党员作用有力发挥。推进基层党组织建设达标工程，在全系统创建了“百千万”示范单位、示范点和党员先锋岗；21名邮政职工当选为全国劳动模范；举办了“两优一先”表彰和抗疫表彰大会，鼓舞了士气、振奋了精神，进一步增强了员工队伍的凝聚力、向心力。

——干部队伍结构不断优化。以国企领导“20字”要求为根本遵循，坚持干部调整“十大原则”，选优配强领导班子。加大年轻干部培养使用力度，新提任党组管理干部50人（含银行10人），其中45岁左右年轻干部占56%，“70后”二级正干部从年初的4人增至11人，17省分公司、30家一级分行领导班子中已至少配备1名45岁左右年轻干部。结合考核结果、任职年限、班子效能、性格特点等因素进行统筹调整，优化了领导班子结构。

——党风廉政建设和反腐败斗争扎实推进。精准有效开展政治监督、日常监督，持之以恒落实中央八项规定精神，一以贯之纠治“四风”。全系统立案758件，给予党纪政务处分967人。不敢腐的震慑持续强化，不能腐的笼子切实扎牢，不想腐的自觉不断增强。

——巡视工作深入开展。高效率高质量开展常规巡视和专项巡视，整体推进巡察工作。扎实做好巡视“后半篇文章”，以中央巡视整改促进内部巡视整改深化，以内部巡视整改巩固中央巡视整改成果。

——工作作风发生根本性变化。坚持求是求实，大力整治形式主义官僚主义，将“一月一事、消灭最差”活动与基层联系点调研、跟班作业紧密结合，形成了一级带着一级干的良好局面。深入推进模范机关创建工作，大力开展“比学赶超帮”活动，推动后进赶先进、中间争先进、先进更先进，形成了层层示范、创先争优的浓厚氛围。

“行之力则知愈进，知之深则行愈达。”一年来的工作成效可圈可点、可喜可贺，收获的经验弥足珍贵、启迪未来。

一要坚持党建工作与经营发展相结合。总书记指出，坚持服务生产经营不偏离，以企业改革发展成果检验党组织的工作和战斗力。党建工作与经营发展是相得益彰的有机体，必须深度融合、相互促进，以集团公司战略和重大任务落地作为党建工作的着力点，以改革创新破解企业发展难题作为党建工作的突破点，把国企党建优势转化为企业发展特有的优势，以党建工作新成效引领中国邮政高质量发展。

二要坚持发扬传统与创新转型相结合。总书记指出，没有继承，就没有发展；没有创新，就没有未来。在产业和科技颠覆式变革的时代，要继承发扬传统有效的做法，更要坚持创新在发展全局中的核心地位，把科技赋能作为高质量发展的战略支撑，把解决问题作为创新的出发点，把对标行业作为创新的着力点，把工作成效作为创新的落脚点，在创新转型中增强企业核心竞争力。

三要坚持问题导向与目标导向相结合。“不但要提出任务，而且要解决完成任务的方法问题。”坚持问题导向，就是奔着问题去、扭住问题改，通过“切磋琢磨”，真抓实干、破解难题；坚持目标导向，就是通过“望闻问切”，望策略、找方向，闻需求、聚目标，问影响、明措施，切路径、定节奏，在不断解决问题中向着打造行业“国家队”的目标迈进。

四要坚持加强顶层设计与摸着石头过河相结合。改革和创新都是复杂的系统工程，既要“操其要于上”，做到统筹兼顾、综合平衡，突出重点、带动全局；又要“分其详于下”，加强试点引路、实践探索，规律总结、推广应用，取得实效。

五要坚持板块发展与协同发展相结合。除普服外，各板块都是充分竞争的领域，单打独斗没有绝对的竞争力。各板块业务在对标行业先进、加快转型发展、提高自身竞争能力的同时，要不断强化资源协同、业务协同、数据协同和线上线下协同，构建“普服＋金融＋寄递＋电商”业务联动、生态协同的发展体系，以协同打造中国邮政独特优势。

看似寻常最奇崛，成如容易却艰辛。我们一路走来，付出了艰辛努力，取得了突出成效，这是以习近平同志为核心的党中央坚强领导的结果，是国家有关部委大力支持的结果，是广大干部员工团结奋战的结果。我代表集团公司党组，向关心、支持邮政事业发展的中央和国家有关部委，向全体员工、离退休老同志，表示衷心的感谢和崇高的敬意！

二、科学研判时与势，辩证把握危与机，加快构建全新的中国邮政竞争优势

总书记指出，胸怀大局才能高屋建瓴，因势而谋；把握大势才能明辨方向，应势而动；着眼大事才能切中要害，顺势而为。中央作出“当前和今后一个时期，我国发展仍然处于重要战略机遇期，但机遇和挑战都有新变化”的科学判断，为我们正确认识大势，应对风险挑战提供了根本遵循。

（一）深刻认识新发展阶段带来的新要求新使命

十九届五中全会、中央经济工作会议、国企改革三年行动方案对国民经济发展、国企改革创新提出新使命新要求。

一是对升级邮政服务品质提出新要求。五中全会明确，要实现基本公共服务均等化，推动生活性服务业向高品质和多样化升级，满足人民日益增长的美好生活需要。这对我们提升普遍服务质量，丰富普服内涵，提出了更高要求。

二是对增强邮政竞争力提出新要求。三年行动方案提出国企必须发挥经济功能，建立高标准市场体系，增强竞争力、创新力、控制力、影响力和抗风险能力。我们要全面深化改革创新，增强盈利能力，切实把中国邮政打造成有核心竞争力的市场主体。

三是对深化邮政企业改革提出新要求。三年行动方案要求完善中国特色现代企业制度，推进管理体系和管理能力现代化，建立灵活高效的市场化经营机制。我们要不折不扣贯彻落实刘鹤副总理的明确要求，“立下军令状，拿出乌纱帽”，做到每一项任务可衡量、可考核、可检验、要办事。

四是对邮政服务新发展格局赋予新使命。五中全会提出要推动形成以国内大循环为主体、国内国际双循环相互促进的新发展格局。我们拥有邮政、金融、快递物流、农村电商等多业态协同优势，要找准在双循环中的位置和比较优势，充分发挥战略性、基础性、先导性作用。

（二）深刻认识国家战略和产业升级带来的新机遇新空间

新一轮科技革命和产业变革正在加速演进，颠覆性技术创新不断涌现。我们要科学分析邮政发展存在的机遇和空间，准确把握自身的优势条件，做到育先机、开新局。

一是从政策层面看，系列国家战略部署为邮政带来难得的发展机遇。中央高度重视乡村振兴战略，把解决好“三农”问题作为全党工作重中之重，要完善乡村物流基础设施，健全农业专业化社会化服务体系，大力培育农民合作社、家庭农场，为邮政深耕农村市场带来了新机遇。国家出台物流枢纽布局和建设规划、推动物流业制造业深度融合创新发展实施方案等政策，将现代流通体系建设升级为国家战略，为寄递业务发展提供了广阔舞台。“十四五”规划明确要增强金融普惠性，为邮储银行转型发展注入新活力。

二是从行业发展看，新型消费模式和居民需求升级为邮政带来广阔的市场空间。无接触消费、互联网消费越普及，新格局下的双循环越畅通，农村振兴和农业合作社经济主体越活跃，对快递和金融的需求就越强劲。数字消费、社区团购、直播带货等新模式快速发展，自提柜、无人配送机器人等快速普及，为快递业发展注入新动力。中等收入群体扩大、财富管理升级、生态场景丰富、移动支付普及，为以零售业务为主体的邮储银行和代理金融发展创造了机遇期。“健康中国”全面推进，居民保险意识不断增强，特别是中央明确在商业健康、商业养老第三支柱、保险资金长期投资方面促进扩面增效，为中邮保险加快转型提供了难得的发展机遇。

三是从科技进步看，新技术推动产业转型升级，为邮政提质增效提供强大新动能。智能仓配、智能分拣、运输环节的智能路线规划调度、配送环节的无人机、无人车以及智能快递柜的应用贯穿全流程、全场景，物流科技在每一个环节的赋能都将推进快递业降本增效。金融科技使得批量获客、精准画像、自动审批、智能风控、综合服务成为金融行业的规律。未来，产业数字化、数字产业化将深度重塑中国邮政各板块的产品研发、营销、运营等环节和场景，对商业模式、组织架构、经营管理等产生深远影响和推动作用。

四是从邮政自身看，独特的资源禀赋和平台能力为邮政发展带来比较优势。中国邮政具有共享经济和平台经济资源禀赋，拥有快递物流、银行、电商、保险等多业态资源，以及丰富的国际寄递运营经验和万国邮联无处不在的渠道，构建了集融资、结算、电商、寄递、仓储、保险为一体的综合服务平台，实现了金融物流、消费物流、电商物流、供应链金融、电商保险等资源共享和产业协同，在服务经济社会发展、参与市场竞争方面拥有独特的比较优势。

（三）深刻认识行业发展态势和市场竞争带来的新挑战新问题

处于充分市场竞争的各项业务，必须顺应行业趋势，积极应对变化和挑战，做到越是艰险越向前、乱云飞渡仍从容。

——邮储银行深化转型势在必行

一是金融科技重置生产要素，邮储银行传统优势正在被削弱。无处不在的互联网正在取代我们遍布城乡的网点优势；基于大数据运营的批量获客、精准营销、智能风控正在替代我们的线下营销优势；大型银行将普惠金融作为

战略重点建立农村生态，正在侵蚀我们的价格优势。建行的“裕农通”信息平台将服务触角延伸到了农村，邮储银行的农村市场优势和普惠金融业务面临巨大挑战。

二是产业金融、消费金融重构生态，邮储银行发展模式有待重塑。未来的金融一定是生态金融。在生态体系中，企业生产活动、个人消费与金融服务共生伴生，金融产品之间互生派生，金融服务呈现综合化、无感化特点，构建产业金融、消费金融生态圈已成为行业趋势。建行围绕住房租赁生态扩围住房金融服务领域；以“智慧城市”为主线构建了10个领域的智慧生态圈，沉淀了大量的活期存款；上线“智慧工商联”服务平台，能够提供融资、融智、融信、融惠、融技等场景化服务。邮储银行基于场景应用、全链条综合服务的零售、公司、同业生态圈建设刚刚起步，亟待提升竞争力。

三是息差收窄，叠加资本约束，邮储银行亟待提高发展质量。利率下降、息差收窄是大势所趋，中收对银行高质量发展更加重要。2020年前三季度，邮储银行中收占比不到五大行平均水平的一半，高度依赖利息收入的盈利结构不可持续。两端（负债端、资产端）承压，对邮储银行提高资本运用效率、调整发展方式提出更高要求。

四是风险形势更加复杂，邮储银行风险防控面临更大压力。随着疫情下全球产业链断裂、国内经济结构调整，一些杠杆率过高的企业风险逐渐暴露。黑天鹅出其不意，灰犀牛出没无常。近期，华晨集团、清华紫光和永城煤电接连“爆雷”。新兴产业、创新型中小微企业蓬勃发展，但我们在项目开发和风险控制上存在短板。邮储银行承受不起资产质量快速劣变之重，面临风险加速暴露与服务实体经济、寻求稳健增长的两难境地。

——代理金融竞争优势亟待重塑

一是无处不在的互联网金融，正在颠覆代理金融的传统服务模式。随着科技与金融的深度融合，客户的金融行为发生深刻变化。目前银行95%以上的零售业务可通过线上办理，代理金融电子替代率已达94.9%，客户日均到店率已从高峰时的150～200人下降至50～80人，网点日均柜面业务量从300～400笔下降到80～100笔，如坐等客户上门，将无业务可做！“金融服务无处不在，就是不在银行网点”，而是在“坐贾”变“行商”的服务转型中，在以网点为圆心的网格中，在线上线下的“两线”融合中，在无处不在的金融生态中，在平台经济与共享经济融合发展中。代理金融的经营服务模式必须向行商、网格、线上、生态、协同加速转型。

二是跨界泛在的金融生态，已对代理金融存款发展模式产生巨大冲击。截至2020年11月末，工行、建行活期存款分别较年初增长13.9%、9.9%，活期余额分别达4.7万亿、4.4万亿元，而代理金融活期存款较年初增长只有3.6%，活期余额仅为1.8万亿元，10年间活期占比从40.57%断崖式下降至28.1%。活期依旧在，余额依旧在，如何在咱家！活期在哪里？在代收代付、支付结算生态里，在平台的生态循环中，在财富管理AUM派生存款的生态里，在商户收单的生态场景中。代理金融必须围绕“支付结算+代收代付+财富管理+商户收单+AUM派生存款”，搭场景、强赋能、做生态、抓活期。

三是方兴未艾的金融科技，正对代理金融的获客活客之术带来严峻挑战。客户是生存发展之“本”。行业正在通过金融科技低成本批量获客、有效活客、深度黏客。但邮政金融科技实力不强，对客户账户所在、资金流向、商户金融资产、客户行为特征掌握不够，必须加快研发以CRM系统底层数据之间的互联互通为基础，基于客户精准画像、资金往来的综合营销系统，做到对客户应知尽知、精准营销。

——中邮保险价值转型时不我待

一是渠道、产品、投资能力对标行业最佳差距明显。渠道单一，邮政渠道销售占比超过99%，而行业的个险、银保、团险、其他渠道保费占比分别为57%、32%、7%、4%；在售产品数量少、集中度高，5款主销产品新单保费占比高达92%，且储蓄型产品占比达95.8%，而行业龙头险企产品数量多、种类全，且分布均匀，前5款产品保费集中度低于30%；投资资质不齐备，专业投资能力不足，权益类投资占比低于行业13个百分点。二是没有建立高标准市场体系。缺少市场驱动发展的动力，亟待建立高标准市场化对标对表机制，风险保障型高价值业务占比仅为3.42%，而行业仅健康险占比就达到22%。根据IFRS17准则，2026年具有保户储蓄性质的投资成分不再计入保险收入，一年将影响集团800亿元的收入。三是价值创造能力亟待提升。死差和费差利润贡献度不足10%，随着无风险利率下行，利差损风险隐患加剧，利差驱动的发展模式不可持续，价值转型迫在眉睫。

——寄递业务纾困突破刻不容缓

一是从竞争态势看，行业市场竞争加剧，邮政寄递生存环境更加严峻。市场进入整合前竞争的“血腥期”，82.7%的市场份额在头部企业集中，极兔、丰网、众邮等以极低价格陆续入局，电商件增量不增收甚至负增长；电商快递跨界融合，物流业双向互进特快专递、电商包裹、国际业务、物流快件领域，以电商联合和分布仓配确保货源和时限，快递竞争不再是单项业务能力的比拼，而是综合实力的较量。

二是从网络管控看，集中化、集约化是行业管控的通行做法，网路运营效能是快递业核心竞争能力。网强则业兴，网络分层清晰，网络之间既相互独立又紧密衔接，总部深管控、大区强监督、区域分拨灵活高效是行业网络管控的规律。邮政寄递网的组织层级多，不同业务、不同环节网络衔接松散无序，网络柔性、敏捷度不高；运输资源配置不合理，分拣中心工艺、流程、管控亟待标准化、体系化。

三是从增长水平看，行业继续保持快速增长，邮政寄递发展质效亟待提升。去年二季度快递业务量逆势增长，同比增幅 36.8%，三季度保持高位运行，同比增幅 37.9%，均创近四年新高，尤其是顺丰 1—11 月累计量收增幅高达 70.7%、37.7%，而同期邮政寄递量收增幅只有 24.8%、8.5%；行业国际业务收入增幅达 44.2%，我们仅为 −1.7%，市占率不升反降，发展形势面临严峻挑战。市场在，增长在，但不在中国邮政。在寄递时限已与对手旗鼓相当的情况下，邮政寄递发展质效低下，充分说明我们仍未建立有效的市场体系。

四是从运行成本看，行业以低成本赢得竞争优势，邮政寄递降本增效工作任重道远。快递业是同质化行业，成本是核心竞争要素之一。我们加大全环节降本，件均成本下降 12.9%。但行业件均成本降幅 14.2%，最高 18.2%；行业资费下降 10.3%，邮政寄递下降 14.7%，降本压力不降反升。成本低就是竞争优势，降本永远在路上，我们亟待建立基于行业对标的管理体系，建立端到端的环节成本精准管控机制。

五是从科技赋能看，寄递业务数字化转型进展缓慢，与客户感知和市场需求存在较大差距。快递物流企业在数字化赋能条件下，正在加速向科技型企业和综合物流提供商转型。顺丰 AI 识别、无人机、AI 智慧决策、自动化分拣等已形成覆盖各环节和场景的完整智慧网平台。邮政信息化、自动化、智能化应用还未形成全业务全流程推进的格局，网络运营管理粗放、流程断点多等问题尚未根本解决，信息化应用难以满足市场发展需要。

——农村电商两线融合亟须破题

农村电商已形成线上线下相结合、上下游联通打造全产业链的新模式。阿里、京东、拼多多等电商平台加速下沉市场布局，以强大的线上流量优势和专业的运营能力，加快与农村商超联合，构建流量壁垒、品牌壁垒、规模壁垒，对邮政农村电商发展构成严峻挑战。邮政深耕农村电商多年，打造了县域三级物流配送体系，线下渠道优势明显，但农村电商发展模式不清，商流规模不大，邮乐线上支撑能力明显不足，销售额市占率仅 0.1%，平台销售额和活跃买家数远低于三大电商平台；与电商平台合作受限于原来的竞业限制条款，难以有效发挥商流带动作用，亟待打破线上能力不足瓶颈，重构线上线下融合发展模式。

总体而言，“十四五”时期，将是中国邮政从量的积累向质的飞跃、从点的突破向系统能力全面提升的重要时期。我们要统筹谋划、顶层设计，全面布局、整体推进，着力构建普惠邮政、平台邮政、数字邮政、绿色邮政、活力邮政、和谐邮政“六维共生”的新邮政发展格局。“十四五”期末，集团力争达到收入规模万亿元、利润规模千亿元，“四梁八柱”战略框架基本确立，为推动中国邮政高质量发展拓展战略空间、提供战略支撑，构建全新的竞争优势。

三、把握新发展阶段，融入新发展格局，奋力开启中国邮政高质量发展新征程

2021 年是“十四五”规划开局之年，是开启全面建设社会主义现代化新征程的第一年，也是中国邮政推进高质量发展的关键一年。集团公司工作总体要求是：以习近平新时代中国特色社会主义思想为指导，全面贯彻落实党的十九大及历次全会精神，立足新发展阶段，坚持新发展理念，融入新发展格局，以贯彻落实“十四五”规划建议和国企改革三年行动方案为主线，以推动高质量发展为主题，以改革创新为根本动力，以准确识变、科学应变、主动求变建先机，以高标准市场体系树优势，以打造一个新邮政为目的，全力构筑中国邮政“四梁八柱”战略框架，推动中国邮政二次崛起。

2021 年经营发展目标是：收入完成 7127 亿元，同比增长 7.08%；利润实现 655 亿元，同比增长 8.2%。其中，邮政公司（含寄递）收入 2507 亿元，同比增长 9.11%；寄递事业部收入 879 亿元，同比增长 16.03%；中邮保险收入 1012 亿元，同比增长 8%。

围绕打造新邮政，我们必须遵循六个原则。

必须坚守对党忠诚。做好本职、尽职尽责，担当起应有的担当，取得应有的业绩，是对党忠诚的基本要求。党员干部要真正做到在其位谋其政，干其事求其效，做到“三个坚决”、真抓实干，以实实在在的行动和业绩践行对党忠诚。

必须加快创新步伐。创新是引领发展的第一动力，抓创新就是补短板，谋创新就是谋未来。要坚持创新在发展全局中的核心地位，扭转一切不合时宜的思想观念，破除一切不能提升竞争力的体制机制障碍，解决一切不适应企业发展的难点问题，以创新点燃改革引擎。

必须持续深化改革。以国企改革三年行动方案为指引，推动质量、效率、动力变革，增强企业发展动力和活力，使改革更好对接发展所需、一线所盼、众心所向，实现更高质量、更有效率、更加公平、更可持续、更为安全的发展。

必须建立高标准市场体系。充分竞争的市场化业务领域和相对传统的行政化经营方式之间的矛盾是中国邮政主要矛盾的本质所在。新一轮科技革命和产业变革使矛盾更加凸显。必须主动对标行业，增强竞争意识、引入竞争机制、制定竞争举措，建立高标准市场体系，推动中国邮政在“跟跑”“并跑”中跨越式发展。

必须强化问题导向。勇于直面问题、善于发现问题、长于解决问题，以“三个视角”找差距，以对标立标达标促提升，以“钉钉子”精神解难题，着力祛痛点、疏堵点、补断点，以问题的解决推动高质量发展。

必须深化板块协同。发挥“一个中国邮政”的协同效应，加快推动各板块协同发展向广度深度拓展，实现资源共享、商机共创、优势共建，增强发展新动能，建立发展新优势。

全年我们要重点抓好五个方面工作。

（一）全力以赴抓转型提质效，加快推动高质量发展

坚持质量第一、效益优先，抓好“四梁”业务，打造普惠邮政、平台邮政，切实担当经济、政治和社会责任。

——普遍服务要丰富新内涵，着力提质转型。普服是中国邮政之根，是板块协同之基，是寄递、金融、电商发展之源，是助力乡村振兴、促进公共服务均等化的重要力量。要高度重视普遍服务，围绕“一个中心”，推动“三项创新”，实现“三大提升”，做到“三个确保”：即围绕丰富普服内涵、以无处不在的中国邮政满足无处不在的美好用邮需求这个中心，量质并重推动普服管理创新、渠道平台转型创新、普服业务发展创新，着力提升普服质量和客户体验、提升普服业务规模和效益、提升可持续发展能力，全力确保机要通信安全、确保邮件全程时限、确保西部地区建制村投递达标。要通过叠加代理、科技赋能、项目引领，重点抓好“十大任务”，即网点转型菜单式叠加；高校网点两年内全面进驻；普服质量全面提升；网点形象全面改善；网点广告加快发展；邮快合作代收代投全面实现；报刊大收订及政务图书推广；建党百年、全面建成小康社会、生肖季、冬奥会等重大邮票题材开发；明信片开发、文创大赛举办；传统函件业务创新等，推动普服业务全面提质增效。

——金融业务要构建生态圈，推进转型发展。

邮储银行：践行国有大行责任担当，适应科技金融、产业金融、普惠金融、生态金融、消费金融发展趋势，纵深推进“五化”转型，在中国邮政建设2C、2B、2G、2S、2P的体系下，打造更具有特色的邮储银行，在经济社会发展中发挥更大作用。一是“做好加法”，持续推进新零售转型。以“金融＋生活”发力场景金融，以“网点＋商圈”巩固获客体系，以“线上＋线下”打造开放银行，以“银行＋邮政”转化独特优势，全面打造邮政金融生态圈，向场景生态要效益；以网点为阵地打造“微商圈”“微客群”“微社区”，推进网点向“营销服务中心”和“客户体验中心”转型，构建邮储银行新零售“护城河”，向网点转型要产能。二是“做精减法”，压降低效资本占用。深化资本主动管理，由“增加投放要资本”向“创造价值赚资本”转变；打造轻型银行，以“调结构、提中收、降成本、保质量”为主线，提高中收比重；提高资本挂钩考核权重，量质并重发展信贷业务。三是“做优乘法”，科技赋能转型发展。加快数字化转型，加强科技队伍建设，提高自主研发水平；打造智慧银行，优化手机银行等核心线上平台，与头部互联网平台在用户导流、产品创新、提升客户体验等方面深化合作。四是“做强除法”，优化管理机制。破除条线管理壁垒，强化业务联动，合力增强客户体验；大力提升总部引领支撑能力，优化分支行内部机构设置，强化营销功能，向基层赋能，为一线减负；强化风险管理，深化政策传导和智能风控应用，提高风控精准性。

代理金融：要加快转型步伐，提升发展质效。一是减高柜、强综合、重理财，系统推进网点转型。持续压高柜减柜员，加强理财经理队伍建设，提升综合营销能力。二是搭场景、做生态、广引流，实现从“做银行”向“做生态”转变。通过高频生活场景，实现辖区商户营销全覆盖；丰富“金融＋非金融”体系，提升中高端客户AUM。三是固配置、抓营销、促服务，由“单一产品销售”向“综合资产配置”转型。代理保险“向趸交要规模、向期交要效益、向简易险要客户”；基金“向固收＋要规模、向权益要效益、向爆款要客户”；转型产品向“公司存款、信用卡、电子支付、小额辅贷”要效益。四是强科技、聚靶向、明责任，由传统营销向科技赋能精准营销转变。利用CRM系统搭建多维度综合营销平台，以客户画像精准营销，分户管户到人，实现零售业务批发做。五是抓项目、强协同、引活期，向产业金融要价值创造。抓好惠农项目、政府重大基础设施项目上下游客户、三四五线城市机构类客户、开放式缴费平台营销，大力发展活期。

中邮保险：加快价值转型，向行业一流保险公司迈进。一是坚持价值成长，实现“两降两升”。降低资本消耗和综合负债成本率，提升净资产收益率和新业务价值率，确保高价值保障型业务大幅增长。二是坚持市场化转型，突出“对标对表”。向头部险企看齐，提高综合竞争能力；加快数字化转型，面向基层赋能，强化精准营销，提升客户体验。三是坚持行业规律，推进“四化建设”。持续推进产品多维化、渠道多元化、资本集约化、投资专业化，以行业规律锻造专业能力，实现高质量发展。

中邮证券：加强自营＋协同，丰富平台邮政内涵。加快向财富管理转型，加速争先进位；提升总部引领发展和分支机构市场化经营能力，加快提升规模效益。

——寄递业务要打造新优势，提升竞争能力。要加快推进现代物流体系建设，推行专业化经营、体系化发展，加强总部建设，实行分业核算，以协同构建具有自身特色优势的市场主体。

坚持质量第一、效益优先，以提高陆运航运能力、推进交邮联运、强化“时限四库”和服务数据库建设应用为

抓手，提升时限水平，改善客户体验，实现质量变革；以“两集中”改革、陆运网改革、干线运输改革、中心局改革、揽投网改革的全面推进，推动全环节降本，提升生产效率，实现效率变革；以三项制度改革、资源配置市场化、加盟承包搞活两端工作的推进以及“四个到人”工作机制落实，激发全员活力，实现动力变革，全面提升寄递业务竞争力。特快业务要强化发展速度，在牢牢守住政务市场的同时，加大能力投入，集中优势资源，聚焦高端商企和商圈市场，实现三业并举的良好格局。快包业务要有效益的规模发展，聚焦平台和电商集群市场，优化客户和业务结构，完善客户损益核算机制，大力发展轻小件，加快拓展电商退换货市场。国际业务要坚持专业化和集中化发展，邮商并重、进出并举，强化全网集中管控，聚焦大客户需求，构建专业化服务体系，发挥“三关合一”和多渠道资源优势，提供专项服务产品。仓配业务要一体化高效协同发展，整合全网仓配资源，构建云仓体系，提升配送时效。降本增效要强力推进，用好“三把尺子”，聚焦人工、外包、运输三大成本进行压降；强化集团、省两级集采，大力压降采购价格，推动降本增效取得实效。

——农村电商要探索新模式，以生态巩固市场。一是强力推进平台打造，加快解决竞业限制条款制约，强化对外合作和对内整合，完善线上线下融合发展模式。二是强力推进渠道质量提升，通过科技赋能、业务叠加、会员发展等，打造优质站点，构建“网点＋站点”协同场景。三是强力推进基地建设，提升源头品控和规模销售能力，打造“邮政农品”品牌，做大农产品进城规模。四是强力做大商流规模，加快构建大单品体系，全网统一运作，加强数字化运营，量质并重做大批销商流规模。五是强力推进保障到位，建立市场化运营机制，建强电商运营团队和地推队伍，强化运营管控，构建支撑“农村电商＋普服＋金融＋寄递”发展的生态圈。

同时，要完善协同体系，发挥好“一个中国邮政”的核心优势。一是健全协同项目平台化、数字化、产品化运营机制，在惠农项目上率先实践。二是坚持分类定位的项目管理机制，集团总部重点抓好惠农合作等六大协同项目，加快培育“产业＋金融”惠农合作模式。三是完善协同利益分配制度，推动协同项目落地见效。

（二）全力以赴抓改革激活力，有效增强内生动力

全力推进三年行动实施方案，按照任务书、时间表、路线图，健全公司治理结构和市场化运营机制，努力打造组织灵活高效、员工干事创业、企业生机勃发的活力邮政。

一是完善治理体系提升治理能力。加快完善现代企业制度，把党的领导融入公司治理各环节，加强集团公司和控股子公司董事会建设，将董事会定战略、作决策、防风险的作用落到实处，加强职代会民主管理，提升治理体系运行效率和科学决策水平。明确总部与各级经营单位的职能及权责边界，总部机关要推动由行政职能管理向生产运营服务支撑转变，各级经营单位要强化对基层的营销服务支撑。二是稳妥推进混合所有制改革。完成中邮保险引战和中邮科技股改，及时补充邮储银行资本金。积极探索战略投资货代公司、清关公司、电商平台物流公司，加快与国铁集团、航空公司的战略联盟建设，提升寄递业务在促进双循环方面的能力。三是建立健全市场化经营机制。加快推进三项制度改革，实施领导人员任期制和契约化管理，签订聘任协议和业绩目标责任书，强化经营业绩考核，实行末等调整和不胜任退出；强化劳动合同管理，签订岗位责任书，明确工作标准和要求，推进全员绩效考核体系建设；推广内部承包制，探索社会加盟制，激发员工创新创造活力；按照市场评价贡献、按贡献决定报酬的原则，加快推进岗位职级、薪酬分配、绩效考核体系建设，打通员工职业发展通道，激发人员活力。四是强化预算管理和财务刚性约束机制。推行基于零基预算的全面预算管理，优化配置定额，以积极进取的预算目标引领经营发展，竞争性业务增幅要不低于行业。加快制定控股子公司、省邮政分公司、寄递事业部的发展质量、投资管控、负债约束、盈利能力等刚性评价指标，对标行业强化评价考核，提高发展效益。五是积极推进分业经营分类核算。按照“四个有利于”原则，坚持“十个必须”，推进普服与竞争性业务分业经营，明确损益主体、产品边界、网络边界、人员属性、资产属性、关联交易价格，做到业务清晰、人员清晰、资产清晰、成本清晰、核算清晰。六是优化考核评价体系。要基于财政部的经营业绩考核和工资核定办法，强化战略绩效管理，推动考核向利润导向、市场对标和普服达标倾斜。

（三）全力以赴抓科技强能力，快速打造竞争优势

加强顶层设计，充分利用大数据、人工智能、物联网、区块链等信息技术推动设备升级、流程优化、能力提升，着力构建数字邮政，催生发展新动能。

一是加快数字化转型。启动数字邮政建设，加快推进业务流程体系化、标准化、智能化。加快中台体系建设，增强在线运营能力、数据洞察能力和敏捷交付能力，深化业技融合。落实数据规划，强化分析应用，发挥数据要素价值。加速追赶行业先进，推动寄递网络组织、作业流程、市场营销、客户服务等智能化升级。推进数字金融和邮储银行新一代业务核心系统建设，支撑产品快速创新和客户体验提升。二是加快新技术研发应用。研发处理中心无人化、数字化、智能化关键技术，持续优化寄递网络、智能揽投、智能调度等算法，提高智能运营管控水平。三是加快提升寄递业务核心节点能力建设。持续加大特快、国际、仓配等高效业务能力建设力度，推进南京、郑州国际枢纽建设，积极发挥产业基金杠杆效应，加大机场空侧

等战略资源储备，推进处理中心同址仓、产业链源头仓布局和现有场地资源利用。对标行业先进，制定模块化、差异化的工艺配备标准，运用新工艺、新技术推进处理中心能力建设。在90个处理中心写实基础上，因地制宜确定工艺优化方案，持续提升处理效率和运行效能。四是加快完善科技创新体制机制。清晰总部和各省科技力量定位，加强创新基地和联合实验室建设，研究制定激励创新机制，逐步形成需求导向明确、原创特征明显、科技产出高效、跨领域协同的科技发展新格局。

（四）全力以赴抓落实保大局，切实履行责任担当

贯彻落实中央决策部署，找准定位、把准方向，在促进经济社会发展、保障改善民生方面发挥“国家队”作用。

一是坚决服务疫情防控大局。慎终如始抓好常态化疫情防控，强化防疫物资保障，做好口罩、测温仪等防疫物资采购和储备，加强生产经营重点环节、重点场所的疫情防控管理；随时准备担当起突发疫情的责任担当。二是扎实做好邮政扶贫与乡村振兴的有效衔接。坚决贯彻总书记扶贫工作重要论述，落实“四不摘”要求，在巩固脱贫攻坚成果基础上，持续推进全面脱贫与乡村振兴有效衔接。扎实推进惠农合作，全力服务新型农业经营主体以及农业产业链上下游客户、个体农户三大客群，助力乡村振兴。三是持续推进绿色邮政建设。巩固深化绿色邮政建设三年行动成果，落实“碳排放达峰”目标，加大绿色包装材料研发和投入力度，推广应用绿色包装箱、环保胶带、免胶带箱等新包装，加快绿色网点、绿色分拨中心试点建设。四是切实防范化解重大风险。统筹发展与安全，推进平安邮政建设，严格落实安全生产责任制，扎实推进案防、内控体制机制和文化建设，强化资产质量管控，妥善处置不良资产，确保不发生重大安全生产事故和系统性金融风险。

（五）全力以赴抓党建转作风，不断汇聚强大合力

全面落实新时代党的建设总要求，全面提高党建质量，发挥国有企业党建独特优势，为打造行业“国家队”提供坚强政治保证、汇聚发展合力。

一是强化思想理论武装。把学习贯彻习近平新时代中国特色社会主义思想和十九届五中全会精神作为重要政治任务，把不忘初心、牢记使命作为加强党建的永恒课题和全体党员干部的终身课题，引领党员干部带着责任学、求知若渴学、融会贯通学，以学促知、以学修身、以学增才，补足精神之“钙”，疏浚思想之“源”，进一步树牢“四个意识”，坚定“四个自信”，增强做到“两个维护”的思想自觉、政治自觉和行动自觉。二是打造过硬基层党组织和党员队伍。常态化开展模范机关建设，巩固提升支部标准化规范化水平，充分发挥党员的先进性、纯洁性，围绕改革发展工作“亮身份、亮标准、亮承诺”，真正做到“一个支部一座堡垒，一个党员一面旗帜”。三是加强干部人才队伍建设。创新选人用人方式，真正把忠诚干净担当、真干事能干事干成事的干部用起来；加大优秀年轻干部培养使用力度，持续优化班子结构，增强整体功能，切实发挥领头雁作用；组建邮政企业大学，建立健全分类分层培训培养体系，强化人才赋能，使广大干部真正成为行家里手。四是推动党建和业务深度融合。把准党建工作围绕中心、建设队伍、服务群众的定位，坚持党建和业务工作一起谋划、一起部署、一起落实、一起检查，以企业改革发展成果检验党组织的工作和战斗力。五是推进全面从严治党向纵深发展。坚持严的主基调，加大正风肃纪反腐力度，一体推进不敢腐、不能腐、不想腐；在内部巡视全覆盖基础上，针对性开展“回头看”，进一步提升巡视质量，强化巡视整改。六是切实转变工作作风。持之以恒落实中央八项规定精神，大力整治形式主义、官僚主义突出问题；坚持求是求实，持续开展“一月一事、消灭最差”“比学赶帮超”活动和领导干部跟班作业实践，抓好总部机关作风转变。七是关心关爱基层员工。将企业年金企业缴费比例由5%提高至6%，持续做好企业年金资产收益管理工作，加强职工小家建设，提升员工幸福指数；畅通诉求表达渠道，切实维护员工正当权益，大力营造和谐邮政发展氛围。

同志们，星光不问赶路人，时光不负实干者。新邮政呼唤新作为，新使命需要新担当。让我们更加紧密地团结在以习近平同志为核心的党中央周围，奋力谋势蓄势积势，努力识变应变求变，全力干事担事成事，锚定打造行业“国家队”目标，推动中国邮政高质量发展，以优异成绩迎接建党100周年，为全面建设社会主义现代化国家、实现中华民族伟大复兴的中国梦做出新的更大贡献！（集团公司综合部）

综　述

2021年，集团公司不折不扣落实中央决策部署，立足新发展阶段，贯彻新发展理念，服务新发展格局，推动高质量发展，实现了“十四五”良好开局，夯实了中国邮政二次崛起之基。

一、全力推动高质量发展，抓转型提质效，四梁业务“主引擎”作用充分彰显

完成收入7005亿元，比上年增长7.19%；实现利润773.5亿元，比上年增长28.18%，利润增幅创近五年新高。

普遍服务质量全面提升。普邮全程时限显著提升；西部地区建制村投递频次、《人民日报》当日见报率提前达标；机要通信连续14年万无一失；乡镇网点覆盖率和建制村通邮率保持100%；125处边海防邮路全面开通。通过“开放共享、叠加赋能、建立生态”，不断丰富普遍服务内涵，提升运营质效，转型网点超4万个，零收入网点实现清零，网点点均收入从2018年的173.4万元提升至2021年的243.9万元，年均增幅12%。2021年邮务类业务累计收入同口径增幅7.28%。

金融业务发展质效稳步增长。邮储银行深入推进“五化”转型，加快打造一流零售商业银行，前三季度营业收入和净利润增速、净资产收益率（ROE）、拨备覆盖率均居六大行首位，不良率六大行最低。代理金融加快构建全产品链体系，形成储蓄存款、代理保险、理财类业务、电子支付等多元增收格局，实现收入1244.2亿元，增幅10.06%，创近五年新高。中邮保险加快价值成长，持续提升专业运营能力，新增长极战略地位日益凸显，完成收入1023亿元，对集团增收贡献率22%；净利润比上年增加2.4亿元；新业务价值超过去五年总和。中邮证券全面推进管理转型，夯实了发展基础。

寄递业务竞争优势加快重塑。着力提升发展质效，依托优势线路强营销、围绕够量市场提速度，开拓市场，全面压降成本，推动规模效益型发展成效初显，业务量迈上百亿新台阶，创造了历史新纪录。特快时限与行业最优旗鼓相当、快包时限达到历史最好水平；收寄、内部处理、投递、运输、管理支撑环节件均成本比上年下降；特快收入比上年增长21.1%，创近五年新高，“双11”当日特快业务量突破千万大关。

农村电商平台生态初步构建。加快“网点+站点”模式落地，分类推进站点业务叠加，实现42万站点全面激活；建成100个标准化农产品基地，“邮政农品”品牌效应进一步提升；成功举办第五届邮政“919电商节”。上下行双向商流规模136亿元，创历史新高。

二、全力推进改革攻坚，增动力激活力，深化改革“动力源”作用充分彰显

坚持统筹兼顾、突出重点，强化顶层设计、试点先行，深入贯彻落实国企改革三年行动方案，以全面深化改革有效激发了高质量发展的动力和活力。

多项顶层设计落地见效。科学谋划和实施“十四五”发展规划和各板块子规划；推动邮储银行完成300亿元定增，缓解了资本金不足等制约发展的根本性问题，提高了风险抵御能力；实现数字人民币系统的研发从无到有、功能由点到面、评分由低到高，为数字金融竞争集聚了优势；邮惠万家直销银行获开业批复，抢占金融生态竞争新高地；中邮保险成功引入友邦保险作为战略投资者，被评为年度最佳“金融服务业”并购交易，既补充了资本金，又完善了治理结构和运营机制；实现邮乐战略重组，解除邮乐原合同中的“竞业禁止”“估值无下限”“反稀释”等限制条款，打破了制约农村电商发展的锁链；完成中邮科技股份制改造并启动上市，为推进资产证券化、进一步深化混合所有制改革奠定了基础；推进董事会规范化建设，完善治理机制，提升了治理水平。

寄递五大改革持续深化。深入推进两集中改革，初步构建了统一管控的寄递网络运营体系，提升了管控效率、运营效益、资源效能。扎实推进陆运网改革，打破行政区组网，优化网络节点布局，压缩网络层级，减少了分拣和经转次数。有序推进运输改革，深化“小改大”“单改双”，加大多式联运力度，提高了运输管控和效能水平。大力推进邮区中心改革，压缩内设部门254个，精简各类人员1.1万人，包件车间处理效率提升43.4%，取得了减层级、减机构、减人员的良好成效。加快推进揽投网改革，加大自提网络建设，持续推动内部承包、外包代办、特许加盟等模式创新，进一步搞活揽投两端，激发了经营活力。

市场化机制加快建立。深入推进任期制和契约化管理试点，健全制度体系，相关改革全面启动；完善市场化招聘制度，强化全员绩效考核，加大薪酬分配向高效业务、创收环节、高绩效员工倾斜，初步构建了管理人员能上能下、员工能进能出、收入能增能减的市场化机制。各专业对标对表，按照“三大规律”积极推进资源市场化配置。

三、全力实施创新驱动发展战略，提能力建优势，科技赋能“助推器”作用充分彰显

坚持创新在发展全局中的核心地位，以新技术新模式

新工艺助推企业转型、能力提升、流程优化。

数智化转型提速发力。制订数字邮政规划、信息化规划、数据规划，夯实了科技赋能发展基础；深化业技融合，利用人工智能、大数据等新技术，提升网络组织、邮件跟踪、流程优化、市场营销、客户服务、服务“三农”等信息化能力；加强自动化、智能化技术研究，自主研发面单识别、异形件识别等AI算法，助力寄递“智能+”转型；邮储银行新一代信贷业务平台全面推广上线、新一代个人业务核心系统首批业务功能上线，构建以“邮储大脑”为核心的人工智能平台，实现了数据、算力、模型等AI资源的集约化管理。

寄递四大数据库建设成效初显。升级时限数据库，通过定标准、看执行、促对标、建优势，全面赋能优标准、稳时限、提速度；深化市场数据库，以客户画像、流失预警为抓手，有效赋能拓市场、促营销、增客户；完善成本数据库，初步实现五大环节成本及关键管控要素指标数据集成；基本建成服务数据库，赋能服务品质提升。

90个邮区中心工艺流程优化有序推进。聚焦疏通堵点、连接断点、分类实施、增能赋能，开展126项工艺优化项目，制定关键环节的标准化流程，采取人工矩阵升级为自动摆轮矩阵等优化举措，提高了自动化处理水平，有效支撑了“双11”单日峰值处理量再创新高。

四、全力服务国家重大战略部署，保大局抓落实，国家队“主力军”作用充分彰显

服务乡村振兴向深度广度拓展。持续做好定点帮扶工作，主动对接国家相关部委，成为推进乡村振兴系列国家举措的重要承接单位；在延伸惠农合作项目服务链的基础上，构建了服务乡村振兴工作体系，与中化集团共同打造全产业链一体化为农服务模式，与农业农村部联合召开助力新型农业经营主体高质量发展会议，系统推动了邮政服务乡村振兴工作的落地见效。

军民融合项目取得突破。构建了军民融合服务体系，持续推进被装被服配送、军队喜报专递、军人服务卡等重点项目，邮政航空完成军方高高原飞行任务，邮储银行获涉军对公合作银行资质，军队账户和存款取得历史性突破，得到军方高层高度肯定。

绿色邮政建设卓有成效。主动服务“双碳”战略，强化绿色包装治理，大力实施“2582”工程；扎实推进绿色运输；加快发展绿色金融，绿色贷款余额3723.05亿元，比上年增长32.52%。

重大风险底线牢牢守住。统筹发展和安全，慎终如始抓实抓细疫情防控，全年未发生重大金融风险和重大生产安全事故。

服务“一带一路”建设及雄安新区、粤港澳大湾区、海南自贸区等重大区域战略，彰显了央企责任担当。

五、全力提升企业党建质量，强阵地固堡垒，党建引领“定盘星”作用充分彰显

以建党百年为契机，以党史学习教育为引领，切实推动党建各项工作走深走实，为高质量发展提供了坚强保障。一是党史学习教育取得扎实成效。抓好“十学模式”，推动学党史有新进步、悟思想有新提升；各级邮政企业完成2.2万个“办实事”项目，做到办实事有新成效、开新局有新气象，得到中央第23指导组的高度肯定。二是基层党组织战斗堡垒作用充分发挥。建立党员联系无党员网点工作制度，推动党的工作有形覆盖、有效覆盖；开展党支部（党小组）“领题破题”活动，结题1.3万余项；开展党员“三亮三比三评”活动，“一个支部一座堡垒，一个党员一面旗帜”作用进一步彰显。

干部队伍结构持续优化。大胆使用政治素质好、专业能力强、敢于担当、群众认可的优秀干部，新提任党组管理领导人员44名，其中45岁左右的年轻干部占比近50%；拓宽选人用人视野，推动跨板块交流使用干部，公开引进保险、证券高端专业经营管理人才，领导班子的年龄、知识、专业和能力结构进一步优化。

巡视巡察工作取得预期成效。常规巡视、巡视“回头看”和专项调研综合运用，提前一年实现巡视全覆盖；加快进度与提升质量相结合，巡察覆盖率达到预期；常态化全面整改与专项重点整改互相结合，巡视巡察利剑作用进一步凸显。

党风廉政建设和反腐败斗争向纵深推进。锲而不舍落实中央八项规定精神，持续强化正风肃纪反腐，系统施治重点领域突出问题，一体推进不敢腐、不能腐、不想腐。全系统立案921件，给予党纪政务处分1067人，党风廉政建设和反腐败工作取得新成效。（集团公司综合部）

大事记

1月

4日 集团公司党组召开会议，专题听取相关部门关于2020年邮政系统青年理论学习工作情况的汇报，对持续推进全系统青年理论学习工作研究部署。

同日 邮储银行数据中心工会小组获得“中央和国家机关模范职工小家”称号，中国邮政速递物流股份有限公司机关工会主席牛志海获得“中央和国家机关优秀工会工作者”称号。

5日 《辛丑年》特种邮票首发仪式在中国国家博物馆举行。

同日 集团公司印发通知，要求各单位各部门时刻绷紧新冠肺炎疫情防控这根弦，统筹做好节日期间疫情防控和邮政生产经营工作。

同日 中央3个巡视组肯定邮政服务。中央第四巡视组向上海市邮政分公司发去感谢信，充分肯定了上海邮政为配合巡视相关工作所做的努力。中央第八巡视组在内蒙古自治区结束巡视工作后，对专用邮政信箱邮件寄递工作给予肯定，对呼和浩特市邮政分公司投递员任志超认真细致的工作态度给予高度认可。中央第十二巡视组向重庆市邮政分公司发去感谢信，肯定重庆邮政为巡视工作做出的积极贡献。

同日 “金牛贺岁——2021辛丑年生肖邮票展览”在中国邮政邮票博物馆正式开幕。

8—9日 集团公司2021年工作会议暨第一届第二次职工代表大会在北京召开。

10日 《中国人民警察节》纪念邮票发行，一套2枚，发行量800万套。

12—13日 中国共产党集团公司直属机关第一次代表大会在集团总部召开。

12日 邮储银行手机银行注册客户规模突破3亿户。

13日 全国邮政企业科技创新成果发布，89项成果被评为2020年全国邮政企业科技创新成果，其中一等奖10项、二等奖19项、三等奖30项，小技改、小发明奖30项。

同日 邮政系统4项创新成果荣获第二十七届全国企业管理现代化创新二等成果。

15日 中国邮政获评2019—2020年度受尊敬企业。

同日 中邮科技有限责任公司创新研发中心总经理戴奕、邮政科学研究规划院技术应用研究中心总经理孟硕、北京市邮政分公司北京邮区中心局火车运输分局押运三队押运班长曹玉胜获批享受国务院政府特殊津贴。

23日 2021年全国邮政经营服务工作会议召开，部署2021年度邮政经营服务工作。

27日 邮政系统10个集体获评“全国模范职工之家”，16个集体获评“全国模范职工小家”，6名个人获评“全国优秀工会工作者”。

28日 2021年集团公司党的建设暨党风廉政建设和反腐败工作会议召开。

同日 驻中国邮政纪检监察组通报近期查处的邮政企业领导人员违纪违法典型案例。

同日 集团公司召开2020年度党委书记抓党建工作现场述职评议会议。

同日 在2020中国企业社会责任云峰会上，集团公司获得“2020中国社会责任杰出企业奖”，中邮保险获得“2020中国社会责任优秀案例奖”。

29日 集团公司党组召开2020年度民主生活会。

2月

3日 寄递事业部正式开通海南离岛免税品邮寄送达服务，为离岛旅客将购买的免税商品邮寄至指定地址。

8日 中央广播电视总台央视综合频道《新闻30分·不一样的春节，一样的坚守》和央视新闻频道《新闻直播间》播出黑龙江省邮政人春节坚守岗位的新闻报道——《“林海雪原”间的乡村邮递员》。

9日 财政部任命韩文博、陈东浩、陈炳华为集团公司董事，相关任职按有关法律规定办理。

22日 集团公司召开党组（扩大）会议，传达学习习近平总书记在党史学习教育动员大会、中央全面深化改革委员会第十八次会议上和在中央政治局第二十七次集体学习时的重要讲话精神，研究贯彻落实意见。

23日 集团公司印发《关于进一步加快渠道平台转型的指导意见》，要求建立生态丰富的邮政特色商业模式，实现线上线下融合互动，实现“客流、商流、物流、资金流”四流融通，构建新一代邮政综合服务平台。

25日 国家邮政局与集团公司联合召开2021年全国邮政普遍服务工作电视电话会议，会议深入贯彻落实习近平总书记对邮政业重要指示精神，认真落实2021年全国邮政管理工作会议要求，回顾2020年邮政普遍服务工作，研究部署2021年重点任务。

同日 陕西省邮政分公司扶贫办主任梁军，贵州省天柱县高酿镇上花村第一书记、邮储银行台江县支行营业主管罗明元，邮储银行云南省普洱市分行会计员杨正海，青海省玛沁县下大武乡年扎村第一书记、邮储银行果洛藏族自治州班玛县支行行长扎西闹吾4人被授予“全国脱贫攻坚先进个人”称号。

同日 邮储银行在《银行家》杂志社“2021中国金融创新奖”评选中获“十佳零售银行创新奖”。

26日 中宣部命名第六批全国学雷锋活动示范点和岗位学雷锋标兵，湖北省恩施土家族苗族自治州邮政分公司退休干部陈泽维获评“全国岗位学雷锋标兵”。

3月

2日 集团公司对外发布《中国邮政绿色发展报告（2018—2020年）》，经过3年持续推进，中国邮政绿色发展水平实现整体跃升，取得了阶段性、可视化的成果，行业引领与示范作用不断加强，在推进生态环境保护上迈出了坚实的一步。

4日 集团公司召开党组（扩大）会议，传达学习习近平总书记在全国脱贫攻坚总结表彰大会、2021年春季学期中央党校（国家行政学院）中青年干部培训班开班式上的重要讲话精神，研究贯彻落实意见。

8日 集团公司以电视电话会议形式召开全系统党史学习教育动员大会，对邮政系统开展党史学习教育工作进行动员部署。

高标准推进党史学习教育（《中国邮政报》）

9日 全国城乡妇女岗位建功先进个人（集体）评选结果揭晓，全国邮政系统9个集体被表彰为“全国巾帼文明岗”，1名个人获评“全国巾帼建功标兵”，4个集体被授予“全国巾帼建功先进集体”荣誉称号。

18日 中国交通报社发布交通运输优秀文化品牌宣讲团第一批成员及宣讲人名单的通知，“其美多吉雪线邮路”等20多个品牌被聘为交通运输优秀文化品牌宣讲团第一批成员，其美多吉等同志（团队）为交通运输优秀文化品牌宣讲人。

同日 集团公司2021年采购管理工作会议召开，强调要按照集中、规范、公开、提效的原则，完善管理体系，以重点项目为抓手，推动降本增效取得实效。

19日 集团公司召开全国邮政农村电商发展推进会议，系统总结邮政农村电商一年来发展情况，深入分析当前形势，全力做好2021年度邮政农村电商工作。

同日 邮储银行成功发行300亿元无固定期限资本债券，发行票面利率4.42%。

23日 《人民日报》刊发文章《“贷”动农户拔穷根》，展示邮储银行助推打赢脱贫攻坚战和服务乡村振兴的生动实践以及取得的成效。

24日 邮储银行承销全国首单碳中和超短期融资券——中国长江三峡集团有限公司2021年度第二期绿色超短期融资券。

26日 集团公司党组启动年度第一批巡视工作。

同日 邮储银行邮储大脑机器学习平台系统获得人民日报社颁发的智能经济高峰论坛产业智能化先锋案例奖及中国通信协会颁发的第五届中国金融科技创新大会—2021年度金融科技与数字化转型创新成果奖。

29日 农业农村部与集团公司在北京市举行工作会谈，在推进农村电商发展、创新金融支农、完善农村物流、助推农民合作社高质量发展、参与农业社会化服务试点5方面初步达成共识，并成立联合工作组。

30日 集团公司2020年劳动竞赛总结表彰暨2021年启动会召开，表彰2020年劳动竞赛获奖集体和个人及“对标先进最佳实践奖”项目。

同月 寄递事业部获万国邮政联盟EMS合作机构颁发的2020年度“客户关怀”奖。

4月

1—2日 集团公司2021年财务工作会议召开，总结工作，分析形势，部署任务，提出以高质量财务管理工作助推邮政高质量发展。

7日 集团公司党组办印发《关于在中国邮政集团有限公司基层党组织开展“三亮三比三评”主题实践活动的通知》，旨在持续巩固深化基层党组织建设标准化规范化成果，推动邮政党建工作和企业中心工作深度融合，构建“六维共生”新邮政发展格局。

7—8日 2021年全国邮政审计工作会议召开，会议总结2020年全国邮政审计工作，安排2021年重点工作，强调要深化审计转型，提高审计质量，为构建高质量发展的新邮政保驾护航。

15日 集团公司在全系统开展“学党史听党话跟党走”邮政员工党史知识竞赛活动，旨在庆祝中国共产党成立100周年，推动邮政员工学党史、悟思想、办实事、开新局，增强“四个意识”、坚定“四个自信”、做到“两个维护”。

17日 第三届“强邮论坛”暨现代流通体系创新发展及邮政快递业高层次人才培养峰会在北京举办，国家邮政局、商务部、集团公司、相关高校、行业知名企业及媒体200余名代表参加。

18日 邮储银行新一代分布式核心系统技术平台成功投产上线并同步启动旁路验证，这是国有大行中首个采用企业级建模方法与分布式架构搭建的核心平台。

19日 2021年全国先进女职工集体和个人表彰大会在人民大会堂举行。云南省罗平县邮政分公司女子投递组荣获“全国五一巾帼标兵岗”称号，广东省广州市邮政分公司珠江新城投递部投递员杜碧媛、广西壮族自治区南宁市邮政分公司寄递事业部金象营业部揽投部经理邓艳芬荣获“全国五一巾帼标兵”称号。

22—24日 由中央广播电视总台联合国家统计局、集团公司、北京大学国家发展研究院等单位共同推出的“中国美好生活城市（2020—2021）”发布盛典系列活动在四川成都举办。

25—27日 习近平总书记在广西考察期间，来到象山景区主题邮局视察，详细了解宣传漓江专题邮票、邮政窗口销售发行党史学习教育系列丛书情况，对邮政工作提出了重要指示要求。

象山景区主题邮局（《中国邮政报》）

26日 中国邮政邮票博物馆获“北京市爱国主义教育基地”命名。

同日 驻中国邮政纪检监察组通报7起违反中央八项规定精神问题。

同日 中邮保险引战项目在上海联合产权交易所公开披露挂牌信息。

27日 庆祝“五一”国际劳动节暨“建功十四五 奋进新征程”主题劳动和技能竞赛动员大会在北京人民大会堂举行，中国邮政有3个集体荣获“全国五一劳动奖状”，13个集体荣获“全国工人先锋号”，10名个人荣获“全国五一劳动奖章”。

30日 交通运输部召开视频报告会，揭晓“2020年感动交通十大年度人物”评选结果，其中湖北省武汉市江岸区邮政分公司上海路揽投站投递员徐龙等4个集体和个人荣获“2020年感动交通年度特别致敬人物”称号。

5月

6日 湖北省武汉市江岸区邮政分公司上海路揽投站投递员徐龙荣获“中国青年五四奖章”，邮航运行控制中心团支部荣获“全国五四红旗团支部（团总支）”称号，山西省稷山县邮政分公司柜员吴珂莹荣获“全国优秀共青团员”称号，重庆市万州片区邮政分公司团委书记李璐君荣获“全国优秀共青团干部”称号。

同日 邮储银行在总行设立一级部数字人民币部。

7日 集团工会二届五次全委（扩大）会议召开，总结2020年工作，部署2021年任务。

8日 由工业和信息化部、中国人民大学和邮储银行共建的“中小企业研究院”正式揭牌成立。

11—12日 2021年全国邮政寄递业务工作会议在安徽合肥召开，会议强调要聚焦关键问题、靶向解决问题，以关键问题突破实现寄递业务可持续发展。

14日 新版中邮证券VI形象正式发布。

17日 由故宫博物院和集团公司主办，中国集邮有限公司、北京邮来邮网络科技有限公司承办的“国家名片 紫禁瑰宝——故宫主题邮票特展”在故宫博物院斋宫展厅举办。

同日 邮储银行正式签署采纳《负责任银行原则》，加入联合国环境规划署金融倡议，成为第二家签署PRB的中资国有大型商业银行。

25日 集团公司发出《关于全面推进邮快合作下乡进村的通知》，在2020年试点基础上，要求进一步在全国范围全面推进邮快合作工作。

同日 交通运输部办公厅公布2020年度交通运输青年科技英才名单，中邮科技创新研发中心产品研发室经理徐草、邮政科学研究规划院寄递研究所副所长陈刚、石家庄邮电职业技术学院副教授王艳丽入选。

29日 《人民日报》第7版以《风雪无阻为百姓》为题，报道四川省阿坝藏族羌族自治州若尔盖县邮政分公司乡邮员哈弄夺机的先进事迹。

同月 11183客户服务中心在呼叫中心行业中国客户服务节荣获“2021年中国客户服务节优秀服务品牌（百佳榜）”称号、广州中心荣获“2021年中国客户服务节最佳学习型组织”称号。

同月 邮储银行与公众环境研究中心（IPE）合作开展碳核算试点工作。

6月

7日 交通运输部、公安部、中华全国总工会联合印发通知，公布2020年“最美货车司机”名单。100名2020年“最美货车司机”中，邮政员工有7名，其中，西藏阿里地区邮政分公司的桑布获评2020年“十大最美货车司机”。

同日 邮储银行战略发展部研究分析处副处长娄飞鹏荣获“中央和国家机关青年学习标兵”称号。

8日 海峡两岸邮政交流协会第二届理事会第二次会议在北京召开，会议传达学习2021年中央对台工作会议精神，审议并通过海峡两岸邮政交流协会2020年工作总结和2021年工作要点、海峡两岸邮政交流协会2020年财务报告。

行驶在雪域高原上的邮车（集团公司综合部）

同日 党史学习教育中央第二十三指导组到集团公司指导工作，传达党史学习教育中央指导组培训会议精神，介绍指导组的职责义务，对邮政系统前期党史学习教育成效予以肯定。

9日 集团公司召开建党100周年庆祝活动期间安全及服务保障工作动员部署电视电话会议，要求确保邮政寄递渠道安全畅通，确保邮政企业平稳运行，为庆祝活动营造安全稳定的邮政服务环境。

10日 集团公司对河北省邮政分公司等7个省分公司，邮储银行河南省分行等6个一级分行，北京市平谷区邮政分公司等31个县（区）分公司，邮储银行北京市房山区支行等36个县（区）级支行授予“2020年度服务乡村振兴先进单位”荣誉称号。

11日 驻中国邮政纪检监察组通报邮政企业9起漠视侵害员工利益问题。

同日 寄递事业部基于市场化运营的大客户营销中心成立，推行项目制运营，首期纳入9大项目。

12日 《人民日报》以《激发高质量发展活力》为题报道集团公司开展党史学习教育的做法、经验。

21日 中央宣传部新命名111个全国爱国主义教育示范基地，中国邮政邮票博物馆入选新命名全国爱国主义教育示范基地名单。

23日 北京冬奥会组委会与集团公司在国家速滑馆共同举行《北京2022年冬奥会——竞赛场馆》纪念邮票首发仪式。

24日 2021年全国邮政网路运营工作电视电话会议召开，确保网运各项目标任务落实落地，加快打造面向市场、面向客户、面向竞争的全新寄递网络，构筑竞争优势。

同日 中央和国家机关优秀共产党员、优秀党务工作者和先进基层党组织表彰大会召开，邮政9人4集体获中央和国家机关“两优一先”表彰。

25日 友邦保险有限公司作为符合投资者条件的意向投资方，通过上海联合产权交易所报名登记摘牌，成为中邮保险的意向投资人。

28日 中国邮政启动新一轮大提速。此次邮政大提速覆盖全国“1000+”城市，多省（区、市）地区实现运邮次日达。

同日 全国“两优一先”表彰大会在北京人民大会堂举行，6位邮政员工荣获“全国优秀共产党员”称号。

同日 在英国《银行家》杂志（The Banker）公布的2021年“全球银行1000强排名”榜单中，邮储银行按一级资本位居第15位，较上年上升7位；按总资产位居第19位，与上年持平。

29日 《中国共产党成立100周年》纪念邮票和纪念封发行，这是建党周年系列邮票中发行枚数最多、表现内容最广、发行规格最高的一套。

同日 6名获得“全国优秀共产党员”称号的邮政党员和其他“两优一先”受表彰人员在人民大会堂参加“七一勋章”颁授仪式，并受到习近平总书记接见。

同日 集团公司发布《中国邮政服务乡村振兴战略2021—2022年行动方案》。

同日 邮储银行成为首批双创ETF基金托管行之一，实现邮储银行ETF基金托管零突破。

同日 集团公司、中邮保险与友邦控股、友邦保险有限公司签署协议，中邮保险与友邦计划在业务发展、赋能协助等方面开展深入合作。

30日 邮储银行正式纳入军队对公合作银行。

同月 寄递事业部获得“2021绿色发展榜样企业品牌”，该奖项由新华网主办的“第七届绿色发展论坛”授予。

同月 邮储银行投资全国首单绿色个人汽车抵押贷款资产支持证券。

7月

2日 集团公司党组传达学习贯彻习近平总书记在庆祝中国共产党成立100周年大会上的重要讲话精神。

7日 万国邮联肯定中欧班列“中国邮政号”专列为

保障中欧间物流运输安全通畅做出的重要贡献。

同日 中央第二巡视组致信感谢杭州市邮政分公司服务工作。

同日 “迎建党百年展邮政风采”全国邮政职工随手拍邮票照片设计大赛获奖作品展在中国邮政邮票博物馆举办。

12日 在央视财经频道《红色财经·信物百年》节目第42集《全套苏维埃邮政邮票》中，集团公司党组书记、董事长刘爱力作为信物讲述人，从苏维埃邮政邮票切入，讲述中国邮政的红色历史。

13日 集团公司印发实施方案，要求全系统认真学习贯彻习近平总书记在庆祝中国共产党成立100周年大会上的重要讲话精神。

16日 集团公司召开客户体验三年工程工作推进会议，要求进一步增强全系统对客户体验重要性的认识，部署下一步客户体验工作，切实以客户视角驱动邮政服务质量持续提升，夯实邮政高质量发展根基。

21日 集团公司党组决定于7—8月在全系统开展“党风廉政警示教育月”活动，旨在深入推进邮政企业党风廉政建设，进一步强化警示教育，常态化开展党性教育和廉洁教育，坚持深化“以案促改、以案治本”。

26日 邮储银行向河南省捐款人民币2000万元，用于支持当地灾情救助和灾后重建工作。

28日 邮储银行承销全国首单可持续发展挂钩债权融资计划——山西国际电力集团有限公司2021年度第三期债权融资计划。

30日 邮储银行正式成为气候相关财务信息披露工作组（TCFD）的支持机构。

同月 寄递事业部完成922万件高考录取通知书寄递服务工作，服务新生900多万人次。

8月

2日 中国邮政在2021年《财富》世界500强排行榜单中排名第74位，首次进入世界前80强。

4—5日 2021年中国邮政集团有限公司工作座谈会以视频会议形式召开，会议强调要以党的百年华诞为动力，以高质量发展为主题，强力推动抓实抓细抓落地，奋力开创中国邮政新局面。

6日 集团公司召开疫情防控工作电视电话会议，专题分析当前疫情形势，研究安排部署防控举措，强调从严从细做好全系统疫情防控各项工作。

9日 第27届万国邮联代表大会在科特迪瓦阿比让开幕，大会采取线上线下相结合的方式举行。中国代表团由外交部、国家邮政局、中国邮政集团有限公司、香港邮政署、澳门邮电局等代表组成。

16日 西藏自治区党委、政府与集团公司举行工作会谈，双方一致同意完善工作推动机制，加强日常沟通交流，在定日等地开展全方位试点合作，逐步全面推开。

19日 邮储银行在全国银行间债券市场成功发行600亿元二级资本债券。

26日 人力资源和社会保障部公布第十五届中华技能大奖和全国技术能手名单，河南省新乡市邮政分公司寄递事业部周新伟荣获“全国技术能手”称号，山东省分公司被评为“国家技能人才培育突出贡献单位”，广东省邮政分公司培训中心黄敏芳被评为“国家技能人才培育突出贡献个人”。

27日 集团公司党组以现场和电视电话会议相结合的形式，在全集团范围举办学习贯彻习近平总书记“七一”重要讲话精神专题宣讲报告会。

9月

2—7日 2021年中国国际服务贸易交易会在北京举行，中国邮政设有展区专门展示新技术、新模式和新成果。

3日 集团公司党组启动年度第二批巡视工作。

同日 集团公司召开深化落实中央八项规定精神警示教育电视电话会议，通报近期查处的27起邮政企业违反中央八项规定精神典型问题。

8日 集团公司召开“扎实开展邮区中心写实工作、持续深化邮区中心改革”推进会议，对前期改革工作进行小结，对下一步工作进行部署。

9日 西藏自治区党委、政府向集团公司发感谢信，对集团公司在《西藏和平解放70周年》纪念邮票发行工作中所做出的努力表示感谢。

10日 集团公司召开2021年全国邮政巡视整改工作推进视频会议，通报上半年全系统巡视整改工作总体情况、取得成效、存在的主要问题及典型案例，并提出下一阶段工作建议。

14—19日 “2021集邮周”活动在全国范围内展开，活动以“百年征程，邮记初心”为主题，设置6个主题日活动和4个有奖活动。

14日 新华社与集团公司在北京市联合召开2022年度新华社重点报刊发行电视电话会议，启动2022年度报刊大收订工作。

15日 《中华人民共和国第十四届运动会》纪念邮票发行。

同日 全国寄递揽投部、营业支局网点、邮乐购站点上线“快递100”到站寄件业务。

16日 第五届中国邮政“919电商节”在北京启动。

19日 第20届“全国青年文明号”集体评选结果揭晓，1881个创建集体被认定为“全国青年文明号”，其中22个邮政集体上榜。

22日 集团公司以电视电话会议形式召开全国邮政

代理金融专业会及邮政金融（2021—2022）跨年度营销启动会，全面部署邮政金融（2021—2022）跨年度营销工作。

25 日 中国企业联合会、中国企业家协会连续 20 次向社会发布“中国企业 500 强”名单，中国邮政位列第 26 位。

26 日 中邮保险正式向中国银保监会报送《关于增加注册资本和新增股东的请示》。

27 日 集团公司直属机关工会第一届会员代表大会第一次全体会议在北京召开。

同日 集团公司举行“请党放心 强国有我”全国邮政青年职工演讲比赛决赛，采用线上竞演的方式进行，同步面向全系统员工线上直播。

29 日 集团公司召开电视电话会部署“双 11”旺季生产工作。

同日 中邮证券重庆市分公司正式挂牌成立。

同月 寄递事业部参加联勤保障部队组织演习，开展中国邮政国防交通专业保障队伍训练活动。

10 月

9 日 集团公司党组书记、董事长刘爱力发表第 52 届世界邮政日致辞《坚持创新驱动 提升发展质效 走好新时代中国邮政“长征路”》。

同日 中国邮政正式成为杭州 2022 年亚运会、亚残运会官方邮政服务独家供应商。

12 日 党史学习教育中央第二十三指导组到基层网点——邮储银行北京市香山支行和香山邮政所，就“我为群众办实事”推进落实情况调研指导，推动中国邮政党史学习教育走深走实。

12 日 邮储银行在河北雄安新区落地全国首笔数字人民币支付非税电子票业务。

15 日 人民银行、银保监会发布国内系统重要性银行名单，邮储银行经评估认定后入选国内系统重要性银行序列。

同日 寄递事业部在“第五届寄递行业网络安全峰会”上获“安全先锋奖”。

19 日 第十二届中国电子商务物流大会上，寄递事业部获中国物流与采购联合会颁发的 2 项“2021 年电子商务物流创新案例”奖。

21 日 以“溜索姑娘”——云南省迪庆藏族自治州德钦县云岭乡乡邮员尼玛拉木真实故事改编的电影《信者》在北京首映。该电影由国家邮政局精神文明建设指导委员会办公室指导，集团公司授权并协助拍摄。

29 日 邮储银行挂牌成立全行首家碳中和支行——广东省高州市长坡碳中和支行。

11 月

2 日 党史学习教育中央第二十三指导组到集团公司指导工作，传达了党史学习教育中央指导组座谈会精神，对邮政集团前一阶段党史学习教育给予充分肯定，并对下一步党史学习教育提出了四点要求。

9 日 中邮证券获得“2021 年中国证券业投资者教育团队君鼎奖”。

12 日 集团公司召开党组（扩大）会议，第一时间学习中国共产党第十九届中央委员会第六次全体会议精神。

同日 中邮证券与中债金融估值中心有限公司联合发布“中债—中邮证券优选碳中和绿色债券指数”。

18 日 摩根士丹利资本国际公司发布 2021 年环境、社会及治理最新评级，邮储银行评级升为 A 级。

19 日 集团公司党组理论学习中心组召开学习（扩大）会议，全文学习《中共中央关于党的百年奋斗重大成就和历史经验的决议》和习近平总书记关于《中共中央关于党的百年奋斗重大成就和历史经验的决议》的说明。

30 日 邮储银行获得标准债券远期业务资格。

12 月

3 日 第十七届（2021 年）全国邮政企业管理现代化创新成果发布，48 项成果荣获全国邮政企业管理现代化创新成果奖。

4 日 国际金融论坛揭晓第二届“IFF 全球绿色金融奖”评选结果，邮储银行获“全球绿色金融奖——创新奖”。

5 日 国家邮政局党组书记、局长马军胜到集团公司调研并召开座谈会，强调要全面贯彻党的十九届六中全会精神，认真落实习近平总书记关于邮政快递业重要指示精神，坚定信心保持定力，巩固发展邮政普遍服务，

数字化发展（集团公司综合部）

做强做大邮政寄递主业，推动中国邮政实现高质量发展。

6日 农业农村部、中国邮政、中国中化联合召开“深化社企对接助力新型农业经营主体高质量发展”视频会议。

7日 第四届内地与港澳邮政高峰会议以视频会议方式在北京、广州、香港和澳门四地联合举行。

同日 集团公司党组印发关于深入学习宣传贯彻党的十九届六中全会精神的通知，对全集团学习宣传贯彻党的十九届六中全会精神作出安排部署。

8日 截至15：48，中国邮政EMS年快递量突破100亿件。

同日 中国邮政第二届产销对接会暨2022年年货节在北京启动，进一步落实国家乡村振兴战略，推进邮政惠农合作，打造“邮政农品”品牌，构建产销对接服务体系，全力做大农村电商商流规模。

同日 中邮证券天津市分公司正式挂牌成立。

9日 2021年度交通运输文化建设优秀成果发布，湖北省武汉市邮政分公司等10家邮政单位和杨小合等8名邮政个人获得“交通运输文化建设综合优秀成果”奖；邮储银行北京海淀区香山支行等32家邮政单位获得“交通运输文化建设专项优秀成果”奖。

10日 邮政融媒体平台指挥调度中心启动仪式暨2021年中国邮政报社全国记者站站长会通过融媒体平台直播系统，以线上线下结合形式举行。

同日 集团公司《发挥邮政优势构建服务体系打造邮政特色消费帮扶模式》等54个案例获评2021年全国消费帮扶助力乡村振兴优秀典型案例。

13日 集团公司党组召开扩大会议，传达学习中央经济工作会议精神，研究部署全集团贯彻落实工作。

同日 集团公司与新华社、中共中央党校（国家行政学院）学习时报社联合召开2022年度全国邮政报刊大收订推进工作电视电话会议。

17日 集团公司发布《中国邮政“十四五”发展规划和2035年远景目标》。

19日 集团公司与新华社合作推出微视频《邮路上的红色血脉》。

21日 集团公司发出通知，对各省（区、市）邮银加快贯彻落实“深化政企对接促进新型农业经营主体高质量发展交流活动”会议精神作出部署。

同日 集团公司印发《关于进一步加强中国邮政科技创新体系建设的指导意见》，明确了“十四五”时期中国邮政科技创新体系建设的指导思想、基本原则、总体目标和重点任务。

31日 中国邮政航空公司2021年安全运行工作收官，全年安全飞行4万余小时，邮政航空实现第25个安全年。

同月 集团公司全面推进实施国企改革三年行动（2020—2022年）。

同月 中国邮政印发《中国邮政集团有限公司邮政普遍服务管理办法（试行）》，确立推动邮政普遍服务高质量发展，满足新时代经济社会发展和人民对美好生活用邮需求的总任务。

网路运营

◇ 邮路

◇ 处理中心

◇ 运行

【概述】

一、时限提速

普遍服务邮件传递速度。优化普通邮件运营标准，提出“四增五优”，改进现行普通邮件运输方式，对全程陆运方式无法达到2.4天的中远途线路，可综合利用航空发运方式，确保省会城市互寄时限达标。围绕省会间互寄普通邮件时限2.4天的目标，集中审核编制优化路由计划。全面推行信函、印刷品、包裹邮件运行质量结算考核。直辖市、省会城市互寄普通邮件全程时限由提速前的3.12天缩短至2.24天，达到2.4天提速目标，达到财政部考核要求。

包裹快递时限。推行“路长制”时限管控体系，建立“集团、省、市三级路长＋两级时限管控组”管控体系，构建全国路长制领导人员机构树，组建省级路长工作群，确保“责任明确、系统治理、上下联动、部门协同”。主动推送时限异常指标，定期通报各级路长时限管控评价结果，建立生产异常问题分类管理机制，推动路路有人盯、环环有人管。945条线路时限标准提升1天以上，其中时限提升至T+2线路数增加128条。开展“6·28”大提速，新增优势邮路1001条，如长春—重庆、西安—南宁、南京—莆田等7439条重点省际线路与竞争对手在时限上相当，快包全程时限与竞品差距从落后7.5小时缩短至2小时以内。特快达成率提升3%，快包时限达成率提升5.6%。

网路运营质效。推行过程结算考核，优化考核机制。特快内部处理及时率提升至96.1%，及时妥投率提升至95.7%；快包内部处理及时率提升至93.9%，及时妥投率提升至98.7%，信息丢失率下降至万分之四。省会中心局包件处理成本0.35元/件次，比上年下降7%；单位运输成本0.74元/吨公里，比上年下降3%。

投递服务质量。投递包裹快递104.25亿件，比上年增长30.50%。其中，特快15.19亿件，比上年增长33.4%；快递包裹89.06亿件，比上年增长30.02%。特快当频妥投率95.32%，比上年提高8.66%；快包当日妥投率97.94%，比上年提高3.68%。做好高考录取通知书投递服务工作。至9月30日，收寄的921.2万件高考录取通知书邮件全部妥投。

2021年北京首件高校普招录取通知书送达（《中国邮政报》）

重点项目运营。苹果公司项目发售当天20点前邮件准时送达率100%，无丢失破损，无客户投诉，水平超过竞品。连云港医药项目发货1.1万件，准时送达率100%，丢失破损率0，投诉率0。旺季期间，良品铺子、当当网、腾讯等重点项目得到客户高度评价。

二、五大改革

两集中改革。围绕“网络规划系统性不够、网络管理集中度不够、网络调度敏捷性不够”，按照“集团管省际、各省管省内”原则，初步构建两级集中的管控框架。在“规划建设、流程设计、标准制定、时限管控、指挥调度、质量考核、资源管理、运营提效”8个方面推行集中管控，提升寄递网在网建、网管、网控方面的整体性、统一性、协同性。

陆运网改革。统一设置全网90个省际中心和254个本地中心，分步推进本地中心建设和省内网优化工作。完成陆运网整体规划，15个省际中心跨行政区划覆盖25个地市，856个区县打破行政区划通过邻市本地中心就近入网。推动省际运输扁平化，46个核心省际节点间直达比例84%。压缩网络层级，减少邮件分拣和经转次数，分拣次数下降到2.12次，基本接近行业水平。

运输方式改革。深化“小车改大车”“单边改往返”“经转改串行”，推行甩挂运输，加大多式联运力度，推进高铁运邮。省际大车发车占比提升至35%，正班往返邮路占比提升至80%。签订《中邮速递和中铁快运业务合作协议》，开通高铁邮路108条，完善自主航空网络，开通海口—南京正班邮航航线，拉直重庆—长沙—南京、石家庄—郑州—南京两条串行邮航航线，推进民航使用，新开通民航邮路97条。建立并完善网业联动机制，实现航班运行和装载情况共享，开展重点线路专线促销。

中心局精益化改革。推广应用《处理中心运营管理手册》，开展效率提升专项工作，设定效率目标值，各省对照差距，分析问题，优化生产流程。“双11”期间粗分摆轮单条分拣效率提升88%，小件分拣机单个供件台效率提升45%，双层分拣机单个供件台效率提升12%，全网（省际中心＋本地中心）处理包裹快递邮件13.9亿袋件，折合散件19.2亿件，峰值日处理量逾1.4亿件。推进作业标准和定额标准应用工作，按照“后进赶先进、中间争先进、先进再先进”对标原则，全面梳理和优化省际中心生产流程、工艺流程及考核激励机制，推行生产效率定额化管理。推进“精细化”集包，将集包工作从“集得多”向“集得好”转变，快递包裹全量集包比例稳定在70%以上，应集必集完成率持续稳定在90%以上，通过集包单日节约处理成本 471 万余元。

揽投网改革。推进“快包自提 + 甩点直投”，快递包裹自提率提高到 57%，江苏、安徽、河南、福建、宁夏等省（区）“集包甩点直投”效果明显。在重点城市揽投部实施网格化作业、动态排班，网格化率 95%，31 个省（区、市）均达 90% 的年度目标。推进揽投网点优化布局，与中邮信科合作，借助大数据分析、选址及路径优化算法、电子地图可视化开发等手段，优化完善揽投网点智能规划模型，在西安、中山等市组织模型试点应用。制定系列标准，提升揽投端的标准化、规范化管理，增强揽投能力，提升服务品质。

三、信息化生产

优化环节生产流程。开展全环节关键标准信息采集，全环节设立标准采集点 50 个、核心采集点 19 个，优化异常邮件处理流程，推动验单机制变革。通过系统自动发验持续减少无效验单。按照同口径对比，上线自动发验后日均验单数量下降 34.64%，72 小时自动结案率 95%。强化对无收寄信息邮件拦截，全网拦截无收寄信息邮件 35.6 万件。

优化能力保障体系。提高能力配置标准。由按每日处理 20 小时配置能力调整为按照最忙频次平均小时效率需求配置能力。对 90 个省际中心进行现场写实，制定完成 2021 年工艺优化措施及推进方案。推进新技术试点应用，在合肥摆轮矩阵的出袋粗分线上增加通道式 RFID 识读设备，总包识读率 97.43%（六面扫 +RFID 识读），提高 38.7%。在成都探索 5G+RFID 技术在总包异形件人工处理胶带环线的试点应用，包裹处理效率提升到 2618 件 / 小时，效率提升 43.5%，增加 18018 件 / 天的包裹处理能力。推进建设设备集中维护保养体系，组织建立设备技术人才库，推进自动化分拣设备远程集中监控平台建设。

智能寄递网络建设。完成省际干线网络规划、全网流量流向业务量预测、处理中心业务量预测、投递点业务量预测等功能开发。优化完善“中邮寄递管理”APP 相关功能，推广上线路长制时限指标异常问题主动预警推送功能，增加预警升级推送机制。完善时限四库功能模块，增加时限看板可视化展示；推广应用中国邮政地理信息平台（GIS 平台），推进揽投环节科技赋能，推广应用投递路径智能规划功能，自动规划当频投递路径。（寄递事业部）

邮 路

【太原—石家庄不定期邮路开通】 由于新冠肺炎疫情多点暴发，河北尤为严重，石家庄—太原邮路因此中断。为解决积压邮件问题，1 月 23 日，太原邮区中心局开通太原—石家庄（晋临 1）不定期邮路。太原中心局执行太原—石家庄（晋临 1）邮运任务两趟次，运输邮件 3400 余件，全部安全、准时、顺畅送达。（《中国邮政报》2 月 3 日）

太原—石家庄不定期邮路开通（《中国邮政报》）

【江苏省泗洪交邮联运快递专线试运营】 6 月 9 日，江苏省宿迁市泗洪县孙园镇交邮联运快递专线正式启动，开始试点运营。

为解决快递企业出于成本考虑，邮件只配送到乡镇，未在农村建立服务点，从上至下的物流体系没有建设到位的问题，泗洪县交通局与泗洪县邮政分公司此前多次对接研讨，组织到乡镇、村部实地调研，了解邮件分布情况，最终确定通过“客运 + 货运两网合一”模式解决末端投递问题，将孙园镇客运站试点改造为孙园镇快递运营中心，结合村镇公交车、村邮站等资源完善末端物流网络，深入推进农村物流体系建设。

此次试点运营的线路按照 2 个投递段道、15 个村居设置公交经转路线，利用农村客运车辆通达各建制村的优势和特点，将邮件、党报党刊等投递到村到户，同时将农产品带上来，助力乡村振兴。

在孙园站点，各功能区独立运营，共设有营业区、分拣区、集包区、自提区、普遍服务区 5 个服务区域。进口邮件按投递性质分类：自提邮件经电话联系后存放在自提架，待收件人自行取件；投递到户邮件由投递员按地址投递，保证客户用邮体验；村部邮件以村为单位，按照对应格口集包装袋，由镇村公交车带件至村级站点，以此提高运营效率，有效节约运营成本。

经泗洪县邮政分公司与县商务局会谈决定，该县电子商务进农村综合示范项目中的三级物流体系建设切块资金剩余的 500 万元全部用于交邮联运项目，为县域物流中心生产设备升级智能化、乡镇站点功能多样化、村级服务站

点设备齐全化提供支撑，着力解决“最后一公里”的物流“瓶颈”。（《中国邮政报》6 月 22 日）

【“西宁—南京”航线开通】 1 月 7 日，中国邮政自主航空网“西宁—南京”航线正式开通。至此，西宁从 EMS“全夜航”集散网覆盖城市，晋升为 EMS“全夜航”集散网节点城市，西宁本口寄往全国主要大中城市的标快邮件实现次晨达和次日递。

这是继 2020 年 12 月 22 日开通“银川—南京”航线后，中国邮政开通的又一条“冷鲜肉”航线，成为青海优质牛羊肉运往全国各地的快捷空中通道。“西宁—南京”航线班期为一周 7 班，每天运行一班，由邮航新一代机型 B737—800F 执飞。（《中国邮政报》1 月 12 日）

【“海口—南京”航线开通】 11 月 2 日，中国邮政“海口—南京”正班往返航线正式开通。该航线每周运行 5 班，周二至周六每天一班。“海口—南京”航线是中国邮政进一步释放寄递主渠道优势，主动服务国家“双循环”战略和全面推进快递业“两进一出”工程的又一务实之举，同时也是连接海南本岛至长三角地区的邮政首条空中货运航线，通过连接经济发展活跃的两个区域，促进南京及周边城市和海口及周边城市的航空快件货运市场发展。（《中国邮政报》11 月 3 日）

【内蒙古最西部盟市开通二级干线航空邮路】 2 月 3 日，内蒙古最西部的阿拉善盟邮政分公司正式开通阿拉善左旗—呼和浩特航空二级干线邮路。每日早晚由阿拉善左旗飞往呼和浩特的两个民航航班均可带运邮政特快邮件，预留机舱容量 600 公斤。该邮路的开通是阿拉善盟分公司深化网运改革、提升邮件运递能力的重要举措，改变了阿拉善盟出口区内特快邮件经银川中心局多次经转的邮运历史，直接通过呼和浩特本转、经转带运阿拉善盟出口区内东部四盟（市）、中部五盟（市）特快邮件，阿拉善盟出口特快邮件时限水平提高 24 小时以上，出口区内邮件实现隔日递，呼和浩特及周边盟（市）实现次日递。内蒙古西部地区邮政普遍服务能力由此得到增强，邮政特快专递竞争力大为提升。（《中国邮政报》2 月 9 日）

【邮航成功首飞阿里昆莎高高原机场】 12 月 12 日，“成都—阿里”航线首飞成功。此次飞行成功与此前“成都—拉萨”“兰州—格尔木”航线的验证试飞成功，标志着中国邮政航空已具有高高原机场运行能力、中国邮政自主航空网具备覆盖青藏高原主要城市的能力，为中国邮政“坚持‘政’字当先、普服为‘根’，实现普服质量稳步提升”提供了空中运力的保障，也为进一步落实《国家综合立体交通网规划纲要》和助推地方经济社会发展提供了有力的支撑保障。（《中国邮政报》12 月 15 日）

【湖南省邮政分公司测试俄向邮件卡班运输】 5 月 10 日，装载 1.1 吨邮件的陆运货车通过长沙国际邮件互换局卡口，发往俄罗斯。这是湖南邮政国际业务分公司首次进行“长沙—俄罗斯”陆运卡班业务的测试，邮件在长沙邮局海关清关后由监管车运输至阿拉山口口岸，经承运商在阿拉山口口岸换车至新西伯利亚。卡班运输是定时、定点出发，准点到达的一种运输方式。“长沙—俄罗斯”陆运卡班发运全程 4032 公里，计划用时 72 小时。一些带电产品、化妆品等不符合航空发运要求的产品均可通过陆运卡班发运至境外。（《中国邮政报》5 月 14 日）

中国邮政航空 B757—200F 阿里昆莎机场高高原首飞成功（《中国邮政报》）

【邮政班列“天山号”首发开行】 11月26日，“丝路电商”邮政班列“天山号”从新疆乌鲁木齐西货场首发开行，前往哈萨克斯坦阿拉木图。首发班列搭载50个集装箱，包含家用电器、日用品、服装和箱包等，总重约600吨，货值约2950万元。班列通过境内跨境电商平台及本地电商客户将内地义乌、深圳等货源地商品集结乌鲁木齐，交寄新疆邮政发运至中亚、欧洲等地。（《中国邮政报》11月27日）

【“哈尔滨—莫斯科”航空货运专线开通】 6月1日，由黑龙江省邮政分公司运营的“哈尔滨—莫斯科”航空货运包机实现首航发运。“哈尔滨—莫斯科”货运包机计划每周发运3班，可满足客户一般贸易大宗货物及跨境电商等类型货物的寄递需求。该航空货运专线与原有的“哈尔滨—绥芬河—叶卡捷琳堡”公路及公铁联运通道形成优势互补，为客户提供对俄出口功能健全、渠道多样的物流通道。（《中国邮政报》6月4日）

【“广州—大连—首尔”临时邮路开通】 6月23日，“广州—大连—首尔”国际临时邮路顺利开通，这是辽宁省邮政分公司发挥专线优势首次应急保障广东韩向邮件经转大连口岸快速出境。

5月底以来，受新冠肺炎疫情影响，广州部分国际航班出现停航、减班，国际邮件航空运能不足，邮件运输时效受到影响。为缓解广州口岸发运困难，保障民众寄递需求，保障产业链、供应链稳定运行，集团公司决定开通临时邮路，利用“大连—首尔”邮航专线自主航空运能，将广东的韩向国际邮件经转至大连进行发运。接到集团公司紧急调令后，辽宁省邮政分公司立即组建工作组，研究制定运输方案，沟通协调海关、机场等部门，做好配套通关保障。同时，大连市邮政分公司也迅速行动，做好运输车辆衔接，制订消杀防疫计划，配备装卸处理人员，确保邮件随到随卸、及时发运。仅30余个小时，开通临时邮路所有准备工作全部就绪，第一批邮件从广州国际邮件互换局顺利发往大连。（《中国邮政报》6月25日）

【“郑州—欧洲”运邮专线过百班】 4月5日，一架载有9.5吨邮件和54吨货物的飞机从德国法兰克福出发，落地郑州新郑机场，标志着中国邮政“郑州—欧洲”定期全货机邮件专线突破100班。该专线自2020年6月23日开通运营后，河南出口至欧洲方向的国际邮件传递时限缩短至4～6天。北京、上海、广州、深圳等邮政口岸出口至14个欧洲国家的大部分国际出口总包也调运至郑州，经该专线出境。与此同时，来自欧洲的货物和国际邮件也利用该专线包机返程舱位带运。（《中国邮政报》4月9日）

“郑州—欧洲”运邮专线过百班（《中国邮政报》）

【“南京—大阪”国际邮货航线开通】 4月27日，中国邮政“南京—大阪”货邮国际航线正式开通。该航线主要运载来自南京、苏州、无锡地区的国际EMS和跨境电商邮件，每周二、四、六三班，计划全年货邮超过1500吨。该航线开通前，江苏发往日本的邮件主要从上海口岸出境，平均时限约6天，航线开通后从南京口岸出境平均时限3～4天，可节省2～3天。中国邮政自主航空网原有通达日本航线是“上海浦东—大阪”“义乌—大阪”“上海浦东—东京”“郑州—东京”。随着“南京—大阪”航线的开通，中国邮政自主航空网通达大阪航班增至每周15班，通达日本航班每周累计22班。（《中国邮政报》4月29日）

【“广州—东京”国际货运航线开通】 8月25日，中国邮政“广州—东京”国际货运航线正式开通。该航线由波音737—800F执飞，每周4班，每周三至周六运行。“广州—东京”航线是中国邮政2021年开通的第2条国际航线，与先前中国邮政自主航空网通达日本的6条航线形成的叠加优势，在全面提升广州本口、上海本口、郑州本口和长三角、珠三角、环郑区域发往日本邮件时限水准的同时，有效稳定全国主要城市发往日本邮件的时限品质，提升日本经转欧美国际邮件的时限水准，支撑中国邮政国际寄递业务的发展。（《中国邮政报》8月27日）

【“大连—大阪”国际航线开通】 9月14日，中国邮政开通“大连—大阪”国际航线。该航线有效弥补东北地区对日邮件运力缺口，更好地满足跨境电商及外贸企业进出口快递物流需求。“大连—大阪”国际航线，是从大连出发的第2条中国邮政国际航线，是继“南京—大阪”和“广州—东京”后，中国邮政开通的第3条国际航线，是中国邮政第7条通达日本的国际航线。大连、南京、上海、义乌4个节点相连，其覆盖范围内的对日出口邮件寄递时限水平得到全面提升。（《中国邮政报》9月17日）

处理中心

【新建综合邮件处理中心建设标准形成】 此标准是国际和国内一体、航陆一体、仓配一体的综合邮件处理中心的建设标准，内容涵盖工艺设备配置、建筑规划等方面。工艺设备配置标准方面，分档分级制定配置标准，每档标准均包括能力需求、设备配置规模、装卸垛口数等；建筑规划标准方面，分档明确了征地和建筑要求，总平面和工艺布局、建筑规模、车位数、吞吐能力等，2021 年所有新建处理中心工程中应用此标准。（邮政科学研究规划院）

【北京邮件综合处理中心四期开工】 7 月 27 日，北京邮件综合处理中心四期工程在北京市通州区次渠光机电产业园区开工。该项目是中国邮政信息中心第二栋机房楼及配套用房，建设用地 40 余亩，总建筑面积近 8.5 万平方米，由机房楼和动力楼组成。中国邮政信息中心是中国邮政三大业务板块信息系统运行的核心节点，是全国邮政信息网的网络汇聚中心、核心数据处理和存储中心。该项目能够推动全国邮政基础平台中心数据的存储、运行及维护，应用系统、网络系统及安全系统的运行和维护实现跨越式提升。（《中国邮政报》8 月 3 日）

【乌鲁木齐中心局服务试卷寄递】 为做好考生自寄试卷寄递服务工作，确保邮件零丢失、零损毁，乌鲁木齐邮区中心局主动对接，服务前置，全力确保试卷安全、按时、准确寄递。

在内部处理环节，乌鲁木齐中心局接收“考生自寄试卷”总包时，做好交接验视，在单独设置的监控覆盖范围场地集中开拆、确认数量准确。在运输环节，该中心局按照“时限优先、自主可控”原则，组织“考生自寄试卷”邮件通过直达民航航班发运。为有效避免疫情期间民航航班临时取消影响邮件发运，事先提前预订充足舱位，持续跟踪预订航班的变化情况，并确保单独交接、单独安检、按指定航班计划发运。因疫情防控原因导致民航运输异常，该中心局在及时上报指挥调度中心，经新疆邮政分公司同意后，通过陆运汽车发运，内部处理和运输环节人员要进行当面交接，并将总包统一放置车尾，做好隔离，避免邮件发生挤压、折损、水湿等情况。“考生自寄试卷”邮件发运后 30 分钟内，乌鲁木齐中心局将实际车次、航班号、袋数等发运信息报给邮件接收单位，并要求邮件处理中心参照高考录取通知书的标准，加强内部处理各环节管理，逐环节监控，确保项目整体运行质量。（《中国邮政报》1 月 27 日）

【乌鲁木齐中心局多举措确保安全生产】 为迎接全国第 20 个“安全生产月”，根据新疆邮政分公司《关于印发 2021 年全区“安全生产月”活动的通知》精神，乌鲁木齐邮区中心局认真组织，围绕“落实安全责任，推动安全发展”的主题，扎实开展系列安全活动。乌鲁木齐邮区中心局是全国省会二级中心局，也是新疆邮政邮件进出口枢纽，拥有 93 辆邮运汽车、3 台大型邮件分拣设备、近 200 台信息设备、14 台安检机和数百台监控设备等，交通安全、消防安全和设备安全是该局常抓不懈的工作。

该局重点抓好以下方面工作：一是加强领导，提高认识，强化安全管理。与所属街道、社区联合成立“安全生产月”活动领导小组，自上而下建立监督监管体系，明确责任，逐级管理；组织街道、社区及该局相关人员参加“安全生产月”启动会议，宣传贯彻落实新疆邮政管理局关于庆祝建党 100 周年活动期间新疆寄递渠道安全服务保障工作实施方案和乌鲁木齐市人民政府关于生产经营单位安全生产主体责任规定的通知，并对该局 2021 年“安全生产月”活动进行全面部署，从源头上强化“安全生产月”工作要求。二是广泛宣传。利用微信群、悬挂横幅、张贴标语等形式，宣传各类安全知识；与所属街道、社区针对维稳综治、防电信与金融诈骗等内容进行警示教育，发放宣传册；邀请市交警支队警官结合交通肇事案例进行车辆安全警示教育，开展交通安全知识专题培训；邀请新疆民安消防知识宣传中心专家，针对用电用气安全、日常消防安全、消防器材使用等进行专题培训，提高全员安全生产素质，保证安全生产宣传的针对性和实效性。三是完善预案，注重实操演练。该局根据新疆分公司下发的突发事件系列应急预案，对全局应急预案进行修订完善，使之更加科学实用、更有可操作性，符合行业最新的安全生产及技术标准要求；组织多场应急演练，确保全员正确使用灭火器等器材。（《中国邮政报》6 月 22 日）

运　行

【集团公司部署推进三级物流体系建设】 12 月 1 日，集团公司召开全国三级物流体系建设推进工作电视电话会议，强调要牢记“国之大者”，切实增强加快农村寄递物流体系建设的责任感、使命感和紧迫感，聚焦重点、精准施策、全力推进，确保如期实现既定目标，为打造邮政农村综合服务平台夯实基础，着力提升农村基本公共服务能力，助力全面推进乡村振兴战略实施。

三级物流体系建设在 2020 年底下发指导意见的基础上，上半年集团公司进一步强化部署，下发目标明确、举措翔实的实施意见。7 月，国务院办公厅印发《关于加快农村寄递物流体系建设的意见》后，集团公司党组高度重视，多次组织召开专题会议研究部署相关工作。并争取国家部委政策支持，研究谋划集团层面配套政策。各省（区、市）分公司以“两中心一站点”为主要模式推进重点工作，但还存在推进不平衡、认识和站位要进一步提升、农村网点转型站点赋能还需深入推进等问题。会上，四川、安徽、河北、山东4省邮政分公司围绕三级物流体系建设交流经验。（《中国邮政报》12月3日）

【中国邮政启动新一轮大提速】 6月28日，中国邮政启动新一轮大提速。此次邮政大提速覆盖全国“1000+”城市，多省（区、市）地区实现运邮次日达。优化现有邮路400余条，新组开邮路300余条，增加300余条下行邮路，覆盖2000余个县域，实现千余个城市之间邮件传递时限水平的提升，同步大幅提升县域邮件的寄递速度。继续扩大自有干线车辆规模，高铁运邮实现“次日递”“次日上午递”，保障时限快且稳定，开通运行省际高铁运邮邮路近90条，覆盖四川、江西、河南、湖南、陕西、北京、上海、重庆、广东等省（市）。中国邮政拥有全货运飞机33架，以南京为中心，可直达北京、上海等国内重点城市，辐射韩国首尔、日本大阪等地，形成连接海内外的空运网络。（《中国邮政报》6月29日）

【中国邮政自主航空网组织临时集散中心确保邮件时限】 7月30日，中国邮政自主航空网组织以上海浦东机场为临时中心的集散作业正式展开。为确保邮航南京集散中心临时停航后的EMS时限水平，集团公司寄递事业部在执行应急发运计划的基础上，筹备“上海浦东—成都”“上海浦东—沈阳”“上海浦东—西安”3条往返航线，叠加正常运行的“上海浦东—北京”“上海浦东—广州”直达邮航航班，迅速在上海浦东组建临时集散中心。

针对新组织的临时集散中心，邮航持续优化机组安排，协调民航局和地方机场，按期完成航班时刻申请和地面保障准备工作。运行控制部门第一时间展开风险评估、运行方案制定，邮航上海、成都、沈阳、西安4个办事处人员全部停休上岗作业。江苏、浙江、安徽、上海、辽宁、四川、陕西等省（市）寄递事业部也均在第一时间优化网络，出台空地运行配套措施。（《中国邮政报》8月3日）

【太原邮区中心局举办邮件处理从业人员技能提升培训】 4月20—26日，太原邮区中心局分批次开展为期6天的邮件处理从业人员技能提升培训。培训内容在征集各班组培训需求的基础上，增加针对生产作业中普遍反映的难点、堵点问题，如小件分拣机作业、PDA疑难邮件处理、滑升门操作流程等。在培训形式方面，除常规的集中学习，更注重实际操作，以工作现场为课堂，对操作要领、注意事项、故障排除进行详细解读。现场授课时，该中心局让经验丰富、职业技能中级以上的一线员工走上“讲台”，将理论知识与实际操作相结合，分享经验、总结教训，使课程更加贴近员工实际工作，得到大家一致好评。（《中国邮政报》5月19日）

太原中心局开展技能培训（《中国邮政报》）

【安徽省分公司“三新”推进省内陆运网优化改革】 在推进省内陆运网优化改革工作中，安徽省邮政分公司以“构建新架构、建立新模式、明确新定位”为原则，借鉴同业组网模式，打破现有网络架构和节点功能定位，统一设置省际中心、本地中心，压缩网络层级，提升陆运网整体运营效率和效益。

安徽邮政以业务量为中心，打破行政区划，重新规划省际中心和本地中心选点，构建“省际中心＋本地中心＋重点揽投机构”的网络架构，建立“省际总包分拨＋本地分拣集包”的处理模式和“够量直达＋尾量汇集”的运输模式。该分公司综合考虑业务规模、时限半径、区位优势、能力配置和兼顾各类业务需求等因素，设置了合肥、芜湖、蚌埠、安庆4个省际中心和阜阳等12个本地中心。省际中心功能定位以总包分拨为主、分拣为辅。本地中心主要承担覆盖范围内邮件的进出口分拣、出口集包、本地运输和干线够量直达运输，以分拣为主、分拨为辅，快速衔接干线网。

针对陆运网改革宣贯、能力建设、本地中心网络调整三项重要工作，安徽各级邮政单位建立“三本台账”有序推进。（《中国邮政报》1月19日）

【广州中心局推行单班次作业】 为推行集约化生产，推动内部处理环节降本增效，自4月1日起，华陆中心从24小时全日作业调整为单班次作业，作业时间调整为20点至次日10点。为顺利推行单班次作业，广州中心局提前研究制定华陆中心作业方案，与相关单位沟通落实内部作业和干线邮路计划调整，并同步推进人员组织、车源配备、后勤保障等各方面工作。调整当天，领导和管理人员实行夜班轮值，强化生产管控，及时协调处理现场出现的问题，确保作业调整有序开展。通过推行单班次作业，华陆中心运行效益将得到明显提升，设备运行及维护费用以及用工成本等生产成本进一步压降，外包用工预计较同等量级压降约为30%。此外，压缩作业时长集中作业也实现了邮件当班信息与实物的两清场，保障邮件的时限质量。在各单位的协同下，华陆中心顺利实现单班次作业调整，调整首日分拣包件51.23万袋（件）。（《中国邮政报》4月21日）

邮政服务

◇ 网点

◇ 普遍服务

◇ 重大活动和重大事件服务

◇ 服务质量

【概述】

一、服务国家战略部署

深度融入乡村振兴战略。发挥乡村振兴领导小组办公室职能，制定出台《中国邮政服务乡村振兴战略2021—2022年行动方案》，明确中国邮政服务乡村振兴战略的总体部署，以及6大领域的19项工作举措。全面完成2021年中国邮政服务乡村振兴战略13项重点指标。

服务军民融合战略。深入贯彻落实军民融合发展战略，构建邮政军民融合四大服务体系，推进四大客群对接建联，推动涉军对公合作银行资质、边海防邮路建设、军队喜报专递等重点项目。邮政军民融合服务工作得到军方高层认可、致信感谢、军报整版报道。

贯彻落实绿色发展理念。初步形成规划、实施、宣传相结合的工作体系，下发《2021年绿色邮政建设行动工作要点》，推进绿色包装、绿色运输、绿色金融“三大工程”建设工作，全网可循环快递箱（盒）使用量57万个；全网新能源车辆保有量10596辆，一级干线正班甩挂运输占比85.2%；绿色贷款余额3892.8亿元。

二、完善项目协同体系

制度建设支撑协同体系落地。考核制度聚焦国家重大战略的落实，牵引板块核心业务的发展，体现协同制度执行的稳定。项目制度首次明确协同项目分类定位、分阶段实施的原则。

落实项目聚焦协同。惠农合作项目：完成220多万家农民合作社的走访对接，服务的农民合作社数量20.8万个，发展农村会员超过1200万人。三大模式全面见效，各省邮政向邮储银行推荐一级白名单36.4万户，建成信用村19万个，信用户364万户。邮银协同融资E产品新增贷款92.3亿元，与中国中化签署全面战略合作协议，探索构建基于供应链与产业链的服务体系。以惠农服务平台为基础，推进融资E、社区团购、农资电商、农技在线、会员特惠、综合业务六大场景的有效应用。开展惠农专班建设，与农业农村部签署全面战略合作协议，与农业农村部、中国中化联合举办“深化社企对接、促进新型农业经营主体高质量发展视频会议”。军民融合项目：发展基础不断夯实，充实军民融合人员配置，制定下发《2021年中国邮政军民融合项目实施方案》。军邮总部联合开展重大项目调研15次，推动全国邮政与137个涉军服务单位全面建立对接关系。在西藏墨脱完成全军首次依托民用力量开展无人机常态化运输投送保障的试点任务。汽车产业链项目：深化B端客户的综合开发，提升C端车主的经营能力，收入57.7亿元，比上年增长44%。政务服务项目：下发《深化社邮综合便民服务工作方案》，收入62.4亿元，比上年增长16.7%。电商市场项目：通过CRM系统支撑各级邮政企业实时掌握寄递客户金融业务开发情况，寄递收入17.1亿元，贷款余额77亿元。医药市场项目：下发药品配送四大典型模式，收入11.6亿元，比上年增长15%，医药产业链供应链金融信贷余额4.82亿元，比上年增长203%。

三、构建客户协同生态

推进总部客户项目开发落实。与海南省人民政府、中国中化、中国石油等11家战略客户签署合作协议。20家重点总部客户项目累计实现业务收入49亿元，比上年增长21%。

强化CRM系统应用。完成新增及优化功能上线，支撑客户经理开展客户维护和精准营销。客户主数据治理取得实效，实现6.5亿条客户主数据在26个应用系统中的集成应用，治理12万条不规范客户数据。制定下发《中国邮政集团有限公司客户管理办法》，通过数字营销五步法推进数字营销场景化应用。

打造中国邮政会员体系。依托“邮生活”平台实现“五统一”目标，发展会员5662万人，在31个省（区、市）的419个地市启动代理金融业务积分试点工作，实现“邮生活”与“邮储生活”平台的整合。

四、建成品牌协同框架

品牌管理系统化。下发《中国邮政集团有限公司品牌管理办法》，开发中国邮政品牌管理系统，实现板块间在线开展资源分享与品牌统计等工作。

品牌推广体系化。形成中国邮政品牌定位体系，制订中国邮政品牌传播规划，策划制作品牌推广内容，启动“冬奥来敲门”主题营销及品牌推广活动，成为杭州2022年亚运会和亚残运会官方邮政服务独家供应商。

品牌传播立体化。通过央视、微信、微博、抖音等媒体平台和高铁列车广告扩大品牌影响力，在央视黄金时段播出冬奥寄递、邮储银行、中邮保险、“919电商节”等广告片近600次，绿色邮政、乡村振兴、邮爱行动等公益广告近1600次。

五、改善服务质量

深化专项体验，持续“一月一主题”完成15项专项体验，发现限期整改问题130个，整改计划完成率95.8%。

聚焦重点服务，印发《客户体验三年提升工程工作方案》，组织开展33项窗口服务体验，打造示范窗口1044个，优秀示范窗口20个。

完善管理体系，制定《中国邮政集团有限公司服务质量管理办法》，全国视察检查履职率全面达标，并聚焦“两会”、建党100周年等重大活动开展专项检查。

推进客服整合，完成《中国邮政智能客服平台业务需求书》，下发《中国邮政集团有限公司客户服务管理办法》。申诉处理满意率98%，累计处理黑猫平台投诉1.5万件。

六、提升创新发展效能

完善制度与流程，修订印发《中国邮政集团有限公司创新工作管理办法》，构建管理创新的闭环工作体系。强化平台支撑，完成了新版云创平台的开发上线工作。突出创新实效，制定印发《创新项目推广应用实施细则》，启动了首批11个优秀创新项目的全国推广工作。（集团公司市场部）

网 点

【中国邮政首家冬奥特许零售店开业】 2月4日，在北京冬奥会开幕倒计时一周年之际，中国邮政第一家北京2022官方特许商品零售店开业。2019年12月7日，集团公司正式成为北京2022年冬奥会和冬残奥会官方邮政服务独家供应商，将在赛会筹办和举办期间全方位满足北京冬奥会和冬残奥会的用邮需求，提供特快专递、包裹快递等寄递服务，集邮类、封片类等邮政产品以及综合现场服务等。为切实做好北京2022年冬奥会和冬残奥会服务保障工作，助推冬奥文化传播，多渠道烘托冬奥氛围，集团公司计划开设多家北京2022年冬奥会和冬残奥会官方特许商品零售店。

集团公司首家北京2022官方特许商品零售店位于金顶街邮局内，地处综合性社区，拥有大量的集邮客群。开业首日，店内举行北京2022年冬奥会开幕倒计时一周年纪念封与《瑞雪迎春　福气盈门》拜年封首发揭幕式。（《中国邮政报》2月4日）

【十四届全运会主题邮局开业】 7月28日，第十四届全国运动会主题邮局在陕西省咸阳市正式开业。该主题邮局内展列销售的产品是以十四运会为主题的毛绒玩具、钥匙扣、徽章及文创周边产品，产品种类丰富，满足市民多元化的文化需求与多层次的消费体验。（《中国邮政报》8月18日）

【第四届进博会主题邮局开业】 11月5—10日，第四届中国国际进口博览会在上海举行。作为第四届进博会核心支持企业、进博会指定寄递服务商、国家会展中心（上海）指定寄递服务商，上海市邮政分公司筹办进博会主题邮局，推出进博会主题邮品、《中国共产党成立100周年》纪念邮册以及《魔都时光》《上海故事》等富有地方文化特色的纪念邮册、文创产品。并与当地供销社携手，在主题邮局展示销售长三角特色农产品、上海老字号特色产品、青浦本地农产品，利用进博会平台扩大邮政分销品牌知名度。主题邮局内的智能机器人可提供智能引导、语音互动、产品介绍等服务，提升客户体验。在展会期间，上海市邮政分公司为参展商、参会人员提供精准收寄服务，可免费提供小推车，提升客户寄递体验。收寄的馆内邮件于每日营业终了由专车驳运至徐泾营业部封发发运。上海邮银携手开展现场金融服务，代销银行产品，并以“邮e助”为客户办理信用卡。（《中国邮政报》11月10日）

【中国邮票设计师之家集邮文化主题邮局开业】 4月12日，由中国集邮有限公司建造的中国邮票设计师之家集邮文化主题邮局在北京市西城区宣武门东大街2号隆重开业。“情系方寸天地　抒怀无悔人生”——邮票设计家邵柏林作品展作为集邮文化主题邮局的首场活动。新中国成立70多年来，发行过2000余套、5000余枚邮票，邮票设计参与者有五六百人。中国邮票设计师之家文化主题邮局设立的初衷，就是为广大邮票设计师搭建一个交流互动的平台。著名书画大师范曾对主题邮局的开业表示祝贺。范曾从1980年开始参与邮票创作，有9套、25枚邮票作品。他将“以诗为魂，以书为骨”的理念贯穿邮票创作始终，作品深受集邮爱好者喜爱。邮票设计家邵柏林从事邮票设计30年，创作23套、103枚邮票，是中国集邮的“一杆旗、一面镜、一块牌、一颗星”。为庆祝主题邮局开业暨邵柏林作品展开幕，中国集邮有限公司特别限量发行精美纪念封1枚，并向中国邮政邮票博物馆捐赠编号为0412的纪念封。中国工程院院士、神舟飞船首任总设计师戚发轫为纪念封揭幕。（《中国邮政报》4月14日）

【毛主席纪念堂主题邮局开业】 6月2日，毛主席纪念堂主题邮局正式开业。2021年是中国共产党成立100周年，北京市邮政分公司通过与毛主席纪念堂管理局沟通，成立毛主席纪念堂主题邮局，所售产品均是经过毛主席纪念堂管理局审核授权制作的定制型邮品、纪念品。毛主席纪念堂主题邮局服务亭位于纪念堂南广场，营业时间为每周二至周日上午8点至12点。（《中国邮政报》6月4日）

毛主席纪念堂主题邮局售卖的邮品（《中国邮政报》）

【长征出发地主题邮局揭牌】 10月22日，纪念中国工农红军长征胜利85周年活动暨长征出发地主题邮局、共和国邮政摇篮展览馆、“红古田”惠农产品展销中心揭牌仪式在福建省长汀县中复村举行。长征出发地主题邮局也是全国首个“三馆合一”的主题邮局。

长征出发地主题邮局由福建省政协农业和农村委员会、福建省邮政分公司牵头建设，总建筑面积达 883 平方米，为二层建筑。一楼为长征出发地主题邮局和“红古田”惠农产品展销中心。福建邮政将依托邮政惠农合作项目，采取政府、邮政、基地联合推广的模式，为农民合作社、家庭农场等新型农业经营主体及当地村民提供集金融、寄递和电商为一体的综合服务。二楼为共和国邮政摇篮展览馆区域和多功能厅，展览内容为中央苏区红色邮局历史以及红色主题系列邮品。（《中国邮政报》10 月 27 日）

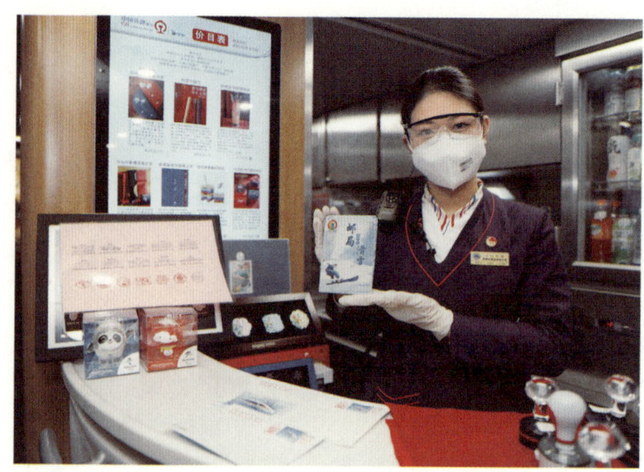
高铁移动主题邮局（《中国邮政报》）

【军博主题邮局开业】 8 月 1 日，中国人民革命军事博物馆与北京市邮政分公司共同举办中国人民革命军事博物馆主题邮局开通暨“人民军队庆祝建党 100 周年主题展览”邮品发行仪式。双方将依托资源优势，合力推动红色文化、军事文化传播，助力中国共产党党史、中国人民解放军军史、中国古代近代军事史、现代军事科技知识普及，弘扬革命优良传统，加强国防教育。（《中国邮政报》8 月 4 日）

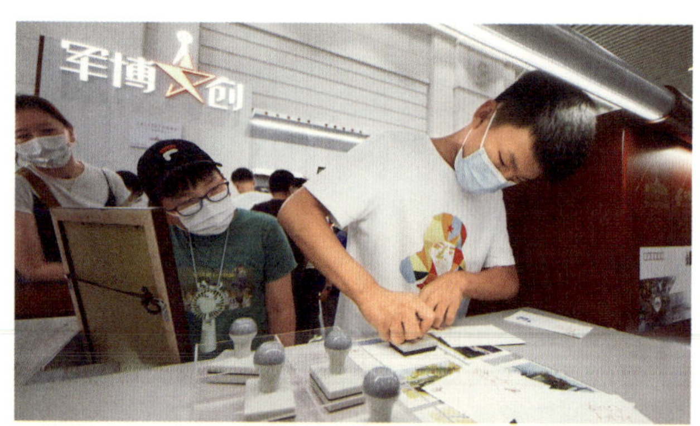

军博文创展示区的主题邮局，小朋友为邮品加盖纪念戳（《中国邮政报》）

【高铁移动主题邮局开业】 12 月 21 日，由北京市邮政分公司与北京京铁列车服务有限公司联合推出的高铁移动主题邮局开业。这是中国邮政在高铁上开设的首家主题邮局，也是移动速度最快的特色主题邮局。该邮局采用移动的高铁列车和固定的邮政营业网点两处应用场景相结合的形式打造。

为满足旅客和集邮爱好者的收藏需求，该主题邮局特别推出以“科技”“出征”“凯旋”为主题的彩色邮资机戳 3 枚、以“北京北站”“八达岭长城站”等京张高铁沿线站台建筑造型为图案的纪念戳 10 枚。旅客也可以通过扫描主题邮局现场设置的二维码，享受邮政报刊预订、生活便民缴费等线上服务。（《中国邮政报》12 月 23 日）

【北京延庆冬奥村临时邮局通过赛前测试】 12 月 11—12 日，北京市延庆冬奥村按照“能测尽测、能测必测”的原则开展全要素运行测试，北京市邮政分公司设在延庆冬奥村的临时邮局顺利通过全环节、全流程综合赛前测试。围绕 4 个应急演练场景和 6 大类测试项目，此次全要素运行测试全面检验冬奥村的指挥调度、服务保障和应急处置能力。在测试邮政服务期间，延庆冬奥村临时邮局工作人员一方面通过体验、借鉴其他团队服务找差距，进一步提升自身服务质量水平；另一方面，根据测试结果和反馈意见，认真开展复盘评估、完善赛时运行流程、优化应急处置方案，不断固化演练经验成果。同时，邮政服务保障人员严格按照防疫手册及北京冬奥会组委会相关要求，每 2 小时开展一次环境消杀，在岗期间佩戴防疫口罩和手套，应用智能化测温设备，确保防疫工作万无一失。（《中国邮政报》12 月 21 日）

【雄安市民服务中心主题邮局开业】 4 月 1 日，河北雄安新区的市民服务中心主题邮局开业，作为邮政服务雄安新区规划建设的“五进”工程之一，会为市民服务中心及新区建设发展提供更优质、便捷的邮政服务。

河北省邮政分公司根据转型网点“一点一策”工作要求，策划雄安市民服务中心主题邮局的筹建工作，确保如期开业。该主题邮局位于雄安市民服务中心企业办公区，营业面积约 100 平方米。主题邮局开办邮件收寄、报刊订阅、集邮品销售等多项业务，并配备智能包裹柜，还有多种文创产品和雄安特色纪念品。下一阶段，雄安市民服务中心主题邮局将全面叠加邮快驿站功能、社区便民服务功能，进一步打造数字货币支付场景，并联合雄安新区管委会公共服务局开展乡村振兴产品展销活动。（《中国邮政报》4 月 7 日）

【宪法宣传活动“快闪”邮局】 11月30日，上海市闵行区法宣七宝老街举办第八个国家宪法日暨闵行区第33届宪法宣传周启动仪式。“宪法红在闵行·快闪邮局——市民法治文化节”主题活动结合邮政服务的形式，推出可阅读、可体验、可参与的“快闪式”宪法宣传打卡点。为让“宪法红”走进千家万户，闵行区法宣办与上海市邮政分公司联合制作“宪法红在闵行”专属有声明信片。（《中国邮政报》12月3日）

宪法宣传活动“快闪”邮局（《中国邮政报》）

【浙江省机电“寄驿”校园主题邮局开业】 12月9日，机电“寄驿”校园主题邮局在浙江省机电技师学院（义乌）正式落地启用。作为一家设立在集装箱中、集校园文创品开发及寄递服务为一体的校园主题邮局，其不仅承载了传统邮局的寄递服务，同时，也是校园文化的名片以及学生创业的基地。该主题邮局由4个独立集装箱与2个L型集装箱组成，结合邮政与校园相关元素，设置了时光走廊、奋青茶咖、主题文创区等功能区域，提供个性化邮政服务。（《中国邮政报》12月22日）

机电“寄驿”校园主题邮局（《中国邮政报》）

【德清县清溪小学成立少年邮局】 9月18日，浙江省德清县清溪小学正式成立“清溪小学少年邮局”。清溪小学是全国青少年集邮示范基地，有着庞大的学生集邮群体和深厚的集邮积淀。当日，该校少年邮局成员首次为师生们提供了盖戳、实寄封和集邮品销售服务。清溪小学少年邮局共设1名局长、1名副局长以及3名工作人员，所有成员均由学生兼任，主要负责全校学生的信件收寄、封发、集邮品售卖等工作。（《中国邮政报》9月24日）

少年邮局（《中国邮政报》）

【四川首家“航空邮局”开业】 10月28日，由航空工业成都飞机工业（集团）有限责任公司兴建的成飞航空主题教育基地开园，四川省首家“航空邮局”落户其中。现场嘉宾及市民在“航空邮局”体验明信片书写和个性化彩色邮资机戳、日戳、纪念戳加盖等环节，感受邮政文化的魅力。（《中国邮政报》11月3日）

航空邮局（《中国邮政报》）

【河南省南阳市邮政分公司开设消费扶贫生活馆】 1月19日，由河南省南阳市邮政分公司与市扶贫办合作建设的“中国消费扶贫生活馆·南阳馆”开馆。该消费扶贫馆

中国消费扶贫生活馆・南阳馆（《中国邮政报》）

内蒙古首家邮药惠民健康示范店（《中国邮政报》）

展示全市优质特色扶贫助农产品400余种，是集展示、销售、推介为一体的全市扶贫产品特色体验馆。依靠邮政综合服务平台，打造消费扶贫线上线下联动模式。（《中国邮政报》1月27日）

【上海主题邮局发展研讨会】 12月10日，上海市邮政分公司举办"文化引领，助推主题邮局发展"研讨会，就主题邮局如何创新发展、开发更有吸引力的文创产品，如何进一步依托文化资源、借助社会热点和地域特色拓展邮政服务领域等话题进行研讨。11月30日，上海建成爱情邮局、航海邮局、航天邮局、红色少年主题邮局、上海国际汽车城主题邮局、南翔小笼馒头主题邮局等主题邮局15家。上海市邮政分公司专门为此制定主题邮局建设管理办法，为主题邮局创新发展提供政策助力。

通过研讨，主题邮局的发展方向会突出弘扬特色文化，将大众对邮政的兴趣和关注转化成经济价值，开发更多有特色的邮政文创产品，满足市场文化消费需求，不断提升主题邮局的吸引力、吸睛力和吸金力。上海主题邮局的发展思路会在"邮局外观创新""服务设备创新""售卖模式创新"的基础上，进一步围绕"开放共享"理念，结合旅游、文化、校园、政务类等不同市场的特点，叠加符合区域特色的服务产品，加速文化传媒领域创新发展。（《中国邮政报》12月23日）

【内蒙古首家邮药惠民健康示范店营业】 3月，内蒙古首家邮药惠民健康示范店正式营业。这是内蒙古邮政分公司整合内外部资源，与国大药房合作推出的一项便民利民的服务举措。邮药惠民健康示范店由邮政营业网点改造而成，通过叠加医药零售业务，为客户提供更加多元、便民的综合服务。通过此次合作，内蒙古邮政与国大药房将资源共享、优势互补、共拓市场，通过"线上＋线下"的方式，充分利用各自资源优势，在金融服务、寄递配送、媒体宣传、健康服务等方面开展深度合作，共同打造便民、惠民、利民的公共服务创新平台。（《中国邮政报》3月25日）

【海南邮政首家便民药店开业】 6月18日，海南首家以邮政网点为经营主体的便民药店——琼海人民路邮政便民药店正式对外营业，标志着"邮政网点叠加药店＋业务合作供应链"特色医药连锁零售模式进入实创阶段。琼海人民路邮政便民药店由海南邮政和一心堂医药公司合作成立，这是海南邮政继提供警邮、税邮服务后又新增的一项便民、利民、惠民的服务举措。据悉，目前该邮政便民药店共有1100多种药品及医疗器械，可为周边居民提供多元化的综合服务，包括为到店用户测量血压、血糖及用药咨询等。海南邮政会借助渠道网点转型发展契机，通过多元化、多层次的医邮合作，在全省布局更多的便民药店，畅通医疗惠民的"最后一公里"。（《中国邮政报》6月23日）

普遍服务

【《中国邮政集团有限公司邮政普遍服务管理办法（试行）》印发】 7月，集团公司印发《中国邮政集团有限公司邮政普遍服务管理办法（试行）》，并发出通知，要求集团公司各部门、寄递事业部、各省（区、市）分公司认真贯彻执行。

《办法》以习近平新时代中国特色社会主义思想为指导，深入贯彻党的十九大精神，立足新发展阶段，贯彻新发展理念，确立了推动邮政普遍服务高质量发展，以满足新时代经济社会发展和人民对美好生活用邮需要为总任务，确立了坚持政治责任原则、坚持高质量发展原则、坚持依法合规原则、坚持统筹管理原则和坚持奖惩分明原则等五项普服管理原则。

《办法》提出，从全面建立健全邮政普遍服务管理组织体系、管理制度体系、能力保障体系、质量保障体系、教育培训体系、评价考核体系和完善邮政普遍服务管理信息化体系七个方面，努力推进普遍服务治理体系和治理能力现代化。

《办法》分八章 85 条，直接衔接国家法律法规对普遍服务的强制性规定和国家监管部门的工作要求，并结合实践中的成功经验进行制度创新，全面覆盖邮政普遍服务的总任务、总目标、总原则、总方法及机制、设施、服务、监管、补贴、分工、考核等各方面，为促进邮政普遍服务在构建新发展格局中发挥更大作用提供了制度保障，对各级邮政企业履行普遍服务职责具有普遍的指导意义。（《中国邮政报》7 月 7 日）

【集团公司发布《中国邮政集团有限公司邮政普遍服务质量问题责任追究办法》】 11 月 29 日，集团公司发布《中国邮政集团有限公司邮政普遍服务质量问题责任追究办法》，要求集团公司各部门、寄递事业部、各省（区、市）分公司认真遵照执行。《办法》自 12 月 4 日起施行。

《办法》以习近平新时代中国特色社会主义思想为指导，深入贯彻党的十九大及历次全会精神，坚持以人民为中心的发展思想，以保障邮政普遍服务高质量发展为目标，通过强化邮政普遍服务质量问题责任追究，进一步压紧压实各级邮政企业及其从业人员质量保障主体责任。

《办法》分为总则、责任追究范围、责任追究方式、责任追究程序、附则，五章 27 条，强调普遍服务质量问题责任追究工作应遵循“实事求是，客观公正；从严要求，有错必纠；过罚相当，惩戒合理”的原则。《办法》以问题为导向，聚焦普遍服务中的突出问题、常见问题，依照邮政普遍服务生产规律和运营特点，纵向以主体划分，横向以工作流程划分，形成了纵横交错、较为完备的责任追究制度体系。

总则部分主要阐明《办法》的制定目的和制定依据、界定责任追究定义、明确责任追究依据和责任追究工作原则。

责任追究范围部分以问题为导向，归类汇总梳理日常经营管理工作常见的主要服务质量问题，明确规定对哪些事、涉及哪些人应当进行责任追究。在责任主体上分为 6 类（企业、单位领导、管理人员、检查人员、班组长和操作人员），对班组长和操作人员又分为营业、投递、分拣运输环节，对一线操作人员的责任追究再细分为一般、较大和重大问题，企业责任区分了省、市、县分公司。全章列举 172 项责任事项，并设置兜底条款，较为全面涵盖普遍服务各生产环节和管理岗位，便于各级邮政企业对照实施。

责任追究方式部分根据有错必纠、过罚相当、惩戒合理的原则，按照各种责任事项产生的后果影响轻重，分别规定了不同的责任追究方式，包括批评教育、责令改正、通报批评、经济处理、约谈等一般责任追究方式，并规定了从重处理和从轻处理的适用情形；对于情节恶劣、造成严重后果的，由有权单位解除劳动合同；涉嫌犯罪的，依法移送国家有关机关处理。

责任追究程序部分依据实事求是、客观公正的原则，对责任追究程序作出具体规定，包括调查、处理、执行和备案，特别是规定在调查阶段要听取涉事单位或涉事人员的陈述和申辩；对普遍服务质量问题处理决定不服的单位和个人允许申诉或申请复议，作出责任追究决定的单位或受理复议申请的部门要及时进行复核并答复，从程序上保证了既严格追责，又充分保障相对人（被追究责任的人员和单位）的合法权益。同时，规定对问题事项和责任追究决定可在相应范围内进行通报，力求不枉不纵，从程序上保障有错必纠能落地。

附则部分主要明确责任追究处理决定书的书写规范以及《办法》的适用范围、用语解释、《办法》解释权、施行日期和效力等内容。（《中国邮政报》12 月 1 日）

【中国邮政为边海防部队点位提供全面通邮保障】 为边海防部队点位提供通邮保障，是全面贯彻落实习近平强军思想的具体要求，是践行“人民邮政为人民”的初心使命的重要体现，也是中国邮政完善普遍服务网络的具体措施。集团公司党组对此高度重视，专题研究，根据有关部门的工作要求，于 2020 年 12 月下发相关文件，明确除个别暂不具备常态化通邮条件的岛礁和高原点位外，确保 2021 年“七一”前分期分批完成 120 个边海防部队点位通邮，并将此项工作纳入年度重点督办事项。

截至 4 月 30 日，涉及通邮保障的 120 处边海防点位，开通广东、云南、海南、黑龙江、吉林、辽宁、广西、青海等省（区）110 处，剩余 10 处于“七一”全面开通。其中，云南省分公司克服站点数量多、任务重、情况复杂等实际，各市（州）分公司进一步增加人员和车辆等投入，于 4 月 30 日前全部正常开展通邮服务。广东省分公司通过设置邮路、增设邮件投交点、增加投递或揽收服务频次、设置邮政服务点等多种方式保障服务，同时选派党员、优秀员工进行保障服务。海南省分公司加强服务保障组织工作，通过开通专线邮路、邮快合作、合理调整作息时间等方式，因地制宜提供通邮服务。（《中国邮政报》5 月 13 日）

【内蒙古邮政分公司制定普遍服务工作清单】 3 月 25 日，内蒙古邮政分公司围绕国家邮政局和集团公司对 2021 年普遍服务工作提出的新要求，围绕“三升三降、六个 100%”工作目标，制定 2021 年全区邮政普遍服务重点工作任务清单，明确各部门普遍服务工作任务，持续推进齐抓共管的工作机制，以落实好 2021 年全区邮政普遍服务各项工作，确保各环节运营质量达标。

该清单包括邮件全程时限、建制村通邮、《人民日报》当日见报水平、专用邮箱寄递服务、机要通信、老旧网点装修改造、邮政设施布局等 33 项重点工作，进一步明确各部门的职责、任务和管控重点。结合任务清单，内蒙古邮政分公司要求各部门把普服工作与部门中心工作相结合，发挥自身的专业优势，落实部门责任分工，深入剖析问题，制定具体措施办法，明确时间进度，确保本部门负责的普遍服务工作全面达标；确保普遍服务的每项数据有人盯、每项工作有人管；定期对各项普遍服务工作完成情况进行分析汇总，分阶段提出存在问题及具体措施，并及时向分管领导进行汇报。要求持续推进质量通报、部门联席、质量分析、经验交流和联合检查等普遍服务工作机制，形成“共抓普遍服务工作落实，共管普遍服务指标达标，共促普遍服务质量提升”的良好发展局面。(《中国邮政报》4 月 1 日)

【宁夏邮政分公司为残疾人“上门代办”服务】 9 月 10 日，宁夏邮政分公司与区残疾人联合会签订战略合作协议。双方共同打造为残疾人“上门代办”服务新机制。根据协议，双方利用宁夏政务服务网、“我的宁夏”APP、邮政服务网络等信息服务平台，发挥各级残联基层组织、邮政服务网点和网络的优势，在政务、公共、社保、家政及其他方面，围绕让残疾人“少跑路”“零跑路”的目标，开展以“定时服务、上门服务、一站式服务”为主的残疾人精准服务新模式，探索形成“残联主导 + 政府合作 + 邮政参与”的为残疾人“上门代办”服务机制。通过为残疾人提供物流寄递服务、普惠金融服务、创业指导服务以及共建爱心助残服务站、开展助残志愿服务等，共同打通服务残疾人的“最后 100 米”，解决残疾人急难愁盼问题。(《中国邮政报》9 月 10 日)

【广东省邮政分公司为退伍老兵寄递回乡行李】 广东省邮政分公司为解放军某部队退伍老兵寄递回乡行李，为该部队 4 个片区 122 名老兵寄递 394 件包裹，发往全国 18 个省份。广东省邮政分公司一方面走访了解退伍老兵数量，提前联系广州邮政新市寄递营业部筹备收寄邮车、编织袋、封箱胶、寄递面单，另一方面申请并争取“惠军寄递”优惠政策。(《中国邮政报》9 月 29 日)

【福建首个退役军人服务站和军人驿站揭牌】 10 月 8 日，福建省福州市邮政分公司与市退役军人事务局签订战略合作协议，福建省首个退役军人服务站和军人驿站在福州得贵路支局揭牌。福州是“全国双拥模范城”，福州市邮政分公司凭借邮政资源和渠道的优势，紧扣寄递便利快捷和金融服务安全高效的特点，构筑“邮政 + 军人”服务网络，加强军地联系，建立党建共建和联合走访机制，健全凝聚社会力量助力退役军人工作合作体系，积极探索营区驻点服务模式，为军人和军属提供优先、优质、优惠的“三优”邮政服务，共同建设“拥军邮路”。(《中国邮政报》10 月 15 日)

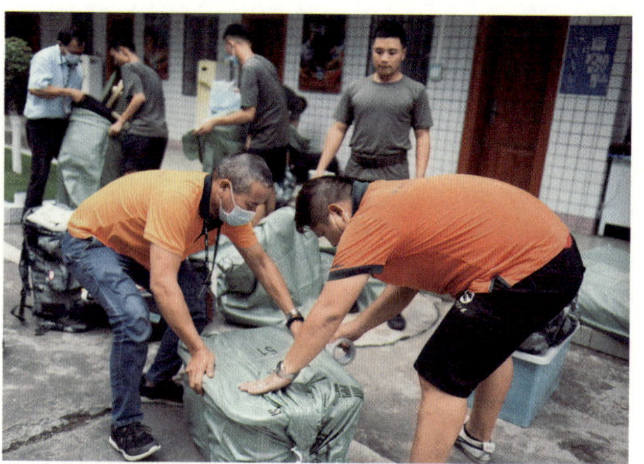

广东省邮政分公司为退伍老兵寄递回乡行李(《中国邮政报》)

【新疆吐鲁番市邮政分公司为军人家庭传喜报】 1 月 4 日，新疆吐鲁番市邮政分公司应某部队要求寄递退伍喜报。该分公司第一时间调拨工作责任心强的一线揽收人员，走进军营为军人提供细致周到的一站式服务。此次为 369 名退伍老兵收寄喜报。吐鲁番市邮政分公司连续多年为当地驻军提供邮寄服务，疫情期间坚持服务不间断。在保证进驻人员安全健康的前提下，向部队驻地报备服务人员相关信息。经过测量体温、车辆消毒，在指定的位置开展收寄交接工作，保障部队邮件安全和退伍立功喜报送递工作的顺利进行。寄件单位和官兵本人可依据邮件号实时跟踪查询喜报物流信息。(《中国邮政报》1 月 13 日)

【新疆“让邮政把爱带回家”主题服务活动】 6 月 16 日，新疆察布查尔锡伯自治县邮政分公司领导班子及营业人员走访该县武装部，开展“让邮政把爱带回家”主题服务活动。察布查尔县分公司为官兵宣传邮政金融、寄递业务，并派发“极速鲜”业务宣传单，针对官兵远在他乡、出行不便等困难，帮助他们通过给家人邮寄包裹传递心中思念。官兵们现场下单哈密瓜 20 笔、新疆甜杏 10 笔。察布查尔县分公司向官兵们承诺，只要有快递、包裹等寄递需求，邮政都会派专人及时上门揽收，确保做好寄递服务。(《中国邮政报》6 月 22 日)

【“爱心包裹”“母亲邮包”公益项目】 5 月，“爱心包裹”

“让邮政把爱带回家”主题服务活动（《中国邮政报》）

“母亲邮包”作为优秀案例在《万国邮联邮政社会服务指南》杂志上刊登，向各国邮政进行推广，得到广泛认可。“爱心包裹”“母新邮包”持续推进12年，中国邮政发挥网点线下服务优势的同时，拓展线上劝募宣传，丰富公益服务场景。项目自开办以来，累计募集捐款9.87亿元，惠及农村地区的711万名小学生、108万名困境母亲。（集团公司邮政业务部）

重大活动和重大事件服务

【北京市邮政分公司做好“不驻会、无接触”“两会”服务保障】 全国“两会”召开前，作为除食品供应、医疗保障外，唯一可出入“封闭管控区”的服务保障单位，北京市邮政分公司严格按照全国“两会”疫情防控组提出的“全封闭、无接触”服务原则，进一步完善健全“不驻会、无接触”监控保障体系，确保实现服务“零差错”。

北京邮区中心局设立重要保障服务专区，对“两会”邮件进行分拣封发（《中国邮政报》）

北京市邮政分公司严格按照政治过硬、服务一流以及“疫苗接种＋核酸检测”双合格的标准，抽调人员参与“两会”邮政服务保障工作。严把车辆安全关，对上会服务的车辆执行“专车专用”“转运一次、消杀一次”硬约束的规定，并逐一进行安全检查，确保所有服务车辆邮政标识明显、规范，车容整洁，无安全隐患。严格落实服务方案要求，及时与驻地会务组等方面对接，明确邮政服务联络人、邮件交接区域、驻地联系人等信息，统筹优化邮件揽投频次。切实满足代表委员用邮需求，做好线上购买邮品渠道24小时系统支撑工作，单独封发处理各驻地收寄的纪念封和邮件，确保万无一失。严把“两会”邮件分拣、运输、揽投关，做好会议用报服务。严格执行收寄验视、实名收寄和过机安检制度，对寄往“两会”驻地的邮件，实行投递前“三次安检、应检尽检”。会议期间，所有服务物品实行“冷链＋溯源”严管控；服务人员每日严格检测体温，单独形成检测记录备查，工作期间全程佩戴口罩和一次性胶皮手套；每日出班前对上会车辆进行整车喷洒消毒，配送至驻地的各类邮件提前做好消毒工作。（《中国邮政报》3月3日）

【北京市邮政分公司做好建党百年庆祝活动期间安全和服务保障工作】 自6月21日至庆祝活动结束，北京市邮政分公司要求各单位按照既定方案进入实战状态，从严从细从紧落实安全保卫与寄递安全管控措施。落实收寄验视制度，严把收寄、分拣、运输、投递各个环节的安全关口，严格执行收寄验视加盖验视章工作流程。严格使用邮件快件实名收寄信息系统收寄邮件快件，保证邮件快件全部实现实名收寄。对北京市内投递的邮件快件和同城的邮件快件，实行100%过机安检并粘贴可追溯的“已安检”标志，对未粘贴“已安检”标志的邮件快件一律退回。对从外埠进京的邮件快件实行落地“二次安检”、投递“三次安检”，确保邮件快件投递安全。

北京市邮政分公司挑选政治过硬、业务素质好、服务意识强的投递人员参与活动核心区域投递服务，确保投递工作高质高效。对涉及庆祝活动的邮件、报刊，严格落实专人、专车、专线、专区服务、专项检查的“五专”要求。制定邮件投递专投服务方案、投递安全生产应急预案，确保投递服务质量和邮件安全。

确保机要通信保密安全是庆祝活动期间的头等政治任务，要求严格落实机要通信重点制度，对机要运输和投递等重点环节、机要绝密件等重点内容加大管理力度。对涉及庆祝活动的机要通信服务任务，认真做好工作预案，选派政治性强、保密意识高、业务娴熟和服务热情的人员，确保机要通信服务工作万无一失。（《中国邮政报》6月18日）

【河北省邮政分公司服务冬奥会筹办工作】 河北省邮政分公司发挥中国邮政作为北京2022年冬奥会和冬残奥会官方邮政服务独家供应商的优势，加强网点建设和相关活动组织策划，开展冬奥会品牌宣传及市场营销工作，服务冬奥会筹办工作。明确山地新闻中心、崇礼冬奥村、张家口云顶滑雪公园、古杨树场馆群4个冬奥会邮政网点的选址工作，并对标奥运会及网点转型标准，完成山地新闻中心网点、崇礼冬奥村网点的装修设计方案。结合普遍服务提质达标，对张家口107处邮政普遍服务网点进行翻建、改造。对接集团公司及冬奥会组委会，完成全省20家特许零售店的升级改造方案设计，提交集团公司和冬奥会组委会审核。举办冬奥会文化校园行活动，分别与石家庄邮电职业技术学院、河北师范大学、河北建筑工程学院举办了以"中国邮政冬奥文化校园行石邮杯体育赛事""邮政冬奥校园行师大迷你马拉松""冰雪梦想、一路邮我"为主题的3场冬奥会校园行系列赛事。举办冬奥会纪念邮票首发活动，分3个阶段开展《北京2022年冬奥会——竞赛场馆》纪念邮票首发宣传活动。（《中国邮政报》7月27日）

【大连邮政克服疫情与降雪天气影响保证生产安全畅通】 自2020年12月15日辽宁省大连市出现新冠病毒无症状感染者以来，多个小区封闭，大连市邮政分公司受疫情影响的投递段道有59条。1月6日起，大连市连续多天普降大雪，道路结冰湿滑。面对疫情和降雪天气的不利影响，大连市分公司始终保持战时状态，全力以赴做好疫情防控，保证邮件传递安全、畅通，生产经营平稳有序。

大连市邮政分公司强化主体责任，严格落实防控措施，按照市政府统一安排，完成全员核酸检测，居家隔离人员情况稳定。该分公司每周对国际邮件处理人员进行全员核酸检测，同步做好国际邮件100%消杀工作；及时为重点环节和单位配发防护物资。在严格做好疫情防控的前提下，大连市分公司开业网点主动开展客户邀约、厅堂营销；停业网点主动开展手机银行线上营销，努力减少疫情带来的损失。

针对受疫情影响的投递段道，大连市分公司通过与收件人进行电话沟通，确认邮件转寄、退回、留存等方式，及时对进口邮件进行处理，建立留存邮件记录备案表、转寄退回邮件记录备案表，同步做好改退邮件的信息处理工作。面对连续降雪的天气，大连市分公司启动应急预案，指调中心随时通报在途邮车运行情况，揽投部（站）及时报备邮车到达时间。在机动车、电动车无法通行的陡坡路段，邮政员工使用手推车进行步行投递。除受疫情影响的区域外，大连市邮政分公司做到邮件应投尽投，保障疫情期间民生需求。（《中国邮政报》1月15日）

【云南省邮政分公司为《生物多样性公约》第十五次缔约方大会提供服务】 10月11—15日，《生物多样性公约》第十五次缔约方大会（COP15）第一阶段会议在云南省昆明市召开。作为组委会指定的现场邮政服务提供方，云南省邮政分公司设置滇池国际会展中心邮局，为大会提供信函寄递，明信片、邮品、报纸、图书展示销售，国内（国际）特快、包裹寄递，商旅票务等邮政综合服务，在场馆外会议代表驻地酒店提供寄递等邮政服务。位于7号馆序厅的滇池国际会展中心邮局，面积144平方米，外观设计结合场馆、邮政等元素，布置上契合大会"生态文明：共建地球生命共同体"主题，设置邮政综合服务、政务图书和集邮品展示、休闲等候等功能区。（《中国邮政报》10月15日）

【乌鲁木齐邮区中心战暴风雪确保邮运畅通】 11月26日，新疆乌鲁木齐市气象台发布暴雪蓝色预警，市区部分道路限行，北疆部分线路封闭，机场航班停飞。乌鲁木齐邮区中心立即启动冬季邮运安全生产预案，确保行车安全和邮件时限。

11月26日夜间至27日晨，全疆各出班车辆均按照通知要求执行预案作业计划。乌鲁木齐邮区中心通过线上提醒、电话联系等方式，提醒在途驾押人员，注意行车安全，做好自身保暖，并就冬季雪天行车注意事项进行重点提醒。在途驾押人员及时了解前方高速公路路况及通行情况，随时与中心调度人员做好信息沟通。在做好车辆防滑措施、安全行驶的基础上，随时赶发前程。维修班人员全部到岗进行车辆维检，确保车辆防滑措施、车况检测满足雨雪路面行驶要求。火车邮路方面，27日，北京至乌鲁木齐车辆晚点半小时，其余车次运行基本正常。乌鲁木齐邮区中心转运分部封闭作业员工加快邮件装卸速度，全力保障邮件时限质量。

在内部处理、运行监控、航空接发、计划调整等环节，乌鲁木齐邮区中心均安排专人负责，关注异常天气对生产作业的影响，对突发情况，各环节负责人及时跟进、实时反馈，生产管控部集中统一调度，灵活动态调整发车时间及数量，确保邮运生产平稳运行。邮件处理中心组织邮运生产，11月26日，业务量突破20万件。11月26日、27日西安—乌鲁木齐到达4辆邮车，统一辐照消杀后即加紧组织生产，确保邮件拉得进、运得走，在网运环节保证快进快出。（《中国邮政报》12月1日）

【各地邮政分公司认真贯彻落实集团公司切实做好疫情防控各项工作】 5月14日开始，辽宁省营口市鲅鱼圈区、沈阳市相继报告新增本土新冠肺炎确诊病例。辽宁省邮政分公司高度重视、迅速反应，于14日启动疫情防控应急预案，并第一时间与营口、沈阳等市分公司沟通，全面部署疫情防控各项工作。5月16日晚，辽宁省分公司紧急召开专题会议，传达贯彻落实集团公司通知要求，对疫情防控工作进行再部署、再强调、再落实。5月17日，辽宁省邮政分公司印发关于进一步做好疫情防控工作的通知，确保将集团公司和地方政府疫情防控工作安排部署抓实抓细抓落地。营口市鲅鱼圈区分公司根据省、市分公司部署，按照当地疫情防控办公室统一要求，除部分网点、揽投部停止服务外，其他各营业机构坚决执行测温登记、工作场地每隔两小时消毒、佩戴口罩和手套等防疫要求，保持服务不中断。在确保邮政员工和邮件安全的基础上，各营业场所和生产场地全部张贴了警示标语，提示外来客户务必佩戴口罩，进行扫码、测温、登记，确保客户用邮安全。为保证邮政服务平稳畅通，鲅鱼圈区分公司还特别安排机关人员对全体员工进行心理疏导，引导员工积极面对疫情和相关防控要求。截至5月17日12时，辽宁全省邮政无发热人员报告。鲅鱼圈区分公司全体员工核酸检测，未有异常。(《中国邮政报》5月19日)

6月1日，广州市邮政分公司接到团市委将一批抗疫防护衣迅速配送到市内多个核酸检测点和佛山市南海区的紧急需求。中心区邮局立刻组织由党员、团员青年组成的配送队伍开展紧急配送工作。一支党员先锋队、两支青年突击队兵分三路，冒着大雨将抗疫防护衣配送到荔湾区、越秀区、天河区、海珠区、白云区等多处核酸检测点，比预定的时间提早半天，并将1750套防护衣打包，赶发佛山市南海区核酸检测点。6月4日，广州市邮政分公司紧急成立“花城有爱　众志成城”防疫物资紧急送达志愿者队伍，第一时间到团市委指定地点搬运防疫物资，出动车辆15次，将806箱50000件防疫物资送达各区防疫一线。广州市花都区邮政局收到区政府的通知，有爱心企业捐赠防疫暖心包8800份、饮用水10000箱和腰托1000个急需运往荔湾区。该局立即响应，紧急开通防疫捐赠物资寄递绿色通道，党员先锋队带头组织人员和车辆，协调各环节，及时将该批物资第一时间送达荔湾区。截至6月4日，广州市邮政分公司56个邮政网点无法正常营业、近300名员工无法正常到岗。对此，该分公司加强统筹协调，深化“邮政＋政务”政务服务改革，便民利民办实事，调整邮政生产流程和作业方案，成立11个临时党支部、25支党员先锋队、9支青年先锋队，确保邮政特殊服务、支持疫情防控、保障民生服务各项工作落实，以扎实的工作措施保疫情防控到位、保邮政普遍服务和机要通信服务到位、保党报党刊及时投递到位、保居民生活包裹投递到位。(《中国邮政报》6月9日)

8月，湖南省邮政分公司认真落实省委、省政府和集团公司防疫要求，切实筑牢疫情防控安全线，形成一把手亲自抓、省市县及窗口单位四级联动、各部门各单位高效协同的工作格局，从严从紧做好疫情防控。8月7日，湖南省邮政分公司启动防疫物资供给绿色通道，紧急采购，支援一线100张折叠床、200床被子，1万双医用手套、4000瓶洗手液、300套防护服、20桶消毒液以及测温仪、护目镜、喷雾壶等防疫物资。8月5日，湘西土家族苗族自治州永顺县邮政分公司主动响应政府号召，安排3辆邮车承担运输任务，为张家界送去防疫及生活物资。8月6日，衡阳邮区中心出动3辆邮车负责运输52.5吨大米、蔬菜到张家界。张家界市分公司每日对邮件处理中心、营业网点和揽投部进行消毒，完善各项防控措施。重点聚焦防疫物资、生活物资配送及高考录取通知书投递等服务，通过电话预约、指定投放点，最大限度地满足居民用邮需求。(《中国邮政报》8月11日)

9月以来，福建莆田、厦门、泉州突发新冠肺炎疫情。对此，福建省邮政分公司高度重视，第一时间召开疫情防控专题会并作出安排部署，要求各级邮政企业压紧压实疫情防控责任，落实疫情防控各项措施，督促员工加强个人防护，加强人员出行和会议培训活动管理，强化疫情防控应急管理。(《中国邮政报》9月16日)

10月中下旬，北京市陆续新增新冠肺炎病例，全市疫情防控措施不断加强。为保证群众用邮，北京邮政积极采取有效应对措施，做好实施封闭管理小区的邮件投递和相关网点暂停营业期间的服务告知。(《中国邮政报》10月29日)

10月17日以来，甘肃省嘉峪关市、酒泉市、张掖市出现涉外省新冠肺炎确诊病例活动轨迹，兰州市新增新冠肺炎本土确诊病例并将2个小区调整为中风险区。疫情发生后，甘肃省分公司紧急召开党委会议，专题研究疫情防控工作，要求严格按照省委省政府和省疫情联防联控领导小组办公室对疫情防控的要求，坚决扛起疫情防控政治责任，并针对疫情防控作出部署，要求嘉峪关、张掖、酒泉3个市分公司严格按照属地要求，做好人员排查和核酸检

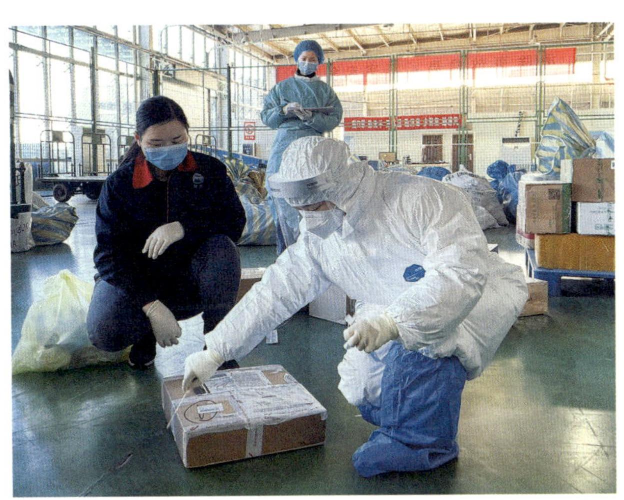

针对邮件开展核酸采样检测工作(《中国邮政报》)

测工作，做好邮政企业内部疫情防控工作。甘肃省分行第一时间召开疫情防控专项部署会议，要求各级党员领导干部强化使命担当，守土有责、守土尽责，明确各级各部门防控责任，高度重视疫情形势变化，切实做好及时传达报备、管理人员出行、完善应急预案、备好防疫物资、强化场所防控、安排应急值班、加强个人防护等工作。同时，为全力配合疫情防控相关金融业务办理，该分行为防疫相关紧急取现、资金划转开辟“绿色通道”，加大线上金融服务力度，确保金融服务不断档；统一调度、储备有关防疫物资。（《中国邮政报》10月26日）

【各地邮政分公司认真贯彻落实集团公司切实做好防汛救灾各项工作】 7月17日以来，河南省普降暴雨、局部特大暴雨，河南省内部分水库水位超汛限，部分道路交通中断，郑州、焦作、新乡等地城区内涝严重，邮政部分基础设施被损坏，网运生产经营等工作受到严重影响。面对严重灾情，河南省邮政分公司快速反应，立即启动汛期生产应急预案，不间断发布安全生产预警提示，在全省实施每小时生产情况零上报制度，全程关注汛情影响，实时通报生产情况，动态调度生产。与此同时，河南省分公司向省委省政府主动请缨，提供临时避险场所，开放所有正常营业的邮政局（所）作为服务周边受灾群众的应急场所，提供必要的饮用水、方便食品等应急救援物资；开通金融绿色通道，优先为受灾群众提供便捷的金融服务，利用全省遍布城乡的1100多处营业网点，为广大人民群众提供普惠金融服务；开通中邮保险紧急理赔绿色通道，简化理赔手续，实行无保单理赔，为客户提供优质的保险保障；发挥邮政自身网路资源和运输优势，按照当地政府要求，参与当地灾后重建的物流运输保障等工作，助力恢复正常生产生活秩序。（《中国邮政报》7月22日）

第6号台风“烟花”从浙江舟山登陆，造成浙江、上海、江苏、安徽等省市出现强降雨天气。陕西、内蒙古等地也出现不同程度的汛情。洪灾及其次生灾害导致部分邮路、邮政生产经营场所和处理场地被淹。各地邮政分公司认真贯彻落实集团公司切实做好防汛救灾各项工作的要求，全力参与抗洪救灾，采取措施全力以赴保通信、保服务，争取最大限度减少灾害带来的损失。面对汛情，面对重重危险，邮政人奋不顾身，冲锋在前，履行央企担当，确保邮政服务安全畅通，在风雨中传递绿色希望，在行动中展现邮政力量。同时，各地邮政全力配合地方党委政府防汛救灾，开放所有正常营业的邮政局（所）作为服务周边受灾群众的应急场所，彰显“人民邮政为人民”的初心使命。（《中国邮政报》8月20日）

10月2—6日，山西多地出现连续强降雨天气，并发生山体崩塌、滑坡等地质灾害。面对灾情，邮政企业迅速启动应急预案，投入救灾、自救中，确保员工人身和邮件安全，全力保障生产服务安全畅通。

陕西省汉中市勉县由于连日强降雨，邮路受阻，勉县邮政分公司及时组织抢险队员通过你送我接、肩挑背扛等方式运送邮件（《中国邮政报》）

自10月6日起，陕西关中地区持续降雨，洛河、黄河水位上涨，10月8日，渭南市大荔县启动洛河Ⅳ级应急预案，大荔县分公司赵渡邮政所、平民邮政所接到通知进行撤离。10月9日，大荔县邮政分公司向上级部门报备，并调用车辆，及时调整干线邮路作业计划及路线，保障邮件传递时限，洪区邮件确保到达集中安置点和临时投递点，尽最大努力保障邮政服务。大荔县邮政分公司朝邑支局利用员工宿舍为从家撤离的投递员家属提供住宿，及时采买雨衣雨鞋、铁锹等防雨防汛物资，为各单位配发，保障基本生产使用。（《中国邮政报》10月13日）

服务质量

【服务质量和管理水平】 集团公司完成邮储银行对公结算、多板块窗口服务等12个专项体验，发现问题130个，整改计划完成率为95.8%。印发《客户体验三年提升工程工作方案》，推进窗口服务体验提升年活动，开展窗口服务体验33项，打造示范窗口1044个，其中优秀示范窗口20个、客户满意度达到91分、业务收入比上年增长14.8%、客户数量比上年增长17%。制定《中国邮政集团有限公司服务质量管理办法》，完善了服务质量管理体系。组织开展了服务质量管理、军队喜报、绿色邮政等专项检查及“两会”、建党100周年等重大活动期间服务质量暗查暗访。编写了《中国邮政智能客服平台业务需求书》、印发《中国邮政集团有限公司客户服务管理办法》，进一步完善了客服管理和运营体系、优化了客服运营管理机制。（集团公司市场部）

【客户主数据治理工作】 集团公司开展客户主数据治理，完成寄递市场数据库、寄递营销管理系统替代，优化提升360客群筛选、客户管理、营销管理、会员管理等功能。整合汇聚客户主数据6.5亿条，并在26个应用系统中集成应用。提炼数字营销五步法，强化客户管理服务能力、协同营销能力和厅堂营销场景能力输出，推进营销智能化、客户数字化、协同常态化。（集团公司市场部）

【125处边海防部队站点通邮保障服务工作完成】 2020年国家邮政局和军委保障部向集团公司提出服务边海防部队要求，主要为分布在12个省的高原哨所、边防部队及驻守岛礁部队提供通邮服务。这些边海防哨所地处边远地区，道路状况差、社会依托弱，自然条件恶劣。集团公司按照“自有人员、自主车辆、自办邮路”的要求，于“八一”建军节前125处边海防站点全部实现通邮保障服务。（集团公司邮政业务部）

【5家邮政企业获质量信用殊荣】 陕西省延安市邮政分公司、贵州省六盘水市邮政分公司、广西防城港市邮政分公司、江西省抚州市邮政分公司及邮储银行安徽省宿州市分行5家邮政企业被中国质量协会认定为“2021年全国市场质量信用AA等级企业”（用户满意服务类）。经集团公司严格审定，推荐优秀地市级邮政企业参评2021年全国市场质量信用AA等级认定。全国市场质量信用等级评价是中国质量协会设立的国家奖项之一。经市场用户评价、第三方信用评价机构评价和专家评审，经中国质量协会公示，上述5家邮政企业被认定为“2021年全国市场质量信用AA等级企业”（用户满意服务类）。（《中国邮政报》11月24日）

业务发展

◇ 邮政业务

◇ 邮政金融业务

◇ 速递物流业务

◇ 中邮保险业务

◇ 中邮证券业务

邮政业务

【概况】

一、服务国家战略

落实乡村振兴战略取得新进展。以“两中心一站点、两优化一提升”为指引，初步完成第一批 417 个重点示范县三级物流体系建设，包含 4190 个乡镇中心、12.6 万个村站点、345 个各类仓储。示范县村级站点平均覆盖率近 98%，县乡邮路每日不少于一个频次的占比 98.6%，汽车投递道段占比 62.1%，周五班及以上频次道段占比 76%。持续推进交邮合作、邮快合作，全国有 792 个乡镇运输服务站实现进驻或对接服务；27 个省 1917 条邮路实现交邮联运，覆盖 2213 个乡镇、2.1 万个建制村；邮快合作建制村覆盖率 60%，累计代投快递过 10 亿件。

完成重大活动服务保障任务。完成《中国共产党成立 100 周年》等重要题材邮票发行。确保建党 100 周年庆祝活动、“两会”、第二届联合国全球可持续交通大会、全运会等国家重大会议和活动期间邮政服务安全保障任务。确保十九届中央第七、第八轮巡视专用邮政信箱寄递服务畅通，获多个中央巡视组致信表扬。制定《冬奥窗口服务方案》，全面落实冬奥窗口服务要求。赛事期间，北京、河北张家口市邮政公司高质量完成邮政服务保障任务。

守住安全风险底线。机要通信连续 14 年保持安全万无一失，交通运输部李小鹏部长夸赞道“这是了不起的成绩”。严格落实意识形态工作责任制的要求，坚决守住管好《中国邮政报》邮政意识形态主阵地，未发生重大质量差错。严把图稿审核，近 3.3 万件函件产品图稿 100% 无差错。坚决落实“扫黄打非”工作，增加敏感地址预警、突发业务量预警、问题邮件拦截预警等技术防范手段。

二、普遍服务供给质量提升

强化落实推进，监管指标达标取得显著成效。直辖市、省会城市间普邮全程时限总体平均接近 2.4 天，比年初缩短 30% 以上。建制村投递频次全面达标，西部建制村周三及以上频次占比 97% 以上，县及县以上城市党政机关《人民日报》当日见报率从 84% 提升到 85.5%。强化能力建设，普遍服务供给能力持续提升。

普遍服务网点总量稳中有升，全国代办网点减少 2288 个，压降 16.76%。营投单人合一网点压降 3284 处，完成年度目标。集团公司投入 3 亿元补贴 1.12 万处老旧营业网点改造。强化科技支撑，完成新一代营业渠道系统、普遍服务管理系统二期建设应用。

强化制度建设，加大考核追责。出台普遍服务管理办法和追责办法，明晰职责，加大追责。实现普遍服务质量与绩效考核、普遍服务补贴及责任追究紧密挂钩。

三、邮务业务经营发展态势良好

渠道平台转型增点扩面，叠加赋能成效显著。全国邮政转型网点超 4 万个，覆盖率 74.6%。转型网点累计收入 997.5 亿元，点均收入 274.7 万元，比上年增长 20.9%。零收入网点实现全面“清零”，万元以上收入网点 5.03 万个，占比 92.7%。660 家主题邮局与百所线上主题邮局线上线下联动，实现收入 4.74 亿元，比增 55%。校园网点新增建设近千所，985、211 高校的校园网点覆盖率 96%。依托网点打造“一站式”政务便民综合服务平台，累计叠加各类代理代办服务 13 个大类 56 个细项，比上年增加 28 项。异业零售业务叠加成效明显，28 个省 5562 个网点叠加烟草零售业务，收入 4.5 亿元。27 个省开办医药零售店 233 家，27 个省 3926 个网点叠加 3C 体验零售业务。推广 BSC 数字营销工具，在线业务平台交易规模超过 84 亿元，累计客户 4924 万，访问量突破 10 亿次。

业务发展稳中求进，创新转型成效凸显。一是函件传媒业务保持平稳发展，媒体业务发展拉动明显。通过贺年有奖明信片等产品创新升级、重点媒体项目推进、邮资机宣传戳业务的拓展等举措，加快推进函件业务转型发展。其中新媒体业务实现收入 14 亿元，增幅 26%。二是报刊发行业务稳步增长，主渠道地位和作用不断巩固。报刊发行业务收入 93.2 亿元，收入增幅 5%。2022 年度大收订流转额 244 亿元，增幅 3%。完成党报党刊发行任务，《甘肃日报》全面回归邮政发行，对非邮发省级党报回归起到示范作用。引入外版期刊在邮发行，实现历史性突破。图书发行销售额 11.5 亿元，成为新增长点。强化线上订阅，在线订阅机构客户数量增长 167%。三是集邮业务发展质效双升，生肖贺岁季等项目再创佳绩。集邮业务收入 75.8 亿元，比上年增长 4%，其中生肖贺岁季项目收入 54.6 亿元，创历史新高。邮票精品化工程深入推进，推出宣纸雕刻、3D 立体印刷等工艺邮票。完成 29 套纪特邮票数字化内容制作，每套与邮票同步发行，得到新华社、央视主流媒体广泛传播。以“集邮上新日”线上活动为抓手，线上交易 580 万笔，收入 25.2 亿元，在线活跃用户 227 万人。四是文创业务加大品牌运营，探索新发展模式。整合邮票资源打造跨界联名产品，与数百家优秀企业建立合作，持续提升“中邮文创”品牌价值。（集团公司邮政业务部）

【集团公司与新华社联合召开 2022 年度新华社重点报刊发行会议】 9 月 14 日，新华社与集团公司在北京联合召开 2022 年度新华社重点报刊发行电视电话会议，正式启动 2022 年度报刊大收订工作。会议指出，自建立战略合作以来，中国邮政始终把新华社报刊作为邮政报刊发行工作的重中之重，不断创新经营思路，加大支撑保障力度，基本实现了新华社重点报刊发行量的稳定，是中国邮政战略合作的成功典范。随着媒体格局深刻调整、行业融合快速推进、线上线下重新布局，双方需要共同努力，以推动高质量发展为主题，在困境中突围，在危机中育新机，在合作共赢中实现创新发展，以优异成绩庆祝建党百年。围绕进一步深化合作、创新发展，中国邮政与新华社要强强联合，谱写合作新篇。

会议对在2021年度新华社报刊和可订阅内参发行工作中做出突出贡献的省（区、市）邮政分公司进行表彰。新华社江苏、四川分社和海南省、江西省邮政分公司作了经验分享。（《中国邮政报》9月16日）

【图书发行项目】 图书收入11.5亿元。发挥邮政网络遍布全国、覆盖城乡、点多面广的优势，党史学习教育图书发行近3000万册，助力党史学习教育深入群众、深入基层、深入人心，传播党的声音，厚植党的执政基础。（集团公司邮政业务部）

【第五届明信片文化创意设计大赛】 5月31日，由集团公司主办，中国邮政广告传媒公司、《中国邮政报》社有限公司、集团公司报刊发行局承办的第五届中国明信片文化创意设计大赛开始征稿。

此次大赛以“传递真情，产业赋能；创意引领，携手共赢”为主题，以邮政明信片产品开发需求为主导，按照启动、征稿、初赛、复赛、决赛、金牌设计师PK赛暨颁奖典礼的流程进行，持续到10月。其中，5—7月为征稿阶段，可通过明信片文化创意设计大赛官网、“中国邮政传媒”“中邮好物”和“微邮简”微信公众号、“中国明信片文化创意设计大赛”专区（大赛微信端）、原境供应链平台等任一平台报名参加及在线投稿。7月进行初赛评审，9月进行决赛评审，10月举行金牌设计师PK赛暨颁奖典礼。

大赛设个人、团体奖项和定向主题奖项，并在决赛获奖作品作者中选拔出6位优秀设计师，以现场演讲方式角逐“金牌设计师”“银牌设计师”和“铜牌设计师”奖项。获得大赛优秀奖及以上奖项的作品，组委会将择优研发为明信片及其他文化创意产品，面向市场进行销售。经一年销售数据统计后，于下届大赛公开评选出最具市场价值奖5名。（《中国邮政报》6月4日）

【“冰雪寄语”书信中国文化传播活动启动】 为弘扬中国传统书信文化，打造“书信中国”品牌，讲好中国故事，由集团公司主办，新华网、光明网、中国青年网和中邮传媒共同承办的“冰雪寄语”书信中国文化传播活动正式启动，作品征集从11月15日开始至2022年1月31日结束。活动以“冰雪寄语”为主题，参与者可使用“冰雪寄语”邮资套装参加，通过书信形式抒发爱国主义情怀，抒发对冰雪运动的喜爱之情，表达对冰雪运动员的支持与祝福。“冰雪寄语”邮资套装由1枚信卡和1枚贺年有奖明信片组成。该活动设优秀奖100名、幸运奖1000名。颁奖活动计划于2022年4月举行，主办方会在《光明日报》公布获奖结果，并制作相关活动视频，制作发行《“冰雪寄语”书信中国文化传播活动作品集》。（《中国邮政报》11月19日）

【《甘肃日报》交归邮政发行】 12月1日，甘肃省邮政分公司与甘肃日报报业集团有限责任公司签订全面合作协议，《甘肃日报》及甘肃日报报业集团所属7家子报全部交邮政发行。

《甘肃日报》创刊于1949年9月1日，是甘肃省委机关报。《甘肃日报》及其系列子报2013年自办发行以来，邮、报双方一直保持着沟通与联系。5月，双方深入探讨了报纸交邮政发行“最后一公里”等问题，并初步达成再次合作意向。此后，双方本着“精诚合作、优势互补、共谋发展、互惠互利”的原则，就新媒体合作、县以下区域的投递频次及质量等事项达成共识。

根据协议，双方建立定期沟通联络机制，进一步发挥双方资源优势，不断拓展合作的广度与深度，在新闻宣传策划、网络舆情应对、文创产品打造、新型电商平台运维、服务乡村振兴战略以及共享用工、金融寄递、印务代办、新媒体托管运维、品牌定制等方面开展多渠道、多角度、全方位的合作。（《中国邮政报》12月1日）

【江苏邮政快递包裹混合收寄率过40%】 截至3月31日，江苏省邮政分公司快递包裹混合收寄率稳定在39%以上，超额完成一季度必成目标（30%），72个市、县混合收寄流程优化无盲点；江苏混合收寄率列全国第2位，仅次于浙江，超过全国混合收寄平均水平20%，在全国二季度重点工作部署会上被集团公司列为典型推广。二季度首日，该分公司混合收寄率突破40%，提前完成全省二季度必成目标（40%），向二季度力争指标（50%）冲刺。

混合收寄是2021年江苏省分公司快递包裹揽收流程实现降本增效的重要推进措施之一。混合收寄揽收模式下，揽收员在客户现场仅需点数扫描，不再称重分堆，揽件速度显著提高。客户现场邮件不分堆，告别了混乱的揽收现场，满足了客户迅速清场的要求，也避免了邮件分堆出错后的二次分拣；上线一体化收寄设备，实现“专业的人做专业的事”，依托皮带机连接和自动分拣设备，实现“粗分+细分+集包”流水化作业，邮件全程不落地，处理时效更快。一体化收寄设备的应用还减少了对蓝牙秤的设备投入，规避了蓝牙称重不稳定的缺陷，处理精度明显提高。（《中国邮政报》4月13日）

【山西省分公司构建县乡村三级物流体系】 12月13日，山西省邮政分公司召开农村邮政发展现场会，要求到2022年6月底前，全省所有县（市）均建成邮政县乡村三级物流体系，进一步提升农村邮政服务水平。

围绕“邮政服务离农民近一点，再近一点”的工作思路，山西省邮政分公司加快县级处理中心、乡镇处理中心、村级站点3个节点建设，通过邮政自建或承办政府快递服务中心等方式，构建邮政县乡共配平台。通过与民营快递企业合作，整合资源，降低封发、转运、投递等各个环节成本。通过完善农村客货运班车代运邮件快件合作机制，实现邮政服务全覆盖。山西邮政建成覆盖全省、遍布城乡的农村服务网络，包括1229个农村网点、18794个村级站点，建制村实现100%直接通邮。全省邮政县乡村三级物流体系建成后，形成“网点+站点”的服务生态，实现“普遍服务+普惠金融+农村电商+邮快合作+政务便民+惠农合作”服务模式，推动农产品出村、进城，满足农村生产生活和消费升级需求。（《中国邮政报》12月22日）

【天津市邮政分公司开通微信报关服务】 自3月8日起，天津市邮政分公司微信公众号开通“邮政代征税办理”功能，客户可足不出户轻松办理国际邮件收取、报关、补税等业务。该功能的开通更好地满足了天津跨境电商客户及市民海外购的需求，有效助力地方经济发展。

为提高应税邮件清关效率、缩短清关时限，为市民提供更多便利，天津市邮政分公司联合天津海关开通线上报关服务。客户只需关注天津邮政微信公众号，点击功能菜单“寄递服务”中的“邮政代征税办理”功能模块，便可进行线上邮件清关。对于申报信息缺失的邮件，可通过该功能进行线上补充申报，申报成功后可视同正常应税邮件进行线上支付。此外，天津市邮政分公司还提供报关后的送货上门服务。（《中国邮政报》3月17日）

【第五届中国邮政“919电商节”启动】 9月16日，第五届中国邮政“919电商节”在北京启动。作为农业农村部农民丰收节金秋消费季系列活动之一，此届中国邮政“919电商节”聚焦“原汁原味原产地优质优价邮乐购”价值主张，突出“购物上邮乐全家都欢乐”主题，推出一系列便农、利农、惠农的活动措施。强化平台合作、完善服务功能、策划特色活动、优化商品结构、加大优惠力度，同时优化“网点+站点”双向引流、邮金豆、数字货币、代收自提等服务场景，切实解决农民合作社、家庭农场等新型农业经营主体“销售难、融资难、物流难”问题，助力农民创利增收、农村消费提质。（《中国邮政报》9月17日）

河北省邮政分公司做好“919电商节”筹备工作：整合企业内部产品、业务和客户资源，开展精准营销宣传准备工作，做大邮政私域流量，促进流量转化变现；筹备疫

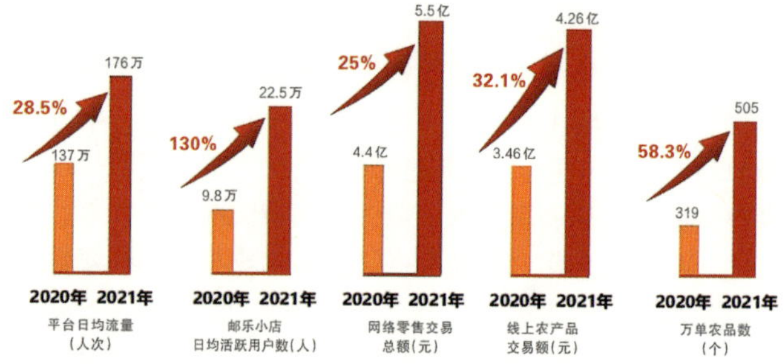

第五届“919电商节”期间平台流量交易情况（《中国邮政报》）

情防控期间的线上全省商家评审会，开展活动商品组织工作；举办全品类商品提报、“919活动”解析、玩转邮乐小店、“百场万人团”、渠道站点“我为邮政919代言”等活动，组织15场省级线上培训，为各类活动的开展打好基础。（《中国邮政报》8月20日）

上海市邮政分公司贯彻落实集团公司关于2021年在全国建设100个农产品基地的工作要求，打造都市邮政的“小店+社群”和“网点+社区”的营销场景，根据往年各区邮政分公司上报的当地有特色的农产品情况，围绕特色农产品的优势、地理标志、上市时间及运输等因素，将嘉定马陆葡萄作为农产品基地产品和“919爆款”产品上线销售。嘉定区邮政分公司与上海市邮政分公司市场营销部（渠道平台部）组建项目小组，从产品的组织、定价、文案、品控、物流配送、系统操作、售后服务等环节，研讨制定方案，提前开展试吃和试运营的工作，保证项目的顺利开展。（《中国邮政报》8月27日）

8月27日，江苏省邮政分公司全面启动2021年邮政“919电商节”活动和大闸蟹项目。江苏省邮政分公司突出抓好“邮乐”APP的下载推广工作，结合邮乐优鲜、BSC等营销工作，落实好网点社区购、“网点+站点”等活动，提升邮乐系线上渠道在江苏的拓展工作；突出抓好“万人拼团”活动的组织，通过“线上预订+网点自提/同城配送”模式，将网点获客、金融活动、寄递同城与农村电商结合起来，打响“邮乐邻里”社区团购品牌；突出抓好“十亿补贴送支局、助力网点来获客”邮金豆活动，持续推进金融、电商协同发展，合力打造代理金融支局聚客、活客、获客场景，做大电商客户流量及交易额。围绕大单品全面进店定向投放政策，确保商品品质具有吸引力、价格具有竞争力。围绕网点转型叠加“网点+站点”业务和三级物流体系建设，加快打造优质站点。（《中国邮政报》9月7日）

安徽省邮政分公司聚焦品牌和活动宣传，聚焦效果转化，突出中国邮政惠农品牌形象和线上线下融合发展特色，开展全媒体宣传造势，设计制作产品手册、爆品单页、品牌宣传等三大类海报100张，拍摄产品宣传和品牌宣传视频3条，制作3张“明白纸”和1份攻略H5，分

别向员工和客户介绍活动。同时，精选硬核补贴和扶贫补贴商品，在邮政网点布置无实物二维码墙，网点大堂经理等现场进行营销宣传，引导用户扫码，利用邮政线下网点激活生态圈客户资源，实现双向赋能。(《中国邮政报》8月19日)

8月16日，江西省邮政分公司“老俵来了”直播间“919活动直播预热”开播。上线婺源香菇、绿茶和上高辣酱等11款“老俵情”产品，配合开展一元秒杀活动。直播分享近千次，观看人数近5000人。(《中国邮政报》8月25日)

广东省邮政分公司发动员工使用邮乐网，全省邮政员工均安装“邮乐网”APP并注册成功，开设个人的邮乐小店，每天在邮乐小店上分享邮乐网的产品。为配合“919电商节”点爆日活动，21个地市分公司分别选定1～3款本地爆款产品，并做好爆款产品的推广海报及文案，方便邮乐小店用户分享推广。(《中国邮政报》9月16日)

8月18日，四川省邮政分公司、甘孜藏族自治州邮政分公司发起松茸专场直播，走进中国松茸之乡——甘孜雅江。其美多吉作为特邀嘉宾来到雅江松茸基地，与主播一同推广家乡特产，分享松茸的采摘、运输、制作等情况。直播观看人数4200余人，点赞1.5万次。(《中国邮政报》8月25日)

陕西省邮政分公司以社群、社区、平台批销三个方面为重点，推进“919电商节”营销工作。社群营销活动以商流打通“线上+线下+客群”，以邮乐小店平台为抓手，推进“小店+社群”营销模式，加快开展邮乐小店“919直播”活动。社区营销方面，做好社区团购，全面落地“网点+社区”模式，为网点实现圈客获客。由网点支局长担任团长，通过线上分享接龙活动产品，组织客户或周边社区居民团购，到邮政网点自提或通过寄递到家完成交付。平台批销方面，以构建农村新零售平台为目标，聚焦激活站点、聚焦会员、聚焦大单品和聚焦信息触达，通过站点数字化赋能，提升站点活跃度，增强站点黏性，构建“网点+站点”“线上+线下”、与邮政资源高度协同的“平台+商家+网点+站点+会员”生态圈。(《中国邮政报》9月1日)

【中国邮政“双11”破纪录】 中国邮政各环节业务量增长迅猛，屡创历史新高，而全网保持持续平稳运行状态，实现寄递网运行的量质齐升。11月11日，邮政特快业务量日破1000万件，快包业务量日破5000万件。11月12日，全网包裹快递处理量1.3亿件。依托全网仓储资源、航空陆运网络资源、信息技术资源构建供应链物流综合服务体系，通过全国区域分仓、城市预售下沉仓等方式，邮政各仓“双11”首日平均出库完成率86%，云仓规模比上年增长近60%。(《中国邮政报》11月16日)

党员突击队奋战“双11”(《中国邮政报》)

【中国邮政第二届产销对接会暨2022年年货节在北京启动】 12月8日，中国邮政第二届产销对接会暨2022年年货节在北京启动，旨在进一步落实国家乡村振兴战略，推进邮政惠农合作，打造“邮政农品”品牌，构建产销对接服务体系，全力做大农村电商商流规模。美团优选、链果供应链公司、鲜际供应链公司、华风天际供应链公司现场与集团公司签约。先正达(中国)投资有限公司、新华网股份有限公司、人民健康网络有限公司、中粮集团、京东生鲜以及集团公司相关部门负责人参加。

此次年货节活动时间为12月15日至2022年1月25日，聚焦邮乐网、邮乐小店、邮乐优鲜、邮掌柜和邮乐购站点等，推出“红包雨”“超级品牌日”“邮乐小店成长计划”“拼团大战”“邮掌柜开机享好礼”“网点+站点”双向引流等“十大活动”，联合“集团+各省”“自营+撮合”的数千商家，服务千万邮政客户，通过亿元补贴优惠回馈平台新老客户和站点邮掌柜。

会上，集团公司邮政业务部负责人宣读对2021年农产品基地创新推广奖、邮乐小店突出贡献奖、农产品进城优秀案例奖获奖对象进行表彰的决定。中邮电商相关负责人解读邮政农品产销对接及2022年“邮政年货节”方案，介绍邮政农品基地成果，并发布邮政农品基地的三个标准。吉林省邮政分公司分享吉林大米基地建设经验。美团优选、鲜际供应链公司分别分享与邮政农产品项目合作的经验及计划。福建省安溪县介绍铁观音茶王赛概况及与邮政合作情况。相关省份邮政分公司分别对安溪铁观音、吉林大米、奉节脐橙、花牛苹果、赣南脐橙、内蒙古牛肉、盐源苹果、常山胡柚、麻阳冰糖橙、南宁武鸣沃柑10款产品进行现场推介。(《中国邮政报》12月9日)

【江苏省邮政分公司首个区域特色农产品项目基地挂牌】 1月22日，江苏省邮政分公司首个区域特色农产品项目基地——“句容白兔镇草莓”正式挂牌。围绕白兔草莓这一特色农产品，江苏省镇江市邮政分公司发挥协同优势，

江苏省邮政分公司首个区域特色农产品项目基地（《中国邮政报》）

线上销售现场（《中国邮政报》）

打造“邮政+政府+合作社/家庭农场+基地+销售+收单”综合服务模式，从产品种植到包装设计、从销售推广到物流寄递、从资金归集到售后服务，全环节参与、全流程服务、全链条介入，构建“生产购销全环节、产业主体全覆盖、综合服务全方位”的特色惠农模式。（《中国邮政报》2月5日）

【海南省邮政分公司展示助农惠农服务成果】 12月16—19日，2021年中国（海南）国际热带农产品冬季交易会在海南国际会展中心举行。海南省邮政分公司在冬交会上集中展示邮政助农惠农、服务“三农”、助力乡村振兴所取得的成果，并开设临时邮局提供现场服务。

海南邮政品牌展区位于海南国际会展中心1号馆，通过图文、视频、实物展示、互动体验等多种方式，重点展示“海口—南京”邮航正班航线开通、邮政惠农便民服务、金融信贷、农产品基地建设、县乡村三级物流体系建设、绿色邮政等内容，并设有明信片自助打印机等。位于3号馆的冬交会临时邮局现场提供普惠金融业务咨询、国际国内寄递物流等邮政服务。现场通过线上直播的方式展示销售海南农特产品，并向每位参展客户赠送《2021年中国（海南）国际热带农产品冬季交易会》纪念封。纪念封以个性化邮票、邮戳、冬交会元素为主要表现内容。

展会期间，海南省邮政分公司与海南农垦果蔬产业集团有限公司、海南春光食品有限公司等多家企业举办合作签约仪式，进一步拓宽农产品流通和销售渠道，助力海南特色农产品走向全国市场，提升海南特色农产品的品牌知名度和竞争力。（《中国邮政报》12月22日）

【四川省邮政分公司联合省总工会举行专场线上销售活动】 9月26日，四川省邮政分公司联合四川省总工会举行的“长征路上的邮递小哥——哈弄夺机专场直播”在四川省阿坝藏族羌族自治州若尔盖县开播。该活动是第五届中国邮政“919电商节”系列活动之一。向全国观众推介索当茶、黑苦荞茶、牦牛肉干、牦牛奶粉等8款阿坝州优质农特产品，为农产品出村进城搭建“新时代的直通车”，为惠农助农和乡村振兴贡献邮政力量。直播1.5个小时，观看人数30103人次，点赞66873次，销售阿坝州农产品1008件，实现销售额42077.3元。（《中国邮政报》9月30日）

【贵州首家“法院立案邮政便民服务中心”成立】 3月23日，贵州省首家“法院立案邮政便民服务中心”在黔东南苗族侗族自治州丹寨县万达小镇邮政所揭牌，丹寨县居民在家门口的邮政网点就可便捷办理立案手续，实现网上立案、一键达成，有效打通了诉讼服务“最后一公里”。这是贵州省高级人民法院和贵州邮政深入贯彻落实习近平总书记关于“要提供普惠均等、便捷高效、智能精准的公共服务”“加快推进跨域立案诉讼服务改革，推动诉讼事项跨区域远程办理、跨层级联动办理，解决好异地诉讼难等问题”的重要指示精神，推动贵州基层社会治理能力提升的具体实践。

“法院立案邮政便民服务中心”依托贵州省线上法院电子诉讼服务平台以及分布广泛的邮政线下服务网点，由

在“法院立案邮政便民服务中心”内，邮政和法院工作人员就做好服务进行交流（《中国邮政报》）

电子诉讼平台提供整体信息化支撑，支持邮政工作人员通过电子诉讼平台下的辅助立案管理分平台，作为立案辅助人登录系统，对当事人信息进行核实后，通过平台实现材料线上传输，从而完成网上提交立案。与传统立案模式相比，"法院立案邮政便民服务中心"模式有效减少了时空限制，为群众带来更大便利。（《中国邮政报》3月26日）

邮政金融业务

【代理金融业务】 代理金融转型发展成效超预期，收入1244.2亿元，增幅10.06%，超预算4.2%，增幅创近五年新高，初步形成储蓄手续费、代理保险、理财类业务、电子支付"四驾马车"的收入格局。31省（区、市）收入全部实现正增长，呈现"百花齐放春满园"的发展格局。

非储蓄收入成为拉动收入增长的主要驱动力。非储蓄收入353.8亿元，比上年增幅15.1%。非储蓄收入占比28.4%，比上年提升1.2%。其中代理保险收入238.9亿元，比上年增幅23.8%，增收贡献率40.4%。电子支付收入43.8亿元，比上年增幅15.7%。

财富管理转型加速。通过"掘金2021"财富客户提升活动、百场财富论坛、私行客户攻坚战等，深入提升中高端客户精细化经营水平，客户规模持续提升，VIP客户、财富客户、私行客户分别比上年多增155.2万户、19.5万户、956户，增幅分别为47.3%、61.4%和86.6%。AUM规模突破10万亿，成为继工、农、中、建、招等银行第六个突破10万亿大关的金融机构。

存款新增创历史新高。坚持向"八大市场"要客户，要结算资金流，新增储蓄存款7966.7亿元，比上年多增1101.6亿元，新增价值存款7040.6亿元，比上年多增1477.7亿元，储蓄存款和价值存款新增均创历史新高。价值存款新增占比88.4%，比上年提升7.3%，三年期存款压降180亿元，比上年多压降316.5亿元，储蓄存款"增规模、调结构"拉动储蓄手续费收入比上年多增68.5亿元。

月活客户及快捷支付客户规模创历史新高。推进网点系统化转型，覆盖率100%，网点由营销服务型向客户经营型转变。持续丰富线上场景建设，拓宽手机银行获客、活客渠道，电子银行交易替代率95.3%，比上年提升0.36%。手机银行客户规模突破2.1亿户，比上年增幅9.6%，月活客户规模突破2800万，比上年增幅17.5%，年交易金额7.8万亿元，比上年增长16.2%，成为代理金融触达和经营客户的主阵地。快捷支付绑卡账户规模2.5亿户，电子支付收入43.8亿元，创历史新高。

代理金融生态建设。深化CRM系统应用，以数据集市实现客户多维精准画像，系统推送商机转化率提升2.5%。引入三方机构合作打造"智慧食堂""智慧校园"等"智慧+"场景。以商户收单为切入点，拓展零售、餐饮、医疗、教育行业等区域特色场景28万个、新增优质商户386.8万户，结存收单商户1274万户，联动金融资产7184.8亿元。

建章立制夯基础。制定《邮政代理金融风险合规KPI评价考核办法》，强化风险管理的过程管控。制定《代理金融重大违规提级问责办法》，提级问责违规人员警告及以上纪律处分497人，占比64%。建立屡查屡犯问题销号整改制，整改屡查屡犯问题867个，整改率93%，比年初提升2%。开展"以史为镜·以案为鉴"案件风险大讨论活动，对历史风险案件端到端、全流程、各环节分析风险点，优化风控合规管理流程，累计宣讲警示教育案例1919个，开展省市县"一把手讲合规"3062场次。开展关键岗位人员行为排查，发现违规人员4859人，问责4824人次，其中纪律处分695人，经济处罚478.9万元。（集团公司金融业务部）

【零售金融业务】 个人银行业务收入2218.55亿元，比上年增长11.99%。个人存款100456.35亿元，比上年末增加9500.71亿元；个人贷款37561.53亿元，比上年增加5022.60亿元；服务个人客户6.37亿户，VIP客户4262.98万户，管理个人客户资产（AUM）年增过万亿，总规模12.53万亿元。

——基础零售。

个人存款业务。春节期间，响应疫情"就地过年"要求，开展务工客群综合服务工作，春节旺季个人存款快速增长；粮收期间，为粮食经纪人、种粮大户、农户提供一站式资金结算服务，县及县以下个人存款占个人存款近70%；为客户到期存款资金匹配差异化产品及承接方案，促进到期资金向价值存款、投资理财产品转化。

借记卡业务。优化线上服务生态，持续丰富闪光卡、美团联名卡权益，提升获客活客质效。深化与政府部门合作，做好退役军人优待证、第三代金融社保卡等发卡筹备和服务工作；创新推出借记卡定制卡面服务；甄选全国大型连锁超市及铁路出行等便民支付场景，丰富"美周末"等主题营销活动场景。借记卡消费金额9.14万亿元，比上年增长8.68%。

个人结算业务。推进代收付业务发展，创新激励考核机制，促进公私联动，持续优化产品，升级用户体验，代收资金6702.67亿元，代付资金16930.18亿元，其中，代收社保养老金645.57亿元，代付社保养老金8937.37亿元。面向个人客户提供跨境电汇、西联汇款等各类国际结算服务，个人国际汇款业务交易笔数62.48万笔，交易金额 9.44 亿美元。

电子支付业务。借记卡电子支付交易金额 8.31 万亿元，比上年增长 16.30%。快捷支付绑卡客户月均动账不少于一次的比率约为非快捷客户的 2.88 倍，快捷支付绑卡客户户均 AUM、户均活期存款接近非快捷客户的 2 倍。电子支付产品体系更加完善。“邮惠付”收银台集成快捷支付、网关支付（B2B/B2C）、微信支付、支付宝等主流支付方式，提供开放、便捷、高效、可灵活配置的跨行在线支付综合解决方案。

——财富管理。

邮储银行 VIP 客户 4262.98 万户，比上年增长 17.07%；财富客户 356.21 万户，比上年增长 24.12%。

财富管理体系。建设“专职、专业、专注”的理财经理队伍，组建财富顾问团队；加强与中邮理财的协同，打造风险从低到高全覆盖、策略丰富完善的投资理财产品线，落地高客定制、家族信托等高端客户金融服务，推出健康、出行等多项非金融增值服务；加强投研、科技支撑，推进投研能力建设，构建“宏观—市场—组合—产品”资产配置研究体系，强化科技赋能；发布财富管理品牌“邮银财富”，践行“伴您成就每一步”的品牌口号，逐步提升品牌影响力；深入开展投资者教育活动，宣传、引导客户树立科学的投资理念。

财富管理产品线。丰富财富管理产品货架，搭建多元化、多策略的产品体系。代理保险推动业务转型，代理期交新单保费 789.44 亿元，保障型产品新单保费 1050.31 亿元，比上年增长 46.65%；个人理财推进净值型理财产品销售，有序引入他行理财公司产品，个人理财余额 8603.28 亿元；精选“固收 +”和权益基金，为客户提供优质售后服务，代销基金 1882.10 亿元，其中非货币基金 1687.99 亿元，比上年增长 30.68%；持续从全市场引进新策略资管信托产品，上线“固收 +”、量化中性、指数增强等产品，代销集合资产管理计划（含信托计划）880.14 亿元，比上年增长 29.77%；手机银行首批试点上线储蓄国债（电子式）交易功能，创新提供大字版交易服务，代销储蓄国债 414.55 亿元；推进贵金属业务轻型化转型，贵金属业务交易金额 148.94 亿元。

——零售信贷。

消费信贷业务。围绕新兴消费业态与新型消费领域，以金融科技赋能消费信贷转型升级为契机，持续推进消费信贷业务发展取得新成效，个人消费贷款 2.67 万亿元，比上年增加 3029.30 亿元，增长 12.82%。贯彻“房住不炒”定位，严格落实房地产市场调控政策，坚持“因城施策”，发挥网络优势，重点支持刚性和改善性购房需求，个人住房贷款 2.17 万亿元，比上年增加 2482.54 亿元，增长 12.92%。把握客户行为线上化趋势，围绕“数字化服务、数字化营销、数字化运营、数字化风控”，深化消费信贷数字化转型，实现服务模式、获客模式、运营模式、风控模式转型发展。持续优化零售信贷工厂集中运营模式，作业效率稳步提升、人力资源得到有效节约、作业质量进一步提高，完善“管理集约化、作业标准化、决策智能化”的高效智能数字化运营体系，强化消费贷款全生命周期管理。

小额贷款业务。加快线上小额贷款发展，持续优化极速贷等线上产品功能，推进极速贷特色白名单模式，扩大线上产品客户服务覆盖面。围绕企业上下游产业链场景，建成邮 e 链经营快贷平台，将金融服务嵌入各类农业产业链和涉农商圈场景，为广大个人客户提供体验更好的信贷服务。推广基于移动展业的小额贷款全流程数字化作业模式，不断优化作业流程，提升线下作业效率，改善客户体验。个人小额贷款 9153.54 亿元，比上年增加 1691.02 亿元，增长 22.66%。

——信用卡业务。

信用卡新增发卡 802.22 万张，结存卡量 4155.87 万张，比上年增长 12.93%；信用卡消费金额 11264.96 亿元，比上年增长 14.11%。信用卡业务收入比上年增长 21.22%；信用卡不良率 1.66%，比上年下降 0.17%。

成立信用卡中心专营机构。推进信用卡中心专营机构体制机制改革，5 月在北京正式注册成立。持续建立和完善信用卡专营机构内部管理、授权和决策机制，提升独立经营决策能力，强化人才队伍建设，发挥总部集约化管理优势，支撑业务精细化管理和持续健康发展。

推进产品创新和综合营销能力建设。进一步升级交叉销售体系，推进营销流程优化，深化与邮政代理合作引荐发卡，提升网点营销能力，交叉销售获客占比 30.10%。加大产品创新力度，围绕青年、商旅、家庭等客群，先后推出葫芦兄弟联名卡、家庭主题卡、美国运通绿卡、绿色低碳主题卡等 10 款新产品，发行乡村振兴主题卡，支持国家乡村振兴战略。

加强商圈建设和客户经营。推进“悦享家庭日”主题商圈建设，提升商圈覆盖广度深度，围绕用户的衣食住行游购娱等方面，搭建全面的场景生态。开展中秋营销活动，打造立体化品牌营销，提升线上线下一体化营销水平，为持卡人提供更加便捷温暖的消费体验。加快分期业务创新发展步伐，优化分期产品和流程，推动分期业务保持较快发展。（邮储银行）

【公司金融业务】 公司客户 115.14 万户，新增 32.69 万户，增速 27.85%。公司贷款 22539.36 亿元，比上年增加 2761.51 亿元，增长 13.96%；公司存款 13054.36 亿元，比上年增加 455.87 亿元，增长 3.62%，活期存款占比 68.82%，公司存款付息率 1.17%，比上年下降 6BPS；公司金融业务收入 591.05 亿元，比上年增长 5.74%。

公司贷款业务。落实国家重点战略，结合邮储银行资源优势，加大对长三角、长江经济带、京津冀、粤港澳大湾区等战略区域的支持力度。以市场需求为导向，提高对实体经济的服务质效，支持制造业、“两新一重”、涉农行业、绿色金融、民营企业等领域。制造业中长期贷款增长42.72%，涉农公司贷款增长27.88%，民营企业贷款新发放占比增长4.70%。推进乡村振兴，完善公司金融支持乡村振兴信贷产品体系，形成《公司业务生态版图（乡村振兴）建设工作方案》；落实双碳战略，率先加入“碳中和行动联盟”，签署《支持全国碳市场发展战略合作协议》，落地多笔碳排放权质押贷款，开辟企业融资新渠道。提升战略客户经营能力，挖掘优质成员单位，与重点战略客户开展深度合作。邮储银行总行级战略客户贷款6292.34亿元，比上年增加570.65亿元，增长9.97%，无不良贷款。公司贷款22539.36亿元，比上年增加2761.51亿元，增长13.96%。

公司存款业务。贯彻高质量发展思路，聚焦提升结算性资金占比，推动公司价值存款增长，搭建综合利率管理模型，付息水平持续优化。公司存款活期占比68.82%，付息率1.17%，比上年下降6BPS。发挥邮银协同和条线联动优势，开展公司存款重点项目库建设，加大对重点客群综合营销力度，提升客户服务能力。加强资金穿透式营销，开展产业链上下游客户服务和资金闭环管理，拓展客户生态圈。持续推进机构客户深耕，夯实机构业务发展基础，实现机构业务资格数量、新开立账户及机构存款规模稳健增长。

公司财富管理业务。以客户需求为导向，搭建专业化、综合化的对公财富管理体系，实现全方位链条式财富管理服务，助力客户经营能力提升。打造对公财富管理新生态，驱动“代理代销、融资融智、账户结算”三大类公司财富管理产品，挖掘公司理财与公司保险潜在市场，畅通资金资产匹配渠道，构建智慧结算服务体系。公司金融中间业务收入比上年增长46.60%。拓宽产品渠道，实现公司理财产品专业化管理，设计满足客户需求的产品套餐，为客户提供多品类保值增值财富管理服务。加强队伍专营，打造专业能力过硬，以业绩为导向的对公财富管理团队。

交易银行业务。完善支付结算服务体系，优化和丰富单位结算卡产品功能，为客户提供7×24小时对公结算服务。现金管理业务签约客户46.30万户，比上年增加19.15万户，资金结算量12753.82万笔，金额80.18万亿元。开放式缴费平台有效客户19525户，比上年增长251.80%，累计交易金额1009.96亿元，比上年增长787.49%。银企直联集团客户1191家，新增263家；交易量5.99万亿元，比上年增长62.03%。

通过模式创新、科技赋能，深耕重点行业，培育产业链新动能，实现供应链金融业务的多场景、多行业、多渠道和快流程。围绕交通、高端制造等产业链核心企业，为上下游超过3000家供应商或经销商提供融资服务，业务规模比上年增长398.93亿元，增速87.37%。参与“一带一路”建设，上线中国国际贸易“单一窗口”国际贸易融资产品、直连国家外汇管理局跨境金融区块链平台、迭代新一代国际结算、信贷业务平台系统、代客资金交易系统，全面提升服务跨境贸易智能化水平。

投资银行业务。实现中间业务收入13.66亿元，比上年增长43.94%。以基石产品为抓手，巩固业务基本盘。债券承销规模持续增长，发行债券1019只，规模3945.62亿元，比上年增长19.14%；银团业务稳步壮大，银团实现中间业务收入4.42亿元，比上年增长102.75%，牵头数量161笔，比上年增长163.93%。债券承销围绕绿色金融、乡村振兴等国家战略发力，落地市场首单碳中和超短期融资券、市场首单可持续发展挂钩债权融资计划、邮储银行首单乡村振兴债券。资产证券化实现中间业务收入约2.53亿元，比上年增长148.04%，落地首单不良信贷资产证券化项目。推动股权顾问类创新业务先行先试，积极开发债务重组、产业整合及相关资本市场业务，培育新的中收增长点。以精细管理为依托，夯实发展效能。优化项目审议流程，有效提升审议工作质效，加强项目存续期管理，建立风险监测机制，推进建立重大事项报告及应急管理机制。（邮储银行）

【资金资管业务】 金融投资43486.20亿元，比上年增长11.09%；托管资产规模4.47万亿元，其中，公募基金托管规模突破6000亿元，比上年增长62.90%；理财产品规模9152.55亿元。

金融同业业务。同业投融资业务，投放同业融资业务5526.70亿元，投放同业投资业务3503.49亿元，投资带动托管3068亿元。票据业务，在全国范围内推广线上贴现产品——邮e贴；邮储银行全行签约客户11861家，其中新拓客户7466家；推出“乡农e贴”特色化线上贴现产品，正式上线智能化贴现产品“智能秒贴”。贴现票据转卖3040.82亿元，比上年增长106.27%。票据回购业务交易量2.62万亿元，比上年增长196.49%，全市场排名第一；非息收入比上年翻番。资金存管业务，正式开办郑州商品交易所期货保证金存管业务、中保保险资产登记交易系统有限公司资金结算业务，满足合作机构多元化的存管结算需求。结算银行证券资金结算业务年度为各类机构参与人清算资金量1.51万亿元。

金融市场业务。市场交易业务，合理运作本外币资金，在维护全行头寸和流动性安全的基础上，稳步提升资金使用效率。在中央国债登记结算有限责任公司的银行间市场债券交割量52.39万亿元，全市场排名第四，邮储银行荣获“卓越先锋荣誉机构”“年度债市领军机构”“年度市场影响力奖”等奖项；推进金融科技在交易业务中的深度运用，不断提升“数字化、智能化”交易竞争力，做市交易能力稳步增强；发展债券借贷业务，债券借贷年度累计净融出规模4040.49亿元，排名跃居银行间市场前列，业务收入比上年增长52.83%；加大贵金属业务拓展力度，取得黄金询价业务资格，境内贵金属交易业务规模比上年增长近18倍。债券投资业务，开展绿色债券投资业务，支持经济绿色低碳转型发展，连续3年荣获“中债绿债指数优秀投资机构”称号。本币债券投资新发生业务收益率比上年增加15BPS；债券投资业务余额32374.43亿元，比上年增加742.87亿元，增长2.35%。

资产管理业务。重点打造“中邮鸿”产品体系，坚持统一风险视图，优化体制机制，通过多元化的产品种类和专业化的资产配置，为投资者提供全方位的资产增值服务。邮储银行以监管要求为指引，推动理财产品整改转型。理财产品规模9152.55亿元；净值型产品规模7676.70亿元，比上年增长2891.00亿元，增长60.41%；净值化率83.87%。

托管业务。托管资产规模4.47万亿元。发展财富管理等业务，加强板块间业务联动，公募基金托管规模首次突破6000亿元，达到6229.49亿元，比上年末增长62.90%，增幅列国内27家托管行中第4位。新增托管资产证券化产品61只，落地规模1504.45亿元，比上年增长20.61%。以客户为中心，推动托管运营服务转型升级，新一代托管业务系统顺利上线，达到同业先进水平。落地多只ETF基金、ESG指数基金及同业存单指数基金等，托管产品体系不断丰富。（邮储银行）

【普惠金融】 普惠型小微企业贷款余额9606.02亿元，稳居国有大行前列。涉农贷款余额1.61万亿元，比上年增加1984.45亿元，增速13.90%，连续8年新增超千亿元。涉农贷款服务客户数超400万，新发放涉农贷款加权平均利率5.39%。个人小额贷款结余9153.54亿元，比上年增加1691.02亿元，增速22.66%。服务小额贷款客户数374.53万户，响应国家降低涉农融资成本的号召，新发放个人小额贷款年利率5.54%，比上年下降34BPS，不良率1.67%，比上年下降33BPS。给予普惠型涉农贷款内部资金转移定价（FTP）优惠，加大对涉农贷款倾斜支持。构建包括数字化营销体系、数字化产品体系、数字化风控体系、数字化运营模式、数字化服务方式等内容的“5D（Digital）”体系，普惠型小微企业贷款余额9606.02亿元，有贷款余额户数171.07万户，比上年增加10.24万户，响应国家降低小微企业综合融资成本的号召，新发放贷款平均利率5.19%，比上年下降32BPS，实现小微企业融资增量、扩面、降价。（邮储银行）

【绿色金融】 邮储银行深入贯彻习近平生态文明思想，严格落实国家政策和监管要求，支持联合国2030可持续发展目标（SDGs）和《巴黎气候协定》，从政策制度、资源配置、产品创新、风险管理、绿色运营和能力建设等方面，发展可持续金融、绿色金融和气候融资，支持生物多样性保护，助力实现碳达峰碳中和目标。绿色贷款余额3722.94亿元，比上年增长32.52%；绿色债券投资余额231.14亿元，绿色债券承销规模68.50亿元。邮储银行获得明晟公司2021年ESG评级A级，位列国内银行业领先水平；获得国际金融论坛（IFF）第二届“全球绿色金融奖——创新奖”。（邮储银行）

【紧抓邮储银行数字人民币试点先机】 代理金融数字人民币个人钱包规模突破2000万，落地数币商户场景1.8万个，开立对公钱包2634个，钱包年日均交易量12.3万笔。邮政特色场景实现突破，试点地区2986个邮政营业场景，966个寄递揽投站点完成数币支付场景搭建。（集团公司金额业务部）

【代理金融储蓄存款“增产”行动】 围绕“跳出存款抓存款”的总体工作思路，紧牵“客户”“产品”“市场”三条主线，以客户、支付结算、AUM派生资金、惠农项目、“公”“私”联动、网点活动、热点资金、科技赋能八大路径推动储蓄存款高质量转型发展。储蓄存款月日均新增8079.5亿元，完成目标的139.3%，比上年多增1396.8亿元，新增创历史新高。存款结构不断优化，价值存款月日均新增7131.5亿元，比上年多增1715.7亿元。价值存款新增占比88.3%，比上年提升7.2%；压降三年期月日均156.3亿元，比上年多压降259.7亿元。储蓄手续费比上年多增67.3亿元，增幅8.2%，占净增收入的59.2%。（集团公司金额业务部）

【创新线上线下双轮驱动营销模式】 为实现代理保险、基金淡季不淡，推进非储蓄收入转型发展常态化，集团公司金额业务部举办“百场线下长期期交产说会”+“百场云端基金策略会”。活动锚定客户财富传承、投资理财、养老保障需求，依托CRM数据集市精准画像、精准营销，采取线下“目标客群筛选+宣传预热+客户营销高峰会+促成追单”与线上“云端大咖论坛+爆款产品发售+线下基金健诊”相结合的方式，线上线下相互赋能、相互引流、融合推进。代理保险收入238.9亿元，增幅23.8%，基金业务收入9亿元，比上年增长18.3%。（集团公司金额业务部）

【山东省邮政分公司成为全国邮政首家余额规模超6000亿元省份】 2月6日，山东省邮政分公司代理金融储蓄余额6015.5亿元，成为全国邮政首家余额规模超6000亿元的省份。在首季“开门红”期间，山东省邮政分公司实现储蓄余额连续27天保持正增长。截至1月31日，9个市分公司新增余额排名进入全国前20位，其中临沂居全国第1位、聊城居第4位、德州居第7位。截至2月6日，4个县（市、区）分公司余额规模过百亿元，25个网点新增余额过5000万元。(《中国邮政报》2月9日）

【湖南省邮政分公司储蓄余额新增市场占有率居全省同业前列】 截至12月20日，湖南省邮政分公司代理金融储蓄余额比上年多增123.24亿元，排名全国邮政第3位，比上年提升5位。储蓄余额新增市场占有率达28.94%，排名全省同业第2位。一季度，湖南邮政全面开展春节营销等活动，该季度新增储蓄余额276.47亿元。二、三季度在打赢“社保卡核查攻坚战”的基础上，开展主题客户节活动。此外，组织开展节日营销活动，开展生日会进村组、社保卡亲情营销等活动树牢“+金融”理念，发挥协同优势，创新金融服务模式，开展“湘融湘爱·三湘邮情”农民工服务保障活动，通过“春运邮情”“家政邮情”“暖冬邮情”等活动，在农民工群体中树立邮政品牌形象、提高市场竞争力。(《中国邮政报》12月24日）

【广东邮政“双节”余额营销超过目标进度】 为贯彻落实集团公司邮政金融（2021—2022）跨年度营销启动会精神，抓好中秋、国庆“双节”市场，广东省邮政分公司组织开展“双节”余额营销活动。“双节”期间，广东省邮政分公司累计新增储蓄余额80.9亿元，完成目标进度161.8%，比上年多增67.2亿元。国庆假期7天新增余额38亿元，排名全国第二，打破了“节日余额下降”的魔咒。

为实现全年新增总资产800亿元、余额超过500亿元的营销总目标，广东省邮政分公司分五个阶段开展活动。其中，9月18日至10月7日为跨年度营销首战，以“喜迎双节 邮爱同行”为主题，统筹推进六大客户节活动：通过“双节权益套餐”活动发展VIP客户，通过“双微提现有礼”活动拓展资金，通过“生日邮礼”“中秋邮礼”活动维护财富客户，通过“餐饮+民宿”引流落实“商户变现”，通过“邮金豆”补贴回馈活动吸引新客户开卡。“双节”期间，各管理部室坚守岗位，通过线上、线下等形式，分组支持地市分公司开展活动，全省21个地市分公司有17个超额完成目标进度。(《中国邮政报》10月14日）

【四川省邮政分公司代理金融年新增余额创新高】 截至12月15日，四川省邮政分公司代理金融新增余额404亿元，年新增余额首次达到400亿元。四川省邮政分公司自上而下强化“市场依然在、客户依然在、发展趋势依然在”的认识，在做好传统跨年营销的基础上，立足农业大省省情，下半年实施“秋收行动”，狠抓农特经济开发，在中秋前后组织“五节联动”，三季度新增余额列全国邮政第2位。在城市、农村细分“十大客群”，有近1500人的专职理财经理队伍，新增VIP及以上客户25.6万户。依托“首席+综合+专业+点部”营销体系，拓展收单商户规模。整合大网资源，融入地方经济，打造差异化市场竞争力。此外，“寄递+金融”联动开展“天府年货优惠寄”“电商退换货到站优惠寄”，“渠道+金融”开展“汉源甜樱桃优惠购”“攀枝花杧果优惠购”“盐源苹果优惠购”，“报刊+金融”开展“书刊订阅优惠购”，“文传+金融”为商户叠加微信“附近推”服务。匹配奖励措施与荣誉机制，推进网点穿透式管理，调动一线发展积极性。(《中国邮政报》12月22日）

【邮储银行安徽省分行中标农业农村部金融支农创新试点首批项目】 按照《农业农村部办公厅开展2021年度金融支农创新试点的通知》要求，经逐级评审推荐、合规性审查、实施方案审查等环节，邮储银行安徽省分行的申报项目中标农业农村部金融支农创新试点首批项目。此次评选全国仅选定八家银行机构，安徽省分行为邮储系统内唯一中标的分行。

安徽省分行此次申报的项目，以该分行与安徽省农业农村厅联合发行的“乡村振兴卡”为项目载体，在努力拓展“乡村振兴卡”客户群、实现批量授信的基础上，借助阜南县政务大数据成功实现融合的契机，以及总行农户画像模型、省内农村信用体系建设技术，实现了对“乡村振兴卡”的进一步赋能，提出了依托“线上信用贷款”“线上线下融合贷款”“农担直连担保贷款”等系列金融产品支持项目振兴的资金支持模式。(《中国邮政报》9月30日）

速递物流业务

【EMS年快递量突破百亿件】 截至12月8日15:48，中国邮政EMS年快递量突破100亿件。集团公司党组对寄递战线取得的优异成绩表示热烈祝贺，称“这既是历史的新高，更是新的起点”。

“十三五”以来，中国快递包裹量每年以新增100亿件的速度增长。“双11”期间（11月1—16日），全国快递业务量比上年增长18.2%，邮政寄递业务量比上年增幅49.4%，远超行业平均水平，“双11”当天特快业务日业务量超1000万件。5月以来，邮政国内寄递业务连续7

截至 12 月 8 日 15：48，中国邮政 EMS 年快递量突破 100 亿件（集团公司寄递事业部）

个月保持提速状态，至 12 月 8 日，EMS 年快递量提前突破 100 亿件。（《中国邮政报》12 月 10 日）

【快包“村邮达”服务产品】 集团公司正式推出快递包裹“村邮达”服务产品，旨在切实保障乡村居民用邮需求，彰显央企责任担当。“村邮达”是中国邮政推出的一项承诺服务产品，面向邮政快递包裹乡镇和村的收件人。针对“村邮达”邮件，中国邮政郑重承诺：拒绝二次收费，不向收件人收取任何额外投递费用；收件人地址在建制村的，确保投递到村。（《中国邮政报》9 月 3 日）

快递包裹“村邮达”（集团公司寄递事业部）

【邮航开启 2021 年樱桃运输季】 6 月 2 日，2021 年邮航烟台樱桃运输季正式开启。这是邮航第 7 个大樱桃运输季。邮政寄递“极速鲜”业务全网一盘棋，着力加强关键环节的能力建设，以航空时限为坐标，以提升物流技术和服务水平为抓手，不断开发适合新鲜大樱桃冷链运输配送的专属包装，并通过科技赋能不断升级“运输前端揽收—预处理—物流—配送”服务链，形成以全货机运输为核心、从收到投各环节流通中转高效衔接的烟台大樱桃物流配套服务体系，“烟台大樱桃全货机航班运输”也成为中国邮政惠农品牌。“烟台—南京”大樱桃专线每周运行 7 天，每天一班。根据果实采摘量，邮航适时增加“烟台—南京”航线的频次和开通“烟台—广州”大樱桃专线航班。（《中国邮政报》6 月 4 日）

【上海市邮政分公司高铁运邮为苹果手机项目提速】 根据实际需求，上海市邮政分公司重点聚焦苹果（手机）项目，对高铁运邮路向进行调整。自 6 月 1 日起，正式启用湖南、山东、福建路向的高铁邮路。通过高铁运邮，从上海到长沙、济南、福州的运输时间由原来的 9 小时缩短为 5 小时，苹果邮件由原来的中午到达、下午投递变为上午到达、中午投递，可以提前一个频次妥投到客户手中，从而提升客户的用邮体验。中邮物流项目统计数据显示，通过高铁发运的苹果项目邮件，次日递率提升 25.7%，13 点前投递率 66.7%。（《中国邮政报》9 月 21 日）

【浙江邮政推进快递物流“两进一出”工程】 浙江省邮政分公司打造多层级农村寄递物流服务体系，构建智能化进厂物流支撑体系，协同服务本地企业国际物流需求，在浙江省快递业“两进一出”（快递进村、快递进厂，快递出海）工程试点中取得显著成效。7 月 6 日，浙江省首个农村电商快递物流服务中心在义乌市赤岸镇揭牌，该中心也是全国电子商务进农村综合示范项目之一。宁波市邮政分公司与雅戈尔集团共谋合作发展，与该集团的合作经历了从单一的寄递服务逐步向全景供应链深度融合发展的过程。通过仓配一体化承包的方式，切入雅戈尔供应链体系，实现货品资源的集中化管理和智能化管控。此外，宁波市邮政分公司整合当地社会资源，通过校企合作模式，持续从团队组织等各维度寻求解决方案，将雅戈尔智能仓打造成产学研一体的实践基地。同时，宁波市邮政分公司与浙江万里学院物流管理系合作开办本科及研究生“中邮班”，由企业高管定期授课，与在校生交流快递物流行业最新发展趋势，不仅为高校提供社会实践、专业培训的案例，也为企业发展培养和储备“快递进厂”的人才。

浙江省邮政分公司在全省各地市组建起国际业务专业团队。由 19 人组成的台州团队对接台州外贸企业，走访对接铁路资源，运用浙江省“四港联盟”优质资源，加大与金华交投公铁港联运公司、宁波国际联运协会等物流单位的资源对接力度，为本地企业提供海运、铁路陆运等方面的运能资源，开通台州至俄罗斯、乌兹别克斯坦、哈萨克斯坦等国家的中欧班列。以海运业务为契机，浙江省分公司还积极发挥协同优势，开展金融、文化传媒等多项业务的交叉开发，为客户提供综合服务。（《中国邮政报》11 月 24 日）

【贵州省邮快合作实现“家门口”取包裹】 贵州省邮政

分公司开展与民营快递公司的合作，畅通城乡快递物流渠道。截至10月31日，全省邮快合作站点代收快件4.06万件，代投快件81.1万件。其中，台江县邮政自9月启动邮快合作以来，与6家民营快递公司开展合作，在4个乡镇、50多个村设立便民服务站，不仅让乡村居民实现了在“家门口”取包裹，而且杜绝了快递“二次收费”现象。（《中国邮政报》12月1日）

在台江县革一镇，邮快合作便民服务站为用户提供多家快递一点服务（《中国邮政报》）

【陕西省分公司建设农村三级物流体系】 5月，陕西省邮政分公司召开全省农村三级物流体系建设及运管重点工作推进会，进一步落实集团公司重要指示，做好农村三级物流体系建设和运管各项工作。一要加快建设，把地方政府的各项支持政策用好用活，尽快在县处理中心建设、邮快合作、交邮合作、中邮驿站建设等多个方面有新的突破。二要提升能力，加快全省自提代投点建设工作进度，在多渠道发展邮政自提点的基础上，充分利用社会品牌，规范合作，加快农村区域布局，优化自提代投点作业模式，提高投递效率，将全省快递包裹自提率提升到45%。三要狠抓时限质量，按照时限管控线长责任制的要求，切实做到目标、任务、责任、考核“四个到人”，使各项时限指标得到提升、全程时限早日达标。（《中国邮政报》5月18日）

【“南宁—南京”荔枝专线开通】 6月6日，“南宁—南京”荔枝专线开通，每周运行7天，每天一班，运行期至6月24日，覆盖广西荔枝集中上市期。这是继“海口—南京”后，第二条荔枝专线。广西是中国荔枝的重要产地之一，每年6月大约有70万吨广西荔枝进入成熟期并陆续上市。在通过自主航空网“南宁—南京”航线正班航班零担运输的基础上，开通“南宁—南京”荔枝专线，使用专机运输。该专线实行“收寄环节＋中国邮政自主航空网＋投递环节”全冷链运输，确保荔枝24小时从“枝头”到“舌尖”，从产地“鲜”达万家。通过“邮政＋优品水果”的结合，提升广西荔枝知名度，带动果农增收，助力乡村振兴。（《中国邮政报》6月8日）

【西宁再次开通冷鲜肉“极速鲜”专机航线】 12月17日，继“兰州—南京”冷鲜肉“极速鲜”专机航线在“双12”开通后，中国邮政开通2021至2022年度第二条冷鲜肉“极速鲜”专机航线。该航线起自青海西宁曹家堡机场，终点为江苏南京禄口机场，计划运行至2022年春节，每日运行一班。

按照集团公司寄递事业部统一部署，邮航提前谋划，全面统筹优化航线航班设置，开通“西宁—南京”冷鲜肉“极速鲜”航线。专机航线运行首日，载运鲜羊肉17.5吨，突破上年峰值。邮航“极速鲜”专机航线发挥出有效提升青海和甘肃出口冷鲜肉“极速鲜”项目特快邮件时限水平、支撑上述地区特快业务经营发展的作用。“冷鲜肉寄递＋遍布城乡的邮政网点＋邮航专机运输”成为西北优质牛羊肉外运的一条优选渠道。（《中国邮政报》12月24日）

中邮保险业务

【高价值业务】 新单保费363亿元，其中长期期交232亿元，增长30%，列银保市场第1位，占新单总保费64%，比上年提高18%。终身寿险和健康险实现跨越式发展，终身寿险新单保费205亿元，增长17倍；长期健康险新单保费5.7亿元，增长4倍。实现新业务价值53.8亿元，比上年增长188%。（中邮保险）

【续期产品】 续期保费495.5亿元，增长15%，占总保费58%，超计划目标2%。长期期交价值产品续期保费220.2亿元，增长148%。13月继续率（92.3%）、25月继续率（98.2%）持续优于五大上市险企。（中邮保险）

【保险产品多维化】 强化产品顾问团邮银保三方联动机制，提升渠道适应性和客户满意度。产品供给进一步丰富，邮银渠道产品种类多、品类全，处于行业领先水平，邮银渠道主力产品竞争力处于市场较优水平。个团险产品供给持续提升，开发多款医疗险、意外险产品，满足普惠、简易险、团险等业务发展需要。（中邮保险）

【中邮保险重庆分公司高效理赔服务基层】 截至10月31日，中邮保险重庆市分公司累计上线符合区域特色的简易险产品14款，保险责任覆盖人身意外、医疗等保障，累计承保 20.64 万件，覆盖 39 个区（县）约 20 万人，累计受理理赔案件 5005 件，赔付金额 2019.25 万元，以高效理赔践行服务“三农”和基层的责任担当。中邮保险重庆分公司以“服务基层、服务三农”为使命，持续深化服务乡村振兴等国家重大战略，于 2018 年启动销售简易险，立足该险种“便利”“普惠”的产品属性，运用“低保费、纯保障、高杠杆”优势，不断扩大保险保障覆盖群体，满足农村地区保险消费需求。理赔服务中，分公司能够高效理赔服务群众，履行国企的政治责任和社会责任。（《中国邮政报》12 月 2 日）

【夏粮赠险公益活动】 5 月 26 日，中邮保险河南省分公司与河南省邮政分公司、邮储银行河南省分行联合开展“情邮三夏・关爱三农”夏粮赠险公益活动，为全省 1.2 万名夏粮收割机手每人赠送 8 万元保额的人身意外伤害险和 2000 元保额的意外医疗险，总保额 9.84 亿元。为履行央企责任，助力乡村振兴，中邮保险河南省分公司落实集团公司惠农协同项目，聚焦夏粮项目，发挥保险专业优势，连续两年为夏粮收割机手赠送专属保险产品，解除他们的后顾之忧。该活动得到地方党委政府、农机局、银保监局等部门的高度重视和大力支持。（《中国邮政报》6 月 3 日）

“情邮三夏・关爱三农”夏粮赠险公益活动（《中国邮政报》）

中邮证券业务

【经纪业务】 财富管理部紧抓市场行情震荡趋势，号召分支机构狠抓有效户、客户资产引流，做大基础业务；组织分支机构开展金融产品销售、融资融券专项推动、存量客户激活、北京证券交易所投资者动员等主题活动。新增有效户 10.39 万户，完成率 160%。开通北京证券交易所权限客户 3641 户，12 月末累计托管客户资产 532.36 亿元，比上年末增加 72.94 亿元，增长 15.88%。

金融产品持续丰富，发行券商收益凭证，成为分支机构维护中高净值客户的有力抓手，金融产品新增上线公募基金 531 只，引入公司自研固收 + 资管产品，收益凭证销售 177 只，销售金额 30.41 亿元；年度上线 531 只公募基金产品，已上线公募基金产品 1268 只。金融产品销售 76.25 亿元，金融产品代销收入 1294 万元。

投资顾问业务实现“破零”，打开投资顾问产品的线上签约收费通道，实现投资顾问产品收入 55 万元。（中邮证券）

【资管业务】 资管业务在投资难度加大，权益市场和债券市场均出现大幅波动，监管趋严的大环境下，通过加速新产品研发、推进新业务和加强公司内部协同，实现营业收入与净利润的双增长。一是创新设计了私募股权产品幸福增利系列，实现 S 基金与资管计划产品成功对接；与中债公司联合冠名定制碳中和绿色债券指数，推动绿色金融产品创新，提升品牌形象及市场知名度。二是公司内部协同效果显著，资管业务贡献清分收入 1840 万元，其中财富条线清分资管产品销售收入 430 万元，分支机构推动邮储银行渠道产品销售实现清分收入 650 万元。三是根据资管新规和监管要求，压降非标债权规模 216.74 亿元，非标债权规模比上年末下降 43.99%；开展自查与整改工作，通过监管验收。（中邮证券）

【投行业务】 投行业务增强能力优化管理，专业化发展实现突破。债券承销规模行业排名大幅提高。引入市场化团队，提升专业能力和市场拓展能力，打破发展瓶颈。投行业务收入 0.56 亿元，持续呈现稳中有进、稳重向好态势。项目开发与储备呈现良性循环，其中债券类项目落地 19 单，立项 87 单，过内核 24 单。业务规模快速壮大。围绕质量、时间、成本，不断加强项目精细化管理，提高运作效率，项目成功率大幅提升。债券承销规模 169.99 亿元，行业列 44 位，比上年前移 9 位。（中邮证券）

【自营业务】 自营业务实现平稳增长，业务收入 2.20 亿元，比上年增长 41.59%。固收业务方面，对投资标的及发行人进行深入跟踪研究，为投资交易提供信息支持。通过债券借贷、信用拆借、日间透支等多种工具多种渠道，保障流动性安全，提高了息差收益。权益业务方面，部门将行业龙头作为主要投资范围，加强权益投资团队建设，不断提升投资研究水平，坚持稳健操作，保持低仓位运行，严控回撤，及时变现，确保风险可控。（中邮证券）

邮票发行及集邮

【概述】 发行纪特邮票29套，其中纪念邮票15套，特种邮票14套，101枚（含小型张3枚）；发行个性化服务专用邮票3套3枚，普通邮票1套6枚；另发行小本票1本，小全张1枚。发行纪特邮资封片7套7枚；发行普通邮资封片10套12枚，普通邮资邮简1套1枚；发行贺年专用邮票2枚。

保障全年邮票顺利发行。配合党和国家大事要事的安排部署，增发《中国共产党历史展览馆》《西藏和平解放70周年》《辛亥革命110周年》《中伊建交50周年》4套邮票。按计划发行《中国共产党成立100周年》《中国人民警察节》《江山如此多娇》《交通可持续发展》《中华人民共和国恢复联合国合法席位50周年》《北京2022年冬奥会——竞赛场馆》邮票。

创新邮票版式及版张边饰设计。《中巴建交七十周年》首次采用“旗形”齿孔排列，《〈生物多样性公约〉第十五次缔约方大会》首次采用水滴外形齿孔，《厦门大学建校一百周年》《中国飞机（三）》《福建土楼》在版式设计上进行创新，采用大画幅、宽边饰及多样化的邮票组合方式表现，满足集邮爱好者多样化的收藏需求。此外《中华人民共和国民法典》创新设计思路，从工艺角度出发，突出厚重典籍的视觉效果。《中国飞机（三）》采用超写实风格，营造出强烈的临场感和视觉冲击力。《五牛图》《中国飞机（三）》《福建土楼》《北京2022年冬奥会——竞赛场馆》在图稿设计方面为印制、雕刻预留创新空间，助力打造印制精品。

邮票宣传工作。加大集邮文化宣传推广力度，举办《辛丑年》生肖邮票首发仪式，高规格举办《中国共产党历史展览馆》《中国共产党成立一百周年》邮票首发仪式，中共中央宣传部领导、中国共产党历史展览馆领导出席活动并给予肯定。受交通运输部委托，与国家邮政局联合举办《交通可持续发展》特种邮票首发仪式，成为第二届联合国全球可持续交通发展大会邮政服务一项亮点。协调对接生态环境部，配合大会的活动宣传，成功举行《〈生物多样性公约〉第十五次缔约方大会》纪念邮票首发仪式，得到联合国秘书长的称赞。（集团公司邮政业务部）

【集邮业务】

一、纪特邮票销售工作

全国提供纪特邮票零售服务的网点2722个，提供纪特邮票预订取票服务的网点3673个。

线上预售和网点零售两种方式并行。邮票零售工作继续采取线上预售、线下网点指定日期自提的形式进行销售，通过信息化手段解决疫情聚集、网点购买新邮难、排队时间过长等问题。

线上线下渠道同步开展邮票预订服务。线上渠道包含：集邮网厅、“中国邮政”APP、中国邮政微邮局微信商城、中国邮政微商城小程序、网点营销服务人员微邮店、使用集邮联名卡自动续订；线下渠道包含：集邮营业网点和邮政金融网点，用户可在集邮网厅查询邮票预订集邮营业网点信息。

组织重大题材邮票发行销售。集团公司在重大题材邮票发行前均下发相关通知，要求各省及邮政网点做好新邮现场销售服务工作，维护好经营秩序。各级集邮企业能够按照集团公司要求，做好邮票发行销售组织及销售服务工作。发挥互联网平台优势，在中国邮政在线业务平台、中国集邮服务号、企业号、微邮店、集邮百科小程序等线上渠道，开展邮票邮品预售、零售活动。6月开展的《中国共产党成立100周年》纪念邮票邮品预售活动，拓展了微信城市服务、“学习强国”、邮乐网、EMS、中邮证券等外部渠道。

二、经营管理工作

加强项目引领。一是生肖贺岁季项目。2020年11月1日至2021年3月31日，在全国范围开展以“奋发图强，牛年大吉”为主题的辛丑年中国集邮生肖贺岁季活动。项目采取“一让利、三统筹”政策，推出“邮票金”“邮票金砖”“生肖金”系列产品，全网统一使用“中国集邮”品牌，通过总部顶层设计、全网产品集中供给、各省营销联动发展，生肖贺岁项目整体收入54.6亿元，比上年增长19.7%。二是《中国共产党成立100周年》纪念邮票发行销售工作。按照“提前预售，以销定产”的原则，6月24—28日开展线上预售，拓展“学习强国”、微信城市服务、邮政三大板块线上渠道。建党项目期间新增注册用户299万人，新增下单用户165万人，新增订单数295万单。7月1日，全国所有邮票零售网点全部销售建党百年纪念邮票。三是冬奥会集邮项目。开发冬奥文化市场，推出首日封、纪念封、邮折、邮册等系列邮品在各邮政网点销售，满足社会对冬奥文化产品的欣赏、收藏、纪念需求，做到以集邮文化为载体，诠释冬奥文化、传播冬奥精神。

创新线上运营。集邮线上订单数为579.71万笔，比上年增长58.45%；下单用户数227万，比上年增长97.39%；PV为1.11亿次，比上年增长231.10%；UV为5094.99万人次，比上年增长314.12%。一是抓实“集邮上新日”项目，成为线上收入主要来源。集邮专业全面升级“集邮上新日”项目，以线上营销主要抓手，丰富线上产品形式，把集邮上新日活动打造成常态化、体系化、互动化的线上营销模式。二是丰富BSC营销工具，开展集邮私域流量运营。开展“积分抽奖”“积分兑换”等用户回馈活动，引导用户参与线上购买，利用BSC工具开展“加我邮礼”“邮礼回馈”“裂变卡券”等活动，从集团公司层面给营销员更多支撑，提升营销员活跃度。打造“惊喜福袋”的盲盒产品概念，满足年轻用户尝鲜集邮产品的需求，消化产品库存。三是拓展企业内外部销售渠道，深挖新用户进入集邮行列。

管理能力提升。一是全面开展邮资票品库盘存及安全检查。组织开展全国邮资票品库房安全管理自查、抽查及全面盘存工作。10月，邮政业务部与安全保卫部、寄递事业部联合开展“旺季安全生产暨邮资票品库安全专项检查”，对辽宁、重庆、贵州、安徽、广东5省（市）现场检查。各单位均加强了对邮资票品库房日常出入库、盘存制度、视频监控配备、库管员用工制度、监督检查制度的重视与落实，并对邮资票品库房安全管理中存在的薄弱环节和问题进行全面查找，制定整改措施。二是“两金”压降工作成效明显，达到年度集邮业务工作要点指标要求。组织全国开展集邮专业对2018年度库存邮品计提减值和消减工作，截至11月30日，削减历史库存超3亿元，推动各省落实常态化库存邮品计提减值工作机制。欠费连续下降，截至11月30日，集邮专业欠费连续8个月比上年下降，平均降幅超25%。库存管控得到提升。31省（区、市）当年开发产品销售率90%，往年度库存产品削减率20%，达到预期目标。三是拓展业务模式，推进邮票数字化及封装鉴定项目。通过配合统一的邮票鉴定、评级和封装行业标准，开展构建邮票鉴定、封装、托管、仓储、委托交易的闭环生态系统，并试点开展封装鉴定服务。产品方面，和平门专卖店开展邮票真伪鉴评试运营，在广东省推出《一牛到底》封装产品进行试点；系统方面，完成企业封装托管、个人封装托管的生产系统及在线系统的流程设计及业务需求分析，系统功能处于研发阶段；标准方面，颁布《邮票鉴别技术规范》《邮票品相评级规范》，研制《邮票封装行业标准》；软科学方面，广东省立项开展邮票AI鉴评研究，并进行《数字集邮广州交易平台》试点。（集团公司邮政业务部）

【《辛丑年》特种邮票首发】 1月5日，《辛丑年》特种邮票首发仪式在中国国家博物馆举行。该套邮票设计者、著名艺术家姚钟华，集团公司党组书记、董事长刘爱力，集团公司党组副书记、总经理张金良，国家邮政局副局长戴应军，中国国家博物馆党委副书记古建东等出席仪式，集团公司副总经理康宁、姚钟华在仪式上致辞。

《辛丑年》特种邮票第一枚“奋发图强”，描绘雄壮有力、一往无前的奔牛形象。公牛四蹄扬起，昂首向前，目光炯炯，表达出不畏艰险、砥砺前行，为实现中华民族伟大复兴而努力奋斗的寓意。第二枚“牛年大吉”，通过大牛与小牛舐犊情深的温馨画面，向全国人民传递家庭兴旺和谐、团圆美满的美好祝愿。

同日，中国邮政文创品牌LOGO发布暨中国邮政文创首届校园产品设计大赛颁奖典礼同时举办。现场发布的中国邮政文创LOGO，以世界闻名的天坛祈年殿剪影与中国邮政核心元素之一的邮筒作为背景加以轮廓修形，以象形不变形为主，用古代书法中的“文”字和现代“创”字相演绎，寓意中国文化的传承和创新。

中国邮政文创首届校园产品设计大赛和生肖文创大赛获奖结果同时公布。其中，校园文创大赛自10月9日启动，全国400余所高等院校师生参加大赛，近70家新闻媒体助力传播，官网浏览量近60万人次，吸引了3800名文创爱好者报名，从2615幅参赛作品中评选出时尚、科技、创意三大类别23个获奖作品以及10个组织奖。生肖文创大赛收到投稿作品2345幅，设计师遍及各省（区、市）和港澳台地区，最终选出52幅作品授予个人单项奖，综合评选出3个团体奖、3个组织奖。（《中国邮政报》1月5日）

【《〈中华人民共和国民法典〉施行》纪念邮票发行】 1月1日，发行《〈中华人民共和国民法典〉施行》纪念邮票一套1枚，邮票面值为1.20元，计划发行数量为800万套。

2020年5月28日，中华人民共和国第十三届全国人民代表大会第三次会议表决通过《中华人民共和国民法典》。这是新时代中国社会主义法治建设的重大成果。民法是民事领域的基础性、综合性法律。这部法律通过对我国现行的民事法律制度规范进行系统整合、编订纂修，形成了一部适应新时代中国特色社会主义发展要求，符合我国国情和实际，体例科学、结构严谨、规范合理、内容完整并协调一致的法典。

该套邮票采用平面设计表现方式，设计主题明确、表现重点突出。画面以红色为主色调，庄严的国徽闪耀金色的光芒，图案四周运用直线条表现出厚重典籍的视觉效果，强调了《中华人民共和国民法典》的严肃性、权威性，视觉效果大气、庄重。该套邮票由邢文伟设计，辽宁省沈阳邮电印刷厂采用胶印（局部压凸工艺）印制。（《中国邮政报》2020年12月30日）

【《中国人民警察节》纪念邮票发行】 中国邮政于1月10日发行《中国人民警察节》纪念邮票一套2枚，计划发行量800万套。

《中国人民警察节》纪念邮票（《中国邮政报》）

经党中央批准、国务院批复，自 2021 年起，将每年 1 月 10 日设立为“中国人民警察节”。《中国人民警察节》纪念邮票以警旗、警徽图案和警察节日期为主要设计元素，以“忠诚使命”和“人民至上”为主题，充分体现公安机关践行习近平总书记在中国人民警察警旗授旗仪式上的重要训词精神，牢记初心使命、勇于担当作为，坚决捍卫国家政治安全、维护社会安定、保障人民安宁的坚强信心和决心，生动描绘了公安民警为增强人民群众获得感、幸福感、安全感努力工作的战斗场景，艺术刻画了人民警察爱岗敬业、一心为民、无私奉献的良好形象。（《中国邮政报》1 月 12 日）

【《中国共产党历史展览馆》特种邮票在北京首发】 6 月 20 日，《中国共产党历史展览馆》特种邮票首发仪式暨中国共产党历史展览馆主题邮局揭幕仪式在北京举行。中共中央宣传部、集团公司与国家邮政局相关领导为《中国共产党历史展览馆》特种邮票发行揭幕，并为中国共产党历史展览馆主题邮局揭牌。

建设中国共产党历史展览馆，是以习近平同志为核心的党中央作出的重大决策。为祝贺中国共产党历史展览馆正式开馆，经国家邮政局批准，2021 年增发《中国共产党历史展览馆》特种邮票 1 套 1 枚，邮票面值为 1.20 元，发行数量 820 万套，由集团公司发行。

《中国共产党历史展览馆》特种邮票采用主附票的设计形式，主票以中国共产党历史展览馆正面全景为画面主体，背景衬以蓝天、白云，突出展览馆的庄重恢宏；附票采用矢量雕刻线条方式描绘出展览馆的结构特点，整体画面构图饱满、充满张力。中国共产党历史展览馆主题邮局启用专属邮编“100100”，设置红色珍邮展示、主题邮品展售、邮政普遍服务、邮政自助服务等功能。（《中国邮政报》6 月 22 日）

《中国共产党历史展览馆》特种邮票（《中国邮政报》）

【《中国共产党成立 100 周年》纪念邮票和纪念封在北京发布】 6 月 29 日，《中国共产党成立 100 周年》纪念邮票和纪念封在中国共产党历史展览馆发布。按照中国共产党成立 100 周年庆祝活动安排，经报请党中央批准，中国邮政 7 月 1 日发行《中国共产党成立 100 周年》纪念邮票 1 套 20 枚，分别为：1. 开天辟地；2. 峥嵘岁月；3. 中流砥柱；4. 伟大胜利；5. 开国大典；6. 抗美援朝；7. 制度奠基；8. 自力更生；9. 改革春潮；10. 对外开放；11. 世纪腾飞；12. 科学发展；13. 摆脱贫困；14. 全面小康；15. 强军兴军；16. 扬帆远航；17. 信仰；18. 伟业；19. 攻坚；20. 追梦，同时发行纪念封 1 套 1 枚。邮票采用连票设计形式，以红色、金色为画面主基调，运用油画写实手法表现，并采用连绵不断的飘带贯穿整体，寓意中国共产党百年奋斗的光辉历程。该套邮票特别使用两色红荧光油墨，在紫光灯下，庆祝建党百年标识、“一大会址”、“天安门”等邮票主体元素闪放璀璨的光芒。

《中国共产党成立 100 周年》纪念邮票是建党周年系列邮票中发行枚数最多、表现内容最广、发行规格最高的一套。全套邮票以中国共产党百年征程为主线，分别从新民主主义革命时期、社会主义革命和建设时期、改革开放和社会主义现代化建设新时期、中国特色社会主义新时代以及综合性内容加以表现。《庆祝中国共产党成立 100 周年》纪念封采用党徽、“不忘初心　牢记使命”金色字样、庆祝中国共产党成立 100 周年活动标识、中国共产党历史展览馆大型漆壁画作品《长城颂》等作为表现元素。（《中国邮政报》7 月 1 日）

【第三十二届奥运会纪念邮票发行】 7 月 23 日，中国邮政发行《第三十二届奥林匹克运动会》纪念邮票 1 套 2 枚，全套邮票面值 2.40 元，邮票计划发行 660 万套。《第三十二届奥林匹克运动会》纪念邮票分别表现乒乓球混合双打、男子举重。邮票画面展现运动员在比赛中的精彩瞬间，艺术化地呈现了运动的拼搏与竞技之美、速度与力量之美。背景中的 2021 采用抽象化的几何图形呈现，并点缀樱花图案，画面虚实呼应、充满动感，烘托出运动会热烈的比赛氛围。该套邮票由张强和胡曦设计，河南省邮电科技有限公司胶版工艺印制。（《中国邮政报》7 月 23 日）

《第三十二届奥林匹克运动会》纪念邮票（《中国邮政报》）

《中国共产党成立 100 周年》纪念邮票（《中国邮政报》）

【十四届全运会邮票首发】 9 月 15 日，中国邮政发行《中华人民共和国第十四届运动会》纪念邮票 1 套 2 枚、小全张 1 枚，全套邮票面值 2.40 元、小全张售价 3.60 元。邮票计划发行数量为套票 660 万套、小全张 590 万枚。邮票内容为射击、赛艇。画面以蓝、绿色为主色调，运用平行四边形票幅结合连票设计形式表现，增强了画面的动感，画面同时表现了会徽、吉祥物、场馆以及大雁塔、西安钟楼等元素，突出了举办地特色。该套邮票由郭振山、边疆、许新语设计，辽宁省沈阳邮电印刷有限责任公司胶印工艺印制。（《中国邮政报》9 月 16 日）

《中华人民共和国第十四届运动会》纪念邮票（《中国邮政报》）

【《壬寅年》特种邮票开机印刷】 9 月 16 日，集团公司举办《壬寅年》特种邮票印刷开机仪式。《壬寅年》特种邮票是中国生肖邮票第四轮中的第七套，延续了第四轮生肖邮票的设计理念，诠释“国”与“家”的概念。邮票一套两枚，第一枚邮票名为“国运昌隆”，描绘了一只气宇轩昂的上山虎形象，矗立远眺、志存高远，传达出国家蒸蒸日上、满怀雄心壮志的含义；第二枚邮票名为“虎蕴吉祥”，描绘了面容温婉的虎妈妈带着两只小虎的温馨场景，寓意儿孙兴旺、家庭美满。邮票使用胶印雕刻联合印刷方式呈现，形象细节更加丰富、细腻，在印制工艺上兼具防伪性与艺术性。（《中国邮政报》9 月 17 日）

【新中国恢复联合国合法席位 50 周年邮票发行】 10 月 25 日，中国邮政发行《中华人民共和国恢复联合国合法席位 50 周年》纪念邮票一套 1 枚，全套邮票面值 1.20 元。邮票计划发行数量为 700 万套。邮票画面采用简洁、现代的插画表现方式，描绘中华人民共和国国旗飘扬在联合国总部建筑群前的场景，画面中点缀的白色和平鸽象征着和平、友谊、团结，同时起到活跃画面的作用。该套邮票由郭志义设计，北京邮票厂有限公司采用影写工艺印制。（《中国邮政报》10 月 26 日）

【优秀儿童画作再登特种邮票】 6 月 1 日，“永远跟党走　逐梦新时代”全国少年儿童邮票创作设计作品征集活动颁奖仪式暨《儿童画作品选》特种邮票首发式在中国宋庆龄青少年科技文化交流中心举行。国家邮政局、中国宋庆龄基金会、集团公司、中华全国集邮联合会的相关人员参会。活动征集作品 18000 余幅，涵盖 31 个省（区、市）的 261 个地市。经专家评审，评出一等奖 20 名、二等奖 46 名、三等奖 100 名，其中 3 幅一等奖作品登上《儿童画作品选》特种邮票，发行量 700 万套。登上《儿童画作品选》特种邮票的 3 幅作品《我的中国梦》《国粹之韵》和《希望与梦想》，分别由上海市同济小学的杨晓芒、合肥新站寿春实验中学的费玉婷、上海市周浦第三小学的钱昕逸 3 位小朋友设计。（《中国邮政报》6 月 2 日）

《儿童画作品选》特种邮票（《中国邮政报》）

【《〈生物多样性公约〉第十五次缔约方大会》纪念邮票在昆明首发】 10 月 11 日，《生物多样性公约》第十五次缔约方大会（COP15）在云南昆明开幕。当日，由 COP15 组委会、国家邮政局、中国邮政集团有限公司主办，云南省邮政分公司承办的《〈生物多样性公约〉第十五次缔约方大会》纪念邮票首发式在昆明举行。

《〈生物多样性公约〉第十五次缔约方大会》纪念邮票（《中国邮政报》）

邮票一套 1 枚，以大会标识及辅助图形为主体，在设计上首次采用水滴外形齿孔，突出了水是生命之源、万物之源的概念，并与大会标识设计相互呼应，画面构思巧妙、主题突出。该套邮票采用一版双色胶雕印刷，竖形雕刻纹路突出大会标识的立体感；首次采用闪晶金质松石绿雕刻油墨，阳光下呈现闪闪金点；红、蓝、白三色荧光将更多主题内容融入邮票画面。

COP15 云南省筹备工作领导小组办公室与中国集邮有限公司联合开发制作《生物王国美丽云南》珍藏册。联合国秘书长安东尼奥 · 古特雷斯为邮册题词：“联合国《生物多样性公约》缔约方大会第十五次会议有关主办方发行此邮册，彰显了生物多样性的多姿多彩。这将有助于激励全世界行动起来，为了人类自己，为了这颗星球，实现我们与大自然关系的蜕变。”（《中国邮政报》10 月 13 日）

【《交通可持续发展》特种邮票发行】 10 月 15 日《交通可持续发展》特种邮票发行，该邮票一套 4 枚，全套邮票面值 4.80 元，计划发行数量 650 万套。

该套邮票采用手绘方式表现。第一枚为综合交通，通过纵横交错的高铁、公路、机场、邮轮等多种现代化交通工具及设施，体现了高效便捷的现代化、立体化交通网络。第二枚为交通扶贫，通过高黎贡山独龙江公路隧道、独龙江乡以及往来运输的车辆等，体现了通过交通建设帮助贫困地区脱贫、促进经济发展的概念。第三枚为绿色发展，通过电动公交车和充电站、共享单车、快递车辆、港珠澳大桥、中华白海豚等元素，体现了资源集约利用、绿色发展、绿色出行的概念。第四枚为开放合作，通过中欧班列穿越国门场景、货运港等元素，体现交通开放合作、

《交通可持续发展》特种邮票（《中国邮政报》）

促进发展的精神。

该套邮票由宋鉴设计，北京邮票厂有限公司采用影写工艺印制。邮票在全国指定邮政网点、集邮网厅、中国邮政手机客户端、中国邮政微邮局集邮微信商城和中国邮政商城微信小程序出售，出售期限为6个月。（《中国邮政报》10月14日）

【“先贤系列”个性化邮票暨生肖贺岁精品发布】 12月2日，“壬寅纳福　方寸集祥——‘先贤系列’个性化邮票首发暨生肖贺岁精品发布会”在中国集邮有限公司举办，并公布《内圣外王——邵雍诞辰一〇一〇周年》《王安石诞辰一千周年》两款个性化邮票以及2022年《方寸天地——邮票上的中国历史文化人物》集邮日历典藏版（大字版）。《内圣外王——邵雍诞辰一〇一〇周年》个性化邮票包含五个首次：首次在邮票上呈现“河图洛书”，首次在邮票上呈现“二十八星宿”，首次在邮票版式上采用后天八卦图布局，首次一票双景呈现人物生活场景和诗作，首次立体式、全方位刻画先贤精神。《王安石诞辰一千周年》个性化邮票包含千年人物王安石、唐宋八大家中的宰相、宋版书的时代美学、生机盎然的《早春图》等元素。（《中国邮政报》12月3日）

【“冬奥盛会　冰嬉盛典”个性化邮票长卷发布】 12月2日，中国集邮有限公司发布“冬奥盛会　冰嬉盛典”个性化邮票长卷。此产品包含两幅分别长2.02米的个性化邮票长卷，是现阶段最长的邮票长卷。第一幅长卷是“冰嬉盛典”个性化邮票长卷。主图为“北京2022年冬奥会会徽”，附票图案取材于清代张为邦、姚文瀚绘制的《冰嬉图》。第二幅长卷是“冬奥盛会”个性化邮票长卷。主图为“北京2022年冬奥会会徽”，附票及边饰精彩呈现了北京2022年冬奥会火炬接力、24个体育图标、15个分项项目介绍、奖牌、口号、奥林匹克格言等北京冬奥会元素。（《中国邮政报》12月3日）

【2021首届“中国邮政·文化季”启动】 11月19日，2021首届“中国邮政·文化季”暨《壬寅年》中国集邮生肖贺岁季新品发布仪式在北京举行。中国邮政公布《壬寅年》邮票版式二、小本票真容，并发布了2022《方寸天地》集邮日历、《壬寅年》生肖传统邮品、生肖贵金属及文创产品等生肖贺岁季新品。

首届“中国邮政·文化季”的主题是“给你我不一样的冬天”，分为书信、阅读、集藏、创意、红色和奥运6个文化主题活动。文化季为期3个月，利用数字科技手段，组织“精品书刊免费读”“邮票直播”“趣写信”“中国邮政文创大赛”等活动。（《中国邮政报》11月23日）

【第五届中国明信片文化创意设计大赛系列活动】 中国明信片文化创意设计大赛由集团公司主办，中邮传媒承办的全国性赛事。以市场需求为导向，将主题升级为“传递真情，产业赋能。创意引领，携手共赢”。设立红色专区、我的家乡、风景人文、传统文化、体育运动等8个参赛主题，赛程设置初赛、复赛、决赛三个阶段。奖项设立个人组金、银、铜奖，金牌设计师、银牌设计师和铜牌设计师，并将上届获奖作品研发的产品进行销售排名后，评审出“最具市场价值奖”。

3月26日，“原境杯·第五届中国明信片文化创意设计大赛”及中邮传媒文化创意产业孵化基地项目签约等系列活动在蚌埠曹山工业设计小镇文创数据中心展厅举办。大赛征集参赛作品近4万套，比上年增长2.8%。其中邮政参赛作品1.2万套、社会参赛作品2.8万套，作品浏览总量330余万人次。大赛还通过收集参赛作者的创作灵感、创作过程宣传视频，使得扁平的明信片立体化、可视化。征集到150个创作视频，其中95个视频在《中国邮政传媒》微信视频号和抖音上发布，观看总量20万人次。（中邮传媒）

【“辉煌历程，寄语新时代”寄心语征稿和“重温入党誓词”活动】 3—10月，集团公司邮政业务部组织“辉煌历程，寄语新时代”寄心语征稿和“重温入党誓词”活动，以明信片为载体，通过亲笔书写寄语的形式，抒发知党、爱党、颂党之情，汇集成新时代最强音，表达坚定跟党走的决心，共同庆祝中国共产党成立100周年。其间超7.6万名党员群众参与，新华媒体平台对北京、江西九江、山西太原等地的活动组织情况和寄语进行报道，得到中央国家机关工委、中央第二十三指导组高度评价。（集团公司邮政业务部）

【“金牛贺岁——2021辛丑年生肖邮票展览”在中国邮政邮票博物馆开幕】 中国邮政于1月5日发行志号为2021-1的《辛丑年》特种邮票1套2枚，小本票1本。为配合邮票首发，由集团公司主办、文史中心承办的“金牛贺岁——2021辛丑年生肖邮票展览”同步开幕。

金牛贺岁——2021 辛丑年生肖邮票展览（文史中心）

此次展览选取香港回归以来发行的 1998 年“岁次戊寅”（虎年）至 2019 年发行的“岁次己亥”（猪年）生肖邮票 22 套；选取澳门回归以来发行的 2000 年“龙年”生肖邮票至 2019 年发行的“狗年”生肖邮票 20 套。中国邮政邮票博物馆珍藏的第一轮生肖邮票 12 幅原图原稿，以及著名画家姚钟华先生所设计的《辛丑年》邮票的 4 幅原稿于 1 月 5 日、6 日特别展出。展览特别策划“金牛贺岁”主题打卡拍照区，观众可以手持祝福语手牌在主题墙处拍照留念，寄托瑞兆牛年的美好祈盼。展览现场还设有电子屏滚动展示，点击屏幕即可了解生肖邮票背景知识，获得数字化观展体验。搜索“中国邮政邮票博物馆微信公众号”，点击菜单栏“逛・邮博”进入“云赏邮博”，即可进入虚拟展厅界面。足不出户在家“云观展”，互动“邮”礼。（中国邮政网 1 月 6 日）

【故宫主题邮票特展开幕】 5 月 17 日，由故宫博物院和集团公司联袂主办，中国集邮有限公司、北京邮来邮网络科技有限公司承办的“国家名片紫禁瑰宝——故宫主题邮票特展”开幕式在故宫博物院斋宫举办。此次展览是贯彻习近平总书记关于“坚定文化自信，建设文化强国”重要论述的具体举措，展览的最大亮点在于“邮票与文物同框，历史与时代相映”，首次将新中国发行的故宫主题邮票和相应的故宫文物合璧呈现，在展现故宫文化和邮票文化的同时，通过科技赋能加强互动，让广大参观者体验到“文物活了起来，邮票活了起来”的观展感受，以弘扬中华文化，坚定文化自信。展览分为“江山多娇”“美轮美奂”“大有既藏”“邮传万里”4 个单元，展出邮票 56 套、1732 枚，邮票手稿等珍贵展品 54 件，联合发行首日封 13 件，其中故宫主题邮票 52 套、1590 枚。配合邮票展出的 25 件故宫文物，涵盖书画、玉器、珐琅器、青铜器、瓷器、家具等多个门类。（《中国邮政报》5 月 19 日）

【中国共产党诞生地主题邮局红色文创品揭幕】 10 月 9 日，上海市邮政分公司联合中共一大纪念馆在中国共产党诞生地主题邮局举行第 52 届“世界邮政日”暨“中国共产党第一次全国代表大会纪念馆”邮折等揭幕仪式。该主题邮局 7 月 23 日正式开业。揭幕仪式发布诸多红色系列的文创品，其中有《中国共产党第一次全国代表大会纪念馆》纪念邮折、党员政治生日立体贺卡及主题邮局创意铁质邮筒和钥匙扣等。中共一大纪念馆内也特设主题邮局展销专区。（《中国邮政报》10 月 13 日）

中国共产党诞生地主题邮局红色文创品揭幕（《中国邮政报》）

【辛丑年生肖贺岁季活动启动】 2020 年 11 月 1 日至 2021 年 3 月 31 日，在全国范围开展以“奋发图强，牛年大吉”为主题的辛丑年中国集邮生肖贺岁季活动。项目采取“一让利、三统筹”政策，推出“邮票金”“邮票金砖”和“生肖金”系列产品，全网统一使用“中国集邮”品牌，通过总部顶层设计、全网产品集中供给、各省营销联动发展，生肖贺岁项目整体收入 54.6 亿元，比上年增长 19.7%。（集团公司邮政业务部）

【2021 年集邮文化季】 8 月 1 日—10 月 31 日，2021 年中国集邮文化季活动开展。围绕 8—10 月期间新邮发行，结合七夕节、教师节、中秋节、国庆节、重阳节等节庆时点，面向集邮忠实、高端、政企 3 个客群，开展集邮上新日、集邮周、老票专题、新邮预订、定制版年册和政企定制 6 项活动，营造集邮文化氛围，做强做优产品服务，做好做实集邮活动，项目整体收入 5.2 亿元。（集团公司邮政业务部）

【2021 集邮周活动】 9 月 14—19 日，开展 2021 集邮周活动。访问人数 193.5 万次，活动参与人数 14.9 万人次。通过“每日砸金蛋”“2021 集邮周话题分享”“大咖说邮直播”“邮票知识 PK 赛”“天天抽奖”“小小集邮家点

赞”“积分抽奖大转盘”“永远跟党走·逐梦新时代”线上作品展专题活动聚焦集邮文化，发挥集邮文化活动引领作用，增强全网客户参与热情。策划制作主题日海报、攻略活动长图、微信软文、短视频等内容，利用邮政媒体矩阵强化活动在新媒体渠道宣传曝光，聚焦活动节点、人群、内容、效果，实现突破圈层的内外全域联动，加深用户关系、增强集邮品牌价值感。（集团公司邮政业务部）

【北京邮票厂有限公司获中华印制大奖金奖】 6月24日，北京邮票厂有限公司印制的《故宫博物院（二）》邮票版式二获得2021第八届中华印制大奖金奖。中华印制大奖是国内印刷界最高奖项，是行业内唯一经国务院批准的保留评比项目。此届评比收集到来自324家印刷企业的近2000件作品。《故宫博物院（二）》邮票版式二的印制和获奖，一是体现了设计的艺术性，选宫、殿、亭、桥的标志性建筑入画；结合春夏秋冬自然季节的特色景致暗示百年的风雪变迁。二是体现了工艺的多样性，邮票采用胶印雕刻套印工艺印刷，采用黑、蓝、红、黄、金、无色红荧光六色胶印加上雕刻黑印制。三是体现了防伪的先进性，防伪技术采用防伪纸张、防伪油墨、异形齿孔、荧光喷码；网线采用调幅400线/英寸，局部调频工艺。（北京邮票厂有限公司）

【甘肃省邮政分公司举办党史邮展】 9月29日，甘肃省邮政分公司机关党委和集邮与文化传媒部联合举办了“邮票上的中国共产党历史展览”，展出51块展板、123套210枚邮票、4幅图片。展览分为“开天辟地”“翻天覆地”“改天换地”“惊天动地”4个部分，展览形式是将相关的邮票扫描放大，再配以历史事件的文字说明。（《中国邮政报》9月30日）

【2021年纪特邮票发行目录】

序号	志号	邮票名称	类别	发行日期	枚数	面　值	备　注
1	2021-1	辛丑年	T	0105	2	1.20元、1.20元	另发行小本票，售价12元
2	2021-2	《中华人民共和国民法典》施行	J	0101	1	1.20元	
3	2021-3	中国人民警察节	J	0110	2	1.20元、1.20元	
4	2021-4	五牛图	T	0320	5+1	80分、1.20元、1.20元、1.20元、1.50元、6元	
5	2021-5	厦门大学建校一百周年	J	0406	1	1.20元	
6	2021-6	中国飞机（三）	T	0417	4	1.20元、1.20元、1.20元、1.20元	
7	2021-7	中国古典文学名著——《西游记》（四）	T	0423	4	1.20元、1.20元、1.20元、1.20元	
8	2021-8	福建土楼	T	0519	4	1.20元、1.20元、1.20元、1.20元	
9	2021-9	中巴建交七十周年	J	0521	2	1.20元、1.20元	中国—巴基斯坦联合发行
10	2021-10	儿童画作品选	T	0601	3	80分、1.20元、1.20元	
11	2021-11	丝绸之路文物（二）	T	0612	4	1.20元、1.20元、1.20元、1.20元	
12	2021-12	北京2022年冬奥会——竞赛场馆	J	0623	4+1	1.20元、1.20元、1.20元、1.20元、6元	
13	2021-13	中国共产党历史展览馆	T	0620	1	1.20元	
14	2021-14	第三十二届奥林匹克运动会	J	0723	2	1.20元、1.20元	
15	2021-15	西藏和平解放70周年	J	0819	1	1.20元	
16	2021-16	中国共产党成立100周年	J	0701	20	1.20元×20枚	

续表

序号	志号	邮票名称	类别	发行日期	枚数	面　值	备　注
17	2021–17	动画——哪吒闹海	T	0828	6	80分、80分、1.20元、1.20元、1.20元、1.20元	
18	2021–18	木芙蓉	T	0907	4	1.20元、1.20元、1.20元、1.20元	
19	2021–19	中华人民共和国第十四届运动会	J	0915	2	1.20元、1.20元	另发行小全张，售价3.60元
20	2021–20	江山如此多娇	T	0925	1	6元	小型张
21	2021–21	山东大学建校一百二十周年	J	1015	1	1.20元	
22	2021–22	豫剧	T	1018	3	1.20元、1.20元、1.20元	
23	2021–23	《生物多样性公约》第十五次缔约方大会	J	1011	1	1.20元	
24	2021–24	交通可持续发展	T	1015	4	1.20元、1.20元、1.20元、1.20元	
25	2021–25	辛亥革命110周年	J	1010	1	1.20元	
26	2021–26	中华人民共和国恢复联合国合法席位50周年	J	1025	1	1.20元	
27	2021–27	科技创新（三）	J	1124	5	1.20元、1.20元、1.20元、1.50元、1.50元	
28	2021–28	国家重点保护野生动物（Ⅰ级）（三）	T	1203	8	80分、80分、1.20元、1.20元、1.20元、1.20元、1.20元、1.50元	
29	2021–29	中伊建交50周年	J	1211	2	1.20元、1.20元	中国—伊朗联合发行
30	总计				98+3	总面值134.4元	总售价150元

（集团公司邮政业务部）

企业管理

◇ 综合管理

◇ 人力资源管理

◇ 战略规划

◇ 财务管理

◇ 采购管理

◇ 审计监督

◇ 纪检监察

综合管理

【概况】

一、认真贯彻落实习近平总书记重要指示批示精神

严格落实“三个第一时间”学习机制，筹办召开党组会、党组专题会，保障集团公司党组第一时间学习传达习近平总书记重要讲话、重要指示批示精神和党中央重要会议文件精神。通过中国邮政官微、官网等平台把总书记视察广西象山主题邮局重要指示精神第一时间传达至邮政各级党组织、每名员工，推动全系统深入学习贯彻落实。围绕十九届五中、六中全会精神，总书记“七一”重要讲话精神、中央经济工作会议精神等重点内容第一时间组织专题学习。以“钉钉子”精神抓好贯彻落实总书记重要指示批示精神“回头看”，及时向党中央报送情况。围绕总书记制止餐饮浪费行为重要批示精神，持续推进全系统厉行节约、反对浪费工作。督办促办各二级单位贯彻落实习近平总书记重要指示批示精神、党中央重大决策部署，将集团公司党组工作部署、集团公司领导批示事项、各类重要会议工作部署纳入督办，提升工作实效，下发23份重点工作督办，335项目标任务，1199项具体工作安排，有效推动各项工作落实落地。

二、全力服务国家重大战略部署

坚决服务国家和首都疫情防控大局。坚持科学防控、系统防控、精准防控，有效防控，在大疫中接受大考，在大考中交出合格答卷。因时因势动态调整疫情防控政策，制定完善疫情防控应急响应体系和指导手册，向疫情严重省份调拨6次防疫物资，坚持疫情“零报告”，推进一线人员疫苗接种率100%。全年邮政企业未发生一起工作原因导致病例，未发生一起工作场所确诊病例，未发生一起因疫死亡病例，未发生一起聚集性疫情。集团公司总部获评2020、2021金融街疫情防控及综合保障性工作先进单位。

推动脱贫攻坚战略落地。坚决落实集团公司党组和扶贫工作领导小组要求，向国务院领导、国务院扶贫办、农业农村部领导、驻中国邮政纪检监察组报送邮政乡村振兴成效材料19篇。制作《中国邮政扶贫工作纪实》宣传册，向社会全方位展现中国邮政扶贫成果。原国务院扶贫办公室充分肯定邮政扶贫工作成效，考核评价为“好”。邮政系统4人被授予“全国脱贫攻坚先进个人”称号。

稳步推进国企改革三年行动。制定《中国邮政集团有限公司党组贯彻落实〈关于中央企业在公司治理中加强党的领导的意见〉实施办法》《集团公司党组贯彻落实重大事项请示报告实施办法》《集团公司信息公开实施办法》，修订《总经理工作制度》《总部会议制度》，全面推行“首问负责制、一次告知制、限时办结制、责任追究制”。加强董事会规范建设，制定或修订《董事会议事规则》《董事会专门委员会议事规则》《董事会授权管理办法》《董事会议案提交报告工作规定》等基本制度，明确董事会及其专门委员会组成、职权、运作模式，规范议事、决策规则及程序。严格规范董事会会议及议案管理机制，规范重大议题总经理办公会预研究、党组会前置研究及专门委员会研究审议程序，完善会前沟通协调机制，严格议案审核提报工作。

三、有效防范化解重大风险

树牢安全发展理念。持续构筑“主体责任、管理制度、教育培训、排查整治、考核评价、应急管理”六大安全管理体系，重点聚焦“人身、邮件、金融、消防、交通、信息、航空、机要”八大领域安全，深入开展安全生产专项整治三年行动，打造更高水平“平安邮政”。制定、修订安全信息报告管理办法、邮政企业生产场地作业现场安全规范、收寄验视和实名收寄制度等16项安保类规章制度和操作规范，进一步压实安全管理责任。2021年全系统未发生重特大安全生产事故和金融安保类案件，完成建党百年等重大活动期间安全与服务保障工作。

扎实开展信访维稳工作。严格落实集团公司年度信访工作联席会议工作部署，完成建党100周年等重大活动期间信访维稳工作任务。2021年信访形势平稳可控，整体秩序好于以往。

筑牢保密管理安全防线。制定集团公司商业秘密管理、国家秘密载体管理、定密责任人、保密自查自评、网络保密管理等19项制度或方案，确保国家秘密和商业秘密安全。组织全系统参加建党100周年保密知识竞赛，获国家保密局颁发的“突出进步奖”。举办政企分开以来首次全系统保密专题培训班，开展保密专项检查，人员保密意识明显提升。

加强舆情管控，实行7×24小时全时段监测，指导有关单位妥善处理河南邮寄黄金丢失、河北平山县邮政刑事案件等较大负面舆情，有效化解企业声誉风险，全年未发生重大危机舆情。编发舆情日报、周报、专报、年报，客观评估企业形象。举办舆情处置线上培训和网络舆情应对工作座谈会，得到好评。

四、推动宣传工作取得实效

统筹做好建党百年和党史学习教育主题宣传。全系统在各级各类媒体刊发相关稿件38.8万篇次（含转载）。刘爱力董事长在央视财经频道《信物百年》专题节目中讲述中国邮政的使命与担当，观看量1200万，微博话题阅读量超4亿。中国邮政抖音挑战赛实现现象级传播。《从方寸邮票间看党史》、“少年寻邮记”、“红色邮路行”采访活动取得良好传播效果。原创MV《没有共产党就没有新中国》《向着理想前进》全网传播量10万+。授权拍摄电影《信者》在全国公映，引发社会广泛好评，获得国家电影局专项奖励。

加大企业形象宣传力度助推经营发展。组织各类新闻发布35次，全系统在中央媒体刊发正面报道近8万篇次，其中《人民日报》、新华社等1588篇次，央视184次（含《新闻联播》15次，《朝闻天下》22次，《新闻直播间》34次）。在央视《开局之年访央企》推出刘爱力董事长专访，在央视财经频道推出《中国邮政启动新一轮大提速》报道，做好邮政“919电商节”以及建党百年、生肖、冬奥等重大题材邮票宣传。

五、严格落实中央八项规定精神

持续整治形式主义官僚主义。对文件会议保持刚性约束，年初制订文件、会议计划，定期通报提醒，防止文山会海反弹回潮。疫情防控形势下，采用视频、网络、电话形式召开会议。2021年集团层面制发文件数比上年减少16%，召开会议数与上年持平。通过专项治理下级请示事项答复不及时、文件办结率低等突出问题，使全系统文件办结率、请示事项按期答复率、文件处理时限明显提升，推动机关作风进一步转变。

六、扎实做好巡视“后半篇文章”

认真落实中央巡视整改“回头看”及专项重点整改任务，严格执行中央重大事件报告制度，收到各单位上报突发事件78起，均按规定流程进行处理。加强意识形态阵地管理，坚决解决肃清余毒不力问题。对集团巡视反馈综合部整改问题，建立常态化整改工作机制，进一步巩固整改效果。对涉及综合部条线管理问题，指导督促责任单位全部整改到位。

七、统筹做好综合管理服务

高质量完成重要会议、讲话、调研等材料。高质高效完成向党中央、国务院汇报材料，完成工作会、年中座谈会等重要材料撰写，撰写文稿400多篇、200万字。配合集团公司领导开展基层调研12次，为集团公司党组决策提供科学参考。深入开展“一月一事、消灭最差”和领导干部跟班作业实践活动。编发比学赶帮超信息63篇。邮政全力应对河南暴雨灾害的信息被国务院办公厅秘书局采用。

以信息化手段支撑管理创新。全面推广安全保卫管理系统，完善远程集中监控系统功能，推进“绿盾”工程联网，助力邮政金融安全管理和安全生产管理规范化、信息化、网络化。运用信息化手段提升总部机关管理效能，完成OA三期上线使用、集团公司OA系统的邮、银数据剥离工作和信创OA工程试点工作，上线邮e联二期工程、邮政内网PC端、移动端，有效搭建企业网络管理平台、内部信息发布平台、员工沟通交流平台。完成中国邮政融媒体平台建设，搭建“邮政视界”图片素材库，实现系统内图片资源共享。加快推进档案工作数字转型，实现12个门类档案在线归档和检索利用。

做好后勤服务保障工作。持续推进住房分配工作，印发周转房管理办法，完善周转房分配制度。多措并举提升餐饮服务质量。完成中央对集团公司经济责任审计中关于公务用车、物业补贴、中邮保险租赁办公大楼等问题的即知即改工作。开通大厦人脸识别和访客系统，做好大厦各项维修改造及办公用房调整工作。（集团公司综合部）

【2021年工作会议暨第一届第二次职工代表大会召开】 1月8日，中国邮政集团有限公司2021年工作会议暨第一届第二次职工代表大会在北京开幕。会议以习近平新时代中国特色社会主义思想为指导，全面贯彻落实党的十九大和历次全会及中央经济工作会议精神，传达学习中共中央政治局委员、国务院副总理刘鹤重要批示精神，总结工作，分析形势，部署2021年工作，提出要立足新发展阶段，坚持新发展理念，融入新发展格局，以贯彻落实“十四五”规划建议和国企改革三年行动方案为主线，以推动高质量发展为主题，以改革创新为根本动力，以准确识变、科学应变、主动求变建先机，以高标准市场体系树优势，以打造一个新邮政为目的，全力构筑中国邮政“四梁八柱”战略框架，推动中国邮政二次崛起。

交通运输部党组成员，国家邮政局党组书记、局长马军胜出席会议并讲话。财政部经济建设司司长孙光奇到会讲话。

集团公司党组书记、董事长刘爱力作题为《立足新发展阶段　坚持新发展理念　融入新发展格局　以改革创新全力构建高质量发展的新邮政》的讲话，党组副书记、总经理张金良作工作报告，集团公司领导班子其他成员出席会议。会议分主会场、分会场，采取现场和视频相结合的形式召开，全系统三级副以上人员在各会场参加会议。（《中国邮政报》1月13日）

【全国邮政经营服务工作会议召开】 2月3日，全国邮政经营服务工作会议召开。会议的主要任务是以习近平新时代中国特色社会主义思想为指导，深入贯彻落实党的十九大和历次全会以及中央经济工作会议精神，全面贯彻落实集团公司工作会议要求，总结2020年工作，部署2021年邮政经营服务工作，开拓创新，深化转型，以高质量发展为核心，融入新发展格局。集团公司党组书记、董事长刘爱力讲话，副总经理康宁作工作报告。刘爱力董事长要求中国邮政必须坚守“人民邮政为人民”的初心使命，必须坚持以“邮”为本、“政”字当先，主动服务国家战略、经济社会民生，必须从讲政治的高度充分认识普遍服务的重要性，坚定不移、不折不扣地做好普服工作。康宁副总经理回顾2020年邮务板块经营服务工作成绩，准确分析经营发展面临的形势，要求各级邮政公司坚守“人民邮政为人民”服务宗旨，持续加强能力建设，全面保障和持续提升普遍服务水平；以打造综合服务平台为基础，全面加快渠道平台转型；以数字化线上化赋能为依托，加快邮政基础性业务的转型创新；以做大流量为核心，全面构建农村电商平台生态；以“六维转型”为抓手，加快代理金融优结构建生态。以创新为动力，以协同建优势，以科技做支撑，实现“十四五”良好开局。（集团公司邮政业务部）

【全国邮政普遍服务工作电视电话会议召开】 2月25日，国家邮政局与集团公司联合召开2021年全国邮政普遍服务工作电视电话会议。会议以习近平新时代中国特色社会主义思想为指导，全面贯彻党的十九大和十九届二中、三中、四中、五中全会以及中央经济工作会议、中央农村工作会议精神，深入贯彻落实习近平总书记对邮政业重要指示精神，认真落实2021年全国邮政管理工作会议要求，回顾2020年邮政普遍服务工作，研究部署2021年重点任务。会议指出，邮政业是国民经济发展的基础性、战略性、先导性产业，为国脉所系、发展所需、民生所依。要牢牢把握新发展阶段，深入贯彻新发展理念，深刻领会新发展要求，进一步提高政治站位，坚守普遍服务政治责任，坚守“人民邮政为人民”服务宗旨，开创邮政普遍服务高质量供给新局面。各级邮政企业要认真领会和准确把握新发展阶段对邮政普遍服务的新要求。始终把普遍服务摆在全局工作的重要位置，在服务能力、业务创新、科技赋能等方面加快步伐，提升普遍服务供给能力和供给质量，持续强化普遍服务体系，坚持一把手亲自抓、班子成员分工具体抓，带动各部门形成合力一起抓的工作机制，持续强化能力建设。持续加大普遍服务资源投入，提升普邮全程时限、西部地区建制村投递频次，确保机要通信万无一失，增强普遍服务管控能力，加快普遍服务管理系统建设，严格普遍服务绩效考核，不断提升普遍服务供给能力和供给质量。（《中国邮政报》3月3日）

【集团公司要求做好员工就地过年服务保障】 2月，集团公司发出关于做好员工就地过年安排的通知，要求积极响应党中央、国务院发出的春节假期非必要不流动号召，切实体现央企和行业“国家队”的责任担当，做好员工就地过年服务保障工作，确保全体员工度过一个欢乐祥和、健康安全的新春佳节。

通知要求发挥领导干部带头作用，合理有序引导员工就地过年。各级党组织要坚决响应党中央号召，按照属地防疫政策要求严格落实，充分发挥党支部的战斗堡垒作用，积极主动发起春节假期非必要不出行、就地过年的倡议。广大党员要发挥先锋模范带头作用，带头就地过年过节。要密切关注员工就地过年热点问题，及时回应员工关切。在京各单位要严格落实党中央和国务院、北京市政府疫情防控相关要求，进一步增强政治意识、大局意识，慎终如始、毫不松懈地抓好疫情防控工作；要积极倡导员工在京过年，非必要不出京。

通知指出，要做好关心关爱，落细落实各项服务保障措施。各级邮政企业主要负责同志要从讲政治高度统筹做好春节假期员工就地过年安排，建立本单位人员管理台账，组织多种形式的“送温暖”和过年活动，统筹安排好生产经营和在岗员工休假，落实好工资、休假等待遇保障。

通知强调，要科学精准防控，织密筑牢常态化疫情防控网络。要教育员工加强个人防护，坚持“外防输入、内防反弹”，抓好重点人群、重点场所、重点环节的精准科学防控，切实做到人物同防；同时，激活应急体系，做好节日期间值班值守工作。（《中国邮政报》2月8日）

【全国邮政农村电商发展推进会议召开】 3月19日，集团公司召开全国邮政农村电商发展推进会议。会议主要任务是以习近平新时代中国特色社会主义思想为指导，全面贯彻落实集团公司工作会议、经营服务工作会议精神，系统总结邮政农村电商一年来发展情况，深入分析当前形势，动员广大干部员工进一步坚定信心、真抓实干，立足新发展阶段，融入新发展格局，全力做好2021年度邮政农村电商工作，提升核心发展能力。

2020年，按照集团公司对农村电商“四梁”之一的战略定位，围绕“融合叠加”的要求，邮政农村电商推进模式创新，初步构建了发展长效机制，进一步明晰了发展思路，进一步夯实了发展基础，进一步构建了发展生态，各项工作取得较好成效。农村电商是支撑中国邮政高质量发展的“四梁”之一，是发展寄递和金融业务的黏合剂、催化剂和放大器，是中国邮政在农村市场源头获客的重要渠道，是落实国家乡村振兴战略的重要举措。发展农村电商必须统一思想、全网推进，发展农村电商必须依托科技、融合发展，发展农村电商必须推进改革、强化保障。

2021年邮政农村电商发展总体思路是，围绕“强力推进平台打造，强力推进渠道质量提升，强力做大商流规模，强力推进基地建设，强力推进保障到位”，提升核心发展能力，通过构建农村电商生态圈，打造“农村电商＋金融业务＋寄递业务＋邮政业务”平台协同发展模式，实现平台流量大增长、渠道质量大提升、商流规模大突破、品牌影响大提升，巩固邮政农村根据地，助力乡村振兴。一要强力推进平台打造。要通过对内整合、对外合作、拓展营销场景，快速做大邮乐平台流量。要聚焦会员权益服务和农产品进城，打造具有邮政特色的电商平台，快速形成体系、形成能力，做出规模、做出品牌。二要强力推进渠道质量提升。站点是邮政农村电商的核心资源。

要全面落实渠道管理模式，加强数字化改造，全面叠加业务，实现站点全面活跃，夯实渠道基础。三要强力做大商流规模。有规模的商流才能带来有规模的资金流和物流。在下行商流方面，要以大单品为核心，全网统一联动，构建统一的商品体系，强化总部运营，强化支撑保障，做大批销商流规模，赋能站点，赋能商家。在上行商流方面，以特色农产品为抓手，构建“基地直采＋异业合作＋平台零售＋终端直供”的全渠道产销对接体系，带动自营农产品规模提升。四要强力推进基地建设。农产品基地建设是贯彻中央乡村振兴战略，落实集团公司惠农合作项目的有效抓手，是邮政做大农产品商流的核心资源，是提升邮政农产品供给侧竞争力的关键所在，是打造邮政线上平台特色的重要一环。要加快完善品牌标准、构建品控体系、加强仓储规划，提升销售能力。五要强力推进保障到位。坚持问题导向，强化专业运营，本着改革创新的思路，全力解决人力配备、地推外包费用等制约发展的机制和能力问题，强化协同机制，渠道搭台，专业唱戏，各专业要把戏唱好，加大政策投入，做好农产品基地仓储规划和冷链仓配能力建设，擦亮“邮掌柜”品牌，提升“邮政农品”品牌价值，提升农村电商持续发展的基础能力。

集团公司电商分销局详细解读《2021年邮政农村电商发展指导意见》，并进行了具体工作安排。江苏、湖南两省邮政分公司作经验交流。(《中国邮政报》3月23日)

【全国邮政安全生产工作电视电话会议召开】 4月26日，集团公司召开2021年全国邮政安全生产工作电视电话会议，学习传达贯彻习近平总书记关于安全生产系列重要讲话和指示批示精神，总结2020年邮政安全生产工作，分析当前安全生产形势，部署重点工作任务。

集团公司党组高度重视安全生产工作，2020年，全系统完善管理机制、健全管理体系，全年未发生重特大生产安全事故和金融安保类案件，较好完成了安全生产各项年度目标任务，保证了邮政企业安全稳定运行，维护了员工生命财产安全，为推动实现中国邮政二次崛起提供坚强的安全保障。

会议强调，要认清严峻形势、保持忧患意识，切实增强抓好安全生产工作责任感和紧迫感。安全生产工作既关乎企业财产安全和安全稳定运行，又关乎员工身体健康和人身安全，抓好安全生产责任重大、使命光荣。中国邮政点多面广，安全生产涉及领域多、环节多，重点领域涉及面广、难度大，当前，邮政安全生产形势依然复杂严峻。一定要认清形势，正视问题，坚持问题导向，认真分析事故原因，查找事故根源，抓主要矛盾，抓矛盾的主要方面，对症下药、精准滴灌、靶向治疗，以时不我待的精神状态、舍我其谁的坚定决心、锐意进取的工作气魄，做好各项安全生产工作。

会议指出，2021年，全系统要继续树牢安全发展理念，弘扬“生命至上、安全第一”思想，严格落实安全生产责任制，不断完善安全管理机制，持续构筑“主体责任、管理制度、教育培训、排查整治、应急管理、考核评价”六大安全管理体系，着力打造远程视频监控和安全保卫管理两大信息系统，重点聚焦“人身、邮件、金融、消防、交通、信息、航空、机要”八大领域安全，深入开展安全生产专项整治三年行动，突出隐患排查，狠抓整改落实，严格按照监管部门监管要求开展工作，堵漏洞、补短板、强弱项，不断打造更高水平“平安邮政”。要坚持红线意识底线思维，严格落实安全生产责任制；坚持未雨绸缪防患未然，全面推进安全隐患排查整治；坚持尽职免责失职追责，严格执行安全考核问责制度；坚持突出重点有的放矢，全力做好重点领域安全生产工作。(《中国邮政报》4月28日)

【全国邮政寄递业务工作会议召开】 5月11—12日，2021年全国邮政寄递业务工作会议在安徽省合肥市召开。会议坚持以习近平新时代中国特色社会主义思想为指引，认真贯彻落实习近平总书记关于实现高质量发展和立足新发展阶段、贯彻新发展理念、构建新发展格局及建设高标准市场体系、实施乡村振兴战略等与邮政发展密切相关的重要指示精神和中央各项决策部署，贯彻落实习近平总书记视察广西桂林象山主题邮局的重要指示精神，强调要将习近平总书记重要讲话重要指示精神转化为推动中国邮政高质量发展的强大动力，转化为全系统广大员工砥砺奋进、创新作为的责任担当，聚焦关键问题，靶向解决问题，以关键问题突破实现寄递业务可持续发展，加快打造行业“国家队”。集团公司高度重视寄递业务改革发展，集团公司领导班子及外部董事出席会议，党组书记、董事长刘爱力作题为《抓主要矛盾和矛盾的主要方面，聚焦关键问题，靶向解决问题，以关键问题突破实现寄递业务可持续发展》的讲话，副总经理温少祺作工作部署。集团公司相关部门主要负责同志、各省（区、市）邮政分公司主要领导和分管领导参加会议。(《中国邮政报》5月25日)

【集团公司部署建党100周年庆祝活动期间邮政安全及服务保障工作】 6月9日，集团公司召开建党100周年庆祝活动期间安全及服务保障工作动员部署电视电话会议，传达党中央、国务院以及国家邮政局对建党100周年庆祝活动期间有关工作要求，对集团公司安全服务保障工作进行全面动员部署，强调要确保邮政寄递渠道安全畅通，确保邮政企业平稳运行，为庆祝活动营造安全稳定的邮政服务环境。集团公司高度重视建党100周年庆祝活动期间安全及服务保障工作，专门成立建党100周年庆祝活动期间安全及服务保障工作领导小组，制定印发《建党100周年

庆祝活动期间安全及服务保障工作实施方案》，对具体工作作出详细部署。（《中国邮政报》6月11日）

【全国邮政网路运营工作会议召开】 6月24日，2021年全国邮政网路运营工作电视电话会议召开。会议要求，邮政网运工作必须以强化时限为先，提升服务品质，勇于突破创新，以革故鼎新、解码破题的硬核担当，确保网运各项目标任务落实落地，加快打造面向市场、面向客户、面向竞争的全新寄递网络，构筑竞争优势。集团公司寄递事业部就网路运营重点工作进行具体安排和细化部署。邮政网路运营下一步工作重点：一是统一思想、凝聚共识，主动融入改革发展大局。二是抓住关键，统筹推进，务求取得改革成效。三是时限为根，全力构筑竞争优势。四是质量为本，全面提升客户用邮体验。五是网业联动，持续推动寄递业务高质量发展。六是功以才成，切实加强网运人才队伍建设。针对安全生产工作，会议特别强调，“管生产经营必须管安全”，必须引起高度重视，两手抓两手都要硬，切不可麻痹大意，心存侥幸。要坚决贯彻集团公司关于近期安全生产相关工作的部署安排，落实安全生产责任，必须做到“四个到人”，建党100周年庆祝活动期间安全及服务保障工作必须狠抓落地，严格落实五个100%，对建党100周年庆祝活动举办地投递工作一定要落实专人、专车、专线、专区服务、专项检查的“五专”要求，确保邮政寄递渠道安全畅通。（《中国邮政报》6月29日）

【中国邮政列《财富》世界500强排行榜第74位】 8月2日，《财富》杂志发布世界500强排行榜。中国邮政排名第74位，在上榜的世界6家邮政企业中列第2位，其中年营业收入列世界邮政第2位，利润列世界邮政第1位。中国邮政转型升级为实业与金融相结合、业务多元化的大型企业集团，竞争实力得到增强，企业效益明显提升，社会影响不断扩大。（《中国邮政报》8月3日）

【《中国邮政“十四五”发展规划和2035年远景目标》发布】 12月16日，集团公司发布《中国邮政“十四五”发展规划和2035年远景目标》，总结中国邮政“十三五”规划目标实现和任务完成情况，研判面临的发展环境，全面落实国家“十四五”规划纲要，明确“十四五”时期中国邮政的指导思想、发展原则、战略导向，提出了“十四五”时期中国邮政以高质量发展为主题、以改革创新为根本动力，建设“创新驱动、协同发展、管理高效、行业领先的企业集团”的总体目标，以及到2035年基本建成具有全球竞争力的世界一流企业的远景目标，吹响构建新邮政发展格局、全面开启中国邮政“二次崛起”新征程的“集结号”。（《中国邮政报》12月17日）

【集团公司发布绿色发展报告】 3月，集团公司发布《中国邮政绿色发展报告（2018—2020年）》。2018年，集团公司发布《中国邮政绿色行动宣言》，出台《绿色邮政建设行动三年规划大纲（2018—2020年）》，全面启动绿色邮政建设行动。2019年，集团公司进一步完善绿色采购机制，建立信息管控机制，探索包装回收循环利用，培育发展体系。2020年，集团公司进一步深入推进绿色包装、绿色运输和绿色金融“三大工程”，开展绿色电商、绿色建筑等六项示范行动，持续优化绿色发展模式。在坚决打赢打好污染防治攻坚战中，中国邮政持续推进绿色包装、绿色运输和绿色金融“三大工程”：开展以加强包装减量、强化绿色技术创新、完善循环回收为主要措施的绿色包装工程，全面加速推进包装减量化、绿色化、可循环；开展以优化运输装备用能结构、提高运输组织集约化程度、完善绿色运输管理创新体系为重点措施的绿色运输工程，减少资源消耗，有效抑制环境污染；开展以丰富绿色金融产品和服务、创新绿色金融服务手段、促进绿色金融广泛合作为核心措施的绿色金融工程，提升服务效率，引导资本支持绿色产业。三年来，集团公司率先全面启动绿色建设行动，发布《绿色邮政建设行动三年规划大纲》；率先研制并试用可降解纤维素膜基材环保生物胶带；率先形成系统化的碳减排测算方法并完成测算；构建最广泛的包装回收循环体系，布放包装回收装置21800处，在5万多处网点普遍应用绿色包装，设置数量最多、覆盖范围最广；绿色信贷实现最快速增长，发放绿色信贷3135.5亿元，与2017年比增速90.15%。在“十四五”发展规划中，集团公司计划围绕习近平主席提出的2030年前“碳达峰”的新目标，围绕落实十九届五中全会提出的生态环保新要求，围绕国家“十四五”规划明确打赢“升级版”污染防治攻坚战的新任务，围绕行业监管部门提出的新标准，进一步探索绿色邮政发展新路径，进一步落实生态环保工作新措施，继续深入碳排放减排与达峰研究，通过管理创新、技术升级和流程再造等手段，增强绿色、低碳、可持续发展能力，加快构建绿色邮政发展生态链。（《中国邮政报》3月4日）

【集团公司发布2021年绿色邮政建设行动工作要点】 5月，《中国邮政集团有限公司2021年绿色邮政建设行动工作要点》印发，强调各单位要深入贯彻习近平总书记关于快递包装绿色治理的重要指示批示精神，落实行业生态环境保护要求，加快包装绿色转型，推动节能减排，助力构建“六维共生”的新邮政发展格局。

在邮件快件包装绿色治理目标方面，一是全面推动邮件快件包装材料源头治理。要逐步减少不可降解塑料包装袋、胶带的使用，继续强化免胶带箱的使用，推动邮件快件包装可循环。二是提升规范化水平。要持续做好重金属和特定物质超标包装物专项治理，开展过度包装和随意包装专项治理。执行快递管理规章制度和标准，建立健全邮件快件包装管理制度和包装操作规范。三是推动减少二次包装。积极发展包装定制化、仓配一体化、运输标准化服务，减少被动式二次包装和过度包装。四是规范包装回收和处置。持续推进包装废弃物回收箱设置，在高校、社区等重点区域的营业网点、揽投部设置符合标准的回收箱，有条件的地区要率先实现网点设置全覆盖，并积极推进包装回收体系建设。五是全面加强一联电子面单的使用。在各邮政营业网点和主要电商平台的国内寄递服务普及一联电子面单。在绿色金融相关指标方面，邮储银行要严格新增客户准入管理，采纳负责任银行原则，加强环境、社会和公司治理（ESG）风险管理，大力发展绿色金融和气候融资。中邮保险要加强线上化替代，在线出单率、电子保单推广率、保全线上化率稳步提升。

要加强碳排放研究与节能减排试点。开展碳排放测算和碳达峰研究，推动企业落实国家温室气体排放控制等政策要求，加大生态环保新技术、新产品和新模式在企业的应用力度。在网点、处理中心开展太阳能光伏发电试点项目，助力企业降本增效。要积极推广绿色运输。推广应用高效、节能、环保的运输装备。优化运能配置，加快推广甩挂运输和多式联运等先进运输组织模式，提升铁路邮件快件承运规模，降低运输能耗排放。推广使用新能源或清洁能源汽车，充分利用营业网点、分拨中心开展充电桩等配套设施建设。

要推动示范项目建设。一是继续推进绿色邮政示范项目。认真落实绿色邮政示范项目，在绿色物流、绿色电商、绿色品牌等建设方面，因地制宜实现重点突破。推进生产方式绿色转型，持续推进绿色网点、绿色分拨中心建设和验收工作。二是加快推进海南绿色包装应用。海南省邮政分公司要发挥行业引领作用，按照相关指示精神，加强规划，着力推进可循环、可降解包装试点工作，在行业中做好绿色包装推进表率。各省分公司要重点做好寄往海南邮件的可降解包装物的应用。同时，要完善支撑保障体系，全面落实企业主体责任，编制下发绿色行动规划，推动产学研协同增效，积极争取地方支持。要加强内外宣传引导，广泛宣传绿色邮政建设情况，营造“便捷快递人人享有、绿色包装人人有为”的良好氛围。(《中国邮政报》5月20日）

【集团公司全面推进邮快合作下乡进村】 5月，集团公司发出《关于全面推进邮快合作下乡进村的通知》，在2020年试点基础上，进一步在全国范围全面推进邮快合作工作，强调各单位要认真落实党中央、国务院关于加快快递进农村的决策部署，立足新发展阶段，贯彻新发展理念，构建新发展格局，践行“人民邮政为人民”服务宗旨，全面推进邮快合作实现快递进村，畅通城乡流通渠道，服务乡村振兴。《通知》指出，推进邮快合作工作要坚持以人为本、求真务实、协同推进和创新引领四大原则，提出到年底前，实现邮快合作市（地）全覆盖，邮政乡镇网点或乡镇网点绑定的站点（含邮乐购站点、便民服务站、村邮站等）100%叠加代收代投自提服务，邮快合作具备条件的建制村全覆盖，与全国1081个乡镇运输服务站建立合作关系，具备条件的服务站实现进驻，并明确了六项任务，一是扩大合作范围，二是提升快件处理能力，三是持续加大农村投递投入，四是提升末端服务质量，五是开展交邮合作，六是保障数据互联互通。(《中国邮政报》5月26日）

【《中国邮政集团有限公司标准体系》正式发布】 以企业标准化需求为导向，逐步建立健全“板块清晰、结构合理、科学实用”的中国邮政标准体系，是中国邮政各项业务高效发展的重要抓手。由邮政科学研究规划院有限公司邮政研究所负责编制的《中国邮政集团有限公司标准体系》由集团公司正式发布。标准体系包括通用、寄递、邮务、银行、保险、证券6个部分，每个部分的标准体系均配备框架图、研究报告及标准明细表，纳入标准体系的标准包括现行邮政业的国际标准、国标、行标、企标及团标，并且前瞻性地对未来三年标准的制修订进行规划，在体系框架中的标准1323项。

标准体系的构建遵循各业务发展的企业战略导向和创新要求，对标国内外行业先进，在标准体系研究中用“三个视角”找差距、立标杆，以“三大规律”促改革、求创新，推动科技赋能，重点支撑中国邮政高质量发展的标准化工作。主要涉及：一是服务标准化。对标顺丰、京东等行业先进企业的服务标准，聚焦主责主业，增强普遍服务、寄递服务和金融业务的服务创新和标准化，提升邮政服务质量。二是作业规范化。围绕邮件处理作业全流程，重点关注中国邮政“收、分、运、投”四大环节作业规范化，提高全网运行效率。三是包装绿色化。包装绿色化是中国邮政深入推进绿色邮政建设的重要举措，要全面推进邮政包装的绿色化、减量化和可循环，尤其是农产品包装标准化和绿色化。四是信息化建设。支撑科技创新，关注新技术应用、信息工程建设、数据共享，助力企业数字化转型，实现大数据建设和信息的融合共享。五是安全生产。制定相应的生产安全和设备安全标准，有效保障企业安全生产作业。(《中国邮政报》6月11日）

【集团公司获得“2020中国社会责任杰出企业奖”】 1月，集团公司在新华网主办、中国企业改革与发展研究会联合主办的2020中国企业社会责任云峰会上获“2020中国社会责任杰出企业奖”。2020年，集团公司深入贯彻落实中央决策部署，大力开展定点、金融、电商等扶贫工作，圆满完成邮政扶贫三年规划任务，取得了显著成效；新冠肺炎疫情期间，扛起“国家队”的责任担当，向社会郑重承诺“四不中断、四免费办”，切实做好邮政各项服务保障工作，有效维护了经济社会稳定和人民群众正常生产生活。(《中国邮政报》2月3日)

【邮政4项成果入列第二十七届全国企业管理现代化创新成果】 1月14日，中国邮政发出通报，对邮政系统荣获第二十七届全国企业管理现代化创新二等成果的4项创新成果进行公布。

经全国企业管理现代化创新成果审定委员会审定，河南省邮政分公司《邮政企业践行乡村振兴战略的平台型综合服务体系建设》、黑龙江省邮政分公司《邮政企业基于乡村营业网络构建的服务能力提升》、湖南省邮政分公司《基于政务服务平台深度融合的邮政服务功能拓展》、浙江省邮政分公司《邮政企业促进寄递业务发展的“准加盟制”经营体系构建》荣获第二十七届全国企业管理现代化创新二等成果。(《中国邮政报》1月14日)

【集团公司获评2019—2020年度受尊敬企业】 1月15日，集团公司应邀参加2019—2020年度受尊敬企业年会，并获评2019—2020年度受尊敬企业。此次年会由《经济观察报》主办，中石油、平安、华为等30家知名大型企业获奖。

此年度受尊敬企业评选邀请300多位来自政府、院校、企业、机构等的嘉宾组成评审团，围绕创新精神、社会责任、稳健成长、全球视野四大定性指标以及品牌声誉、员工关怀、环境友好、领导力等变量指标进行综合评定，最终产生年度受尊敬企业榜单。此年度获评的受尊敬企业在疫情防控过程中，展现出前所未有的责任与担当，为中国恢复经济社会秩序做出巨大贡献。(《中国邮政报》1月15日)

【邮政特色消费帮扶模式获评全国优秀典型案例】 12月，国家发展和改革委召开2021年全国消费帮扶助力乡村振兴典型案例视频推介会，交流消费帮扶经验做法，助力脱贫成果巩固、乡村全面振兴。集团公司《发挥邮政优势构建服务体系打造邮政特色消费帮扶模式》等54个案例获评2021年全国消费帮扶助力乡村振兴优秀典型案例。

邮政通过以惠农合作项目为抓手，紧紧围绕困扰农民合作社、家庭农场等新型农业经营主体发展的“物流难”“销售难”“融资难”等痛点问题，不断深化政企合作，增加商流、物流、资金流、信息流的有效供给，提供金融、寄递、销售等一揽子邮政综合服务，壮大新型农业经营主体。同时，持续健全县乡村三级物流体系，加快布局邮政农产品基地，加大仓储保鲜冷链物流设施建设力度，链接新型农业经营主体，提升“最初一公里”保鲜能力。通过物资集采供应平台上线定点帮扶县农产品专区，面向全国销售、展示定点帮扶县农产品。升级线上帮扶地方馆、极速鲜平台，举办邮政“919电商节”，助力脱贫县优质农产品走出乡村、融入市场。(《中国邮政报》12月10日)

【集团公司表彰2020年度服务乡村振兴先进单位】 6月11日，集团公司发出通报，决定对河北省邮政分公司等7个省分公司，邮储银行河南省分行等6个一级分行，北京平谷区邮政分公司等31个县（区）分公司，邮储银行北京房山区支行等36个县（区）级支行授予“2020年度服务乡村振兴先进单位”荣誉称号，旨在表彰先进，树立典型，进一步推进服务乡村振兴工作。

2020年，在集团公司党组的正确领导下，各级邮政企业认真学习习近平总书记重要指示精神，坚持深入贯彻实施国家乡村振兴战略，严格落实集团公司做好服务乡村振兴战略工作的要求，全面完成了各项目标任务。截至2020年，产业兴旺、生态宜居、乡风文明、治理有效、生活富裕等五大类13项指标均超目标完成，助力脱贫攻坚成果巩固拓展，乡村公共服务工作质效提升，农村电商销售渠道逐步扩大，乡村金融服务体系日益完备，乡村物流体系搭建凸显成效。(《中国邮政报》6月11日)

【第十七届全国邮政企业管理现代化创新成果发布】 12月，第十七届（2021年）全国邮政企业管理现代化创新成果发布，48项成果获奖。其中，《以寄递网“两集中”管控工作为指引的邮政陆运网智能规划体系构建》等8项成果获评一等成果，《以社保卡寄递为依托的邮银协同生态圈构建》等16项成果获评二等成果，《基于工作流引擎设计的信息化寄递服务质量体系》等24项成果获评三等成果。2021年集团公司组织开展第十七届全国邮政企业管理现代化创新成果评审工作，38个单位和部门申报141项创新成果。经过评审，48项成果荣获全国邮政企业管理现代化创新成果奖。集团公司对成果创造人员发放奖金和荣誉证书。(《中国邮政报》12月3日)

【集团公司印发《邮政企业典型案例选编》】 12月3日，集团公司依法治企领导小组办公室组织集团公司法律事务部、部分省市邮政分公司和石邮学院等单位编写的《邮政企业典型案例选编》正式印发，作为全国邮政企业“八五”普法培训教材，供各级邮政企业进行法律培训学习使用，并作为法律合规风险管理的工具书。

《典型案例选编》选取企业经营管理过程中发生的100个司法裁判、合规风险案例，分为邮政业务、金融服务、快递物流、电子商务、集邮文化传媒、市场经营管理、安全管理、人力资源管理、固定资产管理、综合10个专题，选取的案例既有需要引以为戒的法律合规风险事件，也有可以学习借鉴的依法维权典型案例。部分案例还通过集团公司法律事务部“小邮说法”微信公众号发布，或制作法治宣传动画视频供培训学习使用，实现“互联网+法治宣传”。

《典型案例选编》坚持问题导向，以《民法典》《电子商务法》和新《广告法》等最新法律法规为依据，通过以案释法、融法于例，将法律法规和企业规章制度结合案例深入剖析，回应并解答经营管理中遇到的法律问题，引导企业经营管理者增强依法诚信经营意识和合规理念，在日常工作中严守法律法规的红线，不断完善邮政企业依法治企建设工作，将守法合规意识融入经营管理全流程、各环节，营造遇事找法、办事依法、处理问题讲法、解决纠纷靠法的良好法治环境。（《中国邮政报》12月3日）

【集团公司在乌鲁木齐召开首次援疆工作座谈会】 6月17日，集团公司在新疆乌鲁木齐市召开全国邮政援疆工作座谈会，完成第一批援疆干部选派工作。集团公司党组组织部负责同志，新疆维吾尔自治区党委组织部相关负责同志，新疆邮政分公司、分行领导班子成员出席会议。第一批援疆干部、派援单位及受援单位代表作了发言，集团公司党组组织部负责同志向第一批援疆干部代表授旗。集团公司党组组织部及新疆邮政分公司、分行负责同志与援疆干部进行座谈。座谈会后，新疆邮政企业为援疆干部组织专题培训，内容包括民族政策、风土人情、邮政业务发展情况等，帮助援疆干部了解熟悉情况，为更好地开展援疆工作奠定基础。（《中国邮政报》6月25日）

【第五届邮政“919电商节”实现新突破】 以“购物上邮乐，全家都欢乐”为主题，第五届邮政“919电商节”推出社群营销和社区团购的营销模式，“四个全面”目标基本达成，总交易额19.9亿，比上年增长19.8%，交易规模和活跃客户实现新突破。聚焦站点激活、流量激活，开展系列营销活动，下单站点比上年增长68%，平台流量比上年增长28.5%，邮乐小店日均活跃用户比上年增长130%。联合金融业务部和邮储食堂，打造代金网点聚客、活客、获客场景，发放邮金豆6.47亿，参与活动网点数量超2万个。加大招商力度，不断优化商品结构，大单品批销额比上年增长123.7%，下单站点比上年增长159.8%；基地农产品交易额比上年增长132.6%。在央视黄金时段投放广告宣传片，宣传邮乐平台，展现助力乡村振兴的责任担当；在“农民丰收节”联合央视主持人在央视频、抖音、邮乐平台同步开展助农惠农直播活动，累计观看人数69.8万。（中邮电子商务有限公司）

【年度定点帮扶工作】 深入学习贯彻习近平总书记有关重要讲话精神和党中央国务院关于新阶段中央单位定点帮扶工作的相关要求，坚定政治站位，明确工作目标，制订帮扶计划，调整工作机制，强化真抓实干，坚持以担当作为的劲头，从严从实的作风固基础、抓衔接、促振兴，聚焦促进两区县实现产业振兴、人才振兴、文化振兴、生态振兴、组织振兴，实施产业帮扶、教育帮扶、乡村振兴三大类5项帮扶项目，投入直接帮扶资金1310万元，引进帮扶资金95.5万元，投放各类贷款15.25亿元，帮助定点帮扶县出具经济研究报告，协助打造乡村振兴示范村，为巩固脱贫成果和促进乡村振兴强基础、增后劲。为在全国范围内深化消费帮扶，全系统直接购买脱贫地区农产品9221.6万元，帮助销售脱贫地区农产品13571.7万元。《发挥邮政优势　构建服务体系　打造邮政特色消费帮扶模式》经中央和国家机关工委推荐，获评2021年全国消费帮扶助力乡村振兴优秀典型案例，并面向全国进行推介。（集团公司计划建设部）

【电商持续助农帮扶】 中邮电商持续开展电商帮扶工作，在邮乐网开通线上助农帮扶活动专区，累计上线1800余款助农商品，销售1.3亿元，培育万单农特产品743个，培养电商帮扶能手3120人；将帮扶县的原有扶贫地方馆升级到地市或省级帮扶馆运营，累计开设382个地市乡村振兴馆，上线1.4万个商品，帮销3.9亿元，助力帮扶县巩固拓展脱贫攻坚成果同乡村振兴有效衔接。（中邮电子商务有限公司）

【中邮保险获得“2020中国社会责任优秀案例奖”】 1月，中邮保险在新华网主办、中国企业改革与发展研究会联合主办的2020中国企业社会责任云峰会上获“2020中国社会责任优秀案例奖”。2020年，中邮保险发挥保险主业经济补偿和风险保障的功能优势，精准对接脱贫攻坚多元化保险需求，以实际行动践行保险扶贫、保险惠农的央企担当，2017—2020年累计为84万贫困人口赠送375.4亿元保险保障，赔付金额722万元，惠及595个贫困家庭。（《中国邮政报》2月3日）

【中邮保险获“年度十佳社会责任机构”】 5月8日，2021中国金融品牌峰会暨金融企业社会责任大会在江苏省苏州市举办，发布《中国银行业保险业企业社会责任发展报告（2021）》、优秀社会责任案例及品牌案例，中邮保险获授“2020年度十佳社会责任机构”“中国金融声誉风险管理优秀机构”两项荣誉。

中邮保险始终坚持取信于民、施惠于民，不断关注社会民生，强化央企责任担当，积极开展社会公益活动，以实际行动服务百姓、回馈社会。在十余年的发展中，中邮保险牢固树立绿色发展理念，推进绿色邮政建设行动，实现企业与社会、环境和谐共生；主动融入国家精准扶贫战略，瞄准建档立卡贫困人口致贫、返贫原因精准发力，为建档立卡贫困人口定制保险保障方案，累计为全国 84 万名贫困人口赠送 375.4 亿元风险保额的保险保障。坚持周年庆不办庆典，连续多年组织开展“送知识、送温暖、做调研”三下乡活动，举办“守护明日之星关爱留守儿童”“重走长征路播撒中邮情”等公益活动，建设集健身健康和文化活动于一体的“中邮保险文化健康服务站”，满足村民精神文化需求。特别是 2020 年新冠肺炎疫情发生后，中邮保险众志成城，共克时艰，发布理赔应急措施，赠送抗疫保险，扩展保险责任，发挥保险“稳定器”作用，确保疫情期间服务不间断、经营有保障。(《中国邮政报》5 月 20 日）

【中国邮政邮票博物馆入选全国爱国主义教育示范基地】 在庆祝中国共产党成立 100 周年之际，中央宣传部新命名 111 个全国爱国主义教育示范基地。命名工作紧密结合党史学习教育、“四史”宣传教育，突出百年党史重要事件、重要地点、重要人物，突出新中国特别是新时代的大国重器和建设成就。此次命名后，全国爱国主义教育示范基地总数 585 个。中国邮政邮票博物馆入选新命名全国爱国主义教育示范基地名单。

中宣部要求，要进一步发挥全国爱国主义教育示范基地在庆祝中国共产党成立 100 周年和党史学习教育、“四史”宣传教育等重大活动中的作用，改进展览陈列，优化参观线路，进一步发挥宣传教育功能，着力讲好中国故事，讲好中国共产党故事，讲好新时代中国特色社会主义故事，激励动员广大党员干部群众特别是青少年，更加紧密地团结在以习近平同志为核心的党中央周围，继续为全面建设社会主义现代化国家、夺取新时代中国特色社会主义伟大胜利、实现中华民族伟大复兴而奋斗。(《中国邮政报》6 月 22 日）

【“信者”杯首届中国邮政新媒体主播大赛】 中邮传媒抓住互联网传媒的“风口”，举办“信者”杯首届中国邮政新媒体主播大赛。大赛 5 月启动，采用分组赛制，分为邮政主播组、大学生主播组和社会主播组三大赛组分组进行 PK 角逐，设置初赛（海选赛）、半决赛（冲刺赛）、总决赛三大赛段。参赛视频在官方指定平台发布，通过平台数据（播放量、带货量等）和专家点评相结合的方式，评选出三个赛组冠军、总冠军以及若干个人特别奖项及团体奖项。

海选阶段收到来自安徽、北京、福建、甘肃、广东等 30 个省（区、市）574 名选手报名，审核通过 460 条短视频，海选阶段“中国邮政传媒”视频号总曝光量逾 1162 万，总点赞量逾 53 万。冲刺赛阶段（7—8 月），110 组选手入围，视频号“中国邮政传媒”大赛相关视频总播放量 1244 万，总点赞量 196 万，“信者杯”抖音话题播放量 3625.4 万，“中国邮政主播大赛”抖音话题播放量 3457.6 万次。

截至 9 月 5 日总决赛结束，“中国邮政传媒”视频号大赛相关视频累计曝光量 1669 万次，累计点赞量 116 万次，中国邮政主播大赛相关抖音话题播放量 8413.9 万次。比赛期间“这里是中国邮政”话题总播放量接近 10 亿。（中邮传媒）

【“新春走基层”全媒体报道活动】 新闻宣传中心组织开展“新春走基层”活动，除夕当日分 5 组到北京邮政生产一线、邮储银行网点和寄递 11183 客服中心，聚焦坚守岗位的干部员工，第一时间反映邮政人的为民服务情怀和奉献精神。年轻采编人员下到邮政基层一线跟班采访，推出融合精品报道。其中，报纸发稿 24 篇；微信发稿 24 篇，总阅读量 2.4 万人次；抖音、快手发稿 12 条，总阅读量 100 万人次；微博推送 2 条，总阅读量 5.1 万人次；中国邮政网站刊发 18 篇；邮政视频联播播出 13 条，新媒体总阅读量 107.5 万人次。《这位邮政小哥凭啥上春晚》《家的味道》《走邮路看中国》3 篇报道获评 2021 年中国记协“新春走基层”活动全媒体报道精品。（新闻宣传中心）

【“寻迹红色邮政、传承红色基因”大型全媒体采访活动】 5—7 月，组织 8 个采访组深入 9 省开展“寻迹红色邮政、传承红色基因”全媒体采访报道，《中国邮政报》编发专版 9 期，网站专栏和微信平台发布稿件 121 篇，微博发布话题推送内容 16 条，邮政视频联播发布综合新闻 36 条。采访稿件被人民网等主流媒体和多家被采访省份媒体、行业媒体转发，呈现了红色邮政在服务党的事业发展进程中走过的不平凡岁月。（新闻宣传中心）

【话题“这里是中国邮政”实现现象级传播】 8 月，新闻宣传中心联合抖音平台，策划发起“这里是中国邮政”抖音挑战赛，引发全民互动，占据抖音、快手和 B 站热榜第一，实现现象级传播的效果。以抖音、快手、微博为主的各平台发布短视频 7000 余条，播放总量超 11.2 亿次。该策划得到国资委新闻中心的肯定，得到中央网信办的认可，得到集团公司董事长刘爱力批示：“此宣传影响巨大，效果好。宣传是影响力，也是生产力、竞争力。”（新闻宣传中心）

【记者陈颢月获得第八届“最佳选手”称号】 11 月，新闻宣传中心记者陈颢月在中共中央宣传部、中央网信办等四部委联合举办的第八届“好记者讲好故事”比赛中跻身全国十强，获得“最佳选手”称号，并参与录制中央广播电视总台中国记者节特别节目，讲述王顺友、其美多吉、尼玛拉木 3 名中国优秀邮递员的邮路故事，获得中共中央宣传部、国家邮政局和集团公司领导的肯定。（新闻宣传中心）

【中国邮政报社全国记者站站长会召开】 12 月 8 日，2021 年中国邮政报社全国记者站站长会通过融媒体平台直播系统，以线上线下结合形式举行。会议总结了 2021 年邮政新闻宣传工作成绩，部署了 2022 年重点工作，对荣获 2021 年度中国邮政报社先进记者站、优秀记者等称号的单位和个人进行了表彰。全国各省（区、市）及地市邮政分公司分管新闻宣传工作领导、新闻宣传工作人员 2000 多人远程参会。仪式现场，集团公司领导通过中国邮政融媒体平台与北京冬奥组委证件注册中心邮政驻场服务点、西安电子科技大学邮政综合服务中心、邮储银行雄安新区分行采访的中国邮政报社记者进行视频连线，了解邮政服务和业务发展情况。四川、内蒙古记者站，安徽记者站专职记者分别作为获奖单位和个人代表分享先进经验。（《中国邮政报》12 月 10 日）

【江西省邮政分公司获“江西脱贫攻坚贡献企业”称号】 6 月 16 日，由江西省工信厅主办，江西省发改委、教育厅、科技厅等十余家省级单位联合承办的第三届江西年度经济大事、经济人物、功勋企业暨脱贫攻坚贡献企业、企业家发布会上，江西省邮政分公司荣获“江西脱贫攻坚贡献企业”称号。这是继 2020 年获评“江西抗疫贡献企业”称号后，江西邮政再次获奖。

此次发布会由原江西十大经济人物评选和江西年度十件经济大事暨功勋企业推荐发布活动合并而成，定位为省经济部门主导、智库支撑、媒体发布、公众参与的江西省经济领域大型年度公益性社会宣传活动，具有较高的社会知名度和影响力。结合去年脱贫攻坚取得决定性胜利的年度特点，此次发布会特别发布了“江西脱贫攻坚贡献企业家”“江西脱贫攻坚贡献企业”名单。江西省邮政分公司近年来认真落实中央及省委、省政府脱贫攻坚各项决策部署，立足江西农业大省农产品优势资源，在集团公司统一规划下，率先启动实施电商扶贫工程，构建农产品网上销售平台，打造和完善农村三级物流体系，重点扶持培育地方特色产业项目，培育脱贫典型人物，提升贫困户增收脱贫的内生动力，带动贫困地区农户受益增收。（《中国邮政报》6 月 24 日）

人力资源管理

【概况】

一、领导班子和领导人员队伍建设

强化领导班子和领导人员队伍建设。始终坚持新时代党的组织路线，坚持党管干部原则，坚持德才兼备，以德为先，任人唯贤，严格按照国企好干部“20 字”标准，新提任党组管理的 44 名政治素质过硬、全面贯彻执行党的路线方针政策、忠诚干净担当的高素质干部充实班子，进一步强化班子建设。拓宽选人用人视野，跨板块交流使用 5 名干部，公开引进保险、证券高端专业经营管理人才，领导班子的年龄、知识、专业和能力结构进一步优化。发挥邮政党校主渠道作用，持续开展强化党的理论学习，提升岗位胜任能力和领导企业科学发展能力为目标的培训，不断提高干部队伍政治素养、领导能力和管理水平，为高质量发展提供智力支持。

深化干部管理监督。盯紧“关键少数”强化监督要求，印发《中共中央关于加强对“一把手”和领导班子监督的意见》，把对“一把手”和领导班子监督摆在管党治党突出位置。开展内部竞聘、社会招聘专项治理、领导干部配偶、子女及其配偶经商办企业、领导人员投资入股非上市企业排查等专项工作，聚焦监督重点、提升监督效能。加强领导干部个人有关事项报告，2020 年度如实率 93%，比中央巡视前提升 36%。深化选人用人工作监督，对 15 省（区、市）32 家单位开展选人用人和干部担当作为检查。

二、建立健全市场化管理机制

推进任期制和契约化工作。围绕市场化方向，系统谋划、环环推进，对各层级领导人员进行全覆盖政策宣贯，强化市场意识。推动广东、河北、海南省邮政分公司及邮储银行等企业先行先试，探索改革经验。在试点基础上，总结不同模式经验，制定“根本制度 + 配套文件 + 工作部署 + 操作实施”等 15 项制度文件在内的制度体系和工作规范。

建立健全市场化用工管理机制。制定《中国邮政集团有限公司领导人员竞争上岗管理规定（试行）》《中国邮政集团有限公司领导人员公开招聘管理规定（试行）》，推动各单位落实《关于加强和规范邮政企业员工招聘、调动工作的意见》《中国邮政集团有限公司人事回避管理规定（试行）》，建立健全公开、平等、竞争、择优的市场化招聘机制。加快建立和实施以劳动合同管理为关键、以岗位管理为基础的市场化用工制度，统一劳动合同期限，加强合同续期管理，强化考核管理和结果运用，畅通员工退出通道。

推进市场化薪酬分配机制。借鉴先进企业做法，结合邮政企业实际，制定“岗位＋职级＋薪酬＋绩效”体系建设方案。在岗位体系上，体现岗位管理标准化，员工成长通道畅通化；在职级体系上，体现职级扁平化，去行政化；在薪酬体系上，体现薪酬分配市场化、差异化，做到按价值贡献确定报酬；在绩效体系上，体现考核体系规范化、实现覆盖范围全员化，并实行强制分布。

三、组织机构改革和人力资源配置

完成邮区中心机构改革。围绕减层级、减机构、减人员，在先行先试基础上，总结改革经验，印发实施方案，全面督导推进各省邮区中心完成机构改革。通过改革压缩内设部门254个，精简各类人员1.1万人，包件车间处理效率提升43.4%。

优化机构编制设置。按照深化中央企业集团公司“总部机关化”专项治理要求，对全系统具有“厅”“局”等行政色彩的机构名称进行调整和规范，切实推进行政化管理方式转变。调整省市邮政企业纪检机构编制设置，增强纪检队伍力量。优化邮科院内设机构编制设置，理顺寄递业务安全生产管理关系，调整各级职业技能鉴定机构设置。

优化人力资源配置。合理调控企业用工总量，邮政企业从业人员74.8万人，比上年末减少1.6万人。严格落实银保监会要求，严把劳务用工入口关，指导各单位通过社会招聘合同用工、清理低素质劳务用工、调剂非金融岗位合同用工等方式，持续推进劳务用工占比压降。截至2021年12月31日，代理金融专业劳务用工占比压降至23.7%，比上年下降5.3%。对标外部快递行业，坚持“平均先进”原则，制定寄递生产机构人员配备标准，提升资源配置效率。推进内部承包、外包代办、特许加盟经营模式创新，激发基层单元经营活力，搞活揽投两端，推动企业降本增效。

四、人才队伍培养建设

深化人才评价体制机制改革。贯彻落实中央人才会议工作会议安排部署，成立集团公司人才工作领导小组及办公室，加强组织领导。启动专业人才岗位能力认证体系研究，推进邮政企业职称制度体系建设，出台职称评聘管理办法，优化管理流程。深入推动技能人才职业等级认定试点改革，研究出台职业技能等级认定实施办法，制定过渡期技能等级证书转换认定政策，向人社部申请新增快递员、快件处理员职业技能等级认定资质。建立健全集团公司、省分公司、评价站职业技能等级三级认定机构。组织成立清算小组，完成资产清算划转，注销集团公司鉴定指导中心事业法人资格。

人才队伍建设。围绕战略发展重点，紧扣主责主业，实施专业营销、金融理财、科技创新和网络安全等重点业务人才培养项目，精准赋能提升队伍能力。加快推进各类高层次人才选拔，年度通过评审、考核、认定等方式，产生高级经济师165名、高级工程师53名、高级技师61名，其中正高级工程师20人，人才队伍结构得到优化。推进一线员工职业技能等级认定工作，年度认定和考评7.41万人，其中完成认定7.25万人，合格3.98万人。（集团公司人力资源部）

【人力资源管理制度体系构建】 围绕人力资源改革、干部队伍建设、市场化机制建设等，研究制定《邮政企业经理层成员任期制和契约化管理办法（试行）》《中国邮政集团有限公司领导人员经营业绩考核管理办法（试行）》《中国邮政集团有限公司组织人事部门对领导人员进行提醒谈话的实施办法（试行）》《中国邮政集团有限公司组织人事部门处理信访举报暂行规定》等19项制度办法，逐步完善并基本构建系统完备的人力资源管理制度体系。（集团公司人力资源部）

【人才工作组织体系建立】 贯彻落实中央人才会议工作会议安排部署，在集团层面成立人才工作领导小组的基础上，推动31家省分公司和各控股子公司相继成立人才工作领导小组，初步形成党组（党委）统一领导，人力资源部门牵头抓总，业务部门和用人单位各司其职、协同配合的人才工作格局，为下一步全面落实人才强邮战略，加强人才工作的宏观指导，确保人才工作高质量开展提供了组织保障。（集团公司人力资源部）

【优秀年轻干部培养选拔】 按照“党委推荐、分析比较、党校培训、座谈了解、综合研判”五位一体的工作程序，选调173名优秀年轻干部开展专题培训，实现优秀年轻干部推荐培养工作全覆盖和常态化；“五位一体”优秀年轻干部选拔培养模式被中组部干部五局《央企情况》专刊报道。遴选80名基层企业干部到总部机关交流，安排总部26名干部到基层一线交流挂职，选派4名优秀年轻干部分别挂任集团帮扶点县区政府副职、驻村第一书记，累计推荐选派22名三级正优秀年轻干部担任集团公司党组巡视、党史学习教育巡回指导组联络员，让年轻干部在打硬仗、扛重活、攻难关中练出真功夫，锤炼真本领。统筹加强对省市县各级领导人员队伍建设的指导，省市县邮政企业领导班子年轻干部占比分别达到13.2%、12.6%、21.0%，比2019年初提高6%、7%和11%，年龄结构持续改善。（集团公司人力资源部）

【任期制和契约化改革】 加强宣传培训力度，推动各级经理层转变观念、提升认识，凝聚改革共识。采取“试点先行、逐步推广”的工作思路，全程督导推动河北、广东省邮政分公司 33 个地市 300 个区县公司，以及邮储银行 23 个地市分行 153 个支行完成试点工作。在总结提炼试点单位经验做法基础上，形成 1 个指标库、2 个办法，3 个实施方案、9 个模板，建立“根本制度 + 配套文件 + 工作部署 + 操作实施”等 15 项制度文件在内的制度体系和工作规范，为全面实施任期制和契约化管理奠定了坚实的基础制度保障。11 月 5 日，印发《关于全面推行经理层成员任期制和契约化管理的通知》，正式在全系统范围内全面部署启动经理层成员任期制和契约化改革。（集团公司人力资源部）

【中国邮政首轮援疆工作】 6 月 19 日，集团公司在新疆乌鲁木齐市召开全国邮政援疆工作座谈会，正式派出首批 21 名援疆干部，完成第一批援疆干部选派工作。集团公司党组组织部、新疆维吾尔自治区党委组织部援疆干部处、新疆邮政分公司、邮储分行相关领导出席会议。首轮干部人才援疆工作，标志着中国邮政的援疆工作进入新的阶段，对解决新疆邮政实际困难，提升发展能力具有促进作用。（集团公司人力资源部）

【内部竞聘、社会招聘专项治理】 聚焦“执行资格条件、执行程序规定、执行监督政策、档案专审整治、信访举报核查”5 方面内容，对全系统各单位 2018 年以来组织的领导岗位、一般岗位内部竞聘和社会招聘开展专项治理。在自查基础上，结合 2021 年两批选人用人巡视检查，对 38 家单位开展现场检查，并对收到的竞聘招聘相关信访件重点立项办理，依规提出处理意见，坚决纠治选人用人不正之风。（集团公司人力资源部）

【邮区中心机构改革】 在北京、石家庄、郑州、成都、银川邮区中心先行先试基础上，本着统一规范、精简效能和扁平化的原则，对全国各邮区中心的 254 个内设机构进行整合，进一步精简机构设置，压缩管理层级；对标行业最佳实践，以区分邮件处理规模定工艺、定效率、定岗位、定人员为基础，调整优化各环节人员 1.1 万人，包件车间处理效率提升 43.4%。（集团公司人力资源部）

【中国邮政入选首批产教融合试点企业】 集团公司持续深化与北京邮电大学在人才培养、科技创新、学术交流和邮政服务创新等方面的全方位深度合作，打造产学研平台。7 月 16 日，经国务院职业教育工作部际联席会议审议通过，国家发展改革委、教育部联合公布首批国家产教融合试点城市和产教融合型企业名单，集团公司成为首批进入名单的 63 家企业之一。（集团公司人力资源部）

【生产一线邮政制服配发力度加大】 将投递外勤岗位夏装的置装周期调整为每年至少加发 1 件，解决了揽投员夏装磨损、掉色严重，影响穿着感受的问题。在各省（区、市）邮政分公司层面统一邮速同岗位服装配发规则，将面向客户的劳务承揽、业务外包公司人员均纳入邮政制服置装范围，对社会公众建立统一的邮政形象。确定冬奥会邮政服务人员春秋装、冬装款式和标准，满足工作人员在严寒气候条件下提供优质服务，展示良好的邮政形象和国家对外形象。（集团公司人力资源部）

【邮政 3 位员工获国务院政府特殊津贴】 1 月 15 日，国家人力资源和社会保障部下发了 2020 年享受政府特殊津贴人员名单，中邮科技有限责任公司创新研发中心总经理戴奕、邮政科学研究规划院技术应用研究中心总经理孟硕、北京市邮政分公司北京邮区中心局火车运输分局押运三队押运班长曹玉胜获批享受国务院政府特殊津贴。（《中国邮政报》1 月 15 日）

【石邮学院聘请邮政劳模担任大学生兼职辅导员】 4 月 16 日，石邮学院举办邮政企业劳动模范担任大学生兼职辅导员聘任仪式。全国劳动模范、“全国五一劳动奖章”获得者何健忠代表邮政劳模发言，表达做好学生思想政治教育和劳动教育领路人的决心。学生代表马灿峰代表全院学生发言，表示要以劳模为榜样，争当邮政事业合格的建设者和接班人。

聘任邮政企业劳模担任兼职辅导员是石邮学院深入开展党史学习教育、加强学校德育工作的一项创新举措，实现了劳动与教育、劳动者与教育者、教育事业与邮政行业、思想政治教育与劳动教育的四个有机结合。通过劳模辅导员和学院师生加强学习交流，有利于进一步弘扬劳模精神和工匠精神，营造劳动光荣的社会风尚和精益求精的敬业风气，有利于支撑邮政企业人才队伍建设，培养更多高素质技术技能人才。自 2008 年，结合邮政模范在学院学习培训的有利时机，石邮学院 6 次聘请 272 名邮政劳模担任大学生兼职辅导员。（《中国邮政报》5 月 1 日）

战略规划

【概况】

一、落实国家战略部署

编制“十四五”发展规划。根据规划编制总体安排，开展内外部访谈调研、前期专题研究、6 次专题汇报，形成包括邮政集团发展愿景、2035 年远景目标、“十四五”时期总体目标及覆盖各业务板块发展路径的“十四五”发展规划纲要。在规划纲要的基础上，多次征求各部门（单位）意见，并召开党组会议专题讨论，参照国家“十四五”规划体例与内容，编制形成“十四五”发展规划纲要（报审稿）。经党组会审议、改革发展委员会和董事会审议通过后，报财政部批复后于11月23日印发。

服务好国家重大战略部署。一是推进服务雄安新区建设。按照党和国家发展雄安新区有关工作部署和相关规划要求，多次赴雄安新区实地调研邮政服务新区建设情况，共同推进规划落实，并在主题邮局、营业网点、邮快驿站建设方面取得明显成效。配合新区管委会、雄安集团在新区共同配送和跨境电商场地建设方面进行了大量的探索和实践。二是跟进研究国家重大战略部署。建立了国家重大战略动态研究工作机制，印发《关于做好服务国家重大战略动态跟踪工作的通知》，组织服务国家重大战略跟踪研报编写工作。

二、全面深化改革

推进集团改革三年行动实施方案。根据《国企改革三年行动方案（2020—2022）》和上级部委要求，组织督导各部门、各单位推进各项改革工作，建立深化改革领导小组月度工作例会机制并定期发布工作简报，宣传贯彻改革工作，确保集团公司改革方案落实落地。

完善分业经营改革方案。一是赴4个城市的邮区中心和部分揽投部站进行实地调研，进一步修订完善草案，两次向董事长进行专题汇报。二是组织专题研讨会，听取部分省（区、市）邮政分公司总经理和集团公司相关部门主要负责人对改革方案（草案）意见和建议。三是广泛征求意见建议，董事长致信31个省（区、市）邮政分公司总经理和集团公司相关部门主要负责人，归纳出22个改革重点专题。四是根据各省（区、市）、各部门意见建议对分业经营改革重点专题进行进一步细化和论证，同步加强与财政部、国家邮政局等中央有关部门的沟通。

研究制定金控公司监管办法落地实施方案。研究分析《金融控股公司监督管理试行办法》等相关文件，与人民银行、财政部等上级主管部门沟通，吸收借鉴其他央企集团申设金控公司经验做法，结合集团公司实际，拟订新设立金控公司路径，根据集团公司党组会指示精神，会同有关部门研究启动编制金控公司设立方案。

组织开展对标一流管理提升行动。一是研究制定行动实施方案，明确基本要求。方案就对标思路、主要目标、工作重点和计划安排进行明确。二是研究制定《对标提升工作清单》，落实管理责任。明确对标领域、对标对象、问题表现、提升目标、具体措施、成果形成、时间节点、责任部门及责任人。三是研究制定对标指标库，初步搭建系统化的对标体系。聚焦战略、组织、运营、财务、风险、科技、人力资源、信息化管理8个方面，研究制定70项对标指标和指标衡量标准。四是强化过程监控，确保了对标成效。按季度总结分析对标措施推进情况，明确下阶段工作重点，推动各单位有序推动各项对标提升措施落地落实。

三、强化绩效管理

一是承接落实财政部的考核要求，加大对经济效益和普遍服务考核的力度，机要通信安全实行一票否决，确保集团公司经营业绩考核结果为优秀等级。二是优化考核方式，适度降低预算偏差对绩效的影响。适度降低预算目标考核权重，增加“比学赶帮超”考核权重，按照“外部比同业、内部比先进、自身比进步”原则，从对标同业水平、内部最优等多个维度进行考核。三是实施总部部门考核，推动了机关工作效能的提升。制定集团总部部门考核办法，实现对二级单位考核全覆盖。将改革三年行动任务目标完成情况纳入总部部门考核，确保各项改革措施顺利推进。四是突出考核重点，落实监管要求。将“代理金融风控”“金融消费者权益保护”纳入基本分考核，引导各级邮政企业全面落实代理营业机构监管通报和银保监会现场检查问题整改要求。五是建立考核责任追溯机制，树牢风险防火墙。完善任期考核办法，对未如实上报的以前年度重大资金案件、重大安全事故、重大风险事件等，追溯调整以前年度战略绩效考核结果。六是完成绩效系统建设，强化执行过程监控。及时推送重点绩效指标完成情况，督促排名落后单位有针对性地整改提升。七是制定下发领导人员经营业绩考核指标库。涵盖10个专业类别和8个职能条线、130项指标，夯实任期制和契约化工作实施的基础，为各单位实施提供参考。八是与财政部沟通，为集团公司经营业绩考核创造有利环境。集团公司2019和2020年度考核结果均达到优秀水平。

四、推进资本运营

推进引战混改和重组改制。一是成功引入友邦保险作为战略投资者，为中国保险业截至目前最大规模的增资扩股引战项目。二是组织中邮科技完成股改工作，进入上市辅导阶段。三是推进邮乐重组，实现邮政对邮乐的绝对控制。

夯实股权投资管理。一是修订《中国邮政集团公司股权投资管理暂行办法》，加强股权投资管理。二是持续推进股权投资清理整合工作，完成67家股权投资单位的清理工作。三是推进厂办大集体改革工作，重新梳理现存26家集体企业情况形成改革方案，报送财政部审批。

五、完善风险管控保障体系

健全管控体系构筑风险防火墙。一是制定风险合规管理体系建设方案呈报集团领导，推进全面风险管理体系建设工作。二是起草《合规管理办法（试行）》，研究开展合规管理制度体系建设工作。三是组织印发业务外包、海外寄递业务合规管理指引，为合规管理工作提供指导和帮助。

强化合同管理预防控制法律风险。做好法律文件审查工作，为企业生产经营提供法律支持。印发第二批常用合同示范文本，提升基层企业合同审签效率。开展合同逆流程整治情况实地检查调研，推动形成违规问题整改长效机制。

紧盯诉讼案件维护企业合法权益。做好集团公司本部诉讼案件处理工作，牵头督导处理系列重大法律纠纷。加强典型诉讼案件研究，组织监测近两年邮政系统诉讼案件，指导相关单位妥善处置相关法律纠纷。主动出击治理侵犯企业合法权益的违法行为，联合有关部门持续推动打击假邮车、假邮票工作，遏制侵犯邮政企业合法权益的行为。（集团公司战略规划部）

【中国邮政会员体系建设】 按照“一个中国邮政”原则和统一会员管理、统一权益服务、统一平台支撑、统一运营保障、统一品牌推广的“五统一”要求，集团公司推进中国邮政会员体系建设。初步构建会员共享运营机制，建立五级会员等级体系和会员权益体系，邮生活平台实现多个系统的集成、对接，12 月在主要应用商店正式上线“邮生活”APP，建立统一的会员运营、平台运营和业务运营保障体系，打造并推广“邮生活”会员服务品牌，塑造“开启邮生活，享受优生活”的品牌认知。（集团公司市场部）

中国邮政邮生活

【绿色邮政建设“十四五”规划编制工作】 集团公司精准落实绿色发展理念，完成绿色邮政建设“十四五”规划编制。全面推动绿色包装工作，行业生态环保“2582”工程全部达标，全网可循环快递箱（盒）使用量 57 万个，电

绿色邮政建设（集团公司市场部）

商快件不再二次包装率 90% 以上。全面加快绿色运输步伐，全网新能源车辆保有量 10596 辆，一级干线正班甩挂运输占比 85.2%，18 个网点和揽投机构被邮政管理部门授予绿色网点称号。全面提升绿色金融业务，绿色贷款余额 3723.05 亿元，比上年增长 32.5%。全面传播绿色发展理念，邮政马家柚种植基地项目助力乡村振兴的绿色行动获全国政协肯定。邮政绿色发展水平整体跃升，绿色邮政建设行动获评 2021 年中国国际服务贸易交易会绿色发展服务示范案例，集团公司连续 3 年获得“环保社会责任企业”称号。（集团公司市场部）

【“1+1+2”品牌战略体系构建】 集团公司构建“1+1+2”品牌战略体系，下发《中国邮政集团有限公司品牌管理办法》，构建以品牌架构和品牌要素管理为重点和抓手的系统化、规范化、协同化的品牌管理体系，确定中国邮政品牌定位体系和战略发展目标，建设渠道场景、传播策略明晰的品牌传播体系。（集团公司市场部）

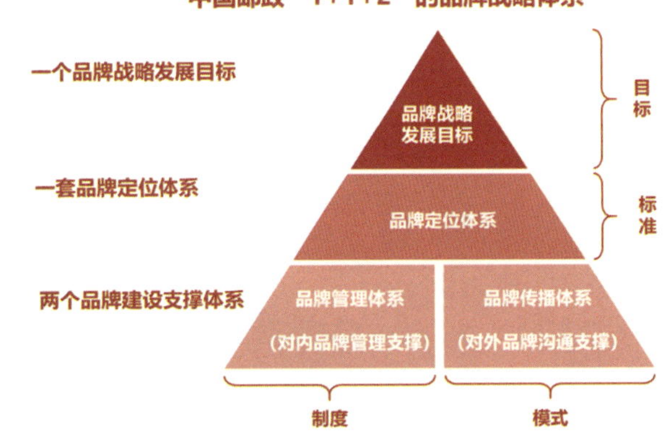

“1+1+2”品牌战略体系（集团公司市场部）

【创新工作闭环管理体系建设】 集团公司围绕创新项目的“创意、孵化、成果、推广”四要素和“鼓励大众创新、

选树创新成果、推进成果应用”的三阶段，建立创新工作的闭环管理体系，制定下发《中国邮政集团有限公司创新工作管理办法》。6月，启动首届11个重点创新项目的推广应用工作，覆盖集团公司主要业务板块，促进集团公司重点业务创新性发展。（集团公司市场部）

【邮乐竞业限制条款解除】 11月1日，邮乐重组相关法律文件的签署正式完成，解除了“竞业禁止”“估值无下调”“反稀释”“一票否决权”等竞业限制条款，并启动向邮乐的注资工作，资金到位后，集团公司会控股邮乐公司。这一重大变革打破了制约农村电商发展的锁链，有利于与外部互联网平台开展深度合作，为邮政依托邮乐平台打造农村电商生态圈、构建线上线下融合场景提供了有力支撑和保障。（中邮电子商务有限公司）

【惠农合作项目市场体系建设】 集团公司构建惠农合作项目市场体系，完成全国220多万农民合作社的全面走访对接，发展农村会员超过1200万名，建成19万个信用村。打造“邮政农品”品牌，建成100个标准化农产品基地，破解“销售难”。推进县乡村三级物流体系建设，破解“物流难”。创新推出“融资E”信贷产品，破解“融资难”。建成中邮惠农服务平台，与中国中化联合启动乡镇惠农服务中心和18个村级农产品基地建设。（集团公司市场部）

【中央军民融合发展战略的贯彻落实】 6月，集团公司成立军民融合处，总体牵头负责邮政军民融合工作。8月，解决涉军金融资质限制，将邮储银行纳入部队对公业务合作银行。9月，组织实施新疆神仙湾、西藏班公湖方向无人机试点任务。中国邮政贯彻落实军民融合发展战略的各项举措多次获得军委后保部、某部西宁中心、某部边防团的来信感谢。（集团公司市场部）

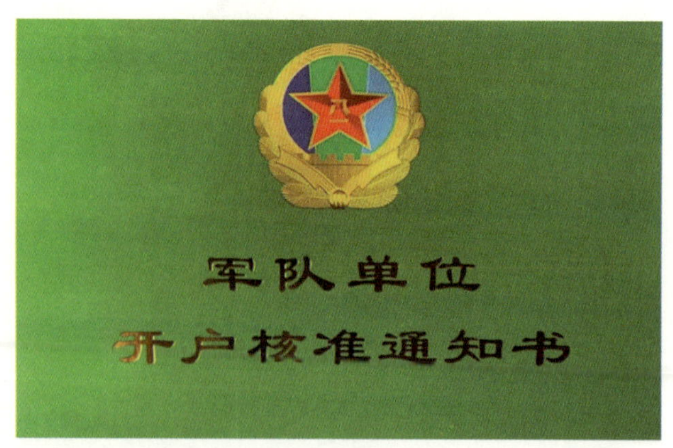

8月，邮储银行纳入部队对公业务合作银行（集团公司市场部）

财务管理

【概况】 集团公司营业总收入7005亿元，比上年增长7.83%。利润727亿元，比上年增长20.55%。财务部深化财务工作“六者定位”，加快推进财务管理转型。

一、构建基于零基的全面预算管理体系

持续优化资源配置。围绕集团公司发展战略，制定积极进取的预算，助推企业高质量发展。坚持普遍服务为根，优先保障普遍服务和特殊服务，在中央财政压降普遍服务补贴18.72亿元情况下，安排邮政普遍服务补贴71.2亿元，其中集团公司配套补贴资金31.2亿元，比上年增加19.9亿元。安排专项资金3亿元，对18个省（区、市）的普遍服务营业网点装修改造。将中央过紧日子要求贯穿于预算编制、执行、监控全过程，树立“花钱必问效”的理念，从严从紧安排使用成本费用。各省（区、市）邮政分公司提高财务资源配置效用，发挥支撑保障作用。湖北省邮政分公司建立以效益为导向的市场化资源配置机制，使优势资源向高效、战略业务倾斜。广东省邮政分公司加大营销费用、战略业务支撑成本和网点整治成本的集中力度，透过集中资源＋政策杠杆，撬动有效益规模发展和推动降本。

深化零基预算管理。按照“对标市场、对标行业、不唯计划唯市场”的原则，集团公司组织相关业务部门持续优化零基预算模型，完善从业务前端到成本支出的资源配置链条。邮储银行、中邮保险、中邮证券等控股子公司从完善工作机制、模型及定额优化、系统功能等方面，进一步完善零基预算体系。

持续强化预算过程管控。集团公司定期公布邮政公司和寄递业务财务标杆指标，通过“比学赶帮超”推进各省优化标杆，强化对重点成本费用及企业效益指标的对标管理。完善监控指标体系，及时发现偏差并予以纠正，确保全年各项任务目标完成。按照改革三年行动任务要求，建立控股子公司财务数据台账制度。制定总部预算管理办法，明确各部门管理职责。省分公司加大预算管理深度，细化强化预算管控。江苏构建条块结合、关键指标双挂钩双考核、横向到边纵向到底平衡合拢的立体预算管控模式。山东在“横向到归口部门、纵向到经营单位”的二维管理体系基础上，重点侧重专业、末端预算管理体系构建，实现成本管控全覆盖。

二、统筹推进寄递业务降本增效

落实责任强化考核，针对薄弱环节重点发力。集团公司印发2021年度降本增效工作重点，建立工作台账，落实责任分工，各省（区、市）邮政分公司对应细化行动方案并定期报送工作进展，形成横向责任明确、纵向协调联动的成本管控机制。同时，以考核为抓手，针对性设置考核指标、考核权重，各省业财联动，同步聚焦业务前端和处理、运输、投递等效率指标和成本指标，成本管控成效初步显现。五大环节单位成本全面下降，全国人均揽投件数、人均处理件数、集包率等管控要素均实现不同程度的提升。

强化对标优化，加强过程管控及时提醒纠偏。按照对标行业先进水平、同类省最低成本改进目标，对25项关键管控要素改善情况定期通报，对多省投递、揽收、运输等重点环节改善不明显或成本压降有反弹迹象等问题及时预警，并跟进后续改进成效。

强化调研写实。通过跟班写实、业务调研等，财务部门深入掌握降本一线的业务现状，总结推广典型经验。各省（区、市）邮政分公司报送典型案例548篇，在此基础上编写《寄递业务降本增效五十招》最佳实践案例集。河南省邮政分公司通过推进揽投网转型升级，提升揽投网作业效能、市场竞争能力，优化投递环节薪酬分配等抓手，推进寄递业务投递环节降本增效。浙江省邮政分公司因地制宜模块化细化举措，五大环节件均成本全部下降，其中收寄、处理、管理支撑环节件均成本列全国第一。

三、财务管理数字化转型

完善预算模块功能。借助业财一体化平台建设，搭建数字化、自动化、智能化的预算管理系统，主要完成第一阶段（含预算数据库、战略目标、目标测算、业务计划）功能设计、开发和上线工作。同步启动多维度分析监控体系系统建设工作。

四、强化资金资产管理

丰富融资渠道和融资产品，保障资金需求。拓展融资渠道，通过银行借款和发行永续债券、中期票据、超短期融资券等方式融资约695亿元；向财政部、证监会申请注册公司债券200亿元；新拓展境内外币业务融资。

完善资金管理制度，加快推进电子渠道收款系统建设。制定《资金管理规定》《总部资金支付审批办法》；加快推进电子渠道收款功能建设，扩大收款范围，寄递散户揽收业务实现了电子渠道直接收款，进一步拓展邮储银行数字人民币收款方式；继续组织开展寄递业务欠费清理，逾期欠费比上年下降6.4亿元、逾期欠费占比比上年下降7%，同步修订《用户欠费管理办法》，进一步明确欠费管理的职责、权限和流程。持续推进拖欠民营企业中小企业账款清理工作。

完善资产管理制度，推进闲置资产盘活。组织完成对2020年固定资产清查发现问题的整改，并结合清查发现的问题，完善固定资产管理、资产盘活和房产租赁管理办法；制定2021—2022年资产盘活方案，并通过月度简报、季度推进会和线上线下督导等方式推进盘活方案落地；优化完善资产管理系统，开发手机APP扫码固定资产盘点功能，进一步夯实资产管理基础。

各省（区、市）邮政分公司推进资产盘活工作。广东省邮政分公司房产出租收入在全国占比15%，排位保持全国第一。湖南省邮政分公司组建省、市两级房屋土地资产运营团队，累计完成出租收入0.8亿元，比上年增幅36.5%。河南省邮政分公司新增盘活房屋面积10.2万平方米，较上年递增30%，租金1.32亿元。甘肃省邮政分公司以资产运营盘活为契机，采用资源复用、业务叠加等手段，创新合作模式。

五、构建邮政普遍服务与竞争性业务分类核算体系

深入贯彻落实《国企改革三年行动方案（2020—2022年）》和集团公司改革工作部署，按照财政部对邮政普遍服务业务核算的要求，银保监会对代理金融业务分账核算的要求，以及邮政寄递业务发展与行业对标对表的要求，经模拟测试、实地调研，组织制定《普遍服务与竞争性业务分类核算方案》，推进普服、寄递、代金、其他业务等四大类业务分类核算。同时，全面推动分类核算相关数据治理工作，有序推进系统建设，完成系统主要功能开发，为全面实现分类核算做好准备。

六、细化损益核算

完善成本数据库建设，优化成本数据库功能。上线运行地市级成本数据库，完成与车管、人力、新一代寄递平台等指标数据的集成，增加预警功能，强化数据合理性校验，支撑寄递业务降本增效。

调整优化结算政策。调整快递包裹投递价格、国际函件终端费结算价格，促进优化快递包裹业务结构，进一步调动经营端积极性；制定平台使用费结算规则，明确末端经营单元的责权利关系，支撑寄递网末端经营模式创新。

七、优化会计核算流程

完成2020年度决算报告编报工作。健全决算工作协同机制，建立主要领导负总责，分管领导亲自督导和协调，财务部门牵头，各相关部门分工负责的工作机制，继续完善预审加终审的年度决算审计制度。各级财务部门共同努力，克服疫情影响，决算工作效率显著提升。依托决算推动基础管理提升的作用明显加强，财务报告数据的分析利用价值明显提升。2020年度企业财务会计决算报告工作获得财政部通报表扬。

全面贯彻实施新会计准则。集团公司重新修订下发会计制度、会计核算办法和会计核算业务分册等制度文件，跟踪各单位在准则执行过程中遇到的问题并予以指导。各省（区、市）邮政分公司推动新会计准则落地，保质保量完成新准则衔接转换。

完善优化核算流程和关键控制点。结合目前会计信息质量、会计基础管理、税务管理等方面存在的问题，以业财一体化平台建设为契机，研究提出管控思路，不断完善优化会计核算流程和关键控制点。

八、夯实统计基础工作

围绕集团公司重点工作，按月开展生产经营分析，并对省（区、市）邮政分公司经营分析材料进行审核通报，督促各单位提高分析质量。修订完善统计年报和统计定报制度，对江西、海南、贵州、西藏、新疆5省（区、市）邮政分公司进行统计检查；扩大ERP系统集成范围，实现报刊、储蓄、保险、基金、理财等数据的集成。完成经分系统和管理驾驶舱一期工程建设，上线"比学赶帮超"数据表及生产经营分析报告模板，初步实现分析工作自动化。各省（区、市）邮政分公司严格贯彻落实统计工作制度，严把数据质量关，有序开展统计检查和统计培训等。

九、"小金库"专项治理

"小金库"专项治理取得较好效果。总部层面强化顶层设计，疏堵结合，细化和落实"小金库"问题源头治理措施；各控股子公司和各省（区、市）邮政分公司高度重视，通过自查承诺和重点检查，揭示问题，夯实治理责任，深入推进整改规范。全系统各单位上报涉嫌"小金库"857个，涉及资金2.1亿元；上报违反财经纪律事项（含涉嫌"小金库"问题）涉及资金11.7亿元；收回结余及违规违纪支出资金1170.9万元，问责3255人次。集团公司督促相关单位进一步加强供应商管理，将涉嫌违规供应商纳入黑名单管理，推动相关业务规范经营。

财务检查重点揭示问题并推动深入整改。集团公司对湖南、云南、内蒙古、山西、海南等省（区）邮政分公司和北京邮票厂6个单位进行财务检查，发现各类问题70个，涉及金额6亿元。其中发现当期收支不实及计列口径不正确问题20个，涉及金额5.6亿元；发现函件、集邮、分销等业务发展效益不高问题6个，涉及金额4050.4万元。发现的相关问题在年度内完成调账整改。

各省（区、市）邮政分公司通过"远程+现场"检查，发现问题金额合计5.02亿元，当年完成整改4.43亿元。天津、河北等18个省（区、市）邮政分公司配备专职财务检查人员，通过多种方式强化财务检查工作，其中山东省邮政分公司建立起省市分级负责的财务检查机制，创建"联动轮查+专项检查"制度，实行省市、业财联动，市分公司间环环相扣轮查的办法。（集团公司财务部）

【业财一体化平台主要功能开发和部分业务试点上线工作】 按计划完成全业务报账、内部结算、对账、税务、收付等9个应用中心建设工作，并与新一代寄递、新一代营业、车管平台、ERP系统、统一支付平台等集成。完成第一批次寄递类主要业务300多个3级功能设计和开发、用户测试、数据清理和初始化数据工作，并在湖北、安徽、江苏、贵州4个试点省完成试点验证和试点上线。同步启动第二批次邮务类（邮资封/文创/媒体服务）和代金类相关业务功能的设计和开发工作，为2022年全业务全国推广上线奠定基础。（集团公司财务部）

【推进揽投部损益核算】 组织开展寄递事业部揽投部损益核算有关工作，对确保损益核算数据质量、搭建新损益分析体系以及强化核算结果对标分析应用等方面提出具体要求；组织省（区、市）公司开展全流程、端到端、全要素的揽投部成本写实，找出差距，分析原因，形成全国寄递揽投部成本写实分析报告，推动揽投部成本精细化管理。（集团公司财务部）

【财务高级管理培训班】 集团公司举办财务高级管理培训班，涵盖财务系统分管领导和部门负责人121人，各省（区、市）邮政分公司通过线上线下多种方式，开展营收资金管理、资产运营、核算办法、综合能力等各类培训。（集团公司财务部）

采购管理

【概况】 集团公司集采金额511亿元，增长12.23%。公开采购率93.85%，增长13.38%。集采率88.11%，增长2.69%。节资率16.33%，超目标6.33%，全面完成任务目标，实现"十四五"良好开局。

一、加大集采管理力度

加强两级集采目录管理，首次编制省（区、市）邮政分公司二级基本目录，将内部处理外包、揽收投递外包、二干及区内运输外包等纳入集采范围，黑龙江、福建、四川等14个（区、市）邮政分公司集采品目增加50%以上。制定印发《集团公司采购工作考核办法（试行）》，首次组织开展年度考评，推动形成管理闭环，保障任务目标完成。加强典型示范和创新引领，推广应用最佳实践案例、模板，推动学习互鉴，提升采购质效和操作规范性。

二、细化项目实施

采购管理部协同业务部门，加强需求研究，促进采购策略与采购方案的细化完善。运用"三把尺子"，对标历史数据、行业数据和省分公司数据，应用于采购实施。国际航空运能采购中，通过分析历史数据，研究环节成本关联关系，建立算法模型并开发评审软件，实现运能智能化共享匹配，在大幅缩减评审时间、提升效率、避免差错的同时，实现总体降本15%。以重点项目为抓手，上下联动推动寄递业务降本增效，实现采购单价进一步压降，19省（区、市）邮政分公司一干运输外包集采节资率15.53%。

三、加强供应管理

依托电子采购系统，推行供应商在线注册、认证准入管理，对供应商信息进行前置审核把关，初步建立潜在供应商信息库。加强合同履约管理，组织了业务单式、免胶带封装箱、邮袋等抽样检测，将8家重金属超标的邮袋供应商依规列入黑名单并作出处理。组织邮政制服、一干运输外包等12个项目供应商后评估，对9家问题厂商开展现场与电话约谈。

四、加快推进采购信息化

电子采购系统完成5次版本迭代，新增多价格分计算等功能，操作性、适用性进一步提高。通过电子采购系统实施项目1424个、合同金额201亿元，比上年提升64%、265%。物资供应平台推广应用与协同发展成效突出，累计交易金额39亿元，增长87.5%。发挥协同优势为邮政业务引流创收，在邮储开户结算资金超57亿元，形成金融收入近千万元。产生寄递收入3600万元。按照多供应商竞争性的采购和交易规则，对接“邮生活”平台，搭建“帮扶专区”“惠农专区”，助力乡村振兴。

五、强化业务监督检查工作

组织开展采购问题专项治理，对2015年中央巡视以来应公开招标未公开招标等9项问题专项治理，查出问题项目3322个，多措并举推进整改，取得阶段性成效。组织完成对巡视、主题教育检视发现的45项问题的整改工作。推进经济责任审计整改，做到即知即改、立行立改。

六、强化培训轮训

围绕提高采购专业性和操作规范性，以集中+远程方式累计组织培训班54次，参训人数3580人次。加强评审专家队伍建设，新增386人，在库专家2443人。依托中邮网院开展专家培训，专家参训率和考试通过率均超80%。持续开展省（区、市）邮政分公司赴集团实战轮训，组织15人参加轮训。（集团公司采购管理部）

【集团公司集中采购水平提升】 集团公司组织推动各单位以目录为基础、以集采限额为约束，扩大集采范围，推进应集采尽集采、能集采就集采。集采总金额首次达511亿元，增长12.23%，实现连续3年持续快速增长，其中31个省（区、市）邮政分公司比上年增长29.02%，位列前三位的是上海（29.26亿元）、浙江（27.42亿元）、江苏（27.26亿元）；集中采购率88.11%，比上年提升2.69%，黑龙江、青海、云南等10个（区、市）邮政分公司提升幅度超过10%。（集团公司采购管理部）

【推进油料合作】 为落实集团公司战略合作协议，集团公司与中石油签订《成品油供油协议》，联合召开推进会，快速启动并在全国推广，覆盖全集团生产车辆、公务用车以及员工车辆。集团公司总部及15家在京直属单位实现合作协议落地。24个（区、市）邮政分公司与中石油当地分公司签订具体协议，汽油优惠幅度最高为7.5%，柴油优惠幅度最高为10%，预计年节约资金9000万元。其余邮政分公司结合实际，因地制宜与其他油料企业开展合作谈判，有效压降价格。（集团公司采购管理部）

【安徽省邮政分公司探索形成授权委托采购体系和标准流程】 安徽省邮政分公司按照“分级管理、明确权责，客观审慎、据实授权，加强管控、形成闭环”的原则，深入研究授权委托的范围、标准、流程，形成制度性文件。落实“七步工作法”，需求单位（市分公司）、归口管理部门、采购部门各司其职，各负其责，同时借助自行开发的采购管理系统，形成闭环管理。进一步提出“一兼顾三集中六统一”模式，兼顾市邮政分公司个性化需求；采购需求集中提交、采购实施集中组织、采购合同集中签订；统一需求内容、统一采购方案、统一招标文件（评审规则）、统一时间段开标评审、统一审核采购结果、统一合同到期时间。省分公司统一组织，制定标准采购方案模板，各单位统一组织实施，取得了较好成效。全省授权项目302个，总预算金额4.36亿元。（集团公司采购管理部）

审计监督

【概况】 审计项目1.01万项，发现问题4.41万个，提出审计意见及建议9919条，促进整章建制616项，行政处分94人，移送纪检监察部门问题线索35条，共同调查案件53项，促进增收节支6.88亿元。

一、审计转型取得新突破

开展专项效能审计。聚焦寄递主业高质量发展，组织全国开展国际业务和物流业务专项审计，揭示存在的问题，提出管理建议。聚焦经营发展质效，首次组织各省（区、市）分公司对其所属各单位开展2020年度经营绩效审计，发现问题金额24.23亿元。

加强内控风险审计。聚焦代理金融风险防控，组织12省（区、市）分公司，协同配合邮储银行开展代理营业机构内控及管理审计，揭示业务经营合规性问题凸显、机构管理存在薄弱环节、代理金融人员存在违规行为等问题。聚焦重点单位内控管理，开展邮航南京分公司内控审计，揭示财务、预算、采购等8个关键流程62个执行缺陷。

深化经济责任审计。对上海市等9家单位二级领导人员开展经济责任审计，统筹开展沈阳市等6家单位三级领导人员任期经济责任审计。编制《省邮政分公司领导人员经济责任知识手册》，为领导人员履职尽责提供参考。按照审计署要求，把邮政审计项目组织实施情况、工作中存在的主要困难和工作建议等作了梳理总结，并刊登在审计署《经济责任审计工作通讯》上。

加强结算和决算审计。对137项集团公司直管工程项目开展结算、决算审计。持续对10个邮件处理中心建设项目开展全过程跟踪审计。安排中介机构对75个项目开展工程结算审计，并对审计质量进行检查和考核。

二、配合审计署经济责任审计

集团公司高度重视迎审配合工作，按照刘爱力董事长“五要”指示，建立迎审工作机制。审计部作为牵头协调部门，制定工作方案，成立工作专班，统筹集团公司各相关部门和全国各级审计力量做好配合。处理需求单258份，配合完成取证单275份。向集团公司领导报送迎审日报50期、专报8期。集团公司党组多次专题研究迎审工作，建立即知即改机制，审计期间同步启动23项问题整改。

三、完善体制机制

构建董事会领导下的内部审计管理体制，建立对接审计和风险管理委员会工作机制，构建“集团＋大区”的管控模式，加强全国审计工作统筹，注重审计制度建设，健全审计整改机制。

出具7期要情，集团公司领导作批示。加强审计信息化建设，集成审计数据源、开发并试点上线审计分析系统。创新审计方式方法，坚持运用“三大视角”对标分析，创新开展“试点＋全面”审计。

加强专业化建设，丰富审计业务培训，组织邮政审计处长培训班、工程审计培训班、审计部和审计分部新员工远程培训等。（集团公司审计部）

【构建“集团＋大区”模式】 在集团公司党组的推动下，在综合部、财务部、人力资源部以及江苏和陕西省分公司的支持和帮助下，南京、西安市2个审计分部投入运转。审计分部完成审计项目8个，参与总部审计项目6个，上报《审计要情》3份，分区联动协同作用初步显现。（集团公司审计部）

【迎接经济责任审计】 5月18日，中央审计委员会会议决定对包括中国邮政在内的18家中央企业负责人开展经济责任审计。9月1日，审计组正式进驻集团公司，在集团总部、邮储银行、中邮保险、中邮证券、中邮资本、寄递事业部、集邮有限公司、邮科院等8个单位开展工作，并到北京、湖南、江苏、宁夏、江西、陕西、浙江、广东、四川、安徽、湖北、河北12个省（区、市）分公司开展现场审计。审计部统筹集团公司各相关部门和全国各级审计力量做好配合。全国邮政各单位，特别是进驻单位，严格按审计组要求收集提供资料，沟通汇报情况，保障现场审计顺利开展。（集团公司审计部）

【审计和风险管理委员会工作对接机制建立】 集团公司董事会设立审计和风险管理委员会，由三位外部董事担任委员，构建董事会领导下的内部审计管理体制。审计部作为对口支持工作的牵头部门，在委员会指导下开展工作，包括向委员会专题汇报内审工作，日常报送专项审计报告、审计要情，完成委员会交办的各项任务，针对委员会《关于进一步加强审计工作的建议》议案，细化制定落实方案。（集团公司审计部）

【加强审计要情报送】 报送《审计整改近期进展情况专报》《低级错误暴露串标乱象》《警惕“数字降本”》《虚增单价套取资金，体外循环发放奖励》《商业渠道悄然成势，国际业务质效堪忧》《广西寄递降本增效真抓实干，真材实料》《审计视角下寄递相关信息系统漏洞和缺陷》7期要情。刘爱力董事长在批示中指出，“审计揭示了大量实实在在、触目惊心的问题。研究和解决这些问题，对推进企业效益、效率和高质量发展有很大的帮助，审计的作用在不断彰显”。（集团公司审计部）

【深化经济责任审计】 直接审计9名二级领导人员，联合相关省分公司审计6名三级领导人员。编制《省邮政分公司领导人员经济责任知识手册》，包括经济责任审计相关规定、审计发现典型问题等内容，为领导人员履职尽责提供参考。按照审计署经济责任审计司要求，梳理总结邮政经济责任审计的实施情况、存在的主要困难、工作建议等，得到审计署的认可和表扬，并在审计署《经济责任审计工作通讯》2021年第3期中印发。（集团公司审计部）

【加强工程结决算审计】 对137项集团公司直管工程项目开展结算、决算审计，累计决算审计金额39.68亿元，结算送审金额13.38亿元，审减金额1.82亿元，审减率13.6%。强化对重点工程重要环节和关键节点的监督，持续对10个邮件处理中心建设项目开展全过程跟踪审计。及时安排中介机构对75个项目开展工程结算审计，并对中介机构审计质量进行检查和考核。（集团公司审计部）

【加强制度建设】 根据财政部、审计署、国资委相关要求，落实《邮政审计制度三年建设（2019—2021）规划》，制定审计分部、非现场审计、审计整改工作、审理工作4个管理办法，修订审计质量控制、审计项目工作规范、建设项目审计实施管理办法和实务指南4个制度。印发《审计整改工作管理办法》，明确整改责任，评估整改成效，形成整改专报并报送集团公司领导。（集团公司审计部）

【加强审计信息化建设】 集成审计数据源，涉及10个专业约100张数据表。开发并试点上线审计分析系统，提供建模分析、风险监测和指标查询等功能，建设超标准乘坐交通工具、循环交易虚列收支等19个审计模型。坚持边建设、边应用，通过线上数据分析定位疑点、线下调查核实的方式，对领导人员职务消费、特快收入、降本增效指标、“小金库”等进行非现场实时监测。（集团公司审计部）

【代理金融关键岗位人员异常行为专项排查】 集团公司金融业务部将数字风控与传统风控相结合，精准开展关键岗位人员异常行为专项排查。为强化网点负责人、理财经理、综合柜员等关键岗位人员管理，在全国开展“代理金融关键岗位人员异常行为专项排查”活动。通过新建“内部员工疑似代客户登录及操作手机银行、客户购买理财类产品后当日撤单或赎回”等7个风险预警模型，以“员工家访排查+客户走访排查+疑点数据排查+调阅录像排查”四维结合的方式，交叉验证、综合研判员工行为规范。核查疑点业务84.4万笔，排查金融从业人员100976人，发现违规人员4859人，占比4.81%。对4824人次问责处理，其中解除劳动合同5人、降级7人、记大过3人、记过13人、警告343人、通报批评370人、告诫3147人、违规积分936人，经济处罚478.85万元。（集团公司金融业务部）

【“案件风险大讨论”行动】 为从历史风险事件、案件中吸取教训，发现案件发生的端倪和规律，加强对同类问题“事故征兆和苗头”的排查处理，实现风险防控从事后处理向事前预警和事中化解转变，集团公司金融业务部在全国范围内组织开展“以史为镜　以案为鉴”案件风险事件警示教育大讨论活动。活动搜集警示教育案例1919个，省市县“一把手讲合规”3062场次，组织合规演讲比赛1118场次，参与演讲23546人次，组织54029人次参观警示教育基地1219场次。（集团公司金融业务部）

纪检监察

【概况】

一、紧扣“两个维护”，加强政治监督

以有力监督保障党中央重大决策部署落地见效。跟进监督全系统党史学习教育开展情况，推动党史学习教育走深走实。紧盯乡村振兴、国企改革三年行动方案等在邮政企业贯彻落实及集团公司“十四五”规划制订，通过发函督办、调研督导，持续跟踪问效。赴陕西商洛开展定点帮扶工作专项监督，发现问题，提出建议，推动相关单位整改落实。针对国内多地疫情散发情况，督促相关单位慎终如始做好防控工作。推动开展使用员工个人账户归集营收或结算业务资金问题专项治理，排查发现9262人存在问题，收回资金3009.22万元，督促完善制度流程，切实防范企业资金风险。

加强对“一把手”和领导班子监督。认真贯彻《中共中央关于加强对“一把手”和领导班子监督的意见》，2次向集团公司有关领导发函督促组织落实年度党风廉政建设重点任务，定期梳理进展情况，建议党组听取专题汇报，推动工作深化。对45家二级单位“一把手”进行集体谈话，赴7个部门（单位）调研督导，与主要负责人或全体班子成员谈话，开展新任党组管理领导人员任前谈话45人次，运用第一种形态处理党组管理领导人员55人次。提供48名党组管理领导人员受到约谈函询等情况，督促在民主生活会上作出说明。

以“钉钉子”精神巩固深化中央巡视整改成果。制定监督检查方案，推动党组成员牵头组织相关部门梳理整改情况，制定深化举措。督促持续推进中央巡视指出的领导人员住房违规问题整改，涉及的中管干部已完成整改，涉及的党组管理领导人员全年退款649万元，退款进度达63%。推动开展二级单位管理领导人员公款购买商品住房问题整改，涉及15家单位96人，完成整改75人。

持续整治选人用人不正之风。通过回复党风廉政意见和线索核查，对7人提出暂缓或否定性意见。推动开展内部竞聘、社会招聘相关问题专项治理，针对检查发现的4类61个问题督促限期整改；推动对有关线索立项办理，针对某单位执行竞聘工作规定流于形式等问题，对该单位党委进行通报、对党委书记进行诫勉。严肃查处2家一级分行选人用人违规违纪问题。

二、加大办案力度，一体推进“三不”

加强问题线索处置。实行问题线索提级处置，将市、县分公司管理的干部问题线索处置核查权限分别上收一级。对超期未处置、长期未办结的线索进行督办，分别办结138件、211件。全系统接收信访举报5058件，比上年下降5.03%，其中检举控告类4121件，比上年下降4.63%；处置问题线索3924件，比上年增长15.92%。

有力查办案件。严肃查处吉林省邮政分公司党委委员、副总经理岳福忠、九江市邮政分公司原党委书记、总经理杨国庆严重违纪案。对2名党组管理领导人员涉嫌严重违纪问题，推动对其组织调整。联合地方监委办结邵阳市邮政分公司原党委书记、总经理汤文美严重违纪违法案，审查调查寄递事业部调研员马志强等2名人员严重违纪违法案；向地方纪委移交已查实退休领导人员问题5件。全系统立案921件，处分1067人，分别增长21.5%、10.3%。纪检监察组立案19件，给予党纪政务处分15人。牢牢守住办案安全底线，未发生执纪审查安全事故事件。

深化以案促改、以案促治。深入剖析“靠邮吃邮”、寄递板块违纪违法典型案例，查找案件背后深层次问题，与党组专题会商，提出整治建议；将167件案件情况分类移交8个部门（单位），推动开展系统整治。针对有关单位员工招聘、发展党员等方面违规违纪问题，制发纪检监察建议书，督促健全员工招聘相关制度，开展发展党员工作专项检查。通报邮政企业39起涉及79人的典型案例，播放戴明坚、汤文美案件警示录，2.8万余名领导人员受到教育。推动二级单位制定领导人员违犯党纪专题民主生活会（组织生活会）实施办法，443名违犯党纪领导人员在专题民主生活会（组织生活会）上开展自我批评，1022名领导人员作对照检查。

三、深入落实中央八项规定精神，坚决纠治“四风”

对享乐主义、奢靡之风露头就打、反复敲打。在重要节日前夕，通报曝光13起邮政企业违反中央八项规定精神问题。协助召开深化落实中央八项规定精神警示教育电视电话会议，通报27起涉及57人典型问题。在《中国共产党成立100周年》纪念邮票发行前，约谈相关部门（单位）负责人，就严禁公款赠送提出要求。督促二级单位修订业务招待管理办法。开展异地交流任职领导人员违规报销探亲交通费、周转房租赁费（以下简称“两费”）问题复查，党组管理领导人员清退34.6万元，涉及59人，二级单位本级及所属单位党组织管理领导人员清退246.3万元，涉及1102人，处理404人。全系统查处违反中央八项规定精神问题130件，处分166人。

深化整治形式主义、官僚主义。推动开展政治理论学习发言材料抄袭、入党材料造假等问题专项治理，自查检查13.89万人，发现突出问题150个，对相关责任人给予党纪处分35人、组织处理2人。针对九江市县邮政分公司虚构经济业务套取资金问题、呼伦贝尔市邮政分公司王雪资金案、邮航南京分公司纪成严重违纪违法案、云南省邮政分公司邮资票品被盗案中暴露出的形式主义官僚主义问题，问责76人。

四、贯彻巡视工作方针，推动巡视巡察工作高质量发展

扎实推进巡视工作。协助党组组织开展2批巡视，对各控股子公司所属36家单位党组织，中邮香港、福建中邮物流党组织开展常规巡视，首次对境外邮政企业单位党组织开展巡视监督；对江西、上海等4省（市）各板块16家单位党组织开展巡视“回头看”，对湘邮科技公司开展专题调研。发现主要问题984个，提出意见建议289条，提前一年实现党的十九大以来巡视全覆盖。

加强巡视工作规范化建设，协助制发党组巡视工作协作配合机制、被巡视党组织配合巡视工作规定等制度。压实巡视整改主体责任，协助党组完成53家单位整改方案和“两报告一台账”审核工作，反馈审核意见719条。完成对党组前五批巡视移交的1181件问题线索处置情况复核。会同相关部门现场检查22家单位巡视整改情况，发现问题并督促整改。加强巡察工作指导督导。协助党组制发《关于进一步规范巡察工作的通知》，首次举办巡视巡察骨干人员培训班。依托巡视组对25家单位开展巡察专题检查，发现问题243个，督促对照整改。全系统累计巡察各级党组织6910个，巡察覆盖率96.6%。其中，各控股子公司完成对内设部门的巡察，寄递事业部完成覆盖三分之二目标任务。

五、坚持问题导向，着力提升监督效果

集中整治重点领域突出问题。推动开展“小金库”问题专项治理，督促加快办理党组巡视移交“小金库”问题线索，通报6起典型案例，发现涉嫌“小金库”问题857个，涉及21353.2万元，收回1452.7万元，处理3255人次，推动完善资金、欠费管理等制度，促进源头治理。督促开展招标采购问题专项治理，针对自查发现违规越权采购等9方面3322项问题，推动具体问题整改并修订公开招标等制度。督促巩固深化房屋资产清查和房屋资产租赁问题专项治理成果，推动修订房产租赁管理等办法，开展资产盘活工作，完成盘活317处（宗）。督促二级单位开展公务车辆加油卡管理使用专项治理，发现“公油私用”等问题737个，涉及违规金额180.7万元，处理411人次。

做实做细日常监督。认真履行监督基本职责，通过参加会议、听取汇报、调研督导、线索处置等方式，发现问题，提出建议，推动整改。会同党组2次专题研究全面从严治党工作，就有关工作提出建议并推动落实。就个案发现的问题，推动对全系统在职三级副及以上领导人员投资入股非上市公司（企业）行为进行规范；督促邮储银行开展员工在保险公司兼职问题筛查，针对违规问题处理114人。在全系统通报曝光套取营销绩效、硬性摊派营销任务等9起典型问题，推动持续整治群众身边腐败和不正之风。

六、强化自身监督约束，建设高素质专业化队伍

自觉传承党的优良传统和作风。坚持集体学习制度，扎实开展党史学习教育，带头学习党史、纪检监察史，深学细悟习近平新时代中国特色社会主义思想，用伟大建党精神滋养党性修养，不断提高政治判断力、政治领悟力、政治执行力。

加强能力建设。组织全系统纪检干部认真学习监察法实施条例、审查调查课程讲义。举办二级单位纪委书记、执纪审查业务骨干培训班，编制执纪审查监察调查工作手册，加强“以干代训”，持续提升纪检干部政治素质和业务能力。推进纪检机构和队伍建设，各省（区、市）邮政分公司纪委办公室增编71名，新增95个地市分公司单设纪委办公室并增编95名，会同集团公司党组组织部制发《关于加强邮政企业纪检干部队伍建设有关事项的通知》。

加大严管严治力度。强化履职考核，组织召开 2020 年度集团公司所属单位纪委书记述责述廉会议。调整交流二级单位纪委书记 11 名。制发有关纪检工作人员问题线索处置情况向纪检监察组备案办法。给予二级单位纪委书记党内警告 1 人，运用第一种形态处理 4 人。全系统组织处理 53 人次，处分 22 人次。（驻中国邮政纪检监察组）

【巩固拓展脱贫攻坚成果同乡村振兴有效衔接】 8 月 20 日，驻中国邮政纪检监察组制定《中国邮政集团有限公司定点帮扶工作专项监督方案》。10 月 11—25 日，会同集团公司市场部、计划建设部、财务部组成专项监督组，赴集团公司定点帮扶点陕西省商洛市（商州区、洛南县），以听取汇报、查阅资料、实地走访、个别谈话、组织座谈等多种方式对定点帮扶工作情况进行全面深入的监督检查，汇总形成专题情况报告，梳理出 6 个方面问题，有针对性地提出 5 条意见建议，经集团公司党组领导批示后，分送相关部门、单位整改落实。同时，要求各二级单位参照《中国邮政集团有限公司定点帮扶工作专项监督方案》组织开展本地区本单位定点帮扶工作专项监督，推动各级邮政企业切实做好巩固拓展脱贫攻坚成果同乡村振兴有效衔接各项工作。（驻中国邮政纪检监察组）

赴集团公司定点帮扶点陕西省商洛市开展监督检查（驻中国邮政纪检监察组）

【开展疫情防控监督】 1 月 8 日，针对北京、河北、黑龙江、辽宁等地接连出现本土新冠肺炎确诊病例的情况，驻中国邮政纪检监察组向相关单位纪检机构印发《关于切实加强疫情防控监督检查工作的通知》，督促各单位切实提高思想认识，坚决压实防控责任，精准有力执纪问责，全力做好疫情防控监督检查工作。6 月 1 日，针对广东省广州、深圳、佛山、茂名等地出现多例本土新冠肺炎确诊病例的情况，向邮储银行、中邮保险、中邮证券、广东省分公司纪委下发《电话通知稿》，督促全力以赴抓好疫情防控监督工作。7 月 7 日，针对云南瑞丽陆续出现新冠肺炎本土确诊病例的情况，向邮储银行、云南省分公司纪委下发《电话通知稿》，督促提高政治站位，立足本职工作，全力以赴做好疫情防控工作。8 月 3 日，向二级单位纪检机构下发《电话通知稿》，督促认真开展疫情防控政治监督，严明政治责任、严格监督检查、严肃执纪问责。8 月 12—13 日，会同集团公司党组办公室、邮政业务部、党组组织部等 7 个单位（部门），组成 3 个检查组，采取“四不两直”的方式，对北京航空邮件交换站、寄递事业部等在京邮政单位疫情防控工作开展现场检查，针对检查发现的“外防输入”相关措施仍未落实落细落地、个别办公场所进出管控不够严格、员工个人防护还没有完全到位等问题，督促相关单位在立即整改的同时，继续压实疫情防控责任，抓好重点精准防控，加强员工个人防护，确保防疫物资配备充足。（驻中国邮政纪检监察组）

【协助党组召开 2021 年党风廉政建设和反腐败工作会议】 1 月 28 日，协助集团公司党组召开 2021 年党的建设暨党风廉政建设和反腐败工作会议。会议学习贯彻十九届五中全会及十九届中央纪委五次全会精神，总结 2020 年工作，部署 2021 年任务。会议期间，驻中国邮政纪检监察组组长盛道文通报邮政企业查处的 6 大类 27 小类涉及各业务板块 39 起 79 名不同职级领导人员典型案例，并播放警示教育片《小“PDA”中的大“买卖”——戴明坚严重违纪违法案件警示录》，警示教育邮政企业各级党组织和领导人员深刻吸取教训，切实引以为戒。（驻中国邮政纪检监察组）

【健全与集团公司党组定期会商机制】 5 月 28 日，驻中国邮政纪检监察组与集团公司党组召开会商会，专题研究加强基层邮政企业纪检机构和队伍建设事宜，明确在各省（区、市）邮政分公司纪委办公室分别增编 2~3 名，增编 71 名，在 95 个地市分公司单设纪委办公室，增编 95 名，共增编 166 名，着力解决基层纪检力量薄弱的问题，推动监督下沉、监督落地。11 月 22 日，驻中国邮政纪检监察组与集团公司党组召开会商会，专题研究邮政企业“靠邮吃邮”问题整治有关事宜，推动集团公司成立领导小组，部署开展“靠邮吃邮”问题专项整治。（驻中国邮政纪检监察组）

【推动开展重点领域专项治理】 推动开展“小金库”问题专项治理，督促相关单位纪检机构加快办理党组巡视移交“小金库”问题线索，公开通报 6 起典型案例，发现涉嫌“小金库”问题 857 个，涉及 21353.2 万元，收回 1452.7 万元，处理 3255 人次，推动完善资金、欠费管理等制度，促进源头治理。

推动开展招标采购问题专项治理，针对自查发现违规越权采购等 9 方面 3322 项问题，推动具体问题整改并修订公开招标等制度。

推动开展使用员工个人账户归集营收或结算业务资金问题专项治理，排查发现 9262 人存在问题，收回资金 3009.22 万元，督促完善制度流程，切实防范企业资金风险。

推动开展政治理论学习发言材料抄袭、入党材料造假等问题专项治理，自查检查 13.89 万人，发现突出问题 150 个，对相关责任人给予党纪处分 35 人、组织处理 2 人。

推动开展内部竞聘、社会招聘相关问题专项治理，针对检查发现的 4 类 61 个问题督促限期整改。

督促巩固深化房屋资产清查和房屋资产租赁问题专项治理成果，继续督促推进资产盘活工作，完成盘活 317 处（宗），推动修订印发资产评估、房产租赁、固定资产管理等相关办法。

针对中央巡视指出的异地交流任职领导人员违规报销探亲交通费、周转房租赁费（以下简称“两费”）问题，在 2018 年开展全面检查的基础上，会同集团公司党组在全系统开展“两费”问题复查，党组管理领导人员清退 34.6 万元，涉及 59 人，二级单位本级及所属单位党组织管理领导人员清退 246.3 万元，涉及 1102 人，处理 404 人；印发“两费”问题复查情况通报，针对复查发现的部分单位制度执行不严格、政策理解有偏差等问题，推动主责部门进一步修订完善异地交流任职领导人员有关规定，切实加强“两费”报销管理。（驻中国邮政纪检监察组）

【加强基层纪检机构和队伍建设】 3 月，起草《关于加强基层纪检机构和队伍建设的专题调研报告》，结合前期调研情况，就加强邮政企业基层纪检机构和队伍建设向集团公司党组提出意见建议，经党组主要负责同志、分管组织人事工作的党组副书记阅签后，会同集团公司党组组织部研提具体方案。8 月 11 日，推动集团公司印发《关于调整省市邮政企业纪检机构编制设置有关事项的通知》（集团编〔2021〕6 号），在各省（区、市）邮政分公司纪委办公室分别增编 2～3 名，增编 71 名，在 95 个地市分公司单设纪委办公室，增编 95 名，共增编 166 名，着力解决基层纪检力量薄弱的问题，推动监督下沉、监督落地。12 月 23 日，与集团公司党组组织部联合制发《关于加强邮政企业纪检干部队伍建设有关事项的通知》，进一步规范基层邮政单位纪检机构负责人工作分工和兼职，要求新任职地市邮政分公司纪委书记原则上实行异地任职，加大对地市邮政分公司纪委书记履职情况的考核力度，对其考核时纪检工作权重占比不低于 60%，确保其主要精力放在纪检工作上。（驻中国邮政纪检监察组）

邮政科技

【概述】

一、落实战略部署

加强战略谋划。编制集团公司“十四五”投资发展规划，以“六维共生”为遵循，以构建“普遍服务、寄递业务、金融业务、农村电商”四梁为目标，支撑和推动邮政高质量发展。

服务乡村振兴。做好三级物流体系建设和定点帮扶工作，采取“三个优先安排”原则，支持县乡村三级物流体系建设，重点支持417个示范县的建设项目。在巩固定点扶贫成果基础上，持续推进普惠邮政与乡村振兴有效衔接。制定《中国邮政集团有限公司2021年度定点帮扶工作方案》，聚焦开展产业、教育、乡村基础设施三大类帮扶项目，投入定点帮扶资金1310万元。获评国家发改委2021年全国消费帮扶助力乡村振兴优秀典型案例。

开展“双碳”工作。制定《中国邮政集团有限公司关于落实碳达峰碳中和工作的意见》，提出中国邮政碳达峰、碳中和主要目标，建立组织领导体系，聚焦节能降碳、低碳运输、绿色包装、绿色金融重点任务，制定具体举措20项。启动处理中心光伏发电项目，制定工作方案，选定试点范围。推进甩挂运输和新能源车应用，参与绿色包装相关国际标准的研究工作。

提高投资精准把控力。保障普遍服务的投资安排，向三级物流体系建设倾斜，优化邮政寄递实物网的建设投入，支持信息化能力建设，提升核心竞争力。加大网点智能化和智能终端设备投入，助力网点转型升级。继续严格控制办公场地等非生产性建设。争取中央预算内资金支持邮政基础设施建设，完成“十四五”邮政寄递工程和邮政机要通信工程建设需求的申报。邮政服务“三农”建设项目，安排建设9个农产品基地仓储中心、购置167辆配送车辆。

二、增强寄递能力

加强顶层设计，出台综合处理中心建设标准。新标准立足于处理中心总体规划，定位于建设国内和国际一体、航陆一体、仓配一体的一体化综合处理中心，实现标准化设计、模块化扩展，较好地解决了扩展性、适应性和支撑业务发展的需要。新建设标准充分考虑近远期业务需求，分期实施，实现集约化建设，更加注重投资效率和效益。

扩能力、补短板，安排重点实物网项目。寄递能力建设由“适度超前，满足需求”向“调整结构，补齐短板”转型，投资向重点地区倾斜。长三角、珠三角、环渤海、成渝等重点地区安排投资占寄递能力全部投入比重72.7%。对上海浦东、广州、成都双流机场、厦门等10个国内国际重要节点进行工艺设备配置，进一步提升重点区域处理能力。立项杭州、北京等4个综合处理中心及仓储中心建设，为持续补齐重点区域能力提升打下基础。启动雄安新区、海口、宝鸡、南充等处理场地土地储备，支持京津冀、海南自贸区等核心区域能力提升。

优化工艺流程，提升运营质效。以“疏通堵点、连接断点；先易后难、层层推进；分批实施、增能赋能”为原则，采用11项菜单式优化措施解决共性问题，定制式优化措施解决个性问题，分批安排126项工艺优化项目。通过业务流程和工艺设备的同步优化，达到提高自动化水平、理顺流程、精简人员的目标，实现提质增效。

三、数字邮政建设

完成数字邮政规划、信息化规划、数据规划的编制工作。启动新一代营业渠道平台升级、寄递业务协议客户门户升级、技术中台等项目建设。

信息化建设有效支撑业务发展和管理提升。完成智能客服平台、数据中台等50个信息化项目的立项工作，上线应用34个项目。

金融板块以数字化转型为主线，持续加大科技投入，深化业技融合，强化敏捷研发、快速迭代。邮储银行实现新一代个人业务核心系统分布式技术平台、手机银行7.0等270项工程上线，中邮保险上线“邮e保”等15个系统。

强化信息网运行支撑保障。修订2021年运维考核办法，完成同城机房租赁及交付验收，强化总部通信线路管理。制定信息化硬件及基础设施运维费用定额，组织智能运维研究，开展运维劳动竞赛。

四、完善机制建设

开展固定资产投资计划和在建工程专项清理工作。这是首次开展大规模、全方位的清理活动，对邮电分营以来5万余个建设项目进行清理。

开展标准化流程写实工作。成立工作专班、制定工作方案，按照地域、业务规模、工艺设备配置特征选取郑州、长沙、兰州进行全面写实和行业对标。形成5大作业流程、46个操作环节、5大要素指标、5个核心信息采集点的邮件处理中心标准化作业流程。

从业务、建设、运行三个维度对工程全过程进行后评估，形成“规划—建设—评估—优化”的良性循环。进一步完善指标体系，建立三级评估指标32项，评估指标不断丰富完善，项目涵盖范围更广。

健全全网计划建设考核。考核范围增加省管工程，促进省分公司计划建设管理能力逐年提高。

修订《工程建设管理办法》和《邮政计划工程建设管理评分办法》，组织编制《重大基建项目管理手册》。制定《总部信息化项目业务需求管理细则》《中国邮政总部信息化建设项目联调测试费开支管理细则（试行）》《总部信息化建设工程初步验收实施细则（试行）》。

推进标准体系建设，做好标准编制和落实工作。发布首个中国邮政集团公司标准体系，立项开展34项标准化研究工作，发布40项集团标准，承担及参与国家和行业标准10项，其中组织参与国家邮政局2021年邮政业国家和行业标准“揭榜挂帅”工作，获批8项。同时参与了由中、德、法、日、韩等国家共同提议制定的《快递包装生态设计原则、要求及指南》ISO国际标准。制订邮政网点店招更新三年计划。31个省（区、市）公司网点店招更换20257个，银行6248个，超额完成全年任务。

五、健全科创体系

建立和完善科技创新体系。制定《进一步加强科技创新体系建设意见》，明确“十四五”期间科技创新体系建设的总体思路、目标和重要任务。发布《中国邮政集团有限公司科技项目管理办法》《中国邮政集团有限公司科技创新实验室管理办法》，构建产学研用联合创新体，成立中国邮政—北邮联合创新实验室。

直接科研投入约6900万元，超过过去三年资金总和。围绕数字智能、绿色发展等五大领域，安排立项科技项目41项。当年申请发明专利等知识产权602项，创新成果数量和质量持续提升。

科技赋能显著提升。应用全网流量流向预测模型，预测“双11”旺季邮件流量流向准确率超过阿里平台。省内干线运力智能调度研发项目推动“小车换大车”，有效降低运输成本。国际邮件寄递过程智能管控研究项目，国际出口挂号小包和E邮宝平均运递时限缩短20%。

科技活动有序开展。组织完成全国邮政企业科技创新成果评选工作，组织参加第二届联合国全球可持续交通大会、第四届数字中国建设峰会、第五届世界智能大会等重大展会。（集团公司计划建设部）

【中国邮政首次参加第四届数字中国建设展览会展览】 4月25—29日，第四届数字中国建设展览会在福建省福州海峡国际会展中心举行，大会由国家网信办、发展改革委、工业和信息化部、福建省人民政府共同主办。中国邮政首次参加数字中国建设展览会，重点展示邮政集团近年来在数字化转型成效和惠民服务方面的成果，包括：企业概览、数字运营、智慧网络、智能服务、互动体验等内容，辅以视频、演示、实物展示、互动体验等形式。中国邮政展厅吸引近9000人次观摩，约3000人参与互动体验活动。（集团公司计划建设部）

【数字邮政、信息化规划和数据规划工作完成】 集团公司借鉴行业先进经验，组织完成数字邮政、信息化规划和数据规划的编制工作。数字邮政规划是中国邮政数字化建设的核心规划，承接集团“十四五”规划要求，系统提出市场化机制、现代化管理变革、数字化赋能的改革措施，推动企业发展与变革、赋能业务、增强产品、优化运营。信息化规划制定“十四五”期间集团信息化演进路线和实施路径，选择技术体系路线，架构转型，强化数字化基础能力，同时推进IT治理，推动信息化向集中化、平台化、智能化演进。数据规划明确数据治理架构、治理领域和相关数据应用场景，推动集团数据资源的共建、共享、共用，强化数据资产管理与运营能力。三个规划的制订，从市场化运作、现代化管理、数字化赋能三位一体的全面变革，系统规划数字邮政建设的蓝图与路径。（集团公司计划建设部）

【全国邮政企业科技创新成果发布】 1月14日，印发的《中国邮政集团有限公司关于发布2020年全国邮政企业科技创新成果的通知》指出，2020年集团公司在全国邮政系统开展全员创新活动，组织全国邮政企业科技创新成果评审。36个单位申报创新成果318项。经评审，89项成果被评为2020年全国邮政企业科技创新成果，其中一等奖10项、二等奖19项、三等奖30项，小技改、小发明奖30项。

通知指出，此次获奖创新成果具有较高的示范推广价值，集中反映了各单位围绕集团公司重点工作，在工艺流程或设备技术改造、生产流程优化上都有较大的创新；在创新服务和经营模式、促进业务发展等方面取得新的突破；在解决企业一线生产难题，给企业发展带来明显经济和社会效益方面可资推广，成果的创新性、实践性和效益性体现突出。

根据相关规定，集团公司决定对成果创造人员颁发证书、发放奖金，同时要求各级邮政企业认真学习此次获奖的科技创新成果，紧密结合工作实际，深入开展全员创新活动，激发基层工作者的科技创新热情，发挥科技创新驱动作用。（《中国邮政报》1月13日）

【邮政融媒体平台指挥调度中心启动】 12月8日，邮政融媒体平台指挥调度中心启动仪式通过融媒体平台直播系统，以线上线下结合形式举行。集团公司相关领导与集团公司综合部、中国邮政报社相关负责人共同启动中国邮政融媒体平台指挥调度中心。邮政融媒体平台7大系统、27个子系统全部投入使用。作为媒体智慧大脑、全媒体调度中心、采编支撑平台，融媒体平台可将全系统运营媒体的内容生产全过程、发布效果都纳入集团公司统一、实时管控之下，实现对全系统运营媒体和宣传人员的统一指挥调度。此前，该平台在全国传媒界唯一的科学技术奖——王选新闻科学技术奖评选中荣获三等奖。（《中国邮政报》12月10日）

【中国邮政数字化成果在数字中国建设峰会上展出】 4月25日，第四届数字中国建设峰会在福建省福州市海峡国际会展中心开幕。峰会由国家网信办、国家发改委、工信部、国务院国资委和福建省政府共同主办，主题为“激发数据要素新动能，开启数字中国新征程”。

中国邮政以数字化转型为主题参展，展台分为企业概览、数字运营、智慧网络、智能服务、互动体验五大主题内容。“数字运营”重点展示新一代寄递智能服务平台、中国邮政数据底座、无人化分拣分拨中心，观众可以借助VR技术，在现场身临其境体验邮件处理中心工艺设备布局、邮件处理全流程及对应的人工工位操作。“智慧网络”展示中国邮政航空/陆空网络规划、省内运输网络整体规划、干线运输网络仿真平台及城市智慧物流运输及揽投网络系统。“智能服务”展示中国邮政智能网点、智能远程服务、邮政农品区块链防伪溯源系统及无人机和无人投递车产品，观众可以在现场观看无人投递车的实物遥控展示。在互动体验区，观众可以体验邮票寻宝、玩转邮票互动游戏、打印声音明信片等互动活动。（《中国邮政报》4月28日）

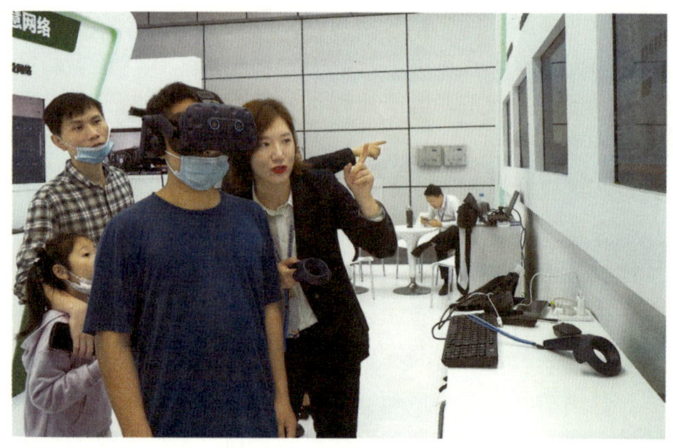

在VR体验区，观众感受邮件处理中心工艺设备布局、邮件处理全流程操作（《中国邮政报》）

【中国邮政智能化成果在第五届世界智能大会上展出】 5月20—23日，第五届世界智能大会在天津市梅江会展中心举办。主题为“智能新时代：赋能新发展、智构新格局”，参展企业和机构围绕人工智能、智能制造、数字经济、智慧城市和交通等领域，展示最新智能科技成果。中国邮政展台分为智慧运营、智能服务、互动体验等主题。“智慧运营”展台展示智能网络规划、邮件处理中心VR体验、新一代寄递智能服务、无人化分拣分拨中心等智能化内容。“智能服务”展台展示智慧网点、智能远程服务、无人投递车产品，通过数据驱动实现客户洞察、客户服务、网点运营的智能优化，为客户打造舒适、便捷、高效的一站式服务。在“互动体验”展台，观众可以体验邮票寻宝、玩转邮票、奇妙3D邮票展、声音明信片等互动活动，以及《五牛图》特种邮票、《福建土楼》特种邮票等10套邮票数字化精品。（《中国邮政报》5月25日）

【寄递四大数据库建设】 中邮信科严格贯彻落实集团公司要求，深化国内时限库应用，提供逾限邮件可视化分析和问题靶向定位，通过“中邮寄递管理”APP主动向全国各级路长推送预警信息，促进线路时限精准提升。建成国际时限库，时限标准有据可依，时限达成直观可视，为国际邮件精细化运营管控提供数据抓手，助力国际业务高质量发展。构筑普遍服务时限库，助力直辖市、省会城市间普遍服务邮件全程平均时限由一季度的3.69天缩短到9月的2.52天。搭建服务数据库，形成6大环节34个客户触点15个服务指标的数字化监控体系，助力寄递服务质量行业排名不断提升。持续提高成本库，增强指标数据集成，支撑成本压降。深化应用市场库，支撑赋能存量客户稳市场，推进优势线路促营销。（中邮信科）

【寄递业务IT能力提升】 为增强寄递协议客户门户交互体验，中邮信科以新一代寄递平台为基础，上线在线支付、在线对账等十余项重点功能，每月客户增长16%，下单量增长43%。向重点客户提供个性化作业和精细化管控功能，赋能客户经理拓展市场，电商平台和重点客户的接入量稳步提升，接入平台类订单108.9亿。提高全网同城业务支撑能力，上线密码投递、拍照签收等个性化功能，特快业务在“双11”当天破千万。优化验单机制，对数量差异类验单提供系统自动发验功能，打通自动验单与智能跟单的闭环处理，实现对异常邮件状态的实时、自动更新结案，日均人工验单数量下降35%，72小时内自动结案95%。建立重量稽核体系，上线自动稽核、公示、考核、补算等管控功能，6月上线以来促进补缴资费333.85万元。拓展国际承运商管理功能，提供多维度的质量考核，支撑国际运力资源的闭环管控，承运商信息反馈质量由年初的78%提升至92%。（中邮信科）

【地理信息中台服务支撑水平提升】 中邮信科自主建立的地理信息资源平台致力于打造中国邮政地理数据生态，获得国家邮政局颁发的“邮政行业数字地图与路径规划技术研发中心”授牌，POI自主采集超过7800万条，企事业单位数据总量5200万条。立足地理信息资源平台，持续优化地址匹配算法，匹配效果显著提升，匹配性能满足业务旺季高峰的需要，实现寄递匹配服务四川试点上线和地图服务全国上线，开启自有地图替换互联网地图的新局面，为EMS官网、在线业务平台等20多个系统提供信息搜索、地址联想等198个服务支撑，完成寄递旺季保障和2022年报刊大收订支撑，地址匹配准确率95.3%，比上年提升2.12%。（中邮信科）

【惠农服务平台助力乡村振兴】 邮政惠农服务平台涵盖惠农金融、惠农电商、惠农寄递、会员服务以及农资农技、专家在线等服务场景的综合服务平台，并集客户端、管理端和政府端应用为一体，是邮政惠农助农、推进乡村振兴的重要渠道。邮政惠农服务平台推广至全国31个省（区、市）、380个涉农地市，依托平台全国走访合作社230万，发展转化会员1232万，完成一级白名单推荐37.1万。（中邮信科）

【邮票防伪溯源新技术应用研究】 中邮信科使用物联网、区块链等技术，在邮票上以肉眼几乎不可见的微型加密码，替代传统赋码方式（条形码、二维码），解决传统赋码会严重破坏邮票艺术性的痛点，并有效改善邮票数字化程度较低问题。以图像识别技术，用高清图片、完整视频的形式，展现邮票的艺术性。客户通过手机扫码识别，近距离欣赏邮票，感受邮票背后的故事，增强互动。邮票防伪溯源新技术的应用，实现了邮票收藏、鉴真、流通、数字营销等功能。（中邮信科）

【辽宁省邮政分公司研发上线“智能狂扫一体机”】 4月，“智能狂扫一体机”在辽宁省辽阳市邮政分公司佟二堡揽投部上线应用。该设备上线以后，揽投部能够做到出口邮件装车自动扫描封发，处理速度峰值6000件/小时，日均处理邮件1.09万件，原需4人手持PDA扫件，现只要1人，生产效率和服务质量大幅提高。

辽宁省邮政分公司认真落实“构建数字邮政新发展格局”要求，推进“数字+”科技赋能。通过整合数据资源、集成主流“狂扫”设备、研发辅助软件系统三方面集成创新，辽宁省邮政分公司自主研发“智能狂扫一体机”，将工业相机、PC机、显示器、网络设备、声光设备集为一体，配套自主研发系统软件，可灵活布放在中心局及分拣转运中心、揽投部等各级生产作业现场，通过批量扫描与高效识别邮件条码，替代人工实现邮件装车配发、卸车勾核、大宗邮件预收寄、揽收、分拣封发等生产环节的信息自动化处理功能，实现降低错件率、提高工作效率的目标。（《中国邮政报》4月9日）

【上海市邮政分公司启用身份证配送“智能小黄箱”】 5月，上海市邮政分公司与市公安局人口管理办公室在石门二路派出所举行“居民身份证数字化投递，智能小黄箱启用仪式暨便民服务宣传活动”。“智能小黄箱”主要用于将公安部门制证中心制作好的身份证配送到各派出所，接收人用手机扫描箱体二维码后，就可以开箱取件，相关信息也实时上传至上海“一网通办”系统，实现“让数据多跑路，让群众少跑腿”的目标。（《中国邮政报》5月14日）

【广西邮政分公司首个全自助取件校园智能快递服务中心启用】 3月1日，广西邮政分公司首个全自助取件校园智能快递服务中心启用。截至3月25日，该服务中心为9家品牌快递公司提供取件、寄件服务，日均代投邮件（快件）量4800件，日峰值最高9000件。快递服务中心位于广西南宁市卫生学校，占地300平方米，中心入口和出口各有3个闸机。在自助取件区，有5排约20米长的双向货架，最多能放置6000件邮件。

当邮件被送到快递服务中心后，前台工作人员扫描邮件条形码，实现快速上架，同时，向收件人发送带有快递放置位置备注的取件验证码短信。收件人进到自助取件区，可根据验证码短信以及现场标识，找到邮件，然后来到出口处带有高拍仪的闸机旁，把邮件面单朝上进行扫描，闸机开启便可通行。如果要寄邮件，寄件人可在人工台席用手机扫描二维码进行实名登记和下单。快递服务中心内部安装有约20个高清监控摄像头，确保邮件从接收、上架、入场、取件、出场等关键环节的全监控、可追溯。该中心还为学生提供勤工俭学、社会实践的机会。（《中国邮政报》4月1日）

党的建设

【概述】 2021年，集团公司党组把坚决做到“两个维护”作为加强党的政治建设的首要任务，不断增强做到“两个维护”的思想自觉、政治自觉和行动自觉。把“两个维护”落实到坚决贯彻党中央决策部署的行动上。始终坚持向以习近平同志为核心的党中央看齐，通过集体学习、专题会议等方式，第一时间学习贯彻习近平总书记重要讲话、重要指示批示精神和党中央重要会议文件精神，紧紧围绕“国之大者”去谋划推动中国邮政各项工作。在助力乡村振兴、服务构建双循环新发展格局、建设绿色邮政等方面取得良好成效，扛起行业国家队的担当，不折不扣把党中央决策部署落到实处。把“两个维护”贯彻于中国邮政改革发展的具体实践中。持续深入学习贯彻习近平总书记关于高质量发展、供给侧结构性改革、治理体系治理能力、高标准市场体系、深化改革创新、数字经济、人才工作、行家里手等重要论述，自觉对标对表，全面贯彻落实。不断完善党组前置研究和规范董事会运作的制度机制，把党的领导落实到公司治理各环节，确保中国邮政改革发展沿着习近平总书记和党中央指明的方向前进。把“两个维护”体现在党员干部的日常言行上。严格执行重大事项请示报告制度，严肃认真开展党内政治生活，严守政治纪律政治规矩，严格落实意识形态工作责任制，始终做到党中央提倡的坚决响应、党中央决定的坚决执行、党中央禁止的坚决不做。

坚持加强思想理论武装，坚持不懈用习近平新时代中国特色社会主义思想武装头脑、指导实践、推动工作。把学习贯彻习近平新时代中国特色社会主义思想作为首要政治任务。党组带头高质量开展7次中心组学习和27次专题读书会，读原著、学原文、悟原理；党组书记刘爱力围绕学习贯彻习近平总书记重要讲话精神在全集团范围讲了2次专题党课，党组成员均在分管领域讲党课，带头巡听下级党委中心组学习，带动各级党组织和党员干部做到真学真懂真信真用。坚持从党的创新理论中寻找破解改革发展难题的方法论，明确了需要全力构建的三大核心竞争优势和必须奋力完成的八项战略任务，紧密结合中国邮政实际把习近平新时代中国特色社会主义思想落在实处。把党史学习教育贯穿全年。广大党员干部经历了一次全面深刻的政治教育、思想淬炼、精神洗礼，做到“学史明理、学史增信、学史崇德、学史力行”，中国邮政党史学习教育成效得到中央第二十三指导组高度肯定和群众广泛认可。把学习贯彻党的十九届六中全会精神作为重大政治任务。集团公司党组亲自抓、带头学，引导推动党员干部深刻领悟“两个确立”的决定性意义，极大增强了奋斗新时代、奋进新征程的信心决心和前进动力。

不断提升基层党建质量，在大战大考、改革攻坚中充分发挥基层党组织战斗堡垒作用和党员先锋模范作用。牢固树立大抓基层的鲜明导向。严格落实“四同步”“四对接”要求，确保党的组织和党的工作全覆盖。巩固深化基层党组织建设达标工程和创先争优活动成果，针对内部巡视中发现的基层党建普遍性多发性问题开展专项治理并取得良好成效，组建集团公司党建工作指导员队伍，持续提升邮政基层党建标准化、规范化水平。切实推动党建与生产经营深度融合。面向1.4万个党支部开展“领题破题”活动，把抓住主要矛盾的方法论转化为推动发展的具体抓手，有效解决一批改革发展中的痛点难点问题，在企业改革发展中发挥攻坚克难的战斗堡垒作用；面向22.6万名党员开展“三亮三比三评”活动，推动形成“比学赶帮超”的生动局面，在日常工作中彰显了党员的先锋模范作用。邮政党员干部“平时是信使、战时是战士”，在疫情防控、防汛救灾等急难险重任务中冲锋在前，确保了防疫抗洪救灾物资运输畅通，百姓生活必需品配送到位，机要文件、党报党刊、高考录取通知书等重要邮件寄递安全。

持之以恒正风肃纪反腐，持续营造求真务实、清正廉洁的新风正气。持续发力纠治“四风”。查处违反中央八项规定精神问题130件，给予纪律处分166人，加大典型案例通报力度，以“身边案”警示教育“身边人”，深化“以案促改、以案治本”。大力整治形式主义官僚主义。深入开展“一月一事、消灭最差”和跟班作业实践活动，推动干部深入一线解决问题；集团公司总部实施“首问负责制、一次告知制、限时办结制、责任追究制”，刚性约束精文简会，机关作风明显改善；落实“责任到人、任务到人、目标到人、考核到人”工作机制，推动各项工作抓实抓细抓落地，全集团干事创业、担当作为的精气神大幅提振。党风廉政建设制度体系不断完善。修订邮政企业领导人员廉洁从业若干规定和邮政企业开展提醒谈话、诫勉谈话和约谈实施办法，建立健全巡视机构与派驻纪检监察组有关部门协作配合工作机制，促进纪律监督、派驻监督、巡视监督、职能监督贯通融合，推动党风廉政建设不断走向深入。（集团公司党建工作部）

【巡视工作概况】

一、认真开展内部巡视

扎实推进巡视工作。党组组织开展2批巡视，采取常规巡视、巡视“回头看”相互组合的方式，派出12个巡视组，对54家单位党组织开展巡视监督，1家单位党组织开展专题调研。其中，对各控股子公司所属36家单位党组织，中邮香港、福建中邮物流党组织开展常规巡视，首次对境外邮政企业单位党组织开展巡视监督；对江西、上海等4省（市）各板块16家单位党组织开展巡视“回头看”，对湘邮科技公司开展专题调研。发现主要问题984个，提出意见建议289条，提前一年实现巡视全覆盖。

严肃认真反馈。每批巡视反馈工作党组书记明确要求，分管领导亲自安排。反馈会议党组领导参加并讲话，传达党组要求，提出整改意见，会前均对被巡视单位党组织书记、纪委书记（纪检委员）进行约谈，严肃指出存在问题，督促落实“两个责任”。为发挥板块总部作用，对各板块单位的反馈均有银行、保险、证券总部领导出席，并就整改工作作出具体安排，使巡视反馈更有针对性，更有利于整改工作落实。

强化支撑保障。巡前准备工作更充分，巡视队伍、巡视资料、巡视培训等各项准备工作更加周密细致；巡中调研指导更具体，两批巡视期间共派出4个调研组现场了解巡视组工作开展情况，并进行针对性沟通交流；巡后报告审核更严格，对巡视组提交的巡视报告等材料，采用专人对口审、双人结对审、集中研讨审等多种方式，合理提出意见建议。

二、统筹推进齐抓共管

党组带头对中央巡视整改“回头看”。回归中央巡视反馈问题原点，对照十九届中央巡视反馈问题整改台账和三个专题报告整改台账，集团公司党组成员按照分工，牵头组织相关主责部门、单位以更高标准逐条梳理整改落实情况，研究分析问题，推动问题解决。同时，督促主责部门、单位把巡视整改和履行职能监督责任结合起来，认真检视同类问题是否有效治理，制度机制是否建立健全，贯彻执行是否严格规范。截至目前，中央巡视整改清单中的121项措施，有明确时点要求的已全部完成，需要持续推进的正在不断深化。

点面结合一体推进。一方面，注重持续深化，组织二级单位对巡视整改全面“回头看”。组织全系统各二级单位对照十九届中央巡视整改台账、2018年以来内部巡视整改台账和“不忘初心、牢记使命”主题教育整改台账全面梳理“回头看”，逐项评估整改措施有效性和问题解决情况，及时完善改进整改措施，推动巡视发现问题真改实改。另一方面，着眼突出问题，开展专项重点整改。为巩固拓展中央巡视整改成果，推动整改措施在基层单位落实落细，党组认真分析研判内部巡视发现的普遍性、多发性、重复性问题点，针对12个突出问题在全系统开展专项重点整改。集团公司相关部门发挥条线管理职能，牵头对职责范围内的突出问题集中整治，建立健全制度40余项。各二级单位认真自查问题，制定整改任务509项、措施1850项并按季度评估推进。

综合施策深化整改。首先上下结合抓，集团公司党组明确巡视整改“六方责任”和“四个标准”，制定评价考核方案，组织专项检查，开展移交督办，推动解决系统性问题；各责任主体各司其职、密切配合，认真落实“四个标准”，保障巡视整改成效。第二条线配合抓。集团公司职能部门落实条线管理责任，近两批办理巡视移交督办的党组书记点人点事51个问题、31条巡视建议和64个共性问题，对紧迫性问题发函督办，对共性问题建章立制、堵塞管理漏洞，对个性问题主动帮扶指导被巡视党组织。控股子公司党委加强对板块整改工作的组织领导，审核分支机构整改方案、把关整改报告、评估整改效果、开展监督检查。

三、持续加强指导督导

各基层单位巡察工作纵深推进。全系统开展巡察工作159批次，巡察党组织2365个，发现问题23227个，问责党组织20个，党纪政纪处分258人次，全覆盖完成率96.6%。

板块总部巡察取得突破。牢牢把握“两个维护”根本政治原则，围绕“四个落实”监督重点，着力查找政治偏差，发现和推动解决问题，控股子公司已实现巡察全覆盖，寄递事业部实现巡察覆盖三分之二。

专项检查督导指导。在巡视期间，依托巡视组对25家省级邮政单位开展巡察专题检查，对检查发现各类突出问题进行通报，明确要求各单位切实履行巡察主体责任，认真梳理问题，查摆差距，对应问题，扎实整改。（集团公司党组巡视办）

【集团公司直属机关第一次党代会召开】 1月12—13日，中国共产党中国邮政集团有限公司直属机关第一次代表大会在集团总部召开。此次会议是在深入学习贯彻习近平新时代中国特色社会主义思想和党的十九届五中全会精神，中国邮政以高质量发展踏上“二次崛起”新征程的关键时期召开的一次重要会议。会议强调要以习近平新时代中国特色社会主义思想为指导，着力推动直属机关党的建设高质量发展，为打造行业“国家队”提供坚强保证，在“十四五”发展新征程中展现新作为，在构建新发展格局中做出新贡献，用更加优异的成绩迎接党的百年华诞。中央和国家机关工委副书记陈建文，集团公司党组书记、董事长刘爱力出席会议并讲话。集团公司党组副书记、直属机关党委书记李丕征代表集团公司直属机关第二届委员会作工作报告。中央纪委国家监委驻集团公司纪检监察组组长、集团公司党组成员盛道文出席会议。大会选举产生中国共产党中国邮政集团有限公司直属机关第一届委员会和纪律检查委员会。（《中国邮政报》1月19日）

【集团公司开展2020年度党委书记抓党建工作现场述职评议】 1月28日，中国邮政集团有限公司采取电视电话会议形式，召开2020年度党委书记抓党建工作现场述职评议会议。10家二级单位党组织书记围绕本人2020年度抓党建工作的情况、存在的问题和原因、下一步工作思路和举措等进行线上述职。集团公司党组书记、董事长刘爱力对大家的述职情况进行点评，并就抓好下一步的党建工作提出要求。党组副书记李丕征主持。集团公司党组成员，派驻纪检监察组负责人，党组办公室、党组组织部、党组巡视办、党建工作部有关负责人组成评委团，对述职人员进行现场评议打分。（《中国邮政报》2月2日）

【2021年集团公司党的建设暨党风廉政建设和反腐败工作会议在北京召开】 1月28日，2021年中国邮政集团有限公司党的建设暨党风廉政建设和反腐败工作会议在北京召开。此次会议是在中国邮政立足新阶段、迈向新征程的重要时刻提升政治站位、激发担当作为、凝心聚力推动发展的一次政治动员。会议以习近平新时代中国特色社会主义思想为指导，深入学习贯彻党的十九大和十九届二中、三中、四中、五中全会以及十九届中央纪委五次全会精神，总结2020年党的建设以及党风廉政建设和反腐败工作，部署2021年重点任务，强调要树牢"四个意识"，坚定"四个自信"，坚决做到"两个维护"，不忘初心、牢记使命，把2021年作为"党建质量提升年"，找差距、补短板、强弱项，以高质量党建引领高质量发展，为打造"六维共生"的新邮政、推动中国邮政二次崛起提供坚强政治保证。会议以视频形式召开，集团公司党组全体成员出席会议。

集团公司党组书记、董事长刘爱力作了题为《以高质量党建引领中国邮政高质量发展　为打造行业"国家队"提供坚强政治保证》的讲话，党组副书记李丕征主持，中央纪委国家监委驻中国邮政集团有限公司纪检监察组组长、党组成员盛迺文讲话。(《中国邮政报》2月2日)

【集团公司党组印发关于深入学习宣传贯彻党的十九届六中全会精神的通知】 12月7日，集团公司党组印发《关于深入学习宣传贯彻党的十九届六中全会精神的通知》，对全集团学习宣传贯彻党的十九届六中全会精神作出安排部署。

《通知》指出，全集团各级党组织要把学习宣传贯彻全会精神作为当前和今后一个时期的重大政治任务，按照党中央统一部署，深入学习领会总结党的百年奋斗重大成就和历史经验的重大意义，深入学习领会习近平总书记在全会上的重要讲话精神，深入学习领会党的百年奋斗的初心使命和重大成就，深入学习领会中国特色社会主义进入新时代的历史性成就和历史性变革，深入学习领会"两个确立"的决定性意义，深入学习领会党的百年奋斗的历史意义和历史经验，深入学习领会以史为鉴、开创未来的重要要求，引导党员干部职工把思想和行动统一到全会精神上来，更加紧密地团结在以习近平同志为核心的党中央周围，大力弘扬伟大建党精神，以史为鉴、开创未来，埋头苦干、勇毅前行，为推动企业高质量发展、实现中国邮政"二次崛起"不懈奋斗，为实现第二个百年奋斗目标、实现中华民族伟大复兴的中国梦贡献力量。

《通知》要求，要精心组织学习培训，分层开展集中宣讲，邀请专家作专题辅导报告，切实发挥专家引领作用、领导干部表率作用和党员先锋模范作用。要切实抓好新闻宣传，上下联动，发挥全媒体优势，在全集团营造学习宣传贯彻全会精神的浓厚氛围。

《通知》强调，要切实加强组织领导，始终把牢正确方向，拓展深化党史学习教育，切实强化党建引领，紧密联系工作实际，把学习全会精神的成果转化为履职尽责的强大动力，全力以赴完成好各项重点任务，毫不放松抓好疫情防控、风险防控和安全生产，以咬定青山不放松的执着奋力实现既定目标，以优异成绩迎接党的二十大胜利召开。(《中国邮政报》12月7日)

【党史学习教育中央第二十三指导组指导集团公司工作】 6月8日，党史学习教育中央第二十三指导组到集团公司指导工作。指导组组长姜洋传达党史学习教育中央指导组培训会议精神，介绍指导组的职责任务，对邮政系统前期党史学习教育成效予以肯定，围绕扎实有序推动党史学习教育各项工作进行指导。集团公司党组书记、董事长，集团党史学习教育领导小组组长刘爱力主持见面对接会，并介绍邮政系统党史学习教育进展情况。指导组一行还与集团公司综合部、邮政业务部、邮储银行、中邮证券、寄递事业部、中国集邮有限公司等党组织负责同志和部分巡回指导组座谈交流。(《中国邮政报》6月11日)

【集团公司党组召开全系统党史学习教育动员大会】 3月8日，集团公司党组召开全系统党史学习教育动员大会，深入学习贯彻习近平总书记在党史学习教育动员大会上的重要讲话精神，对中国邮政党史学习教育工作进行动员部署。各级党组织把党史学习教育贯穿全年，深学细悟习近平总书记"七一"重要讲话和关于党史学习教育的一系列重要论述，原原本本学好中央指定的学习内容。抓好"十学模式"——利用红色资源现场体验学、邀请权威专家专题辅导学、动员基层员工自主宣讲学、集中领导人员党校培训学、组织生活会上检视问题学、用好线上平台随时随地学、组织竞赛全面参与学、丰富形式内容演讲征文学、选树榜样对标先进学、用好宣传渠道营造氛围学。广大党员干部经历了一次全面深刻的政治教育、思想淬炼、精神洗礼，在学党史中坚定了历史自信，在悟思想中汲取了真理伟力，在办实事中践行了初心使命，在开新局中彰显了责任担当。中国邮政党史学习教育成效得到中央第二十三指导组高度肯定和群众广泛认可。(集团公司党建工作部)

【集团公司启动党史学习教育巡回指导工作】 4月29日，集团公司党史学习教育巡回指导工作组召开第一次全体会议，传达学习集团公司党史学习教育领导小组要求，讨论巡回指导工作方案，启动集团公司党史学习教育巡回指导工作。集团公司党组对党史学习教育高度重视，将其作为贯穿全年的重要政治任务，精心谋划部署，率先示范带动，扎实推进开展。组建集团公司巡回指导组是党组贯彻落实党中央决策部署，扎实推进全系统党史学习教育高质量开展的重要举措，巡回指导组一定要努力工作、不辱使命。会议讨论了《中国邮政集团有限公司党史学习教育巡回指导工作方案》。根据方案，巡回指导组负责对全系统所有二级单位党史学习教育工作的指导督导，巡回指导工作贯穿2021年全年，主要分三个阶段进行。方案初步确定了各阶段巡回指导工作重点内容、方式方法和工作要求。（《中国邮政报》5月11日）

【集团公司直属机关党委举办党务工作者党史学习教育培训班】 5月24—28日，集团公司直属机关党委举办党务工作者党史学习教育培训班。直属机关专兼职党务工作者31人赴井冈山参加学习培训。此次培训班特邀中共井冈山干部学院陈胜华教授和中共江西省委党校吴晓敏教授分别作“井冈山斗争与井冈山精神”和“中国共产党百年辉煌历程”两次专题教学。在中共江西省委党校指导老师的带领下，学员们开展以“品红色经典　扬信仰之光”为主题的情景教学，学员代表诵读夏明翰、陈觉、赵云霄等革命烈士的红色家书，配合视频等新颖展示形式，感受革命先烈“以身许党、热血报国”的赤子之心。（《中国邮政报》6月3日）

【集团公司举办党史学习教育专题培训】 6月18日，集团公司党组以电视电话会议的形式，举办全系统党史学习教育专题培训。中央党校（国家行政学院）科学社会主义教研部主任、中央党史学习教育宣讲团成员曹普教授应邀作专题讲授。集团公司党组成员出席，党组副书记李丕征主持。全系统三级副及以上领导干部在各会场参加培训。

专题培训上，曹普教授以《中国共产党在改革开放和社会主义现代化建设新时期的奋斗历程及启示》为题，结合史料剖析和总结提炼，讲述中国共产党在改革开放时期和社会主义现代化建设时期的伟大奋斗历程。此次专题培训旨在深入贯彻落实习近平总书记在党史学习教育动员大会上的重要讲话精神，按照《中共中央关于在全党开展党史学习教育的通知》要求，切实抓好邮政全系统党史学习教育，进一步推动广大邮政干部职工学史明理、学史增信、学史崇德、学史力行。（《中国邮政报》6月22日）

【集团公司在全系统组织开展党史知识竞赛】 根据《中国邮政集团有限公司党史学习教育实施方案》安排，在全系统开展“学党史　听党话　跟党走”邮政员工党史知识竞赛活动，初赛时间为4月19日至5月18日。参赛者可于工作日（共计20日）登录“中邮网院”APP（电脑端和手机端均可），通过学员中心报名后，进入竞赛页面进行答题。每人每日限答题1次，每次答题10道。根据答题正确率、完成时间等，相关部门每周对上周答题得分情况进行排名，评出“每周之星”。根据参赛人数、得分情况等，评出优秀组织奖。

6月25日，“学党史　听党话　跟党走”邮政员工党史知识竞赛决赛举行。由31个省（区、市）邮政企业和集团公司直属机关员工组成的32支参赛队、约20万名员工围绕习近平总书记在党史学习教育动员大会上的重要讲话、《论中国共产党历史》《中国共产党简史》《毛泽东邓小平江泽民胡锦涛关于中国共产党历史论述摘编》《习近平新时代中国特色社会主义思想学习问答》规定书目等内容进行线上竞答。河南省邮政分公司等6支队伍荣获“最佳优胜奖”，青海省邮政分公司等18支队伍荣获“优秀团队奖”，宁夏邮政分公司等8支队伍荣获“竞赛风采奖”。竞赛期间，每周对答题得分情况进行排名，评选出“每周之星”400人和“初赛之星”100人，并予以奖励。（《中国邮政报》4月16日、6月29日）

【全系统开展“我为群众办实事”实践活动】 把“我为群众办实事”实践活动作为党史学习教育的重要抓手，集团公司制定58个“办实事”项目，拿出135个解决群众“急难愁盼”问题的实招硬招，各级邮政企业实施2.2万个“办实事”项目，以无处不在的邮政网络为人民群众传递美好、连接幸福。开通政务服务网点2.41万处，叠加税邮、警邮、医保、社保、便民缴费等服务，累计服务2.54亿人次，让邮政“多跑腿”，群众办事“少跑腿”或“不跑腿”。实现1000多个城市间寄递提速，承诺全国主要城市“次日达”“次晨达”，让人民群众感受到邮政“加速度”。加快县乡村三级物流体系建设，巩固“村村通邮”，推动“快递下乡”，让群众足不出村也能享受现代电商和快递服务。抓好惠农合作项目，着力解决新型农业经营主体“融资难、销售难、物流难”问题，服务乡村振兴向深度广度拓展。（集团公司党建工作部）

【集团公司党组组织开展“三亮三比三评”主题实践活动】 4月，集团公司党组办印发《关于在中国邮政集团有限公司基层党组织开展“三亮三比三评”主题实践活动的通知》，结合国企改革三年行动方案和党的建设实际，通过亮身份、亮标准、亮承诺，比技能、比作风、比业绩，领导点评、党员互评、群众评议，教育引导邮政系统全体党员做到平常时候看得出来、关键时刻站得出来、危急关头豁得出来，促进先锋模范作用发挥，促进服务水平提高，促进企业形象提升，促进中国邮政高质量发展，进一步激发调动干事创业的积极性、主动性、创造性。（《中国邮政报》4月8日）

【集团公司开展庆祝建党百年系列活动】 3月，制定《中国邮政集团有限公司庆祝中国共产党成立100周年活动方案》，统筹安排各项庆祝活动。万无一失做好中国共产党成立100周年庆祝大会期间邮政安全服务保障工作，组织发行《中国共产党成立100周年》纪念邮票，向党的百年

歌唱活动现场（集团公司党建工作部）

华诞献礼。广泛开展“党旗在一线高高飘扬”实践活动、“请党放心 强国有我”青年演讲、“迎建党百年 展邮政风采”摄影设计大赛、离退休干部职工“我看建党百年新成就”等系列活动，向邮政系统 1035 名老党员代为颁发“光荣在党 50 年”纪念章。各级党组织和党员干部职工把爱党爱国爱社会主义的真挚感情转化为勇毅前行的强大动力，推动企业党的建设质量实现新提升，推进邮政高质量发展取得新成效，服务党和国家大局彰显新担当。（集团公司党建工作部）

【庆祝建党 100 周年融媒体专题纪录片《时代答卷人》】 2 月 9 日，发出庆祝建党 100 周年融媒体专题纪录片《时代答卷人》项目召集令，15 人提交总编导、总撰稿、分集编导共应召书，开始探索项目制。4 月起，各采访组先后赴 45 地进行实地采访拍摄，投入人员 116 人次，采访对象 69 人。10 月 9 日世界邮政日前后，《时代答卷人》除在邮政自有媒体上广泛传播外，还被多家中央媒体转发，阅读量超过 100 万。其中，反映党报党刊发行的《邮发时刻》被人民日报客户端、微信等多平台转发，劳模篇的 5 个视频被中工网转发。（新闻宣传中心）

【邮政党校 2021 年春季学期中央党校分校班毕业】 6 月 10 日，历时两个半月的中共中国邮政集团有限公司党校 2021 年春季学期中央党校分校班毕业典礼在邮政党校石家庄校区举行。邮政党校副校长、集团公司党组组织部负责同志就“领导人员任期制和契约化管理有关事项”主题进行了解析部署。培训班全体 85 名学员参加毕业典礼。

培训期间，邮政党校严格按照高素质专业化干部队伍建设要求，紧密围绕党中央重要决策部署以及集团公司发展战略，精心安排课程、认真组织教学，有效提升了学员的理论素养、党性修养以及专业化能力。为推动党史学习教育入脑入心、走深走实，邮政党校严格落实“第一时间”学习机制，聘请权威师资，紧紧围绕“学史明理、学史增信、学史崇德、学史力行”总要求和“六个进一步”学习重点，认真开展好党史学习教育。同时，创新党史学习教育“打开方式”，开展“迎建党百年 守初心使命”知识竞赛，录制“学党史、践初心”百集党史学习微课，创新打造党校教师与学员“融合式”红色家书品读，精心开展“铭记奋斗路 启航新征程”健步走活动，寓教于听、寓教于言、寓教于行。通过多种形式组织开展专题研讨、团队考核、读书分享等，切实帮助学员做到学党史、悟思想、办实事、开新局，用实际行动庆祝党的百年华诞。全体学员充分发扬理论联系实际的优良学风，学以致用、学用结合，运用所学理论研究企业重点难点问题，形成 18 项课题成果。（《中国邮政报》6 月 16 日）

【邮政党校 2021 年秋季学期培训班开班】 10 月 11 日，中共中国邮政党校 2021 年秋季学期培训班和地市邮政分公司主要负责人“战略高效执行”专题研讨班开学典礼在邮政党校北京校区和石家庄校区同步举办，来自邮政企业的 259 名学员分别在两个会场参加开学典礼。集团公司党组副书记、邮政党校常务副校长李丕征出席会议并讲话。

党校学习期间，全体学员秉承“以谋为先、以干为要、以效为贵”的进取心态，切实发扬“挤”和“钻”的务实精神，珍惜光阴、不负韶华，努力成为可堪大用、能担重任的栋梁之材，为更好地担负起邮政改革发展大任打下坚实基础，为走好新时代中国邮政的“长征路”贡献智慧和力量。（《中国邮政报》10 月 14 日）

【党组巡视工作组织推进】 集团公司党组统筹疫情防控和巡视工作，对两批巡视作出合理有效安排，巡视方案由分管领导亲自具体指导，党组书记亲自审定把关。3 月 26 日，启动第一批巡视工作，组成 6 个巡视组，对 8 省（市）20 家省级邮政单位（含计划单列市一级分行）开展常规巡视，对上海市、江西省等 9 家邮政企业单位开展巡视“回头看”。9 月 3 日，启动第二批巡视工作，组建 6 个巡视组，对 8 省（区）16 家省级邮政企业单位和中国邮政香港有限公司、福建中邮物流有限公司（华东供应链营运中心）开展常规巡视，对湖南省、福建省等 7 家邮政企业单位开展巡视“回头看”，对湖南湘邮科技股份有限公司开展专题调研。巡视组积极深入基层一线，两批巡视开展个别谈话 1674 人次，接受群众来信、来电、来访 578 件，发现主要问题 984 个，提出意见建议 289 条，形成巡视报告及调研报告 55 份、谈话报告、领导班子情况报告 108 份。集团公司党组和巡视工作领导小组在每批巡视结束后均认真听取巡视情况汇报，党组书记讲话点人点事 59 件，对存在问题认真点评，对巡视反馈和整改工作提出要求。（集团公司党组巡视办）

【党组巡视工作呈现新特点】 从巡视范围上看，首次对境外企业单位开展政治巡视，第二批巡视将中国邮政香港有限公司提级纳入巡视范围。从巡视队伍组建上看，突出体现专兼结合、相对稳定，选派骨干 30 人，其中 16 人连续参加年度两批巡视，成为相对稳定的专业骨干，有效保证了巡视质量。从方式创新上看，结合巡视工作开展，对一家上市公司进行专题调研，为集团公司党组加强对控股上市公司党的建设、全面从严治党，提供了很好的参考。（集团公司党组巡视办）

【健全巡视制度体系】 坚持系统观念，主动发挥巡视工作平台作用，2 月印发《关于建立健全中国邮政集团有限公司党组巡视机构与驻中国邮政纪检监察组有关部门协作配合机制的意见》《关于建立健全中国邮政集团有限公司党组巡视工作协作配合机制的意见》，促进巡视办与驻中国邮政纪检监察组、组织部、审计部等各类监督方式的横向互动；8 月印发《关于被巡视党组织配合中国邮政集团有限公司党组巡视工作规定》，规范被巡视党组织巡视期间的行为规范；9 月印发《党组巡视整改审核及公开工作办法（试行）》，完善审核内容、标准、职责和公开要求，进一步健全会审机制、发挥总部管理职能，多措并举督促被巡视单位落实整改要求；11 月印发《关于中国邮政集团有限公司党组巡视组与被巡视党组织主要负责人沟通情况的工作机制（试行）》，听取被巡视党组织主要负责人的意见建议，全面客观研究分析，做到精准发现、精准分析、精准报告，维护巡视公信力；12 月印发《关于巡视抽查核实领导干部报告个人有关事项情况的意见》，规范抽查核实被巡视党组织领导干部报告个人有关事项情况相关工作。巡视制度体系更加完备，基本做到重要工作有法可依、重要事项有章可循、日常工作规范有序。（集团公司党组巡视办）

【有效应用巡视成果】 系统梳理 2018—2021 年七批巡视发现的问题，从问题的分布情况、问题的相关内容、问题的发生规律三个方面进行研判，根据问题性质合并归类为普遍性问题、多发性问题、重复性问题、紧迫性问题和其他问题等五类问题点。从巡视的角度对产生问题的原因进行简要分析，并提出持续深化整改的举措，压实集团公司相关部门、控股子公司总部、寄递事业部等巡视整改责任，发挥条线管理职能，推动巡视整改往深里走，实现巡视成果的有效应用。（集团公司党组巡视办）

【开展巡视整改专项监督检查】 集团公司党组高度重视做好巡视“后半篇文章”，加强巡视整改监督检查力度，以实际行动表明责任不落实不放过、整改不彻底不放过、问题不解决不放过的鲜明态度，责成党组巡视办牵头，派驻纪检监察组相关室、党建工作部、党组组织部等成立 3 个检查组，于 7 月 25 日至 8 月 6 日，赴河北、安徽、湖南、广东、贵州、陕西 6 个省 22 家邮政企业单位党组织开展巡视整改专项检查，抽查 291 个问题、510 项整改措施，对发现的问题，及时进行反馈、督促立行立改。9 月 10 日召开全国邮政巡视整改工作推进会议，通报整改工作情况、36 家单位的先进做法和检查发现的 39 个整改不到位的典型案例。通过巡视整改监督检查，督促各单位坚持问题导向、深入查找原因、总结经验做法，推动巡视整改工作往深里走、往实里走。（集团公司党组巡视办）

【规范巡察工作】 针对基层调研发现的部分单位存在对巡察政治定位把握不够准确、巡察主体及对象不够明确、巡察监督重点不够聚焦、巡察整改落实不够到位等问题，为进一步规范全系统巡察工作，提升巡察质量，5 月印发《关于进一步规范巡察工作的通知》，进一步明确巡察主体、巡察范围和对象，进一步聚焦巡察监督重点，认真落实巡察整改要求。参照中央巡视办有关规范，结合企业实际，统一制定巡察市、县邮政单位党组织“三个聚焦”监督重点细化清单，推动巡察工作有形有效规范开展。（集团公司党组巡视办）

【加强巡视巡察人员培训】 着眼巡视巡察队伍能力提升和骨干培养，加大巡视巡察培训力度，3 月举办巡视巡察骨干人员培训班，全系统 100 多名巡视巡察骨干人员参加。3 月和 9 月对两批巡视组成员开展巡前集中培训，根据各二级单位巡察开展情况开展送培训到基层，组织上门培训 8 场，远程培训 2 场。首次对被巡视单位整改工作人员开展线上培训，培训 144 家单位、610 余人次，实现培训“全覆盖”。（集团公司党组巡视办）

【推动邮政意识形态工作形成齐抓共管格局】 严格落实意识形态工作责任制，在全系统组织意识形态工作自查，对照《意识形态工作责任实施细则》要求，细化明确了意识形态工作责任落实 101 个“是否”；各二级单位逐项对照，查找薄弱环节，消除工作盲点和问题死角。开展意识形态工作专项督查和责任制检查，组成 11 个检查组，对全部二级单位督导检查，清除邮政意识形态阵地存在的风险隐患，推动党员干部旗帜鲜明反对错误言行，始终在思想上政治上行动上同党中央保持高度一致。（集团公司党建工作部）

【全系统开展党支部（党小组）“领题破题”活动】 全系统 1.4 万个党支部开展“领题破题”活动，聚焦改革发展和生产经营中的热点难点问题，年初领题，集中破题，年底结题。把抓住主要矛盾的方法论转化为推动发展的具体抓手，有效解决了一批改革发展中的痛点难点问题，在企

业改革发展中发挥党支部攻坚克难的战斗堡垒作用。（集团公司党建工作部）

【山东省邮政分公司与省税务局“党支部结对共建、互促共进”活动】 山东省邮政分公司与省税务局在山东邮政华夏书信文化博物馆举行“党支部结对共建、互促共进”活动，并签订党支部结对共建合作协议。

税邮支部共建是双方推进党建工作的新模式，是优化税收营商环境建设的新举措。双方将全面落实新时代党的建设总要求，实现支部建设互促、党员干部互动、业务工作互通，打造联动共建、服务企业的合作新平台。在结对共建过程中，山东税务与山东邮政将以党建为引领，主动融入经济社会发展大局，重点在落实税费政策、防范涉税风险、优化服务手段、解决企业实际困难上聚焦发力，通过再提升、再创新，实现党建与企业发展良性互动、党建与办税服务深融互促，不断在便利纳税服务、拓展纳税渠道、强化税收宣传、增值办税服务等方面提升便民办税工作实效。

山东税邮合作累计建设邮政代办税务网点2111个，服务纳税人便民办税600余万次，通过代开代缴、银税互动、涉税寄递、政策解读等服务，满足办税客户的综合需求。（《中国邮政报》1月13日）

【湖南省邮政分公司举办庆祝建党100周年党史知识竞赛】 5月27日，湖南省邮政分公司举办“学党史　强党性　展风采　争先锋”全省邮政庆祝建党100周年党史知识竞赛。来自湖南省邮政分公司本部、直属单位和各市（州）分公司的18支代表队参赛，通过比赛，检验前一阶段学习成效，进一步推进党史学习教育。湖南省邮政分公司号召全省邮政干部职工把学习成效转化为工作实效，在抓改革、谋创新、促发展中育新机、开新局，展现新作为。（《中国邮政报》6月2日）

“学党史　强党性　展风采　争先锋”庆祝建党100周年党史知识竞赛（《中国邮政报》）

【四川省成都市邮政分公司与市税务局“税邮合作‘流动党课’税企同心共学党史”活动】 国家税务总局成都市税务局与四川省成都市邮政分公司开展“税邮合作‘流动党课’税企同心共学党史”活动。在装着发票的EMS信封上，印着一个个红色党史小故事，寄往全市商户手中。流动党史“税邮班列”以时间为主线，选取重大党史事件素材，组织党史内容，制作8期党史知识微课堂，精心设计发票寄递专用信封。（《中国邮政报》9月29日）

【邮储银行总行机关获评“中央和国家机关创建模范机关先进单位”】 1月29日，中央和国家机关党的工作暨纪检工作会议召开，表彰了中央和国家机关创建模范机关标兵单位和先进单位。邮储银行总行机关获评“中央和国家机关创建模范机关先进单位”。

根据《中央和国家机关工委关于表彰中央和国家机关创建模范机关标兵单位和先进单位的决定》，为表彰先进，进一步激励中央和国家机关广大党员干部牢固树立政治机关意识，走好践行“两个维护”第一方阵，经组织推荐、严格评选，中央和国家机关工委决定，授予中央纪委国家监委第八监督检查室等10个单位“中央和国家机关创建模范机关标兵单位”称号，授予中央统战部办公厅等110个单位“中央和国家机关创建模范机关先进单位”称号。中央和国家机关工委表示，希望受表彰单位珍惜荣誉、再接再厉，充分发挥示范带动作用，在模范机关创建中再创佳绩、再立新功。（《中国邮政报》2月4日）

【邮政一员工获评“中央和国家机关青年学习标兵”】 6月8日，《中央和国家机关工委关于表彰中央和国家机关青年学习标兵的决定》印发。邮储银行战略发展部研究分析处副处长娄飞鹏荣获“中央和国家机关青年学习标兵”称号，并在中央和国家机关青年学习习近平新时代中国特色社会主义思想经验交流会现场接受表彰。中央和国家机关工委经逐级推荐、严格审核，授予122人“中央和国家机关青年学习标兵”称号，旨在表彰先进，激励带动中央和国家机关广大青年理论学习往深里走、往实里走、往心里走。（《中国邮政报》6月8日）

【42家邮政单位、8名邮政个人获交通运输文化建设奖】 为巩固并扩大2021年度交通运输文化建设的丰硕成果，激励各单位参与交通运输文化建设，中国交通企业管理协会和交通行业优秀企业管理成果审评委员会组织交通运输文化建设优秀成果评奖。12月，2021年度交通运输文化建设优秀成果发布，湖北省武汉市邮政分公司等10家邮政单位和杨小合等8名邮政个人获得“交通运输文化建设综合优秀成果”奖；邮储银行北京海淀区香山支行等32家邮政单位获得“交通运输文化建设专项优秀成果”奖。（《中国邮政报》12月9日）

工会工作

【概述】

一、工会组织党的建设取得新进展

开展党史学习教育，筑牢思想根基。在全国邮政各级工会干部和广大职工中广泛开展党史学习教育，学习宣传贯彻总书记“七一”重要讲话精神、习近平总书记关于工人阶级和工会工作的重要论述。全国邮政工会条线购买图书1万多册，参加学习和培训2万多人。

强化工会工作基础，加强组织建设。开展邮政基层工会组织建设情况调研，建立完善全国邮政5级工会组织架构，调整集团工会经费审查委员会，集团直属机关工会等22个省级工会完成换届和选举工作，全国邮政3555个工会组织，1583名专职工会干部、13449名兼职工会干部实行建档管理，工会组织规范化水平不断提升。

推进疫情防控工作，夯实群众基础。集团工会根据各省疫情情况，拨付375万元“抗击疫情救助款”。全国各级邮政工会组织累计投入1450.82万元用于购买防疫物资、慰问一线职工等，为抗击疫情、保障服务、动态清零提供有力支撑保障。

二、群众性纪念建党百年活动取得新成效

在全国邮政工会系统开展典型案例征集活动。开展工会系统庆祝建党100周年系列活动，组织开展“学习党的创新理论，推进产业工会工作创新发展”理论征文，21篇优秀案例报送中国国防邮电工会参评。

举办“迎建党百年 展邮政风采——全国邮政职工随手拍邮票照片设计大赛”。聚焦红色传承、人民邮政、先锋榜样、邮政风采、使命担当和邮美生活6大主题，开展4期摄影专题培训、10期在线展示互动，10万多人次浏览关注。活动采取“手机＋相机”“主题类＋艺术类”“线上＋线下”融媒互动方式，16.21万名职工、16.36万幅作品参赛，再创中国邮政集团工会组织职工活动参与人数新高。得到《人民邮电报》《工人日报》融媒报道，集团公司党组认可和直属机关党委发文推荐，作为在京单位主题党日活动推荐项目。获得国防邮电系统职工庆祝建党100周年摄影比赛优秀组织奖。全国邮政职工随手拍邮票照片设计大赛优秀作品展，受邀参展中国通信摄影协会在中华世纪坛举办的2021通信行业云影像摄影展，获得优秀组织奖。

组织编写《中国邮政劳模风采录》。建党100周年之际，进一步加大劳模宣传力度，讲好劳模故事，选取邮政系统罗淑珍、王顺友等8位不同时代具有典型代表性的劳模以及2020年全国邮政劳模先进事迹进行收录，展现他们“爱岗敬业、争创一流、艰苦奋斗、勇于创新、淡泊名利、甘于奉献”劳模精神，在全国邮政工会系统组织学习。

三、推动企业高质量发展做出新贡献

下发热爱邮政宣传邮政发展邮政倡议书。深入开展职工劳动竞赛，集团公司、集团工会对2020年劳动竞赛进行表彰，安排部署2021年劳动竞赛工作。首次设立“对标先进最佳实践奖”，制定《邮政系统“对标先进最佳实践奖”评选办法（试行）》，评选出35个“对标先进最佳实践奖”，9183个先进集体、13155名先进个人获得表彰。发挥劳模先进引领示范作用，四川甘孜藏族自治州分公司等3个集体荣获“全国五一劳动奖状”，河北沧州黄河西路投递部等13个集体荣获“全国工人先锋号”，天津河北区快递员刘树东等10人荣获“全国五一劳动奖章”；西藏阿里地区分公司驾驶员桑布荣获2020年“十大最美货车司机”称号，上海邮区中心局驾驶员施平等6人荣获2020年“最美货车司机”称号；湖北武汉分公司投递员徐龙和武汉邮区中心局分别荣获2020年度感动交通特别致敬人物、感动交通年度人物。

四、职工维权服务实现新突破

完善邮政企业职代会制度。组织召开一届二次职代会，听取提案征集情况报告、集团公司薪酬分配管理有关事项说明，企业年金企业缴费比例由5%提高到6%。推进一届二次职代会立案提案落地实施；开展一届三次职代会提案征集，职工代表围绕邮政企业生产、经营管理、改革发展以及职工普遍关心的问题，征集提案50件。中邮证券召开首届职工代表大会，集团控股公司全部建立职工代表大会制度。

启动职工小家三年建设规划。启动职工小家2021—2023年建设规划，力争三年内实现5070个职工小家新建目标应建尽建，1万个已建小家升级改造；出台职工小家建设指导手册，统一职工小家形象，推进职工小家标准化、规范化、系统化建设；建立集团公司2021—2023年职工小家建设专项奖励资金，每年安排500万元，三年共计1500万元，推动小家建设扩大覆盖面、逐步消灭职工小家空白点，促进已建职工小家日常提升完善、提高小家使用效率，拓展职工小家服务功能、满足职工多样化需求。

开展为职工办实事活动。集团工会推动解决总部机关售卖点便民利民问题；各级工会及时关注、了解各地职工受灾情况，全年慰问困难职工、受灾职工和劳模2.7万人、基层集体2.9万个，发放慰问资金1.5亿元。（中国邮政集团工会）

【集团公司第一届第二次职工代表大会决议】 集团公司第一届第二次职工代表大会于1月8日在北京召开。主要任务是：以习近平新时代中国特色社会主义思想为指导，全面贯彻党的十九大及历次全会精神，深入贯彻落实“十四五”规划和国企改革三年行动计划，认真落实以职工代表大会为基本形式的企业民主管理制度，团结动员广大邮政干部职工，为推动中国邮政二次崛起而努力奋斗。

刘爱力党组书记、董事长在2021年全国邮政工作会议上发表讲话。大会认为，2020年是中国邮政发展历程中极不平凡的一年，面对疫情的严峻考验和世情国情企情的深刻变化，中国邮政坚持党建引领，深化改革创新，加快转型升级，在践行央企责任上展现新作为，在推动经营发展上实现新突破，在全面深化改革上取得新成效，在打造竞争能力上迈上新台阶，在转变工作作风上彰显新气象。面对新发展阶段带来的新要求新使命，广大职工要深刻把握国家战略和产业升级带来的新机遇新空间，充分认识行业发展态势和市场竞争带来的新挑战新问题，统筹谋划、顶层设计，全面布局、整体推进，着力构建普惠邮政、平台邮政、数字邮政、绿色邮政、活力邮政、和谐邮政"六维共生"的新邮政发展格局。

大会听取并审议了张金良总经理所作的年度工作报告。工作报告全面总结2020年各项工作成效，围绕"六维共生"的新邮政发展格局和"四梁八柱"的战略布局，系统提出2021年经营发展目标和各项工作举措。还听取了《中国邮政集团有限公司一届二次职代会提案征集情况的报告》《关于集团公司薪酬分配管理有关事项的说明》，通过了《关于提高企业年金企业缴费比例的报告》。(《中国邮政报》1月13日)

【集团公司直属机关工会第一届会员代表大会第一次全体会议在北京召开】 9月27日，集团公司直属机关工会第一届会员代表大会第一次全体会议在北京召开。中央和国家机关工委群众工作部部长、中央和国家机关工会联合会常务副主席到会指导。集团公司党组副书记、集团工会主席、直属机关党委书记李丕征出席会议并讲话。

集团公司直属机关是贯彻落实党中央决策部署的"第一棒"和"最先一公里"。近年来，集团公司直属机关工会及所属各级工会组织认真贯彻落实集团公司党组、直属机关党委有关决策部署和上级工会组织的工作要求，围绕中心、服务大局，忠诚履职、积极作为，为职工群众办了很多实事、好事。

会议总结、回顾了集团公司直属机关工会近年来的工作情况，认真分析了面临的新形势和新任务，明确了今后五年直属机关工会工作的目标任务和主要举措，审议通过了直属机关工会委员会工作报告、财务工作报告、经费审查委员会工作报告，选举产生了直属机关工会第一届委员会和经费审查委员会。(《中国邮政报》9月29日)

【全国邮政工会深入学习贯彻总书记重要讲话精神】 9月，中国邮政集团工会下发关于在全国邮政工会系统组织学习《深入学习贯彻习近平总书记关于工人阶级和工会工作的重要论述》的通知，部署有关工作。天津市邮政分公司聘请天津市工会管理学院讲师进行专题授课。河北省邮政工会采取统一指导、分级学习的方式，深入科室、支局、班组。福建省邮政工会将重要论述作为每周读书会和青年理论知识小组学习的重点书籍，定期组织学习。文史中心、江西省邮政工会在召开全委（扩大）会议时，对重要论述的学习进行专题部署。广东省邮政工会通过企业微信公众号对重要论述核心内容进行宣传讲解。全国邮政工会条线购买图书1万多册，学习和培训2万多人。(中国邮政集团工会)

【中国邮政集团工会启动职工小家三年建设规划】 出台职工小家2021—2023年建设指导意见，力争三年内实现5070个职工小家新建目标，10000个已建小家升级改造。建立集团公司2021—2023年职工小家建设专项奖励资金，每年安排500万元，三年共计1500万元，推动小家建设扩大覆盖面、逐步消灭职工小家空白点，促进已建职工小家日常提升完善、提高小家使用效率，拓展职工小家服务功能、满足职工多样化需求。下发职工小家建设指导手册，统一职工小家形象，推进职工小家标准化、规范化、系统化建设。(中国邮政集团工会)

【2021年邮政企业劳动模范专题研讨班在邮政党校召开】 4月，全国77名邮政企业劳动模范参加2021年邮政企业劳动模范专题研讨班。培训期间，邮政党校严格按照高素质专业化干部队伍建设要求，紧密围绕党中央重要决策部署以及集团公司发展战略，安排课程、组织教学，包含"理论素养与思想方法""十四五规划与国企改革""邮政文化与发展""弘扬劳模精神""专业化能力实训"5个模块20多门课程。劳模班学员代表还进行了"邮政党校庆祝建党百年党史系列微党课"和劳模讲故事成果展示，并代表全体学员为奋进新时代、助力中国邮政"二次崛起"提出倡议。(中国邮政集团工会)

【邮政女员工及集体获多项全国建功先进表彰】 3月，全国城乡妇女岗位建功先进个人（集体）评选结果揭晓。全国邮政系统有9个集体被表彰为"全国巾帼文明岗"，1名个人获评"全国巾帼建功标兵"，4个集体被授予"全国巾帼建功先进集体"荣誉称号。

其中，邮储银行辽宁省葫芦岛市分行三农金融事业部、邮储银行辽宁省抚顺市分行营业部、江苏省淮安市邮政分公司健康东路支局、邮储银行江西省赣州市南门支行、邮储银行河南省南阳市分行小企业金融部、邮储银行河南省郑州市分行中心支行、邮储银行河南省禹州市中心支行、湖南省麻阳苗族自治县邮政分公司城北支局、西藏自治区昌都市邮政分公司中心营业支局获评"全国巾帼文明岗"。广东省清远市邮政分公司党委书记、总经理李凤婷被授予"全国巾帼建功标兵"荣誉称号。邮储银行辽宁省丹东市分行、海南省定安县支行、贵州省六盘水分行、贵州省赫章县支行获评"全国巾帼建功先进集体"。

另外，集团公司邮政研究中心三级专家仲岑泓获得“中央和国家机关三八红旗手”荣誉称号，邮储银行总行机关女工委获评“中央和国家机关三八红旗集体”。(《中国邮政报》3月10日)

【邮政26集体6个人获中华全国总工会表彰】 1月27日，中华全国总工会印发《关于表彰全国模范职工之家 全国模范职工小家 全国优秀工会工作者的决定》，邮政系统有10个集体获评“全国模范职工之家”，16个集体获评“全国模范职工小家”，6名个人获评“全国优秀工会工作者”。

全国模范职工之家（10个）

黑龙江省鹤岗市邮政分公司工会委员会

浙江省仙居县邮政分公司工会委员会

邮储银行福建省莆田市分行工会委员会

邮储银行江西省金溪县支行工会委员会

江西省永新县邮政分公司工会委员会

广东省阳江市阳东区邮政分公司工会委员会

云南省昆明市邮政分公司工会委员会

新疆吐鲁番市邮政分公司工会委员会

河南省邮政分公司工会委员会

湖北省黄冈市邮政分公司工会委员会

全国模范职工小家（16个）

河北省平泉市杨树岭邮政支局工会小组

辽宁省本溪市邮政分公司平山投递部工会小组

江苏省泗洪县邮政分公司归仁支局工会小组

安徽省亳州市十八里邮政支局工会小组

福建省漳州市邮政投递南部工会小组

山东省菏泽市邮政分公司沙土支局工会小组

河南省南阳市郊区邮政分公司瓦店邮政所工会小组

湖北省随州市曾都区邮政分公司万店邮政支局工会小组

湖南省衡阳县邮政分公司洪市支局工会小组

湖南省郴州市苏仙区邮政分公司栖凤渡支局工会小组

邮储银行湖南省长沙市分行雨花支行工会小组

邮储银行广东省茂名市分行高州市长坡支行工会小组

广西壮族自治区河池市邮政分公司六甲邮政支局工会小组

重庆市梁平区邮政分公司工会

贵州省黄平县邮政分公司重安支局工会小组

宁夏回族自治区银川市兴庆区西城公司工会

全国优秀工会工作者（6名）

张延峰 吉林省松原市邮政分公司工会副主席

朱茂荣 浙江省邮政分公司工会办公室副主任、基层部副部长

徐凯榕 福建省泉州市邮政分公司工会干事

雷怀元 湖北省邮政分公司工会副主席

陈明君（回族） 湖南省常德市邮政分公司党委委员、副总经理、工会主席

罗燕萍（女） 广东省中山市邮政分公司工会干事

(《中国邮政报》2月2日)

【邮政优秀女职工获全国总工会表彰】 4月19日，2021年全国先进女职工集体和个人表彰大会在人民大会堂举行。全国10个集体荣获“全国五一巾帼奖状”，10名个人荣获“全国五一巾帼奖章”，350个集体荣获“全国五一巾帼标兵岗”称号，350名个人荣获“全国五一巾帼标兵”称号。其中，云南省罗平县邮政分公司女子投递组荣获“全国五一巾帼标兵岗”称号，广东省广州市邮政分公司珠江新城投递部投递员杜碧媛、广西壮族自治区南宁市邮政分公司寄递事业部金象营业部揽投部经理邓艳芬荣获“全国五一巾帼标兵”称号。(《中国邮政报》4月21日)

【16集体10个人获“五一”表彰】 4月27日，2021年庆祝“五一”国际劳动节暨“建功十四五 奋进新征程”主题劳动和技能竞赛动员大会在北京人民大会堂隆重举行，中华全国总工会在大会上表彰2891个集体和个人。其中，397个集体荣获“全国五一劳动奖状”、1297个集体荣获“全国工人先锋号”，1197人荣获“全国五一劳动奖章”。中国邮政有3个集体荣获“全国五一劳动奖状”，13个集体荣获“全国工人先锋号”，10名个人荣获“全国五一劳动奖章”。

邮储银行湖南省分行、广西壮族自治区钦州市邮政分公司、四川省甘孜藏族自治州邮政分公司荣获“全国五一劳动奖状”。河北省沧州市邮政分公司黄河西路投递部、南京市邮政分公司白龙江营业投递部、中邮保险江苏分公司运营管理部、邮储银行浙江省分行三农事业部服务团队、江西省鹰潭市邮政分公司月湖投递部、湖北省随州市曾都区邮政分公司府河支局、广东省11183广州中心、四川省仁寿县邮政分公司清水支局、云南省昆明邮区中心局邮件运输中心、青海省格尔木市邮政分公司“鸿雁天路”投递班、宁夏邮政分公司寄递运营中心邮件处理中心、新疆乌鲁木齐邮区中心局邮件处理中心包件分拣班、中邮信息科技（北京）有限公司新一代寄递业务信息平台项目团队荣获“全国工人先锋号”。天津市河北区邮政分公司天泰路营业部快递员、高级工刘树东，内蒙古自治区通辽市邮政分公司转运班班长、中级工海学新（蒙古族），上海市奉贤区邮政分公司南桥支局员工钟康利，江苏省连云港市邮政分公司锦屏支局投递员兼网点负责人、高级工马善民，江苏省扬州市邮政分公司党委书记、总经理张新华，山东省蒙阴县邮政分公司副经理、高级工吕红玉（女），湖北省武汉市江岸区邮政分公司投递员、初级工徐龙，海南省邮政运输局邮件运输中心干线班长途司机、高级工林

明云，四川省若尔盖县邮政分公司网投组长兼乡邮投递员哈弄夺机（藏族），邮储银行宁夏西吉县支行党支部书记、支行长马沛祥荣获“全国五一劳动奖章”。（《中国邮政报》5月1日）

【邮政1集体1个人获中央和国家机关工会联合会表彰】 1月，《中央和国家机关工会联合会关于表彰中央和国家机关模范职工之家、模范职工小家、优秀工会工作者的决定》印发。邮储银行数据中心工会小组荣获“中央和国家机关模范职工小家”称号，中国邮政速递物流股份有限公司机关工会主席牛志海荣获“中央和国家机关优秀工会工作者”称号。

此次表彰中，中央和国家机关工会联合会共授予30个工会组织“中央和国家机关模范职工之家”称号、60个工会组织“中央和国家机关模范职工小家”称号、100名个人优秀工会工作者称号。（《中国邮政报》1月5日）

【4个集体和个人荣获“2020年感动交通年度特别致敬人物”称号】 4月30日，交通运输部召开视频报告会，揭晓“2020年感动交通十大年度人物”评选结果。其中，湖北省武汉市邮政分公司上海路投递站投递员徐龙等4个集体和个人荣获“2020年感动交通年度特别致敬人物”称号。（《中国邮政报》5月1日）

【邮政七员工获评“最美货车司机”】 6月9日，交通运输部、公安部、中华全国总工会联合印发通知，公布2020年“最美货车司机”名单。在100名2020年“最美货车司机”中，邮政员工有7名，其中，西藏自治区阿里地区邮政分公司的桑布获评2020年“十大最美货车司机”。

从1998年开始，在阿里地区3600多公里的邮路上，桑布的安全行程超400万公里。在高山缺氧、自然环境极其恶劣的藏西高原，他从未延误过一个班期，没有丢失过一件邮件，投递准确率与安全率100%。途中遇见山体滑坡、大雪封山，他放弃寻找牧民家取暖，选择坚守在车上，保护邮件的安全。他爱车如命，对车辆性能了如指掌，20多年来一直是标杆驾驶员。每年军包疏运和邮运旺季，只要有时间，桑布就会到生产车间，参加旺季生产突击队，帮助搬邮袋装车，以平凡的行动阐释了不凡的责任与担当。

其他当选2020年“最美货车司机”的邮政员工是：兰州邮区中心局的马金成、南昌邮区中心局的李鹏、合肥邮区中心局的张旻、成都邮区中心局的罗景萍、郑州邮区中心局的金立东、上海邮区中心局的施平。（《中国邮政报》6月9日）

【黑龙江省大庆市邮政分公司获评全国群众体育先进单位】 在国家体育总局公布的2017—2020年度全国群众体育先进单位、先进个人名单中，黑龙江省大庆市邮政分公司入选。

全国群众体育先进评选表彰每四年开展一次，该奖项是为全面总结《全民健身条例》落实成效和《全民健身计划》实施成果，激励和动员全社会进一步重视、关心、支持群众体育工作，推动全民健身事业发展而设立。此次获评全国群众体育先进单位的大庆市分公司，注重通过员工体育建设工作，提高员工健康水平，调动员工积极性创造性，从而推动企业经营发展。

该分公司为推进员工体育体系化建设，市、县（区）分公司成立气排球协会、羽毛球协会、摄影协会及自行车协会等员工体育协会，并以创建“职工之家”“职工小家”为载体，把开展员工体育活动纳入建“家”内容。同时，举办员工徒步、篮球、气排球、乒乓球、羽毛球、拔河、跳绳等体育项目，组织员工参加上级工会举办的各类体育赛事，提高员工体育活动参与度。（《中国邮政报》10月13日）

【《人民日报》报道乡邮员哈弄夺机先进事迹】 5月29日，《人民日报》第7版以《风雪无阻为百姓》为题，报道四川省阿坝藏族羌族自治州若尔盖县邮政分公司乡邮员哈弄夺机的先进事迹。该文指出：在若尔盖这个红军长征曾经走过的草原上，共产党员哈弄夺机也在走着一个人的“长征路”——平均每周行程1080公里，一个月4300多公里，一年5万多公里。他的邮车跑遍了若尔盖县的乡村牧区，架起了一座牧区与外界沟通联系的桥梁。

哈弄夺机2014年担任乡村揽投工作以来，承担着3条邮路的投递任务。他克服投递路上天寒地冻、日晒雨淋、道路塌方等困难，及时传递党的声音，帮助百姓增收致富，切实履行了邮政普遍服务的责任担当，先后获得“优秀共产党员”“优秀投递员一等奖”“四川省十大快递之星”“全国邮政行业劳动模范”“全国五一劳动奖章”等荣誉。（《中国邮政报》6月8日）

【中国国防邮电工会赴四川、海南、广西邮政工会开展调研互学】 6月8日，中国国防邮电工会系统互学互促暨甘孜邮政“全国五一劳动奖状”授牌仪式在康定举行。中国国防邮电工会、中国邮政集团工会、四川邮政工会和甘孜邮政有关负责同志，甘孜州总工会和中国融通资产管理集团有限公司、中国航空发动机集团有限公司、内蒙古一机集团、内蒙古北重集团工会相关负责同志参会，并与全国劳模其美多吉、牛麦泽仁和“雪线邮路”先进代表座谈，为全国劳模和“雪线邮路”先进代表发放慰问金，中国国防邮电工会党组书记、主席刘迎祥为甘孜邮政“全国五一劳动奖状”授牌。

10月19—20日、21—23日，中国国防邮电工会、中国邮政集团工会有关负责同志，分别到海南邮政、广西邮政开展产业工人队伍建设情况调研。调研组深入海南、广西邮政机关和基层一线，实地调研三亚红沙邮件处理中心，考察离岛免税邮寄送达项目；走访海口演丰邮政支局，了解基层民主管理情况；为三沙市分公司等边海防地区捐赠3.5万元图书，用于军民共享职工书屋建设；考察阳朔高田支局职工小家建设情况，与党政领导、工会干部、职工代表进行了座谈，看望慰问王忠劳模创新工作室和基层职工，与一线职工进行了交流。（中国邮政集团工会）

【中国通信体育协会赴黑龙江邮政调研职工体育活动开展情况】 7月，中国通信体育协会、中国邮政集团工会有关负责同志，深入黑龙江邮政及地市县分公司文体活动中心、职工小家开展调研，旨在贯彻落实习近平总书记和党中央关于建设体育强国和全民健身重要指示精神。调研组一行走访投递网点、职工活动中心、职工小家等看望慰问一线职工，与基层职工深入交谈，了解关心职工文化体育建设情况，对邮政基层职工展现出的良好精神面貌和热情细致的服务表示赞赏；考察2017—2020年度全国群众体育先进单位——大庆市邮政分公司职工体育活动情况，充分肯定大庆市邮政分公司勇于探索、开拓创新、积极开展各项体育活动的做法。（中国邮政集团工会）

【集团公司劳动竞赛首次设立“对标先进最佳实践奖”】 3月，集团公司、中国邮政集团工会对2020年劳动竞赛进行表彰，安排部署2021年劳动竞赛工作。首次设立“对标先进最佳实践奖”，制定《邮政系统“对标先进最佳实践奖”评选办法（试行）》，评选出35个“对标先进最佳实践奖”。集团工会在中邮网院开设学习专区，放置63个优秀案例视频，观看人次超过100万。（中国邮政集团工会）

【集团公司举办“请党放心　强国有我”全国邮政青年职工演讲比赛】 9月27日，集团公司举行“请党放心强国有我”全国邮政青年职工演讲比赛决赛，旨在深入学习贯彻习近平总书记“七一”重要讲话精神，激励引导广大邮政青年练好内功、提升修养，争做走在时代前列的奋进者。决赛采用线上竞演的方式进行，同步面向全系统员工进行线上直播。

演讲比赛，是中国邮政庆祝建党100周年、持续深入开展党史学习教育的一项重要内容，是深入学习贯彻习近平总书记“七一”重要讲话精神的一项重要举措。参加决赛的32位选手来自全系统各级邮政企业，涉及邮务、银行、保险、寄递等板块，支局长、支行长、客户经理、培训师、客服人员、营业员、驾驶员、分拣员、营销员等多个岗位以及党建、纪检、金融、集邮等多个职能部门。来自四川省邮政分公司的文皓等8名选手荣获一等奖，江西省邮政分公司的饶思媛等12名选手获得二等奖，安徽省合肥市邮政分公司的玛琍等12名选手获得三等奖，浙江省丽水市邮政分公司陈倩等10名选手获“最佳人气奖”。（《中国邮政报》9月29日）

【邮政职工随手拍邮票照片设计大赛获奖作品开展】 7月7日，“迎建党百年展邮政风采”全国邮政职工随手拍邮票照片设计大赛获奖作品展在中国邮政邮票博物馆开展。中国国防邮电工会、集团公司、集团公司工会以及中国通信摄影协会相关领导出席仪式并为获奖单位和个人代表颁奖、为展览揭幕。

此次大赛聚焦红色传承、人民邮政、先锋榜样、邮政风采、使命担当和邮美生活6大主题，开展4期摄影专题培训、10期在线展示互动，10万多人次浏览关注。16.21万名职工、16.36万幅作品参赛，再创集团公司工会组织职工活动参与人数新高。大赛采取“手机＋相机”“主题类＋艺术类”“线上＋线下”融媒互动方式，将摄影元素与邮票元素相结合，突出邮政行业特色。按照“主题正确、邮政元素、艺术色彩、综合平衡”的评审原则，大赛评选出10名优秀组织奖，60名艺术类个人奖，主题类个人一等奖100名、二等奖200名、三等奖500名和纪念奖1000名。此次展览的215幅作品均选自获奖作品。展览持续1个月，对社会公众免费开放。主题类和艺术类获奖作品采用博物馆现场展示、新媒体虚拟展厅和电子屏互动等多种形式进行全方位展示。（《中国邮政报》7月9日）

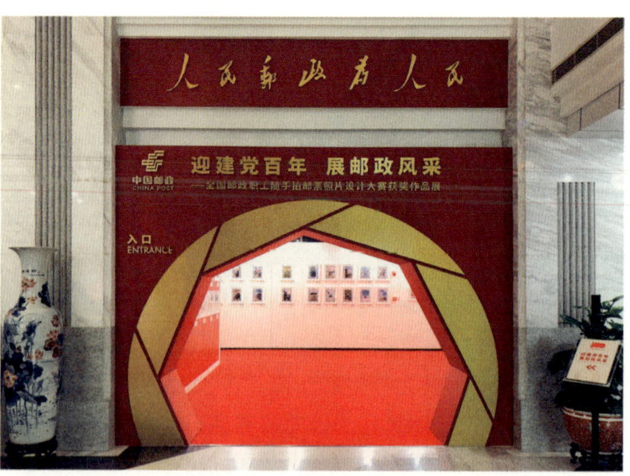

“迎建党百年　展邮政风采”全国邮政职工随手拍邮票照片设计大赛获奖作品展（文史中心）

【各地邮政为员工送温暖】 1月15日至2月26日，北京市邮政分公司开展“邮爱包——游子爱心、邮政传情”主题活动。该活动以“邮爱包”服务为主，覆盖腊八节、春节、元宵节等传统节日。“包”内整合邮政函件、电商分销等专业的京味年货产品，并叠加邮政明信片等祝福载体，可满足在京企事业单位关爱留京员工需求。活动含有3项特色内容：一是提供年货礼盒配送到家服务，礼盒根据价位不同配置个性化年货，包含糕点、熟食、干果及春联、新春贺卡。二是提供“邮爱包”标准箱寄递服务，主要针对购买年货需要配送的在京单位与个人，为其提供5公斤、10公斤两个重量档位单箱装满、邮寄全国的个性化优惠寄递服务。三是个性化“邮爱包”定制服务，各区邮政分公司根据地域特色和目标客户，自行选品打包年货，打造有区域特色的“邮爱包”产品。

河北省邮政分公司各级工会组织开展春节送温暖活动，走访慰问困难员工、劳模先进、艰苦岗位的员工和基层先进集体，组织开展“迎新春”员工线上才艺展示、“迎新春　送春联　送福字”文化活动，发挥好职工小家作用，为奋战旺季的员工提供就餐、休息、防寒等生活服务保障，解除一线员工的后顾之忧。

江西省邮政分公司领导分赴各市慰问一线员工，指导安全生产和疫情防控工作，详细了解员工的收入和生活情况，并强调旺季发展要充分利用协同优势，打造“产业＋金融＋寄递＋电商”融合发展的生态圈，更好地推动江西邮政高质量发展。

重庆市邮政分公司启动元旦、春节送温暖慰问活动，成立6个慰问组，由公司领导分别带队深入基层一线，对劳动模范、困难员工以及节日期间坚守岗位的一线员工进行走访慰问，送去企业温暖。

四川省邮政分公司各板块领导组成7个春节慰问组深入基层，看望慰问劳模先进、困难员工、离退休老同志、外派驻地扶贫干部以及坚守岗位的一线员工，了解他们的生产、生活情况，送去新春问候。

青海省邮政分公司领导分别带队看望慰问老党员、离退休干部、劳模先进及困难员工，为他们送去企业关怀和新春祝福。

浙江省嘉兴市邮政分公司倡导员工留“嘉”过年，并做好关心关怀工作。该分公司组织青年员工在单位食堂共同包饺子、话家常、聊未来。开展暖心家访、员工慰问等活动，听取员工及家属的意见建议。对于春节期间停休的揽投员，揽收酬金采取就高原则，鼓励大家多揽收多创收。

邮储银行安徽省亳州市分行为基层网点送春联，这也是“两节送安全”活动之一。

11183福州中心外省籍员工超过85%。为让留榕员工过好年，该中心为除夕值守在岗的250名员工准备年夜饭，实行单人单餐分餐制；安排理发师现场为有需求的员工解决春节剪发难问题；给未返乡过节的员工置办土特产年货并寄递回家。

新疆克拉玛依市邮政分公司领导走访慰问支局网点员工。和田地区邮政分公司领导与基层网点员工开展谈心活动，找问题、拓思路，并通过现场教方法，鼓励揽投人员同时开发寄递和金融业务，为个人创收，为企业多做贡献。阿勒泰地区邮政分公司领导与驻村工作队队员一同座谈，鼓励大家再接再厉，保持良好的工作作风，持续做好驻村帮扶工作；在金融网点，为一线员工送上新春祝福，鼓励大家全力做好节日前的客户走访工作。（《中国邮政报》2月5日）

【马班邮路信使王顺友同志逝世】 被誉为中国邮政马班邮路忠诚信使的王顺友同志，因病于5月30日在四川省凉山彝族自治州木里藏族自治县逝世，享年56岁。

王顺友，1965年11月生于四川省木里藏族自治县，2004年10月加入中国共产党，1985年10月参加工作，坚守马班邮路32年。32年来，王顺友克服恶劣的自然环境和艰苦的工作条件，不惧山高沟险，不畏风霜雨雪，不计个人得失，克服常人难以想象的种种困难，一个人，一匹马，一条路，行程26万多公里，相当于走了21个两万五千里长征，相当于围绕地球转了6圈，从未延误过一个班期，从未丢失过一份邮件，投递准确率100%，将邮政普遍服务延伸到一个个偏僻乡村，把党的声音传送到大山里的千家万户，开辟了一条藏区群众与外界沟通联系的便民通道，为党和国家的事业贡献了自己的力量。

王顺友，用自己的奋斗诠释了一名共产党员为党和人民无私奉献的精神。他始终满怀对邮政事业的执着与热爱，以邮路为家，视邮件为生命，忠实履行了“人民邮政为人民”的初心使命。曾荣获全国优秀共产党员、全国劳动模范、全国道德模范、“感动中国十大人物”等荣誉。2009年，他被评选为“100位新中国成立以来感动中国人物”之一；2012年，当选中国共产党第十八次全国代表大会代表；2019年，荣获“中华人民共和国成立70周年最美奋斗者”称号。（《中国邮政报》6月1日）

王顺友（《中国邮政报》）

交流与合作

◇ 国内交流合作

◇ 国际交流合作

国内交流合作

【海峡两岸邮政交流协会第二届理事会第二次会议在北京召开】 6月8日，海峡两岸邮政交流协会第二届理事会第二次会议在北京召开。会议传达学习2021年中央对台工作会议精神，审议并通过海峡两岸邮政交流协会2020年工作总结和2021年工作要点、海峡两岸邮政交流协会2020年财务报告。海峡两岸邮政交流协会会长、集团公司董事长刘爱力出席会议并讲话。国务院台湾事务办公室、海峡两岸邮政交流协会、国家邮政局相关人员参会。

会议指出，党的十八大以来，习近平总书记高度重视对台工作，多次发表重要讲话、作出重要批示。海峡两岸邮政交流协会第二届理事会成立以来，始终把学习贯彻习近平总书记对台工作重要讲话精神作为首要政治任务，不断提高政治判断力、政治领悟力、政治执行力，积极推动两岸邮政行业交流合作，维护两岸通邮畅通，服务国家抗击疫情大局，不断完善自身建设，开展卓有成效的工作。

会议要求，要进一步提高政治站位，深入学习习近平总书记关于对台工作的重要论述，坚决落实中央对台工作决策部署，把中央精神转化为工作思路、细化为具体举措，确保在协会得到全面贯彻落实。切实履行行业协会服务宗旨，转变思路，创新方式，推进新形势下两岸邮政交流畅通。

会议强调，要积极主动作为，推动两岸邮政合作向前发展。中央积极推进两岸关系和平发展、融合发展的政策没有变，协会要主动作为，守正创新，克服新冠肺炎疫情的影响，落实好《海峡两岸邮政协议》，按照先易后难、循序渐进的思路，积极稳妥推进两岸邮政业务沟通，推动邮政业务合作高质量发展。（《中国邮政报》6月10日）

【第四届内地与港澳邮政高峰会议举行】 12月7日，第四届内地与港澳邮政高峰会议以视频会议方式在北京、广州、香港和澳门四地联合举行，就推动落实《关于促进粤港澳大湾区邮政业发展的实施意见》工作情况进行总结与交流，探讨共同应对跨境电商背景下邮政业面临的机遇与挑战，分享了邮政业绿色发展相关政策与最佳实践案例等内容。国家邮政局、集团公司、香港邮政署、澳门邮电局主要领导出席会议并致辞。

峰会达成三点共识：一是坚持“一国两制”方针，坚持“爱国者治港”“爱国者治澳”，依托内地与港澳邮政峰会机制，深化内地与港澳邮政交流合作，加强政策协调、资源共享、优势互补，协同推进粤港澳大湾区邮政业高质量发展。二是加强粤港澳邮政创新合作，拓展国际渠道网络，完善信息技术体系，打造高水平跨境电商服务，满足三地民众用邮需求。三是坚持绿色低碳发展，培育绿色发展动力，合作开展邮政业绿色低碳发展研究，共同参与万国邮联框架下温室气体排放工作，应对生态环保风险挑战。

国家邮政局相关部门及广东省邮政管理局，集团公司相关部门及广东省邮政分公司和香港邮政署、澳门邮电局相关负责人就会议重要问题和发展经验进行了交流研讨。（《中国邮政报》12月8日）

【中国邮政参加深化社企对接助力新型农业经营主体高质量发展会议】 12月6日，农业农村部、集团公司、中国中化在京联合召开深化社企对接助力新型农业经营主体高质量发展视频会议。中央农办主任、农业农村部党组书记、部长唐仁健，中国中化控股有限责任公司董事长、党组书记宁高宁，集团公司党组书记、董事长刘爱力出席会议并讲话。会议旨在进一步总结推广政企合作助力新型农业经营主体高质量发展的宝贵经验，部署下一步重点工作，以务实举措落实全面推进乡村振兴的重要工作。会议进一步紧密了政企双方的合作，推动完善中国邮政“政企联合推动、业务协同联动、平台场景驱动、配套机制带动”的惠农服务体系，构建破解“三难”的邮政“一体化”服务模式，全面打造农民获利、消费者获益、邮政获客、政府获赞的惠农协同服务生态。（集团公司市场部）

视频会议现场（集团公司市场部）

【中国邮政与中国联通推进战略合作落地】 1月14日，中国邮政集团有限公司与中国联合网络通信有限公司联合召开业务合作专题部署电视电话会。会议提出，要秉承资源共享、互利互惠、共同前进、实现共赢的合作原则，进一步提升双方合作的深度、广度和潜力，确保双方的战略合作落到实处，取得实效。集团公司副总经理康宁、中国联通副总经理范云军出席并提出工作要求。

范云军回顾双方开展战略合作以来所做的工作和取得的成效，对中国邮政给予的支持表示感谢。他要求各省联通分公司高度重视与邮政的合作，充分发挥联通系统IT集约化的优势，加强渠道、产品、客户的深度融合，抓紧落实定制物流合作方案，使双方合作取得更好的工作成效。他希望双方共同携手，再接再厉，以更加广阔的视野和更加执着的努力，向着更高更远的合作目标健步迈进，共同绘就双方长期战略合作的美好蓝图。

康宁充分肯定双方战略合作取得的成效。他表示，签署战略合作协议以来，双方渠道网点合作成果丰硕，金融业务合作成效初显，快递物流合作正式启动，通信线路租用持续合作。他指出，邮政和联通合作基础良好，渠道资源、客户资源丰富，特别是中国邮政的渠道优势明显。双方要以此次会议为契机，进一步提升双方合作的广度、深度、潜力和效果。希望双方在寄递业务、金融业务等方面进一步加强合作，确保战略合作落到实处、取得实效，持续扩大双方的品牌影响力，以优异成绩向建党百年献礼。

会上，安徽、江西省邮政分公司分享了合作经验，中国联通渠道运营中心和集团公司电商分销局、寄递事业部对下一步深入合作作了具体部署。(《中国邮政报》1月20日)

【中国邮政与中化集团、中国化工开展战略合作】 3月16日，集团公司与中国中化集团有限公司、中国化工集团有限公司在北京签署战略合作协议。本着“互惠互利、战略联盟、优势互补”的原则，三方将充分利用各自优势资源，在“三农”综合服务、农产品生产基地建设、全方位金融合作、农业大数据信息互联、优质品牌打造等方面开展深入合作，建立长期的战略合作伙伴关系，为社会提供更加优质、便捷的产品和服务，不断提升三方的核心竞争能力。

根据协议，三方联合共建“三农”综合服务生态，充分发挥中国邮政、中化集团、中国化工各自服务优势，合力打造线上线下相结合的惠农综合服务平台，联合共建“三农”综合服务生态，全面助力乡村振兴战略。在产前环节，依托中国邮政惠农服务平台和覆盖城乡的配送网络，合力推动农资分销渠道共建、模式创新。在产中环节，依托中化集团现代农业技术服务平台（MAP）和中国邮政线上线下渠道资源，共同打造“线上+线下”惠农技术服务平台。在产后环节，共同推动农产品品牌建设、共同拓展农产品销售渠道。(《中国邮政报》3月18日)

【中国邮政与中国石油开展长期战略合作】 4月6日，集团公司与中国石油天然气集团有限公司在北京举行工作会谈并签署战略合作协议。集团公司和中国石油党组相关领导就加强双方长期战略合作进行深入探讨，并共同出席签约仪式。根据此次签订的战略合作协议，双方秉承“开放共享、互惠互利、平等自愿、依法合规”的原则，发挥在各自领域的优势，在市场拓展、金融服务、寄递物流、邮政服务等方面开展深入合作，实现共同发展。(《中国邮政报》4月8日)

【中国邮政与东风公司签署战略合作框架协议】 6月25日，中国邮政与东风汽车集团有限公司在集团公司总部举行工作会谈并签署战略合作框架协议。双方相关部门负责同志参加。

东风公司为汽车行业产业链和价值链最长最全的企业之一，经营业务涵盖全系列商用车、乘用车、新能源汽车及汽车零部件、汽车装备、出行服务、汽车金融等。此前，中国邮政与东风公司在车辆采购、金融、快递物流等方面开展了广泛合作。双方本着“资源共享、优势互补、合作共赢、共促发展”的原则，建立长期双赢的战略合作伙伴关系，发挥在各自领域拥有的资源、业务和服务优势，更好地实现新时代对国企的使命要求，推动企业可持续健康发展。根据协议，中国邮政和东风公司计划在多个领域推动深层合作，把全面、长期和稳定的战略合作伙伴关系落到实处。在业务领域双方互为大客户，建立长期、稳定、快速的合作交流机制，为共同开发新业务、拓展新市场构建良好平台，在更多领域实现互利互惠，共赢发展。双方计划在市场拓展、整车采购及车辆运营、金融、寄递物流、服务体系共建、厂区综合服务、智慧物流等领域的业务合作，实现共同发展。(《中国邮政报》6月29日)

【中国邮政与普洛斯启动深度战略合作】 10月15日，中国邮政与普洛斯共同出资设立的合资公司——北京中邮鸿运管理咨询有限公司成立，并召开第一次股东会议和董事会，标志着中国邮政与普洛斯在资本运营及资产管理领域的深度战略合作正式启动。双方计划通过合资公司发起设立以现代物流产业为核心的私募股权投资基金，目标投资规模人民币200亿元。

合作基金计划专注投资于一线城市、重要交通网络节点、城市群落枢纽地区新开发的物流、仓储、运营中心等，兼顾邮政体系内存量资产升级改造及盘活。中国邮政

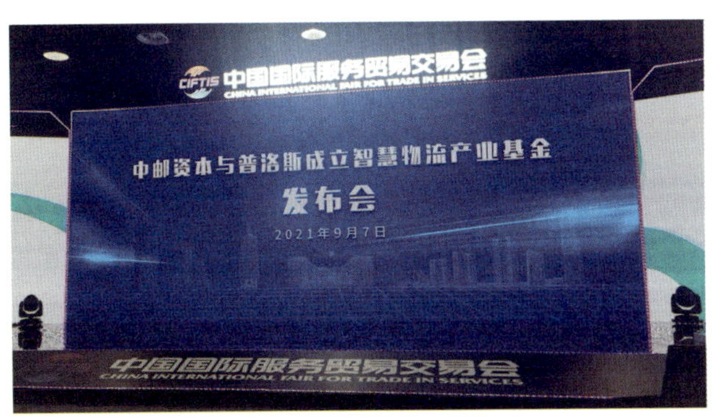

中邮资本积极研究对外投资机会（中邮资本）

会利用资源禀赋优势和基金杠杆优势，通过建设布局更多物流高标仓网络，增强邮政在行业的服务能力和影响力。依托基金投资形成的高标仓储网络，实现多元协同，构建寄递和金融生态。（中邮资本）

【中国邮政与中国华能开展长期战略合作】 12月，中国邮政集团有限公司与中国华能集团有限公司签署战略合作协议。双方在金融、能源、物流、助力乡村振兴、企业文化建设等方面开展长期战略合作，以充分发挥双方在各自领域资源优势，推动碳达峰碳中和战略目标实现，打造清洁能源合作典范。

中国邮政与中国华能在不同领域各具优势，在能源、物流、金融等领域优势互补、协同性强，有着良好的合作前景。经过协商，双方决定开展长期战略合作，将共同贯彻新发展理念，以碳达峰碳中和为指引，按照优势互补、互利共赢的原则，发挥各自在产业、资源、市场等方面优势，通过深化产业对接，创新合作模式，开展多渠道、多领域、多层次的全方位深度合作，推动企业高质量发展。

根据协议，在金融领域，双方围绕融资、现金管理、数字人民币、贸易金融、全产业链金融、互相代理保险产品等深化合作。在能源领域，加强在能源基础设施建设、综合能源服务体系建设、能源多元化供需、碳达峰碳中和等方面的合作。在物流领域，中国邮政为中国华能提供物流服务和快递产品。双方还将在助力乡村振兴、企业文化建设等方面开展合作。

中国华能是经国务院批准成立的国有重要骨干企业，截至6月30日资产总额及金融管理资产规模合计逾3万亿元，在2021年《财富》世界500强排行榜中位列第248位。（《中国邮政报》12月22日）

【中国邮政与海南省政府开展战略合作】 2月27日，在海南自由贸易港2021年（第一批）重点项目集中签约活动上，集团公司与海南省人民政府签署战略合作协议。根据协议，双方在共同推进邮政服务海南自贸港建设，共同推进邮政金融服务地方经济社会发展，共同推进城乡便民服务体系建设，共同推进服务“三农”、振兴乡村、生态环保工作，共同加快海南跨境电商发展，共同推进文化、旅游产业发展6个方面开展合作。（《中国邮政报》3月3日）

【北邮—中国邮政联合创新实验室建立】 5月21日，邮政科学研究规划院主导建立的北邮—中国邮政联合创新实验室在北京邮电大学西土城校区举行揭牌仪式。集团公司、邮政科学研究规划院以及北京邮电大学、现代邮政学院相关领导出席签约仪式。北邮—中国邮政联合创新实验室的成立，是中国邮政与北京邮电大学战略合作的重要举措，也标志着邮政科学研究规划院对外科研合作开启新局面。（邮政科学研究规划院）

【集团公司参与主办第十一届中国数字出版博览会】 10月27—28日，集团公司与中国新闻出版研究院、北京市委宣传部（北京市新闻出版局）共同主办第十一届中国数字出版博览会，展示中国邮政在报刊融媒体领域的转型成果，彰显中国邮政报刊发行向多媒体发行服务转型的渠道价值，扩大了数字发行领域的影响力，为建立数字发行领域主渠道奠定基础。（集团公司邮政业务部）

【“助力博物馆之城建设”研讨会在中国邮政邮票博物馆举办】 5月16日，“助力博物馆之城建设”高层研讨会在中国邮政邮票博物馆召开。北京市30多家行业博物馆的近80位领导、同人参加。研讨会由北京市文物局指导、北京博物馆学会主办、北京博物馆学会行业博物馆专委会承办，通过进一步学习贯彻习近平总书记关于文博工作的系列重要指示精神，积极落实十九届五中全会提出的建成文化强国要求，聚焦北京确立打造“博物馆之城”的发展目标。研讨会上，十余位中央及北京市所属的行业博物馆领导发言，为北京“博物馆之城”建设献计献策，为行业博物馆下一步的发展提供有益指引。（《中国邮政报》5月19日）

【河北省邮政分公司与中粮集团联合推出年货节百余款核心商品】 12月14日，河北省邮政分公司联合中粮集团河北大区举办“惠农邮礼·福至新春”核心商品发布会，正式推出2022年河北邮政年货节百余款核心商品，当日实现订货金额5000余万元。

此次年货节商品涵盖农资、酒水、粮油、饮料、农产品及节日礼盒等品类产品。河北省邮政分公司结合重点商品项目、中粮项目、全国基地农产品项目和农资项目四大营销产品项目，经过多轮磋商和对接，从上百家供应商中选出中粮福临门、中粮可口可乐、中化化肥、稻花香酒业等50余家重点供应商的品牌产品以及吉林大米、黑龙江大米、内蒙古牛羊肉、甘肃苹果、江西赣南脐橙、湖南冰糖橙、广西沃柑和四川盐源苹果全国8款邮政基地农产品，共同组成此次年货节重点商品项目。（《中国邮政报》12月23日）

【江苏省邮政分公司参与全省粮食流通和物资储备保障体系建设】 12月3日，江苏省邮政分公司与省粮食和物资储备局举行战略合作签约仪式，共保粮食安全稳定和支撑物资储备发展。

江苏省邮政分公司在仓储管理、体系化运输、物流配送等方面有丰富经验，在邮政服务的全面性、时效性和延伸性方面也有较高水平，具备服务粮食流通和物资储备工作的能力。

本着“政企合作、共建双赢”的原则，双方围绕江苏“十四五”粮食流通和物资储备发展规划要求，服务国家粮食安全战略和乡村振兴战略，在产、购、储、加、销等各环节，为涉粮企业、新型农业经营主体等提供优质服务，共建“水韵苏米”品牌、共促邮粮发展，推动落实战略合作，助力构建更高层次、更高质量、更有效率、更可持续的粮食流通和物资储备安全保障体系。（《中国邮政报》12 月 8 日）

【安徽省合肥市邮政分公司与中国声谷共同开发寄递服务新平台】 5 月 20 日，安徽省合肥市邮政分公司携手中国声谷打造的寄递服务新平台——中国邮政声谷服务中心正式入驻园区，提供邮政寄递服务。这是继 4 月 20 日合肥市分公司与中国声谷运营单位签署战略合作协议后的深入合作举措，旨在进一步满足基地企业多样化的物流需求，降低园区企业物流服务成本，为更多企业及“谷民”提供更优质的物流服务，助力中国声谷企业实现更大、更好发展，共同为园区入驻企业提供集寄递、贷款、保险、文化传媒等于一体的个性化便民服务。（《中国邮政报》6 月 9 日）

【广东省邮政速递物流与省人社厅推进便民服务合作】 1 月 19 日，广东省人力资源和社会保障厅与广东省邮政速递物流签署“互联网 + 广东人社”邮政政务专递便民服务战略合作协议。以“政府支持、邮政承办、部门公用、社会参与”为基本模式，依托“数字政府”和“互联网 + 广东人社”一体化在线服务平台，通过“人社 + 邮政”的深度融合，整合邮政在线和网络资源服务优势，共同推动和提升广东人社“一网通办 + 跨城通办 + 跨省通办”便民服务能力。

根据协议，双方共同推进社保卡、职业资格证等线上和线下申领邮寄到家服务，实现社保卡申领、启用、补换、临时挂失等服务事项“一网通办 + 跨城通办 + 跨省通办”“最多跑一次”；社保关系转移、人才档案转移、职业资格证申领“足不出户，轻松办事”便民新服务。携手推进“劳动仲裁专递、行政复议、劳动监察、社保核定、工伤认定、劳动能力鉴定”等各类行政公文、核定文书等，运用信息技术，各类社保文书“系统一键生成 + 邮政集约送达”，实现人社工作效能的提升，缩短群众政务办事的时长。携手推进线上线下融合和创新，运用云计算等技术，融合邮政线下网络资源，推动“入户申请 + 入户指标卡 + 档案户口管理”等政务服务事项“在线办理 + 后台审核 +e 键送达 + 智能柜交接 + 邮政双程上门服务”，实现人社政务服务事项“不见面审批”，群众办事“最多跑一次”或“一次不用跑”便民服务新目标，增强人民群众在享受人社政务服务中的获得感、幸福感、安全感。（《中国邮政报》1 月 22 日）

【海南省农业农村厅和省邮政分公司举行战略合作签约仪式】 1 月 12 日，海南省农业农村厅和省邮政分公司举行战略合作签约仪式，双方共同贯彻落实农业农村部和中国邮政集团有限公司战略决策，共同促进农民专业合作社等新型农业经营主体高质量发展，打造海南惠农合作生态圈。

海南省农业农村厅对海南邮政长期以来服务“三农”工作给予充分肯定，希望海南邮政主动担当央企社会责任，不断完善服务内容，创新服务方式，助力海南农村经济实现高质量发展。海南邮政表示，有责任有意愿成为联通政府“三农”政策和农村具体实践通道的重要保障，有信心有能力成为支撑新型农业经营主体发展的重要力量。双方表示，将以此次战略签约为契机，进一步加强合作，共同支持现代农业发展，联合探索创新“三农”服务模式，构建更加完善的为农服务体系，为个体农户与现代农业有机衔接及农村经济发展提供有力支撑，为全面推进乡村振兴做出新的更大贡献。（《中国邮政报》1 月 21 日）

【四川省邮政分公司与成都海关协商共建西部一流邮路口岸】 3 月 9 日，四川省邮政分公司与成都海关双方负责人来到成都国际邮件互换局“三关合一”处理中心调研，并对相关业务和事项进行探讨。在座谈会上，双方回顾前期合作情况，交流铁路运邮、关邮党建共建、2021 年的发展规划等情况，就进一步深化合作达成共识。在确保有效监管的前提下，四川省邮政分公司与成都海关一同建设通关高效、国内领先的邮件、快件清关口岸，服务四川经济社会发展。（《中国邮政报》3 月 17 日）

国际交流合作

【概况】

一、参与国际组织事务

中国邮政完成第 27 届万国邮联大会参会任务，参与亚太邮联、亚太邮政合作机构、“卡哈拉”邮政组织会议，推动落实互惠互利提案，加强与世界各国邮政的联系，提升对全球邮政事务、业务的参与度，推动区域间邮政业务交流与合作，发挥中国邮政在国际邮政组织的积极作用。

二、主动服务“一带一路”建设

中国邮政认真落实《国家邮政局关于推进邮政业服务“一带一路”建设的指导意见》，提出以“多边为框架，双边为基础”的合作模式，加快构建与“一带一路”合作国家和地区邮政的国际合作平台，搭建自主可控的立体式国际快递网络，设计和推出适合市场需求的服务产品，让更多沿线企业和消费者充分享受电子商务、跨境交易及物流系统的便利。国际包裹及国际小包通达138个“一带一路”合作国家，国际E邮宝通达20个“一带一路”合作国家，国际EMS通达78个“一带一路”合作国家。

邮储银行推进“一带一路”重点项目，持续为“设施联通”相关行业开展跨境业务，推进以银团贷款为主的跨境资金支持，与295家“一带一路”沿线金融机构建立代理行关系，覆盖印度尼西亚、马来西亚、菲律宾等62个“一带一路”合作国家；与29家外资金融机构建立双边授信关系，在资金清算、货币市场和外汇交易等方面积极拓展业务合作。

三、服务国家对外工作

中国邮政完成第二届联合国全球交通可持续大会参会任务，组织参加中俄通信分委会第20次会议，参与“驻华使节走进交通”活动，承接外交封发行工作，与巴基斯坦、伊朗联合发行建交纪念邮票，积极利用中欧班列开展铁路运邮，主导万国邮联国际铁路运邮规则和标准的制定，通达欧洲36个国家，彰显作为行业“国家队”的责任与担当，提升中国邮政的影响力。

四、加强外事活动管理

中国邮政认真贯彻党中央、国务院有关部门对外事工作的新精神、新要求，举办邮政外事管理工作培训班，加强线上外事活动管理，切实履行主体责任，认真履行归口管理职责，严格审核把关线上外事活动，完善报备报批制度，做好因公出国（境）人员审批及证签办理，进一步提高外事管理水平。（集团公司综合部）

【中国邮政参加卡哈拉CEO委员会】 7月8日，集团公司线上出席2021年度卡哈拉CEO委员会，听取BOD委员会及卡哈拉管理小组就卡哈拉网络产品、运营、客服、IT、电子预报数据等业务发展情况的汇报，商定下一步工作计划，推动中国邮政与卡哈拉组织常态化沟通联络机制持续发挥作用。与会代表们表示，将继续加强沟通与合作，进一步提升信息传输质量，提供相关增值服务和方案，积极探索新的运输模式，大力提升邮政核心竞争力，推动国际业务的健康可持续发展。（集团公司综合部）

【中国邮政参加第27届万国邮联大会】 8月9—27日，第27届万国邮联大会在科特迪瓦阿比让召开，中国邮政作为中国代表团成员以线上线下相结合的方式参会。集团公司筹备各项参会工作，派员赴科特迪瓦现场参会，做好三项竞选工作，协助举办中国招待会。大会期间，联合同诉求邮政主动发声，提出中国方案。大会制定了2021—2025年阿比让全球邮政战略及业务计划，通过了邮联改革与发展的相关议案，修订了万国邮联法规，并选举产生了新一届邮联国际局正副总局长、行政理事会和邮政经营理事会理事国及其主席和副主席。中国成功连任邮联行政理事会和邮政经营理事会理事国。（集团公司综合部）

【中国邮政参加第二届联合国全球交通可持续大会】 10月14—16日，第二届联合国全球交通可持续大会在北京国家会议中心举行。此届由联合国主办、中国政府承办，是中国2021年重要的主场外交活动之一。集团公司应邀出席大会并在主题会议上发言，介绍中国邮政着力推动服务民生均等化和绿色可持续发展的举措及成效。中国邮政完成了参加会议活动、举办邮票首发式、协助大会展览、提供基本邮政服务等任务，得到交通运输部和大会组委会的高度肯定与表扬。（集团公司综合部）

【中国邮政参加中俄通信与信息技术合作分委会会议】 10月29日，集团公司参加2021年中俄通信与信息技术合作分委会第二十次会议。本次会议由中国工业与信息化部和俄罗斯数字发展、通信与大众传媒部共同主持，集团公司领导参加会议并向分委会做汇报。中俄双方就有关问题深入交换意见，达成广泛合作共识，签署会议纪要，促进中国邮政与俄罗斯邮政拓展合作领域，加大合作深度，推动双边经济贸易关系全面发展。（集团公司综合部）

【举办邮政外事管理工作培训班】 7月26—29日，集团公司举办邮政外事管理工作培训班，邀请相关专家进行专题授课，全系统各单位外事归口管理部门负责人和管理人员参加培训。培训深入宣传贯彻中央对央企外事工作新精神、新要求和集团新的外事制度，既有政策解读和形势分析，又有实践总结和经验交流，内容丰富、形式灵活、效果显著，推动中央及集团外事制度的落地执行，提升集团整体外事管理水平。（集团公司综合部）

控股子公司、事业部及直属单位工作

【中国邮政储蓄银行股份有限公司】

2021 年，邮储银行实现净利润 765.32 亿元，比上年增长 18.99%。营业收入 3187.62 亿元，比上年增长 11.38%，其中，实现利息净收入 2693.82 亿元，比上年增长 6.32%；手续费及佣金净收入 220.07 亿元，比上年增长 33.42%。平均总资产回报率 0.64%，加权平均净资产收益率 11.86%。资产总额 125878.73 亿元，比上年增长 10.87%；其中，客户贷款总额 64540.99 亿元，比上年增长 12.91%。负债总额 117923.24 亿元，比上年增长 10.41%；其中，客户存款总额 113540.73 亿元，比上年增长 9.62%。不良贷款率 0.82%，比上年下降 0.06 个百分点；拨备覆盖率 418.61%，比上年提高 10.55%。核心一级资本充足率 9.92%，比上年提高 0.32%；资本充足率 14.78%，比上年提高 0.90%。

一、坚守政治担当

加大“三农”支持力度。制定“十四五”服务乡村振兴落实意见，部署服务乡村振兴“十大核心项目”，在 832 个脱贫县各项贷款余额 3580.57 亿元，比上年净增 517.58 亿元，完成监管考核任务目标；涉农贷款投放超 7000 亿元，结余 1.61 万亿元，增速 13.90%，连续 8 年新增超千亿元。

安徽省马鞍山市分行信贷客户经理走访和县乌江镇种粮大户，了解其资金需求（邮储银行）

支持中小微企业发展。推出“邮储经营”APP，落地小企业信贷工厂和移动展业。与全国股转公司、北交所签署战略合作协议，助力“专精特新”企业成长。普惠型小微企业贷款余额 9606.02 亿元，余额占比稳居国有大行首位，服务客户超过 171 万户。

落实碳达峰碳中和战略。正式采纳负责任银行原则（PRB），为 457 家企业客户开展碳核算，成立广州高州碳中和支行等多家绿色金融专营机构。在明晟（MSCI）ESG 最新评级中获评 A 级。绿色贷款余额 3722.94 亿元，增长 32.52%；绿色债券投资余额 231.14 亿元。

主动服务国家区域发展战略。持续加大对京津冀协同发展、长江经济带、粤港澳大湾区、长三角一体化等重点区域和“两新一重”、现代化产业链供应链、战略性新兴产业、先进制造业等重点领域的资源投入，制造业中长期贷款增长 42.72%。捐款 2000 万元支持河南防汛救灾，全力做好能源保供金融服务。

二、突出转型实效

零售金融业务。个人金融推进财富管理转型，邮银财富客户 356.21 万户，比上年增长 24.12%；代理期交新单保费 789.44 亿元，保障型产品新单保费 1050.31 亿元；邮银个人理财余额 8603.28 亿元，非货币基金销量 1687.99 亿元。消费信贷推进服务、营销、运营、风控的数字化转型，业务规模和客户数量持续提升，个人消费贷款 2.67 万亿元，比上年增加 3029.30 亿元，增长 12.82%。信用卡推进体制机制改革落地，业务收入比上年增长 21.22%；获客及交易规模持续提升；结存卡量 4156 万张，增长 12.93%，结存卡量增速、透支余额和收入增速列行业首位。网络金融推进线上业务创新发展，手机银行月活跃客户规模（MAU）突破 4700 万户，客户总规模 3.26 亿户；借记卡电子支付交易金额 8.31 万亿元，比上年增长 16.30%。数字人民币打造邮政特色的场景应用体系，实现邮政寄递场景全面覆盖，966 个寄递站点支持数字人民币付款。

公司金融业务。公司客户新增 32.69 万户，客户数量突破百万大关，纳入军队对公业务合作银行范围。公司贷款新增 2761.51 亿元，余额突破 2 万亿元；公司存款新增 455.87 亿元，余额达到 1.3 万亿元。获川藏铁路项目建设资金监管资格，份额居新进入银行第 1 名。交易银行供应链融资 398.93 亿元，增速 87.37%；结算业务全面突破，现金管理交易量 80.18 万亿元。投资银行加快债券融资和股权融资业务发展，债券承销规模 3945.62 亿元，比上年增长 19.14%；推动股权顾问类创新业务先行先试，开发债务重组、产业整合及相关资本市场业务，培育新的中收增长点。

资金资管业务。金融同业、金融市场强化投研驱动，有效提升交易收入；在利率大幅下行背景下，同业投融资业务组合收益率比上年上升 16 个 BP，新增债券投资收益率比上年上升 15 个 BP；票据加快线上智能化转型，票据回购业务交易量 2.62 万亿元，比上年增长 196.49%，全市场排名第一。托管业务公募基金托管规模增长 62.90%，ETF 基金等创新产品实现突破。加快金融生态圈建设，同业生态圈客户达 1458 家。

控股子公司实现专业化、特色化运营。中邮消费营业收入 56.86 亿元，增长 16.92%；净利润 12.29 亿元。中邮理财资产总额 111.07 亿元，净资产 104.64 亿元；营业收入 18.61 亿元，净利润 12.25 亿元。

三、风险管理升级

资本管理高级方法实施。完善零售、非零售内部评级模型体系，风险模型全生命周期管理机制基本确立，风险成本、资本精细化计量能力有效提升。

智能风控应用场景拓展。推广零售贷前自动化审批，消费信贷非网贷业务自动审批率近 40%，网贷自动审批率 99.18%，单笔时长压缩 80%；信用卡进件电子化率 98%，自动审批率 71%，实现秒级发卡。上线贷中精准预警模型，推进差异化贷后管理；加快建设智能风控平台，上线风险模型实验室一期。

信用风险管理。加强授信政策精准指引，筛选首批全国性公司核心目标客户和“专精特新”小巨人核心客户名单。强化信审能力建设，高效摸排重点领域风险，有效规避多起大额风险。开展资产保全“固堤清淤”大行动，处置不良贷款表内外本息 397.15 亿元，比上年增长 4.72%。

内控合规和法律事务管理。推进风险经理派驻，派驻风险经理 1600 余名。深化案件防控，加大违规问责力度，全行警告及以上处分 6988 人次。完善机构、客户、业务洗钱风险评估机制。加强消费者权益保护，在人民银行和银保监会考评中实现双提升。引入第三方专业机构开展全行保密检查，规范保密管理。

内部审计工作。对标监管要求，聚焦主责主业，发挥审计监督作用。推进内部审计管理架构优化，完善审计制度体系，强化审计人才队伍建设，深化大数据审计技术应用，加快推动审计数字化转型，为全行的稳健经营和高质量发展提供有力保障。

疫情防控和安全生产工作。落实防控要求，提前完成全行无禁忌人员疫苗接种，全行未发生一起聚集性疫情。推进安全生产专项整治三年行动“集中攻坚”阶段工作，聚焦消防和业务库等重点领域开展检查，整治取得明显成效。

四、完善信息科技支撑能力

信息化工程建设。围绕四个“新一代”、十大项目群、100 项重点工程全面加强信息化建设，上线目标工程 272 个，新一代个人业务核心系统分布式技术平台、运维平台和国际汇款功能成功投产上线。完成人行二代征信系统切换上线，获人行征信中心表彰。加快自主可控能力提升，自主研发、自主平台使用、敏捷开发占比均提升 10% 以上。推动“邮储大脑”机器学习平台与大数据环境融合，为金融科技赋能乡村振兴提供数据支撑。

大数据基础能力。大数据平台接入全行 138 个重要系统数据，主仓“十大主题”数据模型和六大数据集市持续完善。加强客户主数据、机构主数据等“深水区”治理，建立源头质量管控体系，全面提升数据质量。金融统计报送工作获得人民银行、银保监会肯定。

信息科技基础管理。强化顶层设计，完成“十四五”IT 规划编制。加大需求、架构、工程质量、外包等领域精细化管理，推进测试专业化。持续充实科技队伍力量，全行自有科技队伍超过 5300 人，加上外包人员超过万人。

五、细化管理工作

完善组织体系。直销银行正式获得监管开业批复，成为国有大行第一家独立法人直销银行。成立信用卡专营机构，加大经营授权。优化普惠金融机构设置。优化总行机构设置，增设数字人民币部和合肥、成都运营中心。

管理质效。通过定增、发行永续债及二级资本债，补充资本 1200 亿元；清理低效资产，严格管控低效资产增长。以 RAROC 为标尺配置资源，坚持资产向实体贷款倾斜；积极优化负债结构，推动全行建立以价值存款增长为核心的负债发展机制。

财务支撑能力。科学配置财务资源，出台激励政策，安排收入成本补贴，支持重点业务转型。强化资源回报理念，成本收入比稳中有降。规范采购管理，实施集采项目 3240 项。推动工程管理建设，完成 36 项营运用房建设。

集约化运营。合肥、成都运营中心顺利建成投产，公司结算类业务 100% 集中运营。天津、烟台、重庆、海南 4 家分行试点中心库 + 卫星库及外包两种现金运营集约化作业。三年网点系统化转型工作收官，全面完成网点转型导入。开展网点客户体验提升专项活动，客户体验明显提升。

人力资源管理。完成河北、广东、宁波分行领导人员任期制和契约化管理试点，推进总行级领军人才队伍和各级人才库建设。首次在全行开展专业序列岗位资格考试，28 万人次参考。坚持效益和价值导向，优化工资总额分配机制，薪酬激励有效性进一步提升。

六、深化党建工作

党史学习教育。坚持把学党史、悟思想、办实事、开新局贯穿始终，通过专题读书会、专题党课、优秀党课征评等多种形式，组织全行党员干部深入学习百年党史，贯彻总书记“七一”重要讲话精神和党的十九届六中全会精神。扎实推动“我为群众办实事”活动，北京香山支行“十年坚守践初心，手语服务办实事”的事迹得到中央指导组高度评价。

党风廉政建设。完善落实党中央重大决策部署机制，围绕落实情况强化政治监督。扎实开展总分行巡察工作，推进巡察有形有效覆盖。锲而不舍落实中央八项规定精神，开展领导人员“两费”复查、“小金库”专项治理；深化形式主义官僚主义整治，作风建设成效得到巩固。加强对“一把手”和班子成员的监督，对部分一级分行领导班子成员进行约谈。

企业文化。推进企业文化宣贯落地，明确时间表、路线图，企业文化认同感明显增强。推进群团工作，完成邮储人年度调查报告，畅通员工诉求表达渠道。开展“品牌提升年”活动，品牌认同感、价值和影响力明显提升。（邮储银行）

【中邮人寿保险股份有限公司】

2021 年，中邮保险实现总资产 4007 亿元，增长 41%。营业收入 1023 亿元，增长 9%，对集团公司增收贡献率 22%，其中，保费收入 858 亿元，增长 5%。利润总额 14.7 亿元，增长 19%。银保监会风险综合评级保持 A 类，行业协会经营评价连续两年获评 A 类。

一、经营管理方面

数字化营销试点效果良好。创建集客户画像、潜客筛选、数据推送、场景创建、专业促能、转化达成于一体的数字化营销“六步工作法”。协同完善邮储银行 CRM 系统功能，保险类客户标签由 5 个扩展到 22 个；开发健康管理、亲子教育等营销场景模板，研发专业营销支撑工具，包括 5 大主题、12 个类型、17 项；举办 3 期专项培训班。协同邮银在 21 省、175 个网点开展全面试点，达到“跑通流程、固化模式、打造模板”预期目标。

培训支撑。线下培训 3.3 万场，覆盖 46 万人。线上练兵比武活动平台 5.7 万人学习。总部研发 100 门资产配置百问百答微课，推广省分公司研发优秀课件及营销案例 367 门。

协同项目。推动惠农合作、汽车产业链、战略客户三大协同项目，重点推进普惠简易险业务，实现保费 1.25 亿元，融入集团公司惠农合作项目。

财务管理。深化全面预算管理，降本增效成效显著；推进财务信息化建设，实现数据一体化和互联互通，完成 ERP 系统二期报表合并、业财数据中台等项目；启动“科技驱动财务变革”项目；规划统筹新政策新制度实施，完成偿二代系统实施市场调研及实施方案确认，完成新保险合同准则影响测试及实施路径方案；加大财经纪律和财务风险管理，夯实财务管理基础。

资本集约化效果明显。百元新单保费相对资本占用大幅压降；利率风险对冲率大幅提升；各账户财务收益率均覆盖负债资金成本率；120 亿元引战资金到账，发行 40 亿元资本补充债，实现资本补充方式多元化。

二、运营支撑方面

运营效率提高。智能理赔功能上线，推进两核管理体系、智能风控和理赔回溯分析工作。运营能力持升，作业 439 万件，增长 15.76%；保全时效、理赔申请支付时效和理赔出险支付时效分别缩短 0.04 天、0.14 天和 18.64 天；保全线上化率 79.73%，比上年提高 33.87%。

客服水平提升。关键服务指标保持行业较优水平，亿元保费投诉量 0.11 件。智能客服平台正式上线运营；启动“客户体验三年提升工程”，开展“一季度一主题”专项体验活动；印发消费者权益保护管理办法、适老化实施方案，下发咨询工单管理办法，开展消保专项检查和内部考评。

科技赋能推进。推进“两地三中心”建设，上线私有云平台，实施机房基础网络和设备扩容改造工程；上线“邮 e 保”等 15 个系统，完成法律合规等 6 个系统的信创适配改造；优化完善数据分析平台，支持总省经营分析工作。加强生产系统软硬件环境维护和管理，实现同城灾备系统应用级升级；信息系统安全稳定运行，完成护网行动和建党一百周年等安全保障工作。

三、改革创新方面

“十四五”规划正式发布实施。贯彻落实国家“十四五”规划和 2035 年远景目标，衔接集团公司“十四五”发展规划，结合自身实际，坚持改革创新驱动，聚焦高质量发展，编制完成《中邮保险“十四五”发展规划》并正式发布实施，成为“十四五”期间引领改革发展的行动纲领。

引战工作。克服疫情影响，与关键潜在战略投资者进行多轮谈判，确定引入友邦作为战略投资者，引资金额 120.3 亿元，成为该阶段行业最大的增资扩股引战项目，获得并购市场资讯机构颁发的年度最佳金融服务业并购交易奖。推进专业赋能，友邦专业协助团队正式进驻。

市场化机制改革系统推进。研究制定总省机构编制调整优化方案。制定市场化职级薪酬体系方案。推进任期制和契约化管理，在完成 3 个单位（部门）试点的基础上，制定任期制和契约化管理、经营业绩考核、竞争上岗、社会招聘等基本制度及配套工作模板。完善绩效管理体系，优化总部高管、部门和员工个人绩效考核方案，合理拉大分配差距；抓好省分公司绩效考核指导意见的贯彻落实；研究制定资管条线市场化考核方案。强化公开平等、竞争择优的工作机制，完善总部招聘、加强和规范省分公司员工招聘调动、省分公司筹建人员选聘等制度，总省择优录用 182 名急需人才。

四、合规风险防控方面

合规管理。邮银保三方协同开展合规管控，联动检查 920 个网点。制定销售辅助工具合规审核实施细则，开展销售培训材料专项检查。组织开展“内控合规管理提升年”活动。开展公司制度全面评估。组织全国合规知识竞赛，18.8 万人次参与竞赛。

风险防控。重点风险防控有力，综合偿付能力充足率始终保持 150% 以上，资产五级分类情况优良。开展市场乱象专项整治，整改完成率 100%。

审计监督。完成年度审计项目计划，开展监管规定和自主选择审计项目 117 项，机构覆盖率和监管规定项目完成率 100%。上线应用审计系统。

五、党建工作方面

党史学习教育。发挥党委理论学习中心组学习龙头作用，开展9次学习，全覆盖巡听旁听21家省分公司党委中心组学习情况。严格落实“三个第一时间”学习机制和“第一议题”制度。开展“我为群众办实事”实践活动，创建209个项目，制定举措402条，其中3项被纳入集团公司党组办实事清单。开展基层党支部“领题破题”活动，确定课题108项。开展“三亮三比三评”主题实践活动。

党建重点工作。明确6方面48项重点任务，印发5方面20项全面从严治党责任清单、3方面12项党委领导班子成员“一岗双责”责任清单，全覆盖检查省分公司全面从严治党责任制落实情况。严肃党内政治生活，组织开好党史学习教育专题组织生活会、民主生活会。开展意识形态工作自查和党员工作时间之外政治言行若干规定等三项制度执行情况自查，组织理论学习和发展党员方面形式主义突出问题专项治理。制发落实意识形态工作责任实施细则。

巡视巡察工作。首次启动巡察工作，对总部直属机关21个党支部开展常规巡察，实现全覆盖。对照中央巡视、内部巡视、主题教育检视等问题，统筹推进常态化全面整改，巩固深化整改成果。开展11个专项重点任务整改，聚力推进金融风险防控、高质量发展等方面问题整治，每季度开展成效评估，全部按期整改完成。强化巡视整改日常监督，实现对被巡视省分公司监督检查及约谈全覆盖，明责传压，从严整改。

党风廉政建设。建立政治监督任务清单，对党史学习教育等8项党中央决策部署和集团公司党组、公司党委重要工作安排开展政治监督。一体推进“不敢腐、不能腐、不想腐”，下发党风廉政建设相关制度8项，认真开展党风廉政警示教育月“五个一”活动。驰而不息纠“四风”、树新风，不断加强作风建设。

第五届“中邮保险杯”少儿邮票设计大赛浙江赛区举行颁奖典礼（《中国邮政报》）

六、履行政治社会责任方面

制定实施乡村振兴战略2021—2022年行动方案，向18.5万帮扶人口赠送保险，开展25场公益帮扶活动。慎终如始抓好疫情防控工作，没有因疫情而使生产经营受到较大影响的情况。严格落实安全生产责任制，荣获“平安邮政”优秀单位。推进“员工幸福工程”，落实为职工办“六件实事”。树创2个“中邮保险分公司工匠”及“省分公司劳模创新工作室”。深入开展7项劳动竞赛活动。（中邮保险）

【中邮证券有限责任公司】

2021年，中邮证券实现收入6.63亿元，净利润1.70亿元，净利润比上年增长5.87%；净资产收益率2.81%，比上年增长3.44%。经纪业务线完成收入3.56亿元，比上年增长12.75%。其中，信用交易业务完成收入2.14亿元，比上年增长17.35%。自营业务线完成收入2.20亿元，比上年增长41.59%。资管业务线完成收入0.64亿元。投行业务线完成收入0.56亿元。分支机构收入1.24亿元，其中，资管分公司收入超过6000万元，江苏分公司收入超过1000万元。营业部实现收入0.77亿元，其中，南大街营业部收入超过2000万元，电子城营业部、阎良营业部收入超过1000万元。

一、体制机制改革方面

完善公司治理体系。规范决策程序，搭建“三会一层”决策体系。修订《中邮证券有限责任公司章程》《中邮证券有限责任公司股东会议事规则》，细化各机构的职责边界，完善公司治理体系；建立董事长常务会议工作机制，制定《中邮证券有限责任公司董事长常务会议议事规则》和《中邮证券有限责任公司重要事项决策程序一览表》。加强日常监督，成立监事会办公室。提高决策效率，优化完善“股东会—董事会—经营管理层—专业管理委员会”的分级分层决策体系。

优化体制机制。完成组织架构改革。总部层面，组建财富管理事业部，围绕服务个人客户和机构客户，将传统经纪业务向财富管理转型；组建投资银行事业部，扩充投行团队，实现专业团队的灵活配置，激活业务单元的经营活力；新设战略客户与协同发展部、运营管理总部，提升总部业务协同发展能力和业务支撑能力。分支机构层面，完成财富管理、机构客户和综合管理三部门制改革，明确分公司作为深挖当地邮政资源的“抓手”和客户服务的“前哨”，为分支机构快速发展提供组织保障。搭建MD职级体系，优化选人用人机制。制定《中邮证券有限责任公司职级体系管理办法（试行）》，建立以6级、8序列、18子序列任职资格体系为基础的MD职级体系，通过纵向升降机制和横向流动机制。

标准化建设。出台《规章制度标准化管理规定》，梳理491项规章制度。以“坚持环节精简，确保审批有效；坚持合规底线，确保规范运营”为原则，梳理234项流程，优化整合177项流程。

二、能力建设方面

内控管理。完善内控管理体系，完成422项内控制度的新增和修订工作，其中包括业务类管理制度143项、运营支持保障类管理制度90项；改进风险管理政策和流程，做到风险识别、计量、监测、控制、报告的全流程管控；以净资本和流动性为核心的各项风险控制指标均持续达标，未发生风险控制指标触及监管标准底线的情形；梳理18项反洗钱内控制度，按要求开展5次洗钱风险评估，配合人行现场评估，并持续推进整改；注重高层培训引领；编写合规信息动态和合规监管案例12期；开展21人的任职前培训和十余次全员合规培训，下发培训材料。压实三道防线责任，严格落实业务部门第一道防线主体责任，明确投行、资管、自营等重点业务准入标准并严格落实；落实风险和合规部门第二道防线责任，风险管理部组织业务部门完成风险排查14次，组织制定《机构准入管理办法》，加强外部机构准入管理，建立统一内部评级管理办法，推动统一信评标准建设，合规法务部开展合规审查1798项，完成年度合规检查、债券交易询价情况季度抽查等各项合规检查及监测工作；落实审计部门第三道防线责任，对各业务线、各部门、各分支机构实施全面审计，审计项目53项，发现整改问题249个，整改率100%。加强队伍建设，将合规部更名为合规法务部，增加法务职能，下设合规、法务与反洗钱三个条线，风险管理部增设信用评级条线，下设风险管理、内核、信用评级三个条线；完善建设与业务规模相匹配的专业化、高素质合规、风控队伍，中后台内控部门引进人才39名。

总部服务支撑。专业支撑，补充高级管理人员7名，中层25名，保荐代表人20名，形成以领军人物为代表、中高端人才为支柱、专业人才为主体的队伍结构；组织开展线上线下各类培训56场，其中业务条线42场，开展党史学习教育“两学、两促”“每周一讲”学习培训活动16场；外请专家讲授“资产配置的框架和运用”“理解投资，理解基金——FOF投资的经验分享与交流”，选派人员参加协会、党校等各级培训36次，选派12名领导干部参加邮政党校培训学习。服务意识，下发《关于建立中邮证券首问负责、限时办结和“五服务”制度　进一步提升总部服务水平的通知》，实行首问负责制，各行政类流程及业务事项均明确责任岗位和责任人，以限时服务、全程服务、规范服务、高效服务和廉洁服务为标准，形成服务基层、服务分支机构的意识；通过开展“比学赶帮超”活动，建立“调整　改革　提升”典型案例通报机制，选取成效突出、代表性强、推广价值高的案例在全公司范围内推广。管理水平，完善预算管理和内部损益体系，构建零基预算模型，确保2022年预算编制的合理性；健全自有资金管理体系，拓展融资渠道，发行不超过20亿元的收益凭证，向上海证券交易所申请公开发行公司债券；完成信息技术部部门职责和组织调整，引进总架构负责人、大数据分析等科技领军人才；完成4500万投入，完成包括单向视频开户、资管直销等前台业务系统，以及后台支撑系统等32个项目的建设。

分支机构活力释放。新开业分支机构，包括重庆市分公司、天津市分公司及2家轻型营业部。以客户为中心，按照零售与机构客户，设置财富管理部、机构业务部和综合管理部，重置分支机构架构；按照全体起立、全员竞聘的方式实现人岗适配，前台业务人员占比显著提高，分支机构“经营中心和营销前哨”的定位初步体现。按照“统一规范、从严控制、动态管理”的原则，岗位编制进一步规范，并以薪酬业绩双对标为原则进行动态管理；对业绩亏损的12家分支机构、绩效考核基本称职或不称职的、原薪酬水平显失公允的领导人员进行薪酬调整；17家分支机构部门领导人员开展公开竞聘，打破干部终身制；财富管理事业部下发《分支机构综合管理规范性考核细则》，对分支机构招聘录用、人员管理、薪酬发放、执业信息注册、培训管理、绩效考核和档案管理等工作进行指导和评价，指导分支机构有效落实人力资源管理各项要求。北京营业部两融融资规模日均近3亿元、承揽济宁高新债券，年收入3834.7万元，列分支机构第1位；江西省分公司各项业务均衡发展，两融客户新增户数、投行业务收入均列第1位，新增有效户数、累计销售重点基金金额、累计销售收益凭证金额均列全国前五；四川省分公司开拓市场，承揽广安金财公司债并成功发行PPN项目，中标南充航投公司债、达州经开区投资公司企业债、达州国资企业债等项目。

三、协同战略方面

融入“集团大协同”。成立战略客户与协同发展部，协同推动与邮政系统内各兄弟单位的联系，加快融入邮政协同生态圈；参与邮政金融跨年度营销活动，提升邮政金融零售客户黏性；通过提供差异化产品与服务，持续扩大中高端客户规模，提升客户AUM。加强银证协同，联合开发企业客户融资需求。与邮储银行联合召开银证协同业务推进会2次；联合开发落地衡阳高新项目收益债、抚州东乡公司债、瑞安经开公司债等投行项目，并对邮储银行对公存款规模实现反哺。借助集团协同平台，持续提升同业客户综合服务能力。参与邮储银行同业部北京、长春同业峰会；与集团公司金融业务部联合召开邮保多元业务推进会，借助邮储、邮政同业资源，与多家同业机构达成业务合作。整合央企资本平台、银行客户资源，聚焦北交所投行业务机会，通过与邮储银行普惠金融部密切配合，梳理近3000家“专精特新”目标企业名单，形成标准服务

中邮证券与中债估值中心联合发布“中债—中邮证券优选碳中和绿色债券指数”，中邮证券研究所开展绿色指数研究会议（中邮证券）

方案，实现企业精准挖掘。

打造“公司小协同”生态圈。总部各条线加强内部资源整合能力，在产品创设、客户营销、市场开拓等方面形成协同合力。如资管分公司与财富管理事业部在新策略、新产品的培训路演、推介销售过程中密切合作，完成公司首只“固收+”产品中邮证券鸿图1号集合资产管理计划线上销售；完成首只私募股权类集合资管计划幸福增利1号近2.9亿元的募集工作。各分支机构立足当地优势资源，找准发展定位，主动探索创新协同合作模式，在与总部资管、投行、财富管理业务协同方面均有落地成果。

四、党建工作方面

基层党建工作。坚持以习近平新时代中国特色社会主义思想为指导，认真贯彻落实党的历次全会精神，围绕中心工作，切实加强党的全面领导。以党史学习教育为契机，持续开展“学党史、学业务，促党建、促发展”讲堂活动，以党史学习带领业务学习，促进党建与改革发展相融共进。各级党组织立足职责，贯彻党的初心使命、根本宗旨，以“两个清单”为抓手，用“三亮三比三评”增动力，完成“我为群众办实事”项目95个，破解难题50个。持续推进巡视整改工作。统筹部署中央巡视整改与内部巡视整改一体推进，开展常态化全面整改和专项重点整改。围绕集团公司各批次内部巡视发现的突出问题，开展举一反三、自查整改。针对集团公司党组巡视发现的分公司问题，总部机关从制度机制角度深化整改，与分公司“同题共答、同向发力”。21家分支机构制定整改任务182个，制定整改措施576项，均全部完成或完成阶段性目标。

党风廉政建设和廉洁从业文化建设。一是党风廉政建设取得新成果。深入推进全面从严治党，持续加强政治监督和日常监督，聚焦“小金库”等突出问题开展专项治理，推进以案促改，取得明显成效。强化党风廉政教育和警示教育，组织对总部机关7个党支部开展政治巡察，针对总部机关在落实党建责任、部门职能作用发挥和工作作风等方面的问题，推动整改落实。二是廉洁从业文化建设不断加强。出台《中邮证券有限责任公司廉洁从业人员管理办法》，梳理各业务条线和重点管理事项的廉洁从业风险防控清单；持续开展廉洁从业宣传教育，大力培育廉洁文化，组织全员签署了廉洁从业承诺书，各单位及从业人员廉洁从业意识显著提升。

五、获得荣誉

集团公司对公司审计工作评价结果为“优秀”；党纪委办公室被集团公司授予直属机关创建模范机关“先进处室”；党建工作部组织参与全系统“我和党的故事”主题征文活动，获得集团公司优秀组织奖。投教团队获得《证券时报》主办的“2021中国证券业君鼎奖”评选活动“中国证券业投资者教育团队君鼎奖”。（中邮证券）

【中邮资本管理有限公司】

2021年，中邮资本实现预算口径总收入23.03亿元，利润1.81亿元。

一、推动体制机制变革

中邮科技股改和IPO申报准备工作。推动中邮科技完成股改工作，完成中邮科技上市初步方案制定，中邮科技进入上市辅导期。

领导人员任期制和契约化管理。开展控股子公司劳动人事分配三项体制改革。公司本部制定岗位、职级、薪酬、绩效的体系化改革方案，打通员工晋升通道，明确退出机制；子公司中邮科技和湘邮科技完成改革方案及配套落地制度近30项。

完善公司组织架构。全面梳理工作职能及岗位人员匹配量，优化本部岗位设置；根据子公司中邮资产、中邮科技业务开展情况，调整组织结构及人员编制，匹配岗位人才。

二、助力集团公司战略布局

物流仓储基金设立。与普洛斯合作推进物流仓储基金落地，安排财务和法律尽调、可行性研究、投委会决策、公司章程制定、反垄断申报、协议签署等一系列工作。9月完成合资公司工商注册，10月开始正式运营。同步推进项目拓展工作，调研十余个项目，初步梳理出3个重点项目，赋能邮政寄递能力建设和业务发展。

推动存量股权投资整合。按照“子改分”划入资产的分类管理和重组整合思路，对中邮资本下挂的5家信息技术公司和多家物业公司开展实地走访和调查，形成重组思路和初步方案。建议通过内部资产重组改制，引入外部合作方，建立符合市场规律的公司治理结构以及业务管理体系，挖掘存量资产价值。

研究邮政主业资本解决方案。分析邮政国际业务整体行业情况、市场格局和发展趋势，对部分潜在优质投资标的开展持续跟踪调研，形成国际业务战略投资建议书，提

9月7日，中邮资本管理有限公司受邀参加中国国际服务贸易交易会现场举行的北京城市副中心“两区”建设金融成果发布暨签约活动（中邮资本）

出收购跨境电商物流企业，参股投资（含产业基金）跨境电商物流生态企业，快速布局跨境专线物流细分市场的战略投资建议。组织与滴滴合作开展同城业务模型构建和测试工作，形成同城运力履约平台项目建议书，提出与滴滴合资打造动态同城网络，以众包模式组织社会运力，差异化切入同城快递市场的项目建议。就中国邮政广告传媒公司改革方案建议多次研讨，协助制定改革方案，形成广告传媒业务改革建议。

研究对外投资机会。完成对多个潜在投资标的调研分析；对社区团购行业和多个平台展开调研分析；对医药物流行业展开研究并接触投资机会；对整车货运网络调度平台进行调查研究，推动其与寄递事业部的业务合作；结合对金融科技行业的研究，对多家第三方征信、金融科技服务类公司展开调研分析。

落实协同发展战略。协同寄递业务发展，在物流仓储基金设立过程中始终突出协同发展意识，在种子项目前期沟通阶段，为江苏省邮政分公司协同发展寄递业务数千万元。持续协同邮储发展，做好存量项目运营，参与探讨邮储行业已投私募基金份额等业务合作的可行性。围绕邮政服务乡村振兴战略和县乡村三级物流体系建设，探索邮农合作新模式——设立“乡村振兴产业基金”的可行性。

三、加强风险防控

实施项目动态监控持续加强投后管理。远程跟踪或现场访问了解被投公司运行及发展情况，定期编制投后管理报告，落实项目风险等级评定工作，确保及时识别、把控投资项目风险。

组织加大合规检查力度。全面梳理内控制度，制定《中邮资本管理有限公司内部审计实施细则（试行）》，对公司重大决策事项和规章制度法律审核执行情况进行梳理和自查，形成公司内控制度立、改、废的清单。对公司本部和中邮永安、中邮鸿信开展年度合规检查，对公司资金管理办法执行和支付流程专项检查，并从制度优化完善和严格执行制度等方面安排落实整改。

加强资金监控。推进资产负债管理及流动资金动态平衡管理工作，协调提前归还环宇租赁公司商业保理借款本金1亿元，节省550万元以上的借款利息。实时关注资金动态情况与账面余额，与各类金融机构探讨合规可行、成本可控的融资渠道和方案。

做好集团公司领导任中审计配合工作。第一时间成立工作小组，明确公司牵头部门，指定专人全天候开展对接工作，各部门做好配合工作。随时了解审计组相关诉求和动向，建立提交审计资料清单，每日向集团公司审计部汇报，做到准确、及时、有序配合。在整个审计过程中没有出现配合问题，也没有发现重大问题。

切实加强纪检监督检查工作。制定下发《2021年中邮资本管理有限公司纪检工作要点》和《2021年中邮资本管理有限公司中央巡视整改监督检查工作方案》，并抓好落实，全年未出现违纪问题。

四、加强控股子公司经营管理

组织制定《中邮资本管理有限公司控股子公司管理办法（试行）》。以公司治理为主线对控股子公司战略规划、财务人力管理、重大项目决策、投融资和资本运作、风险管理和防范等方面履行指导、评价、建议、监督以及绩效考核等职能，提高控股子公司运行效率和抗风险能力。

指导子公司健全公司治理。参加40次控股（参股）子公司的“三会”会议，审慎决策152项议案，确保体现股东意志。

对控股子公司运营情况过程管控。按月收集经营分析报告，按季经营分析，引导子公司稳健运营。中邮科技经营规模稳步提升，营业收入19.31亿元，比上年增长22.17%，利润9882.42万元。湘邮科技推进转型发展，营业收入4.47亿元，比上年增长28.16%，实现利润119万元，内外部市场开发不断深化，拓展平台运营类业务，系统工程类业务加快发展，软件开发类业务稳步提升，科研投入明显加大，科研队伍逐步壮大。中邮资产落实集团公司资产盘活两年规划实施，重点项目盘活工作，完成杭州项目土地增资、土地转让审批及土地转让协议签署等工作，并完成项目建设总包招标，一期地铁接驳工程建设顺利完成。

中邮资本与中邮资产财务分立工作，从业务、资金、资产及负债等各方面明晰两公司管理界面和权限，实现业财匹配。

履行“子改分”股权单位的股东法定职责。严格执行集团公司产权登记管理办法，落实公司所属各级具有法人资格的控股企业国有产权占有、变动、注销等登记工作。配合各省（区、市）邮政分公司推进清理退出经营非主业的不具备竞争优势的股权投资。

五、加强作风建设

党史学习教育。把开展党史学习教育作为贯穿全年的重大政治任务，成立公司党史学习教育领导小组，研究制定公司党史学习教育工作方案，组织开展“我为群众办实事”、党支部“领题破题”、党员“三亮三比三评”系列活动，完成5个办实事重点项目和2个党支部重点研究课题。

加强工作督办管理。严格执行《中邮资本管理有限公司工作任务督办规定（修订）》等一系列督办考核办法，以制度化、动态监督的方式持续推进工作任务的落地实施，考核8人次。

疫情防控工作。严格落实防控主体责任，组织各部门负责人签订疫情防控责任承诺书，进一步强化公司网格化防控管理，以“四不两直”的方式对在京下属子公司办公地点的疫情防控情况进行督查。坚持常态化防控不松懈，组织坚持做好员工个人健康日报，开展突发疫情应急预案演练活动，积极稳妥推进疫苗接种工作。

做好安全生产工作。依照公司安全生产专项整治三年行动实施方案，组织开展一系列安全生产专项整治工作。开展以“大排查、大整治、大培训、大宣传”为主题的消防安全专项整治，组织各子公司开展互联网安全风险排查。（中邮资本管理有限公司）

【中国邮政集团有限公司寄递事业部（中国邮政速递物流股份有限公司）】

一、建设市场营销体系

健全市场营销体系。推动建立以综合营销为主导、专业营销为主体、点部营销为基础、协同营销为补充的市场营销体系新架构。指导20个规模省（区、市）建设寄递业务大客户营销中心。寄递事业部组建大客户营销中心，以重点行业为切入点，强化行业TOP客户综合营销，推动总部项目发展取得明显成效，法院、公安、金融、鞋服等项目增长较快。

落实“三差三力”竞争策略。集中有限资源，抓好重点业务、重点区域、重点市场、重点客户拓展，明确“八大市场”主攻方向、目标客群、发展措施和推广模板。其中，政务市场提出“守中求进”策略，增长快速。加快部委客户总对总合作，国家移民局线上平台首次开通速递服务，人社部社保卡“跨省通办”线上平台、国家邮政局、民航局全国行政许可平台、国药集团线上平台均实现对接合作。商企市场提出“标杆引领”策略，增长较快。强化优势邮路营销，组织各省以“优势邮路＋合理价格”重点营销获客拓客。电商市场提出“差异竞争”策略，按照客户分层、市场分类的原则，组织开展“电商客户大抢攻活动”。商圈市场提出“贴近密接”策略，进驻覆盖17093个商圈。高校市场提出“固本培源”策略，完成922万件

助力乡村振兴（集团公司寄递事业部）

高考录取通知书寄递服务，得到国务院领导肯定。农村市场提出“联动协同”策略，巩固邮政主渠道地位。国际市场提出“双轮驱动”战略，拓展多、双边业务合作，强化商业渠道拓展，提升海外仓服务能力。物流市场提出“创新升级”策略，以仓为核心，紧抓“6+1”重点行业，仓配客户逾3400个，综合服务能力持续提升。

拓展重点业务。特快业务加强总对总合作，强化优势邮路营销，开展“客户争夺战”和假日主题营销活动，推动源头获客和市场项目拓展。快包业务开展差异化营销，主攻目标集群市场，优先发展轻小件，拓展新兴平台，强化资费管控力度。国际业务加快重点业务和重点项目开发，加大e特快业务在美国、日本、韩国等12条重点线路营销力度，推进e特快业务在亚马逊、菜鸟、Wish等重要平台的合作，开通与菜鸟平台、俄罗斯邮政的联合陆运专线Rpacket产品。物流业务聚焦六大行业领先目标客户，发挥协同作用，加快源头获客，持续提升供应链综合解决能力。华为、苹果等客户服务份额持续提升，与中国烟草合作，实现31省（区、市）全覆盖，拓展比亚迪、李宁、中粮等行业头部客户。

二、强化运营管理

按照“集团管省际、各省管省内”原则，初步构建两级集中的管控框架。推进陆运网改革，856个市县实现跨行政区域就近入网，单件分拣次数由3.02次降至2.12次。推进运输改革，新增1465个民航早晚航班、63条高铁邮路，158条单程邮路改为往返邮路。推进中心局改革，减层级、减机构、减人员，机构减少254个，压缩内部人员1.1万人。推广新工艺，日均处理效能提升35%。推进揽投网改革，快包自提率56.5%，提升28.7%。推行“路长制”，明确三级路长管理责任。开展“6·28”大提速，新增优势邮路1001条。特快、快包时限达成率分别提升3%和5.6%。“双11”寄递网运行畅通有序，在业务量再创新高的情况下，实现“四保四提”目标。

三、完善服务保障体系

明确6个环节22个指标的服务标准，构建以客户体验为核心的服务质量保障体系。立足客户视角，组织开展“包裹快递业务服务质量提升季活动”，聚焦“六大痛点”问题开展专项治理，下发13个方面整改任务，细化重点问题595个，完成整改313个，长效改善282个。国家邮政局公布的公众满意度85.4分，居行业前三。重点项目主动客服保障率96%，邮件丢损率压降24.45%，投诉率下降18.8%，特快约投率提升20.52%。

四、推进降本增效

围绕三把尺子，聚焦5大环节25项关键管控要素，深入开展成本写实工作，从工艺技术、作业流程、工时利用效率等多维度分析可优化空间，实施60项成本压降管控措施，收寄环节加快推进一体机混合收寄模式上线，混合收寄业务量占比50%，一联面单使用率97.5%。投递环节加快快包自提网络建设，重点城市网格化率95.36%。处理环节按照“一局一策”对90个重点城市处理中心进行工艺优化改造，生产旺季整体处理效率提升10%。运输环节推进“小改大”“单改双”“两装一卸”“一装两卸”等方式，装载率提升至43.5%。制定作业标准和定额方案，强化资费管理、优化业务和客户结构，提高外包效能质量。

五、推进能力建设

推进上海、成都等8个省（区、市）际中心处理能力建设，新增日处理能力564万袋件。按照“一局一策、分批实施”思路，分两批对42个处理场地工艺流程进行优化改造，减少流程断点、堵点，提升自动化处理水平，邮航机队规模扩充至34架，航空运输量约600吨/日。持续提升核心城市仓配“枢纽”能力，编制完成《仓储业务发展和布局规划》，明确仓配骨干网络规划和42个核心节点城市选点规划，寄递网核心竞争力逐步增强。IT赋能取得新进步。完善协议客户门户网站，增加在线对账等10余项重点功能。打通微信、APP等不同客户受理系统，实现“客户一点接入、数据全渠道互通”，电子渠道客户数增长90%。完善国际资源管理功能，实现业财数据全面采集和互联互通，助力国际业务准确结算。上线11183智能化速赢项目，智能应答占比提升22.6%。不断优化“中邮寄递”APP功能，持续提升经营管理数字化、可视化水平。（寄递事业部）

中国邮政速递物流股份有限公司南京集散中心

南京集散中心2021年生产作业318天，处理邮件1.72亿件，日均处理54.2万件。按照寄递事业部统一部署，邮航通过包机形式开通西宁—南京、银川—南京、海口—南京、烟台—南京等季节性专机航线，实现自主航空网在全国范围的基本覆盖。接发进口干线邮路48条，出口干线汽车邮路41条，覆盖江、浙、沪、皖三省一市主要地级城市。基本实现收入3309.91万元，完成预算的89.46%，支出38210.77万元，比上年上升4.39%，实现绩效考核下预算利润−36223.1万元，完成本年度预算目标，累计序时利润完成率为106.1%。人员总数868人（其中A、B类359人，劳务承揽509人），件均人工成本0.76元/件，比上年下降2.56%。未发生任何重特大生产安全事故、消防安全事故、资金案件、人身伤亡案件和群体性聚集疫情感染事件。

国际过渡期土建工程基本改造完成（集团公司寄递事业部）

优化作业组织，提高作业效率。以“一局一策一调整”为原则，优化调整投递区格口，邮件处理与赶发效率显著提高。坚持以问题为导向，开展7次“大走访、大调研”活动，处理极速鲜项目中的山东“大樱桃”邮件89.6万袋件，比上年增长28%。高考录取通知书、极速鲜等专项重点邮件实现高质量保障。“双11”高峰期间，处理量比上年增加29%，其中，接卸加班车223趟、协调邮航加班机58架次。保障紧急疫情期间特快专递全程时限，禄口机场疫情发生后，完成生产现场20.7万件147.5吨邮件的清场工作，保障了重要邮件专项交接、优先发运。建立健全“3+1”线长制时限管控体系（“三级线长+时限管控组”）。生产现场全过程全环节管控能力不断强化。

提升能力建设。包件分拣系统设备完好率99.7%，扁平件分拣系统设备完好率99.5%，塑封机系统设备完好率98.3%，传输系统设备完好率99.8%。自主设备维护能力不断提升，代维费用节约282.29万元。实现总包、收寄不规格等邮件的全流程自动化处理功能。实现西门子包分机二改三升级，完成包分机总控系统改造，实现同一信息的邮件可分拣到三个环路的不同格口。增加拒识邮件落格前二次扫描功能，拒识邮件下降10%。改造小件落格分拣机空盒传输线，优化改造信盒传输线，传输效率由680盒/小时提高至1724盒/小时。推进绿色邮政建设，优化扁平件分拣机出盒设置值，减少塑包总量。增加落格分拣机使用频率，增加循环袋使用比例。组织缠绕工艺样机的测试验收，实际效率 200 包 / 小时。

推进国际过渡项目建设。南京集散中心配合江苏省邮政公司推进项目前期准备工作，南京集散国际过渡期分拣机土建配套改造工程项目基本完工。南京集散国际邮件处理中心工程（一期）项目于 12 月启动，计划投资约 3 亿元（含土建、工艺），建设面积 7.6 万平方米。（集团公司寄递事业部）

中国邮政航空有限责任公司

突出安全管理。邮航党委把安全工作摆到最突出位置，召开 38 次党委会、12 次安委会听取安全工作汇报、研究部署安全工作。突出党建引领安全，严格落实“党政同责、一岗双责、齐抓共管、失职追责”安全生产责任体系。严格落实“三管三必须”，加强“三基”建设，以“三个敬畏”为内核深入推进作风建设，贯彻“六个起来”工作要求，坚持安全隐患零容忍。推进安全专项整治三年行动，开展“问题隐患清零”行动。未发生征候及以上不安全事件，未突破民航局下达安全生产指标，保持住无飞行事故、无机务维修事故、无空防安全事故的良好态势，实现第 25 个安全年。首次年度安全飞行突破 4 万小时，比上年增长 12.3%，累计安全运行突破 50 万小时，创历史新高。

提高运行品质。加强航班正常管理工作，编发《航班正常性管理办法》，规范航班正常性统计标准，细化各专业航班保障考核指标和责任。利用运力协调会制度和大数据运行品质月、周、日分析机制，做到运行前预处置、运行中内外协同、运行后强分析、挖潜力，及时发现解决运行突出问题，召开运力安排协调会 51 次，提出 279 条短期航班优化计划。建立低正常率航线监控处置机制，航班正常率首次突破 90%，高于民航 3.6%。运用好指调中心、邮航、南京集散中心、相关通航省运管部门组成的联席会平台，及时强化各方协同，全力支撑寄递、服务寄递、融合寄递，确保运输时限更加稳定可靠。

统筹运力航线。4 月、6 月、7 月分别引进 1 架 B737–800F 全货机，至此有 7 架 B737–800F 全货机投入航线运行，占国内快递货运航空市场上运行同机型全货机数量的三分之二，邮航成为国内该机型最多的航空公司。11 月 2 日开通海口—南京往返航线，将海口纳入全夜航集散覆盖范围，有效提高海南省特快邮件寄递时限。“双 11”期间，增开 6 条加班专机航线，通过高效复用运力，航班量、运量均创历史新高，其中 11 月 12 日运行 95 个航班，承运邮货 968 吨，满足特快业务经营发展需求。为支撑“极速鲜”业务发展，开通 8 条专机航线，部分航线调整大机型，执飞 386 班，运输“极速鲜”邮件 5600 余吨。增开南京—大阪、广州—东京、大连—大阪、义乌—大阪—温州、温州—东京—义乌 5 条航线，达到 14 条国际（地区）航线，同时加密浦东—大阪等 3 条国际航线，日本路向航班每周 50 余班。国际（地区）航班运行 3617 班，比上年增长 42.5%；安全飞行 9343 小时，比上年增长 47.1%；邮货运量 4.2 万吨，比上年增长 87.2%。

提高能力建设。为贯彻落实国家军民融合战略，5 月 25 日、9 月 16 日及 12 月 12 日接连执飞拉萨贡嘎机场（3570 米）、格尔木机场（2843 米）、阿里昆莎机场（4274 米），实现国内主要高高原机场全覆盖。尤其是执飞兰州—格尔木高高原航线，完成物流综合保障，全方位检验了中国邮政陆空一体、多式联运综合立体投送力量。通过第四次国际航空运输协会运行安全审计认证（IOSA）复审工

中国邮政航空公司实现第 25 个安全年（集团公司寄递事业部）

作，继续保持IATA会员资质。对标国际标准，促进各项运行政策、标准和程序不断完善，为后续大型宽体货机引进，参与洲际运行，获得美国、欧盟的准入打下基础。

做好疫情防控。7月，因南京禄口国际机场疫情原因，邮航"全夜航"集散航班停航36天，公司700余名员工被隔离。根据寄递事业部安排，邮航协调开通浦东至沈阳、成都、西安、北京、广州的小集散航班，支撑寄递业务发展。8月26日，南京集散航班正式复航，成为禄口机场首家恢复运行的货运航司。严格落实第八版《运输航空公司、机场疫情防控技术指南》，严格执行"四固定""两集中"要求，克服人员紧张、飞机维修资源不足、境外疫情形势严峻的困难，增开、加密国际航线，隔离观察飞行机组万余人次，飞行员最长隔离天数268天。（集团公司寄递事业部）

【中国集邮有限公司】

2021年实现收入18.15亿元，完成预算计划的103.6%。实现利润总额2.75亿元，完成预算计划的189.7%。全网收入贡献率35.97%。其中，生肖项目实现收入12.14亿元；年册项目实现收入1.85亿元，建党百年题材实现收入1.87亿元（含邮票）。保持"首都文明单位标兵"荣誉称号，获得"中央和国家机关五四红旗团委"称号，获评"平安邮政"优秀单位。实现"两金压降"管理双达标，收回半年以上欠款3717万元，三年来首次将半年以上欠款压降至1.4亿元以下。清理库存售价金额1419万元，成本金额353万元。组织2019—2020年度"中国集邮"最佳集邮品暨最佳个性化邮票评选活动。

一、推进经营发展

首次采取地推服务模式拓展系统外银行渠道销售。与北京冬奥组委合作，推出重要集邮文化产品，准入中国银行。配合北京冬奥会开幕倒计时一周年、倒计时100天等重要时间节点，以及《北京2022年冬奥会——竞赛场馆》邮票的发行，推出系列邮品。12月2日，与北京冬奥组委联合发布《冬奥盛会·冰嬉盛典》冬奥个性化邮票长卷珍藏册。开启常态化直播。举办"壬寅纳福　方寸集祥"生肖贺岁精品发布会、冬奥产品发布会、"文脉·国脉"文化专题特别节目等直播。加大对天猫、京东、工行融e购等自主线上平台的支持。

《方寸天地——邮票上的中国历史文化人物》2022集邮日历（中国集邮有限公司）

首次综合运用区块链、NFC、BSC数字营销等技术手段。《壬寅年》生肖项目贵金属产品采用NFC、一物一码和区块链技术，实现产品全流程追踪溯源保真。年册、集邮日历均实现数字化。开办个人年册定制业务，开发"邵柏林作品展"及故宫主题邮票特展两个线上展览。产品征订小程序上线，精准获取征订数量，全流程掌控征订情况。推进邮品征订系统、生产管理信息系统、邮资票品仓储系统融入集团新一代集邮业务系统。

二、加强能力建设

配合集团公司开展干部推荐和考察工作。开展近十年来参与面最广的部门领导岗位竞聘，超过30%的员工报名。部分员工被纳入后备干部序列。组织青年员工参加集团公司与各省的挂职锻炼，与省集邮专业人员双向借调。选拔20人内训团队和12人讲解员参与订阅号编辑及直播活动中，组织设计师参与邮票竞稿竞投。组织近2500人次参加14次各类培训。6名专家参与"文脉·国脉——文化大讲堂"，讲授百年党史、抗美援朝、中华书法、名词中国、唐宋绘画、数字文创等内容。

三、开展集邮活动

围绕"中国共产党成立100周年"邮票发行，开发纪念封、首日封、邮折、纪念邮册、长卷邮折5款新邮产品。还发行了6款专题产品、6款个性化邮票版式、2款新邮拓展产品、1款港澳票产品。发行纪念封首次被列入党中央庆祝活动事项，实际发行量超212万枚，刷新近十年特种纪念封发行量纪录。

5月17日至9月19日在故宫斋宫举办"国家名片　紫禁瑰宝"故宫主题邮票特展，参观人数15.78万人次。展出邮票56套1732枚，邮票设计手稿和印版54件，中外联合发行首日封13件。首次实现邮政与故宫联合办展，首次实现邮票与文物同框展示，首次实现邮票设计手稿、印版与所有故宫邮票合璧展出。9月1日"方寸间的紫禁城"央视新闻直播节目微博话题总阅读量超9200万，邮票百科在线观看人数6.7万，下单总额172万元。

9月1日，与央视新闻合作，推出"方寸间的紫禁城"特别节目。微博话题总阅读量超9200万，各平台总观看量超565万，并首次实现专业直播带货。

与外交部等国家部委开展长期合作，发行27枚外交封，服务湖北全球特别推介活动、上合组织盛典等外事活动，发行纪念邮品。10月11日，《生物多样性公约》第十五次缔约方大会开幕，联合国秘书长特为公司发行的大会纪念邮册题词。

开办中国邮票设计师之家文化主题邮局，于4月12日开业。聘请中国邮票唯一一位总设计师邵柏林先生担任名誉局长，举办“邮票设计家邵柏林作品展”。举办9场线下设计师签售活动，邀请29位邮票设计师。举办奥运倒计时100天、“天猫双11”线上拍卖等5场直播活动。与央视开展持续性合作，连续完成《中国文艺报道》栏目特展深度报道、世界邮政日特别节目的录制。

四、深化党建工作

开展党员“三亮三比三评”和党支部“领题破题”活动，深化“党旗在基层一线高高飘扬——以实际行动庆祝中国共产党成立100周年”活动。举办百人百篇征文活动、“党史与集邮”百题知识竞赛活动、中国集邮订阅号投稿劳动竞赛。（中国集邮有限公司）

【中邮信息科技（北京）有限公司】

一、加强党的全面领导

政治建设方面。坚持以习近平新时代中国特色社会主义思想为指导，立足公司实际，坚决做到“两个维护”，在科技赋能普遍服务、寄递业务、农村电商等方面践行政治担当。认真落实意识形态工作责任制，加强舆情管理，开展正面宣传。严格落实领导干部双重组织生活制度，组织全体党员签订政治言行承诺书。

思想建设方面。扎实开展党史学习教育，“我为群众办实事”项目全部完成。以学习贯彻习近平新时代中国特色社会主义思想为主线，开展7次中心组学习，严格落实“三会一课”，推进团委及青年理论小组积极开展理论学习。

组织建设方面。聚焦改革发展痛点难点、职工群众所急所盼和重大攻坚任务，32项“领题破题”项目取得显著成果。全面开展“三亮三比三评”活动，新一代寄递项目团队获得“全国工人先锋号”，公司获得“首都文明单位”。

正风肃纪方面。扎实开展“一月一事、消灭最差”活动，领导班子跟班调研，发现并解决采购管理、数据接入等方面60余个问题。加强警示教育，强化“关键岗位”人员遵规守纪意识，提高拒腐防变能力，防微杜渐。

中邮信科参加邮储银行机关团委“五四”主题团日活动（中邮信科）

群团建设方面。开展“工会主席走基层”、职工思想动态调研、职工电子书屋建设、心理疏导讲座、单身青年交友联谊等活动。组织敏捷迭代抖音大赛、助力乡村振兴答题，开展“寻找身边典型，讲好信科故事”系列宣传，参加“根在基层”青年调研实践。

二、强化公司治理

综合管理。完成发展规划初稿编制，明确发展愿景、使命和目标，确定组织、运营、学科、人才、科技和品牌文化等发展方向。组织实施采购，完成集采项目76个，采购金额4127万元，比预算节约661万元。推进亦庄场地建设，编制场地分配使用方案，启动办公家具、网络设备等采购，协调各方，做好进驻准备。抓好常态化疫情防控，切实落实责任，组织应急演练，修订《疫情防控应急预案》；加强员工教育防护、疫苗注射和健康监测，坚决防止聚集性感染。

人力资源管理。干部队伍建设，推进任期制契约化改革。加强优秀年轻干部选拔培养。畅通专业技术人员晋升通道，择优晋升5名专家岗位、18名高级岗位和37名中级岗位专业技术人员，中高级专业技术骨干占比54.95%。实施常态化员工招聘，坚持公开、平等、竞争、择优，多渠道、全方位招聘员工，招聘396人。考核结果应用，实施岗位、职级、绩效调整。

财务管理。强化财务治理，组建财务部，完成与集团公司集中核算处的平稳交接；修订公司章程，完善商事主体经营范围。探索项目核算管理，研究项目全生命周期的责任中心核算体系，探索财务视角的项目绩效评价。强化风险意识，约定合同额上限，防范敞口风险；加强免征增值税的技术开发合同管理，防范多抵扣进项税的税务风险。

运营管理。落地“大项目制”，建立“大项目制”管理体系，强化项目间的业务、技术、数据、人员、质量和进度协同。优化软件过程，通过ISO9001质量管理体系认证；编制敏捷转型五年规划，实施现场辅导、敏捷导入，加快敏捷转型，自研团队敏捷覆盖率93%；实现保密体系试运行，推进涉密信息系统集成资质认证。强化科研管理，推进数字化处理中心研发、智能技术在寄递网络规划和调度中的应用研发等18项集团公司科研项目和基于原生Open Stack构建测试环境云的探索与研究、区块链国内主流开源平台及密码算法国产化研究等12项自筹科研项目的开展。促进科研成果转化，12项科技成果应用到集团公司在建工程，23项推广到省公司，5项获集团公司科技创新奖。申请17项发明专利，获20项软件著作权。完成国家高新技术企业复审认定，承办第四届数字中国建设成果展览会和第五届世界智能大会。强化运维服务管理，基于ITIL，完善运维总承包项目和专项服务项目管理体系，启动ISO20000 IT服务管理体系建设。

三、提升平台能力

做好顶层设计。配合做好数字邮政规划，形成六大关键行动，识别三大速赢场景。完成信息化规划，形成五类规划成果；研究中台能力建设模式，制定规划落地实施方案。先行启动技术中台等数字化基础设施建设。完成数据规划，明晰未来五年中国邮政数据工作的思路、体系和能力蓝图，制定“1+4”核心任务实施路径和33个子项目实施计划。

提升基础平台能力。提升装机能力，完成机房资源五年规划；启动西站机房B1模块改造，参与亦庄四期机房楼建设。提升计算能力，完成2020年硬件资源池、灾备资源池建设；合肥机房云平台、第二技术云平台等部署上线；扩容私有云资源，扩大开放私有云，为18省51个信息系统提供计算资源。提升网络能力，扩容优化互联网、省际网线路资源；完成金鼎大厦网络改造，实现无线网络全覆盖、无缝漫游；编制核心网、省际网改造方案，在生产网引入SDN技术。提升运营能力；完成全链路智能监控诊断系统在新一代寄递平台的推广应用；引入大数据、机器学习等技术，推进新一代IT基础资源智能运维监控平台建设。推动降本增效，通过动态调整互联网出口带宽、调高机房空调回风温度，节省线路费、电费356万元。

提升架构平台能力。强化技术平台赋能，PaaS平台既有成果推广至11个项目场景，自研微服务框架应用于业财一体化平台等大型工程；DevOps实现统一门户、流水线可视化编排等功能，支持容器云和阿里云等多环境持续交付，满足按租户、项目灵活分配资源需要；智能识别服务平台赋能寄递、邮务十多个系统，提供有效认证650万次。研发创新成果，自主研发面单识别、异形件识别等27个场景AI算法；基于Fabric开源底层平台研发区块链SDK和API服务，应用于集邮、农产品溯源等系统；与国家邮政局发展研究中心等联合申报的国家密码应用示范工程通过评审；围绕处理中心33个关键场景，开展数字化处理中心创新探索。推广共享公共技术，推广云桌面，统一开发、测试网络接入，阻断数据外流渠道，实现开发环境的集约供给、分配与管控；统一身份认证平台新接入14个系统；移动应用平台新增扫码登录、活体认证功能，支撑60个项目；统一支付平台完成数字人民币改造，邮政运行监控管理平台新接入19个系统。

提升数据平台能力。加强数据治理，制定《中国邮政数据安全分级规范》等四项标准；聚焦财务分类核算，实施机构、员工、产品、资产等42项数据治理；开展主数据跨板块协同，实现邮银机构、员工主数据互联互通和交叉验证。打造中台能力，加快推进数据中台一期、数据治理平台等项目建设；开展采购、网点等重点场景主题数据模型开发，搭建农业农村大数据平台；促进数据协同共享，有效支撑惠农项目、邮银协同等数据共享需求，完成以信用村镇为重点场景的多方安全计算技术研究与平台选型。支撑客户协同共享，迭代升级CRM系统，支撑全国会员发展，总量逾1.3亿；构建客户积分体系，实现代理金融、寄递与邮务积分全流程贯通；提升邮政农村市场源头获客能力，累计采集农民合作社信息225万条，家庭农场信息18万条，个人农户/商户信息1400万条；加强360°客户画像应用，实现目标客户营销和转商机等场景全流程贯通。深化地理信息服务，推进地理资源信息平台新增功能工程，为新一代寄递、农资分销等20余个系统输出地理信息服务。

四、强化业技深度融合

邮政应用建设方面。推进邮政业务数字化升级，新一代营业渠道系统全国推广上线；书报刊供应链系统订阅、零售等功能上线，与新一代寄递平台联合强化资金管控；新一代集邮平台新增数字邮品体系等功能，文创业务管理系统实现文创业务流程、销售渠道、入收结算的统一管理。推进线上线下融合发展，持续升级在线业务平台，完成广告转介、文创产品销售等150余项功能推广；建设统一线上渠道门户，实现邮政各业务客户单点登录，规范各渠道视觉形象；推广车主通服务，完成“邮生活”APP、公众号、小程序三端功能试点推广；网点视频联网工程完成三省试点，实现邮政线下数字媒体集中分级管理。赋能普遍服务专业化管理，普遍服务管理系统二期功能上线推广，初步实现普遍服务全网可视化监控；服务质量监督检查系统二期功能上线，实现客户感知评价指标的量化管理。支撑农村电商发展，推广惠农服务平台，打造融资E、社区团购、农资电商、农技在线、会员特惠、综合业务六大服务场景。支撑行业监管与安全管理，建设远程集中监控系统与绿盾视频联网对接改造工程，实施音视频安全监控专有网络，搭建全网经营场所的安全防范系统。

寄递应用建设方面。推进四大数据库建设，基于时限四库，实时可视化展示国内、国际、普遍服务的标准、现实、行业、优势时限状况，支撑路长制实施，支撑国内特快提速增收、国际特快时限管控和普邮时限大幅提升；基本建成服务数据库并全国推广，聚焦6大环节、34个客户触点、15个服务指标；深化应用市场数据库，主动推送减收、流失、潜在和重点客户清单，有效赋能拓市场、促营销、增客户；提高成本数据库数据自动采集率，提升客户交互体验。提升寄递业务IT能力，强化新一代寄递平台功能迭代，支持同城业务及其增值服务的开展和运营；强化“寄递＋邮务＋分销”协同，依托“到站寄件”业务，支撑电商退换货到站寄件专项营销活动；电商退换货月均业务量10万笔，拓展揽投部、营业支局和邮乐购站点5万余个；强化重点客户运营管控支持，赋能客户经理拓展市场，电商平台和重点客户业务量稳步提升；针对异常邮件，改革差错管控机制，构建实时监控闭环，日均人工验单下降35%，72小时内自动结案达95%；建立重量稽核体系。深化“智能+”转型成效，研发智能网络规划平台，实现处理中心业务量、全网收寄量及流量流向等预测功能，准确率超90%；融合场院管理、现场作业管控等智能场景，建成全感知、全数字、全可视、全智能的数字化处理中心应用体系；实现干线运输货量需求与可用车辆的智能运力匹配和车型推荐；持续优化智能排班、投递路径规划等智能化应用；提升平台技术能力；坚持松耦合减负，对寄递平台进行架构优化设计。

管理应用建设方面。推进管理数字化，探索业财融合数字化转型，实现端到端、规范化、自动化的业务经营到财务管理数据和流程的贯通，完成湖北、安徽、江苏、贵州4省第一批次寄递业务试点上线。管理精细化，打通人力系统与生产系统的数据交互，初步实现自有揽投员工计件工资核算；提升审计系统预警监测能力，赋能集团“小金库”专项治理；强化资源管理系统建设，实现实物资源和线上信息的集中管理。决策科学化，建设审计分析平台，提升多维度业务数据源的自助分析能力；优化战略绩效管理系统，实现绩效对标、模型预测等功能；构建经营管理分析系统，提供跨板块、跨专业的分析服务和驾驶舱功能。管理一体化，建设融媒体平台、内部网站，实现邮政企业信息的统一发布和共享协同；推广安保系统，实现安防设施与人员的统一管理。

数据应用分析方面。从六大方向深挖数据价值，开展专题分析39个，自主研发分析模型61个。决策支持方向，开展寄递时限、网络、产品等对标分析，提供各领域报告100多份，提供行业线路数据2249万条，应用于集团领导决策、各级经营管理和一线生产作业。流程优化方向，开展智能网络规划，支撑寄递组网模式、线路轨迹、节点布局等优化调整，助力智能化寄递网络。交叉营销方向，支撑寄递、电商、集邮等业务交叉营销和融合发展。其中，支撑寄递重点客户专项营销，转化率9.8%。服务支撑方向，赋能渠道平台强化全国5.4万个网点的转型管控。代理金融分析实现零突破，建成7个智能算法模型，并在广西、浙江等7省（区、市）落地应用。产品创新方向，持续推进人工智能、大数据技术在邮政场景的创新应用，自主研发的流量流向智能预测模型。风险防控方向，深挖采购管理、舆情监测、金融风控等场景数据价值，开展干线、航空等数据分析。

五、风险防控

健全网络安全工作机制。完成14个信息系统等保测评，制定邮政网络安全等保定级指南，开展10省网络安全检查。完成ISO27000信息安全管理体系认证采购，发布TIDB、MySQL安全手册。

推进网络安全专项提升。完成71项网络安全专项提升措施。发布年度网络安全重点工作，指导各省开展安全检查。

防范基础设施安全风险。完成网络设备更新扩容工程建设，完成西站、亦庄机房基础设施更新工程可研评审和两次机房、网络集中运维作业，消除基础设施安全隐患。

提升网络安全技防能力。网络安全态势感知平台、蜜罐诱捕、流量回溯等系统上线，邮政综合网和金融网终端安全管控系统全国推广。完成敏感数据安全识别检测工程中违规信息识别系统建设，研发统一漏洞数据库和应用安全防御盾，丰富具有邮政特色的纵深防御体系。

做好网络安全重点保障。聚焦基础设施、客户信息泄露、网络与病毒攻击、业务参数控制、外包管理和业务连续性六大风险领域，持续开展信息科技风险防范。开展供应链安全专项整治，完成APP个人信息收集自查整改，组织开展办公互联网安全风险排查整改。圆满完成建党100周年等重大节点网络安全保障任务。2021年网络安全攻防演习期间未关停系统，自主防护能力比上年提升。（中邮信科）

【邮政科学研究规划院（中国邮政集团有限公司邮政研究中心）】

一、科研生产方面

整体概况。完成支撑集团党组决策的专报与方案59份，比上年增长40%，完成集团公司各部室、各板块委托的方案和支撑工作112项，出版情报产品78期，完成工程设计166项，完成各类标准24项，比上年增长71%，完成软件造价48项、土建造价23项、工程后评价20项。完成检测报告1307份。获得省部级奖励13项，其中《快递物流安全与服务监管关键技术及标准》获国家市场监管总局市场监管成果二等奖，《绿色产品评价——快递封装用品》国家标准、中国邮政高效智能化邮件处理中心工艺设计获得中国物流与采购联合会科技进步二等奖。获国家邮政局绿色产品绿色成果奖6项。获得知识产权22项，发表学术论文36篇，其中16篇文章发表于行业核心期刊。

服务集团公司战略发展。开展雄安新区、长江经济带等战略研究。开展邮政服务乡村振兴战略行动方案编制，确定未来服务乡村振兴战略的目标和举措。开展绿色邮政发展“十四五”规划研究，构建绿色邮政发展指标体系。开展邮政碳排放预测及达峰研究，从定量角度规划集团公司未来中长期碳减排路径。开展数字人民币研究，提出应对数字货币的具体举措。参与集团公司总部“十四五”规划工作，完成集团公司“十四五”规划中财务、普遍服务、绿色邮政、代理金融、寄递业务等子规划编制，完成邮储银行网点、保险、证券等金融板块以及9个省（区、市）分公司“十四五”规划编制。开展六维共生新邮政发

邮政科学研究规划院参加第二届联合国全球交通可持续大会（邮政科学研究规划院）

展格局解读，提出 10 项措施建议。

支持工艺流程变革。完成成都双中心、上海等 8 个重点项目，全网增加处理能力 1000 万袋件 / 天。完成 58 个省际中心、126 个优化改造项目的方案设计，增强存量处理效能，计划可节省处理人员 1767 人。完成石家庄、临沂等 10 余个新建处理中心规划设计，优化节点能力布局。完成《综合邮件处理中心建设标准》研究，为邮件处理中心标准化建设提供依据。完成处理中心定岗定额定员研究，为优化作业组织和人员岗位配置提供方法。开展寄递业务流程标准化写实和对标，绘制寄递业务全场景全要素生产标准流程图，支撑降本增效和规范管理。

支撑集团公司业务经营。开展常态化寄递、金融业务经营对标分析，为集团公司经营决策提供行业竞争形势参考。开展农产品上行全流程全要素对标研究，提出抓源头、定模式等五项举措。开展仓配一体研究、生鲜冷链业务规划研究、寄递国内产品体系研究，支撑寄递业务发展。完成邮政特色农村信用体系研究，为邮银协同推进农村信用体系建设提出模型与思路。开展手机银行 APP 基金业务客户体验、功能全景图分析研究，提出改善客户体验的建议。

提供情报信息参考。《情报专送》报送 54 期，精选快递、金融和电商行业研究报告 229 篇，并附注院专家博士的启示建议。《邮政情报》出版 24 期，印刷版发行 1.3 万册，并在集团公司内网设立专区向邮政全系统开放。定期出版《行业数据参考》，为集团经营分析系统及管理驾驶舱提供外部数据。

推进技术创新应用。推进网点智能远程服务系统甘肃分公司试点应用，实现偏远网点“无人柜台，有人服务”，推进智能信包箱北京分公司试点，为全国 8000 万邮政信报箱格口智能化运营提供参考。完成网络动态优化调度系统模型研究，进一步优化调度算法逻辑。完成处理中心运行数字化模型研究并在太原处理中心应用。完成处理中心“矩阵 + 小件分拣机”全流程仿真模型研究及合肥处理中心数字化仿真模型搭建。

开展标准包装研究。承担标准化项目 24 项，其中国标 2 项、行标 7 项。合作承担强制性国标《快递包装重金属与特定物质限量》研究，首次参与《ISO 绿色包装》国际标准制定。研发绿色包装产品 15 种，形成标准包装方案。研发鸡蛋、平谷大桃等 4 种包装产品，降低邮件破损率。完成 8 种可循环寄递封装用品研发，在广西、天津等 8 省（区、市）推广，完成“纤维素可降解胶带”和“可降解胶带”2 种产品研发，在黑龙江等 4 省应用。完成 6 种特殊包装产品研发，解决 EMS 邮件、异形件、易碎品及报刊包装问题。

二、科研管理方面

实行科研项目月计划、月通报和关键节点“里程碑”管理，加强项目进度管控。推进科研“四步法”、工具“五件套”使用，SCQA、MECE、金字塔原理、三角逻辑和 5W2H“七问分析法”等模型方法应用于各类科研项目。继续科研资源积累，数据平台累计收录成果 4800 余项，采集网络数据 6.18 亿条。新增 179 册专业图书，订阅 63 种期刊报纸。

三、人才队伍方面

制定首席研究员评定和管理办法，评选首席研究员 37 位。安排 19 名科研人员带课题到邮政企业、邮储银行挂职实习，选派 23 名科研人员到集团交流借调和协助工作。寄递研究所陈刚同志入选交通运输部“2020 年度交通运输青年科技英才”。

四、机构改革方面

根据成为中国邮政创新发展的决策智库和支撑平台的定位，以及要做管理决策的咨询与推动者、经营模式的研究与创新者、流程工艺的设计与变革者、应用技术的集成与引领者的具体定位要求，开展机构改革，将原 5 个科研中心调整为 4 个科研院所，建立“一院三所”科研组织架构，并将 5 个职能部门调整为 4 个。221 名科研人员岗位双向选择、签署上岗协议，实施因才适用。

五、党建引领

开展党史学习教育，学习贯彻习近平总书记关于党史重要论述、“七一”重要讲话精神。完成“我为群众办实事”17 项任务，党支部“领题破题”活动 8 项任务。开展“三亮三比三评”活动，评出模范党员 203 人次。

开展意识形态责任制落实工作，党委 4 次研究意识形态工作。落实中央八项规定及其实施细则精神和纠治“四风”要求，整治形式主义、官僚主义问题；开展“小金库”等 8 项专项治理。

落实全面从严治党主体责任和监督责任，召开 2 次党风廉政联席会，制定三级领导人员违犯党纪专题组织生活会实施办法。开展干部集体廉政谈话。（邮政科学研究规划院）

【石家庄邮电职业技术学院（中国邮政集团有限公司培训中心、中共中国邮政集团有限公司党校）】

一、开展党史学习教育

围绕“学史明理、学史增信、学史崇德、学史力行”要求，制定方案、整体谋划、统筹推进，通过开展“我为群众办实事”、“三亮三比三评”、党支部“领题破题”主题实践活动，举办“奋斗百年路　启航新征程”庆祝建党100周年专题活动，开发党史课程进行理论宣讲等多种形式，推动党史学习教育融入立德树人全过程、融入党校教育培训、融入师德师风建设、融入服务师生实践，凝聚高质量发展强大动力，推动学院各项事业取得显著成效，达到“学党史、悟思想、办实事、开新局”的目的。

二、落实邮政党校工作

举办中央党校分校班和邮政党校优秀年轻干部班、基层党支部书记班、劳模班、五中全会轮训班、集团战略高效执行班38个班次，培训学员2300余人次，落实集团经营管理人员“三个七天”培训要求，录制“百年百课”、创新教学方法，形成158项课题研究成果，满意度99%。受邀在中央党校（国家行政学院）中央和国家机关分校教学工作会上作典型发言，多家部委党校到邮政党校学习考察。

三、抓好在职培训工作

举办集中培训153个班次，培训学员1.8万余人次，举办直播培训820场次、远程培训536万人次，学习超1亿人次，网上考试竞赛2309个，参考318万人次；支撑集团公司获批人社部快递员、快件处理员职业认定资质，支撑开展技能等级认定8.3万人次，晋升高技能人才1.1万人。支撑开展全网高级职称评审评价体系建设。获国际人才发展协会（ATD）卓越实践奖、国际绩效改进协会（ISPI）中国区最佳实践奖、国企人才培养荣誉评选奖、中国国际远程教育“终身教育特别贡献机构奖”和中国远程与继续教育“2021最具社会影响力高校”等奖项。

四、做好邮政人才培养工作

招生3187人，其中邮政企业订单生1597人。2021届毕业生整体就业率97.35%，邮政行业就业率53%。扎实推进“双高计划”建设，获评1个国家级、3个省级职业教育教师教学创新团队、2门教育部课程思政示范课、2个教育部课程思政教学团队，15人获国家课程思政教学名师。1人获首届全国教材建设奖先进个人；获教育部第七届中国国际“互联网+”大学生创新创业大赛1项金奖、1项铜奖，实现了河北省在该项竞赛中国家级金奖“零”的突破。支撑集团公司入选国家产教融合型企业。

五、强化科研与服务支撑工作

申获科研立项145项，其中集团公司科技与标准化项目30项、省部级课题17项。在首批邮政业国家标准、行业标准“揭榜挂帅”工作中，获行业标准1项。发表学术论文198篇，其中核心期刊10篇，SCI收录论文7篇。授权专利28项，其中发明专利1项；软件著作权3项。高效完成“中邮先锋”平台、云创平台、中邮网院三期、工时管理系统和员工自助系统等平台建设运维。科研成果获通信行业企业管理现代化创新成果奖、全国邮政企业科技创新成果奖等奖项，2人分获“交通运输和邮政行业科技英才”荣誉称号。

2021年高校共青团新媒体平台综合影响力情况

2021年高校共青团微信公众号综合影响力情况

日期：2021年1月1日至2021年12月12日

序号	学校	微信公众号	综合指数
35	中国人民公安大学团委	公大团宣	865
36	石家庄邮电职业技术学院团委	石邮青年	862
37	内蒙古师范大学团委	内师青春汇	862

“石邮青年”微信公众号在2021年高校共青团微信公众号综合影响力情况中列36位（石邮学院官网）

六、完善内部治理工作

通过河北省教育厅内部质量保证体系诊改进校评估，实现内部治理能力水平和人才培养质量持续提升。制定实施厉行节约、反对浪费方案，树牢文明节俭理念。做好校园安全维稳工作，获得“河北省学校安全工作先进集体”荣誉称号。学院入选教育部2021年职业院校校园文化“一校一品”学校，入选石家庄市教科文卫工会系统“模范职工之家”，师生员工幸福感、获得感和凝聚力进一步提升。（石邮学院）

【北京邮票厂有限公司】

一、邮票印制任务完成

在严格落实疫情防控工作的基础上，克服多种不利因素，按时足量完成《中国共产党成立100周年》等纪特邮票的印制和发运任务。在邮票生产全流程、各环节紧密配合的基础上，科学预判，研究工艺、提前试制，有效节约时间。生产效率提高的同时，印制质量稳步提高，2021年产品综合合格率提高到89.58%，比上年提高2.41%；二代身份证印刷综合合格率提高到81.65%，比上年提高10.33%，创近5年新高。

二、工艺创新应用

在第41届全国最佳邮票评选活动中，公司获得3项

《辛丑年》特种邮票(《中国邮政报》)

大奖:《莫高窟》邮票获得最佳印刷奖,《众志成城 抗击疫情》获得最佳邮票奖,《中国人民志愿军抗美援朝出国作战70周年》获得优秀邮票奖。在第八届中华印制大奖赛中,《故宫博物院》邮票版式二获得金奖。APS打孔纸面雕刻工艺及NFC智能芯片邮票技术获得第五届中国防伪科技一等奖。公司被中国防伪行业协会评定为中国防伪行业企业质量信用AAA级企业。

三、基础能力建设

克服疫情影响,推动胶雕生产线、影写生产线等进口设备项目引进,完成雕刻布线软件合同签订,完成表面三维测量设备培训。配合集团公司计划,加快对卷筒纸打孔生产线国产化科研项目立项,协助调研、召开国产化项目研讨会、完成科研立项报告和汇报材料,提报科研项目经费预算。推进场地改造建设项目。纸库楼胶印生产场地改造工程完成主要建设内容,可迁入生产设备;进口设备配套生产场地投入使用后,会促进公司基础能力水平提升。

四、公司管理

公司以为职工办实事、解难题为目标,优化人力资源管理体系,通过加强薪酬管理,科学精准实施绩效考核,保障职工基本收入稳定;利用失业保险稳岗补贴返还,为公司433名职工代缴两个月个人养老保险费用,增加职工当期收入;新增补充医疗保险“自付二”医疗费报销保障责任,扩大职工医药费报销范围,公司增缴保费约7万元;为1054名在职及退休职工参保北京普惠型商业健康保险;为在职职工办理住院医疗互助保险,为在职女职工办理特殊疾病互助保险,减轻职工医药费负担,提升职工获得感和幸福感。

五、党建工作

公司以党史学习教育为抓手,抓实理论学习,弘扬战邮精神,为推动企业提质增效再上新台阶提供坚强政治保证。突出抓好理论学习,做到理论学习与工作实践相结合。坚持“三个第一时间”学习机制,深入推进党史学习教育活动。充分发挥党员和党组织战斗堡垒作用。全面开展“三亮三比三评”、“我为群众办实事”、支部“领题破题”等实践活动,激励广大党员立足本职岗位,发挥先锋模范作用,用为群众办实事的实际成果和群众的评价来检验党史学习教育成果。为深化巡视整改效果,推进重点整改和常态化全面整改工作,分别制定整改方案。通过定期梳理、季度评估认真整改,不断深化全面从严治党,营造风清气正的发展氛围。(北京邮票厂有限公司)

【中国邮政集团有限公司新闻宣传中心(中国邮政报社有限公司)】

一、党建工作

强化思想理论武装。结合意识形态职责、新闻舆论阵地特点和媒体融合发展的重点任务,严格按照“三个第一时间”要求开展学习。落实意识形态责任制,牢固树立“宣传质量是新闻宣传生命线”意识,开展“提高报道质量月”活动,做好平台内容审查清理,确保意识形态工作全年安全。

党史学习教育工作。深入学习习近平总书记在建党100周年庆祝大会、十九届六中全会上的重要讲话精神,全面学习中国共产党的百年奋斗史和党的宣传思想工作史,召开党史学习教育专题组织生活会。“我为群众办实事”实践活动22项措施全部落实,“领题破题”清单2个课题完成,深入开展“三亮三比三评”和“社会主义核心价值观主题实践教育月”活动。

全面落实巡视整改任务。开展落实基层党组织管理和党员发展专项治理自查工作,监督各支部认真组织“三会一课”,坚持“谈心谈话”制度,确保党费收缴按时规范。制定中心党总支2021年专项重点整改任务清单,开展专项整改自查;按季定期召开巡视整改工作例会,持续推进整改措施落实。

党风廉政警示教育。开展“党风廉政警示教育月”活动,实现“一学一考一看一讲一诺”,组织廉洁教育专题党课和知识测试,深化落实中央八项规定精神警示教育。

二、高质量完成宣传重点

高质量完成重大政治主题宣传报道。全国“两会”宣传报道全面深入,十九届六中全会宣传报道启动迅速,贯彻落实习近平总书记在广西考察时视察象山主题邮局的重要指示精神宣传报道及时高效。中国邮政助力打赢脱贫攻坚战纪实报道被新华网等主流媒体转载;围绕乡村振兴,报纸策划推出特刊,新媒体各平台刊发大量报道,影视部拍摄专题宣传片,获集团公司领导肯定。

重点完成建党百年宣传报道任务。设立建党百年“宣传栏”,承办“我和党的故事”征文活动,拍摄制作融媒体专题纪录片《时代答卷人》。组织开展“寻迹红色邮政、

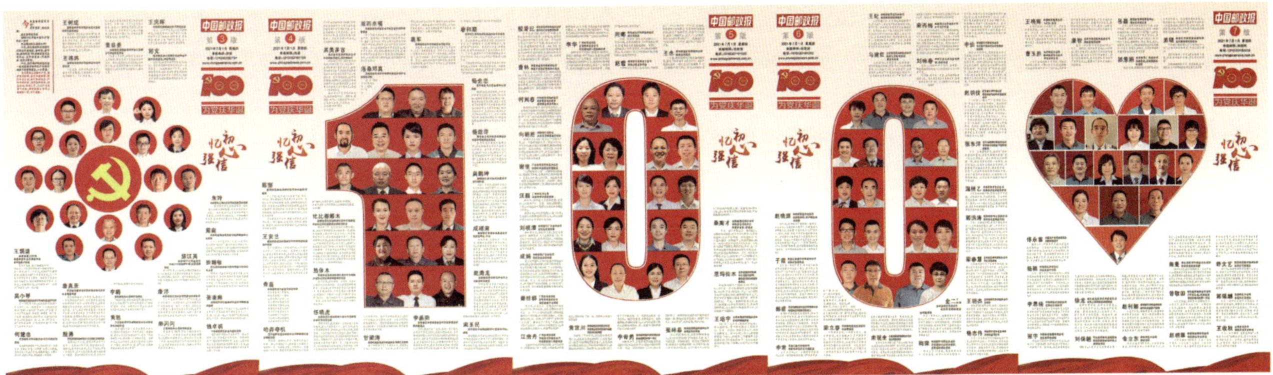
建党百年特刊（《中国邮政报》）

传承红色基因”大型全媒体采访活动，8 个采访组深入 9 省进行采访报道，稿件被多家社会媒体转发。

开展重大活动事件宣传报道。策划推出“边防邮路上的信使”专题宣传报道，深入边境地区进行采访拍摄，相关采访线索、视频素材为央视《新闻联播》报道提供支撑。及时关注疫情发展，跟踪报道疫情防控工作中的先进典型和感人事迹。

策划构建邮政新发展格局宣传报道。策划推出构建“六维共生”邮政新发展格局系列解读文章 7 篇，阐释邮政新发展格局重要意义、深刻内涵。围绕邮政改革发展重点难点问题采写 13 篇深度报道。

推动媒体融合向纵深发展。组织“新春走基层”活动，采编人员深入邮政基层一线跟班采访，打造融合精品报道。中国邮政 B 站号粉丝达 10 万 +；中国邮政官方微博单条最高阅读量 326 万，5 次登上热搜榜；《邮政视频联播》刊播总数超 100 期。影视制作完成的 36 个项目满意率 100%。中国邮政融媒体平台指挥调度中心正式启用，平台 7 大系统、27 个子系统、830 项功能点全面投入使用。

三、综合管理

完善制度机制。开展内控制度梳理工作，全面排查制度办法的执行效果及基础管理疏漏，制定、修订 17 项制度，对内控管理的各环节加强制约。

人才队伍建设。培养深度报道人才，针对新入职员工建立“导师制”，坚持举办“社内大讲堂”，加大业务培训力度，开展“行家里手”劳动竞赛，提升全员职业素养和专业能力。新媒体与电视新闻部荣获 2019—2020 年度“中央和国家机关青年文明号”，策划采访部记者吕磊荣获“中央和国家机关优秀共产党员”称号。

和谐企业建设。加大对团支部工作的带动和促进力度，激发青年员工的爱岗敬业热情。以职工为中心开展工会工作，召开职工座谈会，增强团队凝聚力。

严格落实疫情防控责任。做好员工体温上报、防疫物资发放、核酸检测、新冠疫苗接种、出京审批等常态化疫情防控工作，确保思想不松懈、防控无死角、人员零感染。（新闻宣传中心）

【中国邮政文史中心（中国邮政邮票博物馆）】

一、党建工作

党史学习教育。一是认真落实“三个第一时间”学习机制，发挥中心组领学示范作用，举办党史学习教育专题学习会、每周五读书会和专题座谈会，组织全体党员完成“中邮先锋”培训课程；强化青年理论学习，开展了“学党史、强信念、跟党走”党团共建活动。二是开展主题教育活动。召开各党支部专题组织生活会，观看红色影片，组织赴中央档案馆、国家博物馆参观学习。三是创新开展党史学习教育联学联建活动。与中央和国家机关工委政策研究室、国资委新闻中心等单位联合开展党史学习联学联建活动。接待邮政系统内团体 29 批次、社会团体 44 批次来馆开展党史学习教育。四是开展“我为群众办实事”活动，6 个项目全部完成。

党支部战斗堡垒作用。开展“三亮三比三评”主题实践活动；各党支部围绕重点工作制定“领题破题”清单，5 个课题全部完成；落实“双联系”制度，确定中心党员与群众结对子互助名单；严格执行“三会一课”等组织生活制度，做好党支部标准化规范化建设；完成部分党支部换届工作，发展预备党员 3 人；做好党费收缴、使用和管理。

干部人才队伍建设。一是推进领导人员任期制和契约化管理工作，成立工作领导小组，制订工作计划，召开政策宣传贯彻会，推进总体方案设计、业绩指标设计、部门班子整体功能分析研判等重点任务。二是加强中心干部队伍建设，新提任三级正、三级副干部各 1 人，集团公司党组组织部选派三级副干部 1 人，交流岗位三级干部 2 人，晋升科员 2 人。新引进亟须专业硕士研究生 4 人。三是完善正高级职称绩效考核管理办法，及时新聘、续聘正高级 4 人、副高级 8 人、中级 34 人、初级 14 人。四是加强员工多岗位交流和培训。安排 2 名员工到集团公司相关部门交流；安排党务干部参加集团公司培训班，选派中心团干部参加中央团校2021年基层组织团干部进修班培训等。

巡视整改。推进集团公司党组巡视“回头看”反馈意见的整改落实，坚持月例会、季评估制度。印发巡视整改工作方案和任务分解表，制定常态化全面整改任务台账和专项重点整改任务清单，完成巡视整改自评工作。常态化全面整改任务、12项专项重点整改任务全部完成。

意识形态工作。将意识形态工作纳入年度落实全面从严治党要求主体责任清单，加强意识形态监督检查工作，常态化抓好意识形态阵地管理。组织全体党员签署《党员政治言行承诺书》，加强对党员干部“八小时以外”的管理和监督。组织开展员工思想调研，分析研判员工思想情况。全年未发生意识形态事件。

党风廉政建设和反腐败工作。一是常态化开展党性教育、纪律教育、家风教育，开展“党风廉政警示教育月”活动，组织观看案例警示片，传达学习上级通报的典型案例和违反中央八项规定精神典型问题。二是落实中央八项规定精神，严防享乐主义、奢靡之风，深化整治形式主义、官僚主义，按要求认真开展“小金库”“加油卡”“两费”专项治理。三是学习贯彻习近平总书记关于厉行节约的重要指示精神，把“监督节约粮食、坚决制止餐饮浪费行为”作为重要任务。四是加强选人用人工作日常监督，开展选拔任用三级领导干部廉政回复、廉政考试、廉政谈话工作。

统战、群团和离退工作。一是召开民主党派人士座谈会，听取意见，解决问题。二是加强工会队伍和制度建设，举办“百年征程唱初心　邮政永远跟党走”庆祝建党百年歌唱活动、开展“手植一棵树　绿化一片天”义务植树活动。成立工会兴趣小组，举办“跟党走　听党话”健步走文体活动。开展工会主席走基层活动，为全体会员办理重大疾病互助保障，关心慰问职工20余人次。三是团支部组织团员青年参与北京冬奥会城市志愿者工作；按程序启动团支部委员会换届工作。四是开展中心离退休老员工、困难党员走访慰问活动，为老党员孙少颖同志颁发了“光荣在党五十周年”纪念章。

二、疫情防控工作

根据防控形势和集团公司最新要求，第一时间研究制定落实举措，动态调整各项防疫措施。及时调整博物馆开闭馆政策并向社会公告。开馆期间严格执行北京市文物局《疫情防控期间北京地区博物馆有序开放工作导则》，实行预约、错峰、限流参观，落实观众入馆必检流程，做好场馆通风、定时消毒等日常卫生防疫措施，确保对外开放安全有序。做好员工健康监测，加强员工出行管理，坚持非必要不出京，严格落实审批备案程序。做好办公场所防疫管理。加强人员出入扫码测温工作，对于14天内有疫情地区旅居史和社区排查发现的次密接员工，严格落实核酸检测、居家健康监测等管控措施。完善应急预案，做好防护用品配发工作，提升应急物资储备和保障能力。推进员工疫苗接种工作，疫苗全程接种率超95%，加强针接种率超90%。疫情发生以来，员工“零感染”。

三、安全管理工作

做好建党100周年庆祝活动期间安全和服务保障工作，以“安全生产月”活动为抓手，确保庆祝活动期间的安全。推进安全生产专项整治三年行动实施方案，开展“平安邮政”建设工作。落实安全生产责任制，加强巡查检查，强化博物馆、档案库房等重点场所和车辆、消防、电气设备等安全管理，加强防汛工作，严防事故发生。对大楼电缆更新改造，更换安装开水炉和厨房油烟净化器，确保大楼电气设备安全、平稳运行。宣传贯彻安全生产理念，加强安全意识教育，开展“4·15全民国家安全教育日”安全培训和消防、防暴恐演练活动。接待集团公司和人防、安监、消防等属地政府部门各项安全检查十余次。

四、博物馆正式挂牌“全国爱国主义教育示范基地”

博物馆正式挂牌“北京市爱国主义教育基地”，并入选中央宣传部新命名111个“全国爱国主义教育示范基地”。9月29日，集团公司领导为博物馆“全国爱国主义教育示范基地”揭牌。博物馆还被东城区委宣传部纳入“建党百年”系列活动资源单位和东城区党史游学地图“历史记忆”线路，以及北京市东城区团委“百年正青春　建功新时代”——东城共青团庆祝建党百年红色共建行动首批挂牌单位。11月23日，北京市委宣传部组织的2021年市级爱国主义教育基地奖励扶持考评组实地考评博物馆。

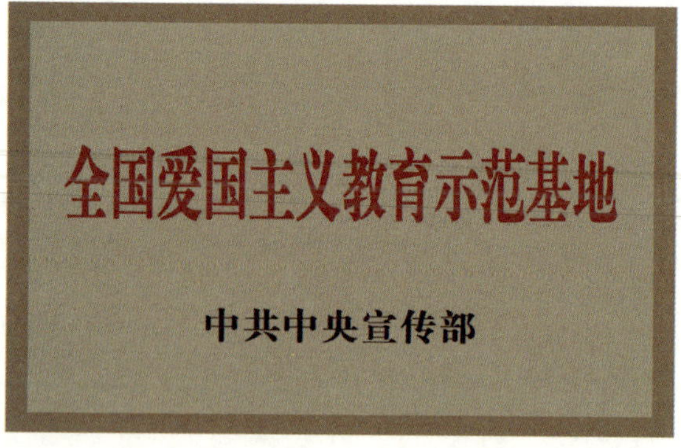

博物馆入选中央宣传部新命名111个“全国爱国主义教育示范基地”（文史中心）

五、总账建设工作完成

文史中心把总账建设作为巡视整改的头等大事来抓，成立领导小组，召开动员大会，制定建设方案，克服疫情不利影响，增加人员设备，倒排工期，把好总账建设质量关，确保按时完成任务。13万多条总账文字录入工作和27万余种图片扫描、拍照工作全部完成，藏品系统调试及信息导入工作有序推进。推进智慧博物馆建设，完成智慧博物馆建设方案，在展厅安装智能化展示设备。

邮票司法鉴定工作。完成国家监察委等单位送鉴邮票的司法鉴定工作，满意度100%。组织开展“北京市司法鉴定行业突出问题专项治理”工作和北京市市场监督管理局“检验检测机构诚信守法倡议”活动。

六、文化宣传工作

庆祝建党百年重点展览。举办“金牛贺岁——2021辛丑年生肖邮票展览”；在集团公司一层大厅举办“听党话 跟党走 奋进新时代——庆祝中国共产党成立100周年邮票图片展”；在博物馆二层特展厅推出“牢记初心使命 奋进新的征程”邮票展；博物馆三层推出“中国人民革命战争时期交通邮政”专题展览，6月28日正式对外开放；承办集团公司工会“迎建党百年 展邮政风采”全国邮政职工随手拍邮票照片设计大赛获奖作品展览。

协同重大活动。《邓小平诞辰一百周年》和《全国取消农业税》两套整版邮票入选中国共产党历史展览馆展览；配合集团公司在故宫博物院举办“国家名片 紫禁瑰宝”故宫主题邮票特展；携藏邮票参展“清华大学美术学院校庆特别展”；接待由北京市文物局指导、北京博物馆学会主办的“助力博物馆之城建设”学习交流人员。

七、加强媒体宣传

利用馆藏资源，推出系列宣传报道。配合生肖邮展，在《人民日报》海外版刊发《方寸之间有华章》专题报道；与新华社合作推出微视频《邮路上的红色血脉》，上线首日观看超100万人次；与中央广播电视总台合作，配合完成财经频道百集微纪录片《信物百年》第42集“全套苏维埃邮政邮票”的摄制，与综艺频道《中国文艺报道》栏目联合摄制3集电视系列节目《从方寸邮票间看党史》，与少儿频道《大风车》栏目共同策划播出《快乐体验——少年寻邮记》节目，配合少儿频道录制《邮票里的党史故事》邮票体验北京站节目，配合央视频举办“请听题——庆祝建党百年大型融媒体直播活动”，联合少儿节目《小喇叭》共同推出“行业博物馆专题少儿讲解”活动；在《光明日报》刊发《方寸间铭记百年辉煌——邮票上的中国共产党成立纪念》；与《经济日报》联合推出“方寸之间显辉煌”微视频；与北京电视台《春妮的周末时光》栏目组联合策划播出《方寸之间有乾坤》《方寸见证百年辉煌》两期节目。与国资委新闻中心“国资小新”联合举办“邮票上的国企”云展览，观众在线留言互动总点击量45万；与《中国民航报》合作推出“方寸之间的民航记忆”专题报道；与中国传媒大学新闻学院共同策划制作10期《邮票中的党史》系列新媒体作品。

博物馆微信公众号运维。发布上线99篇（条），菜单栏更新38次，优化增设“邮博资讯”等5个子菜单；“云赏邮博”板块搭建的虚拟展厅同步推出线上展，在疫情期间做到“闭馆不闭展”，累计访问量20多万人次；在“中国邮政报”官微设立“中国邮博”菜单栏。

《集邮博览》坚持“博览国家名片，阅读百科全书，欣赏艺术魅力，坚定文化自信”的办刊方针，探索业务发展新模式，抓好发行工作。杂志社加强与各省邮政分公司合作，配合各地集邮活动和新邮发行策划出版专刊6期。2022年杂志订阅量逾12000份。

八、学术研究工作

一是完成了《新编中国邮政通史》编纂工作，全部6卷文稿已交人民出版社。二是积极配合国家版本馆的筹建工作，推进馆内“中国邮票”常设展的大纲编纂。三是配合电视剧《国脉》摄制工作，做好史料提供和史实把关。四是加强与中国人民大学合作，积极推进国家社科重大项目“清代驿站史研究”的子课题“清代驿站文化图录”的方案制定。五是顺利推进年鉴编纂工作。完成了《中国邮政集团有限公司年鉴（2020）》的出版和《中国交通年鉴（2021）》的组稿和报送工作；完成了《中国邮政集团有限公司年鉴（2021）》70万字的组稿编辑工作。六是参与完成了由中央党史和文献研究院、中华全国集邮联合会主编的《邮票上的中国共产党百年历程》一书的修改定稿工作，该书入选中宣部2021年主题出版重点出版物，即将出版。七是配合集团公司党建工作部完成了关于战邮精神研究提炼工作，并提供了邮政行业精神谱系研究资料，开展了邮政红色资源保护利用工作。八是积极配合做好“中华苏维埃邮政总局”旧址布展工作，完成展陈设计方案；主持召开了《河南邮政志》编纂暨河南邮政历史展览馆展陈方案座谈会、安徽安庆邮政历史展览馆筹建座谈会，指导各地邮政历史展览馆建设和邮政史志编纂工作。九是论文《“血脉”的凝汇——中共早期党内交通的创建与发展（1921—1933）》入选了在陕西延安召开的“庆祝中国共产党成立一百周年高峰论坛”；发表了《回望峥嵘话初心——土地革命战争时期“人民邮政”的发端》《山东革命根据地战邮武装交通简述》等文章，推动了红色邮政历史研究。

九、档案管理工作

完成档案移交工作。推进移交原邮电部1981—1998年全宗文书档案工作，通过中央档案馆对移交档案的现场验收考核。8961卷、5万多件、61万多页文书档案和近600G数字档案正式移交中央档案馆。12月25日，工信部为此向集团公司发去感谢信。

开展档案调阅和接收工作。为集团公司、工信部提供档案调阅56人次、2933卷（件），满意度100%。接收集团公司采购档案5846件、会计档案161卷、工程档案86卷。

落实新时期档案工作管理要求，结合实际编制《档案清点工作方案》，完成2256卷档案的实体清点、存址核对、电子目录挂接工作。

十、基础管理工作

建立健全制度。修订完善业务招待管理办法、公务车辆管理办法、重要决策事项法律审查管理办法等制度。持续推进公文治理工作，发文数量比上年减少 41.27%。

做好资产管理和采购工作。按集团公司相关工作要求，完成采购专项治理自查整改、资产盘活、税收风险管理自查等相关工作。完成招标采购 14 项，节约预算资金 35.95 万元，公开采购率 100%。

财务和预算管理。落实固定资产投资年度计划及各批次计划资金，保质保量完成 ERP 报销报账工作。

提升人力薪酬管理水平。集团公司组织的人力资源管理系统数据季度抽取评比中均达到满分，受到通报表扬。

践行绿色邮政建设理念。加强 OA 办公系统管理，提升无纸化办公水平，加强垃圾分类管理，鼓励员工绿色出行，杜绝餐饮浪费行为。

此外，文史中心获得交通运输部“交通运输文化建设优秀单位”荣誉称号；团支部获得“中央和国家机关五四红旗团支部”荣誉称号；“讲好邮票故事——充分发挥馆藏资源优势，携手央视融入文化传播”系列宣传活动，在“2019—2020 年度中国邮政新闻宣传工作评比活动”中获得“中国邮政新闻宣传活动创新奖”。（文史中心）

【中国邮政广告传媒公司（中国邮政广告有限责任公司）】

一、支撑集团公司板块协同

电商节宣传工作。协同集团公司邮务部、中邮电商制定速递易丰巢广告投放方案，广告曝光 1.6 亿次，比上年上涨 26.1%，点击量 2287.7 万次，点击率 15%，在“919 电商节”投放的媒体中排名第一。

活动组织工作。配合集团公司邮务部策划“冰雪寄语”书信中国活动，发出书信贺卡 3.5 万套，邀请央视 11 位知名主持人拍摄宣传短视频。第五届中国明信片文化创意设计大赛征集参赛作品近 4 万套，比上年增长 2.8%。

《信者》电影宣传推广。借助首届中国邮政主播大赛的高曝光和高关注，《信者》电影宣传在抖音平台上账号和话题播放量逾 4316 万，点赞量逾 206 万。

图稿审核保障工作。认真贯彻落实习近平总书记关于“广告宣传也要讲导向”的重要指示精神，严格把关广告图稿审核，审核通过图稿 32851 稿，退回问题图稿 3765 稿，审核及时率 100%，无意识形态问题发生。

二、提升广告媒体创新能力

平台媒体化特色增强。中邮传媒智融平台交易额 18.7 亿元，比上年增长 15%。新增媒体资源商 41 家，媒体收入占比从 2018 年的 24.7% 提高到 38.61%。

成立中国邮政 MCN 机构。举办首届中国邮政新媒体主播大赛，成立中国邮政 MCN 机构。百名主播参与“这

电影《信者》

里是中国邮政”，话题播放量逾 10 亿。

明信片大赛实现 IP 孵化。借助大赛创新孵化“人民邮政”“金邮筒”IP 项目，首次实现参赛作品的成果转化。

速递易广告运营模式持续优化。面对运营人员减少、丰巢移撤柜、刷系统等不利局面，制定以市场为导向的营销策略，根据竞品和市场环境调整刊例价格。速递易业务收入 2016 万元。

三、规范化管理

制定费用开支管理办法，规范会议费、招待费等各项费用开支；制定重大决策、规章制度等法律审查制度，建立健全法律风险防范机制；制定紧急采购管理办法，满足紧急采购需求，防范采购风险；整治形式主义，制定中邮传媒整治形式主义官僚主义问题工作方案，发文数量比上年下降 26.8%。

四、党建工作

坚定捍卫“两个确立”，始终做到“两个维护”。党支部坚持以“三会一课”为抓手，深入学习习近平新时代中国特色社会主义思想。严格落实党支部“三会一课”、“三个第一时间”、党员管理、双重组织生活等制度，把握党建工作进程，确保党建工作落到实处。

不折不扣把党史学习教育落到实处。党支部高度重视党史学习教育工作，采取及时学、自主学、研讨学、宣讲学、现场学、竞赛学、培训学、征文学、传唱学等九种方式把学习推向深入。高质量召开党史学习教育专题组织生活会，深入学习党的十九届六中全会精神，配发学习辅导

材料，并广泛开展研讨。

严格落实意识形态工作责任制。做好邮资类产品图稿审核工作，持续抓好意识形态各项制度规定贯彻落实，及时了解职工思想动态，严格执行网站信息发布审核制度，确保意识形态阵地守得住、管得好。

持续推进巡视、审计整改工作。持续推进常态化全面整改、专项重点整改和审计整改工作；对照集团公司党组2021年巡视邮政企业单位党组织反馈意见，开展未巡先改。（中邮传媒）

【中邮电子商务有限公司】

2021年，电商分销专业实现收入101.8亿元（分销审计核减后），比上年下降3.5%。其中分销业务实现收入90.9亿元（分销审计核减后），比上年下降2.1%；增值业务实现收入10.9亿元。

一、全面加强党的建设

加强党的政治建设。支部认真落实“三个第一时间”学习机制，贯彻落实党的十九大和十九届历次全会精神，增强“四个意识”，坚定“四个自信”，不断增强“两个维护”的自觉性和坚定性，召开支部委员会38次、党小组学习26次、党员大会8次、党课4次。推动党中央决策部署落地见效。脱贫攻坚成果同乡村振兴有效衔接，实现升级乡村振兴帮扶馆382个，产生订单2162.5万单，实现销售额7.8亿元。坚持不懈抓好常态化巡视整改和专项重点整改工作。一季度常规巡视集中整改期间坚持周例会制度，完成整改措施38项，对长期推进的细化措施紧盯不放，形成常态化、长效化整改机制，完成2021年度巡视整改工作。

加强党的思想建设。严格执行“三会一课”制度，纵深推进党史学习教育活动。每周开展专题读书会，组织全体员工参与党史知识大赛答题活动。书记讲好专题党课，开展“学党史、悟思想”为主题交流研讨和学习讲座；组织红色教育基地现场参观、重温入党誓词等系列活动；召开党史学习教育专题组织生活会，谈心谈话17人次，征求意见建议35条，制定具体整改措施。

加强组织建设。抓实基层党组织建设，引导优秀员工向党组织靠拢，支部接收预备党员1名，培养入党积极分子2名。全体党员均能通过“中邮先锋”平台按月及时足额缴纳党费。强化干部监督管理，对领导干部异地任职“两费”管理等4个方面行为进行专项监督检查，开展涉及廉洁风险的关键岗位和环节进行自查，提醒谈话6人次，对新提任的三名三级干部进行集体廉政谈话和廉政考试。加强干部队伍建设，通过系统内竞聘方式，选拔3名三级正领导、4名一般管理人员；交流借调8名省（地市）优秀的一线管理人员。组织青年员工建功立业。开展青年理论学习小组“岗位建功”活动，针对重点问题成立10支“青年突击队”。

纪检工作。强化政治监督常态化，认真开展“党风廉政警示教育月”活动，开展“深化廉政教育，筑牢思想防线”主题党日活动；针对关键岗位廉政谈话6人次，新入职、新提任领导干部谈话7人次。组织专项监督检查，包含中央巡视整改、集团公司内部巡视整改、《三项制度》执行、党内学习记录、党费收缴使用等9项专项检查。做实做细日常监督，做好疫情防控的监督检查；聚焦违规收送礼品礼金、公款吃喝等，做好重要节点的提醒教育和监督检查；强化制度约束，对公务用车制度执行情况进行监督检查，监督完成4次招标采购决策。

二、经营质效提升

平台运营能力。平均月活用户数超2300万，平台交易总额（GMV）超90亿元。创新社群、社团运营模式，制订邮乐小店成长计划，日均活跃邮乐小店数14.1万，比上年增长102%；依托邮乐优鲜，搭建基于“网点+站点”的社区团购场景，交易额2.19亿元，比上年增长118%。开展平台商家和商品治理。在线SKU数量超30.4万，交易额占比59%，工业品累计引入106个知名品牌，下架近2万个无动销商品，加大对重点商家的赋能，商品动销率提升80%。推动营销活动常态化、多样化，B2C方面，组织“硬核补贴”活动，启动“万单引航”计划，做到“月月有重点，周周有活动，天天有补贴”，投入超2000万元营销资金，开展近350场营销活动；B2B方面，以年货节、端午节、“919电商节”、中秋节、国庆节等标志性节日为主轴，完善方案、强化培训宣传、优化预算配置，投入800多万元，拉动GMV 5.7亿元。

推进渠道质量提升。组织站点汰换，将原邮掌柜系统中支局机构与新一代营业系统同步，对5.6万个站点进行汰换。加强站点管理，1.05万个网点的1.94万名兼职地推与13.7万个站点明确属地化管理关系，并每月开展巡店维护。开展业务叠加，叠加1～3项以上业务站点分别为42万个、36万个、30万个，比上年增加46.3%、56.5%、50%，主要叠加平台批销、代收自提、便民缴费等业务，其中叠加平台批销的站点34.5万个。开展网点和站点引流，组织扫码入会活动，2.5万个网点和12.2万个站点开展引流，新增邮掌柜会员684万个。

推进农产品基地建设。完成100个全国级标准化农产品基地建设，基地农产品销售额14.07亿，完成全年目标的140%。建立基地选建标准，以“7个有”为标准，全面完成100个标准化基地建设。健全三级品控体系，建立“各省自评+邮乐农品抽检+第三方专业评测”三级品控体系。制定品牌应用VI体系，在宣传素材、电商素材、耗材物料、产品包装、基地挂牌、寄递包装六大基础场景统一品牌应用，产品品牌应用率100%。农资农技服务全面开展，开展农技服务1.2万场次，服务社员和农户120

7月26日，央视《新闻联播》报道陕西省洛南县电子商务进农村示范项目物流仓储中心（中邮电子商务有限公司）

万人次，农产品基地农资销售15.5万吨，金额4.38亿元。

做大上下行商流，双向商流规模136亿元，创历史新高。农产品上行规模70.5亿元，比上年增长55.7%；完善“基地直采+异业合作+平台零售+终端直供”的全渠道产销对接体系；线上依托邮乐网，建立“社群+社区”营销场景，累计打造万单农产品878个，线上农产品交易额10.2亿元；线下依托邮乐农品，拓展链果、鲜际、3000余商超等2B渠道，美团、拼多多、抖音等2C渠道，交易额2.03亿元，比上年增长123%。工业品下行规模65.7亿，比上年增长30.8%；按照“全网+区域+定制，一省一清单”模式，建立大单品为核心的商品体系，打造23个超1000万元的全网大单品和60个超500万的区域大单品，实现大单品自营批销额45.7亿元，比上年增长197%，占比69.5%；联合新希望，开发定制大单品“超级纯”常温奶和酸奶，订货额逾3600万元。

推进增值业务发展转型。增值业务在外部政策变动的制约下，持续发挥线上线下引流效用，实现便民服务引流2.54亿人次。缴费规模翻四番，服务1.7亿人次。税邮在外部政策压力下，持续追缴欠费、拓展税收项目，服务1457万人次。警邮合作通过对网点活跃度的强化督导，全国网点月均活跃度提升至75%，服务1551万人次。互联网短信初步探索出内部挖潜、业务联动的拓客模式，并与寄递实现横向联动，服务5400万人次。平台引流方面，实现云放号、中邮车务在邮乐平台上线，云放号联合联通向51.3万用户发放总计1333.6万元的补贴券，实现云放号业务翻番发展；中邮车务于“919电商节”首次尝试与邮乐联合营销，分享次数179.2万人次，促成有效成单9.5万笔。（中邮电子商务有限公司）

各省、自治区、直辖市分公司工作

北 京 市

【北京市邮政分公司】 2021年，实现全部业务收入65.37亿元（含寄递事业部），邮政业务总量（含寄递事业部）62.22亿元，比上年增收5.16亿元，增幅8.56%。全市共设置邮政局所721处，其中农村局所208处，实现农村乡镇全覆盖；设置邮政信筒信箱3834个，农村村邮站3560个；邮路811条，邮路单程总长度10.83万千米；全市平均每一邮政局所服务面积22.76平方千米，服务半径2.69千米；平均每一邮政局所服务人口3.04万人，服务质量用户满意度98.71%。

一、企业党建

深入开展党史学习教育，“五学联动”（领学、督学、深学、促学、自学）推动学习教育入脑入心，组织中心组集中学习、专题读书会和交流研讨。完成“我为群众办实事”项目661个和党支部“领题破题”项目256个；开展“学习贯彻党的十九届五中全会精神　解放思想大讨论　党建引领促发展”主题活动，全公司解决各类问题491个。开展“树立首善意识　提升首都邮政形象”活动，服务质量运行管控17项指标完成14项，3项指标持续推进落实。开展“三亮三比三评”主题实践活动，建设党员创新工作室32个。

二、普遍服务

投资近1亿元，改造邮政服务网点62处，改造服务面积1.88万平方米，建设财富中心9处，邮政服务网点形象提升352处，改造店招标识506处，完成144个邮政局所无障碍设施建设，接收统建配套邮政局所102处。机要通信业务保密、时限、安全、妥投达到四个100%，质量安全32年无事故。3月4—10日，完成“两会”服务工作，服务保障驻地28个。完成十九届中央第七轮巡视8个中央巡视专用信箱寄递服务工作，共收寄和妥投巡视专用信箱邮件1.5万余件。

三、业务发展

——邮政业务。

特快业务增速是近三年来最高水平；集邮业务收入规模在集团公司排名第1位；函件传媒业务增幅在集团公司排名第2位；报刊发行业务在集团公司排名第1位。服务建党百年活动，开展“赏邮票　学党史”活动，宣讲800多场次，直接服务人群5万余人。6月，中国共产党历史展览馆红色主题邮局开业，并开设线上3D邮局，创建为国家最高级别展览馆服务的成功案例。服务“新时代中央和国家机关党的建设成就巡礼展”，设计邮政特色邀请函、明信片（门票）、纪念封，成为巡礼展的亮点。

11月7日上午，北京邮政投递员冒雪穿梭在营业部和居民小区之间，成为风雪中最亮丽的一条风景线（《中国邮政报》）

——寄递业务。

加快推进新顺国际邮件互换局兼交换站工程、邮区中心工艺优化改造及设备配备等重点工程；11月，东城仓配中心投产使用，峰值处理进口邮件5.7万件/日、出口邮件8万件/日，实现邮件一点接卸、无频次下行。打造“两仓一平台”（后桥仓、邮袋厂仓和大兴行邮处理平台）体系，实现“仓、收、分、运”一体化作业、一体化管理。大兴行邮处理平台日均邮件处理能力40万件，混合收寄邮件能力8万件，配套增加一级干线发运邮路36条。构建“邮政自提点＋社会自提点＋智能包裹柜”相结合的自提网络，建设京邮驿站995处。拓展“同城当日递”运输服务范围，组开密云、怀柔、平谷、延庆区分公司“同城专网当日递”进出口揽投频次，提升同城邮件时限水平。

——金融业务。

增幅、收入进度均在集团公司排名第2位，非储蓄收入排名第1位。

——交流合作。

开发北京文投集团、北京工美集团、北京菜百股份、北京邮电大学、北京一轻集团等14家市级战略客户，中国宋庆龄基金会1家集团级战略客户，与教育部、文旅部、北京市文旅局、北京市商务局业务联动。平谷大桃基地惠农合作项目成为首批全国邮政农产品基地项目。政务服务、电商市场、汽车产业链、医药市场四大项目收入超额完成集团公司目标。

四、企业管理

——能力建设。

增强科技赋能。完成集团公司终端管控系统在全市上线推广工作；大走访小程序、金融积分商城、沙龙预约系统助力积蓄客户；金融风控数据分析系统自定义20余项风险模型，支撑风控排查；支行大排名系统助力金融业务；邮区中心车辆排队、寄递精品邮路等系统上线，提升寄递精细管理水平；中邮保险数字化转型，以朝阳、大兴区分公司为试点，探索健康险营销新模式。

创新经营发展模式。创新主题邮局经营模式，全市共设立60家主题邮局；以“菜单式”叠加方式，完成587处社区、商圈、乡镇、边远四类网点转型，覆盖率89%。110个营业部转型，收入比上年增幅23%，特快专递收入比上年增幅15%，工体、北太平庄等营业部实现从生产作业型向营销服务型转变，成为转型发展标杆营业部。

——人力资源管理。

持续开展“百炼成钢”员工培训，对经营管理人员、专业人才、高技能人才培训1865期，参培人员近6.4万人次。建立“星级员工”培养模式，开展测评532场次，评选星级员工3072人。组织11个批次的职业技能等级认定工作，推进《北京市快递从业人员职业技能提升行动实施方案（2019—2021年）》，参加该项培训的快递人员近3000人。

——企业文化和精神文明建设。

深化创建10个劳模创新工作室，助推15个劳模优秀创新项目；北京市集邮业务局获“首都劳动奖状”，海淀区中关村营业部史春华获“首都劳动奖章”。海淀区分公司被评为“第十一届书香中国·北京阅读季书香企业”；东城区东四邮政支局被评为“2021”年度交通运输服务文化建设优秀单位；邮区中心火车押运班曹玉胜被评为“国企楷模”和月度“2021北京榜样”；大兴区新媒体营业部段秋红、海淀区清华大学邮政支局康智、怀柔区北大街投递部刘建鑫荣获第一届北京“最美快递员”；北京邮政教育培训中心被中国红十字会授予“全国红十字会模范单位”。

——服务质量管理。

开展“迎建党百年　树品牌形象　服务质量大提升”专项整治活动，运行、客服重点指标提升，受理北京市12345热线接诉即办工单793单，24小时投诉受理率、响应率、合理诉求的用户满意和解决率均100%；11185客服电话接通率98.34%，受理工单2万单，排解用户问题25万余件，客服中心信息反馈及时率、受理投诉办妥率均100%。

五、社会责任

服务乡村振兴战略。进一步搭建农村电商平台，构筑电商物流双向通道；推进三级物流体系建设，建成城乡邮政综合便民服务站960个，邮政快递合作实现全市16个区全覆盖；与中邮人寿北京市分公司合作，为北京市有帮扶需求的3284人赠送意外伤害保险，保额6941万元。（北京市邮政分公司）

【邮储银行北京市分行】

一、经营发展概况

——经营业绩。

2021年实现营业收入82.92亿元，增长18.17%；利润59.4亿元，增长48.3%。经济增加值24.09亿元，居邮储银行第3位。经济资本回报率22.3%，居邮储银行第1位。成本收入比31.69%，居邮储银行第3位。

——发展规模。

总资产4965.79亿元，增长14.56%。各项存款余额3077.59亿元，增长10.6%，新增存款295.07亿元；各项贷款余额2048.22亿元，增长3.94%；存贷比66.55%。

——资产质量。

不良贷款率0.49%，拨备覆盖率354.96%。

二、落实中央决策部署

——支持乡村振兴。

第一时间制定《中国邮政储蓄银行北京分行2021年服务乡村振兴工作方案》，成为北京地区首家与北京市地方金融监督管理局联合挂牌“北京市小微快贷中心　三农金融服务站”的金融机构。加快农村信用体系与信用数据库建设，累计建设信用村49个，评定信用户1429户。推出“大桃贷”“蜜蜂贷”“大棚贷”，涉农贷款余额136.47亿元，增幅33.13%；小额贷款余额突破130亿元，增长24.4%。

——支持中小微企业发展。

深化政银合作，参与北京市贷款服务中心建设，普惠型小微贷款余额142.9亿元，增幅31%。上线税务模式系统，小微易贷放款4.86亿元。参与人行“创信融”项目，通过无贷客户白名单，实现首贷户增至118户。与小微金服平台合作，实现政采数据互联，推出“政采贷”产品。加强科技信用类贷款投放，为42户“专精特新”企业提供4.33亿元资金支持。

——落实碳达峰碳中和战略。

承销市场首单“碳中和”超短融，落地北京市属国企首单“碳中和”银行间债务融资工具。绿色贷款490.17亿元，增速23.17%，绿色贷款总额、占比均居邮储银行首位。

——服务国家区域发展战略。

一是对城市副中心、亦庄经开区、“两区”建设开展专题调研，助力北京“五子联动”。服务京津冀协同发展项目41个，贷款余额293.45亿元，比上年增长28.91亿元。服务北京市重点项目19个，贷款余额143.79亿元，比上年增长21.56亿元。服务城市副中心重点项目2个，贷款余额21亿元，比上年增长6亿元。将北京经济技术开发区辖内亦庄支行升格为一级支行。二是推进数字人民币工程。全年累计开立个人数字人民币钱包75.3万个，开立对公数字人民币钱包1.08万个，拓展数字人民币场景商户 5380 户。参与“数字王府井 冰雪嘉年华”“京彩奋斗者 数字嘉年华”及服贸会等活动，首创叠加健康码功能的“可视卡硬钱包”。三是参与冬奥支付环境建设。为冬奥重点区域、重点行业商户提供邮惠付收单和数字人民币收款服务，开发冬奥闭环管理酒店，打造延庆支行移动便民工程示范县、石景山泰禾商圈。

三、业务转型发展

——零售金融。

个人存款余额 799.66 亿元，比上年增长 4.23%。全面推进财富管理转型，建成财富顾问、贵宾理财经理、理财经理分级队伍，点均理财经理 2.26 人，理财经理代销产能居邮储银行第 1 位，代销类收入比上年增长 60%。建成分行财富中心，为客户提供“1+1+N”专属服务。“网点 + 商圈”“线上 + 线下”闭环营销体系初步建成，线下打造延庆永宁古镇、通州西集镇、丰台新发地等 33 个网点同心圆商圈，线上搭建物业、学费、社保、代收货款等手机银行场景。“YOU 商街”累计入驻 B 端商户 6408 户、C 端用户逾 40 万户，带动年日均存款净增 5 亿元，电子支付收入首次突破 1 亿元，个人商户 AUM 增速 20.74%，人均 AUM 达 9.01 万元。信用卡做大分期规模，实现中收 3970 万元，增长 62.99%。消费类信贷实现多个突破，网商“车秒贷”稳步发展，微众“直通车”顺利上线；直营车贷准入经销商 31 个，放款 7040 万元；一手房项目准入 28 个，放款 3.01 亿元；启用额度类消费贷款受理系统展业模式，依托大数据风控把好准入关，放款 1.79 亿元，不良零发生。消费信贷推进集约化运营，实现服务时效全流程 1 小时、全程无纸化。

——公司金融。

公司存款余额 629.2 亿元，比上年增长 26.3 亿元。公司贷款余额 1231.51 亿元，比上年增长 40.1 亿元，其中中长期贷款余额突破千亿元，占比 81.67%，比上年提升 22.9%。债券承销规模逾 560 亿元，落地分行首单企业财务顾问业务、首单债务优化银团。公司理财保有量 310.6 亿元，增长 246.4 亿元。交易银行落地房地产预售资金监管现金保函、预付资金监管、线上直接保理、分行自开发银企直联等多项邮储银行首笔业务。客户层级下沉，拓展央企、国企下属子公司 98 户，新增授信 112 户。军队业务历史性破题。

——资金资管。

同业投资余额 754.62 亿元，实现收入 9.55 亿元，比上年增长 357.73%。同业融资交易规模 1621 亿元，实现收入 7.99 亿元，比上年增长 27.20%。债券业务新增规模 252.1 亿元，实现收入 2.15 亿元（含证金债）。票据直贴交易规模 28.88 亿元，比上年增长 103.67%，票据回购交易规模 2361.70 亿元，比上年增长 236%。RMBS 二级交易、公募 REITS、定增业务实现破冰。同业生态圈建设全面推进，拓展客户 139 户。与中关村银行签署“钱柜”合作协议。永续债销售规模 26.2 亿元。托管业务收入 4.43 亿元，居邮储银行第 1 位。实现邮储银行首只 ETF 产品、首只 ESG 指数产品托管运营。重点托管公募基金销量 15.48 亿元。

四、风险管理升级

——推进智能风控。

以风险信息共享平台为依托，运用市政务数据补充关联人维度，完善客户内外部实体关联与风险关联网络，风险监测、预警由点向面转变。与总行联合建模，强化小微企业未来 6 个月前瞻性风险预测。围绕“双减”等政策变化，主动调整相关贷款风险分类并持续监测。丰富不良处置手段，实现邮储银行首例个人消费不良贷款批量转让。

——信用风险管理。

完善“授信前引领、授信中指导、授信后评价”三位一体管理机制，聚焦重点领域，加强政策指引，筛选 89 户总行级核心客户目标名单，建立 139 户分行级授信核心客户名单及 586 家“专精特新”企业名单。

——内控合规管理。

在人行营管部、北京银保监局消保年度评价中均处于第一梯队，列国有大行第 3 名。加强案件防控和违规问责处理，实现“五个不发生”目标，问责 398 人次。

——内部审计工作。

建立《北京分行重点违规问题库》，以“问题库”为抓手开展专项治理活动，进行专项审计 20 项，“公司结算业务账户管理”“理财及代销业务合规销售”等问题数量比上年下降 87% 和 45%。注重标本兼治，形成“研究建立审计模型→核实审计模型效果→共享至业务条线→嵌入业务系统”机制。

——疫情防控和安全生产工作。

全面落实疫情防控各项要求，未发生一起聚集性疫情。持续构筑安全管理体系，突出抓好营业网点、机房、办公大楼等重点领域安全和消防工作，保证建党百年、“两会”、汛期等重要节点安全。

五、管理效能提升

——邮银协同。

邮银联动走访企业，代发工资额比上年增长 28.49%。邮银合力推进第三代社保卡项目，成为北京首批三家发卡行之一。邮银共建个人产品体系，定制专属产品 8 只，累计销量 8.8 亿元。

——信息科技建设。

利用“数字驿站”培养业技皆精的专业人才，协同推进信息化项目 17 个。建成财富中心远程交互系统，建成网点智慧识客体系。“北京分行智慧识客与信息服务体系”获中国邮政集团有限公司 2021 年科技创新成果一等奖。构建数字化运营、管理、办公“微生态”，研发风控预警、涉案协查、数据治理、履职检查等数据模型 678 个。引入政务类、监管类数据接口 48 个，有效赋能风险管控和业务发展。

——资产负债管理。

形成公司、零售、F 端三足鼎立的收入结构。深入推进“比学赶帮超”，完善分、支行 4 个维度 63 项指标对标对表体系。上线“信贷业务发放额度审批”“存贷款利率定价审批”两个线上模块，审批效率进一步提高。全面落实减费让利要求，建立“政策宣传贯彻—传导—执行—检查—整改”闭环管理机制，降费政策扎实落实。

——财务管理。

优化绩效考核分组模式，落地综合拓展指标，加大中收考核力度。深化管理会计应用，通过对各机构、条线、产品、客户等盈利贡献的清晰计量和分析，支撑经营管理决策。加大集中采购力度，节约资金 2434.42 万元。

——运营管理。

通过网点组织作业模式转型，115 名柜员转岗至理财经理、客户经理、大堂经理、营业主管等岗位，转岗人数占柜员总数的 18%；网点台席从试点前的 349 个压降至 209 个，降幅 40%。网点客户动线、客户服务体验、可分流业务离柜率、柜员队伍综合营销能力等均得到提升。网点数智化运营持续优化，实现“双屏”行内外数字化宣传、模块化组件网点“微改造”、手语远程交互服务、ITM 远程授权服务等。

——人力资源管理。

全面加强领导班子和干部队伍建设，分行党委管理的领导干部 123 人，平均年龄 44 岁。加大各层面竞争性选拔力度，基层管理人才库入库 181 人，中级管理人才库在库 190 人，分行部室、一级支行分别设立团队 55、82 个，各聘任 52 名年轻骨干为团队负责人。畅通员工职业晋升渠道，2021 年职级晋升 576 人，薪档晋升 1699 人，首次实现专业类人员晋升高职级。员工岗位资格持证率 92.1%。内训师队伍 220 人，覆盖各岗位各层级。健全员工绩效管理体系，设定“关键绩效＋岗位评价”，打造“定量＋定性”双重考核模式，形成“一人一表”员工绩效体系。

六、党建引领强化

——党史学习教育。

开展庆祝建党 100 周年系列活动，一体推进“我为群众办实事”“三亮三比三评”“领题破题”实践活动，清单式推进并完成 142 个办实事项目和 88 个“领题破题”课题。

——党风廉政建设。

构建主体责任、监督责任、“第一责任人”职责和“一岗双责”四责联动格局，压实责任链条。深入开展中央巡视整改“回头看”及集团巡视整改监督，完成对 5 家一级支行、运营中心党总支和 23 个分行机关党支部巡察，提前一年实现巡察全覆盖。开展“清风启航”廉洁教育，开展廉政谈话 303 人次。对竞聘招聘、“小金库”、招标采购等重点事项开展专项治理。

——企业文化建设。

宣传“邮储人共识”，建成“企业文化宣传活动中心”，创建“劳模（工匠）创新工作室”，完善荣誉体系建设，加强先进典型培树，提升干部员工凝聚力。全方位开展“品牌提升年”活动，香山支行“十年坚守践初心，手语服务办实事”的事迹被央视《焦点访谈》栏目报道。（邮储银行）

【中邮保险北京市分公司】

一、经营发展

2021 年实现总保费 18.19 亿元，其中新单保费 8.72 亿元，续期保费 9.13 亿元，个团险保费 3499 万元。实现长期期交保费 6.24 亿元，完成率 102%；终身寿险 5.45 亿元，完成率 235%；提前百天达成全年健康险目标，实现健康险 1518 万元，完成率 106%；实现新业务价值 1.83 亿元，完成率 151%，进度列全国第 5 位。获得 2021 年度北京保险行业“清廉建设开拓创新单位”荣誉称号。

——协同机制。

协同邮银将中邮保险纳入“跨赛”“开门红”等工作中统筹安排，每季度参加北京邮政协同发展委员会会议，重点关注经营发展和业务品质情况，实现“同研究、同部署、同实施、同考核”。

——协同项目。

开展网点产能提升省级协同项目，聚焦终身寿险、健康险业务发展，提升复杂型产品营销能力。2021 年期交新单网均产能 106 万元，全国排名第 2 位。

——队伍共建。

助力打造邮政金融专业营销体系，组织 6 期北京邮政支行长能力提升培训班，4 期邮储分行贵宾理财经理培训班、1 期理财经理军事训练，覆盖 600 余人；聘任 67 名北京中邮保险兼职讲师，组织两期专项培训，以点带面助力业务发展。

二、运营服务

——数字化营销试点。

9 月在朝阳及大兴 10 个网点开展试点工作，深入指导“六步工作法”应用。10 个试点网点实现健康险 90.2 万元，网均产能 9 万元，排名全国第 1 位；累计实现线索客户转化规模 21.2 万元，排名全国第 1 位。

——培训支撑。

深入一线培训 733 场、覆盖近 4000 人次；开展线上培训 41 场，覆盖 1.8 万余人次。扎实推进总公司“练兵比武”，综合参与率 128%，列全国第 1 位。

——客户服务。

修订完善消保管理制度，开展消保培训4场，妥善处理客户咨诉1005件，电话回访成功率100%，全国排名第1位。创新客服活动，开展线上活动4场，线下活动47场。其中，开多省联播先河，与天津、上海分公司开展的健康直播吸引近18万人次参与。

——个团险业务。

妥善服务内部团险客户23个、开拓外部客户17个。实现个险保费87万元，完成率103%，规模排名全国第4位。实现惠农简易险保费136万元，完成率272%，排名全国第2位。

——特色模式。

邮保联合印发代管机构及专岗人员考核办法，按月通报考核结果，带动业务品质提升。开展专岗培训，人均培训时长达112小时，有效提升专岗人员能力。

三、企业管理

——运营管控。

累计承保4.67万件、保全2.36万件、理赔1.4万件，比上年增长44%、26%、62%。服务时效不断提升，其中小额理赔5日结案率100%，列全国第1位，理赔出险支付时效46.68天，列全国第3位。

——品质管理。

党委专题研究期交业务质量提升举措，制定38项措施，逐一跟踪销号。邮保联合制定3年退保管控目标，按月跟进落实，逐步改善业务品质。

——财务管理。

新单负债成本率4.38%，全国排名第5位。采购公开招标率100%，资金节约率17.7%、上网采购率81.66%，均列全国第3位。

——市场化机制。

修订分公司绩效考核办法，全员签订业绩合同，实行绩效薪酬与部门、个人绩效“双挂钩”。制定分公司招聘管理办法，规范招聘流程和审批手续，通过社会招聘择优录用1名部门副总经理、2名员工，优化队伍结构。稳步推动领导人员任期制和契约化管理工作。

——多元化培养机制。

18名同志赴集团、总部、邮银单位交流学习、参加重点项目，在内外部交流中得到历练和提升。成立创新工作室和城市先锋队，聚焦急难险重、创新服务等方面，充分发挥青年骨干作用。

四、风险防控

协同渠道开展合规检查，覆盖10个区、28个网点，督促问题整改13个。扎实开展内控合规管理建设年活动，完成销售理赔及财务业务数据两方面179笔业务整改。开展3个审计项目，接受总公司高管审计1次，发现的13个问题均已整改完毕。

五、党建工作

——党史学习教育。

发挥党委理论学习中心组龙头作用，组织开展集中学习研讨8次，读书会32期。举办“请党放心　强国有我”青年员工演讲比赛、党史展览馆参观等主题党日活动。开展“我为群众办实事”实践活动，完成4个重点项目。开展“党建＋服务”“党建＋个险开拓”“党建＋投递帮扶”，党支部战斗堡垒作用和党员先锋模范作用充分发挥。

——党建重点工作。

制定分公司党建工作要点，细化6方面45项工作任务，层层压实责任。明确2021年巡视整改11项重点整改任务及9个持续推进常态化全面整改任务，均已完成整改，持续推进“举一反三”。

——重大决策部署。

制定实施服务乡村振兴战略2021—2022年行动方案，向3284名帮扶人口赠送保险，保额6941万元，在房山区开展公益帮扶活动。做好建党100周年庆祝活动期间安全及服务保障工作。绿色邮政各项指标管控良好。慎终如始抓好疫情防控，推进新冠疫苗接种，员工及家属零感染。

——党风廉政建设。

突出政治监督，开展党史学习教育、意识形态工作、乡村振兴等专项监督。做实日常监督，加强对“一把手”和领导班子的监督，层层传递全面从严治党责任压力，驰而不息纠治“四风”。精准运用“四种形态”，运用“第一种形态”18人次，运用“第二、三种形态”3人次。持续开展警示教育月活动，推进分公司清廉金融文化建设。

六、和谐企业建设

增强员工凝聚力。举办企业文化传承座谈会、青年员工座谈会、开办“小北说”直播间，分享交流、倾听员工心声、弘扬正能量。开展花艺DIY、亲子讲座、运动健身比赛等活动，提升员工凝聚力和向心力。优化员工午餐供应、持续组织全员体检、开展健康知识讲座，将员工关爱落到实处。（中邮保险）

【中邮证券北京市营业部】

一、经营发展

——经纪业务。

新开发有效户1079户，超任务目标655%，累计账户数114631户。新增资产20.45亿元，超任务目标31363%，客户资产（不含限售股）113.25亿元。A股交易量320.31亿元。新开融资账户29户，超任务目标123%，两融账户数232户，累计融资余额1030.21亿元，日均融资余额2.82亿元。股票质押业务开展项目1个，年初融出余额为1.90亿元，10月还款5169万元，年底融出余额13831万元。销售金融产品32.39亿元，剔除产品户认购（申购）资管产品数据后1.96亿元，超任务目标1858%。

——资管投行。

业务专业性不断提升，持续积累资源和渠道，与企业保持持续紧密沟通，深挖企业客户的业务需求，确保企业核心利益，高效专业的服务得到客户的认可，成功发行济宁高新债券 3.7 亿元。在股票质押业务长期合作的基础上签约上市公司再融资业务，实现多项业务协同和转型发展的突破。

——融资融券。

持续对符合两融适当性要求但没有开通两融资格的客户进行电话回访。通过与客户充分的沟通交流，了解客户的融资需求和对两融业务的认知度，在告知风险的前提下，提示在行情到来前开立两融业务所带来的优势和便利，推进两融业务的发展。对两融客户中操作水平高收益情况好的客户提示可追加融资额度，对风险把控能力较弱的客户提示风险保全本金。融资融券利息收入 1650.22 万元，占总收入的 42.73%。

——股票质押。

寻找和存储意向项目资源，对签约的项目做好日常管理，加强风险防控。股票质押利息收入 1079.18 万元，占总收入的 27.95%。

——投行、资管业务。

推进投行资管业务，专人对接、跟进储备和接洽的项目。重点关注北京、江苏、上海、山东、云南等地区的股权业务、债券业务、财务顾问等项目资源。对接、跟进云南保山贞元珠宝新三板项目、济宁高新债券发行、康达新材定向增发、重庆开州区债券发行、四维创智投行业务等业务，在新三板挂牌业务、财务顾问业务、企业债发行承销业务等方面实现突破。资管投行项目收入 48.11 万元，占总收入的 1.25%。

——核心客户维护。

倡导“为客户提供优质的专业化服务和家人式的亲情服务”理念，将提升客户服务质量作为业务发展的重中之重。成立核心客户服务小组，建立自有的推荐—跟踪—提醒的服务体系，对有资产的客户逐步进行全覆盖服务。重点抓高净值核心客户服务，根据客户的年龄、学历、职业、性别、投资偏好、账户分析、潜在价值、资产状况等指标类别，对客户进行多维度细分，根据每个客户的服务需求、竞争对手的优势和劣势，寻求服务差异化，经过努力和积累，此类客户的数量在稳步提升中，融资融券开户业务推进成效显著。

——有效户提升。

统计存量客户资产的变动情况，查找资金流失的客户名单，通过朋友圈、电话拜访、微信拜访等多种有效方式，与客户形成持续、有效、良性互动关系，借助行情的好转激活存量客户。按照公司统一安排，结合市场逐步机构化的特征，根据基金行业发展和市场热点产品，重点筛选市场把握能力差、操作收益较低、盯盘时间不足、年龄适中的客户群，对客户进行逐步引导，为不同偏好的客户配置相应的基金产品，让客户实现保值增值。持续邮银协同活动，由运营主管、投资顾问、见证人员、明星客户经理及时反馈和解答业务合作中遇到的各类问题，推进有效户开发。

二、风险防控

守住合规风控底线与发展业务两者相辅相成，对外加大同业交流，紧跟行业发展步伐，吸收先进经验。对内加强管理，完善培训系统，强化合规风险教育和新业务的培训学习，提高员工的专业水平和工作效率。把风险防范落实到人，对工作执行不力、贻误工作、落实不到位的人员进行问责。根据工作开展情况和进度有针对性开展风险排查，在检查中对发现的问题及时进行整改；做好事前、事中和事后管理，杜绝可能发生的风险隐患。2021 年总体运作规范，全年无业务风险。

三、企业管理

招募 1 名有其他券商合规条线工作经验的人员任职合规专员，持续通过校园招聘、外部招聘和内部转介加强业务人员、客服人员、客户经理的发掘、招募工作。根据政府、集团、监管部门、公司的统一要求，全面加强新型冠状病毒肺炎疫情防控工作，从防控机制、员工排查、设施物资等方面逐一落实，在严格落实疫情管控措施的前提下保证营业部的正常运营。

四、党建工作

强化党建工作，凝聚企业合力。强化纪检工作，消除认识误区。强化人才培养，提升全员素质。坚定理想信念，夯实理论基础。（中邮证券）

天 津 市

【天津市邮政分公司】 2021 年实现总收入（含寄递事业部）实现 20.68 亿元，预算进度 99%，较同期提高 4.85%，比上年增长 8.3%。

一、企业党建

深入学习贯彻党的十九大和十九届历次全会精神，抓好“三个第一时间”机制落地，及时跟进学习贯彻习近平总书记“七一”重要讲话及党的十九届六中全会精神。持续推进中央及集团公司党组巡视整改，落实巡视整改季度例会制度。制定党委落实意识形态工作责任实施细则，将意识形态工作纳入党建工作责任制考核。

制定并推进落实全面从严治党主体责任清单、领导班子成员履行“一岗双责”党建工作责任清单，制定年度党建工作要点，建立党员联系无党员网点工作制度。

制定党史学习教育实施方案，组建党史学习教育指导组，开展专题组织生活会，实现指导督导全覆盖。开展“三亮三比三评”“我为群众办实事”“党支部（党小组）领题破题”等主题活动。

在常态化推进中央及集团公司巡视整改基础上，开展政治理论学习材料抄袭造假、“小金库”、故意拆分采购、公务用车加油卡等8项专项治理。围绕“党风廉政警示教育月”，组织警示教育大会，以身边事例警示教育干部，通报违法违纪典型案例14起。

二、普遍服务

组织普服法规制度培训，狠抓普服达标专项整治和通信质量综合检查，对1327个问题进行集中整改。截至12月底，信件、挂刷、普包全程时限全部达标，客户满意度93.69分，机要通信连续29年无事故。

推进“路长制”，设立三级路长和管控组，加强督导考核，开展“一月一事、消灭最差”活动。组织窗口服务优化提升活动，督促整改各类问题178个。

三、业务发展

——邮政业务。

实现收入2.9亿元，完成预算100.3%，比上年增长3.5%，直接利润1.1亿元，低于预算标杆218万元。生肖贺岁项目收入增长4.5%，政务图书项目增长29%，建党小康项目实现收入4527万元。持续推进集邮库存清理，盘活以前年度库存1266万元。渠道业务实现收入1.4亿元，完成预算101.3%，比上年增长5.3%，直接利润2275万元。“三大节日”项目增速较好，累计收入1.3亿元，比上年增长14%。组织订货会、展卖会123场次，销售额1148万元，比上年增长60%。

——寄递业务。

实现收入4.8亿元，预算进度88.2%，较同期提高14%，比上年增长7.8%。直接利润1.8亿元，超预算标杆1026万元。特快实现收入2亿元，比上年增长7.2%。快包实现收入1.3亿元，比上年增长36.1%，全国排名第2位。国际业务实现扭负，完成收入1.3亿元，比上年增长2%。物流业务实现收入1035万元。

11月7日，津城迎来一场罕见大雪，天津邮政员工冒雪投递（天津市邮政分公司）

——金融业务。

实现收入10.9亿元，预算进度104.2%，全国排名第11位，比上年增长10.3%，全国排名第12位。直接利润10.2亿元，超预算标杆64万元。AUM规模965亿元，比上年增长10.9%。余额净增42.2亿元，其中价值存款净增47亿元，占比111%，利差收入全年累计扭负为正。保险实现收入3.5亿元，比上年增长39.8%。非货币基金销量1.6亿元，比上年增长275%。中邮证券天津分公司顺利开业。

——交流合作。

先后与天津机场、中石化、中化MAP服务中心、中石油等签订战略合作协议。六大协同项目整体实现收入2亿元，完成计划102.7%。惠农项目有效推进，累计发展惠农会员6.3万个，发放惠农贷款2133万元，完成计划133%。8个涉农区分公司完成与农委合作签约。天津邮政“脱贫攻坚”获评全国交通运输系统“成长力文化品牌”。新增校园合作点16处，累计开办医药合作网点5处，警邮合作网点60处，税邮合作网点12处，开办首家中邮宝岛眼镜店。

四、企业管理

——基础管理。

制定降本增效工作要点，以“四个到人”推行销号管理，建立“月度例会、专题简报、日常通报、定期问询和重点督导”四项机制，有力推进降本增效。

坚持以预算为主线、核算为底线，制定全面预算管理办法，细化成本预算标杆到74项，将外包费纳入工资总额实行预算管控。加大对外包费、运输费、业务损失费等成本支付的合规性审核，细化报账规定，对13类合同审核财务要点进行规范。加强资金统筹，两年累计偿还负债9500万元。

全年集中采购金额2.33亿元，公开采购率95.8%，集采项目节约资金3350万元，资金节约率18.6%。优化服务外包采购，进口邮件内部处理由全环节结算调整为分环节结算，折合单价降低18.3%，干线运输单价降低9.3%。组织网点数据专线采购，单价降低70%。制定采购评审专家管理办法，开展采购专项治理。全年审计项目224项，工程审减额200万元。

——能力建设。

投资资金9180万元，用于金融网点建设、实物网能力提升。制订金融网点五年建设规划，购置金融网点3处，迁址网点12处，改造网点21处，完成网点形象提升项目103个。完成邮区中心工艺优化改造工程和消防提升工程。拆分改造营业部13处。建设完成金融信息平台、收单损益分析等 13 个系统。对 490 条城域网线路进行升级改造。全年自主研发项目 7 个，折合投资 140 万元。企业填单机改造项目荣获全国邮政科技创新成果小技改发明奖。

——人力资源管理。

试点领导人员任期制和契约化管理，组织宣贯培训，制定任期制和契约化管理实施方案和领导人员经营业绩考核方案。加大年轻干部培养，推进邮区中心改革，完成机构整合和人员分流，在揽投岗位推行揽收目标与投递单价挂钩。改造提升培训中心，开展员工常态化培训，培训 106 场次，培训人员 1.3 万人次。持续打造金融三支核心队伍，推进寄递市场营销体系建设，制定市场营销中心经理管理办法，员工收入连续两年稳步增长。

——企业文化和精神文明建设。

组织劳模事迹巡讲 11 场。河北分公司刘树东荣获“全国五一劳动奖章”，北辰分公司寄递事业部营销中心荣获“天津市工人先锋号”，离退部郭喜才荣获“全国先进老干部工作者”。开展两节慰问、旺季送关爱等活动，划拨慰问金 203 万元。慰问帮扶困难职工、困难党员 749 人。

——安全生产。

加强应急响应和安全生产管理，制定突发事件系列应急预案、安全生产主体责任落实规范清单。开展邮件处理场所“四不”问题专项治理。

五、社会责任

——抗击疫情。

1 月，河北省、北京部分地区突发新冠肺炎疫情，天津邮政第一时间与捐赠企业联系，沟通运输需求，确保捐赠物资第一时间发运，第一时间送达到相应医院，用实际行动彰显“国家队”的责任担当。

——风险防控。

金融安全评估工作通过公安机关考评验收。强化金融风险防控，开展银邮兼业代理业务自查自纠工作。（天津市邮政分公司）

【邮储银行天津市分行】

一、经营发展概况

——经营业绩。

2021 年实现自营收入 23.28 亿元，增长 26.5%；利润总额 9.05 亿元，增长 87.12%。经济资本回报率 6.37%，成本收入比 43.6%。

——发展规模。

总资产 1278 亿元，增速 8.99%。各项存款余额 1162 亿元，增速 7.65%，新增存款 83 亿元；各项贷款余额 895 亿元，增速 25.72%。

——资产质量。

不良贷款率 0.55%，比上年末下降 0.13%。拨备覆盖率 400.75%。

二、落实中央决策部署

——支持乡村振兴。

涉农贷款净增 5.28 亿元，余额 70.71 亿元，完成监管目标的 264%；普惠型涉农贷款净增 5.46 亿元，余额 16.7 亿元，完成监管目标的 341.25%。新建信用村 77 个，信用户 753 户，超额完成全年任务。自主研发邮储银行首个农担业务全流程线上化系统，入选 2021 年中国银行业普惠金融典型案例，开创银担合作新模式。

——支持中小微企业发展。

普惠型小微企业贷款净增 30.07 亿元，增速 95%，高出全部贷款增速 72%。

——落实碳达峰碳中和战略。

绿色融资余额 83.67 亿元，比上年末增加 30.61 亿元，增速 57.69%；绿色贷款余额 73.14 亿元，比上年末增加 28.61 亿元，增速 64.25%。

——服务国家区域发展战略。

服务国家重点战略，为京津冀协同发展、“一带一路”和天津自贸区建设做好金融服务，投放实体贷款 170 亿元，落地分行首笔城市更新改造贷款 20 亿元。

——支持供给侧结构性改革。

聚焦国企改革重点领域，参与 TCL 并购天津中环集团项目，上线天津水务集团、食品集团、轨道交通集团等重点客户银企直联，助力市属国企数字化转型。

三、业务转型发展

——零售金融。

个人金融。利用 CRM 系统指导对存量到期客户及各类白名单客户维护营销，AUM 规模 488.61 亿元，增长 12.25%。作为天津社保三代卡承办行，转化养老金客户 17.7 万户，其中新客户 4.1 万户，转化率 87.41%。加强私募理财、资管信托等产品销售，资管信托年销量 11.31 亿元，发行理财子公司成立后邮储银行首支“自平衡”专属私募理财，引入行外资金 2000 万元。

消费信贷。分行基于传统信贷逻辑，以汽车金融为突破，创新客户体验、贷款工具和风控系统，2021 年，“互联网＋车”签约平台 18 个，放款 41.91 亿元。自主研发可视化智能风控平台成功上线，运用 IOT（物联网）技术实时监控资产质量、业务分布、车辆运行轨迹及运行时间。

网络金融。活跃商户规模突破 5000 户，商户活跃度 51.5%，排名邮储银行第 1 位，商户带动 AUM 增速 31.75%，增速贡献 21.89%。

数字人民币发展。12 月 21 日，中国邮政储蓄银行天津分行与天津银行签署数字人民币钱柜合作协议，落地首单数字人民币钱柜业务。

信用卡业务。信用卡累计获客 7.08 万户，与壳牌合作，上线邮储银行首个信用卡 APP 加油模块新客营销项目，实现加油站内“发卡、激活、APP 下载、绑卡、首刷”闭环营销。

——公司金融。

公司业务。公司贷款余额442亿元，公司存款余额95.3亿元。夯实平台建设，与财政局、金融局、商务委、体育局、退役军人事务局、房地产服务中心等搭建联系，获得天津市校外培训机构监管资格、津南区国库集中支付代理银行资格。

交易银行。完成分行首笔非投资级外币债券投资业务。参与购买天保集团发行的外币债券4000万美元。分行第一笔“固贷+保理”模式业务落地。在项目融资中，为客户搭建“租赁+固贷”的融资模式，利用直接租赁型融资租赁保理的节税优势，满足企业融资需求，降低企业融资成本，增加中间业务收入。

缴费平台。系统对接型缴费结算业务发展迅速，交易量及引存突飞猛进；现金管理及企业网银签约率实现同步增长，线上结算客群基础逐渐夯实；新产品新业务取得多项突破。

投资银行。累计承销债务融资工具规模66.6亿元，累计承销金融债规模4亿元；累计承销地方政府债规模124.22亿元。

——资金资管。

金融同业。发行邮储银行首只“自平衡”模式专属理财产品，强化产品设计创新，深挖高收益优质资产；落地邮储银行首笔北金所债权融资计划，在信贷规模紧张的现状下，对表内业务形成补充；落地首笔线上化同业存款业务，多维度地与客户开展合作，增加客户黏性；落地分行首笔ABS投资业务；创新申请同业借款储架模式，在全国范围内推广。

托管业务。托管规模586.46亿元，比上年末增长142.81亿元。以销售促托管，推动公募基金托管业务发展。推进与个金零售板块联动，制定重点托管基金专项活动方案，分阶段推进重点托管公募基金的营销工作，促进代销托管上量增收。

四、风险管理升级

——实施资本管理高级方法。

按照“日关注、旬监测、月通报”的监测机制紧盯资产质量，严格执行三单及法人客户名单制管理工作，持续跟进潜在风险化解进展，形成闭环管理。组织开展资产分类偏离度与资产质量真实性检查，真实反映信贷质量。

——推进智能风控。

应用行内“金睛”信用风险监控系统发布12批次风险监测检查任务，通过Wind资讯、企业预警通等平台加强在股权变更、被执行人信息方面的监测力度。

——信用风险管理。

发挥三道防线作用，对新产品、新客户、风险客户以及存量资产进行全面评估审视，将稳健经营融入贷前、贷中和贷后各环节。

——内控合规管理。

组织开展“内控合规管理建设年”活动，保持对案件风险的高度敏感和高压态势，一旦发生重大案件，功不抵过“一票否决”。

——内部审计工作。

紧盯消费者权益保护，开展金融知识宣教，妥善受理消费投诉，15日办结率100%，严格落实消保审查，审查项目237项，审查意见922条。

——疫情防控和安全生产工作。

分行始终将疫情防控摆在重要议事日程，建立常态防疫内控机制，克服麻痹松懈思想，不折不扣做好疫情防控各项工作。完成23处安防设施改造，75处营业场所安装智能分析系统，第七轮金融机构安全评估达“优秀”标准。严控失泄密风险，与知名保密机构合作，强化保密管理，是总行年度检查唯一好评单位。

五、管理效能提升

——信息科技建设。

分行与15家网贷合作方完成系统对接，实现52个迭代周期、上百项功能优化。作为首家对接总行“邮储大脑”的分行，将OCR识别应用到汽车场景中，业务处理时间由20分钟提升为实时，并大幅降低操作风险。

——资产负债管理。

优先满足专项及实体贷款，经济资本回报率比上年提高1.32%。优化费用结构，市场发展费及人工成本占比73.72%。成本收入比43.6%，比上年下降6.39%。

——财务管理。

实施采购项目138个，公开招标率91%，节约资金2034万元。39家网点实施装修改造，历史最多，其中完工23家1.05万平方米。

——运营管理。

智能自助设备自营网点覆盖率100%，代理网点覆盖率58%。手机银行结存客户223万户，比上年末增加19万户；电子银行交易替代率92.46%，比上年提高1.6%；信用卡电子账单替代率99.99%。

——人力资源管理。

加大干部选拔力度，强化干部监督。推进人才梯队建设，开展“领航工程”人才库建设工作，参与人数超过500人次。常态化开展职级晋升。推进培训体系建设，组织各级各类培训班169期，2.38万人次参训；AFP、CFC持证人数均比上年增加30人。

六、党建引领强化

——党史学习教育。

各级党组织深入开展党史学习教育，通过每周读书会、专题培训等形式开展广泛学习研讨，各级领导人员带头主讲专题党课，深入开展“我为群众办实事”活动为民办事解难题，达到“学党史、悟思想、办实事、开新局”的目的。

——党风廉政建设。

围绕重大决策部署落实、巡视巡察整改、疫情防控等开展政治监督。分两批次对6家单位和分行机关21个党支部开展巡察，提前一年实现巡察全覆盖。加强对“一把手”和班子成员的监督，对新提任的正、副职干部和部分区行班子成员集体约谈，督促落实管党治党责任。驰而不息落实中央八项规定精神，警示教育、清廉金融建设成效明显。

——企业文化建设。

制订分行企业文化学习宣传贯彻计划，充分利用宣传展板、专题培训等形式加大企业文化宣传贯彻力度，刊发“寻找身边典型　讲好邮政故事”活动专刊，发挥榜样力量，践行“邮储人共识”。（邮储银行）

【中邮保险天津市分公司】

一、经营发展

2021年实现总保费11.03亿元。其中，长期期交新单保费3.23亿元，完成计划的117%，居全国第4位；健康险新单保费808万元，完成计划的125%，居全国第7位；终身寿险新单保费3.11亿元，完成计划的296%，居全国第3位；续期保费7.21亿元，完成计划的105%，居全国第1位；13个月继续率95.62%，居全国第3位。在中国人民银行天津分行反洗钱宣传月优秀短视频征集活动中荣获二等奖。

——数字化营销赋能健康险发展。

立足邮政代理金融“六维转型”需求，致力于成为“为代理金融做生态广引流服务”的场景搭建厂，打造数字化营销全流程“4+3”体系，运用“客户筛选、定向邀约、推介促成、后续跟踪”4个步骤，提供“营销场景＋营销辅助工具＋营销话术”3大营销流程包，搭建获客活客场景，打造数字化营销试点网点6个，实现健康险新单保费23.4万元，完成目标的130%，居全国第4位。“开门红”期间，开展“健康财富双测评”活动300场，到访客户2000余人。二、三季度启动“酷夏引爆”2.0项目，开展健康险主题沙龙47场，到访客户643人。三、四季度组织系列营销活动112场，到访客户1242人。

——“三支队伍”培训体系。

对代理金融管理人员开展宏观金融形势集中培训；对业务督导人员开展历时7个月的“中邮保险杯”督训师大赛；对一线营销人员开展综合金融销售能力培训。开展“线上＋线下、集中＋驻点、模拟＋实战”日常督导“六维培训”。累计“线下”培训93场，覆盖1394人次，网点督导培训1614场，覆盖1625人次；“线上”培训12场，覆盖1153人次。“练兵比武”活动平台累计学习5330人次，学习时长1013.68小时，录制课程174节，月均综合参与率96.93%。

——协同发展。

协同推进集团级重点项目，惠农简易险实现保费63.87万元，完成计划的128%；协同邮储银行开发汽车产业链项目，实现保费近40万元。持续固化邮银保三方协同联席会等机制，联合下发中邮保险业务发展实施方案和专项活动方案，将长期期交发展纳入省内自主协同项目。加强日常交流沟通，全年领导班子累计开展日常调研68天，跟班作业和基层联系点调研37次，形成调研报告10篇。

——个团险业务。

实现个团险保费217万元，完成集团级战略客户铁塔员工续保，首家促成铁塔员工家属自费投保团体重疾险。完成6家战略大客户拜访，自主开发高校和企业外部客户业务38笔。

二、运营服务

——运营效率。

保全时效1天，比上年缩短0.07天，居全国第1位。理赔出险支付时效64.33天、理赔申请支付时效1.17天，分别缩短1.99天和0.02天。保全线上化率79.78%。小额理赔5日结案率100%，居全国第1位。开展重点内容培训8场，提升代管人员专业能力。

——客服水平。

新契约犹豫期内综合回访成功率99.99%，居全国第7位。创新“客户服务季”活动形式，联合北京、上海分公司开展直播活动，天津场吸引5万人在线参与。打造客服品牌“邮爱工坊”VIP俱乐部，开展“尊享邮你　健康无忧”活动40余场。开展消费者权益保护工作，制作适老化服务指南视频。

三、企业管理

——人力资源改革管理。

推进干部人事和薪酬分配制度改革，启动领导人员任期制和契约化管理工作。加强干部人才队伍建设，提拔任用中层干部5人，领导人员改任非领导职务2人，引进专业人才4人；开展中层干部轮岗交流5人，一般人员轮岗交流8人。加大教育培训力度；加强干部监督管理，组织开展专项自查排查。

——全流程对标对表。

围绕集团公司和总部“比学赶帮超”“一月一事、消灭最差”活动部署，系统构建全流程对标分析工作法，召开月度经营分析会9次，动态监测绩效考核指标和业务重点指标。与建信人寿、工银安盛等同业公司交流，编制《行业动态》12期，形成市场策略分析报告11篇，专题分析报告3篇。

——特色模式。

协同市邮政公司修订中邮保险中心机构和人员考核实

施细则，2021年单笔平均委托管理费36.6元，比上年下降3元。开展代管人员培训，人均培训时长41小时。

——财务管理。

加强偏离度管控，统筹资源向重点项目倾斜。规范采购管理，累计完成集中采购项目10个。开展“小金库”、采购和监管重大虚假信息等项目自查。

——绿色邮政建设。

人均办公用纸金额88.73元，比上年下降4.19%；线上培训覆盖率100%；线上出单率94.9%。

四、风险防控

——合规管理。

针对监管现场检查发现问题，制定并落实整改措施。参加邮政代理金融风险内控案防管理委员会4次，协同邮银对22个代理网点及9个区中邮保险中心开展合规现场检查，发现问题20个，下发整改通知20份，开展合规培训15场，覆盖378人次。召开反洗钱年度会议，排查可疑交易信息49笔，上报可疑交易1笔。开展“内控合规管理建设年”等专项行动，制作《人身保险常用监管制度及处罚案例汇编》。

——风险防控。

制定市场乱象治理专项工作实施方案，召开专题会议及邮银保三方联席会2次，梳理专项工作要点30项。深化“亮剑行动”工作，专项排查新契约保单28995件、保全212笔、问题件保单2036单、二次回访录音954件。

五、党建工作

——党史学习教育。

按照集团公司党组、中邮保险党委统一安排，成立党史学习教育领导小组，制定工作方案，制作党史学习教育展板和“党的光辉历程有声墙”，编发党史学习教育学习参考、信息专刊，开展“党史故事微讲堂”、“听我读党史”、组织党史专题讲座等活动；开展“重走长征路”主题党日活动；坚持把“我为群众办实事”实践活动贯穿党史学习教育始终；组织开展“三亮三比三评”主题实践等活动。

——党的建设。

细化46项党的建设工作要点和48项落实全面从严治党责任清单工作举措，压实“一岗双责”责任；巩固深化“不忘初心、牢记使命”主题教育成果工作方案，明确31项落实举措并持续推进；成立思想政治工作领导小组，制定党委落实意识形态工作责任清单。落实“三个第一时间”学习机制和“三会一课”等制度。召开党史学习教育专题民主生活会及专题组织生活会。加强基层组织建设，发展和转正新党员各2人，开展3个“党建+”主题实践活动。

巡视整改。全面落实巡视整改工作要求，对照集团公司党组巡视组专项巡视反馈意见，开展自查工作，查找问题20个，细化32项整改措施均已完成整改。制定分公司党委2021年深化巡视整改工作方案，明确并完成2021年分公司巡视整改11项重点整改任务及5个持续推进常态化全面整改，召开巡视整改工作领导小组及办公室会议，完成巡视整改年度总结和自评工作。

——党风廉政建设。

对全面从严治党、党史学习教育、“三大攻坚战”、巡视整改落实等重点工作监督7次，开展检查22次，提出建议10个。深化“四风”自查机制，节前警示教育6次，下发节前提醒5次。紧盯“关键少数”和“关键环节”，推动班子成员提醒谈话14人次，纪委书记约谈16人次，党委委员廉政谈话25人次。运用“第一种形态”问责12人次。

六、社会责任

服务乡村振兴。制定行动方案，联合静海区民政局为2121名涉农地区困难家庭人员，提供2万元/人的保险帮扶；为未成年人救助保护中心捐赠物品；组织全员购买定点扶贫地区产品113件，总金额5522元。

七、疫情防控

开展应急演练，做好防疫物资储备，实现疫苗应接尽接率100%，接种加强针58人，保持员工“零感染”。（中邮保险）

【中邮证券天津市分公司】

一、经营发展

——完成筹建顺利开业。

中邮证券天津市分公司按照总部验收要求，通过前期准备，完成场地选址、装修装饰、设备配备、家具安装、组织架构设置、制度建设、人员队伍建设、业务管理、业务全系统权限设置与申请等工作。9月13日取得营业执照，9月27日取得经营证券期货业务许可证，达到开业标准并通过验收，于12月8日正式开业。

——推进板块协同。

按照自营+协同”发展模式的战略要求，与市邮政分公司研究制定协同方案，推动展业工作，完成三方存管有效户目标。与邮储银行共同走访天保控股、滨海建投、武清国投、轨道交通投资公司，进入天保控股发债主承销团。

——开展同业交流。

通过同业调研学习，及时了解行业发展新趋势，走访渤海证券国家级投资者教育基地、一德期货市级投资者教育基地、国泰君安证券、华泰证券等证券公司分支机构及营业部，借鉴同业发展的优秀经验。对邮政公司市内金融网点进行现场调研，宣传中邮证券品牌形象及开展业务介绍，现场服务金融网点60余次。

二、风险防控

按要求报送合规资料，对新入职员工开展员工入职背调，组织制定合规风控相关制度，按要求开展合规检查、合规审查、合规培训等工作，配备兼职合规专员 1 名。

三、企业管理

——加强人才队伍建设。

按照总部要求，完善分公司及内设部门、各岗位职责说明书、人员职责分工，按要求完成定岗定员。组建团队积蓄动能，社会化招聘工作初现成效，开展部分岗位的招聘工作，引进运营服务岗位 2 人，渠道经理岗位 1 人，为业务发展提供保障。按要求完成员工入职手续办理、证券从业注册、营业现场及网站公示等，确保员工顺利入职。结合总部要求，制定分公司绩效考核办法，完成员工年度绩效考核工作。

——加强专业学习。

做好培训工作，参加总部组织的各项培训，包括金融产品培训、投行业务培训、资管业务培训、合规培训。组织员工积极参加证券类资格考试，员工全部取得投顾资质。做好日常专业知识学习，通过分公司员工微信群转发分享证券行业热点新闻、证券知识讲堂、合规常识等内容，拓展学习渠道。

四、党建工作

把党的政治建设放在首位，深入学习贯彻习近平新时代中国特色社会主义思想。支部每周开展党员学习读书会活动，坚持读原著、学原文、悟原理，强化理论武装，开展党员政治理论学习 36 次、党课 4 次、党日活动 12 次。推进落实“三亮三比三评”“我为群众办实事”“领题破题”活动，将党史学习教育和党建工作与业务紧密结合、相互促进。

扎实开展党史学习教育。深入学习贯彻习近平总书记在党史学习教育动员大会上的重要讲话精神，开展党史教育读书会活动 27 次，将党史学习与建党 100 周年活动紧密结合。学习贯彻习近平总书记在中国共产党成立 100 周年大会上的重要讲话精神，党员撰写个人心得体会。支部书记以伟大“建党精神”为主题，联系工作实际讲党课，组织党员观看电影《信者》以及邮政楷模王顺友生前事迹视频。组织党员参观天津觉悟社，天津金融博物馆，坚定证券发展信心。将党史学习与“我为群众办实事”实践活动紧密结合，线上开展投资小讲堂活动，转发投教信息 500 余条。（中邮证券）

河 北 省

【河北省邮政分公司】 2021 年实现收入 87.4 亿元，比上年增长 10.3%，完成预算目标的 102%；实现利润 1.33 亿元，完成预算目标的 102.59%。

一、企业党建

全省召开党史专题中心组学习 172 次，专题读书会 7900 余场。全省各级党组织通过“三会一课”、专题研讨会、座谈会和主题党日等形式，开展党日活动 1463 次，讲党课 665 次，召开研讨会、座谈会 441 次。组织各类集中学习 770 场，参加 7972 人次。完成省分公司层面确定的“我为群众办实事”32 个项目清单，所辖的各基层党组织确定的 642 个项目清单。党组织“领题破题”活动形成 22 个立项成果，346 个课题成效，“领题破题”完成率 99.73%。开展党建综合检查，持续推进基层党组织规范化建设。组织庆祝建党 100 周年系列活动，举办庆祝中国共产党成立 100 周年暨“两优一先”表彰大会。省分公司党委在 5 个地市分公司单独成立纪委办并配齐纪检干部；对唐山、秦皇岛、邯郸、廊坊 4 个市分公司党委开展常规巡察；推动巡视整改真改实改，专项重点整改全部完成，常态化全面整改完成率 94.83%。健全完善干部管理制度体系，修订三、四级领导人员管理规定和人事回避等制度。

二、普遍服务

全面夯实普遍服务根基，普服四项业务开办率、建制村投递频次达标率等 6 项考核指标列全国第 1 位；未发生违反“两条红线”行为；机要通信连续 24 年质量全红。全省乡镇代办、补白网点达标整治完成率 100%；代办网点比例 21.37%，优于全国平均水平 2.6%。

三、业务发展

——邮政业务。

集邮业务实现收入 3.8 亿元，比上年增长 11.4%，完成预算的 100.4%。函件业务实现收入 1.6 亿元。报刊业务实现收入 3.3 亿元，比上年增长 3.7%，完成预算的 101%；完成报刊大收订及政务图书销售目标。惠农合作项目实现合作社走访全覆盖，农产品交易额 5.13 亿元，规模列全国第 4 位。服务京津冀协同发展、服务雄安新区规划建设、服务冬奥会筹办“三件大事”。

——寄递业务。

完成业务收入 27.04 亿元，比上年增长 16.08%。分销业务毛利率 5.64%，比上年提升 2.88%。

——金融业务。

实现收入 42.4 亿元，增幅 10.7%，创近五年新高。

——交流合作。

577 个网点开办烟草零售业务，网点开办数量及比例均列全国第 3 位。军民融合项目新增退役军人客户 3.5 万人，完成目标的 439%。与省政务办、中石油河北分公司、省农业农村厅、省烟草公司等 6 家单位签署战略合作协议。

四、企业管理

——基础管理。

对接各个片区控详规工作，在控详规中明确邮政支局

40处、邮政所45处；推进雄安新区邮政基础设施建设，市民服务中心主题邮局开业运营，邮政跨境电商海关监管场所投入使用。

加大财务管控力度。加强资金管理和预算执行监控与偏差分析，加大固定资产盘活力度。寄递降本增效持续深化，五大环节指标全年整体保持下降趋势。加大审计监督力度，实施审计项目453项；集采工作更加规范，完成集中采购项目194个，节约资金9100万元，公开采购率、集中采购率、上网采购率均超全国平均水平。

——能力建设。

深化“五大改革”。推进中心局改革，合理压减机构和人员，优化作业流程；推进“两集中”改革，基本实现全省集中扁平调度、快速响应；推进运输改革，对14条邮路实行了委改自、单改双，大车使用占比提升13.8%，优势线路较年初增加16条，业务量增加38%；推进陆运网改革，优化调整本地网，压缩层级，全省372个重点乡镇实现处理中心直分；推进揽投网改革，三级甩点直投稳步推进，全省快递包裹自提率75%，全国排名第4位。

推进网点转型。审核通过网点122个，已开业网点35个。年收入1万元以上网点比上年增加1044个，转型网点点均收入比上年增长22.2%。投入4.78亿元用于能力建设，对100个金融转型网点进行装修改造，完成唐山、石家庄（正定）邮件处理中心征地，对4个地市及重点县级邮件处理中心进行工艺优化升级改造，配备跨带式智能安检机36台，更新邮运车149辆、物流车87辆、电动三轮车1403辆，完成省分公司指挥调度中心建设和省内电视电话会议系统改造。

增强科技支撑。组建4个数据分析团队，完成信息网安全升级改造等8项集团工程项目和税邮双代等4项省内工程建设。

——人力资源管理。

任期制和契约化管理全面推进。出台领导人员任期制和契约化管理办法、经营业绩考核办法，三、四级领导人员签约率100%，初步建立起市场化的激励机制。

人力资源配置持续优化。全省从业人员比上年减少730人，从业人员劳产率提升13.91%。

——企业文化和精神文明建设。

承德宽城水上邮路投递员刘保朝荣获“全国优秀党员称号”。秦皇岛、沧州市分公司荣获全国文明单位。3个单位、1名个人荣获交通运输部文化建设优秀成果奖。

——服务质量管理。

开展质量提升活动，打造35个示范窗口；开展全方位客户体验活动，乡镇网点寄递服务、邮政窗口服务体验综合考评分别列全国第3、第5位。

五、社会责任

——抗击疫情。

面对年初年末两次突发疫情，河北省邮政分公司主动对接省疾病预防控制中心、省红十字会、省慈善总会等单位和部门，承运防疫物资19049箱（件）、14.43吨。严格落实疫情防控措施，保障党和政府机关机要通信、党报党刊投递不中断。推行“邮寄办”，畅通“无接触式服务”渠道，寄递各类证件牌照30余万件。响应省委省政府民生物资网上下单和无接触配送要求，采取“平台服务+产地直发+同城配送”模式，直接对接农产品生产基地，为城市居民提供蔬菜水果配送服务，保障疫情期间百姓生活物资供应。

——服务乡村振兴战略。

认真做好定点扶贫，省分公司定点扶贫工作被评为优秀等次；加快三级物流体系建设，试点建设县域配中心并建成2.1万个邮政驿站，县域邮快合作覆盖率50%，代投民营快递公司快件2676万件，是上年代投总量的6.8倍。

——绿色邮政及风险防控。

深化绿色邮政和平安邮政建设，可循环快递箱（盒）使用量1.98万个，电商快件不再二次包装率99.2%。全年未发生重大资金案件和安全生产事故。（河北省邮政分公司）

6月5日，由河北省石家庄市邮政分公司承办的“中国邮政冬奥文化校园行”河北师范大学迷你马拉松赛事活动举行（《中国邮政报》）

【邮储银行河北省分行】

一、经营发展概况

——经营业绩。

2021年实现收入83.99亿元，增长8.52%；利润总额38.09亿元，增长12%，净利润预算完成率111.42%。经济增加值10.05亿元，增长0.68亿元；经济资本回报率15.27%；成本收入比45.73%。

——发展规模。

总资产4651.94亿元，增幅8.93%；各项存款4183.62亿元，增幅7.21%；各项贷款2581.36亿元，增幅11.73%；存贷比61.70%，比上年末提升2.49%。

——资产质量。

不良贷款结余22.84亿元，比上年末减少1.89亿元；不良贷款率0.86%，比上年末下降0.18%。

二、落实中央决策部署

——支持乡村振兴。

以金融科技赋能高质量发展，打造服务乡村振兴和新型城镇化的数字生态银行。聚焦乡村振兴重点领域和重点服务主体，推广服务乡村振兴“十大业务模式”，涉农贷款结余746.67亿元，普惠型涉农贷款投放187.31亿元。投放各类个人经营性贷款24.25万笔、439.92亿元，市场占有率6.72%。分行获得2020年度金融助力脱贫攻坚先进集体。

——支持中小微企业发展。

向中小微企业投放各类贷款4.74万笔、135.59亿元，普惠小微企业贷款结余376.28亿元、监管计划完成比146.25%。助力“专精特新”企业成长，累计向515家“专精特新”中小企业发放贷款145.03亿元，贷款覆盖率23.82%。

——落实碳达峰碳中和战略。

践行绿色发展理念，加大绿色金融支持力度，绿色贷款结余64.03亿元，比上年末增长36.43%；绿色融资结余77.7亿元，比上年末增长16.98%。

——服务国家区域发展战略。

集中各项优势资源向新区倾斜，批复授信总额1518.05亿元，签约贷款99.27亿元，实现放款34.91亿元，独家承建河北省财政厅和雄安新区管委会非税收入区块链管理系统。成立冬奥会张家口赛区支付环境建设与赛时保障应急领导小组和专项工作组。

——支持供给侧结构性改革。

助力“轨道上的京津冀”主骨架建设，为京德、荣乌、京港澳、大广等重点高速公路项目，以及雄安高速铁路、京唐、京滨等23个项目授信773亿元，贷款结余251亿元。

——普惠金融扩大优势。

三农金融把线上业务打造成为“发展增长极”、把平台合作构筑成为“获客主渠道”，居全行业务发展第一方阵，净增59.51亿元，结余341.55亿元，分列邮储银行第9、第10位。小企业金融通过扩大客群规模、加速线上化转型，带动规模增长，客户结余4666户，为历史最高水平，小微易贷净增20亿元、结余29.9亿元，均列邮储银行第8位。

三、业务转型发展

——零售金融。

个人金融条线实现收入16.73亿元，个人有效客户净增53.8万户，社保卡项目结存913.24万张、资金沉淀44.16亿元。财富管理坚持“稳队伍、强能力、提产能”，实现保险收入1.86亿元，增长99.23%，在总行2020—2021个人金融业务跨年度营销活动中获“代理保险突出贡献奖”。网络金融条线6项指标超总行序时进度，实现中间业务收入比上年增幅32.47%。信用卡打造“厅堂+外拓、直销团队、线上引流、场景建设”四大渠道，实现中间业务收入3.4亿元。消费信贷业务结构持续优化，实现收入24.3亿元，比上年增长14.25%，一手房贷款净增占比80.16%，汽车消费贷款净增19.02亿元，其中，自营净增17.81亿元，列邮储银行第1位。

——公司金融。

围绕“7+N”重点项目，推进资格、系统、账户及资金的落地，新增公司客户1.4万户，公司存款时点余额696.04亿元，列邮储银行第6位。结算类业务实现突破，现金管理账户新增5136户，关联存款余额292.68亿元，列邮储银行第5位。开放式缴费累计缴费金额160.15亿元，列邮储银行第2位；有效收费单位2151个，列邮储银行第1位。

——其他业务。

惠农合作项目，发挥惠农专班的协同优势，邮银联合走访新型农业经营主体11.44万家，覆盖率100%；惠农经营贷成功受理一级白名单客户7973户，完成集团计划的124.58%，净增27206万元，完成总行计划的170.04%。军民融合项目，走访退役事务部门，做好优待证试点工作，累计发放退役军人服务卡3.51万张，完成总行计划的439%。

四、风险管理升级

——实施资本管理高级方法。

制定分行全面风险管理办法实施细则，扎实推进风险内控委员会等机制有效运行，组织召开风险与内控管理委员会13次、审议议题77个。落实资本管理高级法要求，加强客户评级管理工作，推动全行对RWA与数据集市系统，以及对经济资本、风险加权资产等指标的运用。

——信用风险管理。

坚持“有进有退”，“进”主要是指做优质客户，开展公司核心目标客户筛选，初选新三板上市、行业龙头、专精特新、区域特色企业，实施客户画像，筛选50家核心企业名单上报总行。“退”主要是退出信用一般、有潜在风险的客户，坚持未雨绸缪，强化前瞻管理，主动压降退出风险客户5户93.5亿元。

——内控合规管理。

开展风险经理派驻工作，选聘风险经理110人，高风险地区派驻率100%。推动操作风险管理工具应用，RCSA系统下发53只，均完成评估。深化案件防控，组织立体化、全覆盖合规检查，强化违规问责通报，发布通报18篇，处罚违规人员（含邮政）4191人次，经济处罚610.35万元。

——内部审计工作。

开展审计项目 23 个，下发意见书 26 份。创新审计风险模型 11 个，运行风险模型 299 个次，分析有效审计线索 3.43 万条。

——疫情防控工作。

落实疫情防控职责，紧盯疫情防控重点领域和关键环节，强化统筹协调，组织发动党员干部坚守岗位，全覆盖抓好疫情防控工作。未发生疑似及确诊病例，疫苗应接尽接率 100%。加强金融支持“战疫”，疫情封闭期间，通过线上远程方式累计审批各类贷款 56 笔 103.59 亿元。

五、管理效能提升

——体制机制优化。

做好领导人员任期制和契约化试点工作，深化干部人事制度改革。印发跨二级分行干部招聘管理办法、领导人员试用期管理办法等制度。持续加强人才库建设，储备干部后备人才。深化组织机构改革，做好一二级支行分层分类管理，规范城区支行设置，做好升格、扁平两向调整，加强重点岗位和领域人员配备，全辖销售类人员 2802 人，占比 29.47%，比上年末增长 2.66%，其中，理财经理 736 人，实现点均 2 人的配备目标。

——信息科技建设。

加强自主研发，围绕业务发展、服务支撑，自主研发完成公积金统一查询平台、督办管理系统等 7 个子系统建设，推进河北省、石家庄市及邯郸市农民工工资支付监控预警平台对接等项目建设。推进 RPA 流程自动化平台、综合服务平台、互联网平台等 3 个业务平台建设。深挖数据价值，变“及时响应”为“主动赋能”，优化处理作业 110 余项，开发主题数据应用 10 余项，开展主题分析 6 项。

——财务管理。

强化资负管理，建立月度信贷计划与资本限额双线约束机制，促进结构优化和资源有效利用，压降不可撤销贷款承诺 14.97 亿元，全行净利差 3.03%，高于邮储银行平均水平。算好发展总账，出台 26 项激励政策，重点支持信用卡、代销、开放式缴费平台等业务发展。

——运营管理。

组建 167 人兼职体验员、43 人旅程优化师两支队伍，提交优化建议 301 条、被采纳 43 条，完成推广客户旅程 33 项，同业对标 11 项。针对解决结构性缺员问题，在 12 个网点试点开展柜面运营岗位优化，推进柜员和大堂经理岗位融合。加大移动展业设备布放力度，助力走出去营销，截至 12 月 31 日，使用率 98.97%，比上年末提升 73.73%。开展 13 个网点的微改造。

六、党建引领强化

——党史学习教育。

深入开展党史学习教育，坚持把学党史、悟思想、办实事、开新局贯穿始终，通过专题读书会、专题党课、优秀党课征评等多种形式，组织党员干部深入学习百年党史，贯彻习近平总书记“七一”重要讲话精神和党的十九届六中全会精神。深入推进“我为群众办实事”实践活动，从着力贯彻新发展理念办实事等 5 个方面确定工作项目 28 个，细化举措 46 条，以“办实事”推动“开新局”。

——党风廉政建设。

进一步巩固深化巡视整改工作，召开 7 次巡视巡察整改工作领导小组会议和 1 次巡视巡察整改工作领导小组办公室会议。持续加强政治监督，分三批次对 67 家市县机构党组织开展了常规巡察，发现问题 332 个，整改率 100%，运用“四种形态”问责 151 人次。8 月，提前完成巡察全覆盖目标，在总行年度巡察工作质量评价中，分行被评为优秀，列邮储银行第 3 位。做好日常监督，开展异地交流任职领导人员“两费”复查、“小金库”专项治理、形式主义官僚主义整治措施落实情况监督等，坚持不懈遏制“四风”反弹。组织开展“以案四说”警示教育和“党风廉政警示教育月”活动，用廉洁文化力量引领员工的道德观念、职业操守、行风家风。

——企业文化建设。

制定企业文化宣传贯彻落地实施意见，明确时间表、路线图，企业文化的认同感明显增强。推进工会群团工作，完成邮储人年度调查报告，畅通诉求表达渠道，员工的归属感、获得感、幸福感不断提高。开展“品牌提升年”活动，品牌认同感和影响力明显提升。分行获得“全国交通运输系统党建文化建设优秀单位”荣誉称号。（邮储银行）

【中邮保险河北省分公司】

一、经营发展

实现新单保费收入 14.79 亿元，其中长期期交保费收入 9.7 亿元，比上年增长 29.2%，完成全年目标的 104.3%，占新单保费收入比重 65.58%，比上年提高 15.4%。

——价值成长。

终身寿险和健康险实现跨越式发展，终身寿险实现新单保费 8.53 亿元，增长 28 倍，完成全年目标的 241%；健康险（含简易险）实现新单保费 2362 万元，增长 4 倍，完成全年目标的 107.6%。

——新业务。

分公司提前 7 个月达成全年新业务价值目标，实现新业务价值 2.71 亿元，完成全年目标的 146.3%。

——续期业务。

实现续期保费收入 18.13 亿元，增长 12.9%。其中长期期交续期保费 9.73 亿元，增长 123%。13 个月继续率 95.90%，25 个月继续率 98.60%，均居全国前列。

——自营收入。

实现收入 1206.26 万元，增长 29.35%，完成全年目标的 105.81%。

——数字化营销。

河北分公司按照“建模式、促转型、提能力、强赋能”的思路，以健康险发展为主题，遴选试点单位，以“六步工作法”为指引，通过“线索客户＋新拓客户”模式，拓宽获客渠道。开展肠癌基因检测、健康讲座、插花沙龙等活动搭建营销场景，开发客户及其家庭成员保单，促成业务达成。8个试点单位一个月销售健康险57件，实现保费18.5万元，点均保费2.3万元。编制下发数字化营销操作手册、资产配置组合营销产品包、健康险常见问题解答等辅助工具，帮助营销人员提高健康险销售质效。

二、运营服务

——运营活动。

河北邮银保建立协同工作机制，每季度召开协同发展委员会会议，每月召开代理金融案防会议，研究计划分解、营销项目、经营政策、风险管控等工作，形成统一思想、资源共享、协同联动、融合发展的良好局面。协同开展“福牛贺春”“百舸争流”专项营销活动，分公司顺利达成首季、半年、全年目标任务。协同举办百场“YOU享健康”客户关爱沙龙活动，促进健康险业务发展。联合开展合规检查，形成风控管理“共查、共防、共控”的良好局面。

——运营质量。

“双录”质检合格率居全国首位。问题件占比0.7%，比上年下降0.69%，全国排名第6位。

——“双录”管理。

开展录前电话指导、网点现场辅导、专项集中培训，下大力整治“双录”问题件，分公司2021年“双录”质检合格率居全国首位，问题件整改率排全国第2位。

三、风险防控

制度建设。新增制度19项，修订制度27项，废止制度10项。利用“每周一学”机制开展制度学习，全面、准确掌握制度要求和监管政策，确保制度应用到位、执行到位。全年无违规经营事项、诉讼案件、损失事件发生，未发生重大负面新闻。

四、企业管理

——任期制和契约化管理。

河北分公司把握基本内涵，搭建制度体系，精心设计指标，融合考核关系，全面签署契约，持续跟踪评估，增强了分公司中层领导人员契约意识、绩效意识和争先意识，推动了分公司经营业绩和业务品质的提升。

——科技赋能管理。

河北分公司搭建内部管理信息平台和绩效看板，实现重要事项督办、绩效考核等工作线上化。开展数据应用分析，提升企业经营管理效能。

五、党建工作

河北分公司组织开展支部联建PK对抗赛；以党史学习教育和“三亮三比三评”为载体，开展“比比看，谁最牛”活动，引导党员干部发扬“孺子牛”为民服务精神、“拓荒牛”创新发展精神、“老黄牛”接续奋斗精神，分公司呈现出“比学赶帮超”的良好氛围。（中邮保险）

山西省

【山西省邮政分公司】 2021年实现收入44.02亿元，完成集团预算的101.63%，列全国第3位，超全国平均水平11.14%；比上年增长9.4%，列全国第7位，超全国平均水平5.74%。实现利润3140万元，超集团预算5340万元。

一、企业党建

高质量推动党史学习教育，结合“领题破题”活动，创新开展党建经营融合行动，精准实施“我为群众办实事”，省分层面33项具体实事全部落地。省、市两级开展“思想大解放、作风大整顿”活动。分三个批次对5个市分、51个县（市、区）分和1个直属单位党组织开展巡察，基本实现巡察全覆盖。创新巡视巡察整改方式，召开巡察整改现场会议，省市县三级共同拟定整改措施，通过在职培训、挂职锻炼、交叉任职、多岗轮换等多种形式，提升干部履职尽责的素质能力，选派37名三、四级干部赴安徽省分公司交流挂职，选拔28名优秀干部和业务骨干上下交流、丰富经历。新提拔使用14名三级干部，平均年龄44岁，全省三级干部平均年龄比上年底下降1岁。常态化开展领导干部提醒、函询和诫勉，全省三、四级领导人员提醒谈话107人次，诫勉谈话13人次。开展疫情防控、巩固拓展脱贫攻坚成果、巡视巡察整改、选人用人、纠治“四风”等方面的监督，以及异地任职领导人员违规报销“两费”、公务车辆加油卡管理使用、招标采购、“小金库”等九项专项治理工作。

二、普遍服务

高度重视普服工作，切实做到“优先投入、优先保障、优先发展”。树立通过发展解决普服质量问题的观念，把普服融入农村邮政发展大局中，确保重点监管指标全部达标。提升普服人员素质，创新推行准加盟制模式，推动普服人员本地化，提升普服人员积极性。开展培训赋能，建立持证上岗制度，实行优胜劣汰。全面运用普遍服务管理系统，实时监控普服运行质量，强化普服质量过程管控。出台普遍服务责任追究实施办法，压实领导人员的管理责任及生产人员的直接责任，保障普遍服务提质升级。

三、业务发展

——邮政业务。

传统业务实现收入4.37亿元，其中：函件专业比上年增长7.8%，列全国第8位；报刊专业进度及增幅均

4月16日，山西省乡宁县邮政分公司乡邮员为客户送去化肥（《中国邮政报》）

高于全国平均水平；集邮品毛利率连续3年列全国第3位。推进分层营销，实施项目11项，创收1.57亿元，其中“建党百年”“政务图书”项目完成进度分别列全国第2、第5位。渠道业务实现收入2.45亿元，完成集团预算99.31%，列全国第6位；比上年增幅5.99%，列全国第5位。完善自有线上平台功能，多渠道搭建场景，丰富营销触点，线上交易额实现2.03亿元。

——寄递业务。

寄递业实现收入7.62亿元，完成集团预算的101.55%，列全国第4位，比上年增长18.44%，列全国第6位。政务高效业务拉动质效提升作用明显，加大特快高效业务发展力度。组建临猗集群市场开发团队，增建运营代办点，加大腰部客户和长尾客户开发力度，优化运输、处理流程，实现扭亏为盈，破解亏损发展的困局。

——金融业务。

代理金融实现收入29.01亿元，完成集团预算的104.63%，比上年增长10.68%，列全国第7位。非储蓄收入占比33.1%，比上年提升2.78%。金融跨赛打法成型见效，学习省外先进经验，聚焦项目引领，发挥营销费用激励作用，近两届跨赛均取得重大突破。

——交流合作。

政企协同理念初步形成，主动研究政府政策，增强服务地方经济发展的意识。先后与省农业农村厅、中化集团、国大药房、国华人寿等19家政企单位签订战略合作协议。

四、企业管理

——基础管理。

补充完善人力、财务、投资、采购、业务外包等各项制度79项。重新修订战略绩效考核办法，加强制度执行与考核，发挥审计、纪检监督职能。

加强预算管理，严格两上两下预算编制流程，创新省对市的预算质询制度，逐级传导全面预算管理理念。强化战略绩效全过程管理，年初宣贯指标、年中纠正偏差、年末补齐短板，保证战略绩效考核结果可控。加大欠费管理和有效收入管控，开展降本增效，实施损益核算，促进经营质效、管理效益提升。严把投资论证关，全年投资2.04亿元。严把采购规范关，全年实施集中采购项目65个，合同金额较预算节约4083万元，节约率19.52%。

——能力建设。

建设深度融合的管理中台。将信息技术贯穿到企业经营管理的全过程，构建共用共享的数字协同应用生态。开发客户线上统一入口，通过“信息脱敏＋标签共享”方式，构建数据共享平台，在营销端实现客户资源共享和场景共享，为网点经营管理、精准获客、线上线下引流和协同发展提供有力抓手，形成多元数据应用生态。

——人力资源管理。

全口径用工总量比上年减少2361人，节约人工成本8000余万元。严格按照集团公司规定要求，明确省、市、县（区）本部人员岗位职级。开展不规范用工清理“大起底”，明确外包管理制度，形成对业务外包的全流程闭环管控。

实行领导人员任期制和契约化管理。坚持全面实施，破除身份管理。严格任期，任期期限原则为3年。突出目标挑战性，引领争先创优，强化业绩贡献导向，加强考核结果应用。

出台超目标利润激励办法，鼓励多劳多得，有效调动基层发展积极性和主动性。全人工成本预算管控日趋合理，弹性预算占比比上年提高10%。

——企业文化和精神文明建设。

为全省员工每人增发2000元季度奖励，全年每人增发4个月月度奖励。启动第五轮职工医疗互助工作，范围扩大至全体会员，补助金额上限由2万元提升至10万元，建立补助金额按比例上浮机制。全省新建职工小家45处，维护改造小家95处、投递员之家6处、网运职工之家1处，省、市分公司先后新建改造活动中心、职工食堂和周转用房。

五、社会责任

——抗击疫情和风险防控。

紧抓常态化疫情防控不放松，实施尽早、尽细、尽实管控。金融风控案防体系持续优化，责任进一步压实，年内未发生金融安全事件。

——服务乡村振兴战略。

明确以三级物流体系建设为主线、统筹推进农村邮政全面发展的战略方向。组建省、市、县三级农村邮政发展事业部，全省上下统一步调，分步实施，专班推进。打造清徐样板，以点带面，基本构建全省农村邮政发展格局。形成1798人的专职营销队伍，省市两级成立线上营销事业部，形成了线上、线下一体化营销体系。（山西省邮政分公司）

【邮储银行山西省分行】

一、经营发展概况

——经营业绩。

2021年实现营业收入46.07亿元，增长17.71%；利润总额20.77亿元，增长42.01%。经济增加值3.78亿元，经济资本回报率13.22%，成本收入比47.46%。

——发展规模。

总资产0.33万亿元，增长10.87%。自营各项存款余额0.1万亿元，增长10.66%，新增存款98.77亿元；各项贷款余额0.13万亿元，增长24.14%；自营存贷比125.62%。

——资产质量。

不良率逐年走低，下降0.09%至0.54%。拨备覆盖率281%。

二、落实中央决策部署

——支持乡村振兴。

统筹政策资源，向省内1.5万户农户投放贷款16亿元，涉农贷款规模净增43.9亿元，增速列省内国有行首位，县域存贷比提升1.7%；向5459户脱贫人口投放小额贷款2.7亿元，投放量列省内国有行首位。

——支持中小微企业发展。

普惠小微贷款净增17.8亿元，超额完成总行和监管目标；与人社、财政部门合作，发放创业贷款11.8亿元，比上年多投7.1亿元，投放与净增均列省内同业首位；与省市场监督管理局联合开展“百亿送贷”，其间向小微、民营企业投放贷款220亿元，支持“六稳”“六保”。

——落实碳达峰碳中和战略。

绿色信贷净增29亿元，增长34%。7月发行银行业首笔可持续挂钩债权融资计划，10月落地邮储银行首单可持续发展挂钩贷款，助推山西省碳达峰碳中和。省分行被人行太原中心支行评定为绿色银行主办行、绿色金融产品创新探索行。

——聚焦国企改革。

向省属重点企业提供表内外融资495亿元，助力国企改革平稳推进、提质增效。能源保供期间，向煤炭、煤电企业投放贷款48.2亿元，为民生保障提供有力支撑。

三、业务转型发展

——零售金融。

构建零售金融“用户引流、客户深耕、价值挖掘”三位一体发展模式，引入“项目思维”，推进财富管理战略，带动AUM规模增长和结构优化，持续提升中收创造能力。深化数字化转型，将手机银行打造成为客户服务主平台，做大快捷支付用户规模，加快微商圈、行业场景建设运营，抢占移动支付市场。以有效客户规模增长为基础，加快推动渠道、产品、场景赋能，强化客户生命周期管理，用好分期补贴政策，打造中收增长引擎。加快线上化营销、集约化运营、综合化服务转型，着力打造金融生态，重构业务模式，深耕客户价值。

——公司金融。

围绕转移支付、资金监管、智慧系统、企业结算、军队武警、乡村振兴6类资金，依托项目清单、进度台账、履职评价、平衡计分卡、目标论证会与重点机构客户动态目录等工具，把控源头、精准对接、持续引流，打好资金监管穿透营销战，加强信贷、发债、第三方资金流向监管，实现资金体内流转。以多账户资金池归集、单位结算卡、智能薪支付为抓手，稳定存量客户对公存款，带动新增客户结算提升，全面突破现金管理。

——资金资管。

推进理财非标业务落地，以理财投资、债券投资、资产证券化等产品为抓手，切入企业转型升级。加快推进票据业务数字化转型进程，借助“邮e贴”“智能秒贴”“乡农e贴”线上产品优势，营销拓客。按照总行主动负债思路，主动营销辖内城商行、农商行等重点客户。加快推进资金资管与大公司板块、个金代理板块联动，以销促托，深挖存量客户，做大公募基金规模，介入理财、产业基金托管等多元领域。

四、风险管理升级

——实施资本管理高级方法。

按要求开展自动化审批、评级治理、差异化贷后等各类应用落地。推进资本管理高级法在经济资本考核、贷款定价等高级领域的运用。健全分行非零售内部评级治理常态化机制，加强基础数据管理和核验。持续做好零售内部评级工具应用。使用内评结果进行风险监控和预判、风险分析和报告、对下属机构的指导等。

——推进智能风控。

快速推进智能风控能力应用，深化数字风控应用赋能，实现高水平风控能力护航高质量业务发展。严把业务关口数据质量关，夯实智能风控数据IT基础，推进非零售、零售智能风控的应用。

——信用风险管理。

强化关键岗位履职。完成127个县区支行风险经理派驻全覆盖，开展履职评估、能力培训、交叉互查，发现并化解风险隐患586个；增配99名专职贷后，修订完善贷后管理实施细则，贷后工作质量有效提升。

——内控合规工作。

强化检查整改问责。自查各领域风险隐患259个，检查发现信贷、柜面、反洗钱等突出问题58个；推行整改销号，针对性建立健全各类制度101项；严格落实“管理长牙齿”要求，处理各类违规6289人次，纪律处分152人，批评教育623人次，经济处罚449.6万元。

强化案例警示教育。坚持管教结合，按季组织警示教育，实名通报行内案例，“以身边事警醒身边人”，强化规矩意识，严防道德风险。

——内部审计工作。

主动科技赋能。运用信息化手段实现风险精准定位，有效遏制员工信用卡套现行为的蔓延势头；通过审计分析系统对可疑风险数据进行实时动态监控，并加强与前台部门联防联控。

改进项目管理和组织方式。加强审计项目和组织方式“两统筹”，加大项目整合力度，对常态化、轻型化审计项目探索实施“1+N”融合式审计模式，利用最少审计资源实现审计效果最大化，降低二级分行迎审压力。

整改监督进一步夯实。持续强化对审计发现问题整改问责的跟踪力度，推动各级机构履行整改主体责任。开展3次审计发现问题整改重检工作，加强审计发现问题整改评估，在全辖范围内形成省、市联动的问题整改氛围。

——疫情防控和安全生产工作。

严格落实常态化疫情防控要求，坚持思想不松、力度不减，严格履行出行审批报备程序。强化安全生产保障。建成安全管理标准化达标网点248个；完成150个自营网点智慧用电系统建设；实现省市两级监控中心功能与职能“双同步”；投入1538万元，落实安全评估达标整改要求，安全管理基础进一步夯实。

五、管理效能提升

——体制机制优化。

以“四个一把手工程”为主线，优化设置4类30项重点转型指标，分类设计各级平衡计分卡与KPI指标，穿透省、市、县、二支四级考核，统一转型导向，压实过程管控。出台领导干部履职评价担当作为管理办法，按照业绩+合规+综合评价的方式，推行月度通报、季度亮牌、年度应用，引导各级主动扛起转型发展责任。

——信息科技建设。

搭平台建系统，为业务拓展建基础，围绕汽车金融、物流园区、煤炭供应链等，上线系统平台67个，区县国库一体化项目64个、惠民惠农直联代发项目26个、房屋资金监管项目38个。

建设零售客户权益平台、信贷流程管理平台，为基层提供营销管理工具，发挥科技赋能作用。

探索数据赋能应用场景，数据应用广度、深度不断加强，数据服务支撑项目数量比上年提升60%，数据模型赋能服务客户作用凸显。

开展基于交易网络的农村社群生态圈、基于客户忠诚度的价值延伸、数字化重塑公私客户价值、潜在消贷客户营销响应等模型构建，特色客群信息响应率比上年增长30%。

——资产负债管理。

负债业务基础逐步夯实，自营各项存款增速107%，市场占有率比上年提升1.2%。资产业务紧扣价值导向，实现高质量存款与中收快速增长。优化资产配置，公贷RAROC达8.57%；推进资源互换，新增集团客户核心账户114户；践行资本节约，压降不可撤销承诺、流贷转换票证函；有序推进汽车金融试点，投放融资租赁保理19.36亿元。

——运营管理。

特色支行扩面提质增效。城市特色支行由16家增至25家，总收入增幅42%，零售收入增幅23%，中收增幅112%；取得核心资格25项，占比城区49%。零售特色支行试点运行27家，探索普惠金融、财富金融新路径。

运营服务能力提升。打造老年客户服务特色和客户体验标杆网点，提高特殊客户群体的服务能力；累计排查涉赌、涉案账户2216户，深入开展打击治理电信网络新型违法犯罪工作，受到省公安厅高度肯定。

——人力资源管理。

推进队伍建设分层，打造中层干部梯队，“领航工程”中级与基层人才库分别入库134人、628人，选拔省管干部19人，市管干部62人，省管干部缺编率由30%压降至18%，平均年龄降低3.7岁；优选16名青年骨干上挂下派。培养基层管理队伍，出台支行长队伍建设指导意见，优化准入门槛，打通晋升通道，选拔任用30名大学生支行长。引入急需业务骨干，社招交易银行、投行、科技等专业人员14人。

六、党建引领强化

——党建责任考核。

推行党建工作评价与绩效评价双向联动考核；将党组织书记抓党建工作情况纳入年度干部考核；建立督导通报机制，对党建综合评价“一般”及以下的“一把手”提醒谈话、限期整改。

——党史学习教育。

出台专题方案，推动5项重点任务31项具体措施落地；邀请省委领导宣讲、全省会议组织观看党史学习教育片5次。开展“为基层办实事”“领题破题”专题活动，各级党组织完成实事252项，申报课题220个；结合“一月一事、消灭最差”，为基层化解问题63项。

——党建主题活动。

组织开展“三亮三比三评”“强执行、抓管理、管过程、求实效”活动，发挥党员先锋模范作用；与89个单位开展“共建、共享、共进”主题活动75次。

——党风廉政建设。

运用“四种形态”处分处理86人次，其中撤销党内职务1人次，撤职1人次；开展5个地市35个县支行党支部、省分行机关24个党支部的专项巡察，发现问题647个；出台关于加强建设良好政治生态的12条措施。

——企业文化理念。

省分行本部、晋城、长治分行办公大楼投入使用，二级分行人均工资比上年增长 6%；组织开展“两节”慰问、受灾帮扶及纪念建党百年系列文体活动，持续推进“妈咪小屋”、职工书屋等建设。（邮储银行）

【中邮证券山西省分公司】

一、业务发展

2021 年完成新开户 1361 户，新增有效户 2851 户；基金销售 4073.71 万元，资管产品销售 9.1 亿元，销量排全国第 3 位。

——外部项目。

采取多渠道、多领域、多批次开展项目资源储备工作。先后与总部投行部、企业金融部，省分行公司业务部、金融同业部、省直属支行，太原市分行公司部、晋城市分行、运城市分行公司业务部、夏县支行，晋中市企业综改办、金融局，朔州邮政，分别就上市公司东方能源并购重组、晋能控股短期融资券投资、焦煤集团公司债发行、山西银行同业存款和资管产品销售准入、山西建投 ABS 发行、晋城城投公司债发行、东杰智能公司股票质押项目、华远国际陆港集团有限公司债承销、华新燃气集团有限公司公司债承销、中小企业新三板和四板业务进行了深入对接。并与同业中航证券开展二级资本债业务的对接工作，配合进行方案制定，业务沟通等相关工作。

——重点产品。

根据总部重点产品销售安排，每日通过微信客户群发放总部安排重点产品组合，包括基金、资管产品、收益凭证等；对产品的投资特点、优势及近三年的收益收势情况进行对比和总结，以便客户分析购买。

——两融业务。

持续对符合开立两融账户的客户进行梳理跟踪，定期跟踪资金客户动向，与客户随时保持密切联系，推动两融业务扎实推进。

——北交所交易权限。

一方面，根据总部《北交所投资者专项活动方案》安排，分解目标、责任到人，确保完成权限开通目标；另一方面，针对已认定为北交所合格投资者的客户，组织开展北交所交易规则、投资理财知识等内容的线下线上培训活动。

二、运营服务

面对代理金融疫情防控工作严峻情况，持续聚焦资管产品销售的同时，协调邮银出台产品销售奖励政策，争取邮银销售推动支持的同时，不等不靠、主动作为，倾力做好协同销售各项服务支撑保障工作，充分依托产品及渠道联动优势，尽最大努力动员存量客户不赎回继续持有，确保存量客户不流失。

与省分行个金部就客户定制资管产品进行了方案对接，利用视频会议系统对临汾市分行各县区网点理财经理进行了资管产品销售专项培训。

三、企业管理

根据总部机构改革方案，中邮证券山西分公司设综合管理部、财富管理部、机构客户部 3 个内设机构，并组织各部室总经理竞聘和人员双选工作。

综合管理部负责分公司日常运行、行政文秘、人事考核、制度流程、党建工作、会计核算、综合保障、固定资产、合规风控等工作，协调分公司各部门的有效运行。负责协调分公司与外部单位的联系、对外宣传、企业文化建设等工作，树立公司良好形象。

财富管理部依据公司发展战略规划要求，对分公司财富管理业务的经营目标承担责任，负责财富管理条线业务在区域内的全面拓展。承担金融产品销售、渠道规划与推动、营销队伍建设、运营服务等经营职责；承担分公司协同战略整体推进的管理职责，是分公司内部协同工作的牵头部门，负责各协同单位的对接联络、协同项目、协同战略客户的引进与承揽。

机构客户部依据总部及分公司发展战略规划要求，对分公司机构客户条线的经营目标承担责任，负责机构业务在区域内的全面拓展，承担机构客户的全面承揽与经纪、投行、资管等业务的叠加开发；承担分公司协同战略整体推进的配合职责；承担机构部营销体系建设及营销队伍建设。（中邮证券）

内蒙古自治区

【内蒙古邮政分公司】 2021 年全区完成收入 27.05 亿元，增长 9.37%，完成集团公司预算目标的 100.35%。

一、企业党建

——党的建设不断增强。

健全党组织书记抓党建述职评议考核评价体系，党建责任逐层逐级落实。深入开展党史学习教育，结合“我为群众办实事”和党支部“领题破题”工作，完成 18 项“为民办实事”事项、课题 245 个。深入推进问题整改，巡视整改完成率 92.3%，巡察整改完成率 96.8%。开展党支部“评星定级”和提升基层党组织建设质量专项活动，全区 249 个党支部全面开展自查自纠；完善党员联系无党员网点工作制度，569 名党员挂点联系 572 个无党员网点（班组）。

——党风廉政建设和反腐败斗争扎实推进。

开展疫情防控、定点扶贫、选人用人、巡视整改等监督检查，以参加会议、调研督导、约谈提醒等方式加强对“一把手”的监督。推动开展理论学习和发展党员方面形式主义、公务车辆加油卡管理使用、“小金库”问题、超标准报销“两费”等9项专项治理，发现问题199个，处罚考核32.3万元，追缴违规违纪所得15.41万元，经济处罚4万元，运用监督执纪“四种形态”处理317人次。完成对机关14个党支部、寄递事业部及邮区中心党委常规巡察，发现问题176条，提前一年完成巡察全覆盖任务。严查快办违反中央八项规定精神问题线索，全年立案调查14件，运用监督执纪“四种形态”处理140人次，给予党纪行政处分43人次、诫勉谈话24人次、提醒谈话55人次、批评教育18人次。

二、普遍服务

紧盯关键指标和重点环节，条码平信和给据邮件信息断点率、投递外勤关键节点扫描率等指标以及挂信、挂刷等12项全程时限指标全面达标，四季度省会间普服邮件全程平均时长2.42天，环比提升0.92天。建制村周三频及以上达标率98.47%，较年初提升25.47%，完成集团目标。《人民日报》旗县当日见报率73.75%。机要通信连续30年保持安全无事故。启动客户体验三年提升工程，完善覆盖各层级的服务质量管理和考评体系。合理核定并及时拨付普服补贴资金；开展补白代办网点检查、乡镇局所整治和普服达标集中整治“回头看”等专项活动，检查发现的823项问题全部整改到位。

三、业务发展

——邮政业务。

集邮与文化传媒业务完成收入4.06亿元，增长12.6%。其中，集邮收入增幅和进度均排全国第3位，利润增幅和进度分别排全国第9位和第5位；函件增幅和进度均排全国第7位；报刊增幅排全国第8位。“百年华诞献礼”协同营销活动实现收入6990万元；政务图书销售码洋1982万元，增长5.5倍。开展第三届书信文化活动，参赛学生7.56万人。塞上主题邮局65天收入72.4万元。集邮线上收入5451万元，增幅排全国第3位；报刊线上订阅流转额1.3亿元，增长3.5倍。生肖贺岁季收入7879万元，增幅排全国第3位。发展集邮联名卡/生肖卡1.8万张，卡均余额0.4万元。函件与金融协同推进健康惠民项目，实现函件收入485万元，拉动金融资产1.03亿元。电商分销实现收入9081万元，增长14.34%，排全国第10位。分销业务销售额6245.9万元，增长64.77%，排全国第2位；毛利率16.64%，排全国第7位。累计开发合作商家176家，发挥协同优势拓展49个商家开立对公账户，39个商家使用寄递业务。增值业务收入2835万元。两险转介逐步向线上转型，推广“中邮车务”APP。代收费业务实现电力、移动等五类总部缴费业务的线上开发。代放号业务理顺销售流程，在多个盟市取得突破。

——寄递业务。

实现收入6.04亿元，增长13.8%，排全国第10位，四大业务均实现两位数增长，其中快包、国际、物流3项业务收入增幅、进度均超过全国平均水平。开展6个盟市揽投部销售化转型互查互学督导活动，完成10个盟市12个实体化营销中心的建设工作，实现收入1.4亿元；202个基层经营单元完成众创众享合同签约。CRM系统潜在客户签约转化率14.1%，超全国平均水平1.24%，排全国第9位。商圈覆盖率92%，排全国第7位，商圈客户数增幅超全国平均水平20%，竞品头部客户开发率100%。

——金融业务。

实现收入15.09亿元，增长7.36%。新增金融总资产117亿元，新增余额94.5亿元，比上年多增4亿元。社保卡卡均余额沉淀0.32万元，排全国第3位；代理保险实现收入2.5亿元，增长25.69%；基金销量3.6亿元；新增财富客户5592户，排全国第4位。手机银行替代率17.16%，排全国第10位；快捷绑卡手续费收入5456万元，增长19%，排全国第7位；商户收单资产贡献率9.7%，排全国第5位，带动新增资产13.7亿元。完成647个金融网点系统化转型导入工作，打造集团级样板2个，区级样板24个，在集团验收预打分中排名第1位。

——交流合作。

协同项目实现收入2.2亿元。军民融合项目争取自治区军民融合办补贴100万元，涉军单位走访覆盖率100%，新增退役军人客户3334户，完成集团目标的141%，沉淀余额6558万元。汽车产业链项目收入3622万元，完成集团目标的109%。政务服务项目收入1.05亿元，增长16.7%。电商项目通过邮银共享客户实现寄递收入2248万元，发放贷款净增1097万元，完成集团目标的269%。医药项目实现特快专递及物流收入632万元，完成集团目标的120%。区内协同项目落地见效。邮银协同推动公司、代发、信用卡业务发展，公司业务年日均余额20.3亿元，排全国第5位。共享专业资源推动战略客户合作，在线教育、健康惠民等项目形成收入8325万元，其中在线教育获评集团营销争先竞赛优秀营销项目。与自治区妇联、华润内蒙古、中化农业等43家单位建立战略伙伴关系。

四、企业管理

——基础管理。

财务精细化管理见实效。推进基于零基预算的全面预算管理体系。年初优化成本8000余万元，集中9000万元专项用于支撑建制村通邮标准提升、监管达标、寄递运营质量提升等方面。完善资金管理制度，高效能发挥资金支撑作用；推进“两金”压降，半年以上欠费（不含双代）下降60%，存货周转率提升0.96次；推进固定资产盘活，闲置资产整改稳步推进。完善部门横向协同、盟市纵向联动工作机制，建立30项具体工作台账，寄递五大环节成本单价中4个环节有效压降。全面推进损益核算，将损益结果应用于具备条件的“众创众享”经营机构绩效评价。

集中采购管理合规有序。完成采购项目105项，合同金额 3.96 亿元，公开采购率 99.3%、公开招标率 99.1%、电子采购率 67%、节约率 13.7%。审计监督扎实有力。开展审计项目 592 个，其中工程结算审计 279 个，送审额 7169 万元，审减额 1258 万元，审减率 17.6%。工程竣工决算审计 260 个，领导人员经济责任审计 50 个，经营绩效审计 1 个，专项审计 2 个。强化问题整改力度，问题金额整改率 98.9%，行为类问题整改率 91.6%。

服务国家战略大局。金融生态圈开展活动 7900 余场；735 个农村纯邮务网点与综合网点“结对子”，为 2.5 万个村镇小微商户办理收单业务，回流资金 15.5 亿元。打造“三级惠农专班 + 支局”纵向到底的专业队伍，合作社走访覆盖率、融资 E 贷款等关键指标均排全国前列，形成农产品寄递收入 4919 万元。23 个旗县分公司累计争取政府资金补贴 4788 万元，政府提供场地 3.19 万平方米，建成 5 个三级物流体系示范县；邮快合作覆盖 102 个旗县区，建制村覆盖率 76.6%，代投社会快递 802 万件。打造 6 类转型网点 997 个，覆盖率 64.6%。农村网点综合叠加 28 种邮政业务，收入增长 8.8%，点均增收 3.6 万元。农村纯邮务网点中，万元以下减少 46 个，5 万元以上增加 83 个。新增村级综合便民服务站 4415 个，建成具备代收自提功能的邮乐购站点 4189 个。1006 个农村网点总体增收 3776 万元，685 个农村网点扭亏为盈；305 个商圈社区网点增收 8162 万元。

——能力建设。

基础能力夯基筑台。全年安排投资 1.56 亿元，提升普服网点外部形象和金融业务竞争能力，弥补寄递业务内部处理和邮件运输能力不足等问题。

寄递运营提能增效。推进寄递三项经营机制改革和网运五大改革，确定 24 项重点改善指标和 30 条细化措施，收寄、处理、运输、投递 4 个环节件均成本优于目标值。压减 260 人，年节约人工成本超 200 万元。开通省际一干邮路 4 条、优化调整省内邮路 6 条，完成“路长制”时限管控体系构建，对 4 个盟市处理中心工艺进行优化改造。

技术支撑增强后劲。建立全区软件开发队伍，实行项目经理制，开发“职工小家”等 18 项支撑系统。建设推广新一代营业渠道系统等 20 多项集团统建项目和金融云平台等 20 项区内自建项目；强化运行运维管理，省际、省内网络可用率均 100%。在集团信息网运维考核中，我区排全国第 12 位，提升 7 位。

——人力资源管理。

干部队伍建设不断加强。严格执行干部选拔任用各项规定，调整三级领导 34 人（提任 12 人），审批四级干部 161 人（提任 62 人）；完成试点盟市任期制签约，建立任期制和契约化管理制度体系；提任 6 名优秀年轻干部到三级副领导岗位；组织 111 名三级干部参加学习贯彻党的十九届五中全会精神暨素质能力提升培训班，组织 144 名四级干部参加全区邮政骨干人才以及旗县（区）分公司领导人员培训班。

用工配置更加优化。招聘高校毕业生及专业人才 600 余人充实到金融岗位，按照“只出不进”原则压降劳务用工 240 人。初步拟定寄递“三定”标准，全面压降内勤人员，推动二线人员向一线优化盘活。按照市场化导向和重点效益指标配置人工成本，分类制定激励政策，资源配置坚持向经营一线倾斜。举办经营、管理、党建等培训 637 期，培训 10.6 万人次；分两批次开展技能等级认定工作，合格率提高 8.5%。

——企业文化和精神文明建设。

加大关爱员工力度，筹集 381 万元，对 586 名困难员工、22 名劳模，376 个集体开展“冬送温暖”活动；“夏送清凉”筹措 54 万元慰问 152 个集体，惠及员工 5500 余人；“金秋助学”帮扶 18 名困难员工子女上大学。“重病补偿”标准翻番，保障范围由 8 种疾病扩大至 14 种，保障重病员工 61 人、女工特病 6 人。完成 66 个小家建设。企业年金规模 4.49 亿元。一线员工人均收入增长 4715 元，增幅 6.5%。

五、社会责任

——服务乡村振兴战略。

拓宽“电商 + 分销 + 惠农 + 金融 + 寄递”路径，实现线上平台交易额 2835 万元，增长 15.5%；“919 电商节”期间，13 场 BSC 直播观看人次和销售额排全国第 1 位，孵化万单商品 22 款，订单量排全国第 4 位，16 款商品获得集团补贴金额 127 万元，兴安盟大米销售项目获评 2021 年十佳助农案例。新建或激活综合便民服务站 6523 个，进度 145%，办理业务 225 万笔，比上年增加 213 万笔；叠加代收自提业务站点 3562 个，实现业务量 223 万笔，比上年增长 13 倍，排全国第 4 位。建成 3 个农产品基地项目，实现交易额 1773 万元。

内蒙古自治区呼和浩特市邮政分公司各网点工作人员通过发放宣传手册、设立宣传展台、悬挂海报、介绍邮政绿色包装箱等形式和内容向群众宣传邮政知识和服务（《中国邮政报》）

——绿色邮政。

“2582”指标全面完成。

——风险防控。

开展“四不两直”突击检查和关键岗位排查，预警团队案防“特种兵”作用有效发挥；持续强化数据核查与分析运用，合规体系建设不断加强。逐级传导案防压力，“一把手”带头讲合规，分管领导全面抓合规，全区推进案件大讨论，案防管理责任进一步压实。从严强化问责机制，问责7693人次。建立外包业务“事前审批、事中管控、事后监督”全流程管理防范体系。分类分层“地毯式”排查非金融人员信用卡使用异常风险，发现存在风险隐患人员1148人，比上年减少2485人。建立合同报审签订逆流程常态化管控机制，在OA系统开设业务类合同简易程序，实现流程化管控、系统化支撑。（内蒙古邮政分公司）

【邮储银行内蒙古分行】

一、经营发展概况

——经营业绩。

2021年实现营业收入29.27亿元，增长6.83%；利润总额9.86亿元，增长6.43%。经济增加值1.27亿元，经济资本回报率12.29%。中间收入占比13.06%，居邮储银行第3位。

——发展规模。

总资产1248.91亿元，增长10.34%。各项存款余额1093.89亿元，增长9.25%，新增存款92.7亿元；各项贷款余额611.9亿元，增长13.1%，新增贷款规模为历史同期最高值，贷款余额增速高于地区金融机构平均增速5.83%。

——资产质量。

不良贷款率1.43%，下降0.33%，降幅居邮储银行第6位。

二、落实中央决策部署

——支持乡村振兴。

打造巴彦淖尔五原县支行成为全区首家“乡村振兴示范支行”，试点土地流转平台建设和运行，启动“百村万户示范工程”，落地土地经营权抵押贷、葵花籽质押贷、乡村振兴助农贷、信用户线上贷款等创新产品。涉农贷款余额195亿元，增长5.2%。其中，个人类涉农贷款余额居国有大行第2位；个人类普惠贷款余额居国有大行第1位；区内10个国家乡村振兴重点帮扶县的贷款增速高于全行贷款增速4.4%。

——支持中小微企业发展。

普惠型小微贷款余额108.72亿元，余额占比居同业第1位；服务客户结存4.09万户，增长2018户，首贷户增长114户，增长54%；发放利率下降26个BP。完成监管考核任务。

——落实碳达峰碳中和战略。

支持绿色交通、清洁生产、清洁能源、基础设施绿色升级、绿色服务等绿色产业重点领域，扩大绿色信贷投放。绿色贷款余额37.67亿元，比上年增长29.89%。

——支持供给侧结构性改革。

聚焦内蒙古自治区“两个屏障”“两个基地”“一个桥头堡”战略定位，加大对新能源、基础设施、大交通、制造业等领域的支持力度。公司信贷余额139亿元，增长7.35%。中长期贷款占比90%，高于邮储银行平均水平5%。投资地方债79.96亿元，增长45.9%。

三、业务转型发展

——零售金融。

个人金融新增个人客户9.31万户，增长4%；新增个人存款13.24亿元，增长6.41%；个人客户总资产354.4亿元，增长13.98%；代销业务收入创历史新高，增长56.37%。网络金融新增快捷绑卡29.92万户；手机银行激活客户14.5万户，月活客户数22.8万户，目标完成率均居邮储银行第2位；收单有效商户2.57万户，建成网点商圈142个，目标完成率邮储银行第1位。信用卡新增获客20.49万户，增长22%；打造特色魅力草原卡，发卡3.64万张；实现消费规模530.29亿元，居邮储银行第5位，场景分期规模8.11亿元，居邮储银行第11位；直销团队新客完成率与月人均首刷率均居邮储银行第1位；信用卡业务在集团公司全国工作会议上作专题书面经验介绍。三农金融累计建设信用村4638个，评定信用户12.7万户，投放线上信用户贷款3.4亿元，居邮储银行19家试点分行第2位。消费信贷推出“最美扶贫干部贷”“园丁贷”项目，成为邮储银行第3家取得生源地助学贷款开办资质的分行，也是全区首家且唯一入围的商业银行。

——公司金融。

新增公司客户5006户，增长43%，管户绑定率100%。新增公司存款15亿元。三医项目目标完成率居邮储银行第1位，农业农村项目目标完成率居邮储银行第9位，开放式缴费水燃热交易量居邮储银行第3位。获批公司授信100亿元，信贷规模净增10亿元。开立国际结算账户22户，形成年日均存款沉淀50万美元。企业网银开通率73.03%，提升24.73%，企业网银收入目标完成率居邮储银行第1位。新增现金管理账户1508户，目标完成率330%。在全区商业银行中率先成功上线政府采购云平台电子保函系统。

——资金资管。

推广邮e贴线上产品，实现票据贴现业务量42.41亿元，增长168.58%，目标完成率居邮储银行第1位。办理票据周转业务25.01亿元，增长21倍。拓展金融同业生态圈客户21户，数字人民币客户2户。赤峰市街巷硬化项目提前收回25亿元本息，完成化解任务。

四、风险管理升级

——信用风险管理。

加大重点领域风险管控力度，落实前中后台联防联控，多渠道加大不良资产处置力度，推动不良率快速压降。清收处置不良资产8.54亿元，增长35.4%。其中清收4.02亿元，核销及证券化处置4.52亿元。处置4笔超期抵债资产成交金额503万元。

——内控合规管理。

推进智慧案防中心建设，自主创建13个自定义模型，开展8项风险数据核查与检查，发现问题821个。完成风险经理派驻58人。纪律处分和组织处理175人次。有效拦截涉及洗钱违法犯罪活动48起，协助地方反诈中心成功打掉犯罪团伙。配合完成内蒙古银保监局现场检查，推进监管发现问题整改。

——内部审计工作。

开展37项审计项目，发现问题608个，其中非现场审计监测下发可疑风险数据369条，发现问题56个。累计问责1043人次，经济处罚金额13.87万元。

——疫情防控和安全生产工作。

开展安全生产专项整治三年行动“集中攻坚”，推进“一行一策，一楼一策”消防隐患专项整治。加强现场与非现场安全检查，全年未发生安保类责任案件或安全生产责任事故。推进常态化疫情防控，未发生感染病例。

五、管理效能提升

——信息科技建设。

开展信息化项目建设97个，为分行历史最高。推进自主开发，落地资产减值等5个数据集市项目和2个总行数据分析课题。多措并举提升监管统计报送工作质量。开展信息科技风险大排查，完成网络安全重点保障任务。

——资产负债管理。

加强资产负债组合管理，存贷款利率总体优于同业，新发放各项贷款加权平均利率、净利差、资产收益率均居邮储银行第2位。加强经济资本管理，经济资本配置向战略业务倾斜，完成不可撤销贷款承诺压降计划的341%。

——财务管理。

细化收入预算编制，加强预算与经营绩效考核过程管理。科学配置财务资源，广告及业务宣传费投入翻番，投资固定资产2亿元，基层网点、车辆、设备老旧等历史问题加快解决。实施财务资源精准激励，针对重点业务、在业务发展的关键时期，出台5项精准激励政策，促进有限资源发挥最大效用。

——运营管理。

加强智能设备配备与动态调配，试点应用运营管理系统2.0，推进柜面交易分流和网点人员综合化。对公开户时长压缩62%，网点服务类有责投诉压降63%。完成186万个人异常账户清理与单位账户风险排查，健全账户分级分类管控机制。完成代理县业务库整改。

——人力资源管理。

选拔任用和平级调整干部31人。启动领导人员任期制和契约化管理工作。完成中级和基层人才库建设，入库406人。健全岗位职级管理体系，各岗位类别、各分支机构职级晋升工作常态化规范开展。完善以激励与业绩为导向的薪酬绩效管理体系。加强人工成本管理约束督导，强化薪酬集中管控。区分行社会招聘11人，充实金融、科技人才队伍。

六、党建引领强化

——党史学习教育。

学习贯彻习近平总书记“七一”重要讲话精神和党的十九届五中、六中全会精神。完成“我为群众办实事”237个项目，党支部“领题破题”142项课题。完成基层党组织换届工作。联合内蒙古自治区退役军人事务厅，太平洋产险内蒙古分公司开展党建共建活动。压实意识形态工作责任，分行推荐的3项课题研究成果被《中国金融业党的建设与思想文化建设调研成果库》全文收录。

——党风廉政建设。

开展疫情防控、乡村振兴、巡视整改专项检查，领导人员“两费”复查，“小金库”专项治理。开展两批次巡察，提前一年实现巡察全覆盖。创新廉政教育方式，制作“小邮说纪”警示教育微视频，组织开展“以案四说”“一封家书助清廉”等活动，建立不实举报澄清机制，多措并举促进信访数量压降30%。有序推进对照巡视问题整改，配合完成集团公司巡视。

——企业文化建设。

启动企业文化宣传贯彻工作，制定具体落地措施。完成机关企业文化走廊建设；开展员工合理化建议征集活动；组织开展22项劳动竞赛；新建20个“妈咪小屋”。完成区分行团委换届。新增4家市级精神文明单位。（邮储银行）

【中邮证券内蒙古分公司】

一、经营发展

2021年实现营收71.90万元，比上年增长142.40%，各项业务收入呈稳步增长态势。

——经纪业务。

做好客户基础服务工作，开展多场次、高频次、全覆盖的培训服务，提升客户服务体验；发展两融业务，对所有员工下达任务和考核办法；宣传基金销售、收益凭证、资管产品等业务，提升客户活跃度，增加客户黏性；组织丰富多彩的投资者教育活动，扩大分公司影响力。

——协同工作。

协同区级邮政邮储渠道，联合下发营销活动方案，明确了协同发展目标、要求和政策支持；做好业务支撑工作，以收益凭证、基金定投等业务为切入点，开展多个盟市和旗县的业务推进工作；按照要求参加区金融协同组季度会议和区协同委员会会议，与协同单位交流更加密切；与区邮政邮储联合下发《关于加强邮银证协同发展的指导意见》，加强机构建设、加强人员配备和营销体系建设，扩大中邮证券业务覆盖面和渗透力。

——营销体系。

招聘有社会资源的客户经理 8 名，二类投顾 3 名，经纪人 2 名，提升客户营销和服务能力；成立区域营销团队呼市、包头市财富管理中心，扩大业务覆盖区域；确定以基金定投、两融业务、收益凭证、资管计划为重点的发展方向，制定激励机制，激发员工活力，各项业务发展速度和质效均有明显提升。

——资管投行业务。

以“资管产品”为抓手，助力“邮银”财富管理转型发展。分公司按照集团、公司的要求，确定“以资管产品助力邮银财富管理转型”的发展思路，与区邮政、区邮储行相关部门保持密切沟通，了解“邮银”在财富管理转型中的痛点、难点，利用公司私募资管产品的优势，寻找业务切入点。同时，安排专人定期与各盟市一线理财经理组织线上线下培训与交流，利用专业的金融知识帮助“邮银”员工逐步掌握“资产配置”“财富管理”的销售理念和技巧。在邮储渠道成功发行首期内蒙古专属资管计划 TOF 产品，募资金额 1.75 亿元，产品共计销售 3.91 亿元，比上年末增长 550%。从“环境变化”找机会，以“自身变化”拓市场。面对新形势，分公司第一时间重新梳理区内外目标客户名单，并由分公司总经理带队，逐一拜访区域内多家城投公司，了解各企业和银行实际情况，成功与广发银行石家庄分行签署业务合作协议，由“银证”双方共同开拓内蒙古债券市场。同时，由分公司推荐并担任财务顾问的“内蒙古能源发电投资集团（AA+）”金交所债权融资计划项目作为与广发银行合作的首单债券业务于 10 月获得广发银行总行批复，11 月末簿记，发行金额 10 亿元。10 月中旬，与鄂尔多斯市国有资产控股集团初步达成合作意向，作为财务顾问为企业以发行债券的形式获得融资 15 亿元。此外，宁夏太康药业 IPO 项目已进入总部团队现场尽调环节，在股权项目取得的重大突破，为分公司后续业务可持续发展奠定了良好的基础。

二、企业管理

——队伍建设。

按照公司总部的统筹安排，分公司逐步由“管理型”向“业务型”转变，不断强化队伍建设。完成组织架构的调整。引进专业人员，招聘 13 人，提升分公司专业能力和客户服务能力。逐步组建地域性营销团队。

——精细化管理。

严格对各项费用进行管理，规范程序，尤其在业务招待费、差旅费等方面。根据分公司实际情况，完善和制定相关管理办法，执行落实好公司总部的各项制度和要求，为分公司发展奠定好基础。

三、风险防控

——制度规范。

进一步修订细化中邮证券有限责任公司内蒙古分公司反洗钱内控制度，同时严格执行总部下发的合规管理、合规问责等方面的办法，完善分公司对员工行为的监测途径和方式。配备一名专职合规管理人员，按照监管要求和公司要求开展各项工作。

——合规自查。

对 2021 年上半年度可疑交易预警分析处理进行自查；开展客户职业及受益所有人等信息整改工作；开展反洗钱账户自查整改工作以及高龄客户排查等专项自查整改工作，通过自查，不断提升分公司内控能力。

——反洗钱风险管理。

对反洗钱工作领导小组成员与分工进行调整，并参加人行 2021 年义务机构反洗钱工作会议及征文比赛。组织培训 14 次，反洗钱知识测试 3 次。通过线上线下相结合的方式，组织反洗钱宣传 35 次，让投资者更好地了解到反洗钱工作的重要性。参与九州通药业举办的展销会活动，成为反洗钱活动形式的新尝试。同时制作“我为群众办实事”——防范和打击洗钱犯罪主题宣传活动工作总结与反洗钱宣传小视频。

——培训宣导。

及时传达、学习公司总部及监管层各类制度及要求，全面加强公司各类制度学习，提升员工队伍专业水平。通过加强员工业务培训、合规培训、反洗钱等方面的培训力度，提升分公司员工专业能力。

四、党建工作

——理论武装。

采取集中学习与自学相结合的方式，有效利用“学习强国”“中邮先锋”等平台媒体，将教育学习融入日常工作学习中，增强学习的主动性、自觉性、及时性；落实“三个第一时间”学习机制，制订《党支部 2021 年集中学习计划》，明确内容和要求；落实“三会一课”，开展专题党课，进行学习研讨，提升了全体党员理论素养，激发出干事创业的热情。

——支部建设。

成立党建工作领导小组、意识形态工作领导小组，有效开展工作，加强党支部建设；组织形式多样的主题党日活动，开展“三亮三比三评”活动，引导党员干部走在前、做表率。

——党史学习教育。

成立党史学习教育工作小组，制定党史学习教育活动安排表；组织全体党员研读习近平总书记在党史学习教育动员大会上的重要讲话精神，以指定的党史教育学习用书进行常态化学习，参加集团和公司的党史学习教育培训，参加中邮网院、中邮先锋线上答题活动，组织读书会，结合实际工作进行研讨，学史明理；开展“我为群众办实事”系列实践活动；组织党史学习教育专题组织会，开展了批评和自我批评，找不足，补短板，促发展。

——巡视整改。

成立巡视整改领导小组，制定《党支部2021年巡视整改工作方案》，按季度进行评估报告，按照细化措施逐一销号，确保整改有效落地；组织落实好集团公司党组巡视组对分公司的巡视工作，从整改中促进分公司改革发展。

——意识形态工作责任制。

加强意识形态教育，提高员工思想认识，做好员工引导工作；落实主管主办责任，对信息发布做好审核；开展意识形态工作自查，强化责任意识。

——从严治党。

着力担责履职，落实全面从严治党“两个责任”，严格按照公司下发的纪检工作任务清单，分解落实各项工作任务，按时完成月报、年报等工作，推动“一岗双责”责任落实；深化宣教引领，提升“不想腐”的自律自觉，以集中学习、主题党日、线上培训等多种形式开展党风廉政建设和反腐败教育，深化党性作风教育，组织学习集团、公司下发的违规违纪典型问题通报，深入开展“党风廉政宣传教育月”“廉政教育专题党课”等活动。

——监督职责。

加强监督检查，巩固“不能腐”的制约机制，开展选人用人、政治理论学习发言材料抄袭记录造假和入党材料抄袭造假问题、招标采购、小金库问题等专项整治自查自纠工作，加强节日监督，对业务招待费、差旅费、常态化疫情防控进行不定期抽查，检查各部门巡视整改清单落实情况；用好执纪问责，保持“不敢腐”的高压态势，按期进行举报箱的开箱查验工作，持续做好信访举报、线索跟踪的工作，充分发挥纪检监督作用，对“三重一大”、选人用人等进行全程跟踪、参与，提升综合能力，参加公司组织的集中培训提升纪检工作人员能力。

五、疫情防控

认真贯彻落实中央以及集团公司、当地政府关于疫情防控部署，密切关注官方信息，对员工进行培训，为员工配备防护用品，保障全体员工和客户的健康安全；根据属地疫情发展现状，及时采取应对措施，组织员工参加核算筛查、及时报告健康状况、引导客户注意防疫安全，保障分公司生产经营平稳有序开展。（中邮证券）

辽宁省

【辽宁省邮政分公司】

一、企业党建

——党史学习教育走深走实。

深入推进各级党组织在学懂弄通做实习近平新时代中国特色社会主义思想上下功夫，创新“十学模式”，充分发挥中心组示范引领作用，广大党员干部“四个意识”“四个自信”进一步增强，“两个维护”更加坚定自觉。牢牢把握正确政治方向，意识形态工作深入推进。全省404个“我为群众办实事”项目全部结题。

——基层党组织建设有力有效。

建立党员联系无党员网点工作制度，推动党的工作有形覆盖、有效覆盖。全省各单位围绕重点工作、重要项目、旺季生产，组建党员突击队144个。5550名党员参与“三亮三比三评”活动，336个党支部“领题破题”项目全部结题。

——干部队伍建设加快推进。

全省提拔、调整三级领导35人，三级领导平均年龄48.5岁，全日制大学本科及以上学历占比20.5%。组织三级副及以上领导人员能力提升轮训。完善领导班子和领导人员综合考评办法，强化业绩导向和结果应用，激励履职尽责、担当作为。稳步实施领导人员任期制和契约化管理，完成辽阳、铁岭两个试点单位签约工作。

——从严管党治党持续深化。

聚焦政治监督，开展党史学习教育、疫情防控、定点帮扶工作等监督检查。持续推进招标采购等七个专项治理。锲而不舍落实中央八项规定及其实施细则精神，持续正风肃纪，构建“三不”一体推进机制，全省立案17件，给予党、政纪处分16人。坚持全面整改与专项重点整改相结合，以高度政治自觉落实巡视整改任务。抓实巡视巡察整改监督。分三批对76家单位党组织开展政治巡察，巡察覆盖率98%。

二、普遍服务

落实“三升三降、六个百分百”要求，普服重点指标稳定达标。开展“管理年、规范年、操作年、提升年”活动，机要通信连续35年安全无事故，保持全国第1位。网点转型深入推进，转型网点覆盖率100%，列全国第1位；网点收入增幅11.7%，万元以下低效网点比上年减少50%，5万元以上网点比上年增加6.1%。

三、业务发展

——邮政业务。

基础业务实现收入4.7亿元，增幅6.2%。新邮预订、

辽宁抚顺雷锋主题邮局（《中国邮政报》）

报刊大收订全面完成目标。“四史”图书发行规模、进度排名全国前列。打造精品红色主题邮局，收入超百万。开发“雷锋在辽宁”“丹东冰雪长津湖”等15种题材彩色邮资机宣传戳产品；与《人民日报》、辽宁省考古研究院、辽宁省博物馆等单位合作开发十余款集邮专题产品。分销与增值业务实现收入3.1亿元，增幅11%。分销库存、欠费均低于控制线，商品毛利率11.4%。农村电商持续推进，打造活跃站点1.28万处，优质站点占比40%。

——寄递业务。

实现收入14.78亿元（还原口径），增幅16.7%；出口业务量2.66亿件，增幅65.8%，列全国第5位，高于全国平均39%。国内业务收入增幅、进度分别列全国第5、第6位。特快业务收入增幅22.8%，高于竞品时效件14.7%。六大市场快速均衡发展，法院、大连樱桃等重点项目规模实现突破。快包业务规模排名全国第14位，连续两年升位；增幅、进度均列全国前4位。国际业务拓展渠道，邮航韩、日专线年收入均突破千万，日本专线收入翻倍增长，国际特快收入增幅进入全国前十。中欧班列运邮通道开通。物流业务有效运营百万以上项目16个。其中，中石化项目实现收入1529万元，仓储面积1.3万平方米。重点项目仓配管理实现信息化数据化，全年仓配零差错。寄递时限质量更加稳定，省内、省际时限达成率高于全国平均，特快时限达成率保持全国前列。特快省内互寄时限全面提速，次日10:30前投递率94%，与竞品相当。寄递服务质量总体稳定，综合指标列全国第8位。网业协同保障重点项目，大连樱桃项目实现省内城区次晨达、农村次日递，省际48小时承诺覆盖城市与顺丰相当。丹东草莓项目开通邮航丹东—南京直飞航线，打造时限优势。克服极端天气、疫情和邮件量激增等多重难题，“双11”“双12”生产、经营双告捷。

——金融业务。

实现收入34.8亿元，增幅8.3%。全年新增余额73.5亿元，其中新增价值存款108亿元，新增占比147%，列全国第1位，储蓄规模2100亿元。跨赛余额第一阶段累计新增余额78.6亿元，四季度新增平均余额占比60%。代理保险业务新单总保费平均手续费率8.9%，比上年提升1.7%，长期期交平均手续费率26.2%，比上年提升10.2%。简易险保费规模、进度全国领先。保险旺季营销活动响应及时、组织有序。截至2022年1月，实现新单保费34.1亿元，比上年净增1.7亿元，其中长期期交新单保费20.6亿元，比上年净增5690万元。新增数币个人钱包120.8万个，进度列全国第6位；新增代发单位563个。

——交流合作。

六大重点协同项目实现收入5.7亿元，增幅80%。其中，惠农合作项目深化板块与专业协同，农产品交易额再创新高，销售额2.7亿元，增幅40.6%；农产品寄递收入1.13亿元；发放融资E贷款2.43亿元。军民融合项目取得突破，先后中标装备器材和涉密军品运输等重点项目，标的额500余万元，有效参与战区军事物流体系建设。上线商户收单、新一代营业渠道、网点资源管理、智能狂扫4个重点科技项目，开发22项系统，开展12项专题数据分析。商户收单系统获全国邮政企业科技创新成果二等奖。信息网运行质量考核得分并列全国第1位。

四、企业管理

——基础管理。

财务管理效益提升。紧跟经营发展，战略绩效考核突出效益导向、鼓励争先发展、引导网业协同；成本补贴、业务奖励、能力建设等政策向代理金融、寄递业务倾斜。寄递降本增效成效明显，五大环节成本单价及降幅全国领先。开展重点环节、重点单位成本写实，建立基于全成本要素的揽投部效益分析模型。开发营收缴款核查系统，欠费规模持续下降，寄递欠费率9.28%，进入全国前十。盘活房屋29处。

企业基础管理夯实。开展经济责任、经营绩效、工程审计管理等各类审计249项。工程审计结算审减率10.4%。加大集中采购力度，全省集中采购率86%，节约资金3598万元，资金节约率10.4%。加快电子采购与物资供应平台应用，上网采购率81.7%。“三供一业”分离移交，在全国率先完成资金清算任务。

——能力建设。

基础能力建设有力。全年投资1.1亿元用于基础能力建设。完成8个邮件处理中心工艺设备改造项目，全省日均邮件处理能力突破360万件。购建、租赁、改造金融网点57处、邮件处理中心10处，租赁揽投部16处；购置邮运车辆257辆、金融机具1000余台/套。

营销体系建设加强。全省理财经理队伍1578人。选优配强寄递项目经理、客户经理、专揽人员，专业团队专职营销人员555人，有1/3的项目经理业绩增幅超过40%；一线揽投人员占比55%，商圈派驻396人，达到竞品 60%，揽投部寄递收入比上年增长 30%。

三级物流体系建设深入。积极争取政府补贴资金、无偿用地，建成县级、乡镇级仓储场地 118 处，完成 10 个重点县三级节点网络架构。开通交邮联运线路 37 条，乡镇逐日班投递占比提升 72.2%，当日收寄邮件当日出口占比提升 14%，农村寄递服务能力大幅提升。

——人力资源管理。

科学调控用工总量，全省从业人员比上年末减少 650 人，劳产率比上年增长 3.2 万元，增幅 12.3%。优化代理金融人员结构，代理金融劳务用工占比较上年下降 2.1%。推进邮区中心改革，精简压缩机构 8 个，优化盘活 631 人。推进寄递薪酬分配机制市场化改革，包裹快递揽投环节、邮运驾驶环节“件均薪酬”比上年分别优化 0.21 元、0.19 元。

——企业文化和精神文明建设。

员工关爱行动深入人心。将防疫物品纳入走访慰问必备品，为突发疫情地区一线员工发放专项防护补助。推动食堂、宿舍“双改善”，为 4 个市分公司拨发集体宿舍新建改造专项补助，为 30 个县分公司食堂配备电器。做好“两节”、旺季等走访慰问工作，发放慰问金 248 万元。组织健康体检，增加在职员工癌症筛查项目。“爱心医疗”互助项目救助员工 109 人，救助金额 182.5 万元。组建各类文体协会、兴趣小组，举办书画、摄影大赛等文体活动。

创优争先氛围日益浓厚。大力开展“比学赶帮超”活动，组织开展金融技能竞赛、寄递降本增效、安康杯等 8 项主题劳动竞赛。推进“劳模、职工创新工作室”创建活动。全省 4 名员工荣获“省五一劳动奖章”，1 个集体荣获省级“职工创新工作室”称号。

精神文明建设成果丰硕。省分公司和朝阳市分公司继续保持“全国文明单位”称号，盘锦市分公司荣获“第六届全国文明单位”称号，23 个单位分别荣获全国交通运输行业、省文明单位（标兵）称号。1 个市分公司党委、1 名基层党员分别荣获省“先进基层党组织”“优秀共产党员”称号；2 个党支部、2 名党务干部和 2 名机关党员分别荣获省（中）直企业“先进基层党组织”“优秀党务工作者”“优秀共产党员”称号。

五、社会责任

——抗击疫情。

落实落细疫情防控措施，全省从业人员“零感染”，新冠疫苗“应接尽接”率 100%。营口、大连疫情突发期间，干部员工坚守岗位、履职尽责，在保畅通、保稳定、保民生中发挥了“国家队”作用。

——服务乡村振兴、绿色邮政、风险防控任务。

持续推进“平安邮政”和国家安全人民防线建设，圆满完成“建党 100 周年”等重大节日期间安全保障任务，全年未发生重特大安全生产责任事故。（辽宁省邮政分公司）

【邮储银行辽宁省分行】

一、经营发展概况

——经营业绩。

2021 年实现营业收入 38.79 亿元，增长 4.9%；净利润 10.25 亿元。经济资本回报率 8.44%，成本收入比 60.27%。

——发展规模。

总资产 2497 亿元，增长 0.56%，列省内国有大行第 5 位。各项存款余额 2258 亿元；各项贷款余额 1337 亿元，增长 6.25%；存贷比 59.3%。

——资产质量。

不良贷款率 0.99%，低于总行控制目标 0.1%，资产质量列省内国有大行第 2 位。不良贷款净增额 4.57 亿元，低于总行控制目标 0.29 亿元。

二、落实中央决策部署

——支持乡村振兴。

加大涉农重点领域支持力度，涉农贷款年净增 23.22 亿元，增幅 10.38%。在人民银行和银保监局首次服务乡村振兴考核评价中，列省内金融机构第 1 名，考核等级为“优秀”。获得“辽宁省脱贫攻坚先进集体”称号。

——支持中小微企业发展。

不折不扣落实监管要求，以线下“快捷贷”和线上“小微易贷”等产品为抓手，提高中小微金融服务便捷性和授信覆盖率。小企业贷款余额 31.67 亿元，比上年增长 6.59%；小企业贷款客户 1140 户，比上年增长 10.15%。

——落实碳达峰碳中和战略。

绿色贷款余额 48.65 亿元，其中清洁生产产业 4.18 亿元，清洁能源产业 38.3 亿元，基础设施绿色升级 4.81 亿元。绿色融资余额 14.16 亿元，增长 41.69%，其中基础设施绿色升级 7.1 亿元，清洁能源产业 6.44 亿元。

——服务国家区域发展战略。

聚焦“三篇大文章”和“数字辽宁、智造强省”建设，加大对“两新一重”领域支持力度，累计投放公司贷款 98 亿元，余额 195 亿元。参与地方政府债投资和承销工作，累计 7 次中标政府债 68.5 亿元，余额 213 亿元。

——支持供给侧结构性改革。

配合省委省政府推进中小金融机构深化改革，作为联合牵头行参与辽宁资产管理有限公司市场化融资银团贷款。为辽宁金控集团授信 20 亿元，发放银团贷款 6.34 亿元。

三、业务转型发展

——零售金融。

个人储蓄存款年日均余额增量 41.18 亿元，活期日均占比39.52%，比上年提升0.32%，列邮储银行第3位；在2020—2021年跨年度营销活动中获得“最佳一级分行”。消费贷款净增47.3亿元，增量市场占有率7.26%；贷款加权利率5.75%，列邮储银行第9位。信用卡累计新增客户20.43万户，消费金额217亿元。网络金融新开卡绑卡率49%，列邮储银行第7位；理财客群绑卡率54%，列邮储银行第9位；手机银行月活客户规模55万户。

——公司金融。

公司存款年日均余额130.38亿元，公司客户2.84万户，累计新增公司客户7477户。公司贷款时点余额195.12亿元，年净增4.94亿元。福费廷余额142亿元，列邮储银行第1位；代开国内保函业务3.32亿元，列邮储银行第1位。新增开放式缴费平台有效项目413个，缴费交易金额16.4亿元，比上年增长118%。现金管理账户新增4705个，累计账户11386个，列邮储银行第6位。

——资金资管。

金融同业加速直转交易，累计实现非息收入2212万元，比上年增长125%，获得总行额外补贴奖励553万元；办理再贴现业务14.4亿元，比上年增长282%；实现转贴收入1.92亿元，买断和回购创收均列邮储银行第1位。

四、风险管理升级

——实施资本管理高级方法。

加强资本管理高级方法宣传贯彻，在全辖组织2021年资本管理高级方法基础知识培训。制定经济资本限额计划配置、监测与考评实施细则和经济资本管理考评方案，按月进行计量。

——推进智能风控。

探索应用大数据技术建设“火眼”风控管理系统，整合内外部数据对客户潜在风险进行主动识别，实现贷前、贷中、贷后的全周期智能风险监控，该系统获得总行IT技能大赛“优秀奖”。

——信用风险管理。

做实做深“三单”管理，将8户重点风险客户列入“三单”。细化“减退加固”工程，压降高风险贷款3600万元。建立行领导分户指导大额逾期与不良资产处置机制，处置清单内不良资产800笔、金额5.65亿元。

——内控合规和法律事务管理。

深入开展“内控合规管理建设年”活动，围绕监管关注的10大方面、111个问题开展全面自查自纠，及时清除隐患72个。开展法律风险排查、民法典宣传教育活动，法律服务能力进一步提升。参加“3·15金融知识直播宣传活动”，被辽宁银保监局评级为A级单位，在人民银行组织的反洗钱征文活动中获得三等奖。

——内部审计工作。

完成各类审计项目34项，确认问题507个，问责479人次，提出审计建议94条。强化大数据排查应用，累计排查员工4万人次，发现员工异常行为253人次，问责153人次。

——疫情防控和安全生产工作。

慎终如始抓好疫情防控工作，全员疫苗应接尽接率100%，辖内无确诊病例及无症状感染者。有序推进安防重点工程项目建设，预警系统在线率由上年末的44%提高至95%，在“平安邮储”创建活动中被评为“优秀”。

五、管理效能提升

——体制机制优化。

完成任期制和契约化管理的方案设计工作，制定“一库、三方案、十二模板”。制定领导人员试用期管理办法。调整薪酬总额分配结构，提高考核绩效工资占比。优化绩效核算和专审表簿，建立员工补充医疗保障制度。

——信息科技建设。

推进信息化工程建设，完成总行系统上线44项，新一代中间业务平台业务迁移完成率89%。自主研发能力快速提升，累计研发各类项目124项，比上年增长77%。深化数据赋能应用，及时提供数据466项。

——资产负债管理。

协调全行信贷需求，各项贷款累计新增78.71亿元，增速6.25%，完成信贷计划。实体贷款占比70.26%，比上年末提升1.45%。利率管控水平稳步提升，净利差比上年提升13个BP，列邮储银行第3位，在2021年利率管理能力考评中列邮储银行第1位，利率考评档级提升至A档。加强流动性日常管理，在2021年流动性管理考评中列邮储银行第5位。

——财务管理。

对重点业务出台补贴政策30项，奖励收入2.14亿元，引导增收增效。持续严控成本，对业务及管理费采用总额和进度双线管控。优化并下达成本标杆计划131项、标准型标杆65个、差异型标杆66个，进一步缩小差异型标杆计划值差额。

——运营管理。

上线推广网点智能设备运营管理系统，实现多渠道线上、线下预约取号和现场取号。为信用卡团队增配移动展业设备124台，设备活跃率99.5%，列邮储银行第4位。运营管理评价指标列邮储银行第7位，信贷工厂运营效率第4位。

——人力资源管理。

畅通员工发展通道，职级晋升1074人，薪酬晋档4324人。实施“领航工程”，入库正职管理人才26人、副职管理人才102人、基层管理人才619人，对人才库中排名靠前的优秀年轻干部予以提拔使用。继续严控用工总量，净减员155人，人员总量降至7941人。优化人员配置，销售类人员净增287人，占比提升3.88%。分层分类开展培训 240 期、7.7 万人次，组织考试 205 期，合格率 98%。

六、党建引领强化

——党史学习教育。

按周举办“读书会”活动，系统学习“四史”内容，深入开展建党百年“十个一”系列活动，制作党建长廊和“奋斗百年路、起航新征程”专题片，多措并举推动党史学习教育走深走实。深入开展基层党组织“三亮三比三评”和党支部“领题破题”活动，完成“我为群众办实事”清单 116 项，落实支部“领题破题”清单 193 项。

——党风廉政建设。

开展中央巡视问题整改及巡察问题专项监督检查，发现并通报问题 63 个；完成对 4 家市分行及所属县支行，以及省分行本部 23 个党组织的巡察工作，提前实现巡察五年规划目标，在总行巡察考评中列前 6 名，被评为“优秀”。强化正风肃纪，下发 10 期廉洁自律通知与违规违纪典型案例，紧盯公款吃喝、公车私用等违纪问题，狠刹享乐主义、奢靡之风。

——企业文化建设。

通过制作宣传视频、开辟宣传专栏、制定宣传贯彻落地实施意见等措施，保障企业文化有效宣传贯彻落地。制订落实企业文化学习宣传贯彻计划，有步骤、有节奏安排学习宣传贯彻工作。开展企业文化理念宣传贯彻培训班，深入解读企业文化理念。（邮储银行）

【邮储银行大连市分行】

一、经营发展概况

——经营业绩。

2021 年实现营业收入 7.20 亿元；利润总额 2.15 亿元，增长 510.12%；中间业务收入 8398 万元，增长 28.05%，中收占比 11.66%，比上年增长 2.70%；经济资本回报率 8.81%，成本收入比 57.02%。

——发展规模。

资产总额 730.03 亿元，增长 9.26%。各项存款余额 681.13 亿元，增长 8.57%；各项贷款余额 256.22 亿元，增长 8.74%；存贷比 37.63%。

——资产质量。

不良贷款率 1.50%，下降 0.1%。拨备覆盖率 166.30%。

二、落实中央决策部署

——支持乡村振兴。

涉农贷款结余 19.61 亿元，净增 3.55 亿元；落地银担“渔船贷”“海参贷”“肉鸡贷”等特色产品，研发“特色农品仓单质押”贷款、“流水贷”特色项目；设立三农金融服务站 11 个，辐射 8 个村镇，完成信用村评定 55 个、信用户评定 393 个，信用户贷款投放 1917 万元。

——支持中小微企业发展。

入驻大连金普新区首贷中心，首贷业务放款 26 户、金额 4614 万元；办理无还本续贷业务 140 笔，结余金额 10.17 亿元；发放普惠型小微企业贷款 16.58 亿元，净增 4.10 亿元，净增户数 240 户；普惠贷款增速 31.31%，发放贷款平均利率降低 30 个 BP。

——落实碳达峰碳中和战略。

支持恒流储能项目、华能庄河海上风电绿色信贷项目建设，开办光伏发电设备消费贷款业务，实现“光伏贷”产品落地投放，绿色信贷余额 2.93 亿元，增长 97.7%。

——服务实体经济。

新增实体经济贷款 29.45 亿元，累计认购大连市地方政府债 30.2 亿元；建立与庄河市政府、金普新区管委会战略合作；参与地区重大项目建设，对辽港、大连港集团提供金融支持，与国药、中交等央企属地公司开展全面合作，支持金州老城区雨污分流改造项目。

三、业务转型发展

——零售金融。

个人储蓄月日均余额新增 8.38 亿元、年日均余额新增 8.19 亿元，超计划进度 160%。自营三年期规模下降 2.04%，活期占比 41.36%，活期月日均新增占比增长 31%。白名单客户压降资金转为价值存款占比 52.9%，高于邮储银行平均水平 1.2%。财富管理方面，完成首批财富顾问聘任，理财经理点均配备 1.98 人，居邮储银行第 3 位，人均产能 622 万元，增长 85.67%。消费信贷新增 13.39 亿元，一手房贷款净增占比 96.55%，高于总行目标 36%；汽车消费贷款净增 1.72 亿元，计划完成率 344%，居邮储银行第 7 位。信用卡激活首刷率 73.52%、30 天激活率 66%，分别居邮储银行第 1、第 2 位；自营网点白名单进件转化率 50.31%，居邮储银行第 2 位。手机银行净增激活客户完成率 119.7%，在集团公司快捷绑卡业务劳动竞赛中，综合得分居邮储银行第 6 位。数字人民币业务方面，建立 7 个数字人民币示范村，实现邮储银行首单“保险 + 期货”创新场景落地，完成与大连银行、大连农商行数币合作协议签署。累计开立个人钱包 198.32 万个，公司钱包 7015 个，数币商户 5867 个，商户完成率居 10 家试点分行第 1 位，商户规模居地区国有大行第 4 位，交易活跃度居第 1 位。

——公司金融。

公司贷款新增 16.32 亿元，增长 39.75%，创近三年发展新高，7 家支行规模实现净增、各县域支行全面破零。交易银行开放式缴费业务有效收费单位户数、交易量分别增长 14.8 倍、2.5 倍；企业网银客户开通率居邮储银行第 1 位。

——资金资管。

托管业务实现规模新增 44 亿元，增量居邮储银行第

1位。机构客户拓展实现突破，取得财政国库现金管理商业银行定期代理资格，庄河市支行获得代理地方财政非税收缴代理银行资格和国库集中支付资格。

——数字化转型。

实现第一批关键任务立项8个，覆盖零售金融、公司金融、经营管理多个领域，落地应用3个；搭建基于企业微信的经营管理线上办公平台，上线生态整合项目17项、审批功能79项；建立旺季营销经营数据“驾驶舱”，通过数字化、可视化手段为各级管理人员评价发展成效作参考。

四、风险管理

——推进智能风控。

引入大连市信用中心外部数据，上线数字化风险监控平台，形成风险预警信息87条，实现风控领域的数字化批量监测。

——信用风险管理。

落实大额风险客户“三单制”管理和高风险客户减退加固工作，前瞻性压降退出风险客户6户，涉及9笔7850万元；完成不良资产处置1.42亿元，完成现金清收8008万元，清收计划完成率居邮储银行第5位。

——内控合规管理。

落实“内控合规管理建设年”工作要求，开展“高管谈合规”“信贷违规治理年”活动。通过重点领域起底排查，发现问题781个，违规积分处理482人次，批评教育125人次，警告16人次。加强账户治理工作，通过“人防+技防”相结合，压降涉案账户数量。

——内部审计工作。

通过专项审计全面追踪审计发现问题整改，强化反洗钱、信贷资产风险分类等重点领域审计监督，建立审计发现违规问题库；自主完成审计项目23个，发现问题313个，提出有针对性审计建议105条。

——疫情防控和安全生产工作。

妥善应对大连地区突发三轮疫情，无疑似、确诊病例发生，受到监管部门认可与主流媒体正面报道。做好疫情防控期间65万离退休人员养老金代发工作，代发养老金225.29亿元。开展重点部位、重点环节专项治理，完成400余项隐患问题的整改，获得全国交通运输系统“安全文化建设优秀单位”。

五、管理效能

——信息科技建设。

推动分行数字人民币工程建设和开放式缴费平台建设，完成新一代中间业务平台迁移，开展银行公积金互动项目建设及大连市医保局线上e保贷产品上线，完成分行反欺诈系统自建工作；完成分行数据集市8项分行自有数据产品开发，围绕数字化转型实现手工报表线上化39张。

——财务管理。

科学配置财务资源，加大对中间业务、重点业务的支持力度，以激励政策和督导分析推动业务发展。加强对标对表，优化资源回报效益导向的绩效考核体系，以过程管理为手段强化辖内绩效指导。规范采购管理，公开采购率、公开招标率分别为97.4%、94.9%。

——运营管理。

推广网点作业组织模式转型，盘活人力资源45人，营销队伍占比提升2.16%。完成养老金批量代发及华润通虚拟卡旅程优化项目，完成22个网点室外视觉形象改造，完成全部网点系统化转型目标。

——人力资源管理。

推进“领航工程”人才库建设，完成中级和基层管理人才库建库目标。完善岗位职级体系建设，对1256人次进行职级、薪档晋升。

六、党建引领

——党史学习教育。

以庆祝建党100周年为契机，举办“沂蒙精神”培训班、劳模先进事迹报告会、参观关向应纪念馆；开展党史学习教育活动，每周召开读书会，完成“我为群众办实事”34项、“领题破题”31个，选派1名优秀基层管理人员任驻村第一书记。

——党风廉政建设。

推进巡视巡察“常态化”和专项整改任务，对8家党支部开展巡察工作，发现问题84个，问责40人，移交问题线索1个，提前一年实现分行巡察全覆盖；坚持依纪办案与深化治理结合，党纪立案4起，党纪政务处分10人次，深化运用“第一种形态”33人次。持续整治形式主义官僚主义，完成公文、会议数量压降任务；开展“两费”问题复查，退缴费用3320元。组织意识形态专项督查和责任制专项检查，开展理论学习和发展党员专项治理、“小金库”专项整治工作。

——企业文化建设。

制定企业文化推动方案，开展员工思想动态调查，征集合理化建议。建立荣誉体系、关爱体系，打造景新“劳模创新工作室”。推动“职工小家”建设，获得总行、大连金融工会多项荣誉称号，旅顺口区支行获得“全国金融先锋号”，开发区支行党支部获得辽宁省国资委“先进基层党组织”。全年在党报党刊以及各类主流媒体发布分行服务实体经济、服务乡村振兴、服务小微企业等宣传稿件415篇。（邮储银行）

【中邮保险辽宁省分公司】

一、经营发展

——业务结构。

全年实现新单总保费18.8亿元，增长23.4%。实现长期期交保费8.4亿元，增长22.6%，其中：终身寿险保费7.5亿元，完成计划的250.6%，增长45倍；五年交及以上终身寿保费占终身寿保费比重53.4%，增长44.2%；健康险保费1828万元，完成计划的100.2%，增长58.8%；新业务价值2.13亿元，完成计划的136%，比上年增长177.9%。

——续期贡献。

全年实现续期保费19.9亿元，完成计划的102.31%，占总保费比重为51.96%。其中：价值类产品13月保费继续率90.96%，比上年提升5.09%；价值类25月保费继续率96.87%，比上年提升0.35%。持续开展失效保单清理工作，全年成功复效1671单，累计复效金额3695万元，件数比上年提升13.98%，保费比上年提升71%。

——关键运营指标。

分公司运营指标均高于全国平均水平，8项绩效中5项全国排名第1位。重点指标中，保全两日结案率99.99%，保全合格率99.97%；人核件回执回销率100%；理赔七日调查完成率100%，理赔回访满意度100%。

——个团业务。

实现团险保费1465万元，增长11%。开展“百团大战”跨年营销等活动，实现团险增量保费收入344万元；完成年度“两项保险”及“铁塔项目”承保工作；开展“决战金秋”四季度个团险营销竞赛活动；参与社会公开团险招标项目4次。

二、运营服务

——经营服务。

制定服务支撑小组管理办法，明确13个支撑小组职责；抢抓“开门红”，协调下发《关于开展代理保险“首季开门红”专项营销活动的通知》等重要文件；每月汇总与邮银渠道业务沟通情况，形成协同备忘录20篇；报送协同总结材料13篇；落实总公司监管及同业沟通要求，形成沟通纪要6篇。

——数字化转型落地。

以“六步工作法”为抓手，坚持“明确一个目标，解决二个问题，实现三个统一，突出四个重点，总结五条经验，落实六个步骤”原则，成立2个营销项目组，在邮政渠道开展健康险数字化营销活动，组织营口、锦州、清原分公司开展试点活动。

——客户服务。

建立客户投诉协调、紧急处理等机制，妥善处理客户诉求，累计受理渠道转办投诉69件、总公司转办咨询1537件。携手国大药房开展“中医药养生节”2场；把握“3·15”重要节点，深入开展金融知识“三进入”活动；围绕健康险客户开展“邮保安康，加点健康”客户维护活动；在全省各地市开展插花、观影及采摘等差异化活动，全年累计开展活动25场，服务客户2350人。

三、企业管理

——“自营+代管”模式。

修订市县机构及人员考核办法，对市县机构18项考核指标、代管人员37项考核指标的分值及计分标准进行细化；推进专岗人员动态管控，下发《关于做好市县中邮保险代管人员变动管理工作的通知》，完善市县专兼岗人员队伍，完成7名专岗人员、11名兼岗人员的变动工作。高效完成年度培训，累计培训284人次，累计培训时长2434小时。

——合规经营。

开展“市场乱象专项治理”工作，排查各类档案资料7662份，下发风险提示函2份；开展“内控合规管理建设年”工作，排查要点47项；深入开展“四深入、全覆盖”工作，开展宣教活动547次，宣教对象3060人次。开展三方联合检查工作，累计检查9个市、17个县、129个代理金融网点。

——人力资源管理。

制定《2021年度“提质增效　争先创优”对标工作方案》，进一步开展“比学赶帮超”活动，形成良好发展氛围。抓好市场化改革落地，修订《分公司绩效考核管理办法》，强化业绩和贡献导向。加大不胜任退出和末等调整力度，根据履岗考核结果对一名讲师终止劳动合同，以考核退出机制促进讲师队伍优胜劣汰。

——科技赋能。

优化线上保全项目，加大线上操作占比，全省线上保全受理占比78.96%；优化理赔线上服务流程，实现最快理赔10分钟。加强信息安全管理，围绕大数据应用情况进行内部研讨，拓展数据分析维度，全年接收申请257次，提供数据358万余条。

——行政工作。

形成公务用车、印章管理等流程“明白纸”5份；修订车辆管理办法；创新线上化办公；做好内控评估工作，开展反洗钱专项审计、欺诈风险管理审计等审计项目。从严把关合同签订审查，审查合同21份。

四、党建工作

——政治建设。

制定落实全面从严治党要求主体责任清单，印发党建和纪检工作要点；对中央巡视整改台账、内部巡视整改台账、未巡先改整改台账进行全面对照、举一反三，制定深化巡视整改工作方案；按季开展年度专项重点任务整改评估，半年开展常态化全面整改，形成季度专项整改报告2篇，半年常态化整改报告1篇。

——党史学习教育。

组织成立分公司党史学习教育领导小组及办公室，明确全年党史学习三个主要阶段共31项学习教育活动内容；开展“七一”（七个专题、一个实践）活动，报送2篇党史学习信息简报；通过企业公众号编发党史学习教育、党建工作信息等25篇。将“我为群众办实事”实践活动作为党史学习教育的重要内容，制定“我为群众办实事”清单共14项重点项目，30条推进举措；制定“领题破题”清单共4项重点项目，9条推进举措。

——纪律作风建设。

紧盯“关键少数”，强化纪律规矩意识，对中层干部开展集体廉政约谈；强化监督检查职能，组织开展疫情防控工作监督检查、聚焦高价值业务的发展情况开展监督检查、意识形态工作专项监督检查。

五、和谐企业建设

推进“员工幸福工程”，落实职工“六件实事”，提升员工归属感；树创“中邮保险辽宁分公司工匠”及“劳模创新工作室”，发挥典型引领作用。

六、社会责任

制定《中邮保险服务乡村振兴战略2021—2022年行动方案》，向铁岭县、昌图县6153名脱贫群众捐赠人身意外伤害保险，积极为社会创造价值。（中邮保险）

【中邮证券辽宁省分公司】

一、业务发展

——经营发展。

新开立账户6358户，累计账户结存87272户，其中新增有效户3868户，托管证券市值18.32亿元。两融新开户25户，累计收入49.7万元，融资规模660.7万元。销售集合管理计划2.99亿元，“辽赢1号”收益凭证销售1914万元，总部发售收益凭证销售387.3万元，“金鸿辽农1号”收益凭证销售63万元。与省行金融同业部协同完成上市公司控股股东股票质押项目续约，实现股票质押融资1.4亿元。

——“自营+协同”发展。

推进有效户、资产业务协同发展。与省邮政金融业务局协同推进并分别下发《关于开展2021年中邮证券第三方存管业务联合通知》，明确目标、奖励标准、支撑及要求。分公司由负责人带队，以部门为单位成立包挂小组，做好市、县（区）邮政分公司各层级对接、网点走访、业务培训和线下活动支撑等，全面做好协同战略营销。

推进项目开发与维护。实现客户资源共享，项目共推，参加省内板块联动推进会议4次，板块重点项目联动会议2次，完成协同月报12次。与省行协同开发上市公司控股股东股票质押项目跟进，完成项目续约，实现股票质押融资约1亿元；推进新增股票质押项目，新增融资约4000万元。

开展客户维护，联动两融客户营销。制定《财富管理业务存量客户促活方案》，组织对有效交易型客户进行数据分包，维护客户数952户，两融新开户25户。制定宣贯《辽宁分公司2021年财富管理重点业务激励考核分配方案》《辽宁分公司金融产品奖励分配方案》，实际奖励标准100%发放至营销人，推进营销工作，通过自营渠道销售首单资管产品。

推进鞍山轻型营业部发展。营业部现有员工12人，正式员工5人，证券经纪人7人。完成营业部总经理的聘任，新引进证券经纪人4人。新增普通账户262户，累计账户611户，托管资产5806万元；新增两融账户5户，累计账户9户，收入约15万元，两融余额263万元。完成收入52万元，营业支出73万元。沈阳团队资产5400万元，佣金、利息收入各13万元。综合鞍山营业部及沈阳团队收入，完成年初制定的经营目标。

推进板块渠道销售做好服务支撑。开展收益凭证、资管集合管理计划地市宣传引导，多次与省公司、省邮储分行、大连邮储分行对接培训和宣贯渗透，促动产品销售。协同渠道累计销售集合管理计划2.99亿元，“辽赢1号”收益凭证销售1914万元，总部发售收益凭证销售387.3万元，“金鸿辽农1号”收益凭证销售63万元。

推进机构业务发展。做好投行项目开发，大连金普金控优质企业债通过公司立项，盛京银行二级资本债和大连德泰公司债项目正在推动，投行项目取得突破。

二、运营服务

完成对12399户身份证过期、55833户风险测评过期、10685户未绑定三方存管及4467户职业信息不完善的客户分别进行短信提示。组织运营服务人员完成客户申购中签电话告知、中登一码通和投资者手机号码核查、中登职业批量规范和系统测试工作等。组织开展“3·15投资权益保护”“金融知识普及月”等活动，举办投资者大讲堂50余场，录制鞍山电台投资节目36场，每日撰写晨报维护微信群23个。

三、企业管理

——人力管理。

根据公司党委机构改革工作部署要求，5月开展分公司机构调整工作，制定《中邮证券辽宁分公司部室总经理岗位竞聘工作方案》《中邮证券辽宁分公司部室总经理岗位竞聘面试方案》，明确竞聘岗位、人员范围、竞聘条件、竞聘工作程序和面试小组成员等事项。按期完成部室总经理聘任工作，完成财富管理部、机构业务部、综合管理部三个部门调整。加快分公司由“管理型”向“业务型”转变。按期完成员工定岗定编等工作。

——财务管理。

按月、季、年做好财务、监管、税务等六大类报表的编制、申报、报销报账及2022年预算编制及报送等工作。完成“小金库”专项自查和2019—2021年财务凭证的自查工作。

——综合管理。

按照要求完成年度财务、党建纪检、制度办法等重要档案的归档管理和印章、证照的管理工作等。规范采购、公务用车、公文和会议管理，定期组织安全自查，组织参加省邮政公司组织的消防培训等。

四、风险防控

完成人民银行年度反洗钱分类评级和证监局年度分类评级工作，序时报送机构监管报表、融资融券报表和合规、反洗钱等工作报告。按月开展合规培训，按季开展反洗钱培训及宣传。完成分公司账户自查及整改工作。

五、党建工作

——政治建设。

学习贯彻习近平新时代中国特色社会主义思想、贯彻落实习近平总书记重要讲话精神，牢固树立“四个意识”，坚定“四个自信”，坚决做到“两个维护”。落实意识形态工作责任制，成立意识形态工作领导小组，明确责任分工，完成意识形态工作自查和整改落实。

——党史学习教育。

党支部成立党史学习领导小组，制定党史学习教育的实施方案，将党史学习贯穿全年学习计划。开展“三亮三比三评”“我为群众办实事”、党支部“领题破题”和读书会等活动。利用属地红色教育资源，开展“弘扬抗美援朝精神 争做改革提升先锋”等特色主题党日活动，重温红色历史，汲取奋进力量。

——“三会一课”。

召开党员大会8次，支委会44次，完成年度组织生活会、支委会换届选举等工作。按月组织党员开展集中学习研讨12次，开展党课4次，组织完成“中邮先锋”培训班的学习。

——党风廉政建设。

强化落实中央八项规定及其实施细则精神，认真开展“党风廉政警示教育月”活动，不定期组织学习党章党规党纪和典型案例通报，强化警示教育。持续深化巡视整改，制定党支部2021年巡视整改工作方案、专项重点整改任务台账和全面整改台账，按季度部署推动整改措施，较好完成巡视整改工作任务。

——监督检查。

纪检人员承担起整改日常监督责任，做到主动监督，靠前监督，强化经常性督促检查。完成对巡视整改、采购、车辆管理、安全生产、防疫防控、印章管理、金融风险防范、财务自查检查等的监督检查并提出建议。

六、疫情防控

根据地区疫情情况，动态调整防疫措施，组织员工对办公场地进行消杀，对出入营业厅人员进行登记。节假日期间做好员工行程报备，及时调查员工行程，完成口罩等防疫物资采购和发放。（中邮证券）

吉林省

【吉林省邮政分公司】 2021年业务收入实现42.46亿元，列全国第21位；增幅8.67%，列全国第10位；经营利润完成3945万元，列全国第13位。

一、企业党建

——党的建设全面加强。

坚持以党的政治建设为统领，深入学习贯彻党的十九届六中全会精神，扎实推进党史学习教育，广泛开展庆祝建党100周年“红心向党”主题系列活动，通过“三亮三比三评”“我为群众办实事”等活动，促进党建与业务工作的深度融合。第一时间学习机制、党委理论中心组学习制度、党史学习教育读书会计划有效落实。党建工作责任制落实、意识形态管理、思想政治工作、共青团组织建设等工作卓有成效。全省发展新党员293人，党员空白网点下降19%。全省邮政100个集体、个人被县级以上地方党委授予“优秀共产党员”“优秀党务工作者”“先进基层党组织”光荣称号。

——党风廉政建设和反腐败工作持续强化。

强化政治监督，约谈各单位党委书记，压紧压实主体责任。强化日常监督，做好疫情防控、“三大攻坚战”、巡视巡察问题整改等专项监督检查，锲而不舍纠治“四风”问题，组织开展两批省内巡察。精准执纪严肃问责，给予提醒谈话等第一种形态处理183人次，给予党内警告等第二种形态处理14人次，给予留党察看等第三种形态处理5人次。

——巡视整改工作扎实推进。

切实履行巡视整改主体责任，落实巡视整改工作方案，开展巡视整改“回头看”。集团公司党组2020年巡视吉林省分公司党委反馈问题整改完成94.3%，整改措施完成96.4%。省分公司全年建章立制59个，修订完善制度22个。

二、普遍服务

强化普遍服务管理，强力推进普服达标工作；全省营业服务达标率、建制村直接通邮率、建制村投递频次达标率、县以上城市党政机关《人民日报》当日见报率、机要通信安全等重点指标保持100%，省会间普服邮件全程时限明显提升，省内普服邮件全程时限全面达标。全省未出现重大通信服务质量问题、重大媒体曝光事件和重大违规经营案件。全省机要通信实现连续34年保持质量全红。严格落实“扫黄打非”工作要求，杜绝涉黄涉非邮件进入邮政渠道。

开展交邮联运和邮快合作，成功开通11条客货邮复用合作线路，带运特快、快包、普服等各类邮件约9万件，邮快合作代投快递突破172.6万件，代收快递0.68万件，覆盖2885个建制村，完成率超100%。

三、业务发展

——邮政业务。

集邮与文化传媒业务实现收入3.38亿元，增幅3.2%。其中，函件业务收入0.64亿元，增幅-3.95%；发行业务收入1.24亿元，增幅5.36%；集邮业务收入1.49亿元，增幅3.72%。2021年报刊大收订实现线上订阅流转额3250万元；辛丑年生肖贺岁季活动实现集邮品销售1.22亿元，完成计划的122%，在全国对标组中销售规模列第1位；组织销售党史学习系列政务图书23万册，形成收入735万元。电商增值业务和分销业务收入实现3.7亿元，列全国第11位；增幅19.6%，列全国第4位。销售农资7.2万吨，列全国第3位，毛利率7.6%；实现预收款8020万元，占总销售额的40%。建成邮乐购站点1.1万个，新增邮掌柜会员36.3万人，完成年度目标237%。通过渠道协同复用，社会站点进行金融积分兑换，拉动储蓄余额87亿元；基地农品线上平台销售154万单，拉动寄递收入493万元。与75家新型农业经营主体及34家龙头企业签约协作，打造6个邮政国家级农产品基地，实现交易额2.07亿元，交易额和线上交易额均列全国第1位。

——寄递业务。

寄递收入实现7.16亿元，增幅11.4%，列全国第12位。其中，国内特快专递业务收入实现2.33亿元，增幅20.3%，列全国第18位；快递包裹业务收入实现2.20亿元，增幅12.4%，列全国第13位，完成集团预算目标；国际业务收入实现0.54亿元，增幅-36.8%，列全国第15位；物流业务收入实现1.42亿元，增幅15.8%，列全国第14位。收入市占率10.1%，高于全国平均1.9%，列全国第16位，较同期提升1个位次。

——金融业务。

收入实现27.6亿元，比上年净增2.03亿元，增幅7.96%，列全国第23位，拉动全省邮政总收入增长5.2%。余额规模先后突破1700亿元，活动期新增余额122.4亿元，列全国第10位；12月旺季抢收阶段，实现保险收入2.4亿元，列全国第9位；中邮长期期交新单保费5.46亿元，进度125%，列全国第2位。结存有效客户1069万户，常住人口占比44.4%，列全国第1位；年新增有效代发单位551户，手机银行月活客户73.7万户，两项完成比均列全国第1位；快捷绑卡新增客户59.9万户，增幅列全国第6位；信用卡新客户5.9万户，完成计划比列全国第2位；收单商户拓展7.2万户，年交易额突破百亿元大关。

——交流合作。

重点协同项目收入实现5.21亿元，比上年增长29%。建联军事单位123家，拓展退役军人客户7125个，沉淀资金1.14亿元。落实与一汽集团全面战略合作，持续推进公务邮件寄递、物流、“微车展”市场拓展等合作事项，实现客户收入2320万元，项目收入实现1.21亿元。成功打造“产业链+金融”的吉邮惠农模式。邮银速保共同成立省市县三级惠农合作项目领导小组，聚焦解决农民合作社“三难”问题；争取11个电商示范县政策支持，销售额4.5亿元，发放涉农贷款63.3亿元，发展邮政会员355万人。

四、企业管理

——基础管理。

规范财务管理，确保财务收支核算真实性，经济审计监察无重大问题。规范运用税收政策，全年节省税金400万元，利用加计扣除抵减政策增加企业利润845万元。深化零基预算管理，优化和完善成本费用零基预算模型和定额标准。深化对标管理，激发各归口部门及市州分公司效益管理的内生动力。完善绩效考核评价体系，增加欠费管理、存货周转率等效益类指标考核。降本增效工作取得成效，五大环节成本全面下降。

大力整治文山会海，全年发文1353个，比上年下降3.3%；合同审批流程得到进一步优化，开展保密专项自查。集中采购管理成效显著，全省集中采购项目中标69个，签订合同金额1.49亿元，节约率10.01%。强化审计工作，全年审计各类项目453个，审计总金额12.36亿元，审减率8.06%。

——能力建设。

深化寄递改革。以“两集中”改革为重点，正式启用省指挥调度监控中心。加快自提网络及揽投作业网格化建设，快递包裹自提率60.7%，全省网格化作业率100%。通过机制创新、“双中心”架构、“众创众享”、加强外包管理等方法，内部处理件均成本压降521万元。通过“单改双”“委改自”等方法，运输件均成本压降801万元。

深化网点转型。开展网点转型699处，转型覆盖率68.7%。零收入网点全部消灭，千元收入网点100%；万元以上收入网点96%，5万元以上收入网点85%。业务叠加种类不断丰富，叠加业务11类33个细项。推广企业微信，开展数字化营销模式转型，入驻营销员1万人，添加客户130.74万人，创建企微客群5338个，通过企微转发实现营销业绩3890万元。

提升基础能力建设。安排建设资金1.37亿元，其中，固定资产投资7944万元，成本类投入5721万元。安排网点改造75处、生产处理场地改造17处、综合办公楼配套设施维修改造项目22项。金融类图形终端等系列设备更新和增配3952台套。购置寄递网运和揽投车辆180辆、市县网运处理用胶带机设备47台。邮政营业和文传用终端等设备更新和新增609台。

发挥科技强邮作用。完成信息工程建设任务22项，完成软件自主开发系统5套，优化系统4套，完善系统功能12项。开发并完善省内金融跨赛等系统。持续开展信息网安全运维工作，完成省中心机房扩容改造工程，进行大规模系统迁移割接17次，涵盖180台服务器、131台网络设备。

——人力资源管理。

任期制和契约化改革有力推进。省、市分别成立领导小组和工作专班。印发整体推进方案，制定相关配套方案、办法、模板等23项。组织开展6场专题宣贯会和座谈会。采取"试点先行"的工作思路，按期保质完成辽源市分公司整体试点工作。

吉林省长春市邮政分公司员工舞台情景演绎《黄河大合唱》(《中国邮政报》)

人力资源管理不断加强。选优配强三级干部队伍，全省调整三级干部39人，其中提任8人。加快选配优秀年轻干部进入市、县两级领导班子任职，其中，新进市州班子40岁左右年轻干部3人，新进县分班子35岁及以下年轻干部7人。加强劳动用工管理，理财经理配备946人，增幅160.6%，完成集团公司计划的131.4%；全省从业人员中劳务用工占比13.86%，降幅2.01%；代理金融专业劳务用工占比24.45%，降幅5.42%。加大员工教育培训力度，举办全省业务技术集中培训班15个，培训1217人次。

——企业文化和精神文明建设。

企业年金补提企业缴费707万元，补充医疗保险个人账户补助标准提高1%，公共账户报销补助金额报销比例提高10%。坚持开展"夏送清凉、秋送助学、冬送温暖"活动，全省帮扶困难员工688名，支付帮扶资金85.68万元，"两节"慰问期间累计为生产一线班组集体发放慰问金24.69万元。省邮政职工重病医疗互助保险基金会发放互助金231.5万元，233人次得到帮助。深入推进邮政职工小家建设，提升职工小家整体服务水平。

全省邮政10个"全国文明单位"、41个"全省文明单位"全部保持荣誉称号，51个党委单位中省级以上文明单位占比96%。省分公司保持"全省文明行业"称号。吉林市船营支局保持"全国交通运输行业文明示范窗口"称号。全省有3名员工被授予"吉林省五一劳动奖章"荣誉称号。省政府办公厅、吉林大学、吉林电视台、四平市政府、中央第七轮巡视第十五巡视组信访接待组、全国政法队伍教育整顿中央第五督导组等十余家单位来信或致锦旗；中央和省级以上新闻媒体先后32次报道吉林邮政普遍服务、惠农助农、疫情防控等先进事迹。

——安全生产。

完成全省创建"平安邮政"验收工作，集中安排1500万元推进全省远程集中监控工程建设。

五、社会责任

做好疫情防控常态化工作，主动畅通抗疫物资运输绿色通道。(吉林省邮政分公司)

【邮储银行吉林省分行】

一、经营发展概况

——经营业绩。

2021年实现营业收入29.31亿元，比上年增长1亿元；实现利润10.29亿元，比上年增长0.82亿元。

——发展规模。

总资产规模2377.17亿元，比上年增长257.78亿元，其中各项贷款余额979.74亿元。总负债规模2367.68亿元，比上年增长256.26亿元，其中各项存款余额2192.61亿元。

——资产质量。

分行不良贷款余额比上年末下降4.18亿元，不良贷款率1.02%，比上年减少0.58%，不良贷款压降幅度居邮储银行第1位。

二、落实中央决策部署

——助力乡村振兴。

涉农贷款投放84.35亿元，比上年增长9.63亿元，超额完成省内监管指标。小额贷款业务增量、余额规模均创分行历史新高；以三农金融数字化转型为主线，创新"极速贷—特色白名单""红本贷"等线上产品，线上投放小额贷款 48 亿元，比上年增长 33%；创新“邮牛易贷”八大模式，打造乡村振兴的吉林样板。

——践行普惠，加大小微投放。

坚持压实责任与纾困帮扶、支持民生相结合，助力实现“六稳”“六保”。以“创领军、铸铁军”专项行动为引领，持续加大资源倾斜力度，普惠型小微企业贷款余额净增 6.44 亿元，完成省内监管净增计划的 215%，新发放普惠型小微企业贷款加权平均利率 5.53%，比上年下降 45 个 BP，法人业务贷款户数比上年增长 325 户。

——聚焦绿色，抓牢发展机遇。

分行深化绿色金融理念，绿色贷款比上年增长 41.37 亿元，增速 153.65%，居邮储银行第 4 位。绿色融资余额 66.65 亿元，比上年增长 64.46%。

——支持地方经济发展。

向省内投放各类实体贷款 418.8 亿元，比上年增长 103.71 亿元，比上年多增 36.27 亿元，各项实体贷款同业市场占有率均实现提升。支持地方经济的成效举措，三次获得省政府批示肯定，收获多家省级和国家级合作单位、党政机关的致谢，荣膺吉林省内“服务乡村振兴银行品牌奖”等 4 项奖项。

——疫情防控。

坚决落实疫防规定、备齐防疫物资，最大限度保障生产运营和职工健康安全，实现疫苗接种应接尽接全覆盖。

三、业务转型发展

——负债业务。

自营个人存款净增 28.78 亿元，月日均存款余额 399.11 亿元，比上年增长 31.68 亿元。跨年营销布局提速见效，个人客户 AUM 新增 18.94 亿元。公司存款围绕“增资格　提规模”，新增业务资质 8 项。

——资产业务。

各项贷款净增 102.66 亿元，增长速度为 11.7%，规模 979.74 亿元。新增市占率 5.36%，列省内国有大行第 4 位。

三农金融。加速“特色白名单”客户预授信，业务开办以来累计投放 128.61 亿元，比上年多投 28.08 亿元，净增 8.41 亿元。建成信用村 3614 个，累计为 5.9 万信用户提供信贷支持 53 亿元，获省金融业发展专项奖励 35 万元。深耕特色产业，肉牛行业贷款投放 2.4 亿元。

消费信贷。放款 100.43 亿元，净增 38.78 亿元，市占率 12.71%，列省内国有大行第 4 位，其中全省一手房净增业务占比 76%，新增房贷业务一至三类客户占比比上年提高 1 倍，直属支行一手房贷款净增 12.23 亿元，一级资质开发商业务投放占比 75%。非房业务后发居上，车贷净增 3.74 亿元，信用消费净增 5.08 亿元。

公司金融。公司贷款紧盯民生、能源、交通、电力等重点领域，投放 135.54 亿元，增幅 34.19%，净增 56.05 亿元，创分行成立以来最好水平。贷款定价保持邮储银行第 5 位。

小企业金融。高效完成优质名单企业走访营销工作，存量有贷户突破 1000 户，余额净增 4.34 亿元。线上转型提速换挡，小微易贷净增 6.16 亿元，拉动小企业法人贷款客户净增 419 户。

金融同业。承销各类债券 65 亿元，创分行成立以来最高，新增投资一汽金融 ABS 55.4 亿元，联动托管 40 亿元，汽车贷款 ABS 投资规模列邮储银行第 2 位。托管业务总规模逾 445 亿元，其中纯托管规模 227 亿元，列邮储银行第 10 位。票据交易业务交易 447 亿元，实现线上邮 e 贴全覆盖。生态圈建设持续深化，拓客 27 户，数字人民币实现吉林银行钱包业务落地，投资省同业存单 15 亿元。

交易银行。落地中车云链再保理业务及昆仑金租融资保理业务，业务开办以来累计放款 13.89 亿元，创收 1386 万元，新增现金管理账户 1960 户，交易量逾 3000 亿元，列邮储银行第 4 位。

——中间业务。

实现收入 2.65 亿元。

代销业务。保费累计实现 15.71 亿元，比上年增长 76%，其中保障型产品占比超额完成省内监管要求，实现收入 5922 万元。资管信托累计销量 15 亿元，比上年增长 9.85%。

信用卡业务。邮银协同引荐新增发卡 6.56 万张，其中新客发卡量 6 万户，占比 92%，列邮储银行第 2 位。白名单进件转化率 15.19，列邮储银行第 3 位；关联还款率 55.15%，列邮储银行第 2 位。

网络金融。构建数字人民币协同营销机制，商圈建设提质增效，收单商户个人客户 AUM 增速 24.34%，交易资金留存率 3.56%，均列邮储银行第 8 位；存量收单商户拉动活期存款 7.29 亿元，年净增 2.43 亿元，列邮储银行第 7 位。快捷绑卡业务开展营销活动 48 次，拉动新开户绑卡率提升 13.63%。

四、风险管理升级

——资产质量。

规范风险与内控委员会运行，分行辖内各级机构按月召开风委会，跟踪解决 370 余项跨部门、跨条线风险议题，强化横纵向风险考核，建全各类风险监测机制，跟踪落实督办任务 72 个。核销后不良贷款余额、不良贷款率、核销前新增不良贷款均优于总行下达的限额目标。狠抓固堤清淤行动实效，处置各类不良贷款 12.43 亿元，比上年增长 70.27%，创利 1.65 亿元。

——内控合规。

“四项机制”格局加速构建形成，风险经理团队履职发现问题 598 个，风险监测团队自主开发监测模型 24 个，发现问题 624 笔，涉及金额 1.93 亿元。深入落实省银保监局“内控合规管理建设年”要求，开展各类专项排查，累计发现问题1650个，问责1470人次。警告及以上257人次，是上年的4.8倍。深入开展法律风险排查及法治教育，强化诉讼管理。

——案防安保审计工作。

紧盯重点人员，细化关键岗位轮岗时限和方式，轮岗1371人，轮岗率100%，其中信贷客户经理岗位轮换595人。深入落实邮储银行“审计质量优化年”活动要求，完成审计项目13类，揭示问题708个，达到整改期限的659个问题均完成整改。推进安全管理标准化达标建设与成果巩固工作，累计建成135个安全管理标准化网点，“达标成果回头看”自查覆盖率100%。

五、管理效能

——财务管理。

加强资本管理，坚持价值导向，有效调配信贷资源，压降不可撤销贷款承诺49.85亿元。加大信贷额度支撑，争取两小、流动资金贷款等40亿元计划外额度。压降市场发展费和机构运行费0.35亿元，列邮储银行第5位。开展小金库专项整治，源头防治8类风险问题。推动辖内3处一级支行营运用房购置项目落地，通过率100%。

——人力资源管理。

优化队伍结构，销售类人员比上年增长1.43%，理财经理比上年增加27人，不断提高营销类队伍力量。提任省管干部13人，其中“80后”占比38.46%，“领航工程”“启航计划”搭建平台，393人次参与到各梯队人才库建设。紧盯关键少数，健全领导人员管理制度体系，推进领导人员任期制与契约化改革，探索实现“三能”干部管理机制。

——协同发展。

固化风险协同共防，以“两专项一飞行”为重点，直击分支机构管理盲区，支撑代理营业机构安全稳健运营。强化项目发展质效，集团公司和邮储银行重点项目全部超额完成考核目标，“吉林省惠农专班”“千里辽河”自主协同项目获总行认可。惠农经营贷计划完成率177.81%，居邮储银行第9位；省邮政分公司引荐信用卡新客完成6.01万户，完成率排系统内第2位。电商协同客户贷款年净增2192万元。深化邮银队伍联建，牵头推进各类培训人员1万人次。

——信用审批。

完成小企业信审工作集中上收工作，受理公司授信1442亿元，比上年增长206.05%，单笔耗时9.24小时，比上年缩短0.57小时，信审效率比上年提高7.1%。审批零售贷款1017笔，金额78亿元，信审效率比上年提高30%。

——运营管理。

推进轻型化建设，提升厅堂自助体验，调整优化网点63个，压降台席59个，压降柜员58人，可分流交易离柜率比上年提高0.03%。运营中心高效运转，18项指标居邮储银行前列。

——科技支撑。

有序推进12项中间业务平台迁移改造，自主研发10个公共缴费项目，开发35项自动化数据处理流程，实现900余项数据需求的自动化处理，数据建模四项成果获得邮储银行奖项。

六、党建引领强化

——党建工作。

持续加强党的政治、思想、组织、作风建设，多措并举开展党史学习教育活动。深入落实“我为群众办实事”实践活动，针对群众关切的76个难题，制定129项真招实策。完成党组织隶属关系调整，发展党员175名。

——压实管党治党责任。

发挥巡察“利剑”作用，对辖内13家一级支行开展常规巡察，狠抓19类问题销号整改，形成“闭环”管理，稳步实现全覆盖。开展“党风廉政警示教育月”活动，提升廉洁意识。盯紧“关键少数”，开展集体廉政谈话，强化节前提醒，督促落实“一岗双责”。组织异地交流领导人员“两费”复查，持续强化作风监督。配合完成集团公司巡视，开展未巡先改、即巡即改、彻查彻改，将政治体检转化为企业良性发展的根本动力。

——提升企业形象。

融入行业发展业态，紧密契合区域经济布局，承办“邮你同行”同业合作发展论坛长春峰会，举办“乡村振兴 邮储兴牧”活动启动会，在《吉林日报》、人民网等主流媒体发布正面报道457篇，社会品牌影响力显著提升。辖内辽源市分行获得“全国文明单位”称号、长春市分行获得吉林省总工会“模范职工之家”称号、省分行被评为“最佳关爱退役军人单位”“2021年度吉林省最佳服务乡村振兴银行”，担当形象充分彰显。（邮储银行）

【中邮保险吉林省分公司】

一、经营发展

2021年实现总保费25.07亿元，比上年增长74.3%，多项质量指标在全国领先。实现新单总保费14.69亿元，比上年增长59.8%；长期期交保费5.45亿元，比上年增长48.1%，完成计划的124.4%，列全国第2位。省内人身险原保费市场占有率4.74%，比上年同期提高1.85%，省内排名第8位，提升2个位次。

——高价值业务。

终身寿业务实现跨越式发展，保费规模5.15亿元，完成计划的308.3%，列全国第2位，超计划3.5亿元；五年交以上形态占长期期交新单总保费的77%，规模、结构双优。实现健康险保费收入1244.55万元，完成计划的111.2%；实现新业务价值1.61亿元，完成计划的183.9%，列全国第2位。

——续期拉动。

实现续期保费10.37亿元，完成计划的101.7%。13个月保费继续率96.33%，列全国第1位，25个月保费继续率98.56%，列全国第4位，宽末综合达成率98.78%，列全国第2位。成功复效失效保单428单，累计复效金额782.66万元。

——“自营+代管”模式。

三级代管机构基本建设到位，配备代管人员72人；协同省邮政公司制定下发代管机构和人员考核实施细则，推动代管职责落地；代管人员年度培训人均时长60小时，完成计划的167%；优先推广银保渠道简易险业务，实现简易险保费308.1万元，完成计划的242.6%；提前完成汽车产业链项目，实现保费收入44万元，完成计划的146.7%。

——数字化营销。

充分发挥精准营销支撑作用，在健康险地推项目中积极融合CRM零售系统，精确筛选潜在客户；开展数字化营销试点活动，策划活动4场，前6名网点实现线索客户保费6.3万元，列全国第5位。

——营销培训。

组织营销人员自主开展地推培训，更好地融入市县邮银渠道的发展节奏；邮保协同组织健康险专项培训及营销活动，积累“四大步骤、十大要点”的项目经验并推广至全省；累计完成营销培训1461场，比上年增长248%，网点辅导覆盖面达到80%。

二、运营服务

——运营支撑。

全省共承保个险业务84810件，团险业务24件；受理保全业务32048件；办理赔案171件，赔付金额621.85万元，理赔出险支付时效47.2天，优于全国平均时效10.37天，列全国第4位；人核件全流程时效4.05天，列全国第5位；新契约综合合格率、保全两日结案率等十余项指标列全国第1位。

——客户服务活动。

疫情期间为客户提供“非接触式”保全服务，有效解决客户需求；提升线上客服活动比重，通过六省联播等形式开展健康直播活动6次，参与观众8435人次，点赞2万余次；组织“五进入”宣传活动，发放宣传资料近万份，向60岁以上的客户发送消费者权益提示短信3637条，宣传活动累计触及消费者4.81万人。

三、风险防控

开展市场乱象治理、重大信息虚假问题排查行动，全面完成监管检查问题的整改；组织“内控合规管理建设年”及内控专项检查活动；完成展业3年来全省市县机构全覆盖检查，开展联合检查6次；持续提升反洗钱管理能力，开展反洗钱宣传3次，培训5次。

四、企业管理

——人力资源管理。

修订绩效考核办法，出台专职讲师绩效考核办法，建立以能力和业绩为导向的常态化机制；组织社会招聘和校园招聘各2次，引进专业人员8人；严格落实回避制度，排查关键岗位人员，完成履职回避等相关工作；共计组织培训31期，培训98学时，累计参训1391人次。

——财务管理。

预算执行率97.5%，投价比3.9，比上年提高2.4；累计集中采购金额1099.11万元，其中6个服务类集中采购项目，采购金额304.64万元，公开采购率和公开招标率均为100%，资金节约率11%，上网采购率92.23%，列全国第2位。

——对标对表管理。

以总部定期业务通报和行业定期公布指标排名为依据，设立29个对标指标并赋予不同的权重分值，将对标结果进行积分量化管理，共有14个指标排名全国前3名，3个指标排名全国4至5名，2个指标排名全国6至10名。

——基础管理。

落实安全管理一岗双责，加强舆情管控，全年未发生安全事故及声誉风险事件；严格执行绿色邮政建设行动实施方案，各项指标均保持在良好区间；强化管控公文流转、印章、档案等基础工作，组织“一月一事、消灭最差”活动，针对144项问题，制定211项措施。

五、党建工作

——党的建设。

严格落实“三个第一时间”学习机制，组织召开党委会17次、理论学习中心组学习5次、线上学习16次；开展常态化全面巡视整改及专项重点整改，分别纳入对照整改的14项问题、35项措施已全部完成；根据集团公司党组第二巡视组的反馈意见和要求，成立巡视问题整改专班，针对26个具体问题，制定整改方案，细化整改措施。

——党史学习教育。

制定党史学习教育实施方案，开展“三亮三比三评”“我为群众办实事”等实践活动；组织各党支部开展“领题破题”活动，共建立3个课题，制定9项措施，已全部完成；开展领导干部读书会28期，支部党员读书会32期。

——党风廉政建设。

召开党风廉政建设联席会议专题研究党风廉政建设和反腐败工作；开展警示教育月活动，将“四风”监督与日常检查有机结合；加强对中央和集团巡视整改、未巡先改落实情况的监督检查，针对“五个专项治理”跟进监督。

六、社会责任

结合吉林省乡村振兴工作特点开展帮扶工作，为桦甸市3099名脱贫人口赠送保险，累计承保保额5361万元；

为通化县东来乡辖内7个行政村59户110人送去价值1万元的慰问品。（中邮保险）

【中邮证券吉林省分公司】

一、业务发展

——经纪业务。

2021年新开立账户3941户，累计开立26193户（其中有效账户1234户，有效户占比4.71%）；资产总量26283.70万元，其中证券市值20066.22万元，基金资产698.45万元，资金资产2042.69万元，邮储银行第三方存管账户22649户，当年累计交易量269392万元。两融客户共36户。

——资管投行业务。

资产管理业务收入342万元，比上年增加95万元，增幅38%。在分支机构资管条线位列第1位，资管和投行收入合计位列第1位。金吉1号资管项目存量管理规模达15亿，比上年新增规模8亿元，增幅114%。

——协同工作。

以高质量发展作为发展核心目标。省公司下达有效户计划1500户，新增资产4000万元并配套奖励资金30万元；省分行下发有效户300户，中邮证券开户1500户。通过专项奖励和阶段性竞赛活动，累计完成有效户2239户，完成总部下达计划1426户的157.01%。

推进财富管理转型发展工作。销售总部重点基金产品1354.13万元；开展两融客户权限开通和融资业务办理营销活动，本年开通权限客户13户，累计32户。稳妥推进吉林省收益凭证的组织销售工作，推进定制产品的销售工作，吉林1号销售110户、997.8万元；吉林2号销售200户、1760万元；金鸿吉林3号销售88户、985.3万元；积极参与全国客户收益凭证的销售工作，累计2324万元。收益凭证累计销售6103.3万元。

加大重点区域推进力度。与长春邮政分公司共同制定年度证券业务发展方案，在金融从业人员能力提升内容中增加证券内容；与长春邮储分行通过客户信息共享开展潜在客户开发，与长春邮储分行在财富管理中心组织内部客户交流投资两次，为未来开发潜在客户打下坚实基础。

做好与协同单位的日常沟通联系。在通化疫情暴发期间密切与相关地区联络关怀；推荐收益凭证，第一时间为协同单位提供2020年代销基金产品处置策略；在省协同委员会争取在中国邮政与省政府战略合作协议增加证券业务内容；在2021—2022年集团跨赛活动启动阶段，按照集团最新的费用补贴政策，积极与协同单位沟通，研究下发《关于在跨赛期间做好中邮证券业务发展的通知》文件，推进集团政策的宣贯落实；做好内部员工开展市场外拓的课件制作、方案政策解读、业务培训、技能指导、共享协同资源和方法。

加强自营能力建设，提升投顾服务水平。在做好“每周投顾讲堂”“市场综评”“热点解读”的基础上，积极推进“投顾产品”上线工作，向收费投顾服务转型，通过开展定向推送、限时订制优惠等举措，累计订制客户8名。

二、企业管理

——办公迁址。

3月向公司总部提交办公场地迁址请示，5—7月完成新址办公场地装修改造、工商变更等事项，由原址迁至长春市朝阳区前进大街758号，分公司信息系统建设模式由原来的B类变更为C类，该地点位于力旺广场商圈，周围客户资源相对丰富；与长春市邮储分行合署办公，更加有利于充分利用邮储银行的个人和机构客户资源开展业务；迁址后，费用支出不足迁址前费用的二分之一，从成本费用以及业务发展来看，迁址后达到了开源与节流的双重目的。

——人力资源管理。

5月完成机构改革，从原来的4个部门调整为财富管理部、机构业务部、综合管理部3个部门，共有从业人员16人。其中党员7人，研究生学历5人，本科学历9人，大专学历2人。

三、风险防控

吉林分公司对内开展平均一月一次合规学习，学习内容涉及监管新规、合规案例、业务新规、防范化解金融风险、反洗钱监管规定、反洗钱相关制度等多方面。对外按照监管和公司相关活动开展要求，组织反洗钱宣传活动8次：包括第三届“5·15全国投资者保护宣传日”宣传活动、2021年防范非法证券期货宣传月活动、反洗钱抖音视频大赛、《证券法》护航维权有保障活动、“走进雪球产品　知晓投资风险”主题投教活动、“2021年世界投资者周”活动等。响应各类监管要求并有效组织落实，组织开展投教宣传活动，包括证券投资咨询，全国投资者保护宣传日，理性私募投资，打击和防范经济犯罪宣传活动，“3·15”国际消费者权益日宣传，金融知识普及月宣传等多个主题。

在人民银行长春中心支行反馈的吉林省金融机构2020年度执行人民银行政策及相关法律法规情况的评价工作中，给予评价等级A级。

四、党建工作

——巡视整改工作。

4月，吉林分公司党支部结合《中邮证券有限责任公司党委2021年巡视整改工作方案》以及自身工作实际，制定巡视整改工作方案，成立巡视整改工作小组，开展2021年常态化全面整改工作和专项重点整改工作，对照相关台账进行全面对照、举一反三，就存在的问题列出清单，制定整改工作任务并逐条逐项整改。9月8日，集团公司党组第二巡视组对吉林分公司党支部进行为期2个月的常规巡视，反馈巡视意见，指出存在问题。对照巡视反馈问题，结合自身实际工作，制定整改方案，形成整改台账，并按要求召开巡视整改专题组织生活会，对照巡视反馈问题逐条梳理、逐项研究、认真剖析原因，各部门根据整改方案，明确整改任务，落实整改措施，切实解决问题。

——党史学习教育。

4月，吉林分公司成立党史学习教育领导小组，制定《中邮证券吉林分公司党史学习教育工作方案》，参加党史专题宣讲报告会，支部全体党员研读党中央指定的7本学习书目，深入学习了习近平总书记在大会上的重要讲话精神和党的十九届六中全会精神，并结合工作实际开展多次学习研讨；8月23日，分公司党支部围绕“学党史、悟思想、办实事、开新局”主题，召开党史学习教育专题组织生活会，遵循“团结—批评—团结”方针，严肃开展批评与自我批评。结合党史学习教育开展党员志愿服务、观看红色电影、参观红色教育基地等多项“走出去”活动。（中邮证券）

黑龙江省

【黑龙江省邮政分公司】 2021年完成收入60.26亿元，比上年增长4.31%；利润完成情况基本符合预期。

一、企业党建

——党的建设全面纵深推进。

坚持把政治建设摆在首位，扎实推进“两个维护”责任清单落实，抓实抓牢意识形态工作。加强基层党组织建设，建立党员联系无党员网点制度；党支部“领题破题”活动224项课题全部结题；开展“三亮三比三评”活动。履行监督责任，对4个地市分公司开展常规巡察，对1个直属单位开展专项巡察，巡察覆盖率90.18%；聚焦“小金库”等突出问题，推动开展8项专项治理；强化执纪问责，运用“四种形态”处置45人次。完成直属机关党委换届工作。

——党史学习教育扎实开展。

抓好中心组学习和读书会活动，组织开展专题培训，突出龙江特色，将学习弘扬龙江“四大精神”贯穿其中。深入开展“我为群众办实事”活动，完成办实事项目505个。围绕建党百年，组织开展诵读党史、红色观影、主题演讲等系列活动。

——机关作风建设持续强化。

转变行政化管理方式，推动实施首问负责制、一次告知制、限时办结制、责任追究制，持续整治请示事项答复、文山会海等形式主义、官僚主义问题，常态化开展“一月一事，一抓到底”“比学赶帮超”“双联系”“模范机关建设”等工作。

二、普遍服务

——提升普遍服务质量。

抓实抓细“三升三降、六个100%”任务，《人民日报》当日见报率、建制村投递频次全面达标，机要通信万无一失，乡镇局所覆盖率、建制村通邮率保持100%，集团公司普遍服务补贴挂钩考核未失分。

——推进网点转型。

1078处普服网点达到集团公司转型标准，覆盖率65%，网点叠加业务34项。推进金融网点轻型化，较大空白乡镇离行网点24处，低效网点减少40处，累计压降台席2108个，完成压降计划的100.8%。打造财富中心26处，其中集团级2处，省级11处。

三、业务发展

——邮政业务。

分销业务稳中有升，增幅9.63%，高于全国平均水平11.78%。报刊业务持续增长，增幅11.14%，高于全国平均水平6.21%。政务图书销售实现新突破，“四史”等政务图书发行103.7万册，实现流转额3544万元，规模列全国第2位，完成计划进度172%。

——寄递业务。

完成收入107040万元，比上年增长−4.08%，完成集团预算进度90.4%。其中，国内特快业务完成收入26613万元，比上年增长39.66%；快递包裹业务完成收入43430万元，比上年增长4.7%；国际业务完成收入13831万元，比上年增长−61.92%；物流业务完成收入17616万元，比上年增长66.21%。寄递业务利润完成−11500万元，绝对值比上年扭亏614万元，增长5.07%。收寄环节2.28元/件，比上年下降23%；投递环节2.33元/件，比上年下降12%；内部处理环节0.40元/件，比上年下降13%；管理支撑环节0.56元/件，比上年下降40%。其中，收寄环节、管理支撑环节、内部处理环节已达标。

——金融业务。

储蓄余额规模2238亿元，列全国第14位，比上年

黑龙江省克东县邮政分公司“双11”邮件处理现场（《中国邮政报》）

提升 1 位。年日均余额净增额 244 亿元，列全国第 13 位，增幅 12.39%，列全国第 12 位。储蓄增额 250 亿元，连续两年获评“全国十强省”，哈尔滨、佳木斯荣获“百优地市”，42 个网点荣获“千佳网点”。实现利差收入 29.65 亿元，规模列全国第 11 位，利差收入占比 75.35%，列全国第 9 位；比上年增长 7.71%，增幅列全国第 17 位。邮支付商户新增 5.13 万户，新增商户户均活期余额 2.14 万元，列全国第 2 位。聚焦财富管理，客户 AUM 3115 亿元。

——交流合作。

落实协同项目。集团公司六大项目和省级四个自主项目实现收入 8.7 亿元，完成进度 143%，其中，政务项目收入进度及增幅均列全国第 1 位。新签约总部客户 6 个，集团公司重点考核的 20 个总部客户实现收入 1.19 亿元，增幅列全国第 1 位。

——国际业务。

统筹发展商业渠道业务，完成预算进度的 169.99%，超收 1 亿元。通过先进引领、实地推进，哈尔滨、齐齐哈尔、绥化、牡丹江、双鸭山、黑河已成功开发商业渠道项目，哈尔滨、大庆、牡丹江、绥化、双鸭山、鸡西、黑河也相继开发对俄业务，地市国际业务收入占比比上年提高 38%。通过省市联动，全省商业渠道业务形成收入 10894.34 万元，占总收入的 44.9%。拓展对俄国际渠道，开通哈尔滨—莫斯科货运航线；打通“哈尔滨—黑河—叶卡捷琳堡”本省第二条对俄陆运邮路；打通哈尔滨经绥芬河至叶卡捷琳堡国际公铁联运临时邮路；打通对俄铁陆空联运渠道。全年发运货运包机 67 班，陆运邮车 105 车，铁路棚车 18 节，航空、公路、铁路联合运营，搭建起空陆立体化跨境物流通道新格局。

四、企业管理

——基础管理。

提高财务管控水平。建立优化分专业、分产品的零基预算模型。聚焦 25 项关键要素，开展生产写实和专项调查，运用“三把尺子”精准管控成本费用源头，全年压降成本 6419 万元，其中，收、分、投和管理支撑四个环节单位成本全面下降，降幅分别为 23%、13%、12% 和 40%，收寄、内部处理和管理支撑三个环节完成压降目标。

强化集采和审计工作。完成省级集采项目 34 个，合同金额 3253.7 万元，资金节约率 11.27%；集采总额 4341.1 万元，集中采购率 81.06%。实施审计项目 553 项，发现问题 158 个，查出问题金额 1299.6 万元，工程审减额 1261 万元，审减率 14.36%。

——能力建设。

寄递业务改革取得新成效。建立统一调度管控机制，完成寄递网节点布局优化，推进岗位作业定额和操作标准落实；全面推行“路长制”，多数线路时限赶超竞争对手。新设佳木斯省际中心，形成双中心发展格局；压缩网络层级，减少分拣和经转次数，邮件全程平均分拣次数 1.54 次。深化“小改大”“单改双”，一干大车发车占比和一干载运率分别为 79.39% 和 65.5%，列全国第 1 位和第 2 位。推广“快包自提 + 甩点直投”“网格团队 + 中转接驳”，快递包裹自提率 43.72%，高于达标值 8.72%。精简各类人员 148 人，包件车间处理效率提升 46.39%。

夯实基础能力建设。完成总投资 1.37 亿元，其中，寄递能力建设 6719 万元，占比 49.1%；三级物流体系建设 3775 万元，占比 27.6%；金融能力建设 1737 万元，占比 12.7%。新增租赁及改扩建场地 16 处，购置生产用车 362 辆，增配伸缩胶带机 40 台、快速扫描设备 75 台，新增更新网运 PDA 915 部、揽投 PDA 1722 部。立项改造营业网点 336 处。

营销体系建设取得新成果。采取内引外联，组建线上营销直播团队，“919 电商节”直播产生订单 9.9 万单。专职理财经理 1307 人，完成集团公司进度 125.7%，点均 1.02 人。

加强科技支撑能力。完成新一代营业渠道系统、“绿盾”对接工程等 14 个集团信息化项目建设，推进客服中心整合项目、运管中心项目等 4 个省内自主信息化项目建设，完成金融网点交易情况分析、“919 电商节”数据分析等项目。

优化三级物流体系。黑龙江省邮政分公司采取“私车公助”等方式，实现农村投递汽车化，已配备载重 1.5 吨以上厢式投递汽车 566 辆，日物流配送能力 1133 吨，提升 245%；建制村触达率 100%，服务人口 1863.19 万人。

——人力资源管理。

开展任期制和契约化试点，成立领导小组和工作机构，明确时间表及路线图。调整三级领导 59 人，提任 45 岁以下优秀年轻干部 7 人，三级领导平均年龄 49.5 岁，选派 16 名年轻干部赴基层挂职。推行省分公司机关部室、直属单位和地市分公司领导班子 360° 考核。代理金融劳务用工占比 25.35%，完成集团公司压降目标。

五、社会责任

——抗击疫情。

压紧压实责任，坚持人、物、环境同防，严控重点场所和重点人员，确保人员零感染；组织党员干部下沉，启动核酸检测报告邮寄等便民服务，开通寄递绿色通道。

——服务乡村振兴战略。

走访农民合作社 96977 个，走访覆盖率 100%；发展个体农户会员 40.5 万个，会员发展完成率 120.6%；推送一级白名单 5086 个，一级白名单客户推荐完成率 153.2%。与邮储银行深入研究重点发展的贷款产品，加大一级白名单推荐、融资 E 贷款等关键指标的推进力度，联动发展寄递、电商等业务，融资 E 放款额完成率 256%。全省农产品寄递收入6178万元，完成计划进度139.64%，完成业务量2370万件，实现收入1.1亿元，完成计划进度249.1%；农产品交易额13741万元，完成计划进度91.6%，全国排名第23位。惠农简易险保费规模542.8万元，完成率36.19%，全国排名第7位。推进地市、县与农业农村部门的合作，市、县政企签约率均100%。举办黑龙江省2021年农民合作社带头人研修班。制定并印发了《2021年黑龙江邮政惠农合作项目实施方案》《关于成立惠农合作项目专班的通知》《关于做好惠农服务平台推广工作的通知》等文件。组织开展惠农合作项目“比学赶帮超”活动。开展农民合作社数据质量专项治理工作。开展“邮政助丰收，惠农进万家”专题营销活动，全省理事长拓展活动完成率19.8%，全国排名第2位；平台拉新活动完成率126.4%，全国排名第2位；会员抽奖回馈活动完成率144.81%，全国排名第2位。做好农业农村部质量提升整县推进试点工作。惠农合作项目累计收入实现6536.53万元，完成计划进度135.89%。

——绿色邮政。

加快绿色邮政建设步伐，“2582”工程目标全面完成。

——风险防控。

牢牢守住重大风险底线。持续深化“平安邮政”建设，全面强化资金、网点、邮件、运输、消防等安全管理，确保国家重大活动、防疫防汛等特殊时期企业安全稳定运行。防范化解金融风险，全面完善风险管理体系，全年未发生系统性、区域性重特大风控案件。（黑龙江省邮政分公司）

【邮储银行黑龙江省分行】

一、经营发展概况

——经营业绩。

2021年收入39.15亿元，增幅5.91%；实现利润13.36亿元，增幅41.57%，居邮储银行第10位，完成计划的142.78%，居邮储银行第6位。EVA 4.29亿元，增长292.74%，居邮储银行第4位；RAROC 16.93%，比上年提高5.05%，居邮储银行第5位。

——发展规模。

自营存款余额976.96亿元，净增28.84亿元；各项贷款余额887.20亿元，净增102.48亿元，增幅13.06%，居黑龙江省内国有大行首位。

——资产质量。

不良资产8.25亿元，比上年下降2.04亿元；不良率0.89%，比上年下降0.36%。

二、落实中央决策部署

——支持乡村振兴。

开展“党建领航 根植龙江·走千企 入千村 进万家”大走访，组建“服务乡村振兴工作专班”，推出“规模种植贷”“粮食收购贷”等产品。普惠涉农贷款年净增19.18亿元，涉农贷款净增24.01亿元，均超额完成计划。获得黑龙江省“脱贫攻坚先进集体”荣誉。个人经营性贷款结余138.93亿元，居省内国有大行首位。

——支持中小微企业发展。

首次将小微企业信用贷、无还本续贷等小微金融服务评价指标纳入经营绩效考核。普惠型小微企业贷款结余110.97亿元，净增15.22亿元，完成监管计划的152.19%。上线纳税、政采等九大场景小微易贷产品，小微易贷净增7.54亿元，完成计划418%，居邮储银行第2位。

——落实碳达峰碳中和战略。

绿色贷款结余12亿元，增长2.18亿元，增幅22.19%；绿色融资结余11.75亿元，增长5.7亿元，增幅94.09%，均完成计划。发放首笔“全国碳排放权质押贷款”2000万元，实现邮储银行该项业务零的突破。

三、业务转型发展

——零售金融。

个人储蓄年日均累计净增63.39亿元，考核口径新增规模居邮储银行第11位，完成计划206%。新单保费23亿元，居邮储银行第12位。理财年日均保有量240.89亿份，居邮储银行第1位。VIP客户户均资产27.37万元，列邮储银行第4位；财富客户户均资产101.5万元，列邮储银行第1位。与上海杉昊等第三方实现收单合作，电子银行客户规模居邮储银行第11位。开展信用卡“登峰行动”，信用卡新增市场占有率9.7%，居省内同业第3位、省内国有大行首位。消费信贷净增24.11亿元，净增市场占有率列省内国有大行首位。

——公司金融。

公司存款年日均余额202亿元，与省政务服务平台实现系统对接，推广网上预约开户，推出小微企业简易开户流程，新增机构类资质64个，新增机构类账户727个。公司贷款余额109亿元，增长25.36亿元，完成计划的101.44%，增幅30%，居邮储银行第5位。福费廷净收益率比上年提升14个BP，上线国电网企业缴费、省医保医银直联等项目，参与行内银团，供应链业务净增计划完成180%。

——资金资管。

有效同业理财账户15户，累计销售理财83.76亿元，均居邮储银行第5位。新增托管规模43.27亿元，居邮储银行第13位。上线“邮e贴”和“乡农e贴”等线上产品，直贴业务实现全流程线上化。

四、风险管理升级

——实施资本管理高级方法。

针对分行维度和工作要点制作培训课件，重点讲解资本管理高级法下信用风险内部评级的应用要点及注意事项，推动资本管理高级法在分行落地实施。

——推进智能风控。

金睛系统注册用户数 533 户，平均用户使用次数 14.8 次；对比逾期及不良客户预警发布率 125%。全省金盾系统注册使用人数 628 人，信用风险差异化、精益化、动态化管理能力显著提升。

——信用风险管理。

科学制定并监督执行授信政策和风险政策；召开风管会 13 次，研究部署 63 项议题，形成督办事项 14 项；开展一手房、贷款资金流向等十余项风险排查，下发风险质询函 8 条、风险提示 12 项。

——内控合规管理。

落实“内控合规管理建设年”活动，梳理下发内控合规工作要点，自查发现各类问题 218 个。建立员工合规信息档案，在评优晋升等领域充分应用；加强员工行为集中排查，对 72 名异常行为员工进行问责。派驻风险经理继续发挥作用，检查发现风险问题 1066 个，发布风险提示 64 份。

——内部审计工作。

开展审计项目 13 个，发现问题 377 条，提出审计建议 112 个，形成风险提示、要情等材料 3 份。截至 2021 年末，问题整改率 98.5%，问责处理 383 人次，经济处罚 26.49 万元。

——疫情防控和安全生产工作。

始终抓好常态化防控不放松，面对省内多次反复的疫情，各类管控机制日臻完善，响应快、力度强、效果佳，全行继续保持无一例确诊病例。组织消防大排查、业务库安全风险排雷等整治工作；建立总行备案及认可的“安保专家”和“消防明白人”等两支队伍。

五、管理效能提升

——信息科技建设。

中心系统和网络运行稳定，处理网络变更 215 项，系统升级 753 项，运维工单 2046 件。完成中间业务平台迁移、理财双录项目、办公网三网隔离工程等 14 项重点工程。“代发商户价值识别与客户资产提升模型”项目获得总行第二届数据建模大赛竞赛单元优秀奖。

——资产负债管理。

召开 12 次资产负债管理委员会，审议讨论 33 项会议议题。严格按照总行信贷计划管理要求，优先满足普惠小微、涉农、民营企业、绿色金融等重点领域贷款需求，信贷资金持续向实体经济倾斜。年累计净利差 3.14%，各项贷款平均收益率 4.56%，比上年上升 4 个 BP，在利率管理能力考评中连续 4 个季度保持 A 类成绩。

——财务管理。

非人工成本比上年下降 0.21 亿元，降幅 2.84%，其中机构运行费用下降 3968 万元，清收费用下降 1663 万元。成本收入比 62.02%，比预算目标多压降 0.65%。累计投资金额 1.2 亿元，累计批复地市房屋改造项目 32 项，金额 4068 万元。采购总估算金额 4.55 亿元，其中采购订单及电商采购 12980.63 万元；采购项目总估算金额 32594.28 万元，包括公开采购估算金额 31518.06 万元，公开采购率 96.70%。

——运营管理。

代收付账户微信自助对账率 99.91%，居邮储银行首位；普通账户有效对账率、公司账户修改率、异常账户主动清理率等指标均居邮储银行前 8 位。推广网点智能运营管理系统，实现多渠道叫号及客户信息数字化。完成展业设备移动授权功能全覆盖，支持营业主管柜外作业。自助设备应用适老化大字版功能、指纹代替签字功能，优化业务流程。

——人力资源管理。

提拔任用省管干部 17 人，其中硕士研究生 9 人、本科生 8 人。完成年度人才库建设目标，储备中级管理 143 人，基层管理 504 人。通过社会招聘吸引信息技术、公司、财富、法务等外部专业人才 38 人。通过全省公开竞聘充实省行本部力量，聘任团队主管 28 人，招录专业类岗位 76 人。组织两次职级晋升，晋升人数 2242 人。

六、党建引领强化

——党史学习教育。

制定《黑龙江分行庆建党百年　永远跟党走系列活动方案》，“我为群众办实事”效果明显，开展物资捐赠、义务献血等特色主题志愿活动。探索实施中心组学习“巡听旁听”及“一学一报”等制度；创新开展对县行党支部“三会一课”远程线上督导。开展“七一”表彰，启动党建引领、助力发展“先锋党员”“先锋支部”评选活动。分行党委获得“省直机关优秀基层党组织”荣誉称号。

——党风廉政建设。

对 2 家二级分行、15 家县级机构、12 个省行机关支部开展巡察。对线索核查、纪律审查、监督检查等工作结果充分运用“四种形态”进行处理，处分 117 人次。召开“以案四说”警示教育大会，做实“以案促改”。对营运用房租赁、办公车辆使用管理等内容开展自查自纠，全面治理廉洁风险隐患。落实常态化全面整改以及专项重点整改工作，做好评估、总结、报告等工作。全力做好集团巡视迎检及后期整改工作。开展理论学习和发展党员方面形式主义突出问题的专项治理；研究下发一系列规范党员发展、党费收缴等基础党务的指导性文件。

——企业文化建设。

制定《黑龙江省分行党委关于企业文化宣传贯彻落地的实施意见》，组织实施企业文化理念上墙、办公网线上宣传、企业文化应知应会考试等多项活动。大庆市分行营业部获评“全国青年文明号”荣誉。（邮储银行）

【中邮保险黑龙江省分公司】

一、经营发展

——重点经营发展指标。

全省主要经营指标年内实现两位数增长。其中，全省银保渠道实现总保费35亿元，其中新单保费实现17.1亿元，长期期交保费实现8.3亿元，创本省总保费历史新高。行业地位稳步提高，2021年底行业排位再次提升1位，仅在平安、国寿、太平洋、太平、新华五大头部险企之后，排名行业第6位，创历史最高水平；2021年银保市场期交新单保费市场占有率21.22%，列全省第1位。

——高价值业务。

新单保费中，长期期交占比近50%，较去年提高1.1%；8.3亿长期期交中，高价值业务高达97.2%，其中终身寿险占比95%，创历史新高。交费期5年及以上业务占长期期交比由2020年的6.6%提高到34.6%，业务结构进一步优化；面对前7个月健康险发展落后全国平均进度80%的极端不利局面，绝地反击，顺利实现健康险业务逆势追产，新业务价值比上年增长184%。

二、运营服务

——协同新模式。

协调渠道首次建立“中邮保险产能提升群”。加强与省公司金融业务部、地市县一把手及分管总、金融部领导日常沟通；构建“分片包保”+“分户管户”模式。

首次为全省13个地市、省邮政公司、邮储银行省分行逐一制作《2022年高质量发展建议书——“经营篇”“运营篇”》。实施“一市一策”，逐个地市分析问题症结，提出发展建议，赢得渠道好评。

为渠道录制《健康险销售十问十答》小视频、制作《双录要点电子手册》、业务实操“一码通”等辅助销售工具，其中《重大疾病保险十问十答》系列微视频传至“练兵比武”网课平台后被总公司评为优秀课程进行全国推广。

——营销新模式。

在深刻领会数字化营销是为渠道提供赋能、促进中邮保险高质量发展的重要举措基础上，探索、研究鱼塘营销工作思路和方法，结合数字化营销六步法与分户管户工作，在四季度营销工作中加以推广，帮助理财经理提升获客、蓄客、养客方面的能力，为数字化营销打好基础。与试点网点进行深入交流和现场实操，与网点一线人员共同分析目标客群，深入探讨“六步法”，分享成功经验。

三、企业管理

——企业作风。

为加强作风建设，出台《十个遵循》、推广《“文经我手无差错，事交我办请放心”工作18法》，开展大学习、大讨论、大落实活动，推进开展员工绩效考核，对部门中层实施了月度重点指标绩效考核，构建市场化员工绩效管理机制，修订完善《员工奖罚管理办法》《员工退出管理机制》，制定出台《查处诬告陷害举报行为为干部澄清正名工作办法》，树正风，扬正气，信访件大幅下降。

——企业文化。

倡导“规范、危机、简单、专注”的公司行为规范，废除非制度性的兼职人员安排，切实为员工减负。努力培育“四种文化”，即不争上游就是混日子的争先文化、一日无为三日不安的危机文化、一天当成两天干的效率文化、心无旁骛专业专注的精进文化。强化“三事三做”，即做正确的事、正确地做事；做明白的事、明白地做事；做实事，把事做实。把全国进度位次作为衡量各项指标第一定位，切实在公司内部建立结果文化。

四、风险防控

充分履行二道防线监督职能。开展可疑交易甄别分析、反洗钱分类评级整改及宣传工作，认真组织落实监管案件防范宣传工作部署、开展反欺诈宣传等工作；开展人身险市场清虚治乱工作。重点对业务品质、人员品质、回访问题件等进行检查；深入开展专项排查。特别是开展市场乱象治理专项工作，全面深入整治人身险市场存在的虚列费用、虚假人力、误导销售、长险短做、团险个做等违法违规乱象。全年未发生重大风险事件。

五、党建工作

——“党建+”系列主题实践活动。

其中十余项被总公司纳入“党旗引领、创先争优”主题实践活动案例汇编及“党旗在一线高高飘扬”主题实践活动专刊。

——党史学习教育。

党支部“领题破题”活动3项业务难题全部完成；“我为群众办实事”主要举措21条全部完成；累计编发《党史学习教育简报》23期。

——“根在基层”调研实践活动。

实现“微信公众号”客户端、运营端、渠道端的相互融合，提高线上化处理效率，全省主要运营指标得到进一步加强。

六、社会责任

——乡村振兴。

完成对佳木斯桦川县2000名低收入人群和乡村振兴有帮扶需求人群的赠险工作；加强督导培训，助力渠道大力发展中邮惠农简易险。

——“绿色邮政”。

践行“绿色邮政”使命担当，在线出单率96.32%，线上培训覆盖100%，并开展“手植一棵树 绿化一片天”邮政员工义务植树活动。

七、疫情防控

加强对办公职场、营业场所、公共区域等重点场所消杀和管控工作，加强员工及外包人员疫情个人防护，真正

做到落实防控机制到位、员工排查到位、设施物资到位、环境消杀到位、安全生产到位。（中邮保险）

【中邮证券黑龙江省分公司】

一、业务发展

——业务协同。

协同省邮政公司下发《关于进一步推动2021年中邮证券第三方存管业务的通知》、协同省邮储银行下发《关于与中邮证券开展2021年第三方存管联动营销活动的通知》。协助佳木斯、鸡西、密山等地市分公司约请有投资经验客户参加财私客户策略报告巡讲会。下发证券业务新《明白纸》给渠道网点，有效解决邮政渠道人员岗位变动频繁、证券业务不能及时掌握情况的问题。分公司总经理带队到邮政网点慰问在三方存管业务中表现出色的理财经理，了解网点和客户需求，颁发小礼品给予鼓励。机构部定期与邮政、邮储相关部门进行沟通联系。参与省邮政渠道部的订购会，向合作厂商推荐中邮证券业务，挖掘业务机会。通过协同积累的客户资源已达30余个，成为分公司开发客户的重要渠道。

——销售证券产品。

收益凭证销售，协同邮政渠道开展多期培训，重点对发行、收益、营销点等进行宣讲和答疑，以收益凭证产品为抓手，保证客户资源在邮政体系内循环。共发售25期收益凭证，全年销售收益凭证11285万元，完成计划的282%。资管产品销售，加大走访推动力度，累计走访5个地市邮政、邮储网点26家，通过面对面沟通，了解存在的问题，交流解决思路，定期与邮政、邮储相关部门进行沟通联系，有针对性地进行资管产品专题推进，新增资管产品销售33102万元，完成计划的166%。

——市场化开发。

与中英人寿保险公司建立业务合作关系，开立中邮证券账户4户，资产70万元。携手华夏银行哈分行开展客户私享会，参与人员达80余人。资投项目努力开拓省内外市场，累计对接客户200余家，现场走访客户共计50余家，其中省外客户14家，省内客户超过40家，通过走访，分公司与广旺机电公司合作财务顾问业务已签约列收4万元。机构经纪业务上，已开发机构户北京瑞科1户，激活机构户北京万悦1户，产生交易42笔。

二、运营服务

为邮政邮储渠道开展线上专项培训和线下走访、巡讲工作。开展线上和线下专项培训，主要以“近期资本市场分析及市场展望”“收益凭证”等为主题培训15场，参加人员达1700余人；组织邮政邮储渠道开展《月度资本市场分析会》，由投顾对每月的市场行情、板块轮动、重点产品等方面进行分析讲解，提升渠道专业水平。根据渠道需求开展10场定制培训，线上参与人数达6000余人。制定《分公司客户维护办法》，将客户分配到员工试行，客维小组8人维护的客户由870余人增加至1700人，与178人建立服务关系，新增客户资产达700余万元，新开北交所业务权限16户。建立全省资管产品销售群，对有需求的地市进行现场培训交流，累计开展线上线下培训10次，参与人数300余人。

三、企业管理

——综合管理。

从服务全局出发，做好会务安排、文件接收转发、文稿起草拟定、信息报送传达、公务接待等综合事务性工作。完成分公司每月度经营分析报告上报。做好分公司内部行政事务沟通、协调与控制，确保沟通顺畅、反馈及时有效。持续与省内邮政各板块特别是省邮政公司进行协调，在保障和支撑上进行沟通，确保分公司稳定运营。

——人力资源管理。

做好校园招聘、面试工作，新招聘到1名客户经理。完成组织架构改革、MD职级薪酬调整和部室负责人任命工作。

——财务管理。

严格按照总部财务制度要求和批复的额度进行申请和使用，严格报账程序和标准。在核算上，及时核对ERP系统各模块数据，进行报账单据处理，确保银行存款、科目余额与实际相符。按要求及时进行个税、增值税、企业所得税等的纳税申报工作，完成合并报表系统填制上报。加强信息系统维护工作，及时进行各类信息系统的安装、调试、测试、自查、更新以及报备等各项工作。

四、风险防控

未因疫情影响发生重大风险事件及风险控制指标触及预警标准情况发生。根据监管工作要求，线下走进社区、走进企业组织开展8次投教宣传活动。在当地人民银行哈尔滨支行2020年度金融机构综合评价得分92.35分，评级A级，20家证券分公司中排名第4位。关注分公司从业人员的合规管理工作，年度内组织从业人员对监管发文、防范金融风险等内容学习共计22次。开展专项自查、自评估、年度总结等工作30项，其中季度合规自查4次，人员合规从业自查12次，以及员工合规监测情况，分公司整体风险可控，合规管理有实效。持续开展线上反洗钱宣传，共转发公司微信公众号反洗钱主题宣传推文13次、原创漫画6幅，制作2个微信H5，普及金融知识，宣传防范非法集资要点，覆盖人数达1500余人次，组织全体员工参加线上反洗钱知识答题活动，线下走进铁瓦社区开展反洗钱宣传活动现场有50余人参加，走进方正县邮政开展现场投教讲座有30余人参加。

五、党建工作

10月，制定巡视整改工作方案，持续深入推进巡视整改工作，按季度开展整改成效评估工作。7月1日，召开三季度支部党员大会，组织党员干部集中收看庆祝中国共产党成立100周年大会，重温入党誓词，坚定理想信念。严格落实“三个第一时间”学习机制和“三会一课”制度，分公司党支部共组织集中学习12次，党课4次、党员大会4次、党史学习教育读书会31次、青年员工集中学习研讨4次。完善职工小家，增设文化长廊、荣誉墙等，提升幸福感和获得感。持续开展“党风廉政宣传教育月”活动，加强了日常教育和监督管理，畅通举报渠道，每周双人检查举报箱，每月按时向总部纪委汇报月度纪检工作。

六、疫情防控

9月23日，下发《中邮证券黑龙江分公司关于做好疫情防控工作的通知》，成立工作小组，协调好防疫与业务发展的有效衔接，确保疫情防控措施落实到位，不断推进疫情防控常态化。（中邮证券）

上 海 市

【上海市邮政分公司】 2021年完成收入69.25亿元。

一、企业党建

开展“强党性 提能力 促发展”大学习大讨论大提升活动，与推动解决事关发展全局的129个“我为群众办实事”项目、302个党支部“领题破题”项目有机结合。制定党建“一办法一清单四机制”，以制度落实推动基层党建向纵深发展。制定2021年深化巡视整改工作要点和方案，开展常态化全面整改和专项重点整改；强化巡视整改监督检查，将整改落实情况纳入市分公司党委巡察监督重点内容；组织片区纪检互查暨巡视巡察整改专项检查，促进各单位互学共鉴，压实整改责任，提高整改成效。始终贯彻国有企业领导人员“20”字要求，选拔提任三级副以上领导人员14人。强化政治监督，强化日常监督，加大监督执纪问责力度，丰富党风廉政警示教育月活动。

二、普遍服务

普遍服务根基持续夯实。“三升三降、六个100%”普服年度指标持续稳控，机要通信万无一失。建设主题邮局15个，点均收入在全国名列前茅。362个网点实现转型。

三、业务发展

——邮政业务。

集邮专业提前2个月完成全年目标。发行党史学习教育图书161.89万册，完成率排名全国第2位。农产品销售额6846.7万元，为集团下达指标的142.6%。烟草销售收入增幅98.63%。

——寄递业务。

国内特快业务列为上海邮政“一号工程”，形成寄递业务收入34.71亿元。稳步推进邮区中心改革，生产机构管理编制减少到8个，优化调整人员691人。深化寄递网转型升级，启动桃浦处理中心建设，建成奉贤、松江、静安直拨中心。大力发展自提网络，与500家罗森门店合作自提业务，开创校园驿站新模式。实施降本增效66条举措，分、运、投、管四大环节成本比上年均有所下降。

——金融业务。

以“一把手工程”定位持续探索都市金融破题新路，实现金融收入18.98亿元，提前完成集团公司下达目标，顺利达成“两位数增长”，效益提升近两亿元，收入增幅、完成比例均创近年新高。

——交流合作。

六大协同项目形成业务收入4.77亿元。全年协同考核得分94.59分，比上年增长5.12分。

四、企业管理

——基础管理。

国企改革三年行动方案有序推进。在扎实推进年度33项深化改革项目的基础上，因地制宜制定上海方案，将改革措施融入常态化工作。

财务管理抓实抓细。强化资产盘活力度，进一步完善后勤服务中心组织架构，明确存量房管理、房屋出租和出售等事项的管理职责。

采购管理和审计监督扩面提质。完成采购制度建设6项，采购项目202个，集中采购率、公开采购率、资金节约率、上网采购率均超额完成集团下达目标。实施审计项目179项，完成审计制度建设3项。

——能力建设。

完成浦东王港第一阶段、浦西洞泾两大处理中心工艺流程优化改造，筹划2处金融精品网点，有序推进192个网点的形象提升工程。新建3处人口导入区网点。

4月27—29日，上海邮政应邀参加2021年上海国际快递博览会（《中国邮政报》）

——人力资源管理。

三项制度改革激发活力。推进领导人员聘任制管理，与试点单位领导班子成员签订聘任协议。加大对高效业务、战略重点资源倾斜力度，录用金融专业岗280人。

人力资源有效盘活。对全公司岗位开展深度盘点，优化658人。明确区分公司支局与营业部对应关系，确定81家网点开展经营模式创新。

——企业文化和精神文明建设。

组织集中面授和远程培训班共121次，参与学习2.05万人次。不断深化企业民主管理工作，审议实事项目方案，保障员工合法权益。全面落实2021年五项实事项目，组织178名先进员工参加休养活动；为18059名会员投保市总会员专享基本保障，为在本单位参加基本医疗保险的全体在职员工购买重大疾病保险和意外伤害保险共9704人次，为投递、运输等高危岗位的劳务派遣员工购买意外伤害保险2816人次；规范化建设80家职工小家，下拨经费24万元；提升员工每日午餐补贴至15元。对563名员工给予慰问金、保障金等136.87万元。

五、社会责任

——抗击疫情。

7月起，全国疫情形势再度严峻，上海邮政启动应急处置响应预案，对进口海运、航空境外直封、国内进口互封邮件的不同消杀处理模式及业务量进行预估，兼顾上海市邮局海关的监管要求，制订国际邮件互换局隔离区域场地改造规划，重新编排邮件消杀处理流程。上海邮电医院第一时间传达市卫健委关于疫情防控工作会议精神，逐条解读最新防控标准，对照最新防控要求，从制度、流程、预案等方面着手，就院内感染预防管理工作、疫情防控、医疗服务、物资筹备、人员管理、消毒隔离等相关工作进行布置。各邮政网点工作人员对进入大堂办理业务的市民进行提醒并做好防疫工作，每日对自助设备、键盘、存取钞口等人员频繁接触部位以及营业场地进行喷雾消毒。针对快递分拣、投递环节等高危区域，在快递分拣现场配备充足的口罩、体温测量仪、酒精、消毒液等防疫物资，全体投递人员严格落实每日测温、查看健康码、信息登记等常态化疫情防控措施。慎终如始抓好疫情防控，未因疫情而使生产经营受到较大影响。

——风险防控。

安全生产形势稳定。开展安全生产隐患排查治理，确保邮政通信生产安全受控。（上海市邮政分公司）

【邮储银行上海市分行】

一、经营发展概况

——经营业绩。

2021年实现营业收入37.1亿元，增长15.3%；利润总额15.8亿元，增长22.3%。经济增加值2.53亿元，经济资本回报率13.3%，成本收入比45.9%。

——发展规模。

总资产2730亿元，增长4.2%。各项存款余额2238.7亿元，增长3.2%，新增存款69.4亿元；各项贷款余额1203亿元，新增贷款168.6亿元；存贷比186.1%。

——资产质量。

不良贷款率1.31%，下降0.08%。拨备覆盖率155.6%。

二、落实中央决策部署

——支持乡村振兴。

深化三农金融服务，围绕农业龙头企业，打造产业链金融服务模式。涉农贷款余额40.4亿元，比上年增长7.9%。惠农合作贷款项目目标完成率161%。发放全市首笔线上担保“新农快贷”和冷链建设贷款。

——支持中小微企业发展。

搭建银企对接平台，普惠型小微贷款余额102亿元，增长48%。加入“批次担保”合作银行范畴，累计投放超3亿元，实现结余翻番。作业模式升级，线上小微易贷净增13.2亿元。

——落实碳达峰碳中和战略。

履行社会责任，传导绿色低碳发展理念，为13家企业客户开展碳核算试点，绿色贷款余额42.4亿元，比上年增长35.3%。

——服务实体经济。

围绕服务地方经济发展促投放，实体贷款占比提升2.81%，中长期贷款占比提升4.15%。

三、业务转型发展

——零售金融方面。

个人储蓄存款余额586亿元，活期占比26.5%，增长1.2%。消费贷款余额净增82.4亿元，非房消费贷款余额净增43.5亿元，均居邮储银行城市分行第1位。加快数字人民币推广和场景建设，开立个人钱包50.7万个，拓展对公钱包8528个，落地场景8370个，居邮储银行第1位。个人有效客户AUM净增45.2亿元。信用卡新增客户9.2万户，居邮储银行城市分行第2位，场景分期金额4.6亿元，居邮储银行城市分行第2位。电子支付实现手续费收入7196万元，增长40.8%，完成率居邮储银行第1位。

——公司金融方面。

新增公司客户8017户，对公存款规模225亿元，活期占比增长21.7%。全面推进“+计划”，强化企业网银、银企直连等结算产品加载，企业网银开通率89.54%。抓好公司业务“一把手”工程，公司贷款余额312亿元。供应链融资增长42.7%。福费廷增长34.3%。国际结算量51亿美元，居邮储银行第1位。

——资金资管方面。

资金资管效益贡献不断提升，新增同业生态圈客户

128户，实现业务收入7.1亿元，居邮储银行第3位。其中票据收入2亿元，托管业务实现收入2.8亿元，托管规模逾3500亿元。公募基金托管规模继续保持邮储银行首位。

四、风险管理升级

——健全风险管控机制。

建立实质性风险管控机制，明确实质性风险指标，制定分级处置措施。建立“三个重点”差异化风险管控机制，深化“三个三”体系建设，落地实施资本管理高级方法，强化数字化风险监测系统应用，加强授信业务全流程考核评价。推进存量风险化解，清收处置不良贷款1.92亿元。

——提高内控合规管理能力。

深化内控合规提质增效工作，开展防范打击非法金融专项自查，落实监管通报整改，深化合规警示教育。发挥“三支队伍”作用，统筹各类检查，增强发现问题能力。强化反洗钱工作，对1560户个人账户采取管控措施，有效堵截涉赌涉诈账户11户。

——建立穿透式管理机制。

围绕各经营管理领域，强化分支一体化经营管理，提升全辖业务经营、运营效能、风险内控水平，为一线加强赋能，构建广覆盖、多层次、精细化的穿透管理体系，实现60余项穿透管理措施。

——提升审计监督效能。

对标监管要求，聚焦重点领域，完成专项审计14个，经济责任审计12个，对6家分支机构开展内控评价，审计发现问题643个，提出建议119条。

——疫情防控和安全生产工作。

坚持落实常态化疫情防控，做好疫苗接种组织动员工作，加强人员集聚和流动管控。完成安全生产专项整治三年行动“集中攻坚”阶段工作，推进安防隐患排查整治，提升非现场安防能力。

五、管理效能提升

——信息科技建设。

完成新中间业务平台和数据集市迁移工作，上线4个业务系统新功能，推进33个信息系统项目建设，网络汇聚间搬迁工作基本完成，科技支撑能力稳步提升。

——资产负债管理。

支持实体贷款投放，促进高成本存款压降和中间业务开源。加强经济资本管理，优化信贷资源配置，主动压降低效资产14.9亿元。

——财务管理。

精细化配置财务资源，支撑重点业务发展。强化机构运行费、固定资产投资、宣传费等重点费用管控，成本收入比压降2.5%。优化绩效考核体系，强化对标对表结果应用。

——运营管理。

推广智能设备运营管理系统，推进柜面交易上收和流程优化。多维度开展客户体验测评和提升，重检46个客户旅程项目。加快网点建设与布局优化，强化服务质量穿透管理，服务态度有责投诉下降53%，优化客户服务体验。

——人力资源管理。

推进各领域队伍建设，启动实施领导人员任期制和契约化管理改革，有序推进两级人才库建设。加强重点领域人员配置，营销人员占比26.5%，提升1%，业绩积分超8万分的人员占比86.5%，提升33%。

六、党建引领强化

——党史学习教育。

坚持把习近平新时代中国特色社会主义思想作为理论武装重中之重。围绕“六学”机制，扎实开展“我为群众办实事”实践活动。各党支部破题59项，完成办实事项目73个。在邮储银行优秀党课征集和党建研究论文评比活动中，获得“优秀组织奖”称号。

——党风廉政建设。

压实全面从严治党主体责任和“一岗双责”，大力整治理论学习和党员发展中的形式主义问题，持续开展“共建、共享、共进”主题活动。聚焦领导人员“两费”、零售信贷领域廉洁风险等方面开展专项整治，大力纠治“四风”。推进清廉金融文化建设，试点与监管部门共筑廉洁风控体系。

——加强意识形态建设。

落实意识形态责任制，做好员工思想动态分析，各级干部共开展谈心谈话6113次。扎实推进各项巡视整改工作，集团巡视“回头看”反馈问题整改完成率100%。引导广大员工践行“邮储人共识”，推动企业文化落地生根。（邮储银行）

【中邮保险上海市分公司】

一、经营发展

2021年实现总保费13.78亿元，其中新单保费6.25亿元，续期保费7.52亿元，个团险保费271.21万元；长期期交新单保费4亿元，年度计划完成率100.9%；个险长险60.12万元，达成进度109.31%，全国排名第7位；实现新业务价值9469万元，完成年度目标的119%，提前5个月完成任务。续创2019—2020年度上海市文明单位，荣获2020年中邮保险“运营争先”劳动竞赛优秀运营管理团队奖、2020年纳税信用等级A级企业等荣誉。

——业务结构。

价值转型成效明显，高价值终身寿险保费完成进度186.6%，比上年增长87.7倍，健康险保费完成进度122%，比上年增长355倍，完成率列全国第9位；长期期交占新单保费比重超过64%，比上年增长20%；标保价值率 56%，比上年增长 87.8%。续期拉动效果显著，续期保费收入占当年总保费比重超过 55%，比上年增长 5%。

——数字化营销试点。

综合运用数字化营销“六步工作法”，协同上海市邮政分公司发起邮保安康 2021 精准营销活动，累计推送 7 万多条客户数据，以浦东、嘉定等区分公司重点网点为突破口，针对不同客群，以网沙为平台开展场景化营销，助力健康险零业绩网点取得突破。

——培训支撑。

搭建健康险微沙教学模板，以“2+2+20+2+N”闭环模式（线下集中培训 2 次 + 网点实地走访 2 轮 +CRM 系统标签筛选客户 20 人 / 天 + 重点客户帮谈或微沙 2 种方式 + 后期继续固化）推进健康险业务并复制推广，累计开展健康险专项宣导活动 34 场，微沙活动 76 场；推进“比武练兵”活动，全年上传学习课件 136 件，年末综合参训率超 95%，有效提升渠道营销能力和兼讲转授课水平。

——兼职讲师。

联合邮政印发《关于建设上海邮政金融内训师暨中邮保险兼职讲师队伍的通知》，首次组织兼职讲师选聘大赛，遴选出 25 人聘为上海邮政金融内训师暨中邮保险兼职讲师，“三支队伍”建设取得历史性突破。

二、运营服务

——运营管理。

理赔出险支付时效 65.97 天、申请支付时效 1.10 天，均优于标准值；犹豫期内回访成功率 99.84%，比上年提升 88 个 BP；回访问题件工单处理时效 5.48 天，有效压降 5.25 天；回访问题件占比 2.08%，压降 68 个 BP。

——客户服务。

推广“中邮保险”APP、“我的中邮保险”等线上平台应用，初步实现基层网点承保、保全、理赔一站式服务，全年保全线上化率接近 80%，优于全国平均水平，比上年提高 7.7%；开展“京津沪三地名医话养生”直播活动 6 场（上海站 2 场），累计覆盖客户 18 万余人次；举办线下“健康讲座 + 检测”主题活动 5 场，进一步提升公司品牌影响力；推广 VIP 客户增值服务，发送增值服务短信 6 万多人次，不断提升客户满意度。

三、人才队伍强支撑

——人才队伍。

强化专业条线力量，从同业引进 3 名人才；着力培养高素质人才，针对岗位特点和素质能力要求实施分层分类培训，组织各类培训 57 场，参训 663 人次，新聘任中级职称 8 人、初级职称 1 人，提供坚强人才保障。

——干部队伍。

严格执行选人用人各项工作制度，完成 4 名部门负责人任职试用期满考核工作；开展“一报告两评议”，针对反馈结果制定整改措施，持续推进整改；开展年度领导人员综合考评工作，组织提醒谈话 12 人次，及时掌握干部思想、工作情况，强化日常监督管理；制定干部人事档案专项审核整治工作方案，重点复核“三龄两历一身份”11 人，推进人事档案管理。

四、风险防控

——监测预警和内部控制。

印发《风险管理基金考核方案》，形成《风险管理基金考核指标跟踪表》43 份，强化风险管控；开展“合规内控管理提升年”系列活动，发放《销售管理合规手册》700 份，组织合规培训讲座，提升合规风险意识；开展全面风险排查，抽查承保、保全、理赔等业务档案以及财务凭证、培训台账、走访记录等各类资料共 9015 份，发现问题已完成整改。

——三方协同。

参加上海邮政代理金融内控案防管理委员会共计 12 次，提出议题 13 次，通报相关风控合规管理工作情况，协同推进整改工作。协同邮政开展联动检查 12 次，发现问题 10 个，下发整改意见书 3 份，联合问责 2 人，经济考核 1000 元；复用邮政金融检查队伍开展合规检查，对网点开展检查 288 次，发现问题 6 个，经济考核 2000 元。

五、党建工作

——党史学习教育。

围绕“学党史　悟思想　办实事　开新局”总要求，制定党史学习教育工作方案，细化工作举措；推动“我为群众办实事”和党支部“领题破题”工作清单落地，开展“三亮三比三评”活动，充分发挥党员先锋模范作用，以实际行动庆祝中国共产党成立 100 周年。

——党风廉政。

开展“党风廉政警示教育月”活动。以“五个一”活动为主线，结合上海市保险同业公会清廉金融文化理念宣传教育活动，组织开展党委书记、纪委书记讲党课、支部专题学习、典型案例分析、警示示范教育、廉洁微党课展示评选、清廉金融文化主题作品征集评选等活动，多途径、多平台的形式进行警示宣传教育，增强全员纪律规矩和廉洁从业意识。

——巡视整改。

履行巡视整改主体责任，严格执行巡视整改领导小组工作机制，党委书记、班子成员、纪检机构及组织部门分层推进、有效落实。接受集团公司党组第五巡视组巡视“回头看”，细化 34 项整改任务、76 项整改措施，截至年底已全部整改完成；印发分公司党委 2021 年深化巡视整改工作方案，定期开展专项重点整改及常态化全面整改落实情况评估，持续深化巡视整改成果。

六、社会责任

——志愿服务。

联合天目西路街道开展迎进博志愿者活动，组建志愿服务团队驻守上海火车站南广场爱心岗亭，为市民、游客提供问询指路、扶老助残等爱心服务，充分弘扬奉献友爱互助进步的志愿精神。

——帮扶工作。

联合黄浦区五里桥社区城市爱心共助会、黄浦区五里桥社区基金会开展公益保险帮扶活动，对属地2000名城市低收入人口提供公益保险帮扶，进一步发挥央企责任担当，树立中邮保险良好的品牌形象。（中邮保险）

【中邮证券上海市分公司】

一、业务发展

客户规模达19447户，客户资产规模超3.4亿元，证券交易额（不含交易单元租赁）超过97亿元。

——经纪业务。

重点抓好交易型有效户开发，发展有效户2178户，有效户占比达19.5%。向财富管理转型，续售“稳赢2号”600万元，销售东方港湾510万元、收益凭证4949万元，代销基金548.82万元，邮政、邮储代销资管产品1.85亿元。拓展信用业务，发展两融客户12个，日均两融规模新增约718.3万元。同时，对股权质押业务开展积极尝试，向公司提交多个股权质押项目。

——分仓业务。

成功复制基金分仓业务，开发3家基金公司办理交易单元租赁业务，分仓业务股票交易量达23.9亿元。

——拓展经营。

接洽公私募，与湘财等公募基金洽谈合作意向，引进3家私募进入公司白名单，与利晶资产签署战略合作协议。加大投行业务市场开拓，跟进联系各类收益债、应付款ABS、企业债等项目。

——板块联动。

协调邮政、邮储下发工作通知，制定金融收入考核认账、下发目标客户清单等措施，邮政渠道发展有效户1810户，邮储渠道协同新开中邮证券账户2605户。加强专业培训、业务指导推进等对口联系工作，走访邮政区分公司、邮储区支行、支局网点、支行网点近百次。在双向协同上下功夫，深挖客户资源，协同邮政邮储发展对公存款。

二、企业管理

——管理基础。

完成分公司兼职信息运维岗、轻型营业部兼职合规岗调配，组织新入职员工开展合规培训。

——人力资源管理。

中邮证券上海分公司内设财富管理部、机构客户部、综合管理部3个部门，下辖东大名路证券营业部，截至年底共有员工（不含经纪人）17人。完成内设机构调整、部门总经理竞聘选任，理清各部门工作职责，启动副总经理社会公开招聘。完善建章立制，制定、修订印发各类细则7个，完成公司制度汇编，并组织员工学习测试。注重员工能力培养，参加各类内外部培训，已有5人获得投资顾问资格、14人获得基金从业资格。强化员工绩效管理，开展“我为公司做贡献”劳动竞赛，激发员工主动搏击市场、干事创业的活力。做好疫情常态化防控，切实落实各项防控措施。

三、风险防控

成立防范化解重大风险工作小组，开展“一把手带头讲合规”。开展季度、年度等各类合规自查，做好洗钱风险管理，开展客户职业信息不规范整改。加强投资者教育，通过反洗钱设摊宣传、金融知识普及月等活动，增强投资者自我保护能力。

四、党建工作

——党史学习教育。

制定党支部党史学习教育实施方案，统一下发党史学习教育读物，组织党员参加各层面专题辅导报告会4次，组织党史学习教育读书会31次，开展观看红色证券展览、参加证券知识竞赛等具有证券特色的学习教育活动，完成“领题破题”2个课题目标和“我为群众办实事”4个实事项目，并组织党员参加“双十一”邮政帮投。

——标准化建设。

开展“三会一课”，召开支委会33次、党员大会9次，举办党课5次。按期完成党支部换届选举，做好预备党员转正，召开年度组织生活会、巡视整改专题组织生活会、党史学习教育专题组织生活会。加强意识形态工作，开展专题研究、专题报告、专项自查、员工思想调研、宣传载体清理排查。加强党风廉政建设，开展党风廉政教育宣传月活动，完善廉洁风险目录及防控措施。

——巡视整改。

坚持巡改小组例会制度，制定年度巡视持续整改工作计划和整改措施，并认真开展举一反三、对照自查。配合集团巡视组对党支部开展巡视“回头看”，针对巡视发现的问题，制定25项整改任务、41项具体措施，截至年底均已完成。严格落实长效督查工作机制，每月开展一事例查、每季度开展专项重点评估、每半年度开展一次监督检查。（中邮证券）

江苏省

【江苏省邮政分公司】 2021年完成业务收入199亿元，增幅3.5%；实现利润9.86亿元，增幅22.9%。

一、企业党建

制定42项党史学习教育主要举措、开展20个相关主

江苏省徐州市邮政分公司员工在欢度国庆、喜迎世界邮政日之际表达邮政人“不忘初心、牢记使命”“人民邮政为人民”的共同心声（《中国邮政报》）

题活动、完成2540个“我为群众办实事”实践项目，相关活动被《新闻联播》、“学习强国”、新华社等省级以上媒体报道90余次。“书记领题”活动，“三亮三比三评”“两优一先”评选表彰活动见行见效。调整省分公司党委管理的领导人员32人次。加大年轻干部培养选拔力度，深入推进“789”工程、“墩苗计划”。对11个单位开展省内巡察，以三年时间完成全覆盖。开展自查自纠，推动未巡先改。落实巡视巡察整改季度例会、季度评估等制度，实现常态化全面整改与专项重点整改任务全部销号。举办全省邮政“最美退役军人·军嫂”事迹报告会，开展基层党员先进典型事迹征集活动，何健忠获评全国优秀共产党员，王遵义获评省级优秀共产党员。

二、普遍服务

普遍服务质量全面提升，省会城市间普服邮件全程时限达标，“四提升、五压降、六个百分百”目标全面完成；机要通信连续29年质量全红；“扫黄打非”获得国家邮政局表扬、“巡视通信保障”受到中央巡视组充分肯定；五类转型网点覆盖率72%，点均收入增幅11%，万元以下网点数比上年压降80%，普服内涵不断丰富。

三、业务发展

——邮政业务。

集邮业务收入增幅19%，增速列全国第3位，“党建增辉”项目实现收入6368万元。函件业务创新求变，省市县三级联动运作“10+X”项目，实现收入2亿元。报刊大收订实现流转额20.3亿元，增幅2.7%；政务图书销售实现收入5450万元，增幅263%。构建以大单品、基地农产品为特点的核心产品体系，双向商流规模合计突破15亿元。推广邮政代办公安交管便民服务，代办82.6万笔，增幅23%。加快“网点+站点”模式落地，建成活跃邮乐购加盟站点3.3万个，新增3838个；建成4个“邮政农品”农产品基地，实现销售额6981万元，增幅147%。成功举办第十四届江苏省农民合作社产品展销（云展）会。

——寄递业务。

四季度特快、快包业务收入增幅分别提升17.5%、21.9%，“双11”“双12”战役实现双告捷，快包业务量增幅分别为45%、53%。法院、税务等重点政务项目实现收入4亿元，增幅31%。生鲜特快项目实现收入1.8亿元，增幅83%，其中大闸蟹特快项目收入突破6000万元，成功打造为全国规模最大的特快生鲜项目。推进复制销号，高频政务项目开发率90%以上。快包业务收入规模居全国第2位。快递包裹边际贡献率18%，高于全国平均水平5.9%。物流业务结构优化，六大重点行业收入占比提升29%；其中医药、烟草、鞋服行业收入居全国第1位。

——金融业务。

业务收入保持全国第1位，全省实现代理金融收入

113.6 亿元，增幅 9.2%，超集团预算 3.4 亿元。旺季营销一阶段成效显著，实现 AUM 与余额净增全国“双第一”。实现新单保费、基金销量等 10 个全国第 1 位。储蓄新增市占率 8.3%，比上年提升 1.8%，增幅列五大行第 1 位。新增价值存款 610 亿元，增幅 30%。保障型产品保费占比 23.6%，比上年提高 5.6%。非货币非短债基金销量 153 亿元，增幅 30%。有效客户净增 97 万户，比上年多增 37 万户；财富客户净增 5.7 万户，比上年多增 1.4 万户，列全国第 1 位。发放三代社保卡 22.8 万张，发放退役军人服务卡 3.5 万张；夏秋收项目揽收资金 180 亿元，比上年多增 56 亿元；代发资金 542 亿元，增幅 5%；启动规模场景收单业务，开发项目 65 个，沉淀资金 2600 万元，联动代发 3900 万元。

——交流合作。

与东南大学、省政务办等 12 个战略客户签约，六大重点协同项目实现收入 22 亿元，增幅 26%，规模列全国第 3 位。其中，政务服务项目实现收入 4.4 亿元，收寄社保卡等各类政务邮件 3096 万件。汽车产业链项目实现收入 1.9 亿元，无锡红豆通用轮胎项目、常州贺尔碧格一体化供应链项目规模破千万。医药市场项目实现收入 2.1 亿元，与国药达成战略合作，并在苏北片区的干线运输、南京和盐城的同城药品配送等方面实现合作落地。

——国际业务。

南京综合核心口岸“三关合一”过渡方案建设有序推进，交换站监管库和互换局即将投产运营；开通南京—大阪专线包机，发运 34 架次，带运出口邮件 358 吨；与江苏班列公司签订战略合作协议，南京分公司成功开发首单业务；组织学习先进省份经验，南京、无锡、苏州等地市形成一般贸易、跨境贸易自主报关能力。

四、企业管理

——基础管理。

财务管理基础不断夯实。完成总利润、寄递事业部利润预算目标；资金月末平均余额比上年增幅为正。统一预算管理、分析管控和绩效考核口径。推进业财一体化平台建设、应用 RPA 机器人、优化共享平台功能。提升资产运营能力，闲置房产面积较年初下降 48%。

审计集采工作得到加强。聚焦领导干部经济责任等重点领域开展审计，规范集中采购项目立项流程，集中采购率 92.9%。

——能力建设。

寄递改革不断深化。深入推进五大改革，全省集中管控力度持续加强，处理中心效率明显提高，陆运网“五新两减”目标初步实现，干线运输效益持续提升，自提代投占比等投递改革指标持续全国领先；效率指标实现提升，效益指标有效改善，邮区中心改革任务全面完成。

信息化建设持续推进。升级金融“智能营销平台”，建设“寄递智能管控平台”，开发寄递业务主动客服系统。

基础能力持续提升。新建徐州处理中心，推进苏州、无锡等处理中心流程优化和工艺改造，峰值期日均处理能力超 1350 万袋件，产能提升 130 万袋件；建设 36 个分拨直投中心，323 个直投道段；设置揽投网格 1432 个，关联投递道段 7033 条；加快金融网点转型升级，打造 13 个财富中心、500 个客户活动室，改造 204 个网点，三代社保卡设备网点覆盖率 60%。配备专职理财经理点均 1.2 人，理财经理基金持证率 58%，列规模省份首位；在 2021 年全国第七届十佳理财经理大赛中获得“大满贯”。寄递营销体系得到强化，政企营销中心全面实体化，综合营投部转型覆盖率 90%。

——人力资源管理。

市场化机制持续优化。完善绩效考核办法，强化业绩贡献导向和利润目标导向，明确对超额利润奖励实施细则。结合对全年收入完成的预判，加大旺季营销奖励的投入。建立规模大省对标争先机制，设置关键指标、明确责任部门。深化寄递末端经营模式创新，探索专业人才市场化招聘，增强寄递发展活力。启动市县经理层任期制和契约化管理试点。

人力资源配置持续优化。开展培训 17.4 万人次，高级工及以上持证率 38%，大专及以上学历占比 82.5%。代理金融劳务用工占比 17%，低于全国平均 6.7%，理财经理和大堂经理人数占比提升 8.4%；寄递全口径一线揽投人员占比提升 6%。制定业务外包管理办法，严把入口关，严格落实效益评估。

——企业文化和精神文明建设。

全省邮政在“志愿江苏”平台注册的志愿者超过 2 万人、服务队超过 50 支，全年开展各类志愿服务近 500 场次。连云港马善民荣获“全国道德模范提名奖”，9 个单位（个人）获得全国交通运输文化建设优秀成果，江苏邮政第九次获评“省文明行业”，全省邮政 69 个单位被授予 2019—2021 年度“江苏省文明单位”称号。

印发加强改进共青团和青年工作的实施方案，建立青年理论学习“四学”机制。投入资金 860 余万元，新建职工小家 82 个、维护改造职工小家 248 个。组织开展线上健步行、职工气排球比赛、徒步减压、“解压特训营”等活动，全省邮政员工总体满意率 91%。

五、社会责任

——抗击疫情。

慎终如始抓好常态化疫情防控，做到了关键时刻拉得出、冲得上、打得赢，充分彰显了行业“国家队”的责任担当和使命初心。

——服务乡村振兴战略。

投入定点帮扶资金 237.4 万元，帮助建成甜瓜产业园等项目，带动村民就业增收。筛选“白名单”为农户发放融资E助农贷款7亿元，助力销售农产品6.4亿元，寄递农产品1.4亿件。全面完成三级物流体系建设目标，新增投资过亿元，其中政府补贴2000余万元，所有示范县的县乡村“两中心一站点”基本建成。入驻交通运输服务站25处，实施交邮联运线路35条，代投快递80余万件。实现市级邮快合作协议100%签订，代投代收快递1410万件。

——绿色邮政。

落实行业生态环保“29551”工程，绿色邮政建设全面达标。（江苏省邮政分公司）

【邮储银行江苏省分行】

一、经营发展概况

——经营业绩。

营业收入162.39亿元，比上年增长15.79%；实现利润总额93.75亿元，比上年增长25.51%。经济资本回报率17.1%，成本收入比35.61%。

——发展规模。

资产总额10367.16亿元，比上年增长11.36%。各项存款余额9450.14亿元，比上年增长11.4%，新增存款967.22亿元；各项贷款余额6245.84亿元，比上年增长14.11%；贷存比66.09%。

——资产质量。

不良贷款率0.28%，比上年末下降0.04%，低于省同业平均水平0.47%。拨备覆盖率463.70%。

二、落实中央决策部署

——支持乡村振兴。

推进普惠金融，涉农贷款净增244.47亿元，计划完成率179.50%，增速16.78%；普惠型涉农贷款净增70.24亿元，计划完成率146.33%，增速22.05%。涉农贷款净增和余额均居邮储银行第1位。精准帮扶贷款余额15.80亿元，净增1.25亿元。

——支持中小微企业发展。

普惠型小微企业贷款余额938.58亿元，净增211.68亿元，居邮储银行第2位，计划完成率136%。其中，小企业法人条线普惠型贷款余额224.78亿元，净增55.92亿元，居邮储银行第1位，计划完成率135%。

——落实碳达峰碳中和战略。

落实绿色银行建设要求，助力构建新发展格局，人行口径绿色贷款余额354.76亿元，增幅43.17%，实现人民银行“两个不低于”指导目标要求。支持风电项目40个，投放31.5亿元；支持城市轨道交通项目投放38.5亿元，发放邮储系统首批碳排放配额质押贷款1000万元，成功投资绿色债券5亿元。

——服务国家区域发展战略。

主动服务长三角一体化战略，支持交通互联互通、产业链协同、新基建等项目，梳理公路及铁路行业22项重点项目清单，获批项目11个，金额181亿元；研究出台全省都市圈市域（郊）铁路领域营销指引，为苏州轨道交通市域一号线项目、无锡至江阴城际轨道交通S1项目等重点项目提供授信支持。

——支持供给侧结构性改革。

推进能源绿色低碳发展，切实服务辖内优质风力发电、光伏发电等清洁能源发电项目和新能源公交车融资；深入推动在线供应链业务创新，完成中核华兴直保业务落地前准备工作，徐工集团融票保理业务进入系统开发阶段。江苏省分行供应链金融业务余额突破50亿元。

三、业务转型发展

——零售金融。

新增VIP客户14.48万户，新增财富客户1.95万户，个人客户AUM 2536亿元，以上指标均居邮储银行第1位。围绕商圈建设、行业收单、数币联动，有效收单商户8.13万户、净增3.22万户，智慧校园项目率先落地，智慧食堂项目实现地市全覆盖。深挖白名单客户，聚焦获客、活客、消费、分期，新增信用卡新客51.72万户，计划完成率120%，场景分期金额63亿元，信用卡新客、商户分期、汽车分期三项指标均居邮储银行第1位。通过银政、银担、银保、银企平台做实合作，通过科技赋能做强产品线上化转型，通过“奋楫争先”活动做大小贷规模，超额完成“奋楫争先”活动200亿元必成目标，建成信用村1.13万个，建成信用户36.41万户，信用户规模居邮储银行第1位。通过优质房贷客户提质量、通过优质渠道提效益，住房贷款、非住房消费贷款净增均居邮储银行第1位，个人消费贷款（不含平台合作网贷）净增348.28亿元。

——公司金融。

实施“揭榜挂帅”，开展“扬帆计划”，公司存款年末时点余额1177亿元，公司存款日均余额新增126亿元，公司信贷净增150.6亿元（含转出净增187亿元），新增公司客户2.6万户，新增公司授信客户199户，新牵头银团项目28个，以上指标均居邮储银行第1位。做实“三区一链”大走访“建党百年，挑战百亿”再出发，做强“小微易贷”线上产品，小企业贷款净增84.8亿元，其中小微易贷（线上）余额净增43.1亿元，均居邮储银行第1位。

——资金资管。

持续创新供应链金融、福费廷业务、现金管理资金池项目、缴费平台交易、跨境结算模式等方面实现突破，实现国内贸易融资余额229.65亿元，海外债投资2.55亿美元，国内结算网银客户7万户，现金管理签约账户数36834个，均居邮储银行第1位。坚持做稳票据“压舱石”、做大同业业务、做新资管业务、做强托管业务。办理贴现1083亿元，直贴转卖量815亿元，居邮储银行第 1 位；同业融资年日均比上年增长 73 亿元，累计发生 246.6 亿元，创历史新高，资管落地多笔系统首单业务，托管实现多笔业务首次突破。

四、风险管理升级

——实施资本管理高级方法。

组织开展资本管理高级方法基础知识远程培训、系列资本管理高级方法学习分享活动，印制资本管理高级方法知识读本手册 1000 册，培训合格率 99.11%，超总行目标要求 19.11%。参加总行 RWA 与风险数据集市经济资本计量功能试点预上线测试工作，提升资本高级法认识。

——推进智能风控。

提高日常风险监测针对性。加大自建模型建设，在发挥资金流入房地产、股市理财模型及贷款账户余额异常等监测模型作用的同时，运用科技手段，加强预警数据应用，提高非现场监控精准度。建设前中后台风险信息共享系统，推动前中后台风险联防联控，抓早抓小、及时处理客户风险。

——信用风险管理。

审批通过 1709 笔业务，其中，大公司信贷业务 1559 笔、金额 3198.42 亿。提供其他类绿色通道服务 55 笔，金额 239.01 亿元。

——内控合规和法律事务管理。

健全内控管理机制，提高合规意识，增强风险揭示与及时纠偏能力。通过创新普法形式，开展“天天学法”活动，在 OA 系统“法规之窗”开设“天天学法”专栏，每个工作日推送一条法律法规，累计点击量近 3 万次。防范法律风险，未发生案件和重大风险事件。

——内部审计工作。

强化审计监督，确保审计成果有效落地。出具审计报告和审计意见书 54 份，提出审计建议 105 条，被采纳建议 90 条，建议采纳率 85.71%，收到整改报告的建议采纳率 100%，推动出台内控措施 9 项。

——疫情防控和安全生产工作。

强化疫情防控举措，自觉接受属地政府、社区防控管理，及时启动疫情防控专项应急预案，组织开展人员排查和核酸检测工作，强化线上服务，确保基础金融服务不间断，积极应对南京、扬州等地疫情，未发生内部聚集性病例、客户在营业场地感染情况，取得疫情防控阶段性胜利。以“平安邮储”创建活动为抓手，推动落实安全生产责任制，筑牢安全保卫工作基础，安全防范能力进一步提高，全年未发生安全生产和安保类责任事（案）件。

——全面风险管理。

推进风险防控“大排查、大处置、大提升”行动，处置不良资产 18.84 亿元，创历史新高。通过冲减拨备、减少经济资本上缴的渠道创造利润 7.1 亿元，资产保全“利润中心”效益持续显现。

五、管理效能提升

——体制机制优化。

持续优化月度指挥调度令机制、周报会工作机制、工作任务清单机制、行务信息公开机制，探索建立督查机制，精选全局性、前瞻性和战略性问题开展督查，利用督查这一利器，以“有为”之举，谋“有用”之位，促“有效”之实。建立健全“三点法”调研机制，对省内重点城市行和发展落后县支行，行领导挂重点，团队去驻点，分行攻弱点，重点重抓，补弱补差。

——信息科技建设。

“邮捷”上线拓展功能 92 项（其中自主研发 22 个），覆盖全辖超 99% 员工。“基于机器学习的多维风险管理平台”入选人民银行南京分行金融数据综合应用试点工程；“‘邮捷’效率优化工具平台”获得 2021 年全国邮政企业科技创新成果二等奖、2021 年总行第一届 IT 技能竞赛优秀创新产品奖；“业务导向的数据中台建设”获得 2021 年全国邮政企业科技创新成果三等奖；“基于 GIS 金融客户智慧营销推荐模型研究”获得第二届总行数据建模大赛三等奖。

——资产负债管理。

通过引导差异化、精细化定价，推动新发放贷款利率稳中有升，动态跟踪预算管理，提升价值创造；通过提升经营分析工作质量，推动实现经营分析精益化；优化财务激励政策，以预算目标、绩效考核为导向，支持重点业务发展。

——财务管理。

工程建设工作稳步推进，省分行、苏州、扬州、南通分行大楼建设更进一步；采购流程管理得以加强，集中采购项目公开采购率 93.17%、公开招标率 92.63%，作业效率进一步提高。

——运营管理。

完成 257 台多媒体宣传设备、98 台叫号机的配置与 155 台叫号机的升级；在 365 家网点推广网点智能叫号系统；配置 1403 台现金机具，完成全省主流现金机具清点参数的统一配置。

——人力资源管理。

通过走深走实年轻干部培养，构建严密监督体系，涵养高素质干部“蓄水池”；通过优化人工成本政策，规范薪酬福利管理，增强企业员工“归属感”；通过拓宽人才招聘渠道，重视员工行为管理，筑牢员工行为“防控网”；通过完善教育培训制度，推进重点项目落地，打造行内教育“资源库”。

——客户服务。

打造 13 家总行级老年人服务示范网点，其中 8 家获得省银协“2021 年江苏银行业文明规范服务适老网点”称号。围绕“提高风险防范能力、优化账户服务水平”主题加强账户服务与安全宣传贯彻，累计通过传统与新兴媒体宣传1304次，覆盖超过60万人次。

——代理金融。

健全和强化代理营业机构管理体系，全面建立省、市、县三级分支行协同领导小组，推动邮银协同更加高效。“6+4+3+2”协同项目成效显著，电商贷款、汽车分期、医药供应链金融、机构存款净增、医保电子凭证激活、代理引荐公司存款时点增长等指标均列邮储银行首位。

六、党建引领强化

——党史学习教育。

着力打造“三大课堂”，打造“指尖课堂”，线上开设党史学习教育专区；打造“文艺课堂”，开展“跟着邮票学党史”主题宣传；打造“实景课堂”，组织参观“中国共产党在江苏历史展”、雨花台烈士陵园。积极探索实施“四学联动”，党员干部领学促学作用，推动党史学习教育走深走实。

——党风廉政建设。

全面贯彻巡视工作方针，持续将中央巡视整改、集团公司未巡先改工作纳入常态化全面巡视整改之中。狠抓整改落实，召开10次巡视巡察整改例会。针对集团公司巡视反馈的50个具体问题，制定56项整改任务、154项整改措施。开展对南通、淮安、盐城、镇江4家市分行党委及辖内一级支行党支部和省分机关各党支部常规巡察，完成巡察全覆盖目标。督促被巡察单位严格落实责任，切实运用好巡察成果，发挥巡察标本兼治战略作用。

——企业文化建设。

开展“五抓五促”专项行动，筑牢作风建设“保障线”。以“抓业务攻坚、促争当第一”为首要任务，引导各级机关干部员工转变观念，持续激发自我革命精神，克服机关作风“庸、懒、松、散、拖、扯、满、怕、差”九大问题。（邮储银行）

【中邮保险江苏省分公司】

一、经营发展

——规模速度。

分公司总保费、新单保费、续期保费、趸交保费、长期期交保费、健康险保费、惠农简易险保费、个团险保费、新业务价值、新单承保件数、保全件数、个银险结案量、回访新契约件数13项规模指标均居全国首位。在省内原保费市场占有率2.9%，列全省第8位；在省内银保期交新单市场占有率为9.3%，列全省第2位。在全国开业省中，分公司人力占比6.5%，网点占比7.9%，实现了全国保费收入占比11%和新业务价值占比10.5%。并且提前1月全面完成总部下达的各项生产经营目标。其中，长期期交新单、健康险等保费分别提前115天、120天达成全年目标，在全国率先达成“提质增效”专项营销活动目标。

——质量效益。

全年长期期交占新单总保费比重达65.5%，比上年增长21.7%；终身寿险和健康险占比长期期交新单达83.9%；终身寿险及健康险中五年交及以上占比87.4%，高于全国平均27.1%。保全全流程时效1.0天，新契约回访成功率100%，均居全国首位；13个月、25个月保费继续率分别持续稳定在93%、98%以上，均优于省内五大上市公司。全年累计实现新业务价值6.35亿元，超计划2.05亿元，比上年增长128%；新单综合负债成本率4.32%，低于年初目标值6个BP。

——创新性项目赋能。

实施“健康险新双能实战”营销培训项目，采用“一市一县一项目”匹配基层营销需求，促进技能、产能双提升，探索构建了“1+6+N”的健康险营销新模式。累计开展“新双能实战”培训活动56期，实现全省市县广覆盖。

——数字化转型升级。

把握数字化转型发展大势，协同邮银稳步落地数字化营销试点工作，选取9个示范网点，全面推动“六步工作法”实施，指导网点搭建线下营销场景，共实现健康险保费31.1万元，列全国第3位。

二、运营服务

——“e+”智慧运营。

加强业技融合，打造系统、工具、培训三线并举线上支撑平台，不断优化运营流程，全面推行“非接触”服务方式，打造“始终在线”的运营服务，引导客户开展线上承保、线上续期、线上保全、微信回访、电话及微信报案等一揽子线上化服务。全年承保线上化率98.4%，理赔医疗险线上化率近80%。

——“邮+”服务体验。

创新“产品+服务”分层服务模式，面向普通客户开展宣教活动普及保险知识；针对VIP客户组织健康问诊等“邮”健康活动；面向学生群体联动邮政开展少儿邮信大赛等特色活动；通过“邮联直播”与线上客群进行互动。累计开展各类线上线下活动68场，探索直播活动4场，累计参与超25万人次，获评省保险行业协会“7·8保险公众宣传日”先进单位。

——“易+”管理平台。

围绕科技赋能企业高质量发展目标，大力实施技术创新，搭建管理平台，提升管理效能，《基于搜索技术的“廉政云”“内控云”实践》获评全国邮政企业科技创新成果三等奖，连续4年获得集团科技创新奖项。

三、企业管理

——发展机制协同。

牢牢把握江苏特色协同工作机制，紧密协同邮银优先、重点发展自办保险，把握召开省级协同发展委员会议契机，继续将中邮保险纳入跨赛、重点项目、KPI 指标体系、省级协同营销项目，全年坚持抢前抓早、提前达成的发展节奏，始终保持速度超前、规模领先的发展态势。

——人力资源管理。

主动融入全省邮政金融财富体系规划建设，协同推进财富顾问、营销技能等常态化业务培训。组织开展“领军人才”培育项目、全省讲师大比武“星讲台”活动，持续锻造“专职讲师＋兼职讲师＋网点支局长（支行长）、理财经理”三支队伍，提升渠道复杂产品销售能力和高净值客户开拓能力。

持续推动三项制度改革，制定实施领导人员任期制和契约化管理方案，完善以劳动合同管理为关键、以岗位管理为基础的市场化用工机制，推动薪酬分配向突出贡献人才和关键岗位倾斜。年内相同职级员工因绩效考核等级不同，收入差距扩大近 20%。

四、风险防控

参与全省代理金融“风控体系建设深化年”活动，协同做好健康险退保等重点领域风险预警防控工作，联动开展合规检查。全年问题保单数量比上年下降 98%，电话回访条款解释不清问题件比上年下降 55.8%，牢牢守住不发生重大风险及群体性事件底线，获评南京人行反洗钱 A 类评级。

五、党建工作

——党史学习教育。

坚持按日发布党史知识，按周召开专题读书会，组织参观沙家浜等红色教育基地，筑牢“线上＋线下”学习阵地。把数字化营销、健康险发展、运营服务等工作纳入“我为群众办实事”实践活动，以实际发展成果体现学习教育成效。

——巡视整改。

全年根据集团公司党组巡视反馈意见，对照“四个标准”，推动巡视整改标本兼治，共新制定制度 2 项，下发规范性文件及通知 8 个，其他报告、通报、请示等 5 个，进一步健全分公司党的建设、企业治理制度体系。

——典型示范。

以党建带创建、创建促党建，突出劳模创新工作室带团队、促创新的积极作用，形成双优互促的良好格局。连续 3 次获评“江苏省文明单位”称号，运营管理部获评“全国工人先锋号”荣誉称号。（中邮保险）

【中邮证券江苏省分公司】

一、业务发展

——经纪业务。

2021 年累计开户 19.5 万户，其中有效户 1.3 万户，占比 6.41%，托管资产达 27.2 亿元。在两融客户发展方面，截至年底新开两融客户 30 户，完成总部指标的 125%，累计两融客户达到 94 户（含无锡营业部 5 户），累计融资余额为 2.28 亿元。在营销队伍建设方面，截至年底，在册证券经纪人（含无锡）4 人，客户经理（含无锡）1 人，经纪人托管资产 7388 万元，客户经理托管资产合计约 3548 万元，合计托管资产 10936 万元。在金融产品销售方面，累计代销金融产品金额 4.46 亿元，超额完成总部下达的 3.5 亿元目标，目标完成率 127.57%，规模列全国分支机构第 1 位。其中，公募基金累计销售 3.36 亿元；资管产品累计销售 1.08 亿元（含本年新增和追加），资管产品总持仓金额达 2.64 亿元。全年收益凭证累计销售 4.28 亿元。

——资管投行。

截至年底，机构业务部完成约 161 次外拓拜访，拜访对象主要包括省内邮储银行各分支行、外部商业银行、非银行类金融机构、省内城投公司以及各类民营企业。机构业务部坚持贯彻与邮储银行协同合作政策，基于“投行＋商行”的业务模式，持续推动与邮储银行江苏省分行的业务联动，完成对省内 13 家二级分行业务对接的全覆盖。陆续对接宁波银行、江苏银行、北京银行等市场上业务较为活跃的商业银行，建立客户共享与推荐机制。此外，成功落地南京江宁未来科技城 1 年期非公开短期公司债 4 亿元，份额 1.2 亿元，利率 4.08%。股票质押方面，开始对新项目进行调研，并启动上会流程，关注存续项目风险，推动到期购回工作。业务协同方面，机构客户部协同邮储银行盐城滨海支行对接滨海县农旅集团，3 月达成通过长江联合金融租赁公司开展租赁贷款的方式进行合作。7 月 9 日该项目成功落地，为客户解决 1 亿元融资需求，并给邮储银行滨海支行带来日均近 3000 万元存款。债券承揽方面，机构业务部协同邮储银行泰州分行参与泰州华信药业非公开公司债主承销商比选并成功入围，作为 2022 年分公司业务储备。

——邮银业务协同。

将证券资产净增指标列入全省“砥砺奋进　逐梦前行”2020—2021 邮政金融业务跨年度竞赛活动。

争取省邮政公司政策支持，将中邮证券有效户发展作为邮政金融转型的主要指标，纳入 2021 年全省邮政重点经营项目 KPI 考核体系及全省邮政金融业务营销活动。

为持续推进全省证券业务发展，有效提高邮政储蓄三方存管客户规模，拓宽余额新增渠道，由江苏省邮政公司对江苏邮政全省范围内发文并明确 2021 年中邮证券业务相关营销费用政策。

二、运营服务

——服务水平。

加强对高净值客户的专项服务。

面向普通客户提供常态化服务。每日以短信、微信、QQ 群等形式为客户解答交易中的各类问题并提供产品服务。

根据总部及协会的要求，组织“金融3·15”“防范非法集资月”等相关活动，提高投资者的专业认知。

参与中邮证券总部服务号相关工作，为定制投顾服务的客户提供投资咨询服务。

协同南京市邮政公司，通过“中邮证券”APP组织举办炒股大赛，引流并服务渠道内的证券潜在客户。分公司制作的投教短片获得江苏省证券业协会三等奖。

——常态化培训。

组织举办2021年全省邮政证券业务主管等培训班。

结合总部下发的每个季度重点基金产品和资管产品，通过线上线下相结合的形式在全省定期开展重点金融产品及持有期客户维护技巧等相关培训。

将对全省地市（区县）分公司的培训参与情况纳入《地市分组、客户分层管理办法》中，明确了各小组全年给市（区县）分公司提供全年不少于2次的证券相关的路演、沙龙活动。

——队伍建设。

出台《地市分组、客户分层管理办法》，对邮银协同全省13个地市进行分组PK，由分公司领导班子亲自挂帅，选取年轻业务骨干以“1+1”的人员配置形式组成13个责任单元，分片挂区拓展业务，确保任务到组、责任到人。

三、企业管理

——后勤服务。

7—8月，南京疫情反弹，在疫情期间，党员领导干部充分发挥模范带头作用，保证企业经营工作的正常开展。分公司党支部做好常态化疫情防控，及时传达上级精神、落实必要防护用品、执行具体防控措施，确保分公司无负面舆情，确保员工健康。

——财务管理。

分公司根据去年预算上报的成本目标做好全年的成本管控方案，并逐月加强成本管控。4月，分公司做好工商年报的上报工作。5月，根据《国家税务总局关于办理2019年度个人所得税综合所得汇算清缴事项的公告》做好分公司个人所得税汇算清缴的通知下达工作。6月1日至9月30日，完成中国共产党中国邮政集团有限公司党组《关于开展“小金库”专项治理的通知》的文件精神和总部的相关专项治理的自查自纠工作。2021年8月，分公司针对业务管理制度、合规管理类、审计稽核类七个方面的制度进行梳理。9月，分公司完成2021年分公司业务招待费自查，均按照标准进行报销，不存在超标的费用报销发生。

——人力资源管理。

根据总部组织架构设置要求，结合分公司业务发展实际，将财富管理部和机构部人员合并管理，统一定义为营销员，实现人人都是营销员、人人都能全业务营销的发展要求。引进市场化副总经理1名，全面增强分公司参与市场化竞争的能力，形成“能者上、平者让、庸者下”的用人机制，充分激发员工积极性。

四、党建工作

——巡视整改。

3月30日至6月4日，党组第一巡视组对分公司党支部开展常规巡视。6月，接受意识形态工作督查检查以及集团公司党史学习教育第九巡回指导组的检查，通过检查不断完善党建工作，不断增强党支部的战斗力，促进分公司党建工作全面进步。

——思想政治建设方面。

认真落实“三会一课”制度。举办党史学习教育专题读书班。开展专题学习研讨。丰富主题党日形式，深化红色教育。强化培训答题教育。开展“我为群众办实事”实践活动。开展“三亮三比三评”主题实践活动。落实意识形态工作责任制，抓好理想信念教育。

——基层党组织建设。

贯彻落实新时代党的组织路线，支部书记牢固树立“抓党建是第一政绩”理念，统筹谋划党建工作，通过亮身份、亮标准、亮承诺，比技能、比作风、比业绩，进一步激发分公司全体员工干事创业的积极性、主动性、创造性。在公司党委的领导下，分公司党支部于10月完成支部委员补选工作。

——党风廉政建设。

制定印发《中邮证券有限责任公司江苏分公司党支部2021年度学习计划》《2021年中邮证券江苏分公司党的建设工作要点》等，对党风廉政建设工作、作风建设工作统筹部署，确保各项工作取得实效。8月，开展“党风廉政教育月”活动，开展廉政知识测试，对新入职员工做好廉洁责任书签署，对新任无锡营业部负责人、新入职市场副总做任前廉政谈话及做新提任领导知识考试，建立干部廉政档案，做好日常提醒，将党风廉政建设工作落到实处。同时，进行“三重一大”决策和前置研究，涉及“轻型营业部总经理招聘、机构改革、分公司上半年度劳动竞赛、巡视整改”等事项进行支委会讨论决策或总办会议讨论决策讨论。决策均遵循集体讨论、依法依规、民主科学、规范决策原则，纪检委员全部参会并发表意见，树立纪检监督权威。（中邮证券）

浙江省

【浙江省邮政分公司】 2021年全省（含寄递事业部）完成业务总收入157.96亿元，增长10.14%，高于全国平均6.48%。全年总利润2.51亿元，超额完成全年利润预算目标。

一、企业党建

——党史学习教育走深走实。

党员干部讲授专题党课 893 堂，党支部开展专题研讨 1480 场，党员参加网上专题学习 6329 人。开展“三亮三比三评”活动，“我为群众办实事”实践活动项目 579 个，党支部“领题破题”活动项目 552 个，主题党日活动 6457 次。

——基层党组织建设强基固本。

全年发展党员 335 名。消除党员空白网点班组 219 个，537 个党员空白网点班组建立党建工作联络员，实现党的工作全覆盖。党支部由 614 个调整为 545 个，平均每个支部党员 12.2 人，比上年增加 1.6 人。

——纪检监督作用充分发挥。

清单化落实中央巡视整改和“未巡先改”。持续推进常态化全面整改工作，高效完成专项重点整改任务。完成省内巡察全覆盖。开展异地交流任职领导人员违规报销“两费”问题、寄递业务外包合同执行和欠费管理等专项监督，发现和纠正执行制度有偏差、管理履职不到位问题。

二、普遍服务

全省普遍服务指标全部达标且高于邮政普遍服务标准。直辖市、省会城市间普邮全程时限 1.92 天，列全国第 2 位；全省各市、县（市、区）分公司属地党政机关《人民日报》《浙江日报》当日见报率 100%，其中 45 个市县实现早报早投；实现全省机要通信无失密丢损“二十八连冠”。

三、业务发展

——邮政业务。

集邮业务实现收入 2.25 亿元，比上年增长 12.9%；文化传媒业务实现收入 3.58 亿元，比上年增长 5.5%。报刊业务完成收入 5.85 亿元，列全国第 4 位，比上年增长 8.84%，列全国十强省份第 1 位。党史学习教育主题图书合计发行 466.5 万册，实现流转额 1.35 亿元，居全国首位。实施“一点一策”“菜单式叠加”，全省六类网点完成转型并投入使用 1407 个，较年初增长 1312 个。全省全部消灭“零收入”网点，收入万元以上网点比上年增加 460 个，占比 99.6%；收入 5 万元以上网点比上年增加 466 个，占比 90.4%。纯邮务网点 100% 完成微整治。走访农村合作社 5.1 万户、覆盖率 100%，惠农场景验证完成率 100%，融资 E 贷款放款额超 11 亿元，均居全国第 1 位；实现农产品销售额 4.07 亿元。全省优质站点、批销站点、活跃站点数均进入全国前三；累计叠加掌柜商户收单 4172 户、代收代投点 10989 个、便民服务点 6551 个，助力金融、寄递引流。全省 61 个市县洽谈区域代理项目 25 个，累计实现自营大单品下单额 5.9 亿元，列全国第 3 位；分销毛利率 8.63%，比上年提升 1.5%。

1 月 28 日，《钱江晚报》和浙江省杭州市邮政分公司共同发起“让爱回家”明信片寄递活动，让留杭过年的 300 多名外来务工人员为家人寄去定制的明信片（《中国邮政报》）

——寄递业务。

完成收入 78.72 亿元，列全国第 2 位，比上年增长 8.63%，高于全国平均 12.69%；寄递业务实现利润 4.7 亿元，列全国第 1 位。特快业务完成收入 13.81 亿元，比上年增长 18.5%，占寄递总收入比重 17.5%。快包业务业务量、收规模均居全国第 1 位，“双 11”业务量首次破亿；结算差额率 34.7%，列前十规模省份第 1 位；1 千克以下快包占比 91.9%，列全国第 1 位，比上年增长 46.8%。快包全环节成本比上年压降 5.14 亿元。国际业务完成收入 22.68 亿元，列全国第 2 位，增幅列前十规模省份第 2 位；国际小包收入规模 13.3 亿元，列全国第 1 位，比上年增幅高于全国平均 54.8%；国际 EMS、商业渠道比上年增幅均超全国平均水平。海外仓业务规模、头程发柜数、新增及累计客户数均列全国第 1 位。合同物流比上年增幅 84.31%，列全国第 3 位。合同物流新增规模客户数 37 个。

——金融业务。

代理金融收入 55.95 亿元，比上年增长 13.3%，列全国第 3 位。储蓄、保险、非保中收增幅均超全国平均。其中，储蓄余额本年净增 470 亿元，比上年多增 152 亿元，列全国第 2 位，市占率比上年提升 0.3%。代理保险收入超 12 亿元，财富客户资产超千亿元，年增定投有效户超 10 万户。活期十大抓手取得较大突破，社保卡、代发新增、军服卡、信用卡挺进全国前 3 位；全国首创智慧食堂项目，开发 88 家。

——交流合作。

全省争取专项建设资金 1.2 亿元，建成“交邮合作”邮路 42 条，开展“邮快合作”县区 70 个、乡镇 581 个、建制村 6546 个，建成村级综合便民服务站 6370 个，村级站点代投社会快递近 1400 万件。政务“法院数字服务中心”模式，得到最高人民法院主要领导高度评价并建议全国推广。实施“项目制 + 专班”“三挂三考核”工作机制，协同工作达标项排名全国第1位，预评分排名全国第2位，比上年排名上升16位，全面完成集团六大协同项目和省内自主协同项目。顺利推进中国邮政与亚组委签约工作，成为2022年杭州亚运会官方邮政服务独家供应商。

四、企业管理

——能力建设。

网运改革持续深化。一、二干单边邮路占比19.15%；长三角区域外13.5米以上的大车发车占比70%以上。全省8个邮区中心合计压降、分流486人；人均处理效率1454件/人日，列全国第1位。加快建设特快专网，核心区域“对标竞品、数量相当、布局相随”，新增特快揽投部405个。散户及时揽收成功率98.82%，比年初提高3.06%；推进快包自提代投，建成中邮驿站8228个，代投邮件28万件/天。

科技创新、管理创新再出成果。全省526个特快揽投部已推行众创众享机制，覆盖率100%。9个项目获评全国邮政企业科技创新成果，其中“寄递业务环节损益预算管控系统”荣获一等奖。省分公司“邮政企业海外仓业务市场的开拓”荣获全国企业管理现代化创新二等成果。

降本增效成效显著。寄递五大环节成本比上年均实现下降，件均收寄、处理、管理支撑成本列全国第1位，分别比上年压降10.66%、11.47%、49.04%；运输、投递成本分别下降4.79%、7.29%。全省采购降本降幅22.22%，其中省集采项目降本降幅23.36%。

时限管控成效明显。落实“路长制”，重点管控8项时限达成率指标和8项分环节指标，其中快包整体达成率、快包出口达成率、快包收寄及时率、快包内部处理及时率、二干准点率稳定全网前五，10项指标稳定全网前十。

——人力资源管理。

干部人才队伍建好建强。对5个地市分公司领导班子及部分省分公司部室领导进行补充调整，全省新提任“85后”四级干部24人。积极试点领导干部任期制和契约化管理，全省已有108人签订聘任协议和经营业绩责任书。

发挥战略绩效考核指挥棒作用，对各地市分公司班子实行分组对标、分类考核，对地市副职及各级机关管理人员实施全员KPI考核。

——企业文化和精神文明建设。

省分公司被中国红十字会特授予“中国红十字会奉献奖章”。浙江省红十字会授予省寄递事业部速递部政务中心“浙江省红十字会新冠肺炎疫情防控特别贡献奖”称号。绍兴市分公司阮海良和杭州市分公司时斌获第三届全国邮政行业职业技能竞赛全国总决赛一等奖。

——服务质量管理。

服务质量保持领先。寄递服务质量10项重点指标全部进入全国前十，其中6项进入全国前五。

五、社会责任

——抗击疫情。

全省职工新冠疫苗接种率99%。杭州、宁波、绍兴发生疫情期间，全力保障居民用邮，并主动提供口罩、药品、蔬菜等生活必需品配送服务，彰显“国家队”责任担当。

——服务乡村振兴战略。

促进巩固拓展脱贫攻坚成果同乡村振兴有效衔接，帮助遂昌县大柘镇华洋村实现集体经济总收入40.99万元，其中经营性收入20.21万元，提前完成年度“消薄”目标。

——绿色邮政。

全省电商快件不再二次包装率99.8%，营业揽投网点包装废弃物循环利用全覆盖，省内循环中转袋绑定率97.5%，营业窗口一联面单使用率100%，电商快包一联面单使用率99.87%。

——风险防控。

全省未发生重大风险事件和案件，未发生重大负面舆情、大额赔付和大额监管处罚。（浙江省邮政分公司）

【邮储银行浙江省分行】

一、经营发展概况

——经营业绩。

2021年实现营业收入151.30亿元，增长25.84%；净利润70.61亿元，增长34.91%。经济增加值14.08亿元，经济资本回报率13.79%，成本收入比25.46%。

——发展规模。

总资产0.53万亿元，增长15.22%。各项存款余额0.47万亿元，增长13.41%，新增存款552.12亿元；各项贷款余额0.48万亿元，增长10.28%；存贷比103.04%。

——资产质量。

不良贷款率0.81%，拨备覆盖率244.28%。

二、落实中央决策部署

——支持乡村振兴。

发展涉农贷款，执行信贷规模和定价优惠倾斜政策，涉农贷款结余1647亿元、比上年增长18%，山区26县贷款比上年增长119亿元。推进科技赋能乡村振兴工程，实施“乡村振兴十二大核心项目”和“科技赋能乡村振兴十条措施”，评定信用村9792个、信用户23万户。创新县域特色信贷产品，开发“贻贝贷”“仙梅贷”等10个特色农业贷。持续做好缙云县大集村对口扶贫工作。

——支持中小微企业发展。

普惠型小微企业贷款结余1011亿元，比上年增长22.9%，增幅高于各项贷款平均增幅12.6%；扩面发放无还本续贷198亿元；落实减费政策要求，为客户节约成本8000余万元。

——落实碳达峰碳中和战略。

推动分支行落地各类绿色创新产品，湖州分行落地邮储银行首笔民营企业碳排放质押贷款，衢州分行推出“邮碳贷”碳账户金融产品。绿色融资结余275.5亿元，比上年增长48.8%，绿色银行建设获《金融时报》等主流媒体专题报道。

——服务国家区域发展战略。

服务长三角一体化发展战略，支持省内杭绍甬高速、杭温高铁等重大项目7个，累计投放资金297亿元，比上年增长92亿元；深度参与未来社区、浙江石油等省级重点建设项目贷款，余额净增56亿元，比上年增长45.3%。

——支持供给侧结构性改革。

“两新一重”贷款余额410.5亿元，比上年增长31%；向大交通领域投放公司贷款53.7亿元，向能源水利及危废处理行业投放55.4亿元，向保障房建设投放19.2亿元。

——推进数字化改革。

持续打造“零接触”银行，“极速贷”“邮享贷”实现100%自动审批。持续打造“有温度”银行，不断扩充网点适老化应用，建设邮爱驿站304个。持续打造“无边界”银行，拓展收单微商圈194个、邮食堂网购会员110万户。持续打造“高效率”银行，公司开户压降60分钟，上线客户关系管理等自研系统53个。持续打造“开放式”银行，机构客户新增1149户，合作政府性担保公司27家。

三、业务转型发展

——零售金融。

个金业务收入12.7亿元，比上年增长18.8%；消费贷款结余2354亿元，位居邮储银行第2位；小额贷款净增180亿元，结余1030亿元；信用卡新增客户34.6万户，发展特惠商户4571家，比上年增长306%；手机银行活跃客户超63万户；落地数字人民币钱柜1笔、钱包业务4笔。重队伍建设，增配理财经理111人，客户经理双证持有率100%；针对老年、青年、信贷三大重点客群试点建设10家主题网点；打造智慧交通、智慧食堂生态圈；重协作联动，总部19项邮银协同项目指标全部完成；三年期定期存款下降24亿元。

——公司金融。

公司存款净增110亿元，比上年增长23.5%；投放公司贷款368亿元；小企业贷款净增76亿元。在公司业务上，聚焦产业金融，累计向杭绍甬高速等长三角一体化项目投放资金297亿元。在小企业业务上，聚焦普惠金融，普惠型小微企业贷款余额1011亿元，发放无还本续贷3026笔，为企业减少3950万资金掉头成本。在交易银行业务上，聚焦供应链业务，供应链金融业务余额13.8亿元，比上年增长64%。

——资金资管。

发展同业融资业务，业务收入1.6亿，比上年增长33%。提高票据直转联动成效，直贴业务量432亿元，转贴业务交易量323亿元。提升投资业务发展动能，推荐总行投资172亿元，创新开展邮储银行首笔优先股二级转让业务。托管业务手续费6627万元，比上年增长136%。

四、风险管理升级

——实施资本管理高级方法。

宣传贯彻总行资本管理高级方法要求，组织参加资本高级法系列培训和考试，全辖参加培训6299人次，整体合格率97.8%。

——推进智能风控。

提升大数据风险防控水平，优化员工信用卡套现等5个自建模型；完善智能安防体系，市分行监控分中心全部投入运营，新增39家标准化达标网点通过验收。

——信用风险管理。

加强清收力度，累计清收不良本息9.4亿元，累计核销不良贷款19.5亿元；强化流程管理，开展对信用E贷等新产品的风险评估工作；加强风险检测，推广信用风险监控系统，法人客户预警及时率93%。

——内控合规管理。

优化代职支行长检查机制，代职88个网点；实施风险经理派驻，高风险地区配备17名风险经理；开展“合规红五月”宣教活动，“合规天天学”竞赛参与率100%；立、改、废制度261项，整改制度42项；开展重点法律风险点排查。全辖案件和重大风险事件零发生。

——内部审计工作。

完成审计项目19个，对审计发现的问题进行跟踪问效、整改核销、整改问责重检；利用审计分析系统，强化非现场数据分析，提高审计效率；强化审计问责力度，经济处罚17万元。

——疫情防控和安全生产工作。

下发25个文件通知，保障“战疫”全面实施；持续做好信息监测和“日报告”“零报告”工作，确保“战疫”信息畅通；在门前、厅内、柜面采取防疫措施，严守“战疫”网点防控。全年无确诊病例、无疑似病例、无隔离人员。全力推进安全生产专项整治三年行动“集中攻坚”工作，深入开展“平安邮储”创建工作，实现安全事故“零发生”。

五、管理效能提升

——信息科技建设。

完成统一授信管理系统等38个总行统建项目省内推广工作，上线自研系统项目53个，上线杭银金融等13个银企直联项目。

——资产负债管理。

优化信贷规模投向，提高高收益零售信贷业务比重，保障两小、绿色信贷、乡村振兴等战略发展需求；重点发展活期存款、一年期存款等高质量存款，控制中长期存款增长，降低存款付息率；强化经济资本限额管理，实施省分行部门经济资本回报率考核，引领资产结构优化。

——财务管理。

落地以零基预算为主的全面预算管控，通过集中采购、提升工程建设效率降本，向成本管理要效益；通过信贷资源挂钩等政策组合拳，向考核激励要效益；优化跨邮银、跨机构、跨条线客户开发收益分配机制，向协同管理要效益。

——运营管理。

推进运营数字化，信用卡预审等5项高频作业实现集中运营；推进网点智能化，应用客户营销管理等科技系统，辖内网点100%上线运营中心系统；推进柜面无纸化，纸质单式从146种减少至92种。

——人力资源管理。

出台《领导人员管理规定》等6项制度，推进任期制和契约化管理改革。深化用工制度改革，点均柜员人数从4.1人压降至3.4人，点均理财经理从0.9人提升至1.5人。深化考核激励制度改革，绩效考核结果实行“双挂钩”，核定山区和海岛补贴。

六、党建引领强化

——党史学习教育。

收听收看习近平总书记“七一”重要讲话；依托“五学”体系，全层次全覆盖开展党史学习教育；浙江省分行党委书记讲授党课3次，全辖党组织书记讲党课772次；推送“红船领航”信息88期，刊发党史学习教育简报24期；完成“我为群众办实事”171个，开展党支部“领题破题”课题研究142个。

——党风廉政建设。

组织开展“三廉三促”廉洁教育活动和“阳光信贷”建设，防范廉洁风险。对2家市分行党委和省分行机关24个党支部开展巡察，提前一年完成巡察“全覆盖”任务。持续推进巡视巡察整改工作。

——企业文化建设。

主流媒体宣传报道2795篇，省分行三农服务团队获评“全国工人先锋号”，2家支行获评“全国邮政系统模范职工小家”，2家支行获得“千家网点”称号。

——其他重点工作。

扎实开展建党100周年庆祝活动，新发展党员100名，深入开展“三亮三比三评”活动，领导干部“挂行蹲点”解决问题995个。省分行党建工作获省国资委肯定。（邮储银行）

【邮储银行宁波市分行】

一、经营发展概况

——经营业绩。

2021年实现营业收入14.49亿元，增长13.33%；净利润6.64亿元，增长60.25%。经济增加值750万元，经济资本回报率10.15%，成本收入比42.45%。

——发展规模。

总资产838.75亿元，增长15.44%。各项存款余额753.87亿元，增长14.24%，新增存款93.94亿元；各项贷款余额615.28亿元，增长19.61%；存贷比81.61%。

——资产质量。

不良贷款率0.28%，比上年末增长0.07%。拨备覆盖率561.37%。

二、落实中央决策部署

——支持乡村振兴。

推进乡村振兴工作，建立服务乡村振兴工作机制，通过“公司+三农”条线联动，开发涉农企业上下游产业链。涉农贷款全年净增21.86亿元，完成监管考核计划的364.33%。

——支持中小微企业发展。

持续推进小企业大走访工作，加强与市融资担保公司等平台合作，实现小企业业务扩面增量。小企业贷款全年净增17.07亿元，居邮储银行第10位，为历年最好水平。

——落实碳达峰碳中和战略。

持续加强绿色信贷投放，投向包括绿色农业、节能环保产业、新能源装备制造等。绿色融资结余406589.54万元，比上年末增加81554.54万元，增幅25.09%。

——服务国家区域发展战略。

加快区域融合发展，联合兄弟分行和同业，以银团贷款形式为甬金铁路、宁波轨道交通等重大项目提供金融服务，投放银团贷款33.18亿元。

——支持供给侧结构性改革。

围绕宁波“246”万千亿级产业集群，加强对行业骨干企业以及单项冠军企业营销力度，完成对14家制造业单项冠军培育企业授信准入，29家上市公司授信准入。持续加大科技创新金融支持力度，投放科技型企业贷款14.6亿元，比上年增长23.17%。

三、业务转型发展

——零售金融。

财富管理业务保持较快发展，AUM新增38.79亿元，其中财富管理业务新增23.76亿元。信用卡业务提质增效，信用卡消费规模36.2亿元，完成率109.73%，完成率居邮储银行第3位。

——公司金融。

探索风险引领营销，强化公司授信客户名单制精准营销，公司贷款余额139.92亿元，比上年增长9.64亿元；新增公司授信客户71户，比上年增长46.71%。公司存款时点余额84亿元，比上年增长18.37%；日均余额84亿元，比上年增长42.46%，增幅居邮储银行第1位。

——资金资管。

保持同业投资业务稳步增长，新增信贷ABS业务规模15.9亿元。加快同业融资业务发展，同业存款新增77亿元，比上年增长72亿元。抢抓邮e贴市场，累计签约邮e贴客户21个，落地业务35笔2.91亿元。

四、风险管理

——实施资本管理高级方法。

做好资本管理高级方法应用推广，通过分管行领导、风险管理部负责人大讲堂，讲授高级法基本知识；组织相关部门人员参加总行高级法远程学习，推进高级法基础知识到实践应用的理念宣贯。通过强化内部评级应用、督导各经营单位及时开展客户评级更新工作，做好高级法各项措施落地，客户评级覆盖率99.44%。

——推进智能风控。

强化智能化风控建设，在总行指导下，将人行普惠金融平台数据与邮储银行“金睛”系统对接，提升预警数据精确性有效性。

——信用风险管理。

深入行业研究，加强风险趋势研判，持续开展重点行业、区域和客户的监测预警和监督检查，把好客户准入关，动态退出风险客户，守住风险底线。积极落实总行风险经理派驻制要求，强化经营单位风险管理能力。常态化开展资产质量真实性检查，夯实资产质量管控。

——内控合规管理。

深入压实案防管理责任，强化员工案防意识。开展内控提质增效、内控合规建设管理年、员工行为规范教育等合规文化建设活动，丰富合规文化建设内容，提高合规意识。加大内控合规管理力度，组织整改问责重检、六类重点业务、员工疑似数据排查等十余项专项监督检查工作，全年未发生案件、风险事件。

——内部审计工作。

审计项目19个、非现场审计监测4次，发现问题219个，提出审计意见和建议68条。扣罚轻微违规积分168人次、334分，经济处罚156人次、63100元。

——疫情防控和安全生产工作。

以创建“平安邮储”为主要抓手，部署落实全行安全生产工作。明确安全责任，抓好监督检查，落实建党100周年庆祝活动、疫情期间安全与服务保障工作。

五、管理效能

——体制机制优化。

探索任期制和契约化管理改革。以改革试点为契机，配套开展机关员工“双向选聘”，进一步细化岗位职责模板，推动任期制和契约化管理更加扎实有效。持续开展“中层后备训练营”项目，组织开展中层正职训练营和中层副职第二期训练营。

——信息科技建设。

加强科技赋能，开展客户走访、利率定价、固定资产管理、绩效考核三期等系统的建设工作。深挖“互联网+”潜能，建设分行线上获客和客户权益积分平台，对接应用公积金中心、普惠金融平台等大数据平台资源，完成“公积金点贷”、“小企业政务贷”、政务数据智能化风控等创新项目。

——资产负债管理。

持续加强定价管理，统筹平衡内外部管理要求，做好新发生贷款定价水平监测，动态调整信贷结构及节奏。做好定价管理引导，分产品、分区域施策，实现绩效管理与定价管理绑定，增强经营单位定价能力。

——财务管理。

结合业务发展目标，制定积极财务预算，实时分析预算进展情况。做好成本费用管理，结合辖内情况，有针对性地提出费用“保、压、限、控”等改善措施，细化对辖内机构的分类管理，实时跟进费用使用情况，实现费用均衡列支。

——运营管理。

优化网点规划布局。辖内新设网点1家，撤销网点1家，完成3家网点迁址计划。开展窗口服务“三提升、三严禁”专项整治活动。通过对“7+74”问题清单开展非现场检查，提升窗口靓度，严禁脏乱差，提升服务温度，严禁生冷硬，提升业务黏度，严禁推诿拒，营造“以客户为中心”的服务文化氛围，提升网点客户体验。

——人力资源管理。

严格控制分支行机关人员编制，合理调整网点端和销售岗人员配备，全行销售人员占比31.31%。持续深化扁平化改革。集中管理全行绩效薪酬，实行“绩效打包、考核定包、占比抢包”，统一营销业绩评价和绩效激励标准，形成全行干部员工凭业绩争抢绩效的良性竞争机制。

六、党建引领

——党史学习教育。

突出系统性，推进党史学习教育取得实效。围绕“学党史、悟思想、办实事、开新局”要求，通过党委理论中心组、专题党课、现场教育、系列活动等多种形式，确保党史学习教育入脑入心。

——党风廉政建设。

持续深化标本兼治，加大执纪问责工作力度，运用“第一种形态”批评教育帮助23人次，立案1起，党内严重警告处分1人次。扎实推动巡察工作，对北仑等6家一级支行开展全面从严治党及巡视巡察整改工作检查。除新成立的江北支行党支部外，对分行党委下辖17个党支部（总支）实现巡察全覆盖。

——企业文化建设。

配合总行做好企业文化学习宣贯工作，开展专题宣讲2次，做好上墙规范。持续加强思想政治研究工作，开展“我和党的故事”“庆祝建党100周年”党建主题征文征集评选活动，征集到各基层党组织报送征文58篇。（邮储银行）

【中邮保险浙江省分公司】

一、经营发展

2021年累计实现总保费54.9亿元，排名全国第6位，完成率103%。其中：新单保费20亿元，完成率103%；续期保费34.7亿元，完成率103.1%。长期期交13.4亿元，提前半年时间完成年度目标。终身寿险12.4亿元，完成率266%。健康险4034万元，完成率137.3%。个团险保费2765万元，完成率141.4%。总保费在省内寿险业排名第10位，市场占有率3.2%，期交新单保费行业排名第7位，市场占有率4.0%。

二、运营服务

将中邮长期期交、终身寿险业务纳入邮银年度、季度考核，联合开展“金牛奋蹄　赢在开门红”“筑梦之江　星光闪耀”专项营销，实现新业务价值3.96亿元；实现5年交及以上期交新单11亿元，占期交新单比重82%，超过省内寿险业平均占比16.8%。

将健康险业务纳入省内板块自主协同项目，成立营销策划、工具开发、营销推动、培训支撑、客户服务等五个工作组，协同邮银推动健康险业务，顺利完成攻坚目标。

续期保费占总保费比重达63.2%，排名全国第2位。价值型续期保费13.88亿元，比上年增长129%。13个月保费继续率93.4%，25个月保费继续率98.54%，均排省内行业第1位。中高价值产品13个月保费继续率92.07%，25个月保费继续率98.17%，进入“优势库”。

团险外拓增量保费1779万元，成功中标华信设计院和拱墅安保团体意外综合保障项目，华信咨询设计院项目成为全国首家续保的百万级客户。

制定数字化营销方案，在余杭区、永康市等6个网点开展试点。以“六步工作法”为指导，开展“数字健康，遇见更好的自己”专项营销活动，试点网点全部进入全省健康险50强。

实施多元化场景营销，策划“财富年货街”“健康大魔方”活动，线上线下广泛宣传，传递“锁定健康、让爱封存”健康理念。开展“数字养生馆”“数字运动馆”互动活动，提升线上“获客”“活客”能力。

人核件全流程时效8.68天，保全时效1.01天，理赔申请支付时效1.3天，理赔出险支付时效69.04天。小额理赔5日结案率、重空单证每月盘点率100%。保全线上化率83.4%，电子保单推广率77.76%，有效投诉件数0件。

围绕“3·15”“7·8”活动主题，开展19次线上线下公益宣传，惠及客户20万。举办“中国传统文化之旅”高端客服活动，大力推广VIP客户增值服务项目。针对中高价值续期客户，开展“健康邮你”“爱健康”活动42场，服务客户2500人次。举办第五届少儿邮票绘画大赛，2000个学生家庭参赛。

三、企业管理

推进“内控合规管理建设年”活动，对5个地市19个县市69个网点开展检查，下发整改通知书25份，合规提示函9份。排查洗钱可疑交易281份。开展中邮保险合规经营劳动竞赛，评选合规标兵、优秀管理员各20人。组织“合规为本　人人有责”知识竞赛，参赛3779人次。

落实降本增效要求，按月对预算执行情况汇总分析，动态跟踪保费进度、产品结构、新业务价值完成情况，切实提高资源投入产出效率。

自主开发内部管理系统以及报表辅助提取等小工具，组织实施基础网络改造与提升工程，对全省19个市县开展信息安全检查。

加大员工培养力度，实施员工成长积分管理与员工持证奖励办法，16人获得CICE高级证书，6名讲师获AFP资格认证。组织74期内外部培训，覆盖1052人次。利用“得到”平台开展员工继续教育，人均学习时长40个小时。

成立“学+练”项目团队，下沉市县开展营销组织、网点辅导工作。实施长期期交网点产能项目，开展208场实战辅导，覆盖65个邮储、36个邮政单位。

实施邮政金融营销队伍“领雁工程”，组织2期明星理财经理、1期督训师培训班，提升理财团队客户经营与资产配置能力。开展“百城千场万人”财富论坛巡讲挑战赛，指导理财经理开展健康险、财富管理主题沙龙。

四、党建工作

——开展党史学习教育。

组织中心组专题学习4次、读书会31期。严格落实“三个第一时间”学习机制，对习近平总书记系列重要讲话精神进行学习。围绕健康险营销、续期业务价值提升等方面确定4个支部“领题破题”课题；聚焦服务乡村振兴、强化保险服务等方面制定6项“我为群众办实事”清单，推进党史学习教育与中心工作有机结合。

——制定党建工作要点。

落实全面从严治党主体责任清单和领导班子“一岗双责”责任清单，层层压实责任。落实意识形态责任制，对40项内容开展专项自查。抓好巡视整改，按季度对8项常态化全面整改清单和11项重点整改任务进行评估。完善“五好”党支部创建方案，促进支部工作规范化。强化廉政宣传教育和落实中央八项规定精神监督检查，纵深推进分公司党风廉政建设。

五、风险防控

把防范化解重大风险摆在突出位置，深入开展整治重大信息虚假问题专项行动，对虚列费用、虚增利润等问题深入排查，切实防范重大信息虚假问题发生。

六、社会责任

乡村振兴战略，开展“服务三农　乡村振兴”惠农宣传与“精诚协作，直播宣传”惠农项目，完成惠农简易险

1016万元，借意险业务218万元。

七、疫情防控

常态化抓好疫情防控，开展应急处置演练，推进新冠疫苗接种，员工及家属零感染。（中邮保险）

【中邮证券浙江省分公司】

一、经营发展

——经纪业务。

2021年累计收入696.23万元，占分公司业务收入89.03%。重点基金代销规模620万元，收益凭证代销规模约3.8亿元，其中：全省共发售16只省内专属收益凭证产品，销售量列全国前3位，实现业务收入超90万元。新增客户资产4.7亿元，交易类资产增加近2亿元，佣金净收入增长率47.5%。新增两融开户21户，累计实现两融利息收入104.50万元，首次突破百万，比上年增长9.84%。

——资管业务。

表外通道业务项目存量规模30亿元，累计收入28.01万元；资管产品代销规模5.66亿元，实现收入34.66万元。推动农商农信系统浙江区域全覆盖排查，累计沟通杭州、嘉兴、绍兴、台州、丽水监管二级行社15家，谋求业务转型途径。

——投行业务。

重点实现温州、丽水、衢州、绍兴邮储四个区域版图走访全覆盖，协同银行拜访省内地区政府平台企业、国资委等政府机构23家，走访次数58次。落地温州瑞安经济开发区发展总公司收益专项公司债券发行项目1单，交易所审批规模4.7亿元，与中信建投共为联席主承销商，创有史以来全国可比债券最低票面利率；完成首期发行3亿元，实现收入23.13万元，与邮储绍兴分行共同推动的10亿元北京金交所债权计划，取得核准函，处于筹备发行阶段。

——协同发展。

落实邮证收入双计政策落地。依托有效户大提升活动，继续将中邮证券有效户、新增三方存管纳入全省邮政全年重点工作考核。派员直接驻点省金融业务部，提出提质增效的业务发展理念，一并将资产提升考核纳入全年重点工作考核；联合省邮政定制销售省内专属收益凭证，发挥证券专业优势，快速引入高净值客户，成为获客、活客、留客的重要抓手，助力邮政网点财富管理转型。

深耕邮银渠道培训及走访工作。分公司利用自身投顾专业优势，主动参与邮银组织的各类现场培训，同时利用“腾讯会议”“腾讯课堂”等线上平台，对全省邮政系统开展18场“线上＋线下”专题培训，持续强化协同支撑。常态化开展实地调研，先后走访杭州、宁波、温州、嘉兴、湖州等30余个重点地市（县），推动协同业务发展量质并举。

二、企业管理

——组织架构。

根据《中邮证券组织架构调整方案》要求，分公司调整重设财富管理、机构客户、综合管理三个部室，逐步补齐业务发展短板，并对原有三位部门负责人相关职务进行平级调整。

——薪酬体系。

根据中邮证券MD职级实施方案，完成分公司MD职级与薪酬套改及试运行。规范理顺员工的职级和薪酬标准，充分调动员工积极性，提高员工的获得感和幸福感。

——队伍建设。

根据业务发展和客户服务需要，积极开展市场化人员引进工作，着力提升专业服务水平，提高客户参与资本市场的能力。

三、风险防控

贯彻落实公司打造“合规风控年”相关要求，全面加强合规风控管理。

——运营服务。

建立运营服务工作绩效考核机制，设立业务质量、办理及时性等考核指标，有效提高运营人员工作效率。

——人员配置。

根据业务发展和人员扩招需要，及时调整人员岗位，完成温州营业部兼职合规岗配备。

——合规自查。

完成2020年度在杭非法人机构分类评级、风险管理等报告，组织开展2020年下半年客户适当性管理、经纪业务条线重大涉恐风险隐患、证券账户实名制等自查工作，配合公司合规法务部完成现场检查。

——反洗钱风险排查。

完成非自然人客户风险评级到期客户重新识别、2020年四季度大额交易预警分析处理、2021年反洗钱核心业务等自查工作，未发现重大问题，对于不配合整改的非自然人已采取账户限制措施。

四、党建工作

——党的建设。

研究制订《浙江分公司党支部2021年度学习计划》，组织学习《习近平在浙江》、“社会主义核心价值观宣传月”、“党风廉政警示教育月”等专题学习及研讨。

——党史学习教育。

成立分公司党史学习教育工作小组，制定《中邮证券浙江分公司党支部开展党史学习教育实施细则》。组织党史读书会22期，开展主题活动2次。

——党建和业务工作融合发展。

研究制定“我为群众办实事”项目3个、主要举措8条，申报党支部“领题破题”课题1个、主要举措4条。

——巡视整改。

制定《中邮证券浙江分公司党支部2021年巡视整改工作方案》，以内部巡视整改深化中央巡视整改，扎实推进常态化全面整改。（中邮证券）

安徽省

【安徽省邮政分公司】 2021年实现总收入110.15亿元，居全国第7位，增幅13.71%，居全国第2位。实现利润8.78亿元，居全国第2位；收入利润率7.97%，居全国第2位。劳动生产率61.09万元/人，比上年提升5.74万元/人。

一、企业党建

——党史学习教育扎实开展。

成立领导小组，制定工作方案，推进34项工作。认真落实“三个第一时间”学习机制。开展专题读书班，完成7本指定教材重要篇目的学习。扎实开展“走邮路 看安徽”主题活动和“我为群众办实事”等系列活动，完成624个办实事项目。制定庆祝中国共产党成立100周年活动清单，完成“红心向党”微党课评选等33项工作。党史学习教育工作得到集团公司第九巡回指导组充分肯定。

——管党治党责任不断压实。

印发落实全面从严治党主体责任清单和“一岗双责”责任清单，制定党风廉政建设主体责任、监督责任的实施意见。落实意识形态工作责任和思想政治工作责任，加强阵地管理。严格执纪问责，全年立案26起，给予党纪政纪处分37人。信访总量比上年下降47.3%。开展加油卡使用管理等8个专项治理。

——巡视整改和巡察高质量开展。

统筹推进中央巡视、集团公司党组巡视整改，46个问题全部整改到位。开展两批次省内巡察，做好“邮政服务乡村振兴战略”专项巡察，提前一年实现巡察全覆盖。建立“两图一表一模板”巡察整改模式。

——基层党组织建设稳步强化。

完成12个市分公司党委换届选举。进一步明确省寄递事业部党的有关工作管理职责。持续推进模范机关和基层党组织标准化规范化建设。加强党员联系无党员网点工作。落实好“三会一课”、民主评议党员等组织生活制度，推动基层党组织全面进步全面过硬。

——干部人才队伍建设持续加强。

选优配强各级领导班子，调整三级领导人员25人，提任三级领导人员14人。注重年轻干部培养使用，配备40岁左右干部的市分公司领导班子占比56.25%，配备35岁左右干部的县分公司领导班子占比72.58%。建立青年人才库875人、职业导师库334人。

二、普遍服务

普服网点转型不断加快。转型网点1788个，完成率102.82%。营业网点实现收入61.29亿元，增幅20.77%，零收入网点实现“清零”，收入万元以上网点占比96.76%。校园综合服务平台建设提质扩面。总结提炼、复制推广铜陵学院模式，探索邮政独家运营、邮快共享共建、总部战略客户异业联盟“三种模式”，加大业务叠加和场景建设，搭建共享寄递平台、文化生活平台、创业实践平台。累计进驻高校92所，完成率102.22%。“云邮站”线上营销平台持续完善。以“短视频+企业微信+直播”为矩阵，迭代升级“云邮站”平台。累计打造“云邮站”网点1211个，线上营销2.43亿元。

三、业务发展

——邮政业务。

集邮文传业务实现收入8.26亿元，居全国第11位，增幅7.76%，居全国第8位。电商分销业务实现收入5.89亿元，居全国第6位，比上年提升3位；增幅14.61%，居全国第6位。打造万单农产品88个，居全国第1位；实现农产品线上零售额9381万元，居全国第3位；实现自营批销额4.25亿元。

——寄递业务。

实现收入33.15亿元，增幅22.69%，均居全国第6位。寄递业务改革系统推进。

两集中改革成效显现。集中推进省际中心、本地中心能力建设，主要节点处理能力提升至430万袋件/天；二干邮路装载率提升3.3%，一干大车发运占比提升26.27%。

陆运网改革持续优化。开通本地中心至重点乡镇直达邮路44条，取消（弱化）10个县级处理中心分拣功能，本地中心直封农村投递机构413个，占比43%。

运输改革取得突破。开通4条高铁邮路，实现重点路向特快邮件多频次运输。民航通达范围覆盖18个重点城

“双11”临近，安徽省阜阳市邮政分公司全新的邮件处理中心投入使用，全力保障旺季高峰邮件正常运转（《中国邮政报》）

市，早晚航班使用率 90% 以上。调整“单改双”“委办改自办”“小车改大车”“经转改串行”线路 38 条，节约成本 3165 万元。

揽投网改革稳步实施。推进“快包自提 + 甩点直投”、网格化小团队作业模式；揽投部网格化率 94.83%。累计发展代投自提点 4.88 万处，快包代投自提率 79%，居全国第 2 位。

邮区中心改革落地见效。完成 4 个省际中心内设机构整合及人员优化，精简内设机构 9 个、人员 621 人，压降成本 6147 万元。

降本增效取得实效。制定五大环节压降目标，围绕人工成本、运输费、外包费三项重点成本，以及 25 项关键管控要素，制定 75 条工作台账。收寄、处理、投递和管理支撑环节成本居全国良好水平。

——金融业务。

实现收入 62.75 亿元，居全国第 8 位，增幅 9.37%。AUM 净增 763.57 亿元，居全国第 6 位，旺季营销期间，余额规模突破 4000 亿元，蝉联“十强省分公司”第一组第 1 名。

——交流合作。

推进协同会议制度化规范化，建立“协同委员会 + 板块 + 专业”管理体系，明确重点协同项目专班运营、客户分配、信息共享等机制，落实属地管理原则，有效增强工作合力。重点项目成效显著。六大重点协同项目实现收入 11.05 亿元，完成率 125.29%。积极推进与省军区、省高院、省应急管理厅等战略合作，合作客户 39 家，实现收入 3.69 亿元，增幅 14.56%。邮银共同推进产业集群客户综合开发、农产品电商客户开发、农产品基地建设、信用村建设、乡村振兴卡发放“五大项目”。联合省农业农村厅发行乡村振兴卡，与信用村建设协同推进，累计发卡 12.17 万张、建设信用村 7503 个。在全国惠农合作项目“比学赶帮超”活动中取得满分，居全国第 1 位。

四、企业管理

——基础管理。

国企改革三年行动方案有序落实。制定改革任务清单，明确 29 项任务、125 条举措。推进任期制和契约化管理改革，制定推进方案，规范班子分工，完善配套措施，芜湖、六安市分公司改革试点如期完成。持续深化劳动用工、薪酬分配制度改革。完成省邮通公司清算注销。包裹快递生产车间经济责任制试点成效明显。落实经济责任制，加强包裹快递生产车间全流程、全环节、全成本管控，推进标准化作业、优化流程、创新业务、搞活机制，培养一批“懂经济、懂业务、懂技术”运营管理团队，打造“管理团队 + 外包作业”运营模式，带动全网提速提质增效。7 个试点单位压降运行成本 5265.75 万元。

财务管理日益加强。通过对校园综合服务平台建设等 19 个重点项目的财务赋能，促进业务发展。完善 9 项资金资产管理制度，开展个人账户归集营收资金等检查，推进闲置资产盘活和分类核算基础数据清理。加强财务决算管理，提升决算数据价值。做好集团公司业财一体化平台试点。

审计和采购管理不断强化。配合做好审计署现场审计。开展专项审计 3 项、经济责任审计 20 项；完成工程审计 762 项，工程审减额 3403 万元。建立审计整改管理制度。扩大省级集采范围，省级集采率 74.2%，超集团公司标准 4.2%。公开采购率 99.4%、电子招标率 89.2%。

——能力建设。

推进“五个结合”，深化三级物流体系运用。20 个县级中心叠加邮快合作处理功能。全面对接交通主管部门，开展交邮合作，入驻 61 处乡镇运输服务站，开通 76 条公交班线邮路。持续推进邮快合作下乡进村，合作范围 103 个县（区）、覆盖率 99.04%，1215 个乡镇、覆盖率 89.21%；1.19 万个建制村、覆盖率 83.29%。三级物流体系建设被省委纳入“我为群众办实事”省级重点民生项目。

科技赋能持续深化。建立省级科技创新实验室，上线代理金融 VIP 服务套餐等系统 23 个。推广使用新一代营业渠道系统。配备 ITM 2278 台、STM 53 台，交易离柜率 72.89%，比上年提升 13.54%。深化数据应用，开展星级客户、寄递协议客户等 16 个项目数据分析，支撑 60 余个专项营销活动。

发展能力不断增强。安排能力建设计划 6.27 亿元，其中固定资产投资 4.4 亿元，成本投入 1.87 亿元。推进合肥、蚌埠、安庆、芜湖邮件处理中心等全国骨干节点建设，阜阳、马鞍山市邮件处理中心工艺设备投入使用。改造网点 840 处、生产场地和设施 84 处。推进合肥邮件处理中心（火车站）场地建设和省级智能仓搬迁。推进 172 个营业部销售化转型，组建网格化特快专揽专投团队 578 个，实现特快收入 4.56 亿元，比上年增长 43.51%。

——人力资源管理。

人力资源配置更加优化。引进大学生 237 人，录用石邮毕业生 54 人；开展各类培训 63 期，参培人员 1.6 万人次。开展两批社会招聘 567 人，优化代理金融队伍结构；配备专职理财经理 1158 人，有力支撑金融业务转型。

——企业文化和精神文明建设。

持续做好为职工办实事项目，投入 3390 万元，为职工购买门诊商业补充医疗保险；为 1.4 万名网点营业人员、揽投人员增配防寒服。深化关爱职工帮扶，完成 1.85 万人爱心帮扶基金会入会工作，帮扶总金额 459 万元。投入 438 万元，为职工购买重大疾病和意外伤害保险。安排 152 万元，走访慰问劳模先进 93 人、困难职工 406 人、支局班组 615 个。投入资金 281 万元，建成寄递职工小家

83 处，受益职工 2000 多人。

——安全生产。

持续推进邮件处理中心安全管理规范化提升、寄递安全隐患排查行动，完成全国“两会”、建党 100 周年等重大活动期间寄递安全保障工作。完善突发事件应急预案。制定寄递安全管理办法。

——服务质量管理。

制定服务质量管理办法。强化智能跟单系统应用，服务工单无效处理率 0.04%，居全国第 1 位。建立申诉压降机制，有责申诉率百万分之 0.04，居全国第 1 位。提升投诉处理效率，问题邮件一次及时解决率 95.43%，居全国第 2 位。

五、社会责任

——抗击疫情。

压实防疫责任，疫苗接种应接尽接，采购 221.53 万元防疫物资，确保员工生命健康安全，确保邮政通信畅通。

——服务乡村振兴战略。

印发服务乡村振兴战略行动方案、定点帮扶三年规划，巩固拓展脱贫攻坚成果同乡村振兴有效衔接。制订乡村振兴网点建设三年规划，计划投入专项资金 6.28 亿元，购建网点 335 处。总结复制砀山模式，升级打造裕安模式。销售农产品 3.42 亿元，居全国第 7 位。建成国家、省、市三级农产品基地 26 处，国家级基地销售额 8815 万元，居全国第 4 位。实现农产品寄递收入 3.9 亿元，完成率 219.03%，居全国第 1 位。省总工会再次将邮乐平台纳入消费帮扶指定线上平台。

——绿色邮政。

一级干线往返邮路甩挂运输占比 82.6%，租赁新能源汽车 423 辆。符合标准的包装材料、45 毫米及以下胶带使用率均 100%；一联电子运单、省内可循环邮袋使用率等指标均达考核要求。发展网上银行、手机银行，推广智能终端自助设备应用，电子银行交易替代率 95.28%。开展绿色快递进机关、进企业、进校园活动，倡导绿色寄递。

——风险防控。

深入开展第七轮银行业金融机构安全评估、业务库安全风险排雷活动，未发生金融资金案件和重大风险事件。（安徽省邮政分公司）

【邮储银行安徽省分行】

一、经营发展概况

——经营业绩。

2021 年实现营业收入 96.78 亿元，增长 12.57%；净利润 57.39 亿元，增长 15.9%。经济增加值 21.33 亿元，经济资本回报率 19.88%，成本收入比 34.23%。

——发展规模。

总资产 6751 亿元，增长 12.17%。各项存款余额 6154 亿元，增长 11.36%，新增存款 628 亿元；各项贷款余额 3031 亿元，增长 12.68%；存贷比 49.16%。

——资产质量。

不良贷款率 0.51%，比上年减少 0.02%。拨备覆盖率 293.15%。

二、落实中央决策部署

——支持乡村振兴。

重点开发农户、农企、农村集体经济组织三类客户，用好“金邮惠农”、省党建引领信用村系统、省农担系统三大平台，全面提升服务农村市场能力。涉农贷款净增 170.64 亿元，增速 20%，拓展“乡村振兴卡”客户 12.17 万户，放款 52.12 亿元。“金邮惠农”平台、乡村一站式便民服务平台入选人民银行总行批复的金融科技赋能示范工程项目。

——支持中小微企业发展。

坚决落实“六稳”“六保”要求，加大“专精特新”企业开发力度，推进减费让利，降低小微企业融资成本。普惠型小微企业贷款净增 80.49 亿元，增速 19.56%，有贷款余额户数 11 万户，比上年增长 7464 户，完成“两增”工作目标。省级以上“专精特新”中小企业贷款余额 24.27 亿元，有贷款余额户数 377 户。

——落实碳达峰碳中和战略。

围绕省碳达峰碳中和行动，调整优化行内授信政策和风险偏好，设置审查审批绿色通道，加强投贷债存联动，构建绿色金融服务场景，重点支持绿色交通运输、可再生能源及清洁能源、新能源汽车、垃圾处理及污染防治、污水处理等领域的项目建设，支撑省争创国家能源综合改革创新试点省。围绕淮南、淮北煤炭基地转型升级、长三角能源基地建设，加大信贷投放，稳定能源保供。绿色信贷增加 29.64 亿元，增速 39.17%。

——服务国家区域发展战略。

聚焦长三角一体化发展，成立服务专班，在库项目 158 个，新增授信 16 户、授信金额 490 亿元、贷款金额 117 亿元。

——支持供给侧结构性改革。

重点支持智能家电、电子信息、人工智能、机器人等省内重点发展产业，长鑫存储一期、蔚来汽车等战略新兴项目成功获批，制造业贷款新增 47.95 亿元，增速 18.66%；重点支持合肥国家实验室、合肥“综合性国家科学中心”和 G60 科创走廊建设，科创企业贷款新增 3.99 亿元；在合肥、芜湖设立自贸区支行，办理国际结算 5.24 亿美元，跨境融资累放 2.43 亿美元。

三、业务转型发展

——零售金融。

铺开网点系统化转型，AUM 转型迈出关键一步，个人客户 AUM 新增 198.42 亿元，增速 13.55%；个人有效客户新增27.04万户，理财经理人均总产能1173.1万元，居邮储银行首位，比转型前提升71%；兼职理财经理人均总产能47.1万元。

——公司金融。

围绕客户交易场景，科技赋能推进数字化转型，与蚌埠医学院附属医院合作落地邮储银行首笔住院费动态二维码缴费，实现“一患一码”；与奇瑞“考拉”供应链金融平台直联，落地邮储银行首笔系统直联模式保理；与合肥、马鞍山两地公共资源交易中心电子保函系统成功对接，实现电子投标保函业务落地。

——资金资管。

同业融资充分利用资金优势，持续为辖内城商行、农商行及非银金融机构提供流动性支持，融出资金79亿元，余额154亿元。理财投资多项创新业务突破，实现安徽省分行首笔理财直融工具项目、首笔“商业物业抵押贷款资产支持专项计划”（CMBS）业务落地。

四、风险管理升级

——信用风险管理。

开展资产质量真实性检查和全面风险自查，完成分类调整897笔，金额3.43亿元；退出高风险业务和机构；开展“固堤清淤”大行动，推进不良处置，落地邮储银行首笔对公不良单户转让项目，清收不良资产本息9.54亿元。

——内控合规管理。

建立矩阵式内控管理机制，通过落实制度设立、制度执行、监督检查、整改问责“四个到位”。确定监督检查重点26个，覆盖19个业务条线。落实监管各项工作要求，开展“内控合规管理建设年”活动，移交反洗钱线索41个，返还被骗群众资金277.81万元，受到省公安厅、中国人民银行合肥中心支行书面表扬。

——内部审计工作。

完成审计监督评价项目47个，审计金额327亿元，提出审计建议101条，促进整章建制20项。聚焦“智能化”转型，依托审计系统，新编各类审计模型140个，对146个模型、49.09万条风险数据进行集中分析，形成5期非现场专题分析报告，发现各类问题线索735个，实现风险端口前移。

——疫情防控和安全生产工作。

严格落实“外防输入、内防反弹”的疫情防控要求，密切关注疫情防控动态，紧盯重要节点、重点区域、重要人员的日常监测，做好常态化疫情防控工作。落实安全生产专项整治三年行动，新建达标网点37个，开展消防、用电等重点领域安全整治工作，在第七轮全省银行业金融机构安全评估中获得“优秀单位”称号。

五、管理效能提升

——信息科技建设。

落实总行重点信息化项目年度推广计划，顺利完成综合绩效、统一授信等75项总行重点信息化项目省内推广工作。确立省分行年度重点项目27项，完成18个项目建设推广。获得“2021年度安徽银行业保险业网络安全竞赛团体二等奖”等多项荣誉。

——资产负债管理。

资产端，适应资本紧约束形势，加大省分行集中统筹力度，优先保障实体贷款的配置，实现信贷资源配置与高质量发展紧密挂钩。新增实体贷款394.5亿元，创历史新高。负债端，以稳增长、控成本为主线，按月监测存款偏离度等重点指标，引导分支机构存款发展策略向重效益、提质量转变。

——财务管理。

重点激励中收、重点信贷业务发展，全年补贴市分行超亿元；优化财务报账流程，加快改善营运环境，更换新增生产用车31辆，盘活行方注资房产1处，整顿权证不齐等租赁房产50余处。提高采购效率，实施采购项目319项。

——运营管理。

增配ITM设备488台、移动展业设备863台，自助设备可分流离柜率提升至94%；推行无纸化交易，开展窗口服务提升工程，建设适老化特色支行28个，获评银行业协会服务千佳网点3个、星级网点18个。

——人力资源管理。

开展机关定员定编，提升销售人员占比，销售类岗位人员提升3.46%。改善领导干部结构，选优配强领导班子，持续推进“领航工程”。优化工资分配体系，突出业绩经营导向，进一步激发队伍活力。

六、党建引领强化

——党史学习教育。

制定党史学习教育37项具体工作安排，组织党员干部参加线上线下学习培训，举办“党旗在基层一线高高飘扬——以实际行动庆祝中国共产党成立100周年”活动，制定“我为群众办实事”清单，将学习成效转化为工作成效。

——党风廉政建设。

对辖内阜阳等4家市分行，省分行机关及石台等3家县支行党组织开展常规巡察。统筹推进巡察整改，完成常态化巡视整改和重点专项整改7项，制定整改措施361条。持续纠治“四风”，开展廉政警示教育，建设清廉金融文化。建立“四制”机制，压实机关人员首问负责、一次告知、限时办结责任，强化担当作为，持续破除“中梗阻”“灯下黑”问题。

——企业文化建设。

连续5年全部兑现对员工承诺的“十件实事”，慰问劳模先进25人，帮扶困难职工133人。开展文体赛事，深化小家建设，不断增强员工获得感、幸福感。宿州市分行获评“2021年全国市场质量信用AA等级企业”，宣城市分行营业部获评“安徽省工人先锋号”，滁州市分行获评集团公司“2020年度全国邮政用户满意企业”。（邮储银行）

【中邮保险安徽省分公司】

一、经营发展

2021年实现总保费48.36亿元，完成计划的101.4%，规模列全国第9位。在总部重点经营发展指标考核中，安徽分公司得分排名全国第8位，增长位次在二类省中排名第一。

——重点目标。

长期期交、终身寿、健康险、团险直销增量、简易险、个险、续期等各项业务全面完成总部下达目标。

——业务结构。

实现新业务价值3.02亿元，比上年增长273%。长期期交新单保费占新单保费的63.5%，比上年提升20.7%。5年期及以上业务占比43%，比上年提升28.3%。

——效益增长。

落实“两降两升”指标效果显著：新单负债成本率4.36%，比上年下降20个BP；标保价值率61.9%，比上年提升36.4%；投价比4.8，比上年提升3.4%。

二、运营服务

——运营质效。

探索建立业务品质联合管控机制，主要运营指标实现争先进位，8项考核指标中有7项排名全国前3位。开展专项清理整改活动，完成存量问题整改1277件，整改量比上年增长104%。

——客服水平。

加强“分公司—呼叫中心—渠道”三方协同和服务支撑，犹豫期内电话回访成功率99.95%，比上年提升2.44%。邮银保联动做好客户引导件及投诉件处理，有效投诉件比上年减少30.77%。

——续期管理。

围绕“四库三精”强化指标管控，建立指标变动追踪机制，13月保费继续率92.94%，25月保费继续率97.87%，领先五大上市险企在皖分支机构。

——代管职责。

完善市县代管机构及人员评优评先机制，组织市县代管人员开展培训138小时，提升履职能力。

——信息技术保障。

圆满完成建党100周年、国庆等重点时期的信息安全保障，全年未发生信息安全事故。

——营销活动。

将5年以上缴费期终身寿险和10年以上缴费期健康险折标计算，实现旺季“开门红”。做好客户活动组织保障和服务支撑，推动实施健康险专项营销活动。

——营销模式。

研究重点产品卖点，制作下发节日营销操作白皮书、产品销售小贴士等营销工具，搭建“客户+产品+主题”的营销场景。开展健康险数字化营销试点，辅导网点使用CRM系统，精准梳理及锁定目标客户，试点网点出单率达到100%。

三、企业管理

——干部人才队伍建设。

交流借调优秀干部、业务骨干8人次，岗位轮换20人次，新聘专业技术职务9人。举办员工素质能力提升培训班，推进干部员工能力素质提升。

——市场化改革。

成立领导人员任期制和契约化管理专项领导小组和工作机构，拟定实施方案。做好员工职级薪酬改革宣贯。强化绩效考核全流程管理，做好绩效目标分解落实。

——培训支撑。

协同邮政代理金融开展队伍共建，共同打造1400名理财经理、183名金融督训师为主体的金融营销队伍。持续开展全覆盖、全流程业务培训，累计培训1372场次，覆盖人数28079人次，助力邮银网点人员保险营销能力提升。

——财务管理。

持续优化资源配置，实现价值提升、压降负债成本等各项目标。公开采购率、上网采购率均优于总部考核要求。

四、风险防控

——合规管理。

深入开展“内控合规管理建设年”活动，合规长效机制建设取得新成效。完成8市、22县及下辖89个邮银网点现场检查，下发整改通知书16份，渠道管控得到强化。

——风险管控。

按季参加代理金融风险内控案防会议，联合邮银共同开展自办保险和代理保险理财类业务检查。扎实开展市场乱象专项整治、非法集资风险排查、欺诈风险排查和年度风险排查，有效防控案件风险。偿二代保险公司分支机构综合评级得分保持在90分以上，操作风险得到有效管控。

五、党建工作

——党的建设。

明确分公司党委60项工作举措和支部10项重点任务，压实全面从严治党责任。开展基层党组织“比学赶帮超”、一先两优评选表彰，激发基层党建活力。对照集团公司党组2021年第一批巡视反馈意见，组织开展举一反三自查自纠，推进问题逐一整改到位。

——党史学习教育。

举办党史学习教育专题讲座，开展红色观影活动，赴渡江战役纪念馆等革命旧址开展红色教育，完成“我为群众办实事”项目5项、党支部（党小组）“领题破题”课题7项，推动学习教育走深走实。

——党风廉政建设。

强化政治监督责任履行，组织开展党史学习教育、意识形态等重点工作专项检查。组织开展“小金库”治理、公务用车等专项治理活动，持续加强权力运行监督。

六、社会责任

乡村振兴。以惠农合作项目和帮扶活动为着力点，实现惠农简易险保费594万元，累计覆盖客户3.3万人。为3213名有帮扶需求人口提供6486万元意外风险保额。

七、疫情防控

及时认真落实上级疫情防控要求，严格落实测温、消毒等常态化疫情防控措施，全年分公司未发生感染事件。（中邮保险）

福建省

【福建省邮政分公司】 2021年实现业务收入（含寄递事业部）68.91亿元，比上年增长1.9%（按审计整改口径调整还原）。

一、业务发展

——邮政业务。

集邮业务收入1.33亿元，比上年增长14.6%。函件传媒收入1.39亿元。党建项目创收超过2500万元；厦大百年、福建土楼邮票首发项目合计创收近千万元。与柒牌跨界合作，运用中邮文创品牌扶持民族产业。报刊业务收入3.2亿元，增幅2.6%；零售图书收入增幅43.2%，《习近平在福建》销量占全国销量56%；学生人均订阅报刊24.34元，列全国第3位。农村电商以多业务叠加带动优质站点建设，打造活跃站点5755个；以基地建设带动农品销售，打造万单农品13个，带动基地农品销售超过2500万元；以专业直播介入新兴市场，开展线上直播190场、销售额超百万元。

福建省安溪县邮政分公司承建的安溪优质农产品体验馆开馆（《中国邮政报》）

——寄递业务。

实现收入28.03亿元。国内特快收入比上年增长20.5%；快包业务收入比上年增长31.4%，列全国第3位；国际标快收入比上年增长24.9%，收入规模和增幅均列全国第3位。寄递服务体系服务质量看板10项指标均进入全国前十，其中5项进入前五，国际EMS、国际包裹异常发生率全国最低。寄递五大环节单位成本全面改善且全部优于全国平均水平。

——金融业务。

实现收入30.41亿元，比上年增长8.82%。余额规模突破1800亿元，年增179.58亿元，新增五大行市占率18%。总保费比上年增长10.5%，其中，长期期缴比上年增长56.3%，列全国第2位；保险收入比上年增长35.7%，高于全国平均水平10.8%，带动非储收入占比提升1%。压降高柜台席396个，组建县级专职外拓团队871人，开发村社1536个。顺利完成省中邮保险公司筹建和开业工作。

——交流合作。

协同工作进一步深化。得到省委办公厅、省高级人民法院、省委军民融合办和省银联等单位来信肯定。与省中小企业公共服务平台签订合作协议，承接向全省2.6万个非公企业寄送一封信工作，搭建服务中小企业合作平台。福州分公司突破军区军备物资、车辆设备、新兵被装等配送项目，依托邮政网点建设退役军人服务站和军人驿站模式得到国家、省退役军人事务部门认可。

二、企业管理

——能力建设。

网点转型进一步赋能。认真落实省委和集团公司要求，借助红色、旅游、校园等资源，培育了一批主题邮局、乡镇网点、社区网点等转型标杆。在省政协的大力支持下，建成集主题邮局、共和国邮政摇篮展览馆、“红古田”惠农产品展销中心“三馆合一”的长汀长征出发地主题邮局，进一步扩大了邮政品牌影响力。依托自有技术力量开发渠道平台网点转型数据看板，完善网点收入计列工作，强化网点转型工作的管控。

寄递网改革稳步推进。完成陆运网改革验收，实现214个重点乡镇一次分拣到位。推进航陆组合发运，月加车数量减少33台次以上，5条邮路扭亏，月节约成本63万元；开通福州至合肥、南昌、杭州等高铁线路。12个大户直投机构投入运营，合计日均投递2.5万件，快包自提率59.08%。前置集包能力大幅提升，应集必集率维持全国前三。“路长制”管控全面落实，特快、快包优势线路分别增加 145 条、395 条。

三级物流体系建设加快推进。明确“两步走”策略，出台激励补贴政策，完成 24 个示范县建设任务。省分公司被纳入省商务厅县域商业体系建设共建单位。与省交通运输厅、省邮政管理局联合发文推进交邮合作、邮快合作，形成沙县“农村物流＋新型邮政”、安溪“场站互用、路网共维、客邮联运”、清流交邮运能互补三种新模式；实现 2722 个建制村邮快合作，完成率 111%。

——企业文化和精神文明建设。

政务服务品牌充分彰显。基于信息技术创新深入推进司法送达 185 服务模式，受理送达任务 709.3 万个，涉案量 28 万件，电子送达成功率 44.2%，综合送达成功率 93%。推进与人社部门全面合作，依托信息化手段全国率先推出仲裁文书集约送达服务。

三、社会责任

服务乡村振兴战略。省分公司被纳入省政府主导的全省农村电子商务共建单位，市县政邮合作率分别 100%、98%，惠农专班省市县全覆盖。建成邮政助力乡村振兴示范村 51 个。初步构建“银耳＋茶叶＋食用菌”3 个全国基地集群和“水果＋海产品＋禽类”3 个省级基地集群，全国、省内基地分别挂牌 18 家、83 家。融资 E 业务新增放款 5.67 亿元，完成率 218.2%。惠农“极速鲜”业务创收 4086 万元，增幅 146%，完成率 158%。自营农品销售额 1.58 亿元，完成率 158.3%。举办“邮政惠农”安溪铁观音秋季茶王赛，预计创收超过 500 万元。（福建省邮政分公司）

【邮储银行福建省分行】

一、经营发展概况

——经营业绩。

2021 年实现营业收入 63.8 亿元，增长 10.75%；净利润 30.99 亿元，增长 23.81%。经济增加值 7.18 亿元，经济资本回报率 14.51%，成本收入比 38.97%。

——发展规模。

总资产 2713 亿元，增长 9.24%。各项存款余额 2384 亿元，增长 7.56%，新增存款 167.68 亿元；各项贷款余额 1884 亿元，增长 17.62%；存贷比 79.03%。

——资产质量。

不良贷款率（含信用卡不良）0.73%，比上年下降 0.13%；不良贷款率（不含信用卡）0.67%，低于全省平均水平 0.34%。拨备覆盖率 272.32%。

二、落实中央决策部署

——支持乡村振兴。

在“绿色经济”“蓝色经济”两个方向推进金融服务乡村产业振兴，推出及优化福鼎白茶、漳州兰花、古田菌菇等“三农”信贷产品；针对沿海蓝色经济，创新推出霞浦大黄鱼贷、深海养殖流水贷、渔排改造补贴款进行质押的“渔排贷”等产品。涉农贷款余额 660 亿元，比上年新增 96 亿元，增长 17%。

——支持中小微企业发展。

出台 8 个方面 23 条政策措施，对接省科技型中小微企业贷款业务，推广“科技贷”银政业务合作，开展首贷专项行动，建立小微企业无贷户名单库，深入挖掘内外部数据资源。普惠小微企业贷款余额 516 亿元，比上年新增 78 亿元。

——落实碳达峰碳中和战略。

支持绿色、低碳、循环经济，资源向节能减排、绿色环保产业倾斜，创新绿色金融产品与服务，节能环保项目及服务信贷比上年新增 23 亿元，增幅 34%。

——服务国家区域发展战略。

主动融入省推进高质量发展超越的大局，支持福建经济发展的意向融资金额 1594 亿元。向 89 个重点重大项目提供融资支持，授信金额近 700 亿元，贷款余额 177 亿元。发放民营企业贷款 347 亿元，比上年新增 33 亿元；发放制造业贷款 240 亿元，比上年新增 35 亿元。

三、业务转型发展

——零售金融。

自营个人储蓄存款年平均余额新增 38.69 亿元，完成总行目标的 148.81%。代理保险新单保费 9.29 亿元，创历史新高，比上年增长 119.24%；非货币型基金累计销量 21.94 亿元，比上年增长 33.91%，完成总行目标的 137.45%，居邮储银行第 4 位。小额贷款新增 80.14 亿元，居邮储银行第 6 位，完成总行目标的 114.49%。小企业贷款新增 25.7 亿元，居邮储银行第 8 位，完成总行目标的 122.37%。消费贷款新增 136.17 亿元，其中自营非房消费贷款新增 26.47 亿元，完成总行目标的 132.35%。新增信用卡客户 29.28 万户，完成总行目标的 100.48%；新增消费金额 756.88 亿元，新增分期金额 59.37 亿元，均居邮储银行第 2 位。自营借贷记快捷支付绑卡新增 45.4 万户，完成总行目标的 227%，完成率居邮储银行第 1 位；手机银行新增激活客户 20.18 万户，完成总行目标的 115.29%。

——公司金融。

公司存款余额 298.77 亿元，新增 19.86 亿元，年平均余额新增 13.48 亿元。公司贷款新增 46.03 亿元，完成总行目标的 115.08%。实现投资银行中间业务收入 1971 万元，完成总行目标的 133%，新增银团牵头数量 19 个，居邮储银行第 2 位。交易银行业务逐步构建涵盖综合化产品服务体系，现金管理客户覆盖率新增 21.65%，居邮储银行第 1 位；企业网银开通率新增 19.44%，居邮储银行第 4 位；开放式缴费交易量 27.11 亿元，完成总行目标的 387.31%。

——资金资管。

深化同业生态圈建设，与省内三家法人城商行签署数字人民币业务战略合作协议，实现辖内法人城商行全覆盖；同业投融资快速上量，同业融出新增92亿元，同业投资新增131.71亿元；票据邮e贴成功上线并推广，存量贴现客户覆盖率87.45%。

四、风险管理升级

——实施资本管理高级方法。

开展资本管理分析报告，建立内部评级常态化管理机制，推进经营发展理念变革。

——信用风险管理。

加大不良资产处置力度，清收不良贷款10.14亿元，居邮储银行第7位；核销不良贷款4.68亿元。加强信贷全流程管理，落实差异化授信审批授权，建立省分行授信业务会商机制、授信后风险监控联动管理机制。

——内控合规和法律事务管理。

开展贷款资金用途、重点授信业务等专项排查，通过合规管理系统“三项清单”闭环监督，问题整改率99.72%。整合风险经理15项管理职责，提升履职质效。报送反洗钱一般可疑交易报告13712笔，重点可疑交易143笔。审查113份消保送审资料，出具317条消保审查意见。

——内部审计工作。

对标监管要求，推动审计创新，全面履行审计监督职责，审计项目30个，完成审计咨询9个。强化审计发现问题整改问效，发现促进问题整改453个，实施各类处罚493人次。

——疫情防控和安全生产工作。

持续抓好常态化疫情防控各项措施，抓好员工全流程疫苗及“加强针”接种、人员流动性管理、防疫物资保障、营业网点防控、办公场所防护等工作。推进安全检查常态化管理，邮银联合开展消防安全隐患专项排查、业务库专项排雷等活动共发现问题635个。

五、管理效能提升

——信息科技建设。

建设RPA机器人流程自动化平台，开发客户身份线上智能核验系统，探索机器人智能外呼应用。开发“个金潜力客户价值挖掘”“保险客户精准营销和价值提升”建模项目，累计向支行推送潜力客户名单15万户。加强微信平台开发及运营，开展140多项微信营销活动。

——资产负债管理。

统筹做好资产总量、节奏和结构管控，贷款增量规模再创历史新高，资产业务综合收益水平保持稳定，全省存贷利差3.86%，居邮储银行第5位。

——财务管理。

优化机构和部门经营管理绩效考核指标，淡化信贷规模增长考核，加大两项负债、中间业务发展指标的预算管控、业务支撑和绩效考核力度，中间业务收入规模居考核组内第2位、增幅居组内第3位。

——运营管理。

推进网点转型和网点标准化改造升级，完成115个自营网点外部标识更新，压降6个省级低效网点。扎实推进拒赌反诈工作，开展“断卡”行动专项整治。推进客户体验提升计划，25条建议被总行采纳并纳入下一步改进计划，服务质量管理考核居邮储银行第4位。

——人力资源管理。

开展基层人才库和新一轮中级人才库建设，制定任期制和契约化改革工作推进和宣传贯彻方案。加快人才的培养和使用，提任干部22名。健全“管理＋专业”多通道晋升发展体系，2303名员工获得职级晋升。加大工资总额与企业经营发展成果的挂钩力度，进一步提升薪酬激励有效性。

六、党建引领强化

——党史学习教育。

利用福建红色教育资源，开展读书会、现场教学、专家授课、观看红色电影等，深入学习百年党史，贯彻落实党的十九届六中全会精神、习近平总书记“七一”重要讲话、在福建考察等重要讲话精神。把学习党史同推动工作结合起来，“我为群众办实事”37个项目全部完成。

——党风廉政建设。

开展巡察工作，派出6个巡察组，对全辖46个市县级党组织开展巡察工作，提前完成5年省内巡察全覆盖目标。通过巡察监督发现主要问题456个、具体问题651个，对省分行党委和有关部门、各被巡察党组织提出意见建议125个。坚持深化标本兼治，针对监督检查、线索处置、审查调查发现的问题，督促各单位、各条线堵塞漏洞、完善治理，发出纪律检查建议书10份。

——企业文化建设。

推进企业文化实施方案宣传贯彻落地，提升企业文化认同。开展“品牌提升年”活动，优化全省品牌视觉体验，打造高质量新媒体传播，在全国和省级媒体发稿3097篇，为历年最高。党建带群团建设深入推进，福州市分行获得“2021年度全国交通运输文化建设优秀单位”、福清支行获得“省级青年文明号”、政和支行获得“福建青年五四奖章集体”荣誉。（邮储银行）

【邮储银行厦门市分行】

一、经营发展概况

——经营业绩。

2021年实现营业收入9.36亿元，增长19.43%；利润总额3.5亿元。经济资本回报率7.23%，成本收入比43.18%。

——发展规模。

总资产459.48亿元，增长16.94%。各项存款余额

228.48 亿元，增长 13.01%，新增存款 26.3 亿元；各项贷款余额 460.27 亿元，增长 17.22%，新增贷款 67.6 亿元；存贷比 201.44%。

——资产质量。

不良贷款率 0.37%，比上年末下降 0.07%。

二、落实中央决策部署

——支持乡村振兴。

涉农贷款结余 20.77 亿元，比上年末增长 44.30%。聚焦乡村振兴重点领域和服务主体，加大对地方涉农龙头企业的支持，涉农公司贷款净增 1.43 亿元；聚焦乡村振兴试点示范村建设，累计帮扶农户 143 户，投放贷款 9452 万元；聚焦新型农业经营主体，筛选农民专业合作社 1556 户、家庭农场 541 户，探索推进新型农业经营主体信用建档评级工作；聚焦邮银协同服务优势发挥，联合厦门市邮政成立惠农合作项目专班工作组，探索惠农助农服务新模式，惠农经营贷净增 3889 万元。

——支持中小微企业发展。

响应政府推动小微企业、个体工商户融资增量扩面、提质增效要求，单户授信总额 1000 万元及以下普惠型小微企业贷款年净增 20.04 亿元，年度目标完成率 146.29%，有贷款余额户数比上年末净增 381 户，连续 3 年超额完成“两增”目标。自主创新的“工程企信贷”获评“厦门市支持民营企业十佳金融产品”，小微易贷跨境企业融资模式、工程企信贷获评“一行四局”组织评选的“第二届厦门市金融科技优秀项目”。

——落实碳达峰碳中和战略。

设置绿色信贷专项额度，给予绿色信贷及绿色债券 FTP 专项减点支持。绿色信贷结余超 10 亿元，比上年末增长超 9 亿元；开展金融服务“双碳”模式探索，成立分行碳核算试点工作组，首批完成 10 家企业碳核算工作，为推动碳金融产品创新、风险管理、信息披露等工作积累经验、奠定基础。

——支持供给侧结构性改革。

支持制造业贷款投放，对接先进制造企业、专精特新企业，重点支持“芯—屏—端”产业链中的 LED、显示屏、电子信息等客户，加大信用贷款和中长期贷款支持，制造业贷款增长 89.34%，其中制造业中长期贷款增长 468.22%。

三、业务转型发展

——零售金融。

储蓄存款年日均余额（不含三年）净增 5.87 亿元，目标完成率 196%；月日均余额（不含三年）净增 6.75 亿，目标完成率 169%。其中，价值存款新增占比 74%、活期新增占比 30.41%。信用卡激活首刷率 67%，在邮储系统内居名第 5 位，消费金额 70 亿元，消费规模居单列市第 1 位。小额贷款线上投放量 148.57 亿元，投放占比 96%，新增市场占有率居同业第 5 位。电子银行客户渗透率 87.0%，在邮储银行居第 2 位，电子银行交易替代率 98.8%，在邮储银行居第 1 位，手机银行结存客户激活率 80.6%，在邮储银行居第 4 位，电子支付收入增长 7.2%。

——公司金融。

新增机构客户 60 户，公司存款年日均余额净增 8.17 亿元，12 月日均余额比上年净增 8.57 亿元，年末时点余额净增 11.95 亿元。建立项目跟踪机制，提升项目开发质效，实现 5 个基本建设贷款项目、6 个地产项目、1 个并购贷款项目落地，中长期公司贷款余额净增 29.11 亿元，供应链业务实现新突破。小企业贷款拓面、扩量，贷款规模增幅在邮储银行居第 6 位。贸易融资年末余额 47.28 亿元；开放式缴费平台有效户 105 个，交易规模 4358 万元，现金管理账户数净增 1029 户。

——资金资管。

落地首只产业基金托管项目 20 亿元，首次开展期货保证金存管业务。办理承兑业务 28.6 亿元，在邮储银行居第 7 位。

四、风险管理

——风险管理。

健全风险管理激励约束机制，优化评价考核指标；建立健全“规模、迁徙、清收”管理机制，下沉减值考核，建立成本约束机制，探索实施押品内评估工作；建立行领导分户指导处置大额不良资产工作机制，组建邮储银行首支不良资产清收专职队伍，清收 9838.71 万元。资产质量处于地方同业领先地位，在邮储银行居第 4 位。

——内控合规管理。

推广实施风险经理派驻制，下沉风险管理工作职责。组织实施排查项目 47 个，开展网点合规综合检查 173 个次。召开全行合规案防警示教育大会，组织各条线开展培训 31 场，培训人次 4376 人次，设立“学合规　促笃行”栏目，编发推送各类合规知识 167 期。

——审计监督。

开展公司及同业贷（投）后、采购合规管理等专项审计及辖内一级支行内控评价 12 项、经济责任审计 31 项，累计抽样业务 723 笔、涉及金额 201.52 亿元。

——疫情防控和安全生产。

落实常态化疫情防控工作要求，保持“零感染”“零传播”“零风险”；支持抗疫一线，助力社区开展核酸检测、联防联控、分发搬送防疫物资等工作，抽调党员赴厦门市入境分流中心助力疫情防控；为符合条件、流动性遇到暂时困难的中小微企业，提供延期还本付息金额 5.5 亿元。

五、管理效能

——信息科技建设。

开发 60 余项信息系统新功能，上线新一代综合文件管理系统、信贷档案管理系统等，提升综合管理便捷化水平。构建大数据分析模型，强化科技风控能力。

——财务管理。

完善财务审批制度，细化各类费用归属的责任中心及条线分摊规则，建立健全管理机制。严控机构运行费用，压降办公及营业用房租赁成本。成本收入比为43.18%，比上年下降4.86%。

——运营管理。

推进单位结算账户线上预约开户流程，推广公司结算业务系统对公开户免填单功能。推进网点公司结算类交易、账户类交易上收，提高集约化运营水平。

——人力资源管理。

落地组织机构改革，将分行原22个一级部门精简至18个，将6个二级部门调整为11个（含直属单位）；一级支行内设部门由2个调整为4个。优化绩效考核，形成分支行三级考核架构，实现考核“机构全覆盖”“员工全覆盖”“产品全覆盖”。加强人才队伍建设，开展基层干部竞争上岗，择优选拔聘任31名二支行长、17名一支部门经理，完成7名风险经理派驻支行。实施“领航工程”人才库建设、“星+”计划，完善人才梯队培养机制。

六、党建引领

——党史学习教育。

深入学习贯彻党的十九届五中、六中全会精神和习近平总书记“七一”重要讲话精神，将党史学习教育贯穿全年。制定“我为群众办实事”项目31个和党支部“领题破题”课题12个，开展“三亮三比三评”主题活动。将“共建、共享、共进”活动与厦门市开展的“近邻”党建活动相结合，深化社区党组织共建成效。

——基层党建工作。

筹建分行机关党委、机关纪委；优化机关党支部设置并进行选举，实现支委班子成员机关部室全覆盖；完成区支行党支部换届选举。加快党员发展，全年发展党员14名。

——党风廉政建设。

组织分行中层领导干部和信贷、人力、采购等关键岗位人员前往厦门市党风廉政教育基地参观学习，开展“以案四说、以案促改，建设清廉金融文化”的“党风廉政警示教育月”活动，教育引导广大党员、领导干部强化党规党纪意识。提前一年做到辖内党支部巡察全覆盖。推进形式主义官僚主义问题整改，制定19项整治工作措施，建立专项工作机制、下发“四制”工作要求。

——企业文化建设。

在外部主流媒体刊发宣传109篇，在分行官微推送文章331篇；加强阵地建设管理，树牢新闻舆论工作纪律，保持全年“零”舆情。组织开展2场企业文化学习宣贯动员大会，全员配发企业文化手册，完成全辖企业文化规范上墙。全面开展先进典型选树工作，参与厦门市第七届全国文明典范城市创建活动，推动企业文化对内对外转化为生动实践。（邮储银行）

【中邮保险福建省分公司】 7月6日获福建银保监局批复同意筹建，10月22日通过总部组织的内部验收，12月1日福建银保监局进行现场开业验收并原则通过，12月23日获批开业，12月29日正式开业，办公场所位于福州市鼓楼区得贵路26号邮政广场24、25层，面积1773平方米。设综合办、市场部、运营管理部、财务部、风控合规部五个部室，员工27人，其中副总经理（主持工作）1人，部门领导4人。组建中邮保险福建筹建办临时党支部，党员14人。在福州、泉州、三明、南平4个地市和下辖43个县展业。

一、经营发展

筹建期间明确在开业后，按照“保险姓保”的要求和总公司的部署，以销售长期储蓄型和风险保障型产品为主。

二、企业管理

——制度建设。

强化建章立制，筹建期间组织制定市场营销管理、运营管理、合规与风险管理、财务管理、综合管理和计算机网络管理6个方面各类管理办法205项。

——人力资源管理。

截至年底，到岗17人（邮政内部11人、同业6人），平均年龄36岁，全部具备本科及以上学历。运营管理部负责人、核保、理赔、保全、客服、培训讲师等具有较强保险专业性的岗位均为同业引进，整体人员结构合理，满足开业条件。并在首批开业的福州、泉州、三明、南平4个地市和43个县邮政分公司设立中邮保险中心，选聘98人。

——财务管理。

建立健全财务管理内控制度，组织梳理了统计数据报送相关流程，规范统计管理。职场租赁物资采购方面，首次采用“总—省—总”的模式即由总部审批，筹建办负责执行，总部代为签订合同，采购结果报总部审核；沟通总部首次在“中国邮政物资供应平台”为筹建办开设采购审批流，5000元以下物品通过平台零星采购；在报账方面，沟通总部首次在费用平台上为筹建办设置报账审批流程，用于筹建期报账。“三个首次”打造了省分独立筹建中自行采购的可运用模式，打通了筹建期间所有开支的报账流程。

——邮银监管。

争取省邮政公司在职场租赁、市县机构建设、沟通监管等方面给予支持。筹建办6次向福建银保监局分管领导当面汇报，争取支持。在开业前仅到位17人的情况下，协调福建银保监局加快审批、特事特办，仅用19个工作日取得开业批复，并于批复当天取得《保险许可证》。

三、运营服务

——服务能力。

在省分层面，通过集中学习、远程学习、跟岗学习、自学等多种形式，组织开展保险专业及相关培训 12 期，全员累计学习 758 小时。在市县代管层面，开展“自营 + 代管”模式、合规管理、运管和客服基础知识等培训，通过专业赋能，系统提升队伍的专业素质。

——职场建设。

按照要求在职场设立单证室、档案室、客户接待室等功能区，配备监控系统、各项消防设施及各类办公生产设备，组织完成制度上墙，满足开业初期运营及办公需求。

——信息系统。

组织完成入网连接，搭建了安全高效的生产、办公网络以及监控系统，定期组织员工进行信息安全培训。组织完成了分支机构信息系统入网。

——运营管理。

对开业后的邮保通等的系统运行，以及单证管理、客服管理、理赔等工作进行周密安排，确保能顺利出单、正常运转。

四、风险防控

将建立健全风险防控体系摆在突出位置，成立“反洗钱工作领导小组”，同时，组织开展合规培训，提升风险防范水平。（中邮保险）

【中邮证券福建省分公司】

一、业务发展

截至 12 月，分公司（含厦门部）下半年完成收入 400.25 万元，月均创收 66.71 万元，较上半年增长 78.37%，比上年增长 89.09%。下半年实现收支平衡，比上年减亏 63.82 万元。全年新增资产 2.01 亿元，目标完成率 129.77%；经纪业务交易量 411.86 亿，全国各省分公司排名第 1 位；客户交易净佣金 465.21 万，全国各省分公司排名第 4 位。

——协同发展。

深耕邮银促发展。协调省邮政公司各部门推进下发《中国邮政福建公司关于开展 2021 年协同发展中邮证券营销活动的通知》。截至年底，福建分公司协同邮政新增有效户 5514 户，目标完成率 177.87%，完成率在全国各省分公司排名第 1 位，协同邮储新增账户 4916 户，目标完成率 224.07%，完成率在全国各省分公司排名第二。

依托协同筑优势。借助邮政点多面广的优势，在省内试点启动邮务人员兼职中邮证券经纪人的工作，探索市场化协同渠道。

——经纪业务。

投顾服务体系建设取得新进展。在人员配备方面，通过转岗新增 1 名投顾，强化投顾团队力量。在投顾服务方式方面，通过召开每日投顾晨会、组织每周投资交流会、提供现场驻点服务的方式，推进高效拓客机制。

渠道建设探索新模式。自营渠道建设方面，财富管理部通过引导市场化团队激发了内在动力，提升收入贡献。协同渠道建设方面，在九地市试点推进邮政员工入职分公司经纪人，以市场化机制提升协同成效。

——经营质效。

9 月，厦门营业部减员 1 人，把 2 个柜台人员的其中一人调整为合规岗，该营业部相关业务部分审核权限上收由省分公司直属营业部审核，解决了合规不在岗的问题。10 月首次出台省分公司对营业部绩效考核办法。自开展提质增效措施以来，厦门营业部进一步提升业务规范性，增加人均贡献率，下半年月均创收比上半年增幅达 63.46%，实现自 2018 年开业以来的首度盈利。

——业务创收。

信用业务拓展方面，新增信用账户 22 户，比上年增长 120%，信用账户资产 4426.97 万，比上年增长 125.92%，累计融资额 1487.87 万，比上年增长 96.11%。机构客户开发方面，新增机构账户 4 户（同一法人开立多个账户按一户计），全国省分公司排名第 4 位，新增机构客户资产 4097 万元，机构客户资产占分公司总资产比重从 0.07% 提升至 3.4%，净佣金创收 75.76 万元，比上年增长 659 倍。

——投行业务。

打消甲方各项疑虑，承揽福建首单市场化 IPO 项目。IPO 项目参与方多、金额大、流程长，涉及甲方企业重大经营结构调整，对承揽券商专业能力要求极高，通过多轮沟通协调，取得甲方信任，成功签署福建首单市场化 IPO 项目。

突破招投标困局，实现发债业务从无到有。面对以往参与政府发债公开招投标屡屡落标的瓶颈，转换业务拓展思路，通过与地方政府深入沟通，承揽 3 单发债业务，债券种类覆盖公司债、企业债、基金债。债券发行方式上从联席主承做到独立主承，助力公司评级提升。

充分利用各类资源，金融顾问服务项目成功签约。下半年带领分公司投行团队成功承揽 2 单金融顾问服务业务。

依托协同资源，助力地方经济高质量发展。在绿色金融服务实体经济方面发挥邮政集团资金成本优势，降低地方政府债券融资成本，助力地方经济建设，在地方政府中逐步提升中邮证券美誉度，机构影响力建设上取得较大突破。

二、企业管理

持续宣导“盈利光荣，亏损可耻”理念。根据战略绩效考核指标，依托总部的考核框架，出台市场化运作方案。突出业绩导向，树立目标导向，坚持结果导向，做到目标到人、任务到人、责任到人、举措到人。打破大锅饭、终身制，激励全体员工，凝聚发展合力。

三、风险防控

——合规培训。

下半年，部署举办合规培训 15 次，邀请人民银行杨博士上门做反洗钱培训；并于 11 月和 12 月开展合规、反洗钱专题培训课。

——营造氛围。

下半年，开展系列合规文化宣传活动，每月出台合规文化简报，定期制作合规小贴士进行合规宣传，通过各种形式传播合规文化理念，营造良好执业氛围。

——加大检查。

8 月、9 月，多次对拟设泉州轻型营业部的“神秘人”检查及对厦门营业部的合规督导检查。10 月、11 月，开展从营销人员直至全体员工两批次的征信排查。通过开展各项检查，有效遏制合规风险苗头隐患。

——纳入考核。

强化合规考核，将合规作为各项业务的重要 KPI 指标，制定下发营业部、经纪人考核办法，强化合规管理。

——基础管理。

开展信用账户整改、高龄客户整改、反洗钱账户整改各项工作。通过强化基础管理，有效提升运营规范性。

四、党建工作

——理论提升。

组织召开党员大会 7 次、支委会 42 次、主题党日 12 次、书记讲党课 3 次、廉政微党课 1 次、各类廉政教育活动 8 次、集中学习及研讨活动 15 次、党史学习教育每周读书会 22 次、“中邮先锋”线上专题测试 3 次。将理论学习与业务学习相结合，重点学习习近平总书记关于防范化解重大风险的重要论述，定期开展监管案例学习及合规业务培训，提升理论武装的实效性。

——队伍素质。

党支部书记讲党课。7 月 23 日，支部书记以“感悟百年党史 传承‘红色’基因 启航新征程做新时代合格共产党员”为题讲授专题党课，并结合分公司目前发展情况提出具体工作要求。

参加培训。支部书记参加省直机关党委组织的党的十九届五中全会精神暨党史学习教育专题培训班；完成新任党支部书记培训班；此外，运用中邮先锋载体，组织分公司全体党员开展专项测试 3 次。

高度重视意识形态工作。分公司党支部书记主持支委会专题研究意识形态工作 1 次，做到年中有汇报、年底有总结；通过与员工谈心谈话、党务公开等方式，加强意识形态教育培训、抓好舆论引导，营造风清气正的良好环境。

——知行合一。

推进“我为群众办实事”实践活动。开展金融知识宣传活动，10—11 月，组织 2 次党员进社区志愿服务群众办实事活动。“我为群众办实事”实践活动 2 个项目、5 条主要举措，已全部完成。

推进支部“领题破题”工作。支部书记以身作则拓营销、谈项目，带领全体党员、员工攻坚克难谋发展，不断提升协同质效，推动分公司各项业务取得新进展，加快创收创利，下半年实现收入翻倍、利润减亏。

——党风廉政建设。

抓好常态化党风廉政教育。组织召开专题会议研究党风廉政建设工作，组织各类廉政教育活动 3 次，通过廉政教育主题党日、节假日廉政教育提醒、学习通报典型案例等方式，充分发挥警示震慑作用，增强党员干部纪律规矩意识，引导党员干部严守党的六大纪律。

落实巡视整改责任。支部书记切实履行巡视整改第一责任人责任，配合集团公司巡视“回头看”，做到“四个亲自”。支委成员履行“一岗双责”，推动职责范围内巡视整改任务落到实处，组织召开例会、工作部署会 13 次，确保整改工作责任到人，按时、有序、有效推进整改工作，坚持抓整改落实与抓分公司发展两不误、两促进。（中邮证券）

江西省

【江西省邮政分公司】 2021 年全省邮政（含寄递事业部）完成收入 56.84 亿元，实现利润 –2.23 亿元。

一、企业党建

建立巡听旁听、“一学一报”“五学联动”等制度，省分公司党委带头学习研讨 28 次，先后举办井冈山主题教育、党务干部、党的十九届五中全会精神暨党组织书记培训班；开展“学党史、忆初心、明党性”等庆祝建党 100 周年系列活动，采取专题读书班、交流分享会等形式讲好党的故事、讲好邮政故事。各级党组织“我为群众办实事”实践活动 1514 个项目、2479 条措施全部完成，201 个党支部（党小组）“领题破题”224 个，完成率 86.1%。认真落实意识形态主体责任，抓好基层党组织建设，支部“双化”达标率 84.5%。

集团公司党组巡视“回头看”整改措施全部销号，常态化全面整改完成 37 项，完成率 92.5%；专项重点整改完成 42 项，完成率 97.7%。对 36 个县（区）分公司开展常规巡察，实现市、县分公司巡察全覆盖，全省巡察覆盖率 93%。开展集团巡视“回头看”整改评估问效工作，做好巡视整改“后半篇文章”。落实中央八项规定精神，持续强化以案促教、以案促改、以案促建。全省立案49起，给予党纪行政处分50人。

二、普遍服务

完成282个网点的代办转自办工作，压降营投合一单人局所101个。全省机要通信连续26年质量全红，无失密丢损事故。认真做好巡视专用邮箱服务保障、“扫黄打非”、高校录取通知书寄递、“七一”等重大题材邮票发行和服务等工作。全省未发生违反“两条红线”的案件，未发生重大服务质量和重大媒体曝光事件。全省用户满意度87分，11185呼叫系统客户满意率98.87%。

三、业务发展

——邮务业务。

函件传媒收入完成6801万元，比上年下降4.5%。集邮收入8091万元。报刊收入2.56亿元，增长1.79%。建党百年项目收入4733万元。互联网广告完成1100万元。报刊数字媒体项目完成706万元；党建读书墙项目完成255面。个性化邮票4.8万版。集邮展览首次亮相江西省农民丰收节活动并受到好评。电商分销收入完成1.02亿元，毛利润1419万元，比上年增长20%。车务代办收入308万元。“919电商节”线上零售交易额2496万元，超额完成集团计划。政务项目收入1.43亿元，完成计划的85%。打造校园、企业、公交等多个第三代社保卡应用示范场景，累计发放社保卡39万张，沉淀活期资金1.13亿元，带来特快收入600万元。全省推进转型网点1373个，叠加政务服务、异业合作、惠农项目、惠普金融、邮快合作、便民生活等47项，其中代收费、云放号、邮快合作、二维码墙、积分兑换、农产品销售覆盖率60%以上。六类网点“菜单式”叠加异业合作医药零售5个、烟草网点53个、3C网点96个、商超零售483个。

——寄递业务。

完成收入13.8亿元，比上年下降24.75%。寄递量、市占率分别为14.4%、9.6%。特快业务收入3.65亿元，比上年下降10.5%。快包收入6.49亿元，比上年下降9%，轻小件占比82.55%，“9+1”区域占比58.4%。“双11”期间通过“提质提价”，快包效益比上年改善超过1000万元。国际业务实现收入1.32亿元，比上年下降69.6%。物流业务实现收入2.27亿元，比上年下降15%。

江西省瑞金市九堡镇密溪村邮政惠农合作社的收寄点（《中国邮政报》）

——金融业务。

完成收入36.82亿元。储蓄存款净增281亿元，增长13.96%。代理保费75.2亿元，保险收入增长24%。电子支付交易4.5亿笔，电子支付收入1.23亿元，增长21%。净值型理财保有量407亿元，资管计划销售7.5亿元。累计建成智慧场景934个。快捷支付绑卡新增73万户。有效客户净增60万户。

——交流合作。

军民融合项目新增涉军合作单位94家，在全国率先开启被装配送、附油配送等业务。发放退役军人服务卡1.89万张、开设退役军人事务局账户7户、收寄军队喜报业务4428件，汽车产业链项目实现收入8898万元，医药项目实现寄递收入2854万元。全省新增战略客户4家，累计签约40家，总部及战略客户收入1.93亿元，增长25%，寄递1.06亿元，占比55%。

四、企业管理

——基础管理。

开展“小金库”专项治理，推动完善和建立健全防治“小金库”长效机制。制定营收资金管理办法，堵塞个人账户归集及现金缴款违规漏洞。完善资金管理模式，实行“双利润”考核，全省货币资金存量止跌企稳。开展欠费、库存专项清理活动，欠费比上年减少5428万元。加大资产盘活力度，开展固定资产清查，租赁拍租制度年底开始推行。

——能力建设。

寄递网运改革。推行昌抚、昌宜、昌九一体化，优化干线邮路组织，萍乡、宜春至长沙邮路顺利开通，萍乡、宜春出口长沙及其周边经转区域邮件实现就近入网，时限压缩0.5天，结算成本降低0.5元/件。时效水平运行相对稳定，特快省内互寄时限达成率91.1%，特快省际出口时限达成率92.2%，快包省际出口时限达成率90.7%。

基础设施建设。南昌、鹰潭邮件处理中心土建工程开工建设。南昌邮区中心分拣机等5个工艺优化工程建成投产。农村三级物流体系建设覆盖率88.33%，争取政府资金2951万元。与13家民营快递签订协议，100个县区、1396个乡镇、14800个建制村开展邮快合作，形成代投收入1052万元。集团公司明确的6个交通运输综合服务站全面入驻，38个县利用城乡公交带运邮件，年节约成本600万元。建设“家邮栈”1888家，代投自提邮件478万件，代投比64.13%。

“双创”工作。第四届“两个百万”总经理创新奖37

个获奖项目实现收入6.5亿元，8个重点创新项目实现收入1.28亿元。全省员工申报自主创业项目249个，实现收入6128万元，沉淀资金10.88亿元，兑现创业奖励160.8万元。

数据驱动营销。自主开发数据营销平台，将数据营销产品直推金融网点。开展寄递时限对标和特快潜在市场开发等数据分析，精准挖掘社保卡客户88.2万户，提取脐橙寄递两年数据897万条。BSC数字化营销添加企业微信客户218万，数字化营销业绩1.84亿元。

——人力资源管理。

开展萍乡市分公司任期制和契约化管理试点工作，在完善配套制度基础上，制定试点方案，细化岗位说明书和业绩责任书，按集团公司要求如期完成与试点单位班子成员签订聘任（任职）协议的工作。

全省招录合同用工310人，其中劳务派遣择优内招189人，具有理财资格的92人均安排至理财经理岗位。

——企业文化和精神文明建设。

完成271个8年以上老旧网点的改造，新建和维护改造各类职工小家319个，评选表彰40个全省邮政系统模范职工小家和11个职工书屋示范点。

——安全生产。

制定覆盖所有专业、部门、岗位和环节的安全生产责任制细则。对外包公司的安全管理明确安全责任。查找各类隐患数2211个。

五、社会责任

——抗击疫情。

常态化做好疫情防控工作，巩固邮政企业“零疫情”成果。面对上饶铅山等地的突发疫情，上饶市分公司和省寄递事业部坚定逆行，提供援饶医护人员物资寄递服务，主动运送防疫物品、群众生活物资，保障民生所需和用邮需求，受到省应急管理厅的高度评价，被众多中央和省市级媒体报道。

——服务乡村振兴战略。

合作社走访（7.43万户）、融资E放款（4.59亿元）、农产品交易（2.13亿元）、农产品寄递收入（1.39亿元）等6个集团重点指标超额完成。赣南脐橙、井冈茶油、广昌白莲三大集团基地项目销售额4992万元。打造“老俵情”项目，对接培育精品农品116款，实现销售额7310万元。

——绿色邮政。

新增新能源揽投用车474辆，城市区域新能源运输车辆占比92%，省内15条往返自办邮路采用甩挂运输。超标包装零采购零库存，电商快件不再二次包装率97%，快递包裹一联电子面单使用率95.4%，可循环中转邮袋使用比93.2%。电子银行交易替代率95.9%，中邮保险线上出单率98.1%。（江西省邮政分公司）

【邮储银行江西省分行】

一、经营发展概况

——经营业绩。

2021年实现营业收入71.23亿元，增长7.14%；净利润38.57亿元，增长5.69%。收入利润率列邮储银行第6位，人工成本利润率、人均EVA居邮储银行第7位，RAROC、成本收入比居邮储银行第8位。

——发展规模。

总资产3879亿元，增长10.6%。各项存款余额3049亿元，增长10.38%，新增存款286.6亿元；各项贷款余额2350亿元，增长9.76%；存贷比77.1%。

——资产质量。

不良率0.49%，资产质量居邮储银行第7位，为省内国有大行中最低。

二、落实中央决策部署

——支持乡村振兴。

建成信用村7193个，评定信用户15.5万户，超额完成总行信用村建设任务。参与全国试点省“金融科技赋能乡村振兴示范工程”系统项目建设，“基于大数据体系建设的涉农产业链信贷服务”“基于大数据分析的县域惠农理财服务”“基于中邮惠农平台的“电商+金融”惠农服务项目”“基于分布式技术的新一代中间业务平台服务”4个项目均获人民银行评审通过，成为省入围项目库最多的银行机构。在国家发展改革委组织的“2021年全国消费帮扶助力乡村振兴典型案例”评选活动中，“‘电商+金融’扶贫项目案例”成为省和邮储银行唯一入围的优秀典型案例。

——支持中小微企业发展。

公司贷款、普惠型小微企业贷款提前完成总行下达全年计划。与赣州医保打造全国医保经办“服务下沉、村镇延伸”的样板工程，得到国家医疗保障事业管理中心、国家医保局的高度肯定，该合作模式被写入《全国医保经办服务指导意见》。为江西正邦科技股份有限公司注册乡村振兴短期融资券，取得上饶投资控股集团有限公司债权融资计划自营投资项目批复，是江西首笔获交易商协会注册通过的民营企业乡村振兴短期融资券及自营投资项目批复。

——落实碳达峰碳中和战略。

坚持“区别对待，有保有压”的原则，对清洁能源产业、符合国家节能减排及环保要求的企业和项目加大支持力度。绿色贷款结余124.3亿元，比上年增长27.41亿元，增幅28.29%，超过总行15%的计划序时进度。

三、业务发展

——个人金融。

省邮政金融储蓄余额3049亿元，市场占有率12.1%，居全省同业第2位；净增286.6亿元，居全省同业第3位。

自营网点储蓄余额758.5亿元，净增6亿元。自营个人有效客户结存519万户，净增20万户，其中VIP客户净增5.1万户，完成总行计划的126%；手机银行月活客户49.6万户，完成总行计划的103%。新增社保IC卡24.4万张、腾讯联名卡42.6万张、退役军人卡1.9万张，新增信用卡客户17万户。自营个人AUM规模902亿元，净增43亿元。

——零售信贷。

向江西投放资金1990亿元，各项贷款余额2350亿元、居邮储银行第10位，净增209亿元。其中，三农贷款余额435亿元，居邮储银行第8位，净增42亿元；小企业贷款余额140亿元，净增16亿元；小微指数采集工作连续3年居邮储银行第1位。消费贷款结余1087亿元、居邮储银行第10位，净增97亿元。个人经营性贷款、普惠型小微企业贷款、普惠型涉农贷款余额分别居全省银行业第2位、第2位和第3位。

——公司金融。

公司存款年日均余额374亿元，年净增18.4亿元；公司贷款余额400亿元，净增50亿元，增量创历史新高。债券承销年净增19亿元，提前半年完成人行计划目标。制造业中长期贷款增幅47%，民营企业贷款增幅35%，均居全省银行业前列。新增公司客户8828户、机构账户1167户、重要机构资质22个，新增公司授信客户94户、居邮储银行第6位。票据余额和交易量、再贴现余额和交易量、理财余额和净增量、第三方存管签约账户净增等近20项大公司业务指标进入邮储银行前10位。

四、风险防控

——资产质量。

强化信用风险限额管理，高效推进不良资产核销和保全诉讼，开展“党旗领航・清收建功”竞赛等活动，处置不良贷款11.5亿元，其中清收7.6亿元、核销3亿元、不良资产证券化0.9亿元。不良贷款余额11.8亿元，贷款不良率0.49%。

——内控基础。

接受审计署审计、国家市场监管局价格检查、财政部江西监管局综合检查和人行、银保监、税务等十余次外部检查。开展“内控合规提质增效”等系列活动，完成16个专项审计项目；推进风险经理派驻，为47家一级支行配备风险经理。做好案防、消保、反洗钱、反欺诈等工作，协助公安机关破获一起涉案金额近亿元的网络洗钱案件，得到当地公安机关的书面感谢和总行、监管部门的表扬。

——审计工作。

围绕“独立性、专业性、权威性”的要求开展审计工作，针对经营管理的薄弱环节开展审计项目，非现场审计阶段编写数据分析模型，对被审计的业务进行全量分析，筛选风险数据，运用模型86个，筛选风险数据5642条。开展信贷资产风险分类审计、扶贫贷款业务审计、绿色信贷审计和延期还本付息业务重点风险专项审计等重点审计，并提出建议、督促整改。

——平安建设。

开展“平安邮行”创建工作，统筹抓好疫情防控和安全生产工作。开展消防安全隐患专项整治，对各类安全隐患实行闭环销号管理。整改安全隐患267个、整改率95.7%，成功防范外部事件11起，确保“六个不发生”。疫情防控科学推进，严格按照集团公司、总行及属地疫情防控各项指示要求，抓实常态化疫情管控，实现省分行员工零感染。

五、能力建设

——拓宽发展渠道。

新增公司业务网点72个、居邮储银行第8位。新增开放式缴费平台有效单位573家，交易量27亿元。新增银企直联项目31个，企业网银开通率82.5%。新增快捷支付绑卡32.3万户，其中代发客群绑卡率48.5%，理财客群绑卡率40.9%，信用卡客群绑卡率70.3%、居邮储银行第9位。累计建成网点“微商圈”154个、结存收单商户超4.5万户、“邮享生活圈”平台累计注册会员超2.3万户。

——邮银协同。

在全省同业率先启动社保自助服务试点建设，邮银共建社保服务专窗256个，协同发卡72.8万张，达金保工程合同计划的848%，获得2021年全国邮政企业管理现代化创新成果二等奖。代理中邮保费2.8亿元、列邮储银行第7位；结存中邮证券客户10.6万户、居邮储银行第4位；代理中邮消费放款14.6亿元、居邮储银行第2位。全省17个邮银协同项目中，16个项目均超额完成全年目标，协同工作考核列江西邮政各板块第1名。

六、综合管理

——基础支撑。

强化成本标杆管理，会议费、招待费、差旅费三项重点费用比上年下降，加大对中间业务、信用卡、“两小”、价值存款等重点业务的补贴奖励力度。完成辖内吉安、景德镇2家市分行和16家一级支行营运用房、30个网点的装修改造，新增投入移动展业设备270台。现金备付率0.43%、居邮储银行第4位，假币浓度保持在百万分之0.17以下，优于全省同业平均水平。实施集中采购项目60个，公开采购率95%，节约资金超2750万元。

——科技支撑。

根据总行统一部署，高效完成新一代个人业务核心系统、新一代国际结算系统、统一授信管理系统、新一代双录系统等上线工作。完成12个银企直联项目系统上线、13个项目进入系统测试阶段。加快推进新一代中间业务平台业务迁移，个性化业务迁移完成率91.4%。做好数据集市推广应用，完成公司客户手续费减免模型、信用卡疑似套现模型等开发工作。4 个项目入围七部委联合组织的“金融科技赋能乡村振兴示范工程”，入围数量居全省第 1 位。

——人才支撑。

加快推进三年人才发展规划落地，科技、公司、销售队伍占比分别提升至 1.3%、9.6%、33%。推进“领航工程”管理人才库建设，中级和基层人才库分别入库 95 人和 809 人；畅通员工晋升通道，职级晋升 1871 人、薪档晋升 3487 人；加大员工招聘力度，社会招聘 35 人、校园招聘 184 人；强化员工培训，举办各类培训 1957 期，培训 14 万人次。

七、党建引领

——党的建设全面加强。

以制定落实全面从严治党“两个责任”和“一岗双责”责任清单为抓手，逐级压实管党治党政治责任。严格落实“三个第一时间”学习机制，深入开展党史学习教育，引导全行广大党员进一步树牢“四个意识”、坚定“四个自信”、做到“两个维护”，以高质量党建引领高质量发展。狠抓巡视巡察整改落地，突出抓好常态化全面整改和专项重点整改工作，全行巡视整改自评得分 98 分。扎实开展“我为群众办实事”、党旗领航“创先争优”等活动，办成实事 374 件，完成“领题破题”项目 147 个。辖内 5 个基层党组织、8 名党员获得省国资委“两优一先”称号。分行党委撰写的党建案例成功入选“新时代全国金融系统党建百优案例”。

——政治生态持续巩固。

以配合落实集团公司党组巡视“回头看”为主线，以建设良好政治生态为目标，持续强化日常监督，深入开展源头治理，提前 1 年完成三年巡察全覆盖工作目标。受理信访举报 33 件，党纪立案 27 起，党纪处分 34 人，运用监督执纪“第一种形态”问责 129 人次。召开 2 次全行警示教育大会，采取“四不两直”深入基层开展明察暗访 122 次，节日廉洁约谈 613 人次。深入开展“小金库”、领导人员“两费”等专项自查整治等工作，在分行上下持续突出“严”的主基调。

——文化建设成效显现。

连续 8 年兑现为员工每年办好“十件实事”的承诺。保证员工收入稳定增长，进一步调增员工社保、公积金、企业年金、补充医疗保险等缴纳标准。慰问一线集体 59 个、员工 369 名，发放慰问金及慰问品 62 万元；帮扶重病、困难职工 26 人，拨付帮扶金 53 万元。举办第四届全省邮储银行职工文艺会演及各类文体公益活动。（邮储银行）

【中邮保险江西省分公司】 中邮保险江西分公司在编正式员工 91 人，其中，领导班子成员 4 人，中层领导人员 14 人。实现总保费业务 36.56 亿元。获评“第十六届江西省文明单位”，市场经营部讲师团队被共青团中央、交通运输部评选为“第 20 届青年文明号”，运营管理团队获评“2019—2020 年度江西省青年文明号”。“保单全流程风险识别与防控系统”课题荣获 2021 年全国邮政企业科技创新成果三等奖。

一、经营发展

实现期交（新单 + 续期）31.14 亿。长期期交保费达 8.9 亿，占比新单总保费 64.1%，比上年提高 23%。其中，终身险、健康险等高价值产品保费占比达 95%，比上年提升超过 80%，20 年交以上健康险合计销售 1462 万元，占健康险保费的 71.28%，比上年提升 1.44%，排名列全国第 4 位；续期累计实收保费 22.24 亿元，保费计划完成率 101.26%，13 个月保费继续率 93.96%；25 个月保费继续率 98.39%；宽末综合达成率 98.74%。个团渠道总保费 0.15 亿元，完成年度计划的 102.88%。

二、运营服务

保全服务时效 0 天，列全国第 1 位；赔案留存率 0%，列全国第 1 位；理赔出险支付时效 42.67 天，列全国第 2 位；电子保单使用率 81.32%，列全国第四。犹豫期内总回访成功率为 100%，列全国第 1 位；投诉件处理及时率及投诉处理满意度 100%，列全国第 1 位。二访录音上传率、问题件工单处理及时率、问题件附件上传率、不成功件工单处理合格率、不成功件工单处理及时率均为 100%，列全国第 1 位。价值类 13 个月、25 个月继续率及 2 款价值类产品（优享人生、邮保一生）继续率等 4 项指标均进入中邮保险总部“续期四大关键指标库”中的优势库。

三、疫情防控

1 月 8 日，下发《中邮保险江西分公司关于做好当前疫情防控工作的通知》。1 月 22 日，下发《关于切实加强疫情防控监督检查专项工作的通知》。7 月 2 日，下发《中邮保险江西分公司关于做好近期疫情防控相关工作的通知》。7 月 17 日，下发《中邮保险江西分公司关于做好常态化疫情防控工作的通知》。7 月 29 日，根据《关于金源大厦疫情防控的紧急通知》的工作通知，严格落实相关防疫要求。8 月 14 日，下发《中邮人寿保险股份有限公司江西分公司关于切实做好当前新冠肺炎疫情防控工作的通知》。9 月 13 日，下发《中邮保险江西分公司关于进一步做好常态化疫情防控工作的通知》。9 月 27 日，下发《中邮保险江西分公司关于做好 2021 年国庆节日期间疫情防控和维护安全稳定工作的通知》。11 月 4 日，下发《中邮保险江西分公司关于做好近期疫情防控工作的通知》。

四、党建工作

——巡视工作。

4—5 月，中邮保险江西省分公司配合集团公司党组巡视“回头看”。7 月 15 日—10 月 15 日，中邮保险江西分公司开展集中整改，召开巡视整改领导小组会议 12 次，制定97条整改具体措施到年底全部整改完成。

——党风廉政。

2月19日，召开2021年党的建设暨党风廉政建设和反腐败工作会议。7月9日、12月28日，召开年党风廉政建设联席会议和纪检监察信访工作联席会议。8月17日，中邮保险江西分公司与江西省邮政分公司纪委联合开展廉洁教育活动，共同参观南昌市廉文化馆。

——党史学习。

3月26日，印发《关于成立中邮保险江西分公司党史学习教育领导小组及办公室的通知》。4月22日，印发《中邮保险江西分公司党委开展党史学习教育实施方案》。5月14日起，每周召开读书会，全年累计召开33期。6月16日，集团公司党史学习教育第二巡回指导组莅临调研指导并听取党史学习教育工作汇报。6月28—29日，组织全体党员前往瑞金开展党员红色革命教育培训。

五、风险防控

2月，开年度春节前后防范非法集资宣传、排查活动。6月，开展“学法用法护小家·防非处非靠大家”防范非法集资宣传月主题活动。7—8月，开展“金融知识普及月”“反洗钱宣传月活动”。

六、社会责任

3月15—16日，开展“3·15”消费者权益保护教育宣传周活动。3月22—23日，开展“手植一棵树　绿化一片天”植树活动。6—7月，开展“7·8”保险公众宣传日系列活动。9月15日，联合省药监局共赴对口帮扶单位永丰县政府调研平安建设工作。11月10—12日，组织党员开展“双十一”志愿服务活动。11月11日，为遂川县和永丰县乡村特定群体，赠送团体人身意外伤害保险，惠及民众3436人，风险保障金额6872万元。11月17日，在赣州东山坝镇敬老院开展“暖冬筑梦　振兴邮我”爱心捐赠冬被活动。

七、和谐企业建设

8—9月，中邮保险江西分公司工会开展防暑降温和“夏送清凉”职工慰问活动。9月22—24日，参加江西省第六届金融系统体育健身大联赛乒乓球项目，获双打三等奖。11—12月，陆续开展2021年“职工家访”冬送温暖慰问活动。12月16—18日，组织全员开展院校访学培训。（中邮保险）

【中邮证券江西省分公司】

一、业务发展

——经纪业务。

2021年新增开户数8521户，列全国排名第9位，累计开户数134369户；新增有效户4615户，完成计划182.92%，列全国排名第5位。累计两融户110户，新增两融户37户，列全国排名第1位。产品代销创新高，累计销售金融产品2.05亿元。累计销售重点基金7567万元，列全国排名第4位；累计销售资管产品6.21亿元，其中自营渠道993万元，邮政渠道3.75亿元，邮储渠道2.37亿元；累计销售收益凭证12058万元，列全国排名第5位；累计销售私募产品250万元。

——机构业务。

资管业务。抚州城市发展基金项目收入8.62万元，南昌农商行同业存款项目收入1.6万元，上饶银行同业存款项目收入8.6万元，合计18.82万元。

投行业务。受银保监发〔2021〕15号文件影响，债券业务落地更加困难，分公司迎难而上，落地了二单债券业务，投行业务收入260.24万元，列全国排名第1位。抚州东乡债券项目9亿元，业务收入175.8万元；赣州兴国债券项目一期7亿元，业务收入84.44万元。

股票质押业务。开发股票质押项目2个，创收542.75万元，其中恒大高新股质项目，融资7000万元。联创电子股质项目，融资4000万元。

二、企业管理

——人力资源管理。

分公司（含轻型营业部）现有在职人员32人，其中中共党员（含预备）9人，党员占比28%。女党员3人，占党员总数的33%；汉族党员9人、占党员总数的100%；研究生学历4人，本科学历26人，大专学历2人，本科层次及以上学历员工占比94%。分公司在干部选拔任用上坚持党管干部原则，落实从严治党、从严管理干部的要求，坚持发挥市场机制作用，严格按照干部选拔条件、严格履行干部选拔任用工作程序开展选人用人工作。同时，优化员工职级管理体系，加强专业人才引进力度，做好后备人才队伍建设，全面支撑业务发展。

——财务管理。

在做好日常账务处理、财务结账的同时，根据总部下达的预算目标，逐月做好财务分析，通过分析预算进度执行情况、各条线收入完成及全国排名等情况，发现业务发展亮点和不足，为分公司发展提出合理化建议。并且按时做好人民银行金融统计报表的上报、监管报表财务数据上报、金税三期个税申报、国税纳税申报、经纪人酬金开票、银行账户年检、工商年报填报、固定资产清查及佳克系统管理等工作。严格执行总部相关财务管理制度，强调各部门要认真学习最新的报销制度并遵照执行。根据总部和巡视的意见，严格审核分公司、营业部的报销报账制度，梳理以往年度的报销报账流程，如差旅费、业务招待费、车辆运营费等，发现漏洞，及时整改。

三、风险防控

——完善制度。

下发《中邮证券有限责任公司江西分公司反洗钱工作管理细则》《关于修订中邮证券有限责任公司江西分公司

反洗钱工作小组的报告》，进一步对反洗钱工作进行规范。

——加大培训。

组织 13 次反洗钱培训，组织 2 次反洗钱知识考试。通过参加培训、自主学习，普及反洗钱知识，提高员工反洗钱工作技能，为深入开展反洗钱工作打下坚实的基础。

——配合迎检。

根据人民银行南昌中心支行《关于开展部分证券业机构反洗钱工作评价的通知》，9 月 14 日，人民银行南昌中心支行反洗钱处对中邮证券江西分公司反洗钱工作开展评价，并对分公司反洗钱工作小组成员开展现场询问，分公司主动对接，积极配合，完成评价工作，被“人民银行南昌中心支行”评为基本有效。（评价结果分为五个等级：有效、基本有效、合规、基本合规、不合规。南昌市参评的 84 家义务机构中，有 63 家义务机构的评价结果为“基本有效”，21 家义务机构的评价结果为“合规”。）

四、党建工作

——“三会一课”制度。

组织党员学习 41 次，学习研讨 30 次，举办党史读书会 30 次，组织青年员工学习 9 次，为支部党员上党课共 3 次。组织参观红色教育基地 2 次、组织观影 2 次、开展主题党日 12 次，组织党员观红色影片 2 次。

——党史学习教育。

扎实开展党史学习教育。第一时间成立工作组、制定方案、发放学习资料。

扎实开展“我为群众办实事”实践活动。举办投资者教育培训，赴社区为社会公众宣传“反洗钱”相关金融知识，引导投资者了解非法证券期货活动；开展“微心愿”主题活动，为社区困难家庭孩子、残疾孩子捐赠书包 30 个、笔记本 30 本；开展“金秋健步走”活动，丰富员工的业余文化生活，弘扬体育精神，强健员工体魄。

——纪检监察。

开展“党风廉政警示教育月”活动。一是组织全体党员领导干部观看警示教育片，为党员讲廉政党课，及时传达了中央纪委发布的违纪违法案例。二是在关键时间节点开展廉政提醒，通过发送廉洁短信、开展节前集体廉政谈话等方式，防止“四风”反弹。发送廉洁短信提醒 5 次，组织节前廉政谈话 2 次，约谈提醒 3 次。三是开展“小金库”专项治理工作，根据公司党委《关于开展“小金库”专项治理的通知》要求，全面开展“小金库”专项治理工作。四是下发《中邮证券有限责任公司江西分公司纪检信访工作管理办法》，畅通信访举报渠道，规范纪检信访工作制度。五是制定《廉洁风险目录》，要求分公司全体人员签订《廉洁从业承诺书》，进一步提升员工廉洁从业意识。

——巡视整改。

第一时间传达巡视反馈意见，坚持以问题为导向，制定了整改方案及整改台账。截至 12 月，分公司党支部制定的 34 项整改措施，已完成 14 项，20 项完成阶段目标且持续推进。制定《中邮证券有限责任公司江西分公司 2021 年巡视整改工作方案》，坚持季度例会制度，每季度向总部报送巡视整改情况，持续推动巡视整改工作。（中邮证券）

山东省

【山东省邮政分公司】 2021 年全省邮政（含寄递事业部）实现收入 174.4 亿元，超集团公司预算 10 亿元，规模居全国第 3 位；比上年增幅居全国第 4 位。

一、企业党建

加强政治建设，组织纪念建党 100 周年系列活动，开展意识形态工作责任制专项检查；提炼“忠贞不渝、使命必达”的战邮精神，筹备山东战邮成立 80 周年纪念活动。完善深融互促机制，持续开展模范机关建设、“一月一事、消灭最差”“三亮三比三评”等活动，各级党组织完成“为群众办实事”1017 项、支部“领题破题”结题 415 个。提升党建工作质量，充实党建队伍，全省增加纪检条线岗位编制 11 人、共青团条线岗位编制 19 人；扎实开展“党建质量提升年”活动，开展理论学习和发展党员形式主义突出问题专项治理，支局党员空白点 15.3%。深化全面从严治党，纵深推进党风廉政建设和反腐败工作，持续巩固中央巡视整改成果，全面完成集团巡视反馈 37 项问题整改；建立省分公司党委巡察工作协作配合机制，完成对本部 28 个党组织及 9 个市分公司党委的巡察及“回头看”，巡察覆盖率 84.2%。

二、普遍服务

推进普遍服务达标升级。建立同级协同、上下联动的普遍服务管控体系，空白乡镇补建局所正常运营率、营业网点服务达标率、乡镇网点覆盖率、建制村通邮率、建

山东莱西市分公司邮快合作惠民生（《中国邮政报》）

制村投递频次达标率均 100%。全省普邮客户满意度 87.2 分，居全国第 2 位；机要通信连续 24 年质量全红。

三、业务发展

——邮政业务。

集邮文传收入 17.8 亿元，居全国第 3 位，比上年提升 1 位。函件收入规模列全国第 3 位，比上年提升 1 位；集邮收入规模列全国第 2 位，比上年提升 4 位，增幅居全国第 1 位；渠道平台分销收入规模列全国第 1 位，比上年提升 1 位；自营批销额、农资销售收入均居全国第 1 位。推进平台打造。代征额全国第一，全省政务大厅邮政派驻率 100%。网点转型扎实推进，转型网点覆盖率 78%；高校进驻率 75%，山东大学兴隆山校区综合服务中心、沂蒙红色主题邮局被列为全国转型标杆。

——寄递业务。

业务收入 40.6 亿元，居全国第 5 位。全省寄递网综合时限达标率 95%，较年初提升 3.4%。完成邮区中心及网路运营中心改革，较年初各类人员减幅 17.3%。开展揽投环节定额定员和普邮投递优化，盘活 1380 人充实特快揽投队伍。积极推进三级物流体系建设，完成省内 76 个重点县建设任务，代投自提村级覆盖率和自提率均 74%。

——金融业务。

代理金融新增余额连续 3 年保持全国第 1 位，余额规模、人民币理财保有量、净值型人民币理财保有量、新增 AUM 等 10 项主要指标均居全国第 1 位。新增储蓄存款五大行占比 24.55%，排名第 1 位。

四、企业管理

——能力建设。

推进高效率发展，出台专业争先进位考核奖励办法和各类竞赛奖励办法，完善人工成本与利润指标挂钩机制，加大超收超利润奖励。开展末端损益核算及成本写实，全省支局收入比上年增幅 15%，揽投部收入比上年增长 22.8%。全省收寄、投递、处理、运输、管理五大环节件均成本支出比上年均明显压降，且均优于集团目标值。

提升企业基础能力，累计投资 4.34 亿元，加快济南、潍坊、烟台等邮件处理中心及青岛航空处理中心能力建设，购建网点 19 处，改造网点、揽投部 400 多处。新增电商仓储面积 5.5 万平方米，县级处理中心平均场地面积 2900 平方米。全省 16 个市级及 1 个省级网络节点同步完成测试验收。

推进综合营销体系建设，专职客户经理累计贡献收入 56.68 亿元，人均 101.8 万元。新签中化、宏济堂、泰山保险等 6 家战略客户，六大协同项目实现收入 25.41 亿元。

完善服务质量闭环管理，推进“客户体验三年提升工程”，扎实开展“窗口服务体验提升年”活动。全省邮务申诉处理满意率 100%，客户投诉满意率 99.85%，建成 25 处省级服务示范窗口。

——人力资源管理。

加强领导班子建设。新提任三级领导人员 13 人，其中 80 年左右干部 7 人，新提任县分公司班子成员中 35 岁左右的占比 58%。

——企业文化和精神文明建设。

省分公司获人社部“国家技能人才培育突出贡献单位”称号；临沂市分公司获“山东省五一劳动奖状”，东营市分公司获评“全国邮政用户满意企业”，全省新增国家级“青年文明号”1 个，省级“青年文明号”4 个；临沂市分公司吕红玉获“全国五一劳动奖章”，烟台市分公司投递员范继阳、济南市分公司投递员王剑获“山东省五一劳动奖章”，威海市分公司鞠传林获全国“扫黄打非”先进个人，济宁市分公司王少朋当选“感动山东年度网络人物”，泰安市分公司宋现生获“齐鲁最美职工”称号。

五、社会责任

——服务乡村振兴战略。

推进邮政惠农，合作社走访、农产品交易额、农资配送和农产品寄递规模 4 项指标连续 3 年居全国首位。

——风险防控。

做好重大活动期间邮政服务及安全保障工作，实现全省邮政安全生产形势总体稳定。狠抓金融风控，全年各类检查发现问题比上年下降 8%，非现场预警比上年压降 39%。（山东省邮政分公司）

【邮储银行山东省分行】

一、经营发展概况

——经营业绩。

2021 年实现营业收入 174.41 亿元，增长 11.90%；净利润 49.48 亿元，增长 10.65%。经济增加值 11.56 亿元，经济资本回报率 14.12%，成本收入比 64.94%。

——发展规模。

总资产 8906.31 亿元，增长 13.7%，在省内国有大行中居第 4 位。各项存款余额 8203.23 亿元，增长 12.7%，新增存款 924.17 亿元；各项贷款余额 3653.42 亿元，增长 14%；存贷比 44.54%。

——资产质量。

不良贷款率 0.41%，拨备覆盖率 461.63%，均为省内国有大行中最优。

二、落实中央决策部署

——支持乡村振兴。

助力打造乡村振兴齐鲁样板，开发“网贷前置系统—乡村金融服务平台”，入围人行总行金融科技赋能乡村振兴示范项目；山东海鼎农牧产业链项目入选农业农村部金融助农八大模式。涉农贷款增长 156.56 亿元，计划完成率 150.54%。在监管 2020 年乡村振兴考核评估中被评为“优秀档”。惠农经营贷净增 5.23 亿元，居邮储银行第 4 位。

——支持中小微企业发展。

服务普惠小微，与省市监局联合开展“政银携手百亿助小微”活动，央视财经频道等主流媒体跟踪报道。普惠小微贷款余额 544.77 亿元，居省内国有大行第 3 位；有余额户数突破 10 万户，居省内国有大行第 1 位；发放利率比上年末下降 0.38%，向企业让利 2.59 亿元。

——落实碳达峰碳中和战略。

发展绿色金融，绿色贷款增速 17.69%、绿色融资增速 56%，提前 4 个月完成全年计划。在业内率先开展“碳核算”试点，完成 38 户企业“碳核算”，超额完成全年计划，得到监管机构高度认可。

——服务国家区域发展战略。

落实集团公司与山东省政府签订的战略合作协议，主动对接国家和区域重大战略，加大重点领域金融支持力度，投放实体贷款 2057.96 亿元，比上年增长 19.04%。支持黄河流域生态保护和高质量发展，沿黄流域 9 市信贷业务余额 2140.95 亿元，新增 500.97 亿元。加大制造业支持力度，新发放中长期制造业贷款 7.55 亿元，比上年增长 67.78%。

三、业务转型发展

——零售金融。

遵循产业金融、生态金融、财富金融发展趋势，抢占消费金融“制高点”，加快形成“用户引流、客户深耕、价值挖掘”三位一体“新零售”发展格局。个人金融以 AUM 增长带动个金业务全面发展，推进财富管理转型，新增 VIP 客户 12.40 万户、财富客户 1.41 万户、私行客户 183 户；重点代销产品规模合计 235.08 亿元，实现中收 4.55 亿元，居邮储银行第 1 位，占全行中收新增的 84.30%。价值存款月日均净增 101.87 亿元。消费信贷紧抓数字化转型机遇，坚持稳房贷、促消贷、抓车贷，实现收入 27.96 亿元，比上年增长 4.96 亿元，居邮储银行第 1 位；消费贷款比上年增长 202.77 亿元，居邮储银行第 5 位，短期消费贷款新增市场占有率连续 3 年保持省内同业第 1 位。信用卡充分利用“网点、线上、邮银、直销”四大获客渠道，紧盯进件发卡激活各环节过程管理，新增客户 43.86 万户，居邮储银行第 3 位；分期和消费规模分别比上年增长 46.38%、15.82%，增幅均排省内国有大行第 1 位。网络金融夯实发展基础，手机银行月活客户 114.69 万户，快捷绑卡增 79.18 万户，收单有效商户增 7.01 万户。邮有惠生态建设初显雏形，福利群入群客户 37.18 万户。综合营销坚持抓客户综合服务，强个人产品覆盖，综合得分居邮储银行第 1 位。

——公司金融。

坚持“开门办银行”理念，转变发展思路，以政银合作为着力点，探索顶点营销，推动公司业务从传统资产拉动模式向综合化、专业化服务模式转变。公司存款坚持抓源头、拓项目，新增公司客户 2.36 万户，居邮储银行第 2 位；新增各类资格 69 项；年日均余额新增 50.36 亿元，居邮储银行第 4 位。军队项目实现历史性突破，获批两个账户开户资格；三医、教育、农业农村、公积金、公检法等重点项目开户及存款增长均居邮储银行前 3 位；与省市监局实现“一窗通”系统对接上线，成为独家合作银行。公司贷款坚持增规模、调结构，比上年增长 100.51 亿元。落地 PPP 项目 33 个，合同金额 262 亿元；获批邮储银行首笔整县分布式光伏项目——沂水项目。交易银行围绕“现金管理、贸易融资、产业链金融”三大业务主线，推进对公业务数字化、场景化、智能化发展，实现开放式缴费交易金额 222.34 亿元，居邮储银行第 1 位。落地邮储银行首笔“一带一路”项目贷款、首笔外币利率掉期衍生品业务；成功营销陕重汽“进车贷”，实现全省首笔融资租赁保理和医院保理业务。

——资金资管。

围绕“加快转型、优化结构、精细管理”，强化队伍、风控和政策支撑，新拓展同业客户 57 户，实现同业融出业务 394 亿元，居邮储银行第 2 位，签约数字人民币客户 3 家。票据贴现 516.89 亿元，居邮储银行第 2 位，票据再贴现 113.66 亿元，居邮储银行第 1 位，票据转贴现 817.08 亿元，居邮储银行第 3 位。销售重点托管基金 23.59 亿元，居邮储银行第 1 位。

四、风险管理升级

——推进智能风控。

推动大额授信客户名单制管理的信息化、智能化水平，省行搭建自建系统实现大额授信风险客户“三单”数字化报送及审核。

——信用风险管理。

应对首笔公贷不良带来的严峻挑战，建立“日调度、周通报、月督导”日常监督机制，省市县三级联动，召开资产质量调度会 7 次、风委会 16 次，现场约谈 3 次，现场调研督导 11 次，集全行之力压存量、控新增、快处置，处置不良资产 13.75 亿元，比上年增长 50.93%，利润贡献 6.57 亿元；零售贷款不良率由 0.56% 降至 0.48%，资产质量保持稳定。

——内控合规管理。

开展“内控合规管理建设年”“行业规范建设提升年”活动。派驻风险经理 51 人，完善“网格”互控机制，加大违规问责力度，纪律处分以上 893 人次，比上年增加 37%，其中自营 479 人次。建立重点可疑交易会商、线索移送及奖励机制，推进投诉溯源整改，反洗钱及消保工作能力进一步提升。省分行获评邮储银行 2019—2020 年度“金盾奖”内控风险管理优秀单位，连续 3 年反洗钱监管评级为A级。

——内部审计工作。

围绕重点风险领域，实施各类审计项目59个，发现问题1573个，提出建议233条。开展近三年全部审计项目整改问责跟踪落实专项活动，问责率100%，整改率96.09%。

——疫情防控和安全生产工作。

抓实抓细日常防控措施，在邮储系统内率先完成无接种禁忌人员“应接尽接”率100%的目标。严格落实安全生产责任制，深入开展安全生产专项整治三年行动和“平安邮储”单位创建工作，保持全年安全生产零事故，在邮储银行2021年安全保卫工作考核评价中获得第1名。

五、管理效能提升

——信息科技建设。

完成20项总行统建项目落地和24项自建项目开发，自主开发率提升至95%以上。RPA平台上线工单自动处理等8类场景，工作效率提升50%。拓展智能风控应用场景，零售信贷作业中心升级风险评估模型，自动化审批率提升至32%；推行标准化作业，单笔审查审批时长由125分钟降至62分钟。

——财务管理。

强化资本管理，压降不可撤销贷款承诺83.42亿元，节约资本占用4.27亿元。落实“过紧日子”要求，推进增收节支，成本收入比较上年下降0.89%。加快推进工程建设，获批县行购置项目12个。采购管理有效加强，公开采购率98.05%、集中采购率90.75%，分别提升0.85%、3.75%。

——运营管理。

开展柜面运营优化试点，16个试点网点每日开设台席由34个优化至25个。优化业务库管理，撤销9个、整体外包4个，建成烟台区域现金管理中心。组建223人的兼职体验员队伍，服务态度类有责投诉比上年下降85%。

——人力资源管理。

优化人力资源配置，严控人员，用工总量比上年末下降181人。量质并举，增配理财经理267人，点均2.02人，在邮储银行理财经理大赛中获得自营团队第1名。招才引智，社会招聘17人。

六、党建引领强化

——党史学习教育。

扎实推进党史学习教育，开展“我为群众办实事”、党支部“领题破题”、党员“三亮三比三评”等活动，完成476个办实事项目，领题破题218项，2个支部入选省直机关优秀主题党日案例。

——党风廉政建设。

统筹做好市行巡察回头看和省行机关党支部巡察，实现巡察100%覆盖。精准运用“四种形态”处理处分325人次，其中给予党纪处分3人次，持续正风肃纪。

——企业文化建设。

落实为员工办好事机制，省、市行为员工办好事138件。开展网点员工满意度提升活动，柜员、营业主管满意度均在80%以上。省行连续13年获得省级文明单位称号，获评“全国交通运输行业党建文化建设优秀单位”，省行机关团委获评“省直机关青年理论学习标兵集体”，6名员工获评“山东省新时代岗位建功劳动竞赛标兵”。（邮储银行）

【邮储银行青岛市分行】

一、经营发展概况

——经营业绩。

2021年实现营业收入11.02亿元，增长9.30%；净利润5.18亿元，增长24.74%。经济增加值2284.33万元，经济资本回报率10.63%，成本收入比44.38%。

——发展规模。

总资产719亿元，增长9.62%。本外币各项存款余额651亿元，增长8.03%，新增存款48亿元；本外币各项贷款余额490亿元，增长9.12%；存贷比75.18%。

——资产质量。

不良贷款率0.5%，邮储银行居第8位，优于青岛同业平均水平0.58%。拨备覆盖率307.42%。

二、落实中央决策部署

——助力乡村振兴。

制定2021年金融服务乡村振兴工作指导意见和“十四五”时期服务乡村振兴落实意见。加大“三农”金融支持力度，涉农贷款余额154.61亿元。加快“三农”金融服务数字化转型，进一步扩大农村信用体系建设覆盖面，新增信用村123个，基于大数据的农村信用合作平台项目入选人民银行“金融科技赋能乡村振兴示范工程”项目试点。

——支持中小微企业发展。

普惠小微贷款余额75.55亿元，普惠贷款客户新增918户。加大民营企业支持力度，新增民营企业贷款客户1274户。坚持为小微企业纾困减负，新增小微企业首贷户169户。市分行获得首批小企业信贷工厂模式试点资格。

——落实碳达峰碳中和战略。

认真贯彻落实总行关于推动碳中和碳达峰以及制造业高质量发展的决策部署，抢抓国家政策导向带来的发展机遇，绿色贷款余额比上年增长25.44%，绿色融资余额比上年增长24.99%。

——加大实体经济贷款投放。

服务区域发展战略，对接“项目落地年”“13条产业链”等青岛市重大发展战略，持续加大对青岛地铁建设等重大项目信贷支持。支持制造业高质量发展，制造业贷款余额59亿元，比上年增长10%，其中制造业中长期贷款余额比上年增长344.49%。

三、业务转型发展

——零售金融。

自营机构个人客户113.5万户；财富客户5804户，新增1025户；个人存款102.24亿元，新增4.25亿元；新单保费2.72亿元，比上年增长112.8%；个人理财规模16.17亿份，非货币基金销量2.85亿元。网络金融推进线上业务创新发展，手机银行月活跃客户规模峰值8.3万户，客户总规模55.2万户；电子支付收入655.2万元，增长5.73%；快捷绑卡规模净增7.3万户，新增收单商户0.56万户。数字人民币打造邮政特色的场景应用体系，开立个人钱包48.87万个，开立对公母钱包0.44万个。消费信贷依托科技赋能，优化产品投向、推进多元化获客、实现高效运营与业务健康发展，消费贷款余额226.86亿元，新增11.15亿元。信用卡新增客户7.2万户，比上年增长76%；结存卡量33万张，增长19%；30天激活率67.18%、年度激活首刷率72.59%，分别居邮储银行第1、第2位；实现收入5044万元，比上年增长18%。

——公司金融。

公司客户"'+计划'行动·第一季"等专项行动综合评分居邮储银行第9位。公司客户数量逾1.2万户，新增3741户。公司贷款新增13.77亿元，投放41.15亿元；公司存款年日均新增2.41亿元，中标市级国库现金管理定期存款两期，中标金额合计3.51亿元；中标"青岛市市级国库集中支付代理银行项目"，实现市级国库集中支付资格的突破。加快投资银行业务发展，成功落地"青岛分行首笔牵头行+代理行外银团贷款项目"，累计投放银团贷款7.5亿元；存量非金融企业债务融资工具和金融债承销规模14.68亿元。

——资金资管。

收入1.22亿元，比上年增长35.75%，票据业务交易量突破200亿元，同业投融资业务余额突破150亿元，通过信用债投资沉淀公司存款日均余额7000余万元。参与总行同业生态圈建设，同业拓户10户。

——邮银协同发展。

创新考核办法，突出合并考核、双向计列、共享荣誉的协同导向，探索建立自营和代理网点"三统一"工作原则，每个项目实施"四个一"管理标准，推进集团公司、总行和自选"6+4+1"协同项目落地、落实。邮银联合调研帮扶活动经验被总行在全国推广，"七方联动 助力乡村振兴"惠农专题协同项目作为全国典型协同项目被总行收录汇编。

四、风险管理

——全面风险管理持续加强。

组织开展"联防联控，全面提升风险管理能力"活动，优化全面风险管理运行机制。强化信用风险管控，持续做好大额风险客户名单制管理。开展资产保全"固堤清淤"行动等专项活动，大额回款6795万元。清收处置不良贷款1.61亿元。

——智能风控赋能业务发展。

紧跟政府数据平台建设节奏，实现与青岛市信用综合服务平台成功对接。推进金睛系统在作业监督、风险监测中运用，落实总行金盾系统二期上线要求，运用系统完成四季度资产分类季度重检。

——信用风险管理加快转型。

制定分行区域授信政策，强化风险引领作用。实施大额风险客户名单制管理，落实减退加固。制定2021年绿色银行建设工作要点，确定重点任务和保障措施，绿色贷款及绿色融资增速均为25%。

——内控合规管理提质增效。

组织开展"内控合规管理建设年"系列活动，按照"五个是否"标准全力做好监管检查发现问题整改落实。加大消费者权益保护宣传力度，践行多元化解纠纷解决机制。开发反洗钱资格证书持证系统，实现从业人员持证情况动态管理。市分行获评总行2019—2020年度"金盾奖"先进单位称号。

——内审监督。

坚持问题导向，紧盯资产质量、线上产品质效等重点领域，开展各类专项审计及内控评价等检查，针对各类违规违纪问题，加大审计问责力度。

——疫情防控和安全生产。

慎终如始抓好疫情防控，配合做好联防联控，实现全员新冠肺炎疫苗"应接尽接"，保障金融运转平稳有序。深入推进"平安邮储"单位创建，压实安全生产责任，获得"青岛市单位内部治安保卫成绩突出集体"荣誉称号。

五、管理效能

——科技支撑。

加快业技融合，完成12个中间业务系统迁移开发、5个特色项目开发上线。强化数据赋能，开发主题分析及数据建模10项。组织开展信息科技风险提质活动及风险大排查活动，确保信息科技风险自主可控。加强数据治理和监管统计报送管理，开展整治重大信息虚假问题专项行动，获评人民银行金融统计工作先进单位二等奖。抓好运维管理，连续4年在总行安全运行年劳动竞赛中获得第1名。

——财务管理。

"轻资本"管理迈出坚实步伐，加大资本节约和价值回报理念宣贯，加强经济资本限额管控及评价应用，强化绩效考核引导，加强财务政策激励。压降低效资本占用，压降不可撤销贷款承诺7.79亿元，节约经济资本占用7309万元。建立全面成本费用预算标杆体系，强化成本费用管控，行政办公经费占收入比重比上年下降0.07%，广告及宣传费占收入比重低于总行预算值0.74%。完善定价管理机制，实现净利差2.53%，计划单居市排名第1位。

——运营管理。

自营网点网均收入比上年增长15.19%，网均利润比上年增长22.04%。服务水平不断增强，稳步推进网点智能化建设，完成全部自营网点移动授权功能。推行弹性窗口服务，实现服务态度有责零投诉。

——人才队伍建设。

加强干部队伍建设，推进分行中级、基层管理人才库建设。畅通上下交流渠道，建立优秀专业类人员赴基层任职备选名库。加强人才培训培养，不断提升岗位履职能力水平。建立“四个必须”排查机制，多维度管理员工行为，严格进行岗位轮换，实现定期轮岗率100%。

六、党建引领

——党的建设。

加强政治建设，深化理论武装，通过党委会、党委理论学习中心组、党委读书会等各类形式组织专题学习48次，推动党史学习教育走深走实。认真组织开展“我为群众办实事”系列活动，形成67个“办实事”项目，制定92条工作措施。持续巩固基层党组织建设，在全行党员中开展“三亮三比三评”主题实践活动，充分发挥基层党组织战斗堡垒作用和党员先锋模范作用。

——党风廉政建设。

强化执纪监督，完成对机关15个党支部巡察工作，实现巡察100%全覆盖。做实日常监督，做好党风廉政意见回复，精准运用监督执纪“四种形态”。加强作风建设，持续整治“文山会海”，会议数量实现有效压降。认真落实“一月一事、消灭最差”活动、基层联系点制度，切实帮助解决基层实际问题。全力配合和保障集团公司党组第二巡视组高质量完成现场巡视，扎实做好巡视问题整改。统筹推进常态化全面整改，做好专项重点整改。

——企业文化建设。

为全体员工配发《中国邮政储蓄银行企业文化手册（2020年版）》，把学习宣贯落地工作作为企业文化建设的一项长期重要任务。按照办公环境视觉形象规范和企业文化理念上墙应用规范，利用显示屏、宣传栏、办公网等形式，加强企业文化的可视化呈现。全面更新VI视觉，开展广告宣传及办公环境视觉形象规范培训，制定辖内细化的实施方案。积极承办“一盔一带，邮我守护”等各类特色品牌活动，增强品牌影响力。（邮储银行）

【中邮保险山东省分公司】

一、经营发展

2021年实现总保费收入65.6亿元，规模居全国第3位，其中：新单保费24.02亿元，完成全年目标的100%，规模居全国第4位（长期期交新单保费17.9亿元，规模列全国第3位，全年保费进度104%；终身寿险新单保费规模16.4亿元，规模列全国第3位，全年进度250%；健康险新单保费4662万元，全年进度114%）。总保费规模在山东寿险行业列第9位，银保渠道占比6.15%，排名第6位；其中银保渠道期交新单保费市场份额13.22%，排名第2位。2021年在集团对全国各省长期期交高价值业务发展劳动竞赛模拟预评中，山东邮银保三方均连续获评省级“优秀组织奖”。全年未发生系统性风险及群体性事件、未发生资金案件和诉讼案件、未发生重大负面舆情事件、未发生重大安全事件。

价值转型。巩固深化“三同步”工作机制，首次将中邮保险季度发展目标纳入渠道季度金融工作部署。搭建起月度、季度常态化沟通机制，初步建立邮保月度协同沟通碰头会机制。协同开展省内中邮保险长期期交高价值业务劳动竞赛。开展“金牛迎春 步步为赢”等系列专项营销活动，组织策划“一路邮你”系列主题活动230余场，参与客户2000余人。开展数字化营销转型试点工作，运用“六步工作法”（画、选、推、建、促、转），开展主题活动17场，实现健康险保费8.9万元。以长期期交转型培训项目为抓手协同省邮政打造“千人兵团”，累计开展线上+线下培训近3000场，培训人数超4.6万人次。以岗位大练兵、技能大比武活动协同省邮政打造渠道兼职讲师及销售人员队伍，连续7次获评全国月度之星。优化续期管理体系，落实总部“续期四大关键指标库”。强化电话催收精细化管理，创新开展续期缴前提醒智能回访，提升催收回访效率，成功回访14万件。

二、运营服务

优化运营流程，推广客户APP，保全线上化率84.58%。开发建设新契约质检系统，提升质检时效；开发建设工单管理系统，实现全流程闭环管控。开展包联活动，下沉一线开展现场帮扶支撑，累计出差214天。开展客服活动21场次，惠及客户3600余人次。完成机构新增和人员定岗工作，顺利通过总部验收。协同省公司修订下发代管机构及人员考核办法。

三、企业管理

以“内控合规管理建设年”为主线，开展“制度管理规范年”系列活动。成立金融风险防控工作领导小组，落实常态化风险管控机制；开展全面风险排查等12个专项排查活动；完善三方联动案防管控工作措施，联合开展合规检查6次，整治回访问题件占比等关键品质指标。首次将反洗钱履职纳入合规内控检查。开展审计项目8个，发现问题2项，全部完成整改。坚持正确选人用人导向，调整中层干部6人次；加强多岗位锻炼，调整一般人员23人次。规范招聘及用工管理，基本完成2018年以来员工招聘专项自查、人事档案专审工作。加强员工培训，组织培训14次。疫情防控常抓不懈，未出现疑似或确诊病例。严格落实安全生产责任制，开展“平安邮政”建设，全年消防、车辆、人身、舆情、网络与信息安全无事故。

四、党建工作

明确重点任务，印发全面从严治党责任清单，夯实“一岗双责”主体责任。组织开好巡视整改专题民主生活会及党史学习教育组织生活会。严格落实“三个第一时间”学习机制和“第一议题”制度，先后召开8次党委理论中心组学习、48次支部集中学习。认真落实党史学习教育工作部署，围绕学“四史”开展集中学习研讨。开展“我为群众办实事”，完成9个项目15条举措。开展支部“领题破题”及“三亮三比三评”主题实践活动。举办建党100周年暨“两优一先”表彰大会。针对集团公司党组巡视反馈的15个主要问题、28个具体问题，制定32项整改任务、68项整改措施，截至2021年底，整改措施已全部完成并销号。规范党组织建设，完成支部调整工作，党支部扩充为6个。规范组织生活，严格落实“三会一课”制度，推动运用“四同步一结合”工作法。严把党员发展入口关，发展党员5人。压实党风廉政建设主体责任，建立责任清单。开展廉政谈话53人次。严肃执纪问责，运用“第一种形态”38人次。

五、社会责任

落实乡村振兴战略，惠农简易险项目有效扶农助农，为济宁泗水2000余名困难群众赠送意外险保障。通过捐款助学、老年公寓慰问等公益活动，树立良好的企业形象。“绿色邮政”行动各项指标均达到总部考核要求。（中邮保险）

【中邮证券山东省分公司】

一、业务发展

——收入结构。

经纪业务板块累计实现收入711万元，收入占比84.9%，其中，手续费及息差收入实现278万元，比上年增长106.4万元；融资融券业务实现收入166.5万元，比上年增长63.2万元；股票质押累计实现收入214万元，比上年减少1153.1万元。资管投行板块累计实现收入125.7万元，收入占比15%，比上年减少895.3万元。

——机构发展。

山东省分公司下辖3家分支机构：青岛分公司、东营营业部、潍坊营业部。共有员工39人，其中山东分公司本部员工19人、党员7人；青岛分公司员工9人、党员5人；东营营业部员工6人；潍坊营业部员工5人。山东本部累计实现收入565.5万元，利润109.4万元；青岛分公司累计实现收入81.9万元，利润－293万元；东营营业部累计实现收入187.5万元，利润77.7万元；潍坊营业部累计实现收入2.1万元，利润－66.3万元。

——协同营销。

邮储银行累计新增三方存管账户9968户，完成营销活动计划的166.1%；代理金融渠道新增三方存管账户4888户，新增有效户5003户，完成营销活动计划的108.7%。

——板块协同。

在山东邮政协同发展委员会框架之下，定期参加邮政省公司市场部、金融业务部、省分行代金部等组成的综合协同、金融业务协同等专项专题会议，通报交流证券协同发展情况，协调解决发展中的问题。

——自营发展。

召开专题会议安排部署“我为公司做贡献”代销金融产品竞赛活动，下发关于组织开展全年代销金融产品竞赛活动的通知，全体员工积极参与，14人实现产品销售，全年累计代销金融产品4567.3万元。

——资管投行业务。

与淄博财金控股集团有限公司、齐商银行签署战略合作协议，为后续开展项目合作奠定了坚实基础。配合总部处置完成烟台东创项目，收回全部本金和利息，并收取罚金4900余万元。

二、运营服务

通过腾讯会议每月开展线上投资报告会11场次，参与人员554人次；分组分区域对全省分公司、分行金融网点负责人、理财经理等进行证券培训，线上培训17个市分公司，培训人员5925人次；线下培训7个市分公司，培训人员1882人次。

有效户提升。开展存量低效客户分户激活活动，分户2000户，对50万元以上的客户和新三板等进行重点营销，新增融资融券账户18户、科创板权限25户、创业板130户、新三板（北交所）35户，港股通15户，可转债权限391户。

营销队伍。营销体系初步成型，客户经理6人，经纪人10人，新增交易客户74户、托管资产2039万元、实现佣金及其他收入26.63万元。

三、风险防控

——人员管理。

监督指导合规人员根据法律、法规、准则及公司制度，定期开展对分公司及工作人员执业行为合规性的日常监控、监测、核查与检查，及时掌握分公司从业人员的信息变化和岗位设置情况。

——学习培训。

督促合规人员定期开展合规学习与培训，共计开展合规学习12次，学习内容涉及监管新规、合规案例、业务新规、防范化解金融风险、反洗钱监管规定、反洗钱相关制度等多方面。

——业务管理。

开展合规管理有效性评估、全面风险排查、金融产品销售、反洗钱、投资者适当性等方面的自检自查18次，持续督导自查问题的整改落实。

四、党建工作

——理论武装。

坚持“三个第一时间”学习机制，理论学习45次，党课4次，第一时间组织学习习近平总书记重要讲话和重要指示批示精神、党中央重要会议、重要文件精神25篇。

——组织建设。

组织召开党员大会6次，支委会40次，党课4次，主题党日活动12次，组织生活会3次，民主评议党员会议1次，2次专题研究意识形态工作并形成工作报告。对存在入党材料抄袭问题的党员进行批评教育并责令作出书面检查。

——巡视整改。

针对集团公司党组巡视组指出的5个方面16个主要问题33个具体问题，进行系统梳理和深入剖析，共制定33项整改任务、84项整改措施，已完成整改措施54项、阶段性完成且持续推进整改措施30项。

——党风廉政建设。

坚决贯彻落实中央八项规定精神，开展“党风廉政警示教育月”活动，持续组织廉洁从业相关规定的贯彻。领导带头强化警示教育，以案为鉴用身边事教育身边人。（中邮证券）

河南省

【河南省邮政分公司】 2021年全省邮政实现收入147.16亿元，比上年增长9.28%（可比口径）；实现利润居全国第1位。

一、企业党建

深入学习贯彻习近平新时代中国特色社会主义思想，强化党的政治建设和思想建设，引导广大党员增强“四个意识”、坚定“四个自信”、做到“两个维护”。扎实推进党史学习教育，完成“我为群众办实事”民生项目397项，党支部“领题破题”492个。开展“三亮三比三评”主题实践活动。成立“比学赶帮超”领导小组及办公室，从综合质效、市场竞争力等6个维度，建立高质量发展评价指标体系，引导各单位固优势、补短板、强弱项。

坚持巡视巡察上下联动，紧盯巡察发现的有关中央巡视整改落实情况的问题，推动中央巡视整改持续深化。深入落实中央八项规定及其实施细则精神，持续保持全面从严治党高压态势。分两批对9个市分公司及其所属85个党组织开展巡察，提前一年完成巡察全覆盖目标任务。

二、普遍服务

普遍服务叠加新内涵。在依托邮政网点叠加税邮、警邮等便民政务服务的基础上，开办烟草零售等各类便民服务业务35种。完成全省35个示范县（市）的三级物流体系中心节点建设任务，交邮、邮快合作取得新突破。

三、业务发展

——邮政业务。

集邮业务围绕《豫剧》特种邮票发行，创新推出传统戏剧、中原文化和国潮文创三大系列产品。函件业务巩固发展商函、账单等传统业务，创新发展新媒体业务，实现收入3.06亿元。报刊发行实现4.06%的增长，校园市场收入规模、线上订阅渠道绝对值均居全国第1位。叠加12项业务的站点3.68万个，发展会员268.5万人，实现资产提升73.7亿元；揽收包裹118.6万件，代投包裹9635万件。销售农产品5.38亿元，比上年增长10.8%。

——寄递业务。

特快业务实现收入6.38亿元，比上年增长13.73%。快包业务发展电商退换货、散件揽收等高单价高效益市场，退换货项目量、收规模均居全国第1位。国际业务发挥邮政渠道、商业渠道“双产品”的优势，实现收入2.94亿元，比上年增长13%（可比口径）。物流业务提升供应链物流服务能力，扩大仓储核心优势，实现收入5.01亿元，比上年增长20.27%（可比口径）。

——金融业务。

全省邮政新增金融总资产1059.9亿元、实现收入101.8亿元，实现“千亿资产、百亿收入”的预定目标。聚焦“再造一个夏粮项目”，围绕大农业持续拓展金融服务领域。活动期间新增总资产259.3亿元，比上年增长50.66%。加快金融服务向线上迁移，手机银行新增激活客户、月活客户等5项指标位居全国第1位。

——交流合作。

对外合作范围持续拓展，与省商务厅、省应急管理厅等10个单位签订战略合作协议。与省农业农村厅政企对接、深度合作，积极服务新型农业经营主体。对内强化项目协同、业务协同，重点协同项目实现收入14.33亿元，增幅135%。惠农合作项目服务农民合作社6.8万家，发展农村会员97.9万户。板块协同实现新突破，邮银联合成功申报人民银行金融科技赋能乡村振兴创新示范工程项目；开放式缴费平台实现交易金额5.4亿元；邮保强化协同发展，实现中邮长期期交新单保费15.05亿元。

四、企业管理

——基础管理。

分配激励机制持续完善，完善代理金融网点考核办法，突出分户管户和资产提升，推行全员全产品计价计酬；对标行业工作效率和薪酬水平，全面推行内部处理和邮运环节计件工资制。寄递末端经营机制有效放活，结合

党旗高高飘扬在抗洪一线（《中国邮政报》）

众创众享、外部承包、特许加盟三种模式，在揽投部全面推行“加盟制”。

财务管理持续强化，新增资金存量1.85亿元；搭建八大责任中心和运营管理部的“8+1”损益核算体系，建立配套的绩效考核体系；审计监督与采购管理得到加强，开展审计项目354项，完成专项审计调查3项，促进增收节支5009万元；优化完善采购管理体系和集采流程，公开采购率、公开招标率、资金节约率均位居全国邮政前列。

——能力建设。

科技赋能。全年建设信息化项目27个，是上年的两倍。完善河南邮政金融智慧营销V2.0系统、智能组网分析系统、邮车装载率智能分析系统功能，开发上线河南邮政纪检信息系统、损益核算管理分析系统等。

设施设备赋能。投资1.68亿元用于寄递生产场地征地建设及工艺设备改造。在41个揽投部推广布放圆盘分拣机，释放揽收能力。新购建邮政综合网点18个，完成159个城市网点的改造工作，配备97台ITM智能柜员机、151台STM超级柜员机、176台CRS存取一体机。

各项改革措施。加快推进特快专网和专业专职营销团队建设，揽投部总数528个，其中特快揽投部214个；组建专业专职营销团队279个，配备专职营销人员1114人。邮区中心改革全面推进，全省邮件处理中心运行质量有效提升。“双11”旺季期间，邮件处理量9484.5万件、比上年增长35.6%。寄递降本增效成效明显，全省压降成本6.56亿元。陆运网流程持续优化，开通洛阳、驻马店、信阳等省际进口邮路，实现各节点均衡作业；配备小件分拣机的市分公司中70%实现邮件直分到乡镇。揽投网作业效率提高，18个地市直投中心全部投入运行，137个自提点邮件实现直分直投，分流市区10%的投递量，全省自提比例73.02%。

——人力资源管理。

人力资源配置更加优化。代理金融压降高柜台席883人，增配理财经理772人，点均理财经理配置数量2.3人。严格落实寄递业务劳动定额标准，精简内部处理人员，一线揽投人员占比提高3%。以客户为中心的组织架构进一步完善。在八大责任中心推行项目制运作模式，组建总控项目团队、实体项目团队，分类分级确定团队负责人的年度绩效奖励标准，实施项目运营团队超额奖励机制。对58名三级领导干部进行调整使用，新提拔7名三级正、15名三级副领导人员。组织开展优秀四级领导人员和优秀大学生员工推荐工作，选拔10名年轻干部到7个市、县邮政企业交流任职。

任期制和契约化改革全面启动。省市两级分层成立任期制和契约化管理工作领导小组和专班，完成试点工作，为全省全面推进打下坚实基础。

——企业文化和精神文明建设。

“三保证三关爱”活动发放补助款843.91万元，受益员工1.14万人次。送温暖等活动慰问员工1557人、一线班组1605个，发放慰问金、慰问品412.83万元。完成1689个农村职工小家净水及加热壁挂设备的配备。

全省邮政3个单位被评为“全国模范职工小家”；省分公司代表队夺得第三届全国邮政行业职业技能竞赛河南省选拔赛团体一等奖；省分公司驻鲁山县下沟村工作队被省委省政府评为“河南省脱贫攻坚先进集体”；2名员工、1个集体在省直机关“两优一先”评比中受到表彰；8个集体、25名个人获得市级及以上荣誉称号。

——安全生产。

健全完善“全业务、全流程、全员”安全管理机制，深入开展安全生产专项整治三年行动集中攻坚工作，持续推进省联网集中监控系统和“智慧消防”系统上线，全年未发生重特大安全生产事故和金融安保类案件

五、社会责任

防汛抗疫彰显使命担当。省分公司第一时间部署，紧急拨付洪涝灾害专项救灾资金850万元，下达专项维修预算3581万元，确保员工生命财产和企业设施设备安全。各级邮政企业积极履行央企责任，向社会提供紧急救援服务，郑州邮区中心勇救138名农民工的事迹第一时间冲上微博热搜，阅读量5600万人次，擦亮了河南邮政品牌底色。各级党组织充分发挥政治核心和战斗堡垒作用，广大党员干部积极发挥先锋模范作用，闻令而动、冲锋在前，彰显“国家队”的责任担当。（河南省邮政分公司）

【邮储银行河南省分行】

一、经营发展概况

——经营业绩。

2021年实现营业收入154.36亿元，增长9.6%；净利润90.33亿元，增长11.34%。经济增加值36.95亿元，经济资本回报率22.02%，成本收入比34.57%。

——发展规模。

总资产9889亿元，增长10.85%。各项存款余额8987亿元，增长9.6%，新增存款787.23亿元；各项贷款余额3931亿元，增长12.88%；新增存贷比56.96%。

——资产质量。

不良贷款率0.4%，比上年下降0.04%，低于邮储银行平均水平0.43%，为省内同业最优水平。

二、落实中央决策部署

——支持乡村振兴。

巩固脱贫攻坚成果。发放脱贫人口小额贷款7.61亿元，结余6.57亿元，均居邮储银行第1位；在人行和银监局组织的2020年乡村振兴监管考核评价中河南省分行结果为“优”，获得集团公司乡村振兴“先进单位”，被总行评为脱贫攻坚先进集体。

打造乡村振兴生态圈。建设信用村3.19万个，居邮储银行第1位，结存信用户30.21万户，居邮储银行第3位，线上信用户贷款累计授信16.75亿元，结余5.82亿元，均居邮储银行第1位；夏粮收购行业开发项目被评为“2020年全国邮政营销争先劳动竞赛优秀营销项目”“2020年邮储银行金雁奖优秀营销项目”，“粮食收购组合贷”被总行评为“2020年度产品创新优秀项目奖”。

——支持中小微企业发展。

普惠型小微企业贷款结余17.14万户、598.75亿元，比上年末增长79.55亿元，完成监管考核计划的132.58%；发放普惠型小微企业贷款665.83亿元；优惠利率、减免收费，普惠型小微企业贷款利率比上年末下降44个BP。

——落实碳达峰碳中和战略。

绿色贷款结余297.09亿元，比上年末增长79.82亿元，增幅36.74%；绿色融资结余330.77亿元，比上年末增长76.84亿元，增幅30.26%，完成增速15%的目标。

——服务国家区域发展战略。

贯彻黄河流域生态保护和高质量发展战略，围绕基础设施、制造业、民生补短板等重点领域，发放贷款225.59亿元支持沿黄地区发展。重点支持郑济铁路郑州至濮阳段、兰原高速、济洛西高速等项目，推动跨区域交通互联互通以及风电、光伏发电等清洁能源项目促进能源结构转型。

——支持供给侧结构性改革。

在“两新一重”领域，向城际高速铁路和城际轨道交通等“新基建”领域投放贷款6.80亿元，向城市更新、人才公寓、供水、供热、污水及垃圾处理等“新型城镇化领域”投放贷款54.42亿元，向水利等重点基础设施项目投放贷款61.50亿元。在战略性新兴产业领域，向风电、光伏发电、生物质能发电等新能源项目提供贷款70.93亿元，向平高集团等高端装备制造以及龙佰集团等新材料领域提供贷款3.60亿元。在先进制造业方面，向新拓洋生物工程有限公司等制造业优质客户提供贷款5.59亿元。

三、业务转型发展

——零售金融。

围绕“调结构、提中收、降成本、控风险”，加快推进高质量发展。全面突破惠民惠农“一卡通”项目，85家县支行和24个市辖区取得“一卡通”委托代理行资格，县域覆盖率75%。邮银个人存款新增888.23亿元，居邮储银行第1位。自营个人存款月日均净增169.22亿元，年日均净增161.23亿元，借记卡重点客户新增125.14万户，三项指标均居邮储银行第1位。自营实现代销业务收入4.58亿元，居邮储银行第1位，比上年增长43.93%。长期期交保费9.14亿元，居邮储银行第1位。

——公司金融。

公司负债以增资格、增活期、拓行业为主线，消化社保统筹走款190亿元。公司信贷结余860.23亿元，居邮储银行第3位；净增122.27亿元，居邮储银行第2位。小企业贷款结余149.26亿元，净增32.89亿元，居邮储银行第4位。交易银行批量拓展水、电、燃、暖等行业类客群，新增开放式缴费有效客户1771户，居邮储银行第3位。银企直联账户1363户，居邮储银行第5位，现金管理账户2.71万户，账户关联存款550.88亿元，居邮储银行第1位，企业网银客户5.32万户，居邮储银行第3位。福费廷余额118.13亿元，居邮储银行第3位。首笔外币债券投资业务成功落地。

——资金资管。

邮e贴业务占比100%；拓展生态圈客户41户，完成率141.4%；销售同业存单13.1亿元，居邮储银行第1位；新增地方政府债投资219.8亿元，余额742.5亿元，居邮储银行第1位。

四、风险管理升级

——信用风险管理。

主要风险限额均在控制目标以内。累计清收处置不良贷款20.22亿元，贡献利润11亿元。“三单”客户贷款退出4户、5.07亿元；大额客户风险减退加固成效明显，法人客户风险贷款压降3.74亿元，完成全年目标的239%。严把授信准入关口，主动否决各类高风险业务35笔106.27亿元。

——内控合规和法律事务管理。

开展内控合规管理建设年活动，实施风险经理派驻，开展高频问题整治，业务金额类问题数量发生率比上年压降 29.08%，非业务金额类问题压降 68.42%。推进合规文化建设，人均参加合规培训 7 次。开展反洗钱“六个百分百”达标及重点问题整治活动；以服务满意度提升和“邮爱金晖　春风行动”关爱老年人主题活动为抓手，强化消费者权益保护工作，获人行郑州中心支行消保考评 A+ 级，居省内金融机构第 1 位，在河南银保监局消保评价中获第 2 名。

——内部审计工作。

实施审计项目 13 类、39 个，审计金额 484 亿元，强化审计问题整改问责，提出审计建议 157 条。

——疫情防控和安全生产工作。

全行无新冠肺炎确诊病例，无禁忌人员疫苗接种率 100%。舆情、信访、印章、保密、应急等工作扎实开展，为全行平稳运行提供了保障。持续开展“平安邮储”创建工作，深入推进安全风险隐患排查和安全管理达标，全年零案件。

五、管理效能提升

——信息科技建设。

系统运行质量保持领先，网络运行质量有效提升到 99.88%，系统完好率 99.9%。推动业技融合，派驻科技人员跟班作业，完成 142 个项目开发上线，86 项数据产品开发上线和 260 项日常数据提取；自主研发住房公积金贷款平台，与全省 14 个公积金中心完成对接。

——财务管理。

建立全面成本费用预算标杆体系，重点费用均未超限额。做好代理国库集中支付垫款催收和清理。坚持信贷资源向高收益贷款和高收益区域倾斜，零售贷款净增占比 76.71%，高于邮储银行平均水平 10.08%；压降表外业务资本占用 12.62 亿元。稳定存贷利差水平，整体存贷利差 3.52%，居考核组内第 1 位，高于邮储银行平均水平 52 个 BP。省分行营运用房建设项目完成招标，3 个市分行营运用房装修项目和 13 个县支行营运用房购置项目获批。完成 11 个县支行和 17 个营业网点装修改造项目，批准了 50 个营业网点的改造计划。全辖配备生产用车 157 台；立项实施各类信息化项目 5253.15 万元；实施集中采购项目 138 项。

——运营管理。

现金备付率 0.44%，比上年下降 0.04%。完成现金及重要物品管理系统、现金与凭证系统双出纳模块推广上线工作。全行代收付自助对账率提升至 76.1%，中间业务资金汇划退回率降至 4.38%。完成账户类公司结算业务和个人授权业务的上线推广。自营网点系统化转型导入工作全部完成。

——人力资源管理。

中级管理人才库全面建成，其中正职人才库 31 人，副职人才库 111 人，入库平均年龄 39 岁。从人才库中提拔任用省分行党委管理干部 8 人，提任人员平均年龄 42 岁，全部为大学本科及以上学历。对 15 个二级分行、10 个省分行内设部门“一把手”进行调整补充，二分及部门正职基本配备到位。有序推进领导人员任期制和契约化管理工作。加大客户经理、理财经理综合营销绩效激励。合理控制各层级后台支撑部门与分支行的薪酬倍比关系，增强绩效薪酬激励导向作用。

六、党建引领

——党建工作。

强化党建责任传导，落实考核机制，管好意识形态，规范基础党建，政治建设持续深入。将党史学习教育作为贯穿全年的重大政治任务抓紧抓好，深入学习贯彻习近平总书记“七一”重要讲话精神和党的十九届六中全会精神；扎实推进“我为群众办实事”实践活动，完成重点项目 92 个、“领题破题”251 个。成立省分行第一届团委。

——巡视巡察整改工作。

接受集团公司巡视组巡视。落实巡视整改常态化工作机制，扎实推进集团公司巡视问题整改，整改完成率 98.88%。加强巡察工作，对 7 家二级分行、20 个省分行机关党（总）支部开展巡察，提前半年实现对辖内党组织的巡察全覆盖。

——党风廉政建设。

围绕意识形态、八项规定精神落实、巡视巡察、乡村振兴、疫情防控等开展专项监督 18 次。开展领导人员“两费”复查、“小金库”问题专项治理，深化形式主义官僚主义整治。

——企业文化建设。

全行思想迅速凝聚到邮储银行简单清新、阳光透明、积极向上的企业文化上来，坚决做到“四个统一”，即认识统一、标准统一、格式统一、内容统一，引导全员积极践行“邮储人共识”。扎实开展“2021 品牌提升年”活动，实现在《人民日报》、中央电视台等核心权威媒体宣传的突破。省分行顺利通过全国文明单位复评；8 家单位、2 名个人获得省部级及以上荣誉。（邮储银行）

【中邮保险河南省分公司】

一、经营发展

——转型发展。

2021 年实现总保费 64.91 亿元，居全国第 4 位，完成预算目标的 102%，连续 5 年全面完成总部下达的目标任务。实现终身寿险 15.89 亿元、健康险 4189 万元，两项指标比上年大幅增长。5 年交及以上占比长期期交新单达 62.7%，业务结构持续优化。新业务价值完成 4.73 亿元，比上年增长 222%；投价比 4.71，比上年提升 3.04；新单负债成本率 4.34%，比上年下降 18 个 BP；百元新单资本占用12.2，比上年压降12.8，“两升两降”效果显著。对标全省49家寿险公司，总保费寿险市场占有率3.25%，居行业第9位；期交新单市场占有率5.94%，居行业第5位。

——协同发展。

首次融入省邮政旺季金融跨赛方案，并将健康险发展作为协同委员会确定的唯一省级自主协同项目，纳入对地市的战略绩效考核，做到业务发展“同研究、同部署、同实施、同考核”。召开业务协同推进会议12次，有效把控业务发展节奏。融入金融生态圈打造，协同组织的“夏粮赠险”活动，为全省1.2万名夏粮收割机手赠送8万元保额的人身意外伤害险和2000元保额的意外医疗险，总保额达9.84亿元，先后被《中国邮政报》、《河南日报》、“学习强国”等17家媒体和平台报道；形成季度2～3人联合办公，参与省邮政惠农专班建设等项目活动，融合发展更加深入。

二、运营服务

——运营支撑。

持续推进“自营＋代管”模式深化工作，以“提升专岗能力，强化专岗责任、发挥专岗作用”为着力点，确保中邮保险代管职责履行到位。通过对标对表先进，实施指标周通报、月分析制度，强化落后单位培训辅导，持续提升运营支撑质效。通过研发“两核”课程体系，开展精品研讨综合技能提升培训，创办“专岗授课比赛”等方式，强化队伍能力打造。深化大运营包联机制，对地市实施动态管理，实时追踪督导，运营管理指标不断优化。新契约综合合格率100%，保全时效0天，理赔申请支付时效1.14天，小额理赔5日结案率100%，各项运营指标保持较高水平。

——客户服务。

新契约回访成功率100%，居全国第1位；问题件占比为0.58%，居全国第4位；亿元保费投诉量0.141件、万张保单投诉量0.135件，优于行业水平，风险管控良好。探索智能化外呼业务，助力电子化回访、缴费提醒等业务高效开展。制定分公司消保工作计划方案，推进消保工作规范化、常态化、精细化开展，在全国消保考评中获得第3名的好成绩。有效落实“中邮保险”APP推广活动，荣获总部推广获客竞赛“一等奖”。细化客户分层分级管理，持续开展“非遗文化行”“少儿书画大赛”“蛋糕DIY”等线上线下主题活动76场次，覆盖客户4万余人，得到社会、渠道、客户一致好评。

三、企业管理

聚焦价值转型，联合开展“牛转乾坤　燃爆旺季”“勇于争先　全面收官”等季度营销活动，策划组织“中邮保险周”等主题活动，引导渠道优先、常态发展高价值业务。以“片区常态支撑＋专项营销活动”为抓手，开展专项营销活动100余场；构建五个条线培训体系，举办省级集中培训32场、市县业务培训3677场；打造三支队伍成长体系，组建“星火计划”理财经理百人团队，夯实营销专岗履职能力，提升专职讲师专业支撑能力；开展数字化营销试点工作，实现科技赋能和健康险点均保费大幅提升，探索健康险持续发展新路径的目的。

四、党建工作

强化思想理论武装，持续深入学习贯彻习近平新时代中国特色社会主义思想，开展信阳光山红色教育主题实践活动、青年员工“根在基层”实践活动，认真组织党史学习教育主题实践活动，促进党性修养和宗旨意识有效提升。党建工作持续加强，推进基层党组织规范化建设，打造强有力的党建活动阵地；开展“我为群众办实事”、支部“领题破题”、“三亮三比三评”活动，持续推进工作作风建设。高质量完成巡视整改工作。全面聚焦管党治党政治责任，严格落实中央八项规定精神，开展警示教育月活动以及半年“四风”问题专项自查，严格执纪问责，运用“第一种形态”问责22人，营造风清气正良好氛围。

五、社会责任

践行国企责任担当，认真落实总部光山扶贫项目，2021年，捐建太阳能照明路灯54盏，开展75户帮扶群众对象慰问，向9.76万人赠送保额达57.9亿元的保险，切实为贫困人员和家庭提供帮扶，荣获《河南商报》“2021年度金融助力乡村振兴奖”。创建省级精神文明单位，组织“弘扬雷锋精神　创建卫生城市”志愿服务等活动，开展“献热血爱心　庆建党百年”无偿献血活动，设置“7·20”暴雨灾害紧急避难服务点，受到社会媒体大众的广泛关注，有效提升公司品牌形象。（中邮保险）

【中邮证券河南省分公司】

一、业务发展

——业务收入。

坚持“自营＋协同”的发展模式，厚植优势，依托邮政大网，开拓各项业务。收入构成：经纪业务收入384万元、资管类收入37.7万元、投行收入3万元、协同收入奖励1万元。

——经纪业务。

发展客户56000余户，年新增有效户8528户，有效户完成率180.79%。销售总部公募基金1.14万元；销售收益凭证4.42亿元，全国排名第2位，融资融券13户，引入托管资产7.93亿元，协同邮储网点实现销售资管产品4.2亿元。自营工作主动出击。年初制订自营计划，并确立高质量发展有效户的原则。截至年底，自营开户842户，其中有效户216户，有效户率25.65%。发展两融户13户，创新发展基金专户2户，实现收入近100万元。有效锻炼队伍、提升专业化水平。

——机构类业务。

债券发行项目。由于公司私募公司债发行审核逐步收紧，县区平台债券发行受阻。面对不利情况，主动从自营+协同方面同步推进，以公司债和企业债相结合的方式进行项目开发。储备项目包含开封市发投私募公司债项目及企业债项目、郑州高新产投私募公司债项目、新乡市创投企业债项目、辉县市豫辉投资企业债项目、兰考县兴兰投资企业债项目等。

资产证券化项目。在资产证券化（ABS）项目上取得一定进展。完成初步对接、或至少已达成建设意见、出具方案或签订保密协议的客户有中建方程、水投资本、灵宝国资、渑池会盟、郑州金属制品院等多个客户。

资管、财务顾问及股票质押等。资管方面，完成一单大额资管计划销售，金额1000万元；财务顾问方面，协同总部投资银行部配合省邮政公司进行金大地企业股权清理的相关工作；股票质押方面，持续跟踪中钢天源、新天科技、牧原股份质押需求及到期情况，建立常态化沟通关系；产品销售方面，成功向中钢郑州金属制品院营销券商收益凭证2单，合计9000万元，下半年续作3000万元，累计1.2亿元。

——协同工作。

政策激励力度大。年初下发文件和传真电报，明确中邮证券有效户奖励标准，充分调动基层人员发展中邮证券的积极性。

从三个方面将证券业务纳入对地市班子考核指标体系，纳入战略绩效指标占1分、纳入协同考核指标占3分、纳入全年省公司对地市巡查重点内容进行督导。

与邮储银行沟通进一步加强，与省行个金部、金融同业部、小企业金融部、公司业务部等部门加强沟通，加强三方存管业务沟通、共同走访企业，对接业务需求，畅通沟通机制，股票质押、政府专项债、资管通道类等业务逐步打开局面，邮储银行首次完成证券年度开户计划目标。

开展"一季度一专项"活动。在季度经营分析会上，加大业务发展通报，让各市邮政分公司和各市分行明确协同重点，针对协同重点开展协同工作。

二、运营服务

开展各类培训超100次。一是严格遵循每次培训必交流、每次培训必总结、每次培训必改进的"迭代式"改进思路，力求培训实效。二是创新培训方式，通过深入基层调研、同地市、县（区）邮政主要领导面对面沟通、组织网点负责人座谈等方式，结合网点转型的迫切发展需要，有针对性地提出方案、解决问题，对全体一线金融人员开展精准培训，对部分重点单位，还进行二次培训支撑。三是地市轮训和集中培训相结合，在省邮政公司金融业务部的支持下，8月在省培训中心针对全省理财经理开展了3场专场集中培训，覆盖主要一线协同发展人员，对协同发展有效户开展了专项讲解，进一步拓展了培训的深度和广度。

三、风险防控

——合规培训。

按月开展合规及反洗钱培训，累计开展合规培训12次，内容涉及反洗钱案件、合规警示案例、各项重要制度等内容。针对《中邮证券有限责任公司"打好防范化解金融风险攻坚战"工作方案》、《合规管理制度汇编》、公司合规和反洗钱以及隔离墙制度等内容进行学习，从业人员合规意识显著提高。

——合规自查。

制定月度工作日程表，开展风险自查工作，上报《河南分公司2021上半年年度防范化解重大风险自查报告》，报送2021年度防范化解金融风险工作情况报告。

——完善制度。

下发《关于成立中邮证券河南分公司防范化解金融风险工作小组的通知》《中邮证券有限责任公司河南分公司关于进一步明确反洗钱工作小组职责的通知》。按照分公司年度合规检查计划，组织推动落实合规检查工作。建立合规检查发现问题台账，跟踪督导问题整改落实。

四、党建工作

——党史学习教育。

开展集中学习。累计开展19次党史教育专题学习，学习党史教育相关内容89项。

创新学习形式。采取轮流领学、交流研讨的方式，营造支委成员带头读、党员干部自觉读的良好氛围。通过更新党员活动室党史学习教育活动专栏，组织党员参加"我和党的故事"主题征文活动，丰富学习形式。

组织线上答题。组织全体党员参加"中邮先锋"平台党史学习教育、十九届五中全会培训班必修课程学习；与省邮政分公司、邮储银行省分行、速递物流省分公司、中邮保险省分公司共同代表河南邮政参加集团公司举办的"学党史、听党话、跟党走"党史知识竞赛决赛，经过激烈比拼，最终取得第1名；组织领导干部参加中国干部网络学院"党史百年"网上专题班；参培率、合格率达100%。

开展主题党日活动。先后赴郑州二七纪念馆、郑州黄河博物馆参观。开展"铭记百年历史，传承红色基因"主题党日活动。开展"汛灾无情，中邮有爱"双联系活动，向筹备郑州红十字会捐献2300元救灾款，并采购物资援助受灾严重的登封市邮政公司。

召开党史学习教育专题组织生活会，集团公司党史学习教育巡回指导第八组相关人员，通过腾讯视频会议方式参加。

党员教育培训。严格落实《中邮证券河南分公司党支部2021年度政治理论学习计划》文件要求，全年持续贯彻落实“三个第一时间”学习机制，认真落实“三会一课”制度，截至12月，累计组织党务集中学习45次，全体党员大会6次，党课教育4次，全体党员共计党务学习215项内容，第一时间学习75项内容，开展学习研讨25次。

——先锋模范作用。

持续开展“党员先锋树旗帜，营业厅堂展风采”营业厅客户服务工作。每日安排党员营业厅值班，减少客户等候时间，优化客户服务体验；持续开展“党建引领促发展，四讲四有比贡献”地市包联活动，全体党员分别采取“一包二”或“一包一”的地市包联方式服务协同单位，对包联地市邮政员工、理财经理进行产品培训、销售督导、后续服务支撑等各项工作。

——“我为群众办实事”。

着眼提升客户体验和满意度，根据河南邮政客户的风险承受能力，向总部申报8000万的券商收益凭证额度，年新增有效户7694户，销售总部公募基金1.07亿，全国排名第2位，销售收益凭证4.22亿元，全国排名第2位。借助总部优质产品加大宣传和推广力度。

通过微信群每日、每周为客户推送“每日收盘小结”“新股发行”“每日午评”“每周周评”等贴心投顾咨询信息，提升客户服务能力和水平；做好客户回访工作，电话累计回访客户2550户，短信回访累计86193人次。

扎实做好协同工作，持续深入包联地市重点针对券商受益凭证、重点基金、两融业务开展培训近百场，全省18个地市协同单位，培训覆盖率100%。

——领题破题。

围绕“如何扎实开展证券投资者教育”课题开展深入研究，提醒投资者警惕非法活动。发挥分公司投顾作用，投资者投资提供有价值的参考，更好提升邮政金融员工的专业水平，为客户提供优质的综合服务。

围绕“如何扎实推进棚改、农村供水、供热等政府专项债融资项目”课题开展深入研究，分公司协同相关市县邮储银行，牵头会计师事务所、律师事务所挖掘市县有一定收益的民生项目，进行专业的项目包装和材料撰写，向省财政厅申请政府专项债资金，协助解决基层民生工程的实际融资困难。受今年疫情和专项债审核发行政策收紧的影响，沟通对接4单专项债业务，其中“禹州市城市供热管网建设改造项目”正式发行。

——“三亮三比三评”。

下发关于印发《中邮证券河南分公司党支部“三亮三比三评”主题实践活动实施方案》的通知文件。

开展“三亮”活动，党员工作时间佩戴党徽。结合分公司实际和不同岗位工作要求，明确岗位工作标准，规范工作流程。每名党员结合本职工作，亮出一句话承诺，并摆桌上墙。

开展“三比”活动，开展地市包联培训课件宣讲评比活动；以企业发展效益和中心工作完成质量为评判标准，开展自营业务大比拼，制订自营计划，确立高质量发展有效户的原则。自营开户822户，其中有效户204户，有效户率24.81%。发展两融户14户，推荐机构客户2户，创新发展基金专户2户，实现收入100万元。

——党风廉政建设。

按照总部《关于有效落实廉洁从业风险防控工作的通知》文件要求，制定《廉洁从业风险目录及防控措施》。

“党风廉政教育月”专题活动。开展专题学习，学习“中邮先锋”APP党风廉政建设部分内容，观看纪录片《国家监察》，纪检委员开展“严守党的纪律，争做清正廉洁表率”党风廉政教育专题党课。

加强权力运行和制度执行监督。坚持纠治“四风”不松劲，紧盯公车使用、业务招待、集中采购等重点事项，开展廉洁过节监督检查，始终保持反对“四风”高压态势，未发现享乐主义、奢靡之风等违反中央八项规定精神问题；持续整治形式主义、官僚主义，针对查摆问题制定整改措施，推动有效改进；畅通信访监督渠道，设置举报信箱，每周定期双人开箱，未收到信访及各类转办件。（中邮证券）

湖北省

【湖北省邮政分公司】 2021年实现收入111.65亿元，列全国第6位，总收入规模比上年前进1位，收入进度102.23%、增幅13.60%，分别列全国第1、3位。实现利润4.84亿元，进度119.74%，比上年增加2.12亿元，分别列全国第7、第2、第4位。劳动生产率45.43万元/人，比上年增长15.81%。资金存量26.38亿元，比上年增加1.37亿元。

一、企业党建

聚焦庆祝建党百年、学习党的十九届六中全会精神，以25种学习方式教育引导党员干部学党史、悟思想、办实事、开新局。将党史学习教育和“一月一事、消灭最差”活动相结合，领导干部带头深入基层调研，撰写调研报告192篇；完成286个“办实事”项目。落实全面从严治党主体责任清单和“一岗双责”责任清单，专题研究党建工作和意识形态工作5次，党建述职评议考核全覆盖。巩固“支部建在支局”“阶梯联创”成果，两个党支部荣获省直机关“红旗党支部”称号。

调整补充市州、省分公司本部和直属单位领导班子71人。新提任40岁以下三级副领导占比80%，40岁左右三级领导比上年提升66.7%；新提任“90后”四级副领导占比35.3%，35岁左右四级领导比上年提升50%。

集团寄递专项巡视123项整改措施全部按时完成，建立健全规章制度47项，问责31人次；常态化对照整改和12个专项整改共制定完善制度90项，问责125人次。提前1年实现全省邮政巡察全覆盖，问责556人次、党组织21个。

深化“七节联防”，驰而不息纠治“四风”，严格落实10个专项治理，精准运用“四种形态”。全省收到信访举报84件，受理问题线索53件，比上年下降21%，共立案15件，给予党政纪处分17人次。

二、普遍服务

全年普服投资1.43亿元，购置或改造网点、揽投站点150处，更新店招545处，组开4条机要专线；更新监控设备1100套，实现全覆盖。乡镇普服网点覆盖率、建制村投递频次达标率、县及县以上城市党政机关《人民日报》当日见报率100%。机要通信连续27年万无一失。开展“四强三提一除”等活动，无监管处罚、“两条红线”案件、“扫黄打非”案件发生。直辖市、省会间互寄普服时限1.36天，列全国第1位。

三、业务发展

——邮政业务。

集邮业务实现收入2.29亿元，圆满完成《中国共产党成立100周年》纪念邮票邮品宣传、销售工作；函件传媒业务实现收入2.38亿元，其中基础函件业务实现收入1.78亿元，列全国第5位；报刊业务实现收入3.14亿元，在线订阅流转额完成进度、规模分别列全国第1位、3位。电商分销实现收入5.92亿元，比上年增长3.1%。农产品交易额5.06亿元，完成计划144%；基地农产品交易额5271万元，完成计划128%，打造万单农产品11个；打造活跃站点31032个，挂牌益农信息社15000个，开通代收投站点7370个。六类转型网点1347个，完成集团计划124.7%；叠加服务种类49项，全国最多；点均收入565万元，列全国第2位；率先完成高校进驻计划，进驻91所。数字化营销业绩列全国第4位。

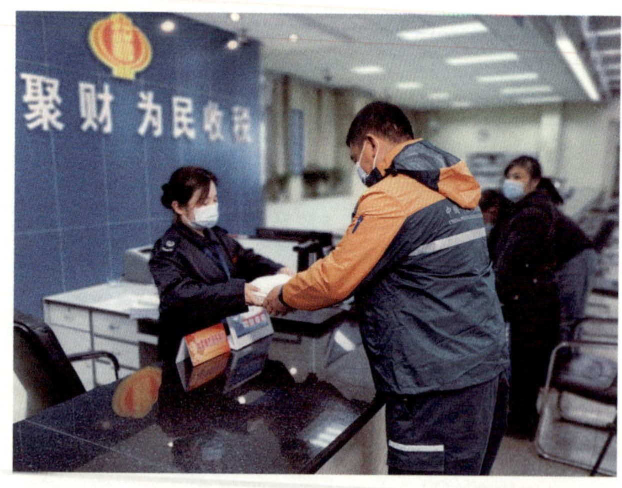

湖北省黄石市邮政分公司联合市税务局推行“非接触式”办税新模式，纳税人只要填写发票领购相关信息，在网上提交数据、申领发票，由税务局受理打印后，即可交邮政快递送达纳税人手中（《中国邮政报》）

——寄递业务。

实现收入23.38亿元，比上年增长35.95%、列全国第2位。政务、商企、电商、国际、商圈、农村、物流七大市场客户收入实现两位数增长，特快高端电商实现收入1.3亿元，比上年增长274.6%。新增87条市州够量直发线路，特快优势线路495条，业务量增长167%。本地中心对38个县市直达，建成9个“大同城”，减少29个县级处理中心分拣层级，省际进口邮件分拣次数1.43次。三大邮区中心共精简内设机构8个，优化482人。深化“小改大”“单改双”，推进多样化运输，新增1条省内、3条省际高铁邮路；大车发车占比43.86%，往返邮路占比88.8%，一二干邮路装载率46%，分别高于全国7.36%、5.2%、3.7%。推广“快包自提+甩点直投”“网格团队+中转接驳”，一类城市网格化率98%，比上年提升65%，快包自提代投率69.5%，比上年提升35.5%。初步建立外包管理体系，寄递五大环节成本四项改善、四项达标。寄递利润率−9.19%，比上年提升0.42%，其中特快利润率50.77%，比上年提升22.36%，高于全国7.64%。寄递业务欠费降幅28.94%，列全国第2位。

——金融业务。

实现收入73.56亿元，比上年增长12.02%，规模、增幅均列全国第5位。非储蓄收入占比30.92%，高于全国2.49%。客户AUM总量6403.43亿元，列全国第4位。余额比上年多增219.82亿元、价值存款比上年多增296.69亿元，均列全国第1位；新增长期险保费占比29.09%，超过集团和监管要求。

——交流合作。

集团六大重点协同项目实现收入6.91亿元，比上年增长27.49%。集团20个重点总部客户实现收入1.04亿元，比上年增长10.47%。制定湖北邮政服务长江经济带发展、贯彻落实加快建成中部地区崛起重要战略支点发展两个指导意见，助力推进科技强省建设、产业转型升级、农业强省建设和美丽湖北建设，明确湖北邮政的发展目标、重点工作和责任单位。

四、企业管理

——基础管理。

完成“业财一体化”项目试点工作。深化零基预算管理，建立对标优化机制、利润分档和增量利润返还机制。实施积极财务政策，投入分销、集邮、函件等业务资金18.53亿元，各项成本补贴及奖励资金4.92亿元，固定资产投资建设补贴资金2.34亿元。市州自有资金占比较年初提高1.3%，资金运作收益比上年翻番。全面实施资产公开拍租，年均租金增长117.7%。开展“小金库”等三项治理，有效防范财务风险。

加强采购管理，实施集采金额6.63亿元，资金节约率、公开采购率、公开招标率、集中采购率、上网采购率进一步提升。强化审计管理，配合完成审计署对集团公司任中经济责任审计；开展各类审计147项，形成问题清单636条，促进增收节支881.21万元。狠抓安全管理，实现金融资金零案件、安全生产零责任事故，代理金融风险等级评价提升2级。

——能力建设。

科技赋能。完成新一代营业渠道系统、惠农服务平台的推广应用，建成湖北数字政务中心、RPA财务机器人系统，开发普服、转型、惠农、安全四大看板。研发上线收单商户管理等多个信息系统。政务平台与7个审批部门实现系统对接。便民寄递微信平台上线核酸检测报告寄递等服务。完成OCR车牌识别打单设备系统改造，效率提升2～3倍。CRS、STM、装卸车扫描、寄递终端等智能设备大量运用，电子银行交易替代率94.38%，一体机混合收寄率35.38%。

体系赋能。三级物流体系加快建设，21个示范县全部完成建设，集团6大评价验收指标全部完成。建制村邮快合作覆盖率62.1%，超集团目标。

网络建设。持续构建“省际中心＋本地中心”两级陆运网络，基本完成荆州、黄石、黄冈、十堰处理中心征地，完成潜江处理中心基础建设，实施武汉、荆州、襄阳、宜昌、恩施、荆门处理中心工艺优化工程，连续两年增加处理能力超百万袋件/日，邮件处理能力大幅提升。

——人力资源管理。

人力资源。校园招聘大学生116人，社会招聘金融客户经理841人。大专及以上学历员工占比79.25%，比上年提升1.45%；本科及以上学历员工占比34.16%，比上年提升1.53%。银行从业资格、理财经理基金从业资格持证率分别提升13.08%、9.8%。AFP、CFP持证人数分别增加189人、12人。

机制建设。完善资源配置机制，对发展快、效益好、贡献大的单位，推行用工优先配置、投资优先安排、成本优先投放、资金优先供给、资源优先使用“五优先”政策。完善工资增长机制，分配资金池人工成本2.67亿元。完善用工优化机制，优化代理金融网点配员标准，明确寄递主要环节定额标准，减少用工1041人；金融劳务用工占比压降10%，营业人员压降1023人；点均客户经理2.35人，居全国前列。探索建立争先恐后机制，完成宜昌、荆门任期制和契约化管理试点工作。

——企业文化和精神文明建设。

新增省级职工小家110个、示范职工书屋17个、劳模创新工作室9个。开展“春送爱心、夏送清凉、金秋助学、冬送温暖”等活动，慰问劳模先进198人、困难职工家庭808个、基层集体2359个，资助困难职工子女18名，帮扶困难职工32人。继续做好社保缴纳、企业年金、互助保险等工作。

省分公司荣获“省直机关党建工作先进单位”“省级文明单位”；武汉邮区中心荣获“感动交通人物”；武汉水果湖支局荣获第20届“全国青年文明号”；随州府河支局荣获“全国工人先锋号”；徐龙获得“全国五一劳动奖章”“中国青年五四奖章”等荣誉称号；777名退休党员荣获“光荣在党50年”纪念章；2名职工荣获“全国邮政行业劳动模范”，3个集体、9名职工分别荣获市、县级“五一劳动奖”或“工人先锋号”。

五、社会责任

——服务乡村振兴战略。

投入产业帮扶资金249.79万元，开展消费帮扶440.93万元。印发《湖北邮政服务乡村振兴战略2021—2022年行动方案》，率先与农业农村厅大数据平台对接，获取首批数据3363万条，全省1118个农村网点创建惠农企业微信群1128个，群客户总量19.5万人；为金融成功引流客户302户，总资产964.68万元；发放涉农贷款36.6亿元，开发惠农简易险1741.6万元；构建县乡商品流通体系，农产品交易额达5.05亿元，发运农产品7899万件，实现农产品寄递收入2.3亿元。

——绿色邮政。

印发《2021年湖北邮政绿色邮政建设行动工作要点》。“2582”工程重点指标圆满完成。全省重金属和特定物质超标包装零库存，100%采购使用符合标准的包装材料；按照规范封装操作比例99%；全省电商不再二次包装率95.96%；全省配备可循环包装箱16620个，完成计划118.71%；在网点新增配置包装废弃物回收箱/筒488个，累计1958个，占营揽投网点比100%。（湖北省邮政分公司）

【邮储银行湖北省分行】

一、经营发展概况

——经营业绩。

2021年实现自营收入77.1亿元，完成总行预算105%；实现利润总额37.5亿元，比上年增长93.4%，完成总行预算121.5%；中收占比9.2%，比上年提升1.4%。经济增加值（EVA）11.7亿元，完成总行预算252%。RAROC为17.2%，比上年提升10.5%。

——发展规模。

总资产7198.17亿元，比上年增长11.93%。全口径各项存款余额6711.48亿元，比上年增长11.04%，新增存款667.3亿元；自营各项存款余额2085.16亿元，比上年增长8.65%，新增存款165.93亿元；各项贷款余额2175.7亿元，比上年增长14.41%，增长274亿元；全口径存贷比 32.42%；自营存贷比 104.34%。

——资产质量。

各项贷款不良额 32.17 亿元，比上年末下降 3.19 亿元；不良率 1.44%，比上年末下降 0.38%，低于总行目标 0.27%；新增不良额（处置前）5.6 亿元。

二、落实中央决策部署

——支持乡村振兴。

涉农、普惠涉农贷款等监管指标超额完成。启动“数字乡村”和乡村振兴示范县建设，信用村计划完成率 154%，惠农经营贷计划完成率 143%。“新农信贷直通车”实现全国同业首笔放款，累计申报 36 亿元、居同业首位，放款 6.3 亿元、居同业第 2 位。支持乡村振兴相关举措及案例获央视、《人民日报》、《半月谈》等主流媒体多次报道。

——支持中小微企业发展。

全面完成普惠小微“两增两控”要求，全行普惠小微余额 368.2 亿元，增速 15.6%，高于各项贷款平均增速 0.09%；普惠小微贷款净增 49.8 亿元，完成监管计划的 151%，普惠小微贷款结余户数 7.5 万户，增长 4199 户；新增首贷户 483 户，比上年多增 68 户；普惠小微贷款平均利率 5.34%，下降 0.15%；普惠小微贷款不良率 3.51%，下降 1.34%。

——落实碳达峰碳中和战略。

绿色贷款余额 136 亿元，比上年末净增 48.2 亿元，增幅 54.9%；绿色融资余额 198.1 亿元，比上年末净增 51.1 亿元，增幅 34.7%，超额完成总行增幅目标。

——服务国家区域发展战略。

围绕长江经济带绿色发展“十大战略性举措”，推动长江经济带高质量发展，长江经济带建设贷款余额 594.12 亿元，比上年末增长 100.84 亿元。获评省政府“支持地方突出贡献单位”荣誉称号。

三、业务转型发展

——零售金融。

个人金融业务收入居邮储银行第 6 位，比上年末提升 2 位，收入增幅 16.72%，居邮储银行第 3 位；保险销量、理财保有量净增居邮储银行第 2 位，VIP 客户 AUM 新增居邮储银行第 4 位，储蓄净增居邮储银行第 4 位。保险“开门红”打出士气、擦亮品牌。财富管理系统交易金额居邮储银行第 5 位；打造示范标杆，武汉分行配备 3 名财富顾问，武昌支行打造全行首家财富中心。信用卡业务新增客户 32 万户，结存客户量 150 万户；市场占有率 5.6%，比上年末上升 0.7%。累计消费金额 398 亿元，完成总行计划 104%。场景分期金额 5.9 亿元，其中商户分期规模突破 1 亿元，比上年增长 18 倍。网络金融新增有效收单 5.8 万户，完成总行计划 158%，居邮储银行第 2 位。全省在建商圈 211 个，建成“示范商圈”110 个，商圈总资产 6.7 亿元，联动贷款 6.7 亿元、信用卡特惠商户 1876 户。消费信贷业务持续发力，非房发展逐步向好。消贷净增 82.4 亿元，完成年度目标。

——公司金融。

公司贷款规模 594 亿元，增长 101 亿元，连续两年破百亿，增量居邮储银行第 6 位；存款时点 674 亿元，增长 43 亿元，居邮储银行第 7 位，完成总行计划 107%，存款日均 633 亿元，居邮储银行第 8 位，比上年上升 1 位，增长 32 亿元，居邮储银行第 7 位，完成总行计划 145%；公司客户 5.8 万户，增长 1.4 万户，居邮储银行第 7 位，完成总行计划 108%；投行业务成功落地债券承销 2 笔、10.5 亿，实现牵头银团批复 2 笔。

——资金资管。

交易银行结算类业务持续发力，企业网银开通率居邮储银行第 3 位；银企直联、开放式缴费、现金管理联动存款效果明显，关联余额分居邮储银行第 4、第 6、第 8 位；外币存款首次进入前十，居邮储银行第 9 位；跨境融资规模居邮储银行第 10 位；贸易融资规模创历史新高，国内保函居邮储银行第 7 位，二级市场福费廷居邮储银行 13 位，比上年提升 10 位。金融同业票据贴现、再贴现业务交易量大幅提升，分别比上年增长 71% 和 658%；票据流转业务非息收入计划完成率 226%，居邮储银行第 4 位；全行邮 e 贴新签约客户 792 户，客户数量提升 167%；同业生态圈完成总行拓客计划 197%；同业投资新增规模居邮储银行中部地区第 1 位。

四、风险管理升级

——风控体系建设。

通过实施“八大工程”行动计划，省市县三级设立风委会，全行制订议题计划 1110 个，召开风委会 740 次，风委会平台效用渐显；出台部门风险管理履职评价办法等，风险管理考核实现机构、条线、个人全覆盖。66 个支行设立风险合规部、配备风险合规部经理，派驻风险经理 108 名。

——不良资产处置。

不良清收回款 10.7 亿元，完成总行调整后计划 100%；住房及信用卡不良贷款证券化 1.7 亿元。抵债资产处置 243 万元；累计处置不良资产 19.6 亿元，创历史新高。

——内控合规建设。

开展内控合规提质增效——红海行动、内控合规管理建设年、合规文化强化年等，夯实内控案防合规工作基础。对全行员工行为、重点业务领域开展非现场风险监测和专项排查，有针对性地开展“飞行检查”。持续开展“三十六条”禁令严打活动，加大违规问责力度，给予警告以上处分 375 人次。反洗钱工作水平不断提升。2021 年被总行评为“案件防控工作先进单位”。

——内部审计工作。

完成审计项目 15 个，年度项目计划完成率 100%；

完成人力委托经济责任审计29人次，审计二级分（支）行12家，审计发现问题361个、整改问题完成284个，整改率78.67%。问责219人次、问责金额27.9万元，应问责完成率100%。

——安全生产工作。

逐层签订2021年度案件防控及安全生产责任书。组织开展现场检查15次，实现对各市州分（支）行检查全覆盖，检查发现问题863个，整改859个，整改率99.54%。2021年被总行评为“平安邮储”优秀单位。

五、管理效能提升

——体制机制优化。

实施“年度考核+短周期考核”，推动过程跟踪与目标考核相结合。实施“一部一表”“一人一表”差异化考核，坚持薪酬向价值创造者倾斜，营销绩效向增量业务倾斜。优化全行薪酬总额核定办法，降低基本工资总额比例，逐步加大绩效薪酬总额占比。加大绩效考核结果在职级聘任中的应用，常态化推进员工晋级晋档工作，职级晋升1316人次、薪档晋升4182人，149人降低1个薪档、42人降低1个职级，推动实现“干部能上能下、员工能进能出、工资能高能低”，有效发挥“三能”牛鼻子作用。完成省内7家二级支行机构升格，增强机构发展竞争力。开展鄂州市分行、4家直管支行管理优化工作，强化基层机构经营属性。

——信息科技建设。

网络、系统、数据（个人信息）、机房安全运行。自主完成省行机房搬迁，组织实施新核心等54个总行项目省内配套工程；新中平迁移老业务63项，开发新业务28项，在辖内70多个县市进行非税、社保、国库业务推广；开展大数据分析与应用，全年提取数据460批次，推广总行大数据门户产品21个，开发“三农”客户信息在线查询、楚天贷款码、金融版图、人员排查等经营管理风控数字工具10项。

——资产负债管理。

高质量统筹推进经营分析会和资负委会议，切实发挥资负委指导经营发展的作用。提升信贷管理前瞻性，以RAROC为导向的资源配置机制落实，资本占用低的零售贷款，两小贷款投放量占实体贷款的72%、45%，分别比上年提升10%、8%。提升经济资本管理的精细化水平，经济资本管理工作在总行考评中居第4位。经济资本占用增长20.34亿元，增速13.6%，低于各项贷款增速，表外低效资本占用压降33亿元，释放资本1.66亿元。贷款定价授权结合市场形势变化，对条线、产品、机构实施差异化的定价，新发生实体贷款加权平均收益率比上年提升17个BP。资金头寸管理成果显著，全行跨行头寸日均偏差率（1.89%）控制在3%标准范围内，比上年末下降0.33%。

——运营管理。

全行现金备付率0.4%，比上年下降0.11%，居邮储银行第3位；打造17个服务示范窗口网点创建。邮银联合开展老年客户网点服务“大检查、大整改、大提升”活动。建立客户体验提升工作考评体系，新增总行级兼职体验员127人，集团级兼职体验员38人，开展多轮客户满意度调查和体验评测等活动。分行旅程优化项目在总行评分中获得满分。

——人力资源管理。

实施分行建行以来最大规模的交流工作，39人参与基层与省分行双向交流、跨市州分（支）行交流；基本完成中级正职管理人才库建设工作，超额完成中级副职管理人才库动态补充工作。启动“星火计划”，分层分类打造人才梯队。开展省分行机关团队负责人竞聘上岗，选拔团队主管59人；省分行营业部、运营中心竞聘选拔内设部门负责人7人、团队负责人7人；组织集中招聘选拔106名风险经理。开展省分行机关“双向选择”，133人完成“双选”；2021年“十佳微课”“十佳案例”评比，湖北分行19个作品获奖，居邮储银行第1位。

六、党建引领

——党史学习教育。

成立党史学习教育领导小组、党史学习教育巡回指导组，强化对全行党史学习教育工作指导；举办党史学习教育专题读书班，组织全行288个党支部开展“重温红色记忆　加强党史教育”主题党日活动；组织全行员工参与“学党史　听党话　跟党走”知识竞赛。研究制定100项“我为群众办实事”重点项目，切实帮助解决基层实际问题。以党支部（党小组）为基本单元领题破题，各支部共申报252个“领题破题”课题，推动党建工作与中心工作深度融合。省分行《铭记光辉历史　凝聚奋进力量》党建研究论文获得总行二等奖。

——党风廉政建设。

实施监督项目清单制，联动市州分支行开展服务乡村振兴、形式主义官僚主义整治等专项监督和常规监督项目25个。强化作风建设，全年开展公务用车专项检查5次，纪委书记开展节前廉政谈话28人次。扎实推进巡察全覆盖，以“一拖N”的方式分两批对34个单位开展常规巡察，24个单位开展专项巡察，8个单位开展巡察“回头看”，巡察覆盖率100%。坚持巡视巡察整改不放松，通过强化督导问责，推动集团巡视整改落实落地，制定整改措施165项，完成117项、阶段性完成48项，完成11家单位的巡察整改工作。深化运用监督执纪“四种形态”，充分发挥省市两级纪委推动、把关作用，以“红脸出汗”为重点强化常态化规诫，全年提醒谈话125人次、诫勉谈话34人次、书面检查14人次、批评教育10人次；以党纪轻处分为举措深化日常警示，党内警告15人、党内严重警告2人；以党纪重处分促警钟长鸣，全年撤销党内职务1人、留党察看2人、开除党籍2人。

——落实党建工作责任制。

制定年度落实全面从严治党主体责任清单和领导班子成员“一岗双责”责任清单，每半年研究全面从严治党主体责任情况；全年组织8次理论中心组学习，实行中心组研讨“三必谈”要求，启动理论中心组巡听旁听机制。发挥党组织战斗堡垒作用，组织各级党组织按期换届，配齐配强领导班子，开展支部标准化规范化建设；发挥党员先锋模范作用，开展党员“三亮三比三评”活动，落实“双报到”“双报告”制度下沉社区开展疫情防控。加强党委对意识形态工作的领导，开展意识形态领域监督检查。

——认真宣传贯彻党的十九届六中全会精神。

第一时间兴起学习宣传贯彻党的十九届六中全会精神热潮。坚持一级做给一级看、一级带着一级干，组织各级党组织利用理论中心组专题学习、“三会一课”、主题党日、专题报告会等形式开展学习研讨，引导全省干部员工深刻领会六中全会的重大意义、精神实质、核心要义和实践要求。（邮储银行）

【中邮保险湖北省分公司】

一、经营发展

——保费规模。

2021年实现总保费52.46亿元，列全国第7位，比上年增长13.3%。其中，新单保费21.76亿元，列全国第6位，比上年增长4.6%，新单市场份额排名全省人身险银保市场第8位，比上年提升1个位次，增速高于全省行业平均水平4.71%；续期保费30.7亿元，列全国第7位，比上年增长21.1%，续期拉动贡献凸显。期交新单保费、长期期交新单保费在全省银保市场份额均列第1位。

——高价值业务。

实现长期期交保费14.49亿元，规模列全国第6位，比上年增长24.8%，完成年计划的106.6%，提前157天完成年度计划，占比期交新单保费的100%。终身寿险实现13.42亿元，规模列全国第6位，完成年计划的259.4%，提前313天达成年度计划。实现新业务价值3.57亿元，规模列全国第7位，完成年计划的131.6%，提前235天达成年度计划，超2018—2020年新业务价值总和。实现健康险保费3738万元，比上年增长26倍。

二、运营服务

——队伍共建。

加强线下定制培训。聚焦三支队伍能力提升，开展定制化营销培训140场，覆盖全省17个市州3658人次。系统开展专业资质培训。连续5年协同邮银开展银行寿险规划师培训，累计覆盖1861人次，全省持证累计达1743人次，其中高级寿险规划师考试合格率93.98%、中级寿险规划师考试合格率93.64%。强化线上培训。用好“练兵比武”平台，学习参与率99.83%。初步形成“线下定制培训+专业资质培训+线上自助培训”的“三位一体”培训课程体系。

——运营服务。

关键运营指标持续向好。人核件全流程时效、小额理赔5日结案率、团险核保问题件下发率均列全国第1位，保全全流程时效、理赔申请支付时效均列全国第2位，保全业务线上化率列全国第4位，犹豫期内电子电话回访成功率列全国第5位，续期价值类产品13月、25月保费继续率均进入“优势库”。客服活动成效更优。开展客户满意度调查、“神秘人”调研、招募“客户体验官”、健康直播等活动，举办客户活动30余场，服务客户超1万人次。分公司荣获中邮保险“服务争先”客户服务先进单位，2人获“服务争先先进个人”称号，3人获中邮保险第二届“最美客服人”称号，4人获2021年湖北省保险行业协会“诚信服务明星”称号。

——深化模式。

完善代管机构和人员考核制度。修订全省中邮保险代管机构和人员考核实施细则，全年共对代管机构开展12期考核，市州平均得分93.2分，“自营+代管”模式不断巩固和深化。加强代管人员能力建设。健全代管人员培训管理制度，完善工作流程，制订下发年度代管人员培训计划，举办21次中邮保险市县代管人员培训，覆盖2346人次，开展后续教育培训，累计培训时长14605小时，达到监管要求。

三、风险防控

——内控管理。

落实年度合规重点工作。印发分公司2021年风控合规工作要点，梳理分公司风险防控年度重点任务19类，具体措施58项，按季督导、每半年通报，均已完成，有效防控和化解金融风险。“内控合规管理建设年”活动深入开展。制定专项工作方案，对照9大方面开展专项排查，《健全内控体系提升内控效能　全面筑牢内控合规管理防线》经验材料被监管推荐宣传。建立健全制度体系。制订制度规划，全年完成制度建设80项，其中新建制度19项，修订制度27项，废止制度34项，分公司现行有效制度357项。

——联动管控。

强化风险防控协同。将中邮保险业务合规宣传、销售质量等纳入邮政代理金融合规检查。联合邮银开展线上、线下合规检查，现场检查11个市、32个县、84个网点，其中联合邮银检查11个市、23个县、42个网点。开展市场乱象治理排查。邮银保联合印发专项工作实施方案，明确61项自查任务，综合运用现场、非现场检查等方式对2020年以来业务进行排查。做好满期风险管控。联动省、市、县、网点四级管控，推广保全线上化作业，处理19742件满期退保，给付金额3.2亿元，未发生群体性风险事件。

四、党建工作

——意识形态。

严格落实意识形态责任制，印发分公司意识形态责任制实施细则，党委全年研究意识形态工作 4 次，开展专项检查 2 次，未出现负面舆情及意识形态风险事件。

——巡视整改。

落实深化巡视整改工作方案，12 项常态化整改任务、11 项重点整改任务全面完成整改，聚焦集团 2021 年巡视整改反馈意见，按照“四个标准”制定 30 项整改任务、58 项整改措施，全年完成整改措施 56 项，持续推进 2 项，严肃追责问责，通报批评 3 人、批评教育 7 人。

——党史学习教育。

制定党史学习教育实施方案，按照 3 个阶段、8 个方面重点任务、22 项具体措施推进落实，将学史明理、学史增信、学史崇德、学史力行贯穿始终。

——“理论武装提升行动”。

组织党委理论中心组学习 11 次，开展“每月一考”12 次、“每周抢答”50 期、党建知识考试 2 次。全体党员“中邮先锋”“学习强国”累计平均积分分别达到 4747 分、34736 分。

——基层党组织。

完成机关党总支换届、党支部调整工作，选优配强党总支委员 5 名、党支部委员 12 名。

——“阶梯联创”活动。

分公司机关党总支获评省邮政分公司直属机关“先进基层党组织”。

——党建和中心工作深度融合。

创新开展“党建 + 客户服务”“党建 + 理赔时效提升”“党建 + 服务支撑”“党建 + 数字化营销”“党建 + 合规宣传”等特色活动，开展“领题破题”“根在基层”8 项调研课题。

——监督专责。

统筹建立监督台账，开展党史学习教育、巡视整改、高价值业务发展、数字化营销试点等事项监督检查。

——党风廉政宣传教育。

参加“510 · 我要廉”和中邮保险领导人员警示教育大会，组织开展党风廉政警示教育月等活动，营造崇廉拒腐、风清气正的浓厚氛围。（中邮保险）

【中邮证券湖北省分公司】

一、业务发展

——发展概况。

新开户 5733 户，累计开户 10.22 万户。新增有效账户 3758 户，完成年度计划的 126.87%。实现金融产品销售 1.71 亿元，其中重点基金销售 1.61 亿元，位列全国第 2 位。新增两融开户 24 户。新增资产 2.2 亿元，完成年度计划的 163.44%。资管产品销售 1.59 亿元，新签约新三板 2 单。

——协同机制。

板块联动。联合省邮政、省邮储行相关部门先后印发 3 个协同营销文件，累计走访 51 个地市邮政单位，开展 33 场理财经理培训。

融合金融体系。融入邮政金融生态圈，组织开展 8 场线上、线下年度投资报告会及客户联谊会，累计服务 300 余名大客户；针对邮储重点网点安排专人点对点服务，共同维护网点优质客户。

机构协同。推进资源共享、渠道复用，协同总部对口湖北区域投行团队直接对接黄石磁湖高新等 15 家发债业务，沟通 7 家债销项目；为邮储行推荐中建三局工程尾款 ABS 等项目，体现协同双向效应。

——自营发展。

自营能力。组织营销团队管理人员、投资顾问及客服人员参加各类专项培训；按周开展财富管理行情交流，培养投顾、客服人员的投教能力和交流能力。

企业拜访。抢抓市场资源促进业务发展，先后拜访高德红外等 9 家省内新上市企业；成功签约智通恒大、和昌新材料两单新三板业务。

业务来源。加大政府平台资源的对接力度，扩宽与企业交流的渠道；深化与中介组织的合作，通过中证报、上证报等机构协同拜访上市公司 19 家。

营业部工作。不断加大对营业部的业务支撑力度，累计引入高净值客户 3 户、私募产品 2 只；实现业务收入 487.8 万元，业务发展大幅提升。

二、企业管理

——组织架构。

按照《中邮证券组织架构调整方案》相关要求做好内设部门合并、变更工作，开展内设部门总经理竞聘工作，同时协调落实部门人员归属工作。

——职级套改。

结合现有人员实际，对员工基本工资就近、适度调整，并做好相关解释和政策宣贯；组织开展岗位写实工作，深化岗位适配度分析。

——绩效评价。

强化制度建设，研究制定《2021 年绩效奖励办法》等一系列制度；对中层干部、普通员工分类评价，落实强制分布评价要求。

——管理水平。

开展武汉营业部总经理续聘工作及分公司综合部总经理提任工作；制定分公司中层领导人员综合考评等办法，提升干部管理水平。

三、风险防控

——风险处置。

在部分两融客户出现风险和穿仓时，第一时间成立风险化解领导小组，合力做好风险处置；及时做好客户联系和追偿等工作，成功催回 802.6 万元。

——配合检查。

高度重视“双随机”现场检查工作，于迎检前做好全面自查整改；现场检查中积极配合、多方协调，现已完成事实确认环节，并形成整改报告上报湖北省证监局。

——排查风险。

切实履行反洗钱责任和义务，累计组织开展反洗钱相关学习培训 12 次、报送可疑交易 12 笔，分析甄别排除异常交易 25 笔。

——投教工作。

组织开展“3·15 投资者保护活动”等投教活动 35 场，服务客户 800 余人次；定期发布财富早报、一周重点关注视频等财富信息，持续提升客户体验。

四、党建工作

——党史学习教育。

开展党史专题主题党日 7 次、读书会 30 次、红色教育基地参观 1 次、红色观影 4 次，明确“我为群众办实事”事项 2 项、“领题破题”课题 1 项。

——意识形态工作。

组织召开意识形态专题会议 2 次、开展职工思想动态调研 1 次，年内接受集团公司意识形态工作第五督导检查组现场督导。

——巡视整改。

配合集团巡视工作，切实制定整改方案并扎实推进问题集中整改；持续做好年度常态化全面整改和专项重点整改工作。

——组织建设。

认真落实“三会一课”、主题党日等党内制度；切实推进发展党员工作，做好入党积极分子的培养及发展，落实发展党员突出问题自查自纠工作。（中邮证券）

湖南省

【湖南省邮政分公司】 2021 年业务收入完成 106.28 亿元，比上年增长 8.62%。

一、企业党建

组织开展 13 万人次党员参与党史学习教育读书会，1100 多次支部主题党日活动，建党 100 周年知识抢答赛、“强国有我”青年员工演讲比赛等活动。“我为群众办实事”实践活动解决群众“急难愁盼”问题 533 个。推行建立临时党支部（党小组），扩大党的工作覆盖面。严格执行组织生活制度，“三会一课”参与党员 6 万多人次；年度民主评议党员全覆盖。基层党支部“领题破题”264 个，并组织开展党建引领发展主题活动。抓好 6 项中央巡视整改任务和党的十九大以来内部巡视发现的 12 个突出问题、48 项整改措施的落地；跟踪问效集团巡视整改，制定并落实 152 项持续整改措施；加强省内巡察和巡视巡察整改，实现对 14 个市州的巡察全覆盖。

二、普遍服务

——普遍服务达标提质。

普服网点营业服务达标率、建制村直接通邮率 100%，普服邮件丢损率压降指标达标；党报党刊当日见报率 100%；机要通信连续 15 年质量全红。

——网点转型稳步推进。

网点转型覆盖率 67.8%，超目标值 7.8%；262 个零收入网点提前 7 个月“清零”；万元以下低收入网点压降 868 个。

三、业务发展

——邮政业务。

集邮与文化传媒业务收入 4.44 亿元，比上年增长 13.45%；报刊发行业务收入 4.23 亿元，比上年增长 3.74%；渠道平台业务收入 5.32 亿元，比上年增长 0.56%。集邮、函件业务规模全国排位均提升 1 位。集邮线上创收占总收入比重排全国第 1 位；新媒体项目运营商新增客户数、行业消耗分居全国第 1 位、第 2 位，并荣获 2021 年腾讯运营商最佳开拓奖、区域最佳开拓奖。报刊发行业务收入规模全国排位提升 1 位。线上订阅流转额、转型项目、春秋季校园项目比上年分别增长 65.69%、36.86%、15%；《时代邮刊》获第三届“湖南出版政府奖”。持续推进“导师 + 小店店主 + 粉丝”的新零售营销体系、“网点 + 商贸客户”的消费品下行体系建设，销售省代、区代商品和自营农产品 3.31 亿元，经销一线品牌 15 个、自有品牌 1 个，打造万单农品 62 个。简易险、税邮等便民服务业务实现移动化转型发展。建立企业微信群 2 万个，发展企业微信客户 239.62 万户，实现数字化营销业绩 3.59 亿元，均排全国前 5 位。举办 280 场直播活动创收 600 多万元；邮三湘平台累计吸粉 162 万，交易额 2.36 亿元，影响力排邮政行业第 5 位，省级平台第 1 位。

——寄递业务。

业务收入 26.36 亿元，比上年增长 16.94%；利润完成 1877 万元，超预算 3577 万元。特快业务收入比上年增长 49.72%，居集团特快“比学赶超”第二组首位；快包边际贡献率 4.08%，比上年提高 4.5%。投递、陆运、收寄、管理支撑环节件均成本管控水平分列全国第 2 位、第 3 位、第 5 位、第 5 位。

——金融业务。

业务收入 64.95 亿元，比上年增长 7.27%；新增余额 421.11 亿元，价值存款比上年多增 107.56 亿元，三年期及以上定期存款比上年压降 27.42 亿元。保险荣获“银保市场占有率规模前十省第1位”“犹撤压降率全国第1位”“新增保费规模前十省增幅第2位”“保险收入规模前十省增幅第2位”。城市金融网点点均新增总资产、余额分别4017万元、2835万元。新增数字人民币个人钱包客户数排试点单位第2位。

——交流合作。

集团六大协同项目完成收入11.19亿元，为计划的125%。中邮保险新单保费17.02亿元，完成进度103%，排全国第4位。信用卡新增客户数提前5个月完成年度任务，完成进度排全国第3位；新客激活首刷率54.36%，居全国第3位、规模大省首位。20个集团总部项目实现收入2.14亿元，比上年增长20.09%。66个省内重点营销项目合计创收超20亿元，其中，超千万收入项目37个。

四、企业管理

——基础管理。

财务管理。不断强化重点成本管控，10项重点监控指标有5项比上年优化，其中，国内运输成本费用率、修理费占业务总收入比重分别下降10.57%、8.28%。资产盘活收入1.04亿元。组建财检队伍，开展财务检查，财务监督进一步强化；“小金库”、使用个人账户归集营收和结算业务资金专项整治清理工作有效推进。

采购管理。加大采购工作规范管理，省分公司负责的114个集中采购项目共节约资金超1亿元。资金节约率、公开采购率、上网采购率、集中采购率4个关键指标均超额完成集团公司的管控目标。

审计监督。积极配合审计署延伸审计工作。完成40个企业审计项目，整改项目432个；完成974项工程审计项目，结算核减4225万元，审减率20%。

基本建设。集团公司重点项目中南邮政枢纽长沙邮件处理中心项目完成主体结构建设，常德邮件处理中心项目完成初步设计，衡阳邮件处理中心项目完成可研评审。省内重点项目益阳生产场地改造工程、湘西邮政网运调度指挥中心开工建设，张家界农村电商服务指挥中心做好开工前准备工作。

——能力建设。

寄递五大改革。建立省级集中指挥调度体系，实时监控邮件运递全环节、全流程、全要素，运营质量27项指标有9项进入全国前5位。打破行政区划，构建层级更少、时限更优的“3省际中心+3本地中心+26区域集包中心”网络架构，特快、快包整体时限达成率分别为90.87%、79.82%，比上年分别提升1.55%、8.41%，分列全国第4、第2位。推行装运一体化、小改大、单改双等运输方式改革，全省装载率比上年提升3%，干线结算收入增加3600多万元。按照统一规范、精简高效和扁平化原则，对长沙、衡阳、常德邮区中心实施改革，压缩职能、生产部门7个，精简412人。新增城市自提点447

湖南省郴州市邮政分公司在全市264个网点和城区8个揽投部全部配置了绿色包装箱和绿色胶带（《中国邮政报》）

个，为年计划的132.2%；有效自提点比上年增加1.28万个；快包自提率提升33%；4个重点城市100%推行“网格团队”作业模式；长沙等9个市州建立法院专投队伍，叠加保单配送、税务专递等同城重点项目投递工作。

创新项目。省分公司建立的邮快跨业务“三关合一”模式成为中国（湖南）自由贸易试验区首个国家级制度创新案例；寄递业务的营分运投结算系统顺利推进试点运行。

——人力资源管理。

任期制和契约化改革有序推进。把握“免、拟、约、签、聘”五个核心流程，省分公司完成与60名市州分公司领导班子成员的签约聘任工作；岳阳、永州两个试点分公司全面完成与120名四级领导人员的签约聘任工作。

人力资源配置持续优化。金融劳务工占比下降4.5%，增配金融个人客户经理337人；寄递全口径揽投员占比提升4.19%，管理支撑环节人员占比优于目标值2.5%。外包管理有序规范，建立健全外包管理的规则、责任、执行体系。

五、社会责任

——抗击疫情。

常态化抓好疫情防控，全省邮政保持零确诊、零疑似。

——服务乡村振兴战略。

按地方党委要求做好定点帮扶工作；承接乡村振兴系列举措，会同政府部门举办“湖南省第一届社企对接助力乡村振兴签约会”等活动，参与农村“客货邮”融合发展项目。组建省市县三级惠农项目专班，与近千家合作社合作，销售中邮惠农简易险1005万元，完成进度排全国首位；销售农产品3.01亿元，实现寄递收入2.84亿元。累计建成89个县级处理中心、2180个乡镇网点、7877个村级收投服务站（邮乐购站），农村投递汽车化率44.87%，周五班及以上农村投递段道占比49.5%，代投社会快递450余万件。

——绿色邮政。

全面完成国家邮政局“2582”工程目标，可循环快递箱（盒）使用 1.56 万个；营业网点、揽投站新增布放包装废弃物回收装置占比 32.35%；电商快件不再二次包装率 98.07%。绿色运输和绿色金融扎实推进。

——风险防控。

连续 3 年保持金融零资金案件、零风险事件、零重大负面舆情。“平安邮政”建设持续深化，信息网省中心机房顺利搬迁，消除长期遗留的信息安全隐患；省分公司连续 10 年被省委、省政府授予“平安建设合格单位”荣誉称号。（湖南省邮政分公司）

【邮储银行湖南省分行】

一、经营发展概况

——经营业绩。

2021 年实现营业收入 84.45 亿元，增长 11.59%，居邮储银行第 8 位；净利润 41.32 亿元，增长 23.73%，居邮储银行第 9 位。经济增加值 10.46 亿元，经济资本回报率 15.17%，成本收入比 38.7%。

——发展规模。

总资产 6219 亿元，增长 10.49%。各项存款余额 5711 亿元，新增存款 491.74 亿元，增长 9.42%；各项贷款余额 2638 亿元，增长 12.69%；存贷比 46.1%。

——资产质量。

不良率 0.63%，低于限额目标 0.1%，为近十年最好水平。不良率水平居湖南省内国有大行第 1 位。拨备覆盖率 288.6%。

二、落实中央决策部署

——支持乡村振兴。

制定乡村振兴“1+N+1”综合金融服务方案，创新打造“党建 + 诚信金融”华容模式，涉农贷款余额 830.78 亿元，涉农贷款净增 85.42 亿元。其中，小额贷款规模逾 340 亿元，净增 64.17 亿元，多增长 23.03 亿元。

——支持中小微企业发展。

对接支持湖南省内“专精特新”企业“融资 + 融智”需求，新增企业授信 152 户，普惠型小微企业贷款净增 54.57 亿元。其中，制造业中小微企业贷款增速 23.56%。

——落实碳达峰碳中和战略。

加快建设绿色银行，绿色贷款余额 144.59 亿元，增长 33.92%，完成邮储银行绿色信贷发展目标。取得第一批碳减排支持工具，贷款金额 6.42 亿元。

——服务国家区域发展战略。

贯彻落实习近平总书记考察湖南讲话精神，支持长江经济带建设，助力湖南“三高四新”战略。搭建股权融资需求企业创投库，对接入库企业 15 家，举办金融助力“三高四新”高峰论坛及投融资对接会，达成意向融资 6 亿元。

——支持供给侧结构性改革。

突破式发展供应链金融，向先进制造业核心企业及其上下游客户投放各类资金 110 亿元，有效核心企业数量 15 个，供应链金融余额 106.5 亿元，分别居邮储银行第 1、第 2 位。首创线上“直保”供应链金融模式，带动黑龙江、海南和西藏等分行实现供应链金融零的突破。

三、业务转型发展

——零售金融。

制订“中收倍增”计划，推动价值创造和轻型化转型。实现中间业务收入 9.53 亿元（含信用卡分期和补贴），中收占比 11.29%，增长 2.45%。个人金融全面提速大财富管理体系建设，个人理财月日均保有量净增 21 亿元，居邮储银行第 2 位。基金销售量 30 亿元，居邮储银行第 8 位；保险收入 1.26 亿元，居邮储银行第 10 位。网络金融电子支付年交易规模 1062 亿元，邮惠付有效商户 8.17 万户，交易规模 346.04 亿元，均居邮储银行第 2 位。省分行微信公众号粉丝 260.86 万户，居湖南省内同业第 1 位、邮储银行第 2 位。商户行业场景建设交易规模 30.12 亿元，居邮储银行第 1 位。信用卡加强渠道、平台和商圈建设，特惠商户 7700 户，居邮储银行第 1 位，汽车分期 4.5 亿元，居邮储银行第 2 位。数字人民币实施邮银协同，推广个人钱包 1089 万个，居邮储银行试点行和省内同业“双第一”。与省联社、三湘银行成功签约数币合作协议，成为邮储银行首家与省联社合作的一级分行。

——公司金融。

组建行外银团，落地邮储银行首笔期限分组流贷银团业务，债权融资计划承销规模居邮储银行第 6 位。开放式缴费平台上线有效项目 389 个，累计交易 68.6 万笔 13.7 亿元，其中，民生领域水、燃行业用户交易量居邮储银行第 1 位。

——资金资管。

金融同业依托票据、投资业务实现快速发展，票据逆回购 203 亿元，票据直贴 72 亿元，增长 37%；自营债券投资规模增长 400%，理财债券投资规模增长 54%，地方政府债券投资规模增长 101%，带动公司存款近 40 亿元。承办邮储银行首届“邮你同言”合作论坛，同业生态圈拓客目标完成率 124%。托管业务联动个人金融条线，销售博时托管基金湖南专属基金产品 2 亿元。

四、风险管理升级

——内控合规管理。

推进依法治行建设活动，获得总行“2019—2020 年度‘金盾奖’内控风险管理优秀单位”。制定完善风险经理履职手册及考评办法，全省派驻风险经理 91 名。推进审计质量控制体系建设，强化审计监督，审计问责 212 人次。

——全面风险管理体系。

持续建设“全面、全程、全员”风险管理体系，提升“三道防线”风险管控合力，信贷资产质量提升年成效显著。建立完善重点二级分行风险化解网格管理机制和信用风险联防联控机制。建立审查审批与业务部门常态化沟通机制，以“黑白名单”凝聚发展合力，业务支持与风险管理能力持续提高。

——安全生产和疫情防控。

开展安全生产专项整治三年行动“集中攻坚”及“平安邮储”创建活动，发现并整改各类业务库和消防安全隐患 107 处。全行核心系统、网络、设备完好率 100%，信息网络安全“零案件”“零事故”，连续 11 年保持邮储银行优秀行列。坚持人民至上、生命至上，建立常态化疫情防控机制，省分行无一例确诊病例。

五、管理效能提升

——体制机制优化。

落实国企改革三年行动方案，深化劳动、人事、分配三项制度改革，强化绩效考核体系价值创造导向。推进乡村振兴、公积金信消、科技厅、普惠金融站点、文和友、住建板块等六大综合营销项目，完善综合营销体系。VIP 客户产品覆盖率 4.54 个、新增信用卡关联还款率 56.19%，分别居邮储银行第 1、第 2 位。

——信息科技建设。

完成省内区域特色应用开发项目 330 个，增加 83%，自主开发率 46.67%。实施邮银省中心 IDC 机房搬迁、新一代中间业务平台、新一代国库平台迁移等重大工程。

——运营管理。

坚持“无场景不金融”发展理念，构建线上线下生态圈，搭建中青年客群绑卡优惠支付场景，建设特色金融生态微商圈 213 个。开展服务专项整治活动，网点服务态度类投诉量减少 45%，客户体验明显提升。开展省养老保险待遇核查“回头看”工作，提前 100% 完成核查任务，获得各级政府高度认可和赞誉。

——人力资源管理。

启动“135 管理人才库”建设二期工程，建立全面立体真实的人才档案。打造专业化年轻化干部队伍，干部提任 9 人，交流调整 34 人。首次建制化实施省市分行人员交流 24 人，校园招聘 244 人、社会招聘 39 人。全行 1646 人完成职级晋升，中、低职级人员应晋尽晋。

六、党建引领强化

——党史学习教育。

创新开展“八个一百”系列活动庆祝建党 100 周年，得到集团公司党史学习教育巡回指导组充分肯定。以“我为群众办实事”“三亮三比三评”和“领题破题”活动推动党建经营融合，办结实事项目 54 个，完成领题破题项目 189 个，党建共建结对超 330 对。

——党风廉政建设。

接受集团公司党组巡视“回头看”，制定 43 项整改任务、140 个整改措施。扎实推进集团公司巡视反馈问题整改，整改完成率 100%。完成 4 家二级分行、26 家一级支行和省分行机关各党支部常规巡察，实现二级分行和省分行机关党支部全覆盖。强化党风廉政建设，曝光 16 起违纪违法典型案例，组织推进疫情防控、社保卡清理、信贷廉洁风险整治等专项监督检查。受理信访举报 57 件，党纪立案 17 起，给予党政纪处分 24 人次。精准运用监督执纪“第一形态”处理省管干部 22 人次。

——企业文化建设。

开展寻找“企业文化最美践行者”活动，发掘 7 名基层典型人物，采取召开全行大会表彰、先进个人事迹报告会宣讲、行内外媒体报道等方式。（邮储银行）

【中邮保险湖南省分公司】

一、经营发展

2021 年实现总保费 49.12 亿元，其中：银保新单 19.57 亿元（含长期 13.58 亿元，规模首超浙江，跃居全国第 7 位）；续期 29.22 亿元，规模跃居全国第 8 位；团个险 3334 万元，规模跃居全国第 6 位（惠农简易险进度全国第 1 位，规模全国第 3 位）。新业务价值 3.37 亿元，跃居全国第 8 位。投价比 5.2，跃居全国第 2 位。在湖南寿险市场份额 4.56%，比上年前进 2 位，跃居全省第 6 位。在省内邮银渠道长期期交新单渠道占比 49.7%，跃居全国第 5 位。

——经营能力。

搭建专业化经营“五项体系”：健全自办保险经营管理体系，实现营销组织“常态化”；完善联合风控体系，合规发展向“强关联”转型；深度调整续收体系，续期由“被动收”转为“主动管”；探索数字化营销新体系，推动健康险等业务发展模式破题；深化队伍共建体系，培训支撑实现“全覆盖”。

——团个发展。

市场化团险业务中标邵阳市城步县政府乡村振兴团险项目，成功开拓湖南创维（全国唯一）、晚安等战客团险业务，实现外拓保费 252 万元。尝试以团带个发展模式，借重疾险新定义引发社会关注契机，引入先进智能体检设备，上门为团险客户提供增值服务，开展团险客户内购会 10 场，个险完成进度全国第 4 位。科技赋能方面，“团险智能报价系统”获评全国邮政企业科技创新成果三等奖。

——自营阵地。

对标湖南省人身险公司 5A 星级柜面评审标准，于 2021 年底高质高效完成营业部升级改造工作。积极推动营业部实现健康管理体验店、渠道赋能加油站、高客开发工作间、中邮文化传播站等全新功能定位，为全国探索营业部全新功能定位提供了最佳试验平台。

二、运营服务

——运营质量。

研发 AI 百保箱、运营小课堂工具箱，实现运营知识随时查。理赔服务优化，线上化率 60.4%，全国第 1 位，出险支付时效 47.97 天，全国第 5 位。率先实现健康险提额和“白名单”流程落地。风险管控到位，妥善处置平江县客户理赔纠纷。获评湖南保险业“诚信服务团队”。

——客服能力。

基础服务全面优化，累计有效客户 47 万户，跃居全国第 6 位。增值服务有效叠加，VIP 客户占比 10.3%，比上年增长 2.1%。客服品牌持续打造，新增有效客户 14.18 万名，比上年增长 28.9%。健全消保制度体系和队伍职能，创新宣传活动，亿元保费投诉指标管控良好。

三、企业管理

——绩效改革。

全员深度参与绩效管理工作，签订部门和员工业绩合同，设立三级绩效指标，绩效目标更加清晰。加强考核结果运用，合理拉开薪酬差距。及时开展绩效辅导，实现绩效全流程闭环管理。组建项目组推动绩效优化、营业部建设、业务支撑、团个险营销等重难点工作落地，兑现项目奖励超百万元。“强业绩导向”的绩效文化深入人心。

——队伍能力。

公开选拔 1 名年轻干部，35 岁以下干部占比 25%；17 人次参与总省交流，历年最多；招聘 4 名专业人才；考取 AFP 金融理财师 3 人，人身险理赔资格 2 人，人身险核保、注册会计师、健康管理师资格各 1 人，普通话二级资格 32 人；按期推进领导人员任期制和契约化改革。

四、风险防控

创新开展“反洗钱模拟检查及数据治理”活动，通过反洗钱免评申请，连续两年保持 A 类评级。开展“总结内控合规管理工作规律”活动，获评总部“内控管理提升年”活动优秀组织奖。首次在诉讼案件中一审胜诉（且以胜诉结案）。获评中邮保险“合规管理先进单位”。此外，获评反洗钱分类评级 A 类单位，并通过免评申请。

五、党建工作

——党的建设。

印发党委、领导班子成员全面从严治党责任清单，强化政治理论学习，守住意识形态阵地，落实组织生活制度，开展系列“党建 +”活动。落实党风廉政建设“两个责任”，纪委开展政治监督 10 次，参与行业清廉金融文化建设示范点创建活动，营造风清气正的政治氛围。协办省直工委“永远跟党走”群众性主题活动。

——巡视整改。

召开党委会和巡视整改会议 7 次，建立常态化和专项重点巡视整改台账，持续跟踪推进。配合集团巡视“回头看”工作，制定整改方案和 35 项整改措施，“协同巡视整改推动高质量发展”经验获集团肯定。

六、社会责任

惠农简易险覆盖客户 4.5 万人。向邵阳县金称市镇 3000 名脱贫户赠送保额 0.6 亿元的意外伤害保险，并开展第六届守护星护萌公益活动。开展乡村振兴邮票设计大赛和公益帮扶活动，新闻点击量超 5000 万次。

七、和谐企业建设

协办湖南省保险行业协会组织的首届湖南保险业讲师技能大赛，获评“优秀组织奖”、个人三等奖和优胜奖。保持“省直机关文明单位”称号。（中邮保险）

【中邮证券湖南省分公司】

一、业务发展

——经纪业务。

截至年底，累计客户数 124977 户，总资产 125579 万元（股票质押 39951 万元）。年新增 12089 户，资产减少 2438 万元。

——郴州营业部。

截至年底，营业部营业收入 106.3 万元，营业支出 59.7 万元，累计利润总额 46.6 万元，扣除资金成本后利润总额 21.5 万元。

——邮银协同。

通过省级协同会议，把高质量发展证券有效户项目作为省级协同重点项目，各地市邮政分公司均已专门出台证券协同竞赛方案，把证券有效户发展作为劳动竞赛和绩效考核的重要指标。通过直播平台、现场及腾讯会议形式，针对渠道及经纪人开展 14 场培训，共计培训 2800 多人次。同时，走访对接市邮政分公司，对 18 个邮政网点进行收益凭证培训。

——有效户发展。

发展渠道客户，专门定制收益凭证进行产品销售，有效推动证券有效户发展。截至年底，万元以上有效户 4756 户，占比比上年的 3571 户提高 0.6%。累计新增有效户 5587 户，完成总部计划 4827 户的 115.74%，超计划进度 15.74%。

——产品销售。

组织相关专题培训及走访邮储网点，宣传和推动产品销售。累计销售金融产品 7500.48 万元（比上年增加 4984.18 万元），其中基金销售 375.48 万元。

——两融业务。

截至年底，融资授信额度 16320 万元（含郴州营业部 4674 万元）；融资余额 3223 万元（本部 2246 万元，郴州营业部 977 万元），实际融资率为 19.75%，比上年（融资余额 1671 万元）增幅 92.87%。其中日均余额 2098 万元，比上年底增加 1176 万元。

——业务概述。

一是中南建设股票质押续做业务顺利落地，融资 1.5 亿元，为公司创收 1200 万元。二是与湖南骏邦纺织品科技有限公司签订战略合作协议开展财务顾问等业务合作，为下一步 IPO 合作打下基础。

二、运营服务

存量客户 12.5 万户，年新增 12089 户；资产规模 12.56 亿元，本年减少 0.24 亿元。开户视频见证 12188 户，审核 12089 户，身份证更新 1139 笔，密码重置 4793 笔，网上销户 270 笔。柜台业务 276 笔，档案整理 276 份。股票交易风险提示通知 6 户、退市股票风险警示通知 18 户、客户新股中签通知 388 户。

组织参加"2021 我最牛"迎新春证券知识竞赛、"3·15 保护投资者，防范金融风险，我们在行动"户外宣传、"5·15 心系投资者、携手共行动"全国投资者保护宣传日专项活动、5 月防范非法证券期货宣传月活动及 10 月积极践行"我为投资者办实事""远离非法证券投资宣传月"活动主题，深入社区举办投资者教育活动等。

三、企业管理

——财务管理。

做好全年的预算工作，及时上报月度经营简报、收入完成情况和月度测算分析工作，做好薪酬发放、个税上报、银行账户年检、工商年报的填报工作、国地税纳税申报以及监管报表会计数据的准确上报。

——组织架构改革。

根据总部组织架构改革调整工作部署，坚持"党管干部"原则，细化落地方案研究制定《中邮证券湖南分公司部室总经理岗位竞聘工作方案》，并经会议推荐、自主报名、支委会研究确定等流程完成组织架构调整并任命 3 名部门总经理。

四、风险防控

——反洗钱管理。

切实加强反洗钱内控平台日常管理，做好可疑交易分析与报告。发生 16 笔可疑交易预警，经过充分分析，上述可疑交易均排除洗钱风险。重视反洗钱学习培训，上半年分公司领导带头参加金融系统反洗钱线上培训，反洗钱专员及业务部门等 5 人参加，足额完成线上培训时长并通过两次结业测试。累计组织 7 次反洗钱学习和培训。

——合规管理。

开展"违法买卖股票"专项检查，针对自查问题，组织全体员工重新学习相关制度与规定，对下一步整改进行安排。在整改中，解约 6 名经纪人；对相关人员进行通报批评，对分公司电脑和 WiFi 进行清理，定期通报从业行为排查，发现问题一律从重处罚。

五、党建工作

——组织建设。

召开支委会 23 次，党员大会 7 次，开展理论学习 12 次，组织生活会 2 次，主题党日 12 次，开展党史学习教育读书会 31 期。制定"我为群众办实事"项目 2 个（已完成 1 个），党支部"领题破题"课题 1 个，组织党员开展"三亮三比三评"主题实践活动，开展领导点评 2 次，党员互评 5 次，组织党员参加"我和党的故事"征文活动。

——党风廉政建设。

加强日常监督，牢固树立纪律规矩意识。切实抓好中央八项规定精神落实，抓住重要节点，通过重点监督、发送警示信息、关键人提醒等方式预防四风反弹，分公司开展警示教育 2 次，谈心谈话 23 次。巡视整改按月召开巡视例会，每季度组织成效评估，提交整改报告、常态化全面整改报告、"举一反三"对照自查报告。（中邮证券）

广 东 省

【广东省邮政分公司】 2021 年完成业务收入 207.6 亿元，规模列全国第 1 位。利润比上年增加 4.2 亿元，增额列全国第 2 位。

一、企业党建

认真落实"三个第一时间"学习机制，充分发挥党委理论中心组学习的示范带动作用。组织党委理论学习中心组学习 8 次、党史学习教育读书会 21 次。建立党委理论学习中心组学习巡听旁听机制。全省开展党史学习教育研讨 5661 次，组织党员干部到红色教育基地、党史学习教育主题馆参观学习 495 批次、9639 人次。举办庆祝建党 100 周年暨"学党史、悟思想"员工朗诵比赛。深入开展"我为群众办实事"、党支部（党小组）"领题破题"、"三亮三比三评"实践活动。广州地区疫情防控期间，党员志愿者积极支援防疫一线生产工作 1622 人次。2 个基层党组织、2 名共产党员和 2 名党务工作者获得省国资委党委"两优一先"表彰。

推进常态化整改和专项整改，全面梳理中央巡视整改、集团巡视整改情况，开展 2015 年和 2018 年中央巡

广东省梅州市邮政分公司城区分公司组织党员志愿者为高考学生提供服务（《中国邮政报》）

视整改“回头看”。组织3批省内巡察。覆盖9个市分公司、信源集团公司以及所属下级党组织，全省巡察覆盖率94%。建立“联审+会审”机制，强化对省内巡察整改的指导。

二、普遍服务

积极践行“人民邮政为人民”的服务宗旨，全面完善普遍服务管理体系、质量管控体系，启动客户体验三年提升工程，开展“微笑服务”主题活动。普服“六三三一”各项指标全部达标，投递外勤节点扫描率和建制村实地打卡率排全国前列；普服网点营业时间达标率、乡镇普服网点覆盖率、建制村直接通邮率、县以上党政机关《人民日报》当日见报率、机要通信安全率5项指标均达100%，列全国第1位。未发生重大质量事故和中央级媒体负面曝光事件。

三、业务发展

——邮政业务。

函件收入4.5亿元，进度101%，比上年增长1.1%。集邮业务收入3.57亿元，比上年增长10.3%。报刊业务收入4.64亿元，比上年增长2.89%；政务图书借助“建党100周年”契机销售8658万元，比上年增长42.7%。增值收入1.9亿元，累计进度103.8%。电商市场实现寄递收入2.34亿元，完成进度145%。打造徐闻菠萝“金玉满萝”、茂名荔枝“美荔邮你”、南澳海产“汕珍海味”和梅州柚“柚好邮好”四个全国基地农产品项目，其中茂名荔枝销售超3000万元，成为全国第一大生鲜类基地农产品项目。全省转型网点1945个，覆盖率65%。校园进驻累计超过100家，完成集团公司下达目标；社区“家邮站”建成483家，比上年新增394家；主题邮局收入1352万元，完成进度150%。

——寄递业务。

特快业务完成收入25亿元，比上年增长15.68%，增幅提升8%。政务业务收入突破10亿大关，比上年增长16%。高端电商特快业务收入比上年增长66.4%。快包业务边际贡献率14.75%，比全国平均高3%，比上年提升20%。国际EMS业务收入完成进度105%，规模列全国第1位。

——金融业务。

完成收入95.4亿元，比上年增长10.7%，为6年来最高；超收1.5亿元，创历史新高。新增金融总资产880亿元，比上年多增220亿元。余额规模4991亿元，新增余额544亿元，在五大行新增存款中占比11.9%，比上年增长3.7%。中邮保险长期期交进度116%、终身寿险进度280%，均排名大省第1位。证券业务全年新增有效户1.2万户，完成进度155%。加速布局“金融+生活+服务”场景，生态“圈”的作用进一步增强。“悦邮行”车生态圈会员102万人、星级会员11.4万人，新增金融资产133亿元，带动新增月日均金融资产52亿元。全年开展微邮惠引流活动带动微邮付商户日均活期流水4.5亿元，比上年提升1.5亿元。

——交流合作。

与羊城晚报社、抖音等媒体联合举办“2021食在广东，邮你做主”餐饮美食评选、“寻找最美民宿，致敬最美的人”等活动，消费场景有力带动节日期间活期存款增长，中秋、国庆双节期间新增余额80.9亿元，比上年多增67.2亿元。惠农项目完成集团下达的政企对接、合作社走访全覆盖、一级白名单等9项指标。汽车产业链项目实现收入5.8亿元，比上年增幅24%，收入规模列全国第1位。军民融合项目完成13条边海防邮路建设；发行退役军人服务卡2.29万张，完成集团目标164.6%。医药项目实现收入7542万元，完成进度112%。商会协会项目实现收入2.04亿元，完成进度136%。集团重点总部客户项目收入9.67亿元，比上年增长12.64%。

四、企业管理

——基础管理。

全面落实国企改革三年行动要求。184名领导人员和各二级单位管理的1010名领导人员均完成业绩责任书（岗位责任书）签订。制定领导人员管理规定，出台跨地市交流任县（区、市）分公司领导人员管理暂行办法，系统设计四级干部跨区域交流工作，安排8个地市9名县分公司一把手跨区域任职。

集中管控提升效率效益。出台营销费用成本补贴88项，强化对重点项目、重点指标的导向和支撑。全省整治网点182个，其中对113个网点进行统一集中招标、提高效率、降低费用，总成本约下降7.5%。完成邮电分营以来在建工程清理。根据集团公司要求清理4170个项目，历史项目在建工程实现清零。

财务动态管控成效明显。深化推进零基预算，运用“三把尺子”，搭建立体网状损益管理架构，集中资源+政策杠杆，撬动有效益规模发展和推动降本。强化资金资产管控，寄递欠费率总体达到管控目标，寄递欠费规模比上年下降10%、逾期欠费规模比上年下降30%；逾期欠费占整体欠费比重比上年下降5%；实现房产出租收入5.5亿元，盘活闲置房屋土地23.7万平方米，收入排名列全国第1位。

——能力建设。

寄递“五大改革”不断深化。打破行政区划组网，对7个省际中心、15个本地中心网络进行调整，全省16个区县实现跨地市就近入网。进一步减少分拣和经转次数，进口邮件省内平均分拣次数1.29次、较优化前减少0.55次，改善效果全国第1位。推进“小改大”“单改双”工作，大车发班数21%以上。组开尾量邮路12条，省际出口时限达成率提升3.5%。优化一干线路20余条，累计撤并调整二干线路150条，干线装载率42.7%。积极推进“快包自提+甩点直投”，全省建设直投中心37个，快递包裹自提率70%，比年初提升31%。通过准加盟、众创众享、外部承包等模式，进驻空白点117个，日均业务量3.7万件，增量1.6万件/天，完成进度100%。推进“混合收寄+集包”作业方式，促进集包作业效益、效率提升。省际出口邮件全量集包率85.51%，应集必集率92.67%，袋均集包件数、省际快递包裹可循环邮袋使用比例两项均居全国第1位。省内互寄一公斤以下的快递包裹集包比例66%。全省邮区中心职能部门减少5个，生产部门通过优化盘活减少471人。

流程优化全面突破。投入3800万元，完成梅州、河源、肇庆等12个地市处理中心流程优化。已投产的梅州、河源等9个处理中心，日均处理量增加56%，人均效率提升54%，件均成本降低21%。投入6753万元为337个站点配置338套自动分拣设备和皮带设备，全力推进揽投站生产处理流程优化和效率提升。立项建设16个财富中心；推进综合柜员、普柜和大堂经理的复用，压降台席389个，柜员人数比上年减少978人，离柜率提升89%。

创新动能进一步增强。完成全省网点围栏全覆盖，拓展商户30.12万户，开发商户20.08万户。与中邮消费合作开展短信营销发放贷款金额2.67亿元。组织全省开展“逢8抽奖”“新客享好礼”等线上主题营销活动。完成21个地市监控中心升级改造。承担集团公司科技项目3项。荣获集团公司科技创新成果奖12个，获奖数量持续列全国第1位。落地集团创新推广项目8个。

——人力资源管理。

新提任三级副领导人员11人，其中40岁左右占新提任人数的70%，最年轻的35岁。目前领导班子中配备1名40岁左右干部的地市占比38.1%。完善薪酬分配制度，完善工资性人工成本分配机制，健全市场化薪酬分配机制，重构薪酬分配体系。加强代理金融普通柜员、劳务工、高中以下学历人员的压降，劳务用工占比下降2.88%。压降寄递三线人员1023人，降幅4.35%。全省金融网点柜员持证率97.7%；完成600名内训师续聘工作，新增38名揽投队伍内训师；获第四届广东省邮政行业职工技能竞赛两个团体一等奖。

——企业文化和精神文明建设。

全省3人荣获“广东省五一劳动奖章”称号，1个单位荣获“全国工人先锋号”，3个单位荣获“广东省五一劳动奖状”。全面开展职工小家“百家双最工程”专项建设活动，投入700万元建设和提升47个职工之家、192个职工小家。精准帮扶重病及困难员工190人共668万元；组织慰问劳动模范、困难职工、受灾职工共发放慰问金425万元。围绕企业重点业务全年共开展22项劳动竞赛，营造浓厚的“比学赶帮超”氛围。

五、社会责任

服务乡村振兴战略。省分公司扶贫办获得“广东省脱贫攻坚先进集体”荣誉称号。与省农业厅联合发文深化合作，构建服务乡村振兴工作体系。与省邮政管理局联合结对帮扶茂名市信宜北界镇，选派优秀干部担任驻村第一书记，开展“万企兴万村”行动，着力解决当地农产品销售难、运输难等痛点问题。按照省委要求，落实领导干部定点联系涉农县汕头市南澳县有关工作，争取集团支持将南澳海产品项目纳入全国基地项目范围，全年销售额超过1000万元。（广东省邮政分公司）

【邮储银行广东省分行】

一、经营发展概况

——经营业绩。

2021年实现营业收入124.41亿元，增长12.05%；考核利润52.10亿元，增长19.63%。经济增加值7.15亿元，经济资本回报率12.22%，成本收入比44.12%。

——发展规模。

总资产7810.52亿元，增长9.65%。人民币存款余额7028.39亿元，新增存款590.72亿元，增长9.18%；人民币贷款余额4081.02亿元，新增贷款674.24亿元，增长19.79%，居邮储银行第2位；存贷比58.06%。

——资产质量。

不良贷款率0.69%，比上年减少0.06%，比广东省同业低0.25%。拨备覆盖率253.11%。

二、落实中央决策部署

——支持乡村振兴。

涉农贷款余额886.81亿元，比上年增长143.90亿元，完成监管目标的168.31%。新建信用村1.14万个，评定信用户23.18万户。在德庆县挂牌成立全国首家乡村振兴特色支行。

——支持中小微企业发展。

普惠型小微企业贷款余额779.32亿元，居邮储银行第3位，比上年增长213.42亿元，居邮储银行第1位。

——落实碳达峰碳中和战略。

绿色贷款余额169.30亿元，增长24.54%。打造邮储银行碳中和网点的样板工程，在高州市挂牌成立邮储银行首家碳中和支行。

——服务国家区域发展战略。

支持粤港澳大湾区、横琴粤澳深度合作区建设，湾区贷款余额比上年增长442.35亿元。新增制造业贷款80.10亿元。取得“跨境理财通”首批试点资格。

三、业务转型发展

——零售金融。

落实“用户引流、客户深耕、价值挖掘”三位一体发展模式，着重数字化经营、分层服务，推动零售金融转型升级。个人自营储蓄时点余额 1402.28 亿元，比上年增长 102.16 亿元，价值存款比上年增长 66.66 亿元。AUM 规模 1855 亿元，比上年增长 203.67 亿元。消费信贷余额 1950.38 亿元，比上年增长 300.66 亿元。小额信贷余额 659.94 亿元，比上年增长 222.54 亿元，居邮储银行第 1 位。信用卡结存卡量 212.47 万张，发卡数量比上年增长 26.54 万张。手机银行客户存量 792.55 万户，活跃客户规模 122.65 万户，激活客户比上年增长 52.14 万户。电子银行交易金额 2.38 万亿元，快捷支付交易金额 2016 亿元。

——公司金融。

推广“主办行”综合化营销模式，培育客户核心客户群，提升投商行一体化、批零联动的服务水平。公司存款时点余额 1022.49 亿元，年日均余额 1048.78 亿元；贷款余额 801.06 亿元，比上年增长 111.50 亿元。小企业法人贷款余额 340.75 亿元，比上年增长 76.32 亿元，居邮储银行第 2 位，其中线上产品小微易贷余额 62.23 亿元，比上年增长 34.24 亿元。交易银行表内外资产余额 358.39 亿元，居邮储银行第 2 位。开放式缴费平台有效单位 1898 个，居邮储银行第 2 位。通过 U 链平台发放邮储银行首笔南网 e 链线上保理业务。

——资金资管。

金融同业完成营销推荐同业业务 301.7 亿元，业务交易金额为近七年新高。托管资产规模 2373.36 亿元，比上年增长 286.47 亿元，资产规模和净增均居邮储银行第 3 位。

——邮银协同。

电商市场项目客户贷款净增 2.68 亿元，居邮储银行第 1 位。自营中邮保险新单总保费 4.18 亿元、长期期交保费 3.43 亿元、终身寿险保费 2.1 亿元，均居邮储银行第 1 位。参与出资设立协同“奖金池”，共同完善协同激励机制。

四、风险管理升级

——智能风控。

“金睛”“金盾”系统实现深度运用，监测信贷客户超 1 万户，发起预警 870 户。“互联网 + 不动产登记”模式实现 100% 全辖覆盖。法人客户系统预警实现全流程系统化，预警替代率 100%。分行自主开发了个人贷款、小企业贷款、信用卡等新发生不良监测模型，提升风险预警的前瞻性。

——信用风险管理。

实行全层级以及辖内同业资产质量监测。清收不良贷款金额 10.89 亿元，增长 28.71%；核销 5.38 亿元，增长 26.89%。信用卡、个人消费贷款不良资产证券化实现破冰。

——法律合规管理。

推行风险经理派驻工作机制。开展“排雷行动 2021”等 15 项专项排查。消费者权益保护工作在年度监管考核中获 A 级评价。反洗钱年度监管考评获 A 级评价，“涉赌涉诈账号预警模型”获邮储银行数据建模大赛二等奖。

——内部审计工作。

实施专项审计 15 个、离任审计 16 人次、风险监测 2 次，审计金额 126 亿元，揭示个别机构二手住房贷款收入证明、交易流水不真实、与非准入按揭公司合作带来的苗头性风险。

——安全生产工作。

开展安全生产专项整治三年行动“集中攻坚”阶段工作，在第七轮银行业金融机构安全评估现场检查中评价得分为“优秀”。完成建党 100 周年庆祝活动期间安全及服务保障工作。保持辖内疫情“零发生”。

五、管理效能提升

——体制机制优化。

推广领导人员任期制和契约化管理，完成省分行机关 24 个部室及一个直属机构（运营中心）、20 个二级分行、116 个一级支行的签约工作。辖内 116 家一级支行全部实现零售信贷客户经理下沉，455 家自营网点导入使用“营销积分 + 平衡计分卡”综合考核模式。

——信息科技建设。

完成 145 个信息化项目上线。“智慧 +”项目得到广泛拓展，推进智慧项目 170 个。“公司业务智能化管理平台”获得邮储银行 IT 技能大赛一等奖。

——资产负债管理。

压降低效经济资本，不可撤销贷款承诺压降 146.5 亿元，压降规模居邮储银行第 2 位。节约经济资本占用 11.67 亿元，对 EVA 的贡献 1.88 亿元。

——运营管理。

完成网点整治 69 个、网点“微改造”147 个、网点 VI 更新 393 个。建设客户体验标杆网点 16 家，完成适老化服务优化、场景简化相关措施 14 条。推进运营管理集约化，优化现金运营行方人员 97 人，精简高柜柜员 65 人。

——人力资源管理。

提拔任用干部 22 名，4120 人次获得职级晋升。营销队伍占比 34.51%，增长 5.72%，其中大湾区分行营销人员占比 37.71%，增长 6.35%。持三证及以上员工占比 86.46%。

六、党建引领

——党史学习教育。

建立党委理论学习中心组学习“一学一报”和“一课一报”工作机制，落实巡听旁听机制。深入学习贯彻习近平总书记“七一”重要讲话精神和党的十九届六中全会精神，将党史学习教育纳入常态化督导机制。开展“三个第一时间”学习 49 期，组织开展党史学习教育读书会活动 25 次。

——党风廉政建设。

落实意识形态工作责任，明确意识形态工作领导小组办公室成员单位责任分工，专题研究意识形态工作。完成巡察全覆盖工作任务，累计完成对158个党组织的巡察工作，巡察覆盖率100%。落实巡视整改工作，制定10项专项重点整改任务，47条细化措施。深化信访源头治理，纪检信访举报总量比上年下降34.4%。

——企业文化建设。

创新打造《行参月刊》、“金融论见”系列专题学习会两大载体。各类外部正面报道6963篇，增长12%，负面舆情比上年压降57%。营造选树先进典型的良好氛围，中山市小榄支行获得“广东省五一劳动奖状”。（邮储银行）

【邮储银行深圳市分行】

一、经营发展概况

——经营业绩。

2021年实现营业收入46.63亿元，比上年增长12.09%；净利润30.38亿元，比上年增长18.03%。经济增加值11.49亿元，经济资本回报率20%，成本收入比28.11%。

——发展规模。

总资产1186.26亿元，比上年增长17.59%；各项存款余额840.5亿元，比上年增长13.43%，新增存款99.54亿元；各项贷款余额1183.33亿元，比上年增长17.97%；存贷比140.79%。

——资产质量。

贷款资产质量及风险抵补情况依然处于较优水平，不良贷款率0.36%，明显优于深圳同业平均水平，居邮储银行第3位，比上年末下降0.02%；拨备覆盖率391.17%。

——落实中央决策部署。

支持乡村振兴。持续加强在深农业龙头和涉农企业扶持力度，成功探索产业链“一点接全国”服务模式，辐射全国6省下辖的9个县域，开辟发展新途径，涉农贷款净增11.90亿元，完成率475.95%。

支持中小微企业发展。连续多年完成“两增两控”监管重点指标，持续下沉服务重心，“首贷户”授信占比提升至13%。创新满足普惠小微金融需求，落地邮储银行首笔科创上市贷款，成为深圳市中小担贷款担保类业务第二大合作银行，创业担保贷款结余在全市名列前茅，普惠小微贷款净增在邮储银行城市分行中居第1位。

落实碳达峰碳中和战略。优化“绿色”行业客户营销指引，逐步建立审查审批优先机制，加大对绿色金融信贷资源配置的倾斜力度，绿色信贷占比提升至8.9%，市分行营业部入选深圳市首批11家绿色金融机构。

服务国家区域发展战略。服务37个双区重点建设项目，投放资金规模总量超320亿元，信贷余额占公司信贷总量的29.09%。支持民营企业，向民营企业投放信贷资金484.49亿元，占总投放规模的72.42%。

支持供给侧结构性改革。批零联动开展产业链上下游企业的数据挖掘、场景定制服务，落地重点项目2个，联动客户净增69户。

二、业务转型发展

——零售金融。

个人金融推动财富管理转型，中高端客户新增1.2万户，带动AUM增长22.14亿元，对公代发工资渗透率居邮储银行第1位；价值客户产品覆盖率居邮储银行第1位，VIP客户产品覆盖率居第2位。消费信贷品牌影响力提升，余额净增1.81亿，居邮储银行第3位。信用卡推进场景营销，开展活动超1000场，激活首刷率57%，两项指标均创历史新高。数字人民币打造邮政特色的场景应用体系，拓展优质个人钱包客户近190万户，完成总行任务目标的452%。

——公司金融。

公司基础客户比上年末增长超40%，累计授信客户超过360户。信贷结构不断优化，制造业中长期贷款余额59.36亿元，占制造业整体信贷余额比例83.02%。存款业务量质齐升，存款年日均余额261亿，完成计划目标的185%；年末时点余额超额完成收官目标，活期占比比上年上升14%。投行业务转型发展，债券累计承销规模排名邮储银行第3位；并购贷款余额居邮储银行第1位；发放行内外银团贷款130.98亿元，占整体信贷投放48.31%，贸易金融规模再创新高。供应链贷款规模位居邮储银行第1位，落地多笔贸易金融创新业务，外管局外汇业务合规与审慎经营评估首次斩获A级。现金管理创新发展，现金管理产品覆盖率41.93%，开放式平台重点客户有效户数完成全年任务目标的332%；结算量完成全年任务目标的368%；企业网银开通率居邮储银行第2位。

——资金资管方面。

客户管理效益显著，新增20余家同业生态圈新客户，争取到招商银行主办行、平安银行管户行权限。同业投融资总量逆势增长，新增同业融资放款138亿元，新增同业投资金额164.53亿元，居邮储银行第2位。以投引存超30亿元，以投促托超200亿元，联动营销初见成效。票据业务转型发展步伐加快，交易量165亿元，邮e贴业务线上占比居邮储银行第2位。资管业务创新能力加速提升，创新参与首批全网最红公募REITS业务，头部房企私募供应链走款金额居邮储银行第1位。托管综合能力不断加强，新增规模居邮储银行第1位，总托管规模和纯托管规模分别居邮储银行第4和第3位。

三、风险管理

——全面风险管理持续推进。

强化风险总量约束，资产质量有效控制在年度限额目标内。完善押品管理流程，落地实施“集中取证”模式，降低权证丢失风险。

——提升信用风险管理能力。

优化授信政策，严格信用审批，把牢准入关口。开展预警监控，及时退出广田、兆驰等高风险客户，有效避免近2亿元大额资金风险。加大不良资产处置力度，清收工作完成率132%。

——内控合规管理。

全方位加强法治与合规文化教育，提高员工合规案防意识。补充完善22个业务及管理流程，提升流程化、精细化管理水平。保持高压问责态势，抓好消保和反洗钱工作，报送的某涉诈团伙重点可疑交易报告线索价值受到人行肯定。

——审计监督。

深化审计数字化转型，探索建立小企业条线非现场审计模型库，打破各业务条线间信息壁垒。

——疫情防控和安全生产工作。

提前完成全行无禁忌人员新冠疫苗接种工作。加强保密管理，未发生一起失泄密事件。市分行在深圳市评估办安全评估检查中得分99.75分。

四、管理效能

——人才队伍建设。

常态化开展人才库建设和多岗位多层级干部交流工作，建立"管理＋专业"双通道常态化晋升机制。在"一部一卡"模型中新增月度部门互评及基层服务支行无记名评价考核，有效解决牵头难、难牵头问题。抓好金字塔分级培训精准赋能。

——财务管理。

深化资产负债管理，经济资本回报率居邮储银行第3位。加强预算管理，强化考核激励约束，加大战略产品考核力度，强化比上年增长和组内对标考核要求，引导转型和高质量发展。

——运营管理。

配合总行数字化建设，成为第一批完成辖内全部网点推广上线的分行，搭建运营中心系统模拟环境，组织开展实操培训和训练，进一步提升柜面业务处理效率。

——信息化建设。

完成深圳市住房租赁资金监管项目建设上线，获政府部门好评，市分行在总行数据建模大赛中获优秀应用成果案例奖。

五、党建引领

——党建工作。

坚持把学党史、悟思想、办实事、开新局贯穿始终，扎实开展"我为群众办实事"四大重点任务，推动解决50个问题。

——党风廉政建设。

打造"清鹏邮储"清廉文化品牌，前海分行获评深圳银行业保险业2021年度"清廉之星"称号。聚焦重点领域开展检查，护航业务发展，实现三年巡察全覆盖。

——巡视整改工作。

深圳分行坚持季度例会制度，持续落实"四点四会"整改过程管理，创新"上查下评"整改成效评估工作，全面整改年度整改率100%。（邮储银行）

【中邮保险广东省分公司】

一、经营发展

2021年累计实现总保费规模65.91亿元（全国第2位），进度101%（全国第4位）。邮银业务方面，实现新单总保费规模27.86亿元（全国第2位），进度104%（全国第5位）；其中，长期期交新单保费规模21.70亿元（全国第2位），进度119%（全国第3位）；终身寿险保费规模18.91亿元（全国第1位），进度274%（全国第4位）；健康险保费规模5821万元（全国第2位），进度133%（全国第4位）。个团险业务方面，实现保费4349.8万元（全国第2位，不含两项清分部分保费），进度96%。其中，团险保费4178万元（全国第2位），个险保费171.8万元（全国第1位）。续期业务方面，实收续期保费38.73亿元（全国第3位），完成全年预算的102.19%（全国第9位）。

——高价值业务。

首次以终身寿为主推产品，以"实时＋非实时"策略，推动"开门红"期间终身寿险单日新增接近2亿元。通过抓早、抓好、抓巧，实现长期期交新单开业以来首次半年达成全年目标，终身寿险、健康险占长期期交新单比重达89.9%（2020年仅占12.3%）。成为"提质增效"专项活动超额达成总部下达任务目标的3省之一。新业务价值规模5.07亿元（全国第2位），进度140%。

——续期拉动贡献。

以"四库"建设为抓手，持续践行对标管理理念，聚焦价值产品，重点监测多多保C款13J、优享人生25J开展精细化期交保单品质管理工作，全面提升保单品质，13个月继续率与25个月继续率均超过总部考核要求，对标全省同业五大上市公司，均位列第1位。新单退保率0.9%（全国第4位）。

——数字化转型。

按照总部数字化转型试点项目要求，协同渠道制定奖励方案，对2个地市10个试点网点，以数字化转型"六步工作法"为指引，有序开展为期1个月的健康险数字化营销工作，在总部数字化试点项目考核中排名全国第2位。

——大湾区产品创新工作。

总省联动，通过深入渠道调研、加强同业交流及多轮研究验证，"大湾区创新专属产品"顺利通过产品委员会审批，待总部报备银保监会同意后上线销售。

——强化培训。

累计支撑地市超 50 次，开展县以上集中培训超 300 场，培训超 10000 人次，实现全省 20 个地市全覆盖。队伍共建，协同渠道开展“星耀客都”“携手起航”等营销队伍培训、全省督训师队伍培训，以广州、茂名、韶关为重点地市开展队伍共建试点，协同打造代理金融以寿险产品销售为主、兼顾复杂金融产品的财富管理队伍。

——业务推动模式。

融入渠道营销场景，以东莞邮政为试点单位组织特色主题场景化营销活动 100 余场，推动东莞达成长期期交保费 8559 万元。探索大型会销活动模式，在韶关等地市召开大型会销 12 场，促成长期期交保费约 1500 万元。实施“3+N 双险联动”模式，推动清远、河源等地市同步发展终身寿和健康险。

——协同发展。

强协作，出台内部协同工作机制及年度任务清单，明确全年协同思路并推动落实。重协同，完成惠农简易险、汽车产业链等考核目标，扎实推进省内自主协同项目、申报协同孵化创新项目、劳动竞赛、“919 电商节”活动等协同项目。

二、运营服务

——运营保障。

制定广东运营支撑管理机制，规范“工作日运营服务支撑要求”和“非工作日轮值支撑安排”，提出“支撑效果评价及配套应用方案”，自主开发“常见运营问题小助手”速查工具、“高效运营支撑平台”“核保前置工具”等多项线上化管理平台及工具，实现“机制为根、科技赋能”的运营服务模式突破。

——客服水平。

系统内创新构建“1+8”消保体系，把做好消保工作贯穿于企业经营管理全过程，亿元保费投诉率有效压降。夯实基础管理，推进二访呼叫系统智能化升级，上线“话术智能匹配、回访质检、网点联络、满意度评价”四大核心功能。以客服活动为载体，线上、线下深度融合，为 129 万名线上客户及 488 名线下客户提供服务。

——科技赋能。

加深业技融合，推进科技赋能应用平台和信息系统建设，完成续期指标监控及预测系统、二访呼叫系统、运营速查工具（一期）等重点信息化项目上线，推进运营支持智能服务平台、合规智慧平台开发，全年共 27 个项目。加强客户、业务数据分析和 CRM 系统应用，推进数字化营销。

三、企业管理

——任期制和契约化改革。

构建部门贡献度评价模型，合理拉开中层领导人员薪酬差距。建立干部竞争上岗选拔模式，采取“部分起立 + 组织认定”选聘模式，为 4 个中层领导岗位选拔人选。完善干部经营业绩考核模式，首年应用绩效考核结果，实现年度对任期制领导干部 KPI、重点任务的有效考核。

——市场化绩效管理体系。

兼顾目标管理和 KPI 业绩考核，推行关键工作管理模式，充分调动干事创业积极性。推行讲师市场化考核，强化讲师薪酬与业绩结果的刚性兑付。

——督办机制。

健全完善重要事项督办办法，明确督办机制；对上级单位重大部署、监管要求等重要事项，按周、月、季、年实行 PDCA 闭环管理，严格过程管控，强化督办信息反馈及总结分析。

——财务管理。

落实“四个到人”工作机制，建立现实库、目标库、行业库（全国库）、结果库四库对标体系，提升对标管理精细化程度。聚焦高价值业务，统筹管控营销费用投放，推动提升分公司投价比及新业务价值完成率。

——干部人才队伍。

人岗匹配，持续优化人力资源配置，跨部门调整员工 12 人次，部门内轮岗 7 人次，校园招聘 1 人，引进同业 8 人。分层分类实施教育培训，支持员工参加职业资格考试。在全国率先完成市县代管人员选聘工作，市县专岗到位率 101.21%，高于全国平均水平。开创性构建广东运营专岗评级与培训体系，实现省内代管机构及人员线上化管理。

——品牌宣传。

融合业务、融入渠道，协同开展品牌体验活动 10 场。拍摄微电影《守护》，获省银保监局、省保协及总部高度认可并广泛传播。在“7·8 保险公众宣传日”活动中获先进单位奖及先进个人奖。短视频《我的祖国》获评中国保险行业协会“唱支心歌给党听”短视频挑战赛十大冠军视频，获中国保协、省保协好评报道。拍摄先进优秀案例视频，由总部择优报送集团公司，将发布至中邮网院学习专区。

四、风险防控

深度融入，实现邮银保“联合检查、联合培训、联合宣传、联合共建”，召开三方会议 11 次，联动检查 6 次，覆盖 7 个地市、17 个县、36 个网点。营造氛围，联合省邮政公司开展风险合规知识竞赛省内选拔赛，比赛获集团公司《视频联播》《广东邮政信息》宣传报道，及省保协、省邮政分公司领导高度评价。考核导向，将风险合规评价体系纳入部门绩效考核，建设正向激励与约束长效机制，提升“三道防线”的独立性、协同性和有效性。充分发挥审计监督职能，完成总部 7 个专项审计、分公司重大经济事项审计监督等项目并完善优化审计监督模式。

五、党建工作

——从严治党。

完善考核机制，落实“一岗双责”，制定完善各部门及领导人员抓党建工作考核细则，纳入部门绩效考核及领导人员综合考评。

——党建引领。

高质量开展党史学习教育系列活动，邀请专家名师讲授“党史中的广东”专题党课，创新开展“粤学党史·粤爱党”主题活动。融合经营发展，打造7支“党建+突击队”，由分公司领导带头、部门负责人担任队长，驰援营销一线攻坚克难。

——乡村振兴。

发挥保险行业优势，为梅州大埔县3700位脱贫人口赠送意外险保额1.14亿元；开展主题“爱国爱家　健康同行”助力乡村振兴办实事公益帮扶活动，大力实施消费帮扶。

——绿色邮政。

紧盯“绿色发展”关键指标，各项指标持续向好，在线出单率98.2%，线上培训覆盖率100%，人均办公用纸金额5.8元。践行“手植一棵树　绿化一片天”植树义务，活动新闻在《人民日报》、澎湃新闻、今日头条等多家内外部媒体刊发宣传，打响分公司绿色邮政宣传第一枪。认真开展“绿色邮政宣传周”活动，广泛宣传绿色邮政理念。

——党风廉政建设。

强化政治监督，开展意识形态责任制落实情况监督自查、“四风”自查、数字化营销、疫情防控等专项监督；做好巡视“后半篇文章”，开展专项检查3次，推动监督巡视发现问题整改，其中关于分公司差旅管控问题整改效果突出，形成典型经验，被优选入《邮政企业“以案促改、以案治本”经验做法选编》。

六、和谐企业

建立分公司荣誉体系，开展专项荣誉评选表彰，激励员工创先争优奋发成长。推进落实关心关爱员工六件实事，开展亲情慰问221人次、节日慰问403人次。

七、疫情防控

认真贯彻中央、集团公司、总部疫情防控指示精神，建立综合办公室实时监测、人力资源部响应施策、纪委办公室监督反馈的联合防控机制，持续执行“离穗报备，离粤报批”的人员常态管控，坚持全年365天无中断职场消杀，推进新冠疫苗接种，每月组织全员专场核酸检测，职场内设置临时隔离室，组织开展疫情防控应急演练，确保不折不扣落实防疫举措。职场防疫消杀到位、人员防疫监测到位、防疫物资储备充足配发到位，疫苗应接尽接率100%，无确诊或疑似病例，未出现重大负面舆情事件。

（中邮保险）

【中邮证券广东省分公司】

一、业务发展

——重点工作。

截至2021年底，新增有效户15353户，全国排名第1位，完成年度目标的224.3%，超额完成目标任务；年累计新增资产26.4亿元，全国排名第1位，完成年度目标的846.2%；总托管资产120.1亿元，全国排名第1位。累计销售金融产品（含收益凭证）10.8亿元，完成年度目标的338.6%。协同邮银渠道销售资管信托规模18.4亿元（总部口径数据），全国排名第2位；定制化资管产品到期增续规模5.5亿元；累计两融28户，完成年度目标的175%；投行业务完成1个财务顾问项目、1个股票质押展期项目、2个新增股票质押项目和1个私募机构交易户（含两融）。

——经纪业务。

邮银协同。落实2021—2022跨年度营销活动，主动与省邮政、省分行沟通，全面融入跨年营销赛。邀请省邮政金融部领导座谈，共商协同发展；协同省邮政公司召开全省跨年营销启动会、地市证券专题培训会，宣贯跨年赛相关政策。实现新增有效户12085户，完成集团公司年度目标任务的154.9%。

重点业务。落实公司总部财富管理转型工作安排，以重点业务竞赛为契机，推动财富管理高质量发展，在8、9月分组竞赛中，月新增有效户、新增资产、新增两融账户均在A组中排名第1位，连续两个月包揽全部项目的第1名。

投顾服务。以“券商财富管理转型—高净值客户营销与服务”为主题，调研实践“投顾产品化、产品投顾化”的破题方法，提升分公司“自营”创收能力。探索开展有偿投顾服务，获客50多名。

金融直播。在每周“非同一般”大讲堂基础上，打造“黄金8·8”晨间直播。累计开展“非同一般”培训91期，覆盖近4万人次；开展“黄金8·8”晨间直播44期，收听收看8650人次。赋能渠道金融理财队伍，协同线上获客活客。

产品定制。创新定制县域专属财富管理产品24只，成为全国产品数量最多的定制县域专属财富管理的分支机构。为应季果农资金保值增值。通过县域专属产品定制，累计募资4.97亿元，新增有效户2070户，其中50万元以上客户208户。

创新获客。协同阳江邮政举办“金钥匙财富+”讲座，锁定客户200+，定制专属产品（阳江2号、3号）成功募集3996.8万元（新增有效户超100户，其中50万元以上的客户29户）；助力江门开展“百城峰会”商会协会财富投资分享会，成功发售专属产品2只，满额募资4222.1万元（新增有效户185户，其中50万元以上的客户13户）。

——机构业务。

债权业务。立足于AA+、AA级优质平台的开发，开展“青年建功、点亮广东”活动，联合邮储、邮政企业对有发债条件的城投进行全面走访。在中标电白交投20亿元公司债的基础上，对化州城投开展发债尽调并提供尽调报告，正推动进一步合作。

股权业务。抓住北交所设立和新三板改革的契机，联合高企协会、商会规模化接触新三板企业40余家，从中选择满足创新层条件的企业，作为培育对象。有1个新三板项目在股转中心审核中，储备5个新三板项目。

机构经纪业务。引进1家私募基金开设交易户和两融户，资产规模初期1000万，后续逐步增至5000万；新三板落地，带来36个股东（10家机构，26个个人）在中邮证券开户托管资产，解禁后形成交易；股票质押完成存量客户海大集团5000万质押展期，总质押规模保持1.9亿。

二、运营服务

——服务支撑。

存量客户15.4万户，年新增20942户；资产规模120.1亿元（时点），年新增26.4亿万。开户视频见证21020户，审核17827户，身份证更新1216笔，密码重置6694笔，网上销户524笔。柜台业务533笔，档案整理142份。完成客户回访3447户，完成进度100.87%，股票交易风险提示通知52户、退市股票风险警示通知27户、客户新股中签通知842户。

——投资者教育。

联合邮储银行组织“3·15”“5·15”投资者宣传日防范化解金融风险专题讲座；利用微信、QQ等平台转发新证券法、反洗钱以及短信覆盖交易客户10万多人次，宪法宣传周宣传反洗钱法和证券法、不得违规出借账户、雪球产品风险警示、北交所新三板适当性等；组织员工参加广东辖区协会举办的“股东来了”活动。

三、企业管理

——组织调整。

坚持“党管干部”原则，按照总部统一安排，细化落地方案，将原5个部门调整为3个，并完成部门负责人的选聘。贯彻落实总部八年“雏鹰计划”，运用市场化招聘与校园招聘相结合的方式，大力引进专业化人才和高校好苗子。社会化招聘入职4人、应届大学生入职2人。

——财务管理。

做好预算工作，及时上报月度经营简报、收入完成情况和月度测算分析工作，做好薪酬发放、个税上报、银行账户年检、工商年报的填报工作、国地税纳税申报以及监管报表会计数据的准确上报。

四、风险防控

根据监管部门要求开展反洗钱年度自查、年度反洗钱分类评价、适当性分类评级、有效性评估。开展适当性自查、全员违规炒股自查，配合总部开展分公司合规、反洗钱现场检查以及分支机构负责人经济责任审核和离任审计。在履行反洗钱方面，完成风险登记划分113291户，其中：新开户客户风险登记划分25190户；风险登记到期复评35512户；证件过期202户；直接定级47886户。排除模糊匹配黑名单764户、可疑交易记录33笔、客户身份识别受益所有人29户。反洗钱评级为B级。

五、党建工作

——党的建设。

组织党支委理论学习12次、主题党日活动及周读书会35次、警示教育9次、知识竞赛3次，参加党史专题宣讲10次，红色景点现场教育1次。为迎接党的百年华诞，集体编导拍摄《诗歌中的长征精神——毛泽东诗词》课件视频，参加集团公司组织的“重温百年党史 传承红色基因”视频比赛获全国二等奖。

——党风廉政建设。

组织学习《中国共产党宣传工作条例》《关于加强和改进邮政新闻舆论工作的指导意见》等相关制度。巡视整改按月召开巡视例会，每季度组织成效评估，共组织巡视例会12次，提交整改报告、常态化全面整改报告、“举一反三”对照自查报告。组织党员学习党纪专题学习系列课程、党风廉政建设重要纪事等33次。与全体员工签订《廉洁从业承诺书》，做好重大活动和敏感节点期间的信访、舆情、安全维稳。（中邮证券）

【中邮证券深圳市分公司】

一、业务发展

2021年经纪业务实现收入831.6万元、资管业务实现收入94.4万元、新三板业务实现收入4.7万元。新增客户3026户，新增有效户1428户，资产规模10.8亿元。

——协同工作。

下沉邮政代理金融网点185次、银行自营网点270次，开展证券业务线下集中培训7场服务300余人次，新增50万以上的高净值客户76户，协同定制资管产品销售5795万元。

——经纪业务。

加强对50万元以上315户核心客户的分级服务，发力两融、基金产品销售、港股通、北交所等重点业务。将投顾服务转向全方面的客户资产配置咨询，全年销售公募基金产品2800余万元，新开两融客户32户，新增融资规模1700余万元，新开发北交所客户137户。在公司总部组织的2020—2021年跨年专项营销活动中，斩获B组第1名及“‘八强’分公司”荣誉称号。

——机构客户业务。

通过“自营+协同”，与深圳邮储银行小企业金融部对接，挖掘新三板挂牌业务，实现新三板持续督导收入4.7

万元，并储备1家新三板挂牌业务。发力资管业务，在公司发行的第一款股权类集合资产管理计划“幸福增利1号”产品，分公司共有9名投资者认购，资金9000万元。

——市场化轻型营业部建设。

南山海德三道轻型营业部于3月正式开业，截至年底，新增客户71户，有效户24户，新增交易型资产3700余万元，融资余额近500万元。

二、企业管理

——内控管理机制。

建立常态化合规反洗钱培训机制和反洗钱内控制度，提高业务部门风险防控意识，在展业中及时做好风险识别、评估、判断。加强日常风险监测，对重点风险账户进行重点跟踪、风险预警提示。制订2021年度合规检查计划，检查范围包括分公司及轻型营业部，检查内容细化到每周、涉及分公司各项业务，确保事前、事中、事后的风险监测和合规管理落实到位。

——自查机制。

加强柜台业务办理的定期自查及整改，全年网上开户自查3031户，柜台业务自查377笔。开展分公司反洗钱专项自查、经纪业务条线反洗钱核心业务自查、重大涉恐风险隐患自查、客户适当性实施工作自查等各项自查工作，确保分公司管理安全到位。

——信息系统。

配合总部做好基金业务、北交所权限开通、网上开户单向视频等新业务上线的各项测试和准备工作，保障系统平台及业务上线后的平稳过渡。持续开展网络安全自查，确保分公司网络运行安全。定期开展应急演练，提升应急环境下的响应速度，确保信息系统稳定运行。

三、党建纪检

——党史学习教育。

深入学习贯彻习近平总书记在党史学习教育动员大会上的重要讲话精神，全年组织党员集中学习49次。把“我为群众办实事”实践活动贯彻整个党史学习教育，开展金融知识进社区、送教上门强一线、党员志愿服务等活动；把领题破题活动纳入全年工作重点，围绕分公司在经营发展中的痛点难点制定并完成课题1个。在各项工作中，坚持推动“三亮三比三评”活动，激励党员发挥模范带头作用。

——党建工作质量。

召开2次党的建设暨党风廉政建设和反腐败工作专题会议，2次意识形态专题会议，制定并落实分公司年度党建工作要点，组织召开23次党员大会。运用“中邮先锋”平台，不断提高党建工作信息化、科学化，每季度组织党建知识应知应会测试、完成线上培训班学习、规范组织生活、发展党员等信息的录入。开展党支部理论学习和发展党员方面形式主义突出问题专项治理工作，发展预备党员和入党积极分子各1名。

——巡视整改。

对2018年以来各项整改台账中的问题进行全面梳理，对普遍性、多发性、充分性问题进行举一反三，制定整改台账。全年召开8次分公司巡视整改领导小组会议，纳入常态化全面整改的问题10项，专项重点整改任务8项，整改完成率100%。

——作风建设。

严格落实中央八项规定精神，自觉抵制“四风”，坚持政治监督与日常监督检查相结合，开展分公司两费问题复查、“小金库”专项治理、公务用车自查等。组织全体员工签署《廉洁从业承诺书》，对三名部室总经理进行任前集体廉政谈话和廉政考试，进一步强调求真务实、真抓实干的工作作风。增强“党风廉政警示教育月”活动效果，筑牢党员领导干部拒腐防变思想防线，营造风清气正政治生态。（中邮证券）

广西壮族自治区

【广西邮政分公司】 广西邮政分公司下辖14个市级分公司、75个县级分公司，设邮政支局（所）1503处，其中设在农村的邮政支局（所）1214处，从业人员总数13170人。2021年完成业务收入54.14亿元，排全国19位，比上年增长6.2%（可比口径，下同）。2021年企业利润规模排全国第11位，完成集团预算201%，排全国第6位，比上年增长166%，排全国第5位。

一、企业党建

区分公司党委第一时间以专题会、党委扩大会、中心组学习、电视电话会、党课等形式，传达领学总书记考察广西视察主题邮局重要讲话重要指示精神，落实“四个坚持”贯彻举措。明确“三个坚决”要求，完成了11项重点落实措施。全区1131项“我为群众办实事”全部完成，全区225个领题破题课题基本完成。开展了28项丰富多彩的庆祝建党百年活动。开展第六轮“桂邮党旗红”主题实践活动和“三亮三比三评”活动，完成寄递事业部职能融合党组织设置调整、区市两级分公司团委组建工作。完成集团公司党组专项巡视121条整改措施、12项专项重点整改任务。提前1年实现巡察全覆盖，对12个县分公司开展提级巡察。开展理论学习和发展党员方面形式主义突出问题、小金库、招标采购等7个问题专项治理。修订完善领导人员管理制度，完善评价考核体系。加强年轻干部培养选拔，达到集团公司优化领导班子结构的阶段性目标。开展“一月一事、消灭最差”活动，推动解决一批发展痛点难题和职工群众反映强烈的问题。深入开展模范机关建设，实施区分公司机关日管控、周复盘、月评估机制和 28 项测评体系。

二、普遍服务

“三升三降六个 100%”考核指标全面优于集团管控目标，其中直辖市、省会城市间互寄普邮全程时限 2.12 天，排全国第 12 位。《人民日报》当日见报率 100%。未发生违反“两条红线”情况。机要通信连续 24 年实现质量全红。4 个边海防站点全部通邮。普服客户满意度 89.4 分，比上年提升 0.71 分。

6 月 5 日，中国邮政航空开通的第二条往返“南宁到南京”的货运航线（《中国邮政报》）

普服网点转型 986 个，完成转型目标 109.1%。转型网点完成收入 23.7 亿元，比上年增长 12.6%。无零收入普服网点。累计进驻校园 61 个，完成集团年度目标。

三、业务发展

——邮政业务。

集邮与文化传媒业务完成收入 4.4 亿元，比上年增长 6.1%。报刊业务完成收入 2.34 亿元，比上年增长 4.5%。政务图书发行数量比上年增长 3 倍，十九届六中全会、党史学习教育丛书分别发行 30.8 万册、59.86 万册。集邮业务完成收入 1.03 亿元，比上年增长 9.6%。函件业务完成收入 1 亿元，比上年增长 2.3%。分销业务完成收入 2.07 亿元，完成预算 103.5%，专业库存、欠费分别比上年下降 8.5%、47%。增值业务完成收入 4302 万元，完成集团目标 113%，排全国第 6 位。此外，鑫达公司超额完成收入、利润目标。业务库现金备付率管控、清分质量指标均优于上年水平。

——寄递业务。

完成收入 12.35 亿元，比上年增长 2.2%。利润比预算少亏 2266 万元，比上年减亏 5900 万元，超利润目标值排全国第 4 位。特快业务完成收入 4.65 亿元，比上年增长 27.7%。特快业务占寄递业务收入比重 37.6%，比上年提升 9.1%。快包业务完成收入 4.9 亿元，比上年增长 4.5%，量收增幅差降低 27.4%，快包边际贡献率 6.56%，比上年提升 17.38%，重量单价提升 0.34 元 / 千克，比上年提升 16.7%。国际业务完成结构调整。物流业务完成收入 1.49 亿元，比上年增长 10.3%。

——金融业务。

代理金融业务完成收入 32.2 亿元，比上年增长 10.4%，排全国第 13 位。新增时点余额 145.62 亿元，增幅 10.55%，比上年多增排全国第 8 位。活期存款比上年多增 32 亿元，排全国第 3 位，活比 51.37%，排全国第 2 位。代发资金比上年增幅排全国第 2 位。个人储蓄存款时点余额增长排名广西五大行第三。保险业务完成收入 5.76 亿元，比上年增长 43.6%，排全国第 7 位。长期期交占比 34.4%，排全国第 3 位。代理保险销量连续两年银保渠道排名第 1 位。

四、企业管理

——基础管理。

基础管理逐步加强。全面推广穿透式指导管控，推进定额标准体系建设，完善优化制度流程，提升资源配置的效益导向和集中效能，完善考评体系和激励机制，清晰目标任务、资源配置、激励机制、考核评价之间的有机关系，管理支撑经营的水平明显提高。

财务管理日趋精细。完善全面预算管理体系，建立完善运输、内部处理等 120 个定额标杆，强化预算过程管控。除运输环节受到核算口径调整、油料上涨因素影响上升外，收寄、处理、投递、管理支撑环节单位成本分别较去年下降 8%、10.81%、11.93%、19.78%。

审计、采购管理效能得到加强。有效发挥审计监督作用，年内实施审计项目 936 项，审计发现问题 440 个。工程项目审减 1929 万元，审减率 11%。以规范化、精细化加强集中采购，完成区级集采项目 92 个，较预算节约资金 9400 万元，节约率 15%。

——能力建设。

寄递“五大改革”持续推进。强化区内网集中监控、统一调度。特快省内互寄、省际出口、省际进口时限达成率均提升。完成南宁、柳州省际中心和 7 个本地中心设置及邮路优化，积极推进打破行政区划组网。正班干线邮路自办比例提升 32%，年节约费用 880 万元。推行“小改大”“大改小”和顺向串行。南宁邮区中心内设部门精简 4 个，支撑人员精简 57 人，同步压减外包人员 117 人。完成南宁、桂林、玉洞处理中心写实工作，共梳理断点堵点 79 个，制定整改措施 91 项。80% 县城区以上揽投机构实行特快专递和快递包裹分层、分网作业。全区 60 个一类城市A类机构全部实施网格化作业。快包自提代投率60.84%，比上年提升10.29%。

基础能力建设系统化统筹推进。制订综合能力提升五年规划。统筹安排能力建设投资1.56亿元，重点保障普服、代理金融、寄递能力建设。投入2360万元实施局所形象提升工程，完成870个普服营业网点改造。

科技赋能持续提升。落实11个集团信息化项目本地应用，完成16个自主信息化项目研发。通过生产网省—网点二级架构模式改造，压降生产线路成本近50%。建立区市县三级数据团队，完成企业数据仓库一期项目建设。实施数据项目53个，比上年增长77%，拉动业务收入5500万元，超额完成年度目标。

营销体系建设扎实推进。金融客户经理增加396人，实现点均两人的年度目标。寄递客户经理增加139人，共381人，达到配员标准。区市邮务类专业营销队伍配备率96%。

——人力资源管理。

任期制和契约化工作试点推进。落实集团改革部署，完成任期制和契约化管理试点工作。

人力资源管理逐步优化。将“以季度考核为主”调整为“以年度考核为主，以项目考核为辅”，提高效益指标的占比，突出重点业务考核，对重点项目实行差异化配置。引入市场对标机制优化计件工资制，持续优化揽投、内部处理、运输环节薪酬计件体系。代理金融劳务用工占比压降5%。

——企业文化和精神文明建设。

广西邮政分公司获“2020年度交通运输工作突出贡献先进集体”荣誉称号。广西中邮物流有限责任公司荣获“全国3A级物流企业”“2020年度冷链管理创新奖”称号。钦州市分公司荣获“全国五一劳动奖状”。防城港市分公司获评为全国市场质量信用AA等级企业。南宁市分公司荣获“2020年度全国交通运输安全文化建设优秀成果”及“2020年度全国交通运输质量文化建设优秀成果”。

五、社会责任

——服务乡村振兴战略。

落实驻村队员轮换选派，保持主要帮扶政策总体稳定，帮扶资金到位，完成41个定点帮扶村帮扶任务。

——绿色邮政。

全面达成“2582工程”目标，完成可循环快递包装投放、电商快件不再二次包装、包装废弃物回收装置布放、一千往返邮路甩挂运输等重点工作任务。

——抗击疫情及风险防控。

慎终如始抓好疫情防控工作，全区没有出现因疫情而使生产经营受到较大影响的情况。深入推进安全生产专项整治三年行动，年内无重大风险事件、重大安全生产事故、资金案件、舆情事件发生。（广西邮政分公司）

【邮储银行广西分行】

一、经营发展概况

——经营业绩。

2021年实现营业收入44.08亿元，增长7.32%；考核利润15.39亿元。经济增加值1.13亿元，经济资本回报率11.14%，成本收入比46.21%。

——发展规模。

总资产2467亿元，居区内国有大行第4位，增长9.36%。各项存款余额2234亿元，居区内国有大行第4位，增长8.24%，新增存款170亿元。各项贷款余额1194亿元，居区内国有大行第5位，增长12.64；存贷比53.45%。

——资产质量。

不良贷款率0.93%，下降0.04%。资产质量持续优于区内同业平均水平。拨备覆盖率227.03%。

二、落实中央决策部署

——推进乡村振兴战略。

建立完善金融服务乡村振兴体制机制，加大对乡村振兴重点领域资源倾斜力度，33个脱贫地区贷款余额62.98亿元，新增8.9亿元，达到脱贫地区贷款余额持续增长的监管要求。涉农贷款余额280.5亿元，新增31.06亿元；普惠型涉农贷款余额106.05亿元，新增10.46亿元，分别完成监管新增目标的207.04%、149.43%。

——践行普惠金融。

普惠型小微企业贷款圆满完成“两增”及首贷户监管考核目标，贷款余额221.89亿元，新增40.17亿元，完成监管新增目标的148.79%；小微企业首贷户发放177户，新增32户。落实好减费让利工作，全区累计降费规模672.62万元。

——绿色金融服务。

绿色贷款余额93.06亿元，比上年增速26%，高于各项贷款增速14.71%，绿色贷款占比7.79%，居邮储银行第10位，比上年提升0.82%。在柳州、贺州分行成立绿色金融事业部，支持地方经济绿色转型。

——主动融入地方发展大局。

优先将资源投向先进制造业、现代服务业、战略性新兴产业、新型基础设施建设等重点领域，制造业贷款余额126.64亿元，新增23.27亿元。落实“桂惠贷”政策，累计投放102.17亿元，贷款户数超5000户，完成自治区下达任务的170.28%，贷款户数居同业第2位。

三、业务转型发展

——零售金融。

个人金融发展价值存款，推进财富管理体系建设。自营储蓄存款新增21.75亿元，其中价值存款新增18.35亿元，新增占比84.35%，比上年提升2.47%。自营新单保费12.03亿元，比上年增长142%；个人理财净值化率

91.75%，高于邮储银行平均 7.67%。消费信贷着力提升发展质效，贷款余额 378 亿元，新增 37 亿元，其中额度类贷款新增 6.43 亿元，居同业第 4 位、国有大行首位。平台车贷新增 5200 万元，完成全年目标的 104%。三农金融加快推进数字化转型，极速贷新增 22.91 亿元，余额 45.84 亿元，占小额贷款规模的 20.26%，比上年提升 7.68%。落地全国首笔微信银行端“邮 e 链”业务，项目累计放款 1000 万元。小企业金融深入推进融合发展，新增客户 1481 户，完成全年目标的 116.2%；有贷户代发工资金额 6.66 亿元，完成全年目标的 105.2%；EMS 小微寄递卡绑卡 553 户，目标完成率 130.7%，居邮储银行第 8 位。信用卡创新营销模式，实现收入 5.35 亿元，居邮储银行第 5 位；新增客户 18.67 万户，激活率及活跃率分别居邮储银行第 2 位、第 4 位；消费金额 431 亿元。网络金融持续优化客群结构，重点客群快捷支付绑卡率（68.01%）居邮储银行首位，价值型收单商户比上年末增长 19.63%；累计建成 169 个网点商圈，完成率居邮储银行第 6 位。

——公司金融。

抢抓乡村振兴机遇，加快智慧农村平台建设，取得 5 个地市 11 个区县系统参与资格。狠抓客户拓展，优化业务结构，公司客户新增 7729 户，公司存款余额 116.17 亿元，其中活期存款占比 83.02%；公司贷款余额 347.3 亿元，新增 53.07 亿元，提前一个季度完成全年目标，中长期贷款占比 84.33%，比上年提升 8.5%。交易银行开放式缴费平台在燃气等行业实现突破，有效客户数新增 340 户，完成全年目标的 147%；落地邮储银行首个微信小程序缴费项目，成为全行小程序缴费业务上线开发的范例。投资银行收入超 2200 万元，比上年增长 167%。

——资金资管同业合作。

金融同业联动同业活期存款 7.31 亿元，比上年增长 73.22%；营销城商行参与投资广西分行托管基金 5 亿元，实现零的突破。票据业务推进线上智能化，直转联动比例比上年增幅 119.51%。托管业务销售托管公募基金 5.8 亿元。数字人民币同业合作破零，完成合作协议签署 1 家，达成意向合作 1 家。同业生态圈建设持续推进，拓展同业客户 27 户，完成全年目标的 168.75%。

四、风险管理

——风险管理全面性和主动性增强。

明确分支行风险合规部门履职要求，统筹规范全行风险管理履职标准。持续完善风委会机制，统一台账和模板，业务议题占比提升至 40%，议事质量有所提升。将风险政策与风险限额纳入业务部门和二级分行绩效考核，推动有效执行。建立评级更新常态督导名单制、销号制，有效评级覆盖率 99.89%。完成 12 个业务连续性应急演练，识别出 27 项重要业务、2 个信息系统、4 个外包项目存在风险隐患，业务连续性管理评估及业务影响分析进一步强化。

——信用风险管理能力。

增强授信政策引领作用，培育信贷业务集中度管理理念，贵港、梧州、北海分行船舶贷款行业集中度风险实现压降；地方政府隐性债务有序压降，“两高一剩”贷款余额平稳，房地产限额指标控制在监管红线内。风险监测预警力度持续增强，大额风险得到有效管控，全行纳入总行“三单”管理风险客户分别比上年减少 6 户 5.17 亿元。

——资产质量管控。

制定资产质量内部管理“十四项”措施，开展资产保全“固堤清淤”大行动，处置不良贷款 13.33 亿元，比上年增长 39.73%，其中清收 8.59 亿元，完成全年目标的 114.53%。

——内控合规。

开展“内控合规管理建设年”活动，推进屡查屡犯问题集中整治，自查发现屡查屡犯问题发生率 0.11%，比上年下降 0.14%；落实“案件专项治理年”行动，加强重点领域案件风险排查，推进风险经理派驻，完成 70 名风险经理选聘。加大违规问责和通报力度，警告及以上处理 141 人次，比上年增长 44%。完善消费者权益保护体系机制，开展投诉溯源分析和优化改进工作，客户投诉满意率 99.05%，比上年提升 0.81%。

——审查审批质效提升。

从强化“效率提升、质量管理、效能联动和考核评价”四个机制着手，做好业务发展支撑，受理贷款业务 3013 笔、金额 2273 亿元；优化审查审批流程，整体限时服务达标率 99.1%，比上年提升 1.11%。

——审计监督。

对标监管要求，以“第三道防线”的角度着力揭示全行重大风险隐患和违规违纪问题，审计项目 48 个，发现问题 898 个，提出审计建议 137 条。加强审计整改追踪，审计发现问题整改完成率 100%。

——疫情防控和安全生产工作。

慎终如始抓实抓细疫情防控，完成全行无禁忌人员疫苗接种，全行未发生一起聚集性疫情。以“平安邮储”建设为中心，深入开展安全生产专项整治三年行动“集中攻坚”阶段工作，强化消防安全管理，完善安防设施建设，未发生重大生产安全事故。

五、管理效能

——科技支撑。

完成统一柜面等 16 项总行统建项目推广及 36 个中间业务项目、6 个自建数据应用迁移，主动引入“国密算法”规范全流程管理，系统保障能力持续增强，无重大故障和风险事件发生。机器人流程自动化系统（RPA）、新一代数据申请管理系统等 16 个区内自建项目成功投产上线，信息化建设水平、自主研发能力明显提升。

——资负管理。

强化绩效考核导向，突出中间业务和经济资本考核，坚持资产向实体贷款倾斜，实体贷款占比 88.39%，比上年提升 1.82%；压降不可撤销贷款承诺 22.32 亿元，完成全年目标的 377%；加强利率定价指导，存贷利差 3.65%，比上年下降 9 个 BP，利差水平保持在邮储银行前 10 位。

——财务支撑。

以“促发展、提质量”为目标，出台财务激励政策，安排收入成本补贴，支持重点业务转型。建立成本全流程闭环管控机制，非人工成本降幅 4.1%，推动成本收入比再降 1.5%。

——运营管理。

作业组织改革让管理更优，试点柜员、大堂经理岗位融合，结构性充实厅堂服务营销人员；推动人工作业集约化，账户报备、年检实现机器人自动化处理。管理模式调整让职责更明，落实代理县业务库整改，完成 30 个代理县业务库管理模式调整，完成重要单证库撤库及业务库核算上收市分行。信息科技赋能让风控更实，自建涉赌涉诈防控平台搭载风险监测模型，构筑事前事中事后风险防御屏障，支撑网点堵截异常开卡及汇款风险事件 1507 起，“断卡”行动得到有效落实。

——人力资源管理。

推进领导人员任期制和契约化管理，向全行 500 多名领导干部传达政策精神。加强“领航工程”管理人才库建设，从中级人才库提任 21 人，从基层人才库提任 16 人。提升年轻干部占比，二级分行领导班子中 40 岁以下占比 17%，一级支行领导班子中 35 岁及以下占比 26%。调整人工成本配置机制，分配二级分行人均工资增幅 5.34%，薪酬绩效分配持续向基层倾斜。优化辖内岗位职级管理，全辖职级晋升 1349 人，薪档晋升 3248 人，畅通员工职业发展通道。完成区分行营业部撤销和南宁分行辖内城区一级支行升格工作。

六、党建引领

——党史学习教育。

通过“四学联动”机制，全行党员干部深入学习百年党史，贯彻习近平总书记“七一”重要讲话精神和党的十九届六中全会精神，体悟思想伟力，汲取奋进力量；组织开展“我为群众办实事”实践活动，全辖各级单位完成 164 项实事任务，推动解决基层和群众身边“急难愁盼”问题。

——党风廉政建设。

一是切实抓好巡视整改工作。接受集团公司党组巡视，“以巡视整改不落实就是对党不忠诚”的政治担当，制定 184 条整改措施，完成 126 条，整改完成率 68.48%，推动巡视整改取得阶段性成效。常态化推进巡视整改工作，全面梳理各类巡视整改台账，形成“122 项 +6 项具体问题整改分解表”，集中精力对 12 个突出问题开展专项重点整改，“四深化”“四巩固”取得初步成效。二是纵深推进全面从严治党。扎实开展巡察工作，提前一年实现巡察全覆盖；落实中央八项规定精神，开展领导人员“两费”复查及“小金库”问题等 6 个专项治理，落实形式主义官僚主义专项整治，作风建设成效得到巩固；加强对“一把手”和班子成员的监督，对辖内二级分行领导班子成员进行约谈。加大正风肃纪反腐力度，全辖纪检机构党纪立案 21 件、处分 24 人次，立案数和处分人数均创新高；运用“第一种形态”批评教育帮助和处理 246 人次，占“四种形态”的 91%。

——企业文化建设。

落实企业文化宣传贯彻六项重点举措，运用显示屏、宣传栏等播放宣传片，推动全员知晓熟悉企业文化理念。将企业文化纳入各类培训，对全区党务干部和新入行大学生员工进行专题培训，开设“企业文化大家谈”专栏，通过让员工谈学习体会、建言献策，在全辖营造互相学习企业文化的良好氛围。（邮储银行）

【中邮保险广西分公司】

一、经营发展

——经营目标。

2021 年实现总保费 11.6 亿元，完成年度目标的 122.90%，完成率排全国第 1 位，比上年增长 160.41%。其中：新单保费 8.35 亿元，完成年度目标的 137.51%；长期期交新单保费 6.62 亿元，完成年度目标的 184.29%；终身寿险保费 6.49 亿元，完成年度目标的 473.84%；实现新业务价值 1.9 亿元，完成年度目标的 265.64%。以上四项任务目标完成率均排全国第 1 位。健康险保费 967.94 万元，完成年度目标的 114.68%；个团险累计完成 283 万元；续期保费 3.25 亿元。

——市占率。

在广西银保渠道，新单保费市占率 10.46%，排全区第 5 位，比上年提升 3 位；期交新单保费市占率 16.35%，排全区第 1 位，比上年提升 4 位。在广西寿险行业，新单保费市占率 4.09%，排全区第 10 位，比上年提升 2 位。

——经营效益。

长期期交新单保费占新单总保费比重为 79.30%，排全国第 2 位，比上年提升 30%；其中终身寿险、健康险等高价值业务占长期期交新单保费比重达 99.50%，排全国第 1 位，比上年提升 46%。新业务价值完成率为 265.64%，排全国第 1 位；新单负债成本率为 4.21%，排全国第 3 位，比上年下降 15 个 BP。

——业务联动。

广西邮银保三方坚持优先发展自办保险业务，9 月底成为全国第 3 个全面达成年度目标的省份。以协同项目为抓手，将中邮健康险纳入 2021 年广西区内自主协同项目，简易险纳入 2021 年广西邮政惠农合作项目，协同邮银开展 3 项长期期交业务专项营销活动。

——渠道支撑。

采取“线上 + 线下”“专职讲师 + 兼职讲师”“专职讲师 + 第三方培训公司”等模式，对地市开展培训 1207 场，参训 1.01 万人次。

——队伍共建。

主动融入代理金融“千人兵团”理财队伍建设，重点围绕保障型产品销售技巧和资产配置能力等内容，加强对支局长（支行长）、理财经理队伍培训。充分发挥渠道内训师“排头兵”作用，扩展培训覆盖面。联合邮银举办营销精英、价值转型、专兼职讲师等专项培训班 29 批次。“大练兵大比武”培训平台综合参与率 111%。

——惠农协同。

将中邮惠农简易险纳入广西重点协同项目发展目标，完成惠农简易险保费 159.5 万元，完成年度目标的 132.9%。服务客户 7600 多名，风险保额达 60.3 亿元。

——数字化营销。

开展数字化营销转型试点工作，南宁、玉林 8 个试点网点共创建营销活动 5 个，实现保费 19.47 万元，线索客户转化规模 6.7 万元。

二、运营服务

——运营效率。

在 23 项考核和监控运营指标中，21 项优于总部管控标准。累计承保作业 6.48 万件，比上年增长 76.57%；团险新单核保问题件下发率、理赔申请支付时效比上年分别增长 33%、0.22 天；保全线上率 90.28%，提升 1.77%。

——客服水平。

累计完成新契约回访 5.52 万件，比上年增长 53.3%；犹豫期内回访成功率 100%；回访问题件占比 0.44%，排全国第 2 位。亿元保费投诉量等指标保持零投诉，连续 27 个月保持零监管转办投诉；广西保险行业综合服务监督季度考评连续两个季度获得 A 级，三、四季度在广西保险行业 21 家人身险公司考评排名中分别位列第一、第二。举办增值服务体检活动 5 场、客服季线上及线下活动共 6 场、消费者权益保护教育宣传活动 100 多场，认真开展“客户体验三年提升工程”和“窗口服务体验提升年”活动。

三、风险防控

综合履职检查覆盖 7 个地市、32 个县（区）、48 个邮银网点。着力构建协同防控体系，与邮银联合检查 6 次，将中邮保险销售和双录检查纳入代理金融综合检查内容。复用邮政检查队伍初显成效，检查网点 1368 个次，发现问题 32 个，处罚 34 人次，处罚金额 1.96 万元。举办 23 场风险合规培训，开展“内控合规管理建设年”活动和制度全面评估工作，进一步加强风险合规管控。

四、企业管理

——人力资源管理。

认真落实国企三年改革方案要求，推行领导人员任期制和契约化管理。加强干部人才队伍建设，选拔任用 5 名部门领导，引进关键业务岗位急需人才 9 人，岗位调整 16 人次。持续强化员工素质提升，人均参加内外部培训 17 场次。

——“自营 + 代管”模式。

联合邮政修订代管机构、人员考核办法，加强月度考核，代管机构整体运行情况良好。规范专岗人员选聘流程和代管人员准入退出管理。开设中邮网院“基石培训班”，共设 47 门课程，持续加强专业培训。

五、党建工作

——党的建设。

成立分公司党委、纪委。全面压实管党治党政治责任，认真落实全面从严治党主体责任清单和“一岗双责”责任清单，开展全面从严治党、发展党员等方面专项治理，扎实推进意识形态各项工作落实落地。推行党员积分管理办法，开展“五好”党支部创建活动，进一步规范基层党组织管理。

——党史学习教育。

召开读书会 64 次，制定“我为群众办实事”清单 13 项和“领题破题”课题 4 个，完成率 100%。扎实开展“三亮三比三评”主题实践活动，有效激发党员干事创业的积极性、主动性和创造性。

——党建引领。

深入开展“党建 + 健康险”“党建 + 个团险业务”“党建 + 运营客户服务”“党建 + 数字化营销”等主题实践活动，发挥党组织和党员先锋模范作用。

——巡视整改。

配合集团党组第三巡视组巡视检查，对照巡视反馈意见制定 53 项整改措施，整改完成率 100%；制定完善制度 11 项，开展巡视整改监督检查 2 次，进一步压实责任，以落实整改成效助力高质量发展。

——党风廉政建设。

持续强化对重点领域、重要事项监督，开展监督检查 32 次。筑牢党员干部廉洁自律防线，开展廉政谈话 30 人次。严格落实党风廉政建设和反腐败工作要求，开展党风廉政警示教育月“五个一”活动，警示培训 14 场次。严防“四风”反弹，及时发布廉洁提醒和典型案例通报，对业务招待、公务用车等关键环节开展专项检查。

六、社会责任

——绿色邮政。

推行线上出单、线上培训和无纸化办公，新单承保在线出单率99.92%，线上培训覆盖100%代理金融网点，人均用纸金额较2020年下降10%，“邮E联”应用率100%。开展“手植一棵树 绿化一片天”义务植树活动和绿色邮政宣传周活动。

——乡村振兴。

制定《中邮保险广西分公司服务乡村振兴战略2021—2022年行动方案》。在百色市田东县印茶镇举办了“邮爱相伴 温暖同行”公益活动，为2100名脱贫户免费赠送意外险，提供风险保障2520万元。

七、疫情防控

开展防控应急演练，保障防疫物资库存充足，员工疫苗接种率100%。持续推进“平安邮政”建设，常态化推进消防安全管理，强化重大节庆期间安全生产检查，全年未发生重大生产安全事故。（中邮保险）

海南省

【海南省邮政分公司】 2021年完成收入13.19亿元，比上年增长8.11%，增幅居全国第14位，完成集团公司下达预算100.48%，居全国第7位。利润完成集团公司任务目标。

一、企业党建

——党史学习教育有效开展。

开展庆祝建党100周年活动，党组织书记讲专题党课。开展“我看建党百年新成就”主题党日、“方寸忆党史，书信寄党情”重温红色记忆等系列活动。开展“我为群众办实事”活动，省分公司机关23个办实事项目，已完成20个；各二级单位117个办实事项目，已完成115个。开展巡回指导，实现巡回指导全覆盖。

——基层党组织战斗堡垒作用充分发挥。

开展“三亮三比三评”活动，8个基层党组织、20名党员受到属地上级党组织表彰。聚焦重点难点工作领题破题58项，完成56项；开展入党材料抄袭专项治理；表彰2020—2021年度海南邮政优秀共产党员、优秀党务工作者、先进基层党组织。

——扎实推进巡视整改。

抓好集团专项巡视整改，省分公司党委制定整改措施99项，全部按期完成整改，公开巡视整改落实情况。完成2021年巡视整改12项专项重点整改任务。对照集团党组2021年第一批巡视反馈意见，开展自查整改。

——持续推进全面从严治党。

对服务乡村振兴、常态化疫情防控、离岛免税品邮寄送达等落实情况开展专项监督。加大执纪问责力度，纪检机构立案3件，给予党纪处分4人，对3名领导人员诫勉谈话、对10名领导人员批评教育，8名领导人员作书面检查。2个县分公司党支部受到通报问责。强化政治巡察，开展2批次专项巡察，巡察覆盖率94%。

——持续整治形式主义、官僚主义。

推行首问负责制、一次告知制、限时办结制、责任追究制、首位负责制；开展“一月一事、消灭最差”活动，累计开展调研124次，帮助基层解决206个问题。基层请示件及时办结率98.33%，发文数量压降6.28%。

——竭诚服务职工群众。

慰问劳模、困难和一线职工，发放慰问金、慰问品26.6万元；切实关心非琼籍就地过年员工生活。开展“跟党走、筑梦行”健步走、“e”起学党史、“传承红色基因、建设美好邮政”等活动。召开“学习先进再出发”表彰大会，23个新建及维修改造的小家全部通过验收。

二、普遍服务

省会城市间普邮全程时限显著提升，城市《人民日报》当日见报率100%，机要通信连续26年万无一失。新开通14条边海防邮路；压减14个营投合一单人网点，实现清零；除三沙外，全部代办网点改为自办。投入778万元，完成100个网点改造。

三、业务发展

——邮政业务。

传统业务紧扣时政和市场热点，党史图书销售、报刊线上收订、新邮线上预订等取得较好成效，实现业务收入1.11亿元。农村电商线上线下融合发展。推进线上渠道运营，邮乐小店分享人次比上年增长585%，开展平台直播带货活动21场。推进线下渠道转型，开辟“邮政＋合作社”模式，试行“网点＋邮乐购＋便民站”模式，在107个报刊亭叠加批销业务。推进农资下乡、农产品进城，销售化肥2641吨、比上年增长47.5%，基地农产品销售额806万元。惠农合作项目落地见效，走访农民合作社1.57

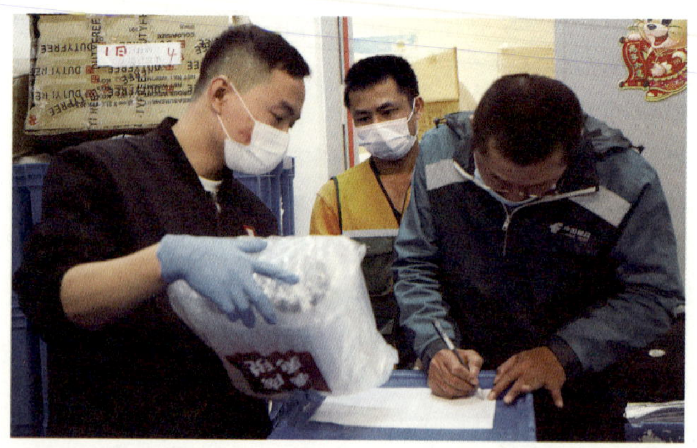

2月2日起，海南离岛旅客免税购物提货增加“邮寄送达”方式。邮政为确保免税品快速、安全寄达客户，在全国开辟“绿色通道”，优先处理相关邮件，地市以上城市保证72小时内送达（《中国邮政报》）

万户、走访率100%，融资E放款1.1亿元。集团六大重点协同项目收入1.1亿元。扩大协同发展“朋友圈”，与省农业农村厅、海南移动、春光食品、中化海南公司等12个重点客户签署战略合作协议。网点转型成效明显，叠加税邮合作、政务服务、异业零售、社区团购等项目，完成289个网点转型。积极服务首届消博会，参展2021年冬交会，发行纪念封，开设临时邮局提供服务，展现邮政“四流合一”优势及助力乡村振兴成果。

——寄递业务。

业务收入完成2.31亿元，增长33.4%，增幅居全国第3位。寄递业务市占率提升0.77%。持续开发“不见面审批”以及交管、税务、身份证等政务项目，收入2567万元，增长41.7%，居全国第5位。创新邮寄商事主体联系函，组织核查商事主体32万户，收入533万元。抢抓离岛免税品邮寄新政机遇，成为离岛免税品唯一邮寄渠道，收寄免税品邮件122万件、收入3048万元。特快业务收入增长92.4%，增幅居全国第1位。服务海南自贸港建设，开通海南快递业第一条全货机运输正班航线“海口—南京”邮航航线，新增45个“次日递”城市；推进海口航空邮件快件运营监管中心项目建设，协议征地125亩，先期通过竞拍获得56亩地块使用权，积极参与全岛封关运作准备工作。

——金融业务。

强化AUM为王理念，财富业务收入增长49%，居全国第5位。实施“一点接入，综合营销”模式，月点均组织进村社活动3.7场，移动展业台均交易居全国第1位。开立数币个人钱包232万户，集团计划完成率537%，居全国第3位。代理金融收入8.87亿元，增长6.32%。

四、企业管理

——基本管理。

财务管理进一步强化。推进零基预算改革，推行寄递网点预算改革，强化战略绩效考核。持续推进寄递降本增效，收寄、处理、运输、投递和管理支撑五大环节单位成本比上年分别压降11%、13%、17%、22%、33%，综合排名全国第3位。新增盘活房产面积1.48万平方米，年租金收入增加291万元；开展“小金库”和个人账户归集资金专项治理；压降各类业务欠款2268万元。

督办、监督工作得到加强。加强重点工作督办，督促各牵头部门制定端到端的工作流程，办结率达93.6%。完成海口等9个单位领导人员经济责任审计，工程审计审减率8.6%，节约预算资金678万元。集采节省预算资金1718万元，公开采购率91.2%。

——能力建设。

寄递“五大改革”取得明显成效。完成海口邮区中心改革，压减部门3个、生产班组8个、各类人员112人，件均处理成本压降0.07元，比上年下降13.7%。完成两集中改革，新建三亚、万宁处理中心，新购10台顶扫设备，人均处理效率859件。推进陆运网改革，海口邮区中心重点乡镇直封格口新增8个，组开海口—陵水英州重点乡镇邮路。推进运输改革，开通长春、郑州火车以及廊坊汽车直达邮路，单位陆运成本0.87元。推进揽投网改革，在海口、万宁推行承包制，新增63个自提点，快包自提率51%，超过集团公司目标16%。

有效创新过程管控模式。推行网运路长制，强化关键人关键指标考核，12月特快、快包省内互寄达成率均居全国第1位。推行金融督训长制，为VIP提供资产配置报告12925份，居全国第3位。推行服务质量管控长制，实现投递部匹配准确率97.0%、揽投部电话准确率99.2%。

科技支撑作用进一步彰显。信息网省中心“零”中断运行，运维考核全国排名第一。自主开发免税品邮寄小程序、商事主体巡检系统、身份证寄递系统三码合一支付等系统应用，有力支撑业务发展。

——人力资源管理。

提前完成任期制和契约化管理改革。全面实施任期制和契约化管理改革，对全省四级领导人员采用竞聘上岗，对三级领导人员采取组织认定方式，统一聘任了全部领导人员并已完成契约化签约工作，提前半年完成集团公司部署的任期制和契约化管理改革任务。

员工培训有新成效。分层分类培训83期，参培1921人次。技能等级认定3批次，317人通过认定考核，员工持证率86.42%。新增AFP资格证书持证员工30名，理财产品销售证书持证员工45名。

五、社会责任

——抗击疫情。

落实常态化疫情防控工作，总体接种率95.99%，应接尽接率100%。

——服务乡村振兴战略。

全省邮政16个单位投入88万元，对20个村543户脱贫户2343人进行帮扶，进一步巩固脱贫攻坚成果。联合中化海南公司在乐东抱伦打造中国邮政首家惠农服务中心，发放涉农贷款1900万元。完成8个重点建设示范市县网络体系优化。与8家快递企业开展邮快合作，覆盖1843个建制村，代投邮件278万件。与海汽集团等企业开展交邮合作，在7个市县利用14条公交线路运邮，日均1505件。

——绿色邮政。

服务“双碳”战略，实施“2582工程”，免胶带箱集采占比35.5%，投入使用1.3万个循环箱。

——风险防控。

开展代理金融“内控合规管理建设年”活动、安全生产三年专项整治活动，代理金融风控合理管理KPI考

核全国排名第1位，实现“五不发生”和平安邮政目标。（海南省邮政分公司）

【邮储银行海南省分行】

一、经营发展概况

——经营业绩。

2021年实现收入14.68亿元；净利润3.74亿元，利润规模居省内国有大行第3位。点均创收1835万元，人均创收83万元。

——发展规模。

资产规模807.22亿元，比上年增长5.50%，年净增42.11亿元。信贷资产367.75亿元，比上年增长8.80%，净增29.74亿元，新增规模在省内国有大行中居第5位。存款余额732.52亿元，比上年增长4.17%，净增29.35亿元。

——资产质量。

资产清收、核销、证券化不良贷款3亿元，不良贷款率下降2.77%，下降幅度居邮储系统内第1位。

二、落实中央决策部署

——服务自贸港乡村振兴。

一是全面开展普惠金融服务。落实金融科技赋能乡村振兴示范工程，涉农贷款余额86.16亿元，净增7.3亿元，其中普惠涉农贷款余额46.02亿元，净增6.8亿元，在省内国有大行中居第1位。二是创新“信用村”建设新模式。通过“党建＋信用村＋兵支书”的模式，建成“信用村”1011个，信用户2.65万户，整村批量开发、批量受理和批量放款2.54万笔，28.89亿元。三是银担合作支持“三农”经营客户。依托省就业局、省农业信贷担保公司等平台，有效解决“三农”客户的担保难问题，累计放款28.07亿元，余额8.22亿元。

——支持中小微企业。

普惠小微贷款全年放款6841户，放款金额44.59亿元，结余户数11554户，余额64.38亿元，在省内国有大行排名第2位。

——绿色金融。

绿色贷款结余3.46亿元，增幅88.07%；绿色融资结余6.68亿元，增幅58.64%，提前超额完成总行考核目标。

——疫情防控和安全生产工作。

防范化解金融风险，通过开展“春雷”“秋收”“年末攻坚”等专项清收活动，清收不良资产本息1.88亿元。慎终如始抓好疫情防控，督促员工疫苗应接尽接，疫苗接种及时率居邮储银行第2位。

——加大对海南自贸港支持力度。

成立专门服务团队，营销覆盖全省11个重点园区，为海南洋浦经济开发区优质制造业龙头企业逸盛石化、金海浆及三亚中央商务区安居房项目发放贷款6.72亿元，为龙湖海口时代天街、华能海南昌江核电二期、大唐万宁天然气发电、大唐海口清洁能源发电等自贸港重点项目发放贷款11.88亿元。

三、业务转型发展

——零售金融。

自营个人存款余额180.74亿元，增长8.8亿元；活期占比60.79%，邮储系统内居第1位；信用卡新户新增47583户，比上年增长65.64%，结存卡量24.29万张；代理保险新单保费2.5亿元，比上年增幅110%，收入比上年增幅127%；电子支付收入累计2753.6万元，完成率邮储系统内居第4位；数字人民币个人钱包开立282.8万户，对公钱包开立8302户，场景建设14488个；小额贷款余额80.23亿元，发放70.64亿元，增幅22.26%，个人经营性贷款市场占有率11.39%，邮储系统内居第1位，消费贷款余额165.19亿元，发放45.03亿元，比上年增长7.46%；小企业金融加快推进线上化业务发展，贷款余额18.55亿元，线上小微易贷发放8897.94万元，比上年增长247%。

——公司金融。

紧盯农村集体经济组织、“三医”客群，扩大公司客户基数。公司存量客户17069户，增长7568户；机构存量客户5688户，增长3784户；公司存款时点余额79.24亿元。公司信贷抓项目、抢投放、调结构，贷款余额84.61亿元；交易银行业务全面开花，保函、保理、国际结算、敞口银行承兑汇票等多项业务实现突破，表内外放款总额14.95亿元，现金管理产品账户数增幅3143.48%。

——资金资管。

金融同业抓资管托管，开展140.63亿元的质押式逆回购业务，超额完成托管规模增量计划，完成收入1810.26万元，超计划收入120.68%。

四、风险管理升级

——完善全面风险管理体系。

将“横向到边、纵向到底”的全面风险内控体系落到实处，建立“横向＋纵向”派驻的履职队伍支撑体系。按照“保密提升年”的要求，落实保密管理工作、涉密人员管理、信息网络建设等重点保密工作。未发生泄密事件。

——提高法律合规内控水平。

落实“内控合规管理建设年”活动，强化案防责任，深入开展员工行为规范教育及合规检查活动，开展合规检查388项，发现问题1880个，整改率100%；组织内部员工取得公司律师资格，打造行内律师团队；健全消保和反洗钱管理机制，是“金融消费者权益保护”全省唯一A+单位。

——提高信用审批管理水平。

优化审批模式，实现法人客户授信业务集中审批，促进审批高效运行；细化业务授信风险点及策略，结合典型问题，有效指引授信业务开展，提高风控技能。审议 643 笔 147.52 亿元。

——完善运营风险管理体系。

持续推进区域现金中心建设，全省撤销 10 个业务库，实现海口、琼海、三亚区域现金运营集约化管理；压实账户管理主体责任，开展涉案账户倒查、个人异常账户清理等工作，建立账户分级分类管理及涉赌涉诈考核机制。

五、管理效能提升

——财务管理。

加强预算执行监测，建立科学绩效考核体系，出台 32 项重点业务激励政策；提高固定资产利用率，制定“一房一策”盘活方案，梳理闲置资产；强化资产负债管理工作，优化资产负债结构，坚持价值导向，降低资本耗能。

——人力资源管理。

启动领导人员任期制和契约化管理改革；持续推进“领航工程”管理人才库建设，完成第一批中级、基层 5 个子库入库工作；强化干部队伍建设，提拔任用领导人员 5 人，调整省管干部 26 人次；持续优化岗位管理机制，细化辖内分支机构岗位职责，夯实机构及岗位管理基础；完善工资总额配置机制，优化薪酬绩效办法，建立综合营销考核机制。

——工程建设、采购管理。

高效推进营运用房、网点装修改造，完成 6 个营运用房和 18 个网点装修改造，完成 50 个网点和 14 个离行自助银行室外标识的更换工作。建立常态化采购工作考核机制，开展采购问题专项治理，采购集中度、公开性、规范性持续提高。完成集中采购项目 92 项，公开采购率 94.26%。

——金融科技赋能。

“智慧项目”深入拓展，海胶 2C 智慧平台、C2C 同行在线支付转账、车贷线上审批项目落地。开通智慧橡胶线上缴费、三亚农业农村“三资”监管平台、五指山物业管理系统等 19 个上门服务项目。自主研发的新国库集中支付业务、医保局电子支付结算、保亭水费、乐东博康医院项目和非税项目等纷纷落地。

六、党建引领

——从严管党治行。

深入学习贯彻落实习近平总书记在建党 100 周年时“七一”重要讲话精神、党的十九大和十九届历次全会精神，盯紧从严治党责任清单 20 项任务的落实，对考核为“一般”的五家支部书记约谈提醒。接受集团巡视，反馈整改任务完成率 92%，专项重点问题整改、常态化全面整改、“未巡先改”等工作有效推进。

——党史学习教育。

在党史学习教育领导小组的带领下，开展纪念建党百年活动 50 场，采取读书会、线上教育、党课辅导、专家解读等多种形式，强化党员干部学习。完成 56 个“我为群众办实事”活动项目和 50 项党支部“领题破题”任务，扎实推进“我为群众办实事”活动。

——巡视整改和巡察工作。

对 6 家分支行和 22 个机关党支部开展巡察工作，提前一年实现巡察全覆盖。统筹推进巡视整改工作，整改率 92%；做好巡视整改监督工作，重点监督推进 7 项重点专项治理工作的开展，取得明显成效。

——党风廉政建设。

贯彻落实中央八项规定精神，深化纠治“四风”，对公务用车、办公用房、零售信贷等重点领域严加监督检查，加大形式主义、官僚主义整治力度，一体推进不敢腐、不能腐、不想腐。（邮储银行）

重 庆 市

【重庆市邮政分公司】 2021 年完成收入 73.38 亿元（含寄递事业部），列全国第 13 位；完成集团公司收入预算的 102.42%，列全国第 5 位；比上年增幅 10.81%，列全国第 7 位；实现利润 6.51 亿元，列全国第 7 位；收入利润率、净资产收益率、全员劳产率等指标排名全国前列。无重大安全生产事故发生。

一、企业党建

——全面压实管党治党责任。

扎实开展党史学习教育，全年组织 8 次党委理论学习中心组学习，开展 4 期专题读书班。学习贯彻党的十九届六中全会精神，开展庆祝建党 100 周年系列教育宣传活动，深入开展意识形态工作责任制专项督查，持续推动巡视巡察整改。

——全面加强领导干部队伍建设。

严格按照国有企业领导人员“20 字”标准，选拔调整市分公司党委管理和审批核准的领导人员 101 人（其中提任 51 人），扎实推进领导人员任期制和契约化管理。加大干部适应性调整和结构性调整力度，公开竞聘选拔使用优秀年轻领导人员 29 人（其中三级副 7 人）。

——干事创业氛围日渐浓厚。

开展“跨赛＋双创”常态化劳动竞赛，组织“五一”“七一”先进表彰（表彰先进集体 115 个、先进个人 235 人）。51 名邮政干部员工当选为全市各区县新一届“两代表一委员”，创造了人数最多、区县全覆盖的新纪录。全年投入资金 2500 万元，为员工办理好事实事 10 项。

——扎实推进党风廉政和反腐败工作。

建立年度工作任务责任清单 61 条，重点查办 18 起违规违纪和违法问题案件，推动各级党组织开展纪律教育和警示教育460余次。开展“以案四改”推动基层单位查找并整改廉洁风险点22个，督促完善制度14项。对市级部门（单位）等18个党组织开展两批巡察工作，提前一年完成内部巡察全覆盖。

二、普遍服务

普遍服务19项重点指标全部达标，全市未发生触碰“两条红线”情况。普服邮件全程时限缩短至2.07天、建制村投递频次达标率100%。巡视专用信箱邮件寄递服务工作受到中央第七巡视组等的书面表扬。机要通信连续29年质量全红。

三、业务发展

——邮政业务。

文传业务完成预算口径收入4.88亿元，列全国第15位；比上年增幅5.43%，列全国第3位；完成集团公司预算的101.14%，列全国第2位。其中函件业务收入1.27亿元、集邮业务收入1.61亿元、报刊发行收入1.97亿元、文创业务收入272万元。渠道业务完成预算口径收入5.48亿元，列全国第9位；比上年增幅3.47%，列全国第18位；完成集团公司预算的100.68%，列全国第18位。1607个网点完成转型，转型覆盖率90.28%。建成369个政务服务厅，提供代办442项政务服务；504个网点开通警邮服务，月均开办率80%；1672个网点叠加代征税业务，代征税额7.15亿元。完成自营批销交易额2.48亿元，线上营销业绩2.03亿元。

——寄递业务。

寄递业务完成预算口径收入16.89亿元，列全国第14位，占总收入比重23.02%；完成集团公司预算的100.82%，高于全国平均进度14.76%，列全国第9位；比上年增幅19.31%，高于全国平均增幅19.45%，列全国第6位。其中特快业务收入3.86亿元、快包业务收入3.72亿元、国际业务收入3.84亿元、物流业务收入5.29亿元。

重庆市奉节县分公司寄递事业部的揽收人员上门帮助种植户采摘脐橙并现场组织收寄（《中国邮政报》）

寄递改革发展成效明显。开通重庆—南京直达邮航航线和重庆—成都、重庆—贵阳高铁运邮路线；区域内邮件实现当日递、重庆全域邮件实现次日递；全年时限体系37项可对标数据中，35项优于全国均值。顺利完成邮区中心改革，建成黔江分拨集散中心，建成“邮快超市”3451个。

——金融业务。

代理金融业务完成收入45.27亿元，列全国第10位，占总收入比重61.69%；比上年增长10.01%，列全国第14位；完成集团公司预算的103.82%，列全国第14位。全年新增余额突破300亿元。网点系统化转型覆盖率100%，复制推广“巴南样板”网点144个、打造核心网点100个。推进“微商圈”建设，新增收单商户20.44万户，净增月日均资产41.63亿元。

——交流合作。

集团公司“六大”重点协同项目19项重点指标全面达标，实现收入8.75亿元。全市新签约战略客户9家，总部客户贡献业务收入3.86亿元，比上年增幅24.06%。落实《快递进村三年行动方案》，协同市邮政管理局、交通局等相关部门和当地政府，全面展开邮快合作、交邮合作。服务“一带一路”建设，渝新欧铁路运邮项目共收寄出口国际邮件413.5万件，海外仓项目头程累计发货3181.4吨。融入“成渝经济圈”发展，完成《川渝邮政融入成渝地区双城经济圈合作协议》签订，分解落实目标任务。

四、企业管理

——基础管理。

财务管理水平稳步提升。持续优化全面预算管理体系，以价值为导向配置企业资源，提高资金资产运营效率，持续深化寄递业务“降本增效”。

企业管理制度不断健全。集中采购规模比上年增幅24.23%，节约资金4286.26万元。开展审计项目782项，为企业增收节支4819万元，促进整章建制20项。

——能力建设。

运营管控能力不断提升。坚持并完善“日管控、周分析、月考核”运营机制，常态化开展公司领导轮值、综合调研、专题调研和督导调研，推动企业高效运转。

基础能力建设持续推进。全年投入能力建设资金5.44亿元。实施重点工程项目22个、网点整修项目163个、系统化转型改造项目361个；完成回兴、空港处理场地工艺优化改造15处；完成重庆邮政信息网省中心机房工程建设，建成南坪西路智慧网点。

业技融合优势逐步显现。开展专项数据分析项目14个。加大CRM和个人财富管理系统运用，结存有效客户1422万户、新增VIP客户总资产392.54亿元、新增财富客户总资产95.66亿元。

——人力资源管理。

人才队伍建设持续优化。社会招聘录用 921 人、校园招聘录用 42 人。投入培训费用 2790 万元，举办各类培训班 144 个，培训学员 7.9 万人次。

人力资源配置效能提升。持续完善机构编制，调增专业序列 87 人、操作序列 260 人。推动去行政化管理，完成信息中心、邮区中心等机构更名。配足配强代理金融客户经理 1378 人，代理金融劳务用工占比压降 9%。

——企业文化和精神文明建设。

召开先进模范表彰会，首次评选表彰重庆邮政“最美奋斗者”，南岸区长生桥邮政所和市寄递事业部中欧班列国际铁路运邮项目经理勾美仑获得此荣誉称号。

——安全生产。

扎实推进安全生产专项整治三年行动，修订完善消防安全、安全检查等八项制度。开展安全“写实画像”排查风险隐患 460 个，整改完成 452 项。

五、社会责任

——服务乡村振兴战略。

成立“惠农专班”，邮银协同推动服务乡村振兴，各区县实现与当地农业农村委、商务委、交委签约全覆盖。全年为 7654 家活跃农民合作社提供 2 项以上邮政服务，列全国第 1 位；成功申报人民银行金融科技赋能乡村振兴示范工程项目和农业农村部“互联网 +”农产品出村进城工程试点；选派“第一书记”开展定向帮扶，落实乡村振兴消费帮扶 289.39 万元、捐款 30 万元。新增投入 3558 万元，强化乡村综合物流服务。畅通“线上 + 线下”销售渠道，实现农产品出村进城销售额 2.45 亿元；建成全国农产品示范基地 5 个，实现销售额 3664.5 万元；打造万单大单品 42 款，6 期“渝货有礼”活动共实现销售额 1058.86 万元；33 个涉农区县建设 2 万亩“示范田”，“邮政 + 合作社”实现销售额 1400 万元。

——绿色邮政。

广泛开展“绿色宣传”，推动“绿色包装”“绿色运输”“绿色金融”三大工程落实落地。（重庆市邮政分公司）

【邮储银行重庆市分行】

一、经营发展概况

——经营业绩。

2021 年实现自营业务收入 40.2 亿元，增长 13.79%；实现利润总额 17.2 亿元，增长 58.43%；经济增加值 4.47 亿元，经济资本回报率 15.55%，成本收入比 44.83%。

——发展规模。

总资产 4024 亿元，增长 11.9%，资产规模在重庆国有大行中居第 4 位；各项存款余额 3758 亿元，增长 11.38%，新增存款 384 亿元；各项贷款余额 1125 亿元，增长 17.43%，新增贷款 167 亿元；存贷比 29.94%。

——资产质量。

贷款不良率 0.93%，下降 0.31%，不良率低于重庆银行业平均水平。拨备覆盖率 246.22%，比上年上升 46.36%，高于当地商业银行平均水平 5.12%。

二、落实中央决策部署

——支持乡村振兴。

加大涉农贷款投放力度，涉农贷款结余 299.52 亿元，比上年增长 38.02 亿元，完成监管计划的 292.47%，增幅 14.54%，涉农贷款余额占各项贷款余额的比重 26.62%，占比居重庆市国有大行首位。高度重视脱贫地区和乡村振兴重点帮扶区县金融服务工作，14 个脱贫区县贷款余额 201.41 亿元，比上年增长 30.43 亿元；4 个国家级重点帮扶县各项贷款增速 19.36%，高于分行各项贷款增速 2.94%。

——支持中小微企业发展。

中小企业贷款余额 233.51 亿元，比上年新增贷款 36.15 亿元。其中普惠型小微企业贷款余额 188.75 亿元，净增 33.52 亿元，完成监管考核目标 104.75%；普惠型小微贷款比上年增速 21.60%，高于各项贷款增速 3.4%；普惠型小微贷款户数 29798 户，比上年增加 865 户；发放的普惠型小微企业贷款平均利率 5.18%，比上年再下降 20 个 BP。

——落实碳达峰碳中和战略。

绿色贷款余额 37.45 亿元，比上年增加 13.65 亿元，增速 57.37%，占分行各项贷款余额的 3.49%，比上年提高 1.49%，其中清洁能源产业贷款 7.53 亿元，比上年增加 2.25 亿元，增速 42.61%。两项指标分别高于分行各项贷款增速 42.39% 和 27.7%，实现人民银行“两个不低于”指导目标。绿色融资余额 34.82 亿元，比上年增加 15.27 亿元，增速 78.11%。

——服务国家区域发展战略。

支持成渝地区双城经济圈建设，加强政策对接和项目对接，制定行动计划方案和具体工作清单，联合四川省分行向总行申请出台了差异化授信政策、信贷额度、产品创新等 16 个专项政策支持和重点资源倾斜。支持西部金融中心、国家数字经济创新发展试验区、国家新一代人工智能创新发展试验区等重庆重大战略和重点工程。

——支持供给侧结构性改革。

持续加大基础设施、重点项目、重点企业等重点领域资金支持，为重庆高速公路、轨道交通、高铁等重点项目提供资金 100 多亿元。支持“一带一路”区域重点企业的发展，包括四联仪器、重庆机场等企业发放贷款，结余近 6 亿元。

三、业务转型发展

——零售金融。

零售金融板块实现业务收入 29.12 亿元，占全行收入 72.45%。条线收入占邮储银行全行比重变化方面，消费金融增加 0.12%，三农金融增加 0.09%，个人金融增加 0.08%；个人客户 AUM 比上年增加 67.30 亿元；个人理财保有量新增 5.67 亿元，居邮储银行 12 位；代理保险手续费 9494 万元，居邮储银行 15 位；新增有效收单商户 8679 户。

——公司金融。

公司金融板块实现业务收入 10.31 亿元，比上年增长 5.01%。条线收入占邮储银行全行比重方面，小企业金融增加 0.10%；新增重点业务量方面，公司存款年日均余额 140 亿元，净增 18.11 亿元。公司金融和小企业金融队伍得到有效补充。交易银行业务重点指标实现增长，福费廷业务余额 31.7 亿元，净增 31%；完成首笔境外债投资，金额 600 万美元；跨境结算业务量 1.12 亿美元，完成全年计划目标的 124%。

——资金资管。

实现同业存单业务新增落地 181 亿元，新增规模排名居邮储银行前三。票据交易量比上年增长额创新高，系统外交易量比上年增长 27%。线上贴现产品邮 e 贴成功上线，直贴业务收入 1254 万元，增长 140.57%。托管业务营销规模、收入双向增长，规模 910.08 亿元，净增 276.62 亿元，居邮储银行第 4 位；收入 9161 万元，剔除中间业务奖励比上年增长 8.41%。托管业务运营规模超 2400 亿元，比上年增幅 36%。

四、风险管理升级

——实施资本管理高级方法。

加强资本管理高级方法学习宣传贯彻，做好资本管理高级方法应用落地，深化零售和非零售内部评级成果应用，使用内评结果进行风险监控、预判、分析、报告。

——推进智能风控。

持续加强金睛系统、金盾系统、企业预警通等内外部风险监控系统的应用，丰富预警渠道及工具，对风险做到早发现、早预警、早防控、早处置。全面推行不动产抵押登记及解押全线上办理，实现从人防到技防的转变。自行申报业务中线上办理占比 99.24%，其中线上抵押占比 99.32%，线上抵押权注销占比 99.22%。

——信用风险管理。

制度建设方面，对担保管理、作业监督、经营主责任人、征信管理、放款审核管理等制度进行进一步完善和细化，不断提高制度有效性和适用性。审批授权管理方面，优化审批授权评价体系，确保审批授权责、权、能相匹配。考核评价方面，应用授信管理评价、信用审批评价等工具，提升信用风险管控成效。

——内控合规管理。

开展内控提质增效活动和“内控合规管理建设年”活动，推进一级支行风险经理、二级支行营业主管派驻管理。针对风险合规管理重点领域和薄弱环节，加大监督检查力度，扎实开展案件风险排查。加大违规整改和问责力度，外部检查发现问题整改率 96.26%，经济问责 5484 人次，问责金额 247.36 万元，纪律处分 201 人次。

——内部审计工作。

完成各类审计项目 25 个；完成业务信息系统专项审计调查及重庆分行网络安全保障工作核查项目。审计各级机构 52 个次，审计金额 244.56 亿元，发现问题 511 个，问题金额 84.16 亿元，提出审计建议 80 条。

——疫情防控和安全生产工作。

制定《中国邮政储蓄银行重庆分行机关疫情防控工作预案》，组织开展专项培训和应急演练。高度重视疫苗接种工作，多次安排组织员工统一接种，落实一线员工应接实接率 100%。深入开展“平安邮储”单位创建活动，安全生产提质升级，获评第七轮银行业金融机构安全评估优秀单位。

五、管理效能提升

——体制机制优化。

推行重点业务营销积分制度，实施“千人营销人才计划”，评选“百佳营销能手”。参与“千人营销人才计划”评比人数 3847 人，员工参与度 90.16%。

——信息科技建设。

15 个自建项目投产上线，数量比上年增长 66%。农民工工资代发管理系统被总行选做优秀项目；数据治理和数据应用获得监管部门和总行积极评价。

——资产负债管理。

主动适应信贷额度紧张新常态，统筹规划、优化配置全行信贷资源，以资本约束为前提，坚持效益导向，向资本回报水平高的条线、业务加大倾斜配备力度，推动贷款规模稳定增长，持续优化业务结构。提升计划管理前瞻性与灵活性，视总行分配规模余缺灵活动态调配信贷资源，加强条线、分支机构联动，坚持零售战略导向，做大实体贷款规模，发挥票据福费廷资源调节器作用。

——财务管理。

提高财务核算的及时性和准确性，审核账务 4.48 万笔，平均审核时长控制在 3.04 天内，比上年进一步缩短。清理往来款，清理三年以上应收账款 679.52 万元，三年以上应付账款全部清理完毕。

——运营管理。

自营网点柜面可分流离柜率 93%，移动展业活跃率比上年提升 35.12%。治理个人客户身份信息，整改完成率 100%。实施小微企业简易开户程序，受到小微企业客户好评。获得重庆市支付领域“支付反诈反赌十佳单位”。建党 100 周年及冬奥会纪念币发行量排重庆地区第 1 位。

——人力资源管理。

启动公司金融营销体系和零售金融营销体系建设，

全行增加销售类人员184人，销售类人员占比提高到26.46%。岗位资格认证持证率90%。持续完善各项绩效管理制度，构成全行绩效管理有机体系。

六、党建引领

——党史学习教育。

紧扣“学党史、悟思想、办实事、开新局”，通过学习研讨、辅导宣讲、每周读书会、专题培训、红色教育等多种方式，推动党史学习教育有效开展。组织“我为群众办实事”，帮扶基层解决“急难愁盼”问题，完成项目123个。

——党风廉政建设。

扛牢巡视整改政治责任，统筹开展四类整改“回头看”及122项“三性”问题自查整改，10个突出问题专项重点整改、集团公司巡视重庆市分行的整改措施完成率均100%。对21个党组织开展巡察，实现辖内巡察全覆盖。严格落实中央八项规定精神，开展疫情防控、乡村振兴、“两费”复查等监督检查及警示教育，持续整治形式主义官僚主义突出问题。

——企业文化建设。

以邮储银行企业文化理念、邮储人10项共识为重点，通过开展主题宣传、制作宣传视频等方式推动学习宣传贯彻，员工对企业文化的认同感明显增强。（邮储银行）

【中邮保险重庆市分公司】

一、经营发展

2021年实现总保费36.77亿元，比上年增长14.27%。其中，实现新单保费16.83亿元，比上年增长4.4%（长期期交8.73亿元，比上年增长29.36%；其中，终身寿、健康险保费7.86亿元、2425万元，比上年增长77.67倍、9.29倍，全国分列第12位、第2位）；实现续期保费19.8亿元，比上年增长76%。规模保费分列地方寿险市场、银保市场第7位和第3位；健康险银保市场份额达到52.63%，排名第1位，比上年提升46.17%和5个位次。新业务价值比上年增长2.36倍，投价比比上年增长1.74倍，标保价值率62.7%，全国排名第3位。

支撑能力。协同发展不断深化，充分发挥省级协同委员会作用，确保发展目标和重点工作落实落地；强化经营联动，将重点业务纳入邮银战略绩效考核办法和“开门红”“双创”“跨赛”方案，联合开展5次专项营销活动，实现中邮保险部署优先、发展优先、考评优先。专业支撑更加精准，研发销售工具，制作覆盖销售各环节、全流程的健康险工具包、6个培训公共课件。制定销售指引，指导并支撑基层机构针对不同客群、不同场景，差异化开展营销活动和常态销售，推动渠道健康险销售能力稳步提升。

数字化营销。探索打造“数字化+场景化”营销新模式。培训质效持续提升，建立“线上+线下、集中+辅导、自主+机构”“六位一体”培训模式，分层分级开展提能培训，实现培训课程体系化、需求精准化、对象全覆盖；扎实推进练兵比武，综合参训率达97.9%，研发微课程438个；提升支撑广度深度，累计线下送培347场，网点辅导1590次。

二、运营服务

运营水平。上线“运营大数据综合管理平台”，搭建“健康险承保小助手”，完善“健康险百问百答”知识库，建立质量问题回溯机制，23项运营服务指标全部达到或超过系统内平均值，其中15项指标进入全国前五，9项指标名列全国第1位。

续期管控。对照“续期四大关键指标库”，分机构和产品重点管控高价值产品，建立战报督导模型，主要价值产品13个月和25个月继续率均进入优势库。

客服水平。创新客户服务方式，首次启动“名家直播馆”线上直播，覆盖人群近3000人，体现温度服务，综合回访成功率99.96%，问题件占比0.86%，亿元保费投诉件数0.110件/亿元，未发生任何风险事件或重大服务纠纷。

三、企业管理

初步搭建“1+N”绩效体系。健全绩效管理、综合考评专项奖励制度体系，明确前—中—后台分类考核，细化全员分层考核，落实“四个到人”要求；建立创新创优激励机制，鼓励全员聚焦超产增效、管理创新、流程优化、急难险重任务等群策群力，累计实施项目18个并全部实现创收创效。模式深化持续深入，推动考核及荣誉体系建立，出台代管机构及人员考核办法，制定年度劳动竞赛方案，协同开展区县专岗劳动竞赛，提高履职质效；加强专岗队伍能力提升，举办培训7场，覆盖685人。

四、风险防控

合规管理扎实有效，推进整治重大信息虚假问题、“内控合规管理建设年”等专项行动，全面强化合规管理及销售行为管控；严格履行反洗钱义务，全年客户身份识别95227个，甄别118笔异常交易。按季解读监管政策，联动邮银开展合规答题4152人次，提升全员、全渠道知法守规意识。重点风险防控有力，开展市场乱象专项整治，发现问题6个，整改完成率100%；开展操作风险控制自评估，198项风险点剩余风险均处于绿色区间；累计立改废制度44项，纵深健全风险防控机制。

五、党建工作

党的领导全面加强，严格落实管党治党责任，明确16项重点工作，统筹推进党的六大建设；严格落实意识形态责任制，牢牢把握党对意识形态领导权；夯实基层组织建设，规范开展支部换届选举，规范发展党员。党史学习教育走深走实，将党史学习教育和学习贯彻习近平总书记重要讲话精神、“七一”重要讲话精神、党的十九届六中全会精神作为重要政治任务抓实抓好，累计组织学习43次；推动实施“我为群众办实事”12项，落实完成支部“领题破题”3项；以“三亮三比三评”为抓手，弘扬伟大建党精神推动攻坚克难、提质增效。党风廉政建设持续深化，压实“两个责任”，坚决纠治“四风”。深入推进和谐企业建设，持续开展员工亲情关怀，慰问552人次。

六、社会责任

巩固脱贫攻坚成果与乡村振兴有效衔接，为5396人次提供风险保额1.08亿元，开展公益帮扶1场，扶贫理赔案例获评重庆保险业2020年度十大典型理赔案例。落实绿色邮政建设要求，在线出单率、保全线上化率、理赔线上化率、在线培训率指标全面达标。统筹内外安全管理，安全、信访、舆情有效管控。

七、疫情防控

抓实常态化疫情防控，未发生或发现疑似或确诊病例。（中邮保险）

【中邮证券重庆市分公司】

一、经营发展

——完成筹建工作并开业。

按照验收要求，完成场地装修装饰、设备配备、组织机构、制度建设、员工队伍建设、业务管理、业务全系统权限分配设置与申请等。完成证照办理于6月18日取得营业执照，7月13日取得经营证券期货业务许可证，7月28日取得金融机构编码。9月29日正式开业运行。

——开展同业交流。

组织开展机构走访“比学赶帮超”活动，员工走访126次，走访单位百余家，组织对主城进行网点调研，参加邮政金融网点大型客联产说会，参与基金类、保险类产品联销活动，宣传中邮证券品牌形象及业务介绍。

——客户储备与引流。

组织员工做好开业前客户储备工作，储备有效户154户，储备资产1040万元。开业后，组织员工跟进储备客户进行转化引流。截至12月31日，分公司开户数186户（其中机构户1个），总资产1800万元。

——开拓机构客户。

从资产规模、客户类别、三方存管客户规模等方面对客户开展全面分析，并对部分上市企业及各平台公司做好机构客户尽调与储备工作。与重庆四方新材股份有限公司和风向标企业管理咨询公司订战略合作协议，与马上消费金融签订9亿元金融债项目合同，与渝隆企业合作的7亿元发债项目已经立项。

——协同工作。

按照“自营+协同”发展模式的战略要求，与市邮政分公司研究制定协同方案，推动展业工作。积极主动同邮储银行沟通衔接，制订活动计划，打造示范网点，实现优势互补，为推动第三方存管业务发展打下扎实基础。

二、风险防控

按要求报送合规资料，对新入职员工开展员工入职合规审查，组织制定合规风控相关制度，按要求开展合规检查、合规审查、合规咨询等方面工作。

三、企业管理

——提升专业能力。

常态化开展内部培训，通过中证协从业人员教育专业课程，每周开展业务培训，内容包含法律合规、投资顾问、投资银行、综合财务等，学习时间不低于4小时/周，完成160个小时业务学习。参加总部培训。按要求参加证监、协会、人行等外部培训。组织员工参加证券类从业资格考试，提升持证率。利用好日常集中培训学习、组织每周信息分享、读书活动等各种渠道开展学习。

——人才队伍建设与管理。

按照总部对分支机构的要求，完善分公司及内设部门、岗位职责说明书、人员分工，按要求完成定岗定员。严格按照总部相关管理办法和程序规定要求，开展部分岗位的招聘工作，副总经理、机构经理、运营服务、客户经理岗位人员顺利入职，上报校招复面考评结果。督促完成员工入职办理手续、证券从业注册等，确保顺利入职。结合总部要求，制定分公司绩效考核办法实施细则，完成员工年度绩效考核工作。

四、党建工作

——加强基层党建工作。

认真落实执行“三会一课”、主题党日活动等基本制度要求，加强党员教育监督管理。开展支部党员大会11次、党课4次、主题党日活动13次、青年理论学习13次，做到党组织书记讲党课“一课一报”。推进落实“三亮三比三评”“我为群众办实事”“领题破题活动”，将党史学习教育和党建工作与业务紧密结合、相互促进。中邮证券重庆市分公司党支部于2021年10月20日经上级党组织批准成立，支部书记选举结果报上级党委审批，分公司基层党组织建设更加完善。扎实做好巡视整改工作，对照巡视反馈意见整改方案和整改清单，认真落实常态化巡视整改与专项整改各项工作要求。

——扎实党史学习教育。

及时传达学习习近平总书记在党史学习教育动员大会的重要讲话精神、集团公司党史学习教育动员大会精神、党史学习教育工作方案，结合实际制订支部党史学习教育工作计划。认真组织参加党史学习教育和党的十九届五中全会各类培训、知识竞赛、主题党日、读书班、读书会等，每日在微信群转发学习重要学习内容，推动党史学习教育融入日常、抓在经常，切实提升学习实效。（中邮证券）

四川省

【四川省邮政分公司】 2021年实现业务收入107.55亿元，比上年增长7.74%，高于全国平均4.08%。实现利润5.22亿元，收入利润率4.85%，列全国第5位，速递账扭亏为盈。

一、企业党建

实施办实事服务项目235个，完成率99.6%。新增272个符合监管要求的网点实施异地值守，新建升级职工小家69个，常态化开展扶危助困、送温暖，下拨慰问费156.5万元，为669人支付医疗互助金169.5万元。启动“三代劳模”宣传，讲好邮政故事，集团公司、省政府领导对哈弄夺机先进事迹做出批示。整治“虚散漂混”作风病，147名三级党员干部带头查摆和整改具体表现652条。

学习贯彻习近平总书记“七一”重要讲话精神，召开“两优一先”表彰大会。选派党员联系3600余个基层网点挂包帮。开展“三亮三比三评”、党支部“领题破题”、党员志愿服务活动，创建“党员先锋岗”1000余个，结题183个。

对85个单位（部门）党组织开展巡察，提前一年完成对所属249个党组织巡察全覆盖目标。建立“1+4”统筹整改、审核反馈沟通、“重点问题库”跟踪机制，巡视巡察成果得到巩固。坚持一体推进不敢腐、不能腐、不想腐机制，全省邮政纪检机构收到信访举报79件，立案11件，结案处理6人；运用监督执纪“四种形态”处理564人次；对2个市州分公司党委、纪委进行书面检查问责。

二、普遍服务

坚持法定义务标准，省会城市普服邮件全程时限2.24天，建制村周三投递频次达标率100%；《人民日报》当日见报率79.2%；机要通信28年质量全红。

三、业务发展

——邮政业务。

函件、报刊、集邮分别实现收入2.36亿元、4.95亿元、1.69亿元，报刊收订进度、增幅均列规模前八省第2位，校园报刊规模居全国第1位，集邮毛利率30.36%；电商收入9368万元，规模保持第一；分销推进重点项目上规模，实现收入4.26亿元。叠加便民业务超百种，办理政务服务19万笔，代收金额1亿元；社区团购、邮乐直播、电商退换货等服务受欢迎；“提升邮政服务能力”纳入省委镇村两项改革“后半篇”文章；开展4项体验活动，创建1个集团级示范窗口、38个省级示范窗口，用户满意度89分。

——寄递业务。

收入22.07亿元，增幅5.68%，高于全国9.74%。散件收入规模列全国第2位，人均日揽收散件8.16件，比上年增加2.7件。快包边际贡献率11.49%，比上年提升6.44%。构建“3个省际中心+17个本地中心”两级网络架构；优化盘活人员330人；采取“双改单”、串行、一装两卸等策略，一干大车占比、一干正班往返汽车邮路占比和一二干邮路装载率分别优于达标值4.3%、1.43%、3.4%；推广“特快专揽投”“快包自提＋甩点直投”“网格化＋中转接驳”等新作业模式。揽投末端1807个经营单元以内部承包、外包代办、特许加盟三种模式实施机制创新。

——金融业务。

代理金融收入69.25亿元，增幅8.47%，余额规模上4500亿元；保险手续费率10.04%；新增数字人民币个人钱包623万个，列全国第1位。代理金融网点10个以上县区，71%实施网点区域化运营。借助金融生态圈打造“网点＋站点”双引流场景，2519个社会站点参与，转介客户10.17万户，转介金融资产5.02亿元。

——交流合作。

“N+邮”对外合作扩大，建立全省首席客户经理开发清单，789家客户走访率100%，与交通、商务、民政、农业、税务、人社、教育、工会、银联等党政部门、企事业单位和中化农业、郎酒、德仁堂等企业展开深度合作。

四、企业管理

——基础管理。

建立高质量发展绩效考评机制，利润分增长3.4分，非储收入占比、快包结算率、市场化报刊和图书占比、集邮毛利率等指标改善，收、分、投、管理支撑四大环节单位成本比上年下降。“9大环节”铁腕治欠，寄递逾期欠费余额4586万元，低于集团控制目标，逾期欠费比重12.33%，下降9.41%。盘活闲置房产268处、土地1宗。

全年集采金额5.2亿元，集采率、上网采购率71.85%、

四川省成都市邮政分公司成立助农专项工作小组，组织蒲江耙耙柑上架“鲜味送”、邮乐网等平台，并通过微信朋友圈进行推送宣传，助力销售滞销果品（《中国邮政报》）

26.4%，比上年提升5.88%、19.38%。开展各类审计项目82个，发现问题1307个，审计工程项目420个，审减2000余万元，审减率7.23%，全力配合审计署工作，即审即改6个方面问题。全年没有发生重大金融风险和重大安全生产责任事故。

——能力建设。

下达投资计划6.05亿元，重点向底子薄、欠账多、潜力大的代理金融网点、寄递网建设倾斜。结合“改扩建租购迁”策略，209个8年未改造金融网点旺季前投用，1189台金融自助设备安放到点，1405个网点改造完成；双流机场邮件处理中心工程建设和工艺改造阶段性完成，新都临时邮件处理中心按时投入使用，15个县级处理中心工艺项目上线；建成小邮局242个。自建金融客管、金融生态圈、员工行为排查、“一点接入”税务双代、天府邮驿、寄递损益核算、欠费预警等系统运用加强。

——人力资源管理。

从业人员总量在比上年减少300余人基础上，招聘补充专业人才212人、代理金融网点人员1831人，代理金融劳务用工占比27.5%，比上年压降8%。从业人员劳动生产率38.6万元/人，增幅10.02%、高于收入增幅2.28%。引入建立薪酬对标调节机制，推行揽投岗位按件计薪。

业务发展能手1889人、金牌讲师54人；寄递专业营销队伍335人；理财经理队伍2201人，是2020年的2倍，专职理财经理基金持证率62%，AFP持证率25.2%，比上年提升31.8%、16.3%；打造262人网点区域经理队伍。14项管理创新成果、18个好点子发布推广。

——企业文化和精神文明建设。

甘孜藏族自治州分公司荣获“全国五一劳动奖状”；阿坝州若尔盖县邮政分公司网投组长兼乡邮投递员哈弄夺机荣获“全国五一劳动奖章”；眉山市仁寿县清水邮政支局荣获“全国工人先锋号”；成都邮区中心局邮件运输中心班组长罗景萍荣获“四川省五一劳动奖章”。

五、社会责任

服务乡村振兴战略。“金通工程·天府交邮通”品牌获省政府肯定，与交通厅、商务厅开展战略合作，17个市州192个乡镇交邮融合，代运代投邮件突破150万件，与交通客运站共用场地2万平方米。建成县级节点54处、乡镇节点895处、村级站点8347个，涉农仓储扩至7万平方米，气调库（含冷仓）近万平方米。21个市州政企全对接，14个市州44个县分公司参与电商进农村项目，累计签约资金1.59亿元，带动沉淀农户资金298亿元，拉动农品、农资销售2.4亿、1.04亿元；在农村布放金融机具1.2万台。邮快合作县域全覆盖，下沉延伸至2162个乡镇、20071个建制村，建制村覆盖率77%，年代投3899万件，日均业务量10.6万件，11月峰值18万件/日。（四川省邮政分公司）

【邮储银行四川省分行】

一、经营发展概况

——经营业绩。

2021年实现营业收入101亿元，增长12.34%；净利润48.38亿元，增长19.72%。经济增加值12.42亿元，经济资本回报率15.25%，成本收入比43.67%。

——发展规模。

总资产7579.46亿元，增长10.22%。各项存款余额6933.21亿元，增长9.06%，新增存款576.14亿元；各项贷款余额2761.61亿元，增长11.71%；存贷比39.83%。

——资产质量。

不良率0.71%，低于控制目标0.02%。拨备覆盖率266.44%。

二、落实中央决策部署

——支持乡村振兴。

小额贷款有突破，净增53.88亿元，完成率107.76%；余额435.69亿元，居邮储银行第7位。监管主要考核指标达标，涉农贷款余额846.17亿元，净增76.18亿元，完成监管计划的136%。普惠型涉农贷款余额236.1亿元，净增25.3亿元，完成监管计划的160.15%。服务乡村振兴工作取得优异成绩，省分行获得集团公司“乡村振兴先进单位”、总行“脱贫攻坚先进单位”，被人行成都分行和四川银保监局评为“优秀”，居省级银行机构第2位。

——支持中小微企业发展。

普惠型小微企业贷款余额511.25亿元，增速13.65%；结余户数81598户，净增4838户；小微企业首贷户新增584户，比上年多增146户；获得四川银行业履行社会责任“年度最佳普惠金融机构奖”。“专精特新”客户结余354户，金额24.06亿元，增加6.18亿元；小微易贷线上贷款净增25.33亿元，完成率181%，“小微易贷税务模式”净增居邮储银行第1位；小企业贷款客户联动代发工资金额24.99亿元，居邮储银行第1位。

——落实碳达峰碳中和战略。

绿色融资（银保监口径）余额258.94亿元，增幅30.54%；绿色贷款（人行口径）余额238.22亿元，增幅7.52%，获得人行成都分行“绿色金融支持实体”二等奖。

——服务国家区域发展战略。

建立川渝分行合作机制，投放成渝双圈新增重点项目4个，金额8.25亿元；获得川藏铁路资金监管账户，金额202亿元，占标段金额的13.5%，居新进入银行第1名；参与全国首笔山地轨道交通扶贫项目“都四轨道交通”，实现副牵头27亿元；“泸石高速”参团13.2亿元。

——支持供给侧结构性改革。

制造业中长期贷款净增17.82亿元，完成率198%，制造业信用贷款净增16.61亿元，完成率278.83%。

三、业务转型发展

——零售金融。

个人金融方面，获总行“2020—2021年跨年度营销最佳一级分行奖”。VIP客户74.7万户，新增10.99万户，均列邮储银行第4位。个人存款时点余额1635亿元，居邮储银行第3位，其中新增月日均存款154亿元，居邮储银行第3位，活期存款占比34.05%，高于同业平均水平5.6%。贵金属实现收入0.18亿元，居邮储银行第2位。信用卡方面，新增客户42.35万户，居邮储银行第4位，新增市场占有率18.09%，居同业第2位；结存激活卡155.82万张，居邮储银行第2位；机关事业单位和大型企业客户占比66.78%，高于邮储银行均值10.06%。网络金融方面，快捷支付绑卡结存669万户，交易金额1436亿元，均居邮储银行第3位。网点商圈建成292个，居邮储银行第2位，南充“古城商圈”和乐山“郭沫若景区商圈”被总行评为“最美邮惠付商圈”。电子支付收入10891万元，居邮储银行第5位；储蓄短信业务收入7638万元，居邮储银行第1位。消费信贷方面，车贷余额22.16亿元，居邮储银行第3位。

——公司金融。

公司存款时点余额728.12亿元，居邮储银行第5位；年日均余额751.48亿元，居邮储银行第4位。公司贷款余额824亿元，居邮储银行第4位。完成智慧农村平台、住房预售资金监管等16个平台的搭建并投入使用，实现9家分行16个资格准入。现金管理存量签约账户27693户，居邮储银行第5位。单位结算卡发卡578张，居邮储银行第2位。国内保函余额18.75亿元，居邮储银行第4位。

——资金资管。

托管收入3256万元，增幅居邮储银行第4位；同业理财保有量16亿元，居邮储银行第2位；与省内8家银行机构签订同业机构数币战略合作协议，签约数量居邮储银行第2位。投行业务承销总额145.1亿元，目标完成率146%，均居邮储银行第2位。

四、风险管理升级

——实施资本管理高级方法。

推进资本管理高级法落地实施，组织开展高级法培训宣传贯彻及应用推广工作。持续强化高级法培训宣传贯彻，持续增进全行理解；加强省分联动，督促分支行明确应用推广目标及工作安排，以用促学，有序推进辖内推广工作。开展自动化审批、评级治理、差异化贷后等各类应用落地。

——推进智能风控。

利用“金睛”“金盾”等系统，提升风险预警的前瞻性，实现对风险隐患的早发现、早预警、早处置、早化解；加强常态化监督检查，开展零售信贷业务风险数据特征分析，运用系统导出风险数据，开展各类专项检查，落实督导整改和问责。推进非零售智能风控能力建设和应用，加强评级工作督导，全行非零售内部评级覆盖率100%。组织风险管理综合能力提升培训，推动分支机构用好智能风控系统管理工具。

——信用风险管理。

以资产质量管理为重心，防控化解信用风险。强化“三单”管理，健全信用风险监控预警管理体系，提升风险预判能力。不良资产现金清收12.54亿元，连续4年居邮储银行第1位；呆账核销4.97亿元。首次成功实现不良资产证券化出表，83户，金额2423.91万元；抵债资产处置实现清零；泸州分行原酒处置成效显著，实现省邮政速递监管项目下线。组织开展两次信贷业务联合检查，检查发现问题135个，问责处罚告诫2人次，积分63人次、122分，减发绩效2.64万元。省分行主动暴露风险，检查成效突出，获得总行通报表扬。

——内控合规和法律事务管理。

推进风险经理派驻，派驻风险经理102名，派驻一级支行141个，覆盖率100%。被人行成都分行评为“配合反洗钱调查工作先进单位”。被人行成都分行、四川银保监局等五部门评为“金融知识普及月”先进单位。

——内部审计工作。

开展审计项目79个，审计金额超541.77亿元，发现问题1555个，提出审计建议184条，形成审计专报4份，揭示代理机构内控管理、个人消费贷款管理、呆账核销管理以及信贷资产5级分类管理等重要领域的风险。

——疫情防控和安全生产工作。

认真贯彻落实总行党委部署和地方政府关于疫情防控的各项要求，认真抓好春节期间就地过节、节假日疫情防控指导、疫苗接种等专项工作，持续做好疫情防控信息报送、值班值守和零报告制度等常态化疫情防控工作，全行疫苗应接种人员接种率100%。自疫情发生以来，全行没有出现一例确诊病例。全行未发生业外案件和安全生产责任事故，在第7轮银行业金融机构安全评估中省分行本部及18家二级分行被评为优秀单位。

五、管理效能提升

——信息科技建设。

完成中间业务平台迁移工作，工作质效得到总行充分肯定，推进省内中间业务与重点银企直联项目等建设。建设省内信贷业务前置系统，实现线上的无纸化申贷和系统自动审批等功能，获总行开发平台优秀推广表彰。自主研发平台，利用RPA技术，实现了报表自动生成、汇票贴现额度检测等功能。统计与监管报送工作取得重大进步，邮储银行内排名由上年的第8位提升至第1位。省分行在总行全年计算机系统安全运行考核中获满分；在总行举办的第一届IT技能竞赛中，获得团体三等奖，个人奖6人；

在建模大赛中获优秀应用成果奖。

——财务管理。

坚持零售战略、优化信贷结构。加大对涉农、普惠小微、乡村振兴等零售领域的信贷支持，总体实体贷款发放额比上年增加 91 亿元，增幅 6.86%。强化资本管理、提升价值创造。全行 EVA 比上年增加 4.17 亿元，RAROC 比上年提高 1.57%。压降不可撤销贷款承诺 119 亿元，压降金额列邮储银行第 4 位；信用卡敞口使用率比上年上升 1.84%。动态调整个人贷款定价授权。个人经营性贷款、其他消费贷款和住房贷款的加权平均利率均高于邮储银行平均水平。强化存贷利差目标管理。以稳定净利差水平为核心，将存贷利差目标完成情况与分行绩效考核、定价授权挂钩，强化过程管理。

——运营管理。

坚决落实打击电信网络诈骗工作，排查整治涉赌涉诈存量账户 28 万余户，得到总行和监管的一致认可。开展客户体验提升。在总行会议上作客户体验管理先进经验介绍；成都高新区支行营业部、双流区支行营业部、德阳旌阳区支行营业部三家支行获评中国银行业协会“文明规范服务千佳示范单位”；服务类投诉比上年降低 65%。自营网点可分流交易离柜率 95.79%，居邮储银行第 3 位。

——人力资源管理。

深化人力资源机制改革，统筹推进任期制契约化管理工作，整体绩效考核采用强制比例分布原则，员工绩效考核指标量身定制。强化干部队伍梯次培养。全面推进“领航工程”，中级管理人才库和基层管理人才库建设稳步实施；新选拔任用省分行党委管理领导干部 13 名、“80 后”干部占比 54%，省分行党委管理干部轮岗 29 人。提升员工队伍综合能力。上派下挂交流锻炼 34 人，选派 10 名优秀骨干支撑川藏铁路金融服务；开展培训 3123 期，培训员工 19.63 万余人次；高质量完成全行岗位资格认证考试，持证率 94.43%。推动薪酬向价值创造和一线倾斜，加大工资与创收创效挂钩力度；员工职级晋升 2736 名，薪档晋升 4572 名；一线员工工装补装近 600 万元，新增员工补充医疗保障近 500 万元。推进员工行为排查。开展员工行为排查 3.9 万人次，排查率 100%，发现异常行为 254 人次，问责 162 人次，积分 96 分，经济处罚 42.14 万元。

六、党建引领

——党史学习教育。

提高政治站位，在践行“两个维护”上行动有力，认真落实意识形态工作责任制、“三个第一时间”学习机制、党委理论学习中心组学习计划和“一学一报”、巡听旁听制度，突出抓好习近平新时代中国特色社会主义思想学思践悟，深入开展党史学习教育。持续推进基层党组织标准化建设落地见效，设立 203 个党支部、设置 254 个党小组。累计提出“我为群众办实事”项目 124 个，完成率 100%。坚守中央八项规定及实施细则，持续深入纠治形式主义、官僚主义等“四风”问题。中央、集团公司巡视纳入 2021 年常态化整改的 9 个事项整改完成率 100%。

——党风廉政建设。

持续监督中央巡视整改情况；扎实开展巡察工作，巡察市县机构党组织 170 个，巡察覆盖率 91.89%。抓好疫情防控、“两费”复查、扶贫整改、乡村振兴、零售信贷领域、选人用人及采购等日常监督工作。抽查公车 1424 辆次，未发现违规违纪问题。全行纪检机构受理信访举报 22 件，处置问题线索 16 件，认真开展党纪案件质量评查，累计回复干部任前意见 227 人次，出具干部廉政意见 125 人次。

——企业文化建设。

统筹推进企业文化手册宣传贯彻和企业文化理念上墙应用规范。组织开展“随手拍”“羽毛球赛”“短视频拍摄大赛”等文体活动。省分行、巴中市分行分别获得四川省总工会授予的“五一劳动奖状”。攀枝花东区支行、宜宾市分行机关获得年度“省青年文明号”创建集体。成都市分行“幸福美丽新村贷”、广安市分行“晚熟柑橘贷款”、绵阳市分行“涪城麦冬”产业发展被央视《新闻直播间》和《中国三农报道》报道。（邮储银行）

【中邮保险四川省分公司】

一、经营发展

2021 年实现保费收入 57.4 亿元，全国排名第 5 位，行业排名第 10 位，银保渠道排名第 2 位。

——价值转型。

实现长期期交新单保费 15.88 亿元，排名全国第 5 位，比上年增长 35.8%，完成全年预算 116.4%。其中，健康险保费 3574 万元，排名全国第 6 位，完成全年预算的 118.8%；终身寿险保费 13.5 亿元，排名全国第 5 位，完成全年预算的 260.7%。新单负债成本率 4.29%，比上年下降 0.28%，排名全国第 6 位；新业务价值 3.87 亿元，比上年增长 218.88%，排名全国第 6 位；投价比 4.7，比上年增长 3.1，排名全国第 4 位。

——团险自营。

实现团险保费 3308.8 万元，企业补充医疗保险项目覆盖四川省邮政企业和邮储银行员工 3.5 万人。拓展承接四川联通、四川铁塔、成都移动团险意外险项目。

——协同工作。

制定印发年度协同发展实施方案，牵头建立“2021 年四川邮政中邮保险营销数字化转型项目”“2021 年四川邮政中邮保险品控优化项目”两个省内重点协同项目，纳入协同年度绩效重点考核。继续推进“以赛代训”队伍共建模式，推进全省第三届金融内训师队伍技能大赛。协同省邮政分公司对省级战略客户拜访跟进，巩固深化老客户，持续挖掘联通、移动等新客户。

——数字化营销。

制定数字化营销试点方案，试点期间 6 个网点实现健康险保费 19.5 万元，2 个网点超额达成目标，全国排名第 7 位。

二、运营服务

——续期催收。

实现续期保费 34.5 亿元，比上年增长 15.6%，完成全年预算 101.3%，全国排名第 6 位。其中价值类产品续期保费 15 亿元，占比 43.7%；价值类产品 13 月保费继续率 92.7%，25 月保费继续率 97.7%，均达到考核要求。

——营销支撑工作。

扎实开展“一对一”帮扶，组建业务攻坚小组，对 19 个展业市州做好专业支撑。持续组织“理论 + 实战”培训，对邮银渠道培训 2352.5 课时，51823 人次，市州培训覆盖率 100%。广泛实施健康险“线上 + 线下”专推，策划健康险专项课程开发比赛和节假日主题营销活动。

——运营能力。

强化“片区督导制”“首问负责制”和“16 小时在线服务制”的三大工作纪律。优化作业流程，保全时效（1.01 天）、理赔出险支付时效（48.2 天）、理赔申请支付时效（1.13 天）三项关键指标比上年提升。平稳应对业务高峰，受理满期给付 2.8 万件、犹撤退保 5.1 万件，完成财寿嘉集中退保工作，未发生区域性、系统性风险。

——客服水平。

制定三年客户体验实施细则及 2021 年常态化体验方案并有序推进，开展“3・15”消费者权益保护、9 月金融知识宣传月活动、第五届客户服务季宣传活动，协同开展四省联合直播。扎实开展消保审查、消费风险提示、年度内部考评、信息披露、客户回访及咨询投诉相关工作。犹豫期内综合回访成功率 99.94%、亿元保费投诉量 0.088 件，均优于全国平均水平。

三、企业管理

——市场化改革。

修订绩效考核及分配办法，实现员工“双合同”管理。成立工作机构、开展政策宣传引导、制定工作推进方案及配套方案。启动职级薪酬改革工作，宣传员工发展管理办法、薪酬制度调整优化方案，开展员工初始化套入基本信息梳理及测算工作。

——员工队伍建设。

成立人才工作领导小组，实施队伍建设“五个一”工程，制订年度外聘讲师培训计划，开展 7 期专题培训。建立员工教育培训积分机制，制定《新员工手册》。举办“奋进新时代、担当有作为”管理知识竞赛。

——科技赋能。

立足满期场景试点开展转保项目，119 名客户满期后复购，新增保费 265.5 万元，满期转化率 7.4%。搭建经营分析管理平台，提供实时 KPI 指标看板；开发合规大脑系统，形成风险识别、筛查、下发整改、复核和预警的管理闭环。打造智能党建系统和员工教育培训管理平台。

——模式深化持续推动。

推动专岗人员到位，市州专岗全部到位，县区专岗到位率 90%；明确市县专岗人员的岗位职级不得低于 46 级；梳理编写市县专岗人员岗位工作标准手册，开展市县机构管理人员基础及技能培训；协同省邮政分公司制定印发代管机构和代管人员考核实施细则，按月通报考核。

——财务管理。

优化财务资源配置，压降行政管理费用，向高价值业务发展倾斜，业务培训投入 763 万元；规范开展集中采购，修订完善集采目录，整合、分类开展集采项目 9 个，采购金额 1096 万元，公开采购率 100%。

四、风险防控

——合规管控能力。

落实市场乱象治理和“内控合规管理建设年”活动，开展市场乱象自查自纠；强化邮银保联动合规管控，联合检查 224 个网点，联合问责 206 人次；协同省邮政分公司推进“合规我挂帅”队伍共建，联合举办第三届中邮保险杯“合规英雄汇”知识竞赛和首届中邮保险杯“我是合规人”辩论赛，覆盖全省 1.4 万金融从业人员。

——审计监督。

在完成年度常规审计项目的基础上，新增 2020 年度合规管理审计、营销转型与渠道建设情况专项审计调查，年度审计发现问题整改率 100%。获得“中邮保险 2020 年度审计工作优秀分公司”荣誉称号。

——安全生产工作。

学习贯彻习近平总书记关于安全生产系列批示指示精神和新修改《安全生产法》，明确“平安邮政”创建一条主线，紧盯全国“两会”、建党百年两个重大事件，狠抓“三个清单”落实，统筹做好制度建设、消防、交通、汛期、职场、外包、矛盾纠纷排查七项安全生产管理，持续保持年度安全生产零事故。针对疫情防控的长期性和反复性，采购发放各类防疫物品 20 万元，严格落实政策宣导、员工出行、职场防护、会议培训、轨迹排查、个人防护、疫苗接种各项防控工作要求。强化属地协同沟通，扎实做好“三个必排查”，快速、有效应对“职场大楼出现确诊病例的密接者以及成都暴发数十例本土确诊病例”的突发情况。

五、党建工作

——全面从严治党责任深化落实。

严格执行“三个第一时间”学习机制，开展“第一议题”学习 23 次，学习材料 57 篇。认真落实党的建设、全面从严治党主体责任、“一岗双责”、意识形态、巩固深化“不忘初心、牢记使命”主题教育成果、深化巡视整改“六张清单”。

——党史主题教育扎实开展。

以党的百年历史为基本时间线索，开展专题学习6次、读书班33次。组织开展党史知识竞赛1次；参与集团党史知识竞赛，线上答题成绩在保险组排名全国第二；2名员工代表省邮政公司在党史答题四川挑战赛决赛中荣获第2名。组织开展“学党史、悟思想”主题党日活动，联合航空工业成飞团委开展主题活动，组织党员参观红色教育基地、观看爱国教育影片。强化内外部宣传，开辟“学党史　守初心”企业微信学习专栏，推送党史知识180余期，编发学习简报23期，在四川新闻网开设线上专栏，持续宣传分公司党史学习教育推进情况。

——干部队伍建设。

完成部分领导人员的兼职备案、调整工作，开展青年人才培养。深化干部监督工作，明确52条推进举措并强化落实。对干部提醒谈话、下发提醒函16人次。

——党风廉政建设深入推进。

开展落实意识形态工作情况监督检查。对落实高质量发展要求、疫情防控、工作协调基本规则、乡村振兴、数字化营销等专项监督。聚焦“关键少数”，回复廉洁意见7次，出具廉政鉴定2份；聚焦“关键节点”，紧盯节假日加大监督力度；聚焦“关键事项”，加强对巡视反馈问题整改落实情况的监督力度，推动开展“小金库”专项治理和公务用车加油卡管理使用专项治理。

六、和谐企业建设

开展总经理接待日和工会主席接待日活动。扎实开展“我为群众办实事”实践活动，完成“办实事”清单11项，尽力解决员工的“急难愁盼”问题。规划完善兴趣小组，组织开展各类文体活动。承办第三届“协同杯”足球比赛。（中邮保险）

【中邮证券四川省分公司】

一、业务发展

累计账户12.76万户，新增账户1.89万户，完成计划439.73%；新增有效户5752户，完成计划121.94%；客户托管资产19.62亿元；代销重点基金产品2355.81万元、资管产品1.60亿元。

——综合营销。

一是制定分公司股票质押项目潜在标的证券库，筛选梳理出四川周边省份20余个标的证券，发动全体员工利用个人资源联系项目，与科伦药业达成2亿元股票质押业务合作意向并已进场收集资料。二是主动寻找到贵阳银行两家定增客户股票质押需求，融资总规模5720万元，两家融资人均为贵州内省城投公司，成功放款。三是维护存量质押项目云图控股合作关系。

——协同发展。

借助邮政市场部合作的大客户资源以及渠道平台业务的商家资源和邮储中小企业授信客户资源，针对其中有证券业务需求、未来有上市融资需求的企业，四川分公司多次联合省邮政、省分行进行现场拜访、电话拜访等，沟通股份制改造、新三板挂牌、科创板上市、ABS等业务合作需求。

——发掘资源。

走访成都、达州、广安等地的民营企业，特别是联合达州经信局在当地开展了和企业的座谈交流并实地拜访二十余家企业。成功签订永丰和新三板挂牌合作协议，并储备黄老五股权融资、中创五联股权融资等投行项目。其中由分公司独立承揽的首单债券承销业务——广安金财15亿公司债于12月完成发行工作，这是全国首笔由分支机构独立承揽并发行的债券项目。

——债券承销。

一是利用四川债券承销市场契机，加深和当地政府、已合作企业的关系，深度锁定债券客户。经过不断努力，分公司营销的广安金财集团完成发行工作，同时和企业建立长久的合作关系。与达州发展建立合作基础。二是利用员工个人资源，开发四川省内债券客户，成功中标南充航投公司债。

二、运营服务

——服务工作。

一是与邮政、邮储各级单位开展沟通交流，并下沉一线网点实地调研、开展培训，协同邮储省分行举办2场培训，与省邮政举办线上线下培训32场，覆盖2500余人。二是引导由发展账户规模向发展交易型有效户转变，通过交易场内基金、可转债打新、金融产品配置等方式，促进高净值客户存量激活及新客户开发。三是实行片区制，指定片区负责人负责业务推进、培训及客户维护工作。通过加强过程管控，每周通报进度、分析问题、讨论解决方法、总结经验、推广先进做法，营造积极发展氛围。四是制定地市州邮政和邮储分行营销活动推进时间表，统筹安排培训、服务、运营人员，服务30多个市州邮银微信群，解答和处理全省理财经理在业务营销和办理过程中的问题。五是制作收益凭证购买流程、收益凭证要素图等营销工具，加强对一线发展业务的服务与支撑。六是持续打造证券示范县和标杆网点，联合绵阳邮政、广元邮政开展高端客户专项维护“特训营”活动，挖掘高净值客户进入邮政金融体系。

——运营管理。

一是制定营销竞赛活动方案，鼓励员工为经营发展做贡献，拓展获客路径；二是根据总部财富管理转型指导意见，梳理出分公司存量价值客户，通过电话、微信、短信建立维护关系，持续解答客户疑问、发送我司投研报告、介绍重点产品等；三是识别有两融权限、有打新市值、有多个账户的价值客户，进行有针对性的精准营销；四是结合邮政金融的转型计划、业务发展的痛点，联合公私募、三方财富管理机构、私行明星理财经理等，为邮政、邮储的理财经理队伍作专业培训，开展现场讲座25场，覆盖880余人；五是通过劳模创新工作室的“财富讲堂直播间”开展线上直播、线下投资策略会和理财沙龙，对高端客户提供综合金融服务，提升品牌形象；六是开展分公司财富管理团队内训，定期通过多种形式交流学习，提高团队成员综合能力，内容包括由投资顾问分享两融客户开发经验、价值客户维护方式；学习财富管理方式方法、资产配置理念等线上课程，开展内训12场。（中邮证券）

贵州省

【贵州省邮政分公司】 2021年实现业务收入36.09亿元，规模排全国第23位，比上年增长8.8%，增幅排全国第9位，进度排全国第5位。

一、企业党建

严格落实“三个第一时间”学习机制，扎实抓好中心组学习、持续抓好支部学习、组织开展观看实况报道、专题辅导报告会，举办专家讲座、党组织书记上党课、参观红色教育基地等。梳理党史学习教育走深走实工作任务32项，积极参加和举办党史学习教育专题讲座，扎实开展“三亮三比三评”活动，着力推进“我为群众办实事”实践活动和党支部“领题破题”活动，认真开展党史学习教育专题组织生活会，督导覆盖100%。完成问题整改41个，持续整改1个，36项整改措施全部办结销号；组建巡察组6个，发现问题182个，制定整改措施525项，制定、修订规章制度57项，追责问责60人，清退资金4.1万元。集体约谈近4000人次，个别约谈党员220余名；处置来信37件，实际处置问题线索35件，核查31件，立案审查5件，给予党内警告5人、党内严重警告1人、解除劳动合同1人。

二、普遍服务

直辖市、省会城市间全程时限较年初缩短0.62天，投递外勤关键节点扫描率高于集团公司目标值1.38%，建制村投递频次达标率100%，普服网点营业时间达标率、乡镇普服网点覆盖率等6个指标均100%。机要通信、高考录取通知书和学生档案邮件寄递服务“零误投、零丢失”。

三、业务发展

——邮政业务。

构建“政务图书+文旅产品+有声党建+农村书屋”产品体系、增值业务实现收入5197万元，规模排全国第7位。保安押运业务开发项目33个，合同标的额5094.3万元。

3月，贵州全省邮政法院立案服务展开（贵州省邮政分公司）

——寄递业务。

业务收入比上年增长19.5%，增幅排全国第7位。特快专递实现业务收入2.74亿元，比上年增长31.9%；快包业务利润率高于全国平均水平18.9%，排全国第11位；跨境电商包裹比上年增长58.9%；国际小包出口14.2万件。物流业务完成业务收入1.47亿元，比上年增长30.4%。

——金融业务。

实现业务收入21.81亿元，比上年增长7.89%，年新增月日均余额111.36亿元，完成集团公司计划182.95%，排全国第5位，新增余额排五大行第2位。压降三年期存款24.85亿元，新增月日均存款中价值存款占比118.89%，排全国第4位。销售长期期缴保费11.2亿元，占比57.46%，排全国第1位；非货币非短债基金销量9.07亿元，比上年增长135.4%，完成集团公司计划152%，排全国第5位。快捷支付绑卡率69.94%，排全国第3位。

——交流合作。

推进协同发展，法院立案邮政便民服务中心网点上线率100%。惠农合作项目走访对接农民合作社覆盖率100%，排全国第1位，个体农户会员新增完成率129.7%，融资E放款完成率212.7%，排全国第6位。信用卡拓展项目完成计划126%，排全国第5位；开放式缴费业务新增有效户排全国第5位；两烟客户代发资金25亿元。

四、企业管理

——基础管理。

深化零基预算，建立异常问题定期分析机制，对基层单位绩效按月进行分析通报。开展油料管理清理、“小金库”、欠费等专项治理，压降逾期欠费金额近亿元。寄递专业降本增效四个环节达到集团公司下达的目标。完成审计项目202项，整章建制17项，工程审减额1298万元。采购流程节约资金1.15亿元，公开采购率83.68%、上网采购率63.16%，均高于全国平均水平。

——能力建设。

加速寄递改革。贵阳邮区中心改革取得阶段性成效，县以上邮件进出口时限提升2小时以上；双层包分机平均供件效率1.47万件/小时，小件交叉带分拣机最高供件效率1.43万件/小时；一级干线汽车邮路外包总费和省内干线邮运费用比上年分别压降974.21万元和2709.09万元。

深化网点转型。金融网点高柜人员比上年压降344人、理财经理增加432人，专职理财经理基金销售持证率55%，排全国第4位；余额规模5000万元以下低效网点减少21个，普服网点累计转型1402处。

夯实发展基础。黎平、碧江、榕江等县级综合楼或邮件处理中心建设扎实推进；龙里、纳雍县局房及毕节区域仓储中心已竣工验收；贵阳邮件处理中心分拣机配备、工艺优化和设备配备等工程项目均已竣工验收；改扩建业务库2类4个、3类13个；完成示范网点更新安装780个、网点形象改造311个。开发人力资源、办公、财务类管理以及金融类、寄递类分析系统29个。新增、更新运钞车63辆；新增货物安检机53台、接发邮件扫描设备84台、伸缩胶带机3台、水平胶带机10台；购置“三农”投递车辆29辆、图形终端267台、折叠笼车110个、便携蓝牙电子秤1204台等。

——人力资源管理。

盘活从业人员270人，金融岗位劳务派遣用工占比15.30%，生产人员持证率93.74%。提任三级领导干部7人、任职岗位调整44人，县级邮政企业领导班子中37岁及以下领导人数42人；完成8个市州纪委书记异地交流任职，对干部人事档案开展专审专项整治。

——企业文化和精神文明建设。

对9个市州100个“职工小家”进行升级，为全省邮政1.4万名在职及退休员工购买补充医疗保险，对全省7000余名一线职工、困难职工、劳动模范及35名老党员和重病党员开展“双节”慰问、夏日送清凉和生产旺季慰问，开展金秋助学帮扶和生活救助帮扶等活动。

锦屏县启蒙支局乡邮投递员张林昌被授予“全国优秀共产党员”称号，黔西南州分公司荣获“省五一劳动奖状”，织金县分公司新华北路支局荣获第20届“全国青年文明号”称号，独山县分公司基长支局荣获“省工人先锋号”称号，盘州分公司谢水英荣获“省五一劳动奖章”称号。

五、社会责任

——抗击疫情。

主动履行央企社会责任，党员职工主动协助社区做好扫码测温、环境消杀、核酸检测、疫情物资运送、人员全面排查、出行管理、重点场所精准防控、寄递环节“人物同防”。

——服务乡村振兴战略。

加快县乡村三级物流体系建设，建制村村级站点覆盖率100%，三级物流体系示范县7个，交邮融合示范县5个，农产品寄递业务量增长189.28%；标准化农产品基地2个；建成优质邮乐购站点732个，完成进度146.6%。

以“邮乐网+原产地认证+地方邮政+农村合作社+农户”模式，着力打造“产地+品牌+平台+渠道+协同”的农产品进城模式，通过省、市、县渠道平台部三级联动，充分利用邮乐网及黔邮乡情资源，每周推广一次、一次推广4个爆款农特产品，全年建设完成2个农产品基地、开发农产品进城项目运作355个，实现多平台销售金额1983万元，带动包裹66万个，产生资费收入530万元，直接带动金融余额增长1027万元。

——绿色邮政。

重金属和特定物质超标包装袋库存为“零”；新增投放可循环包装箱8800个、电商快件不再二次包装率98.04%、标准包装废弃物回收装置完成率112.21%；可循环中转袋使用率100%；特快专递一联单使用率99.13%；快递包裹一联单使用率97.55%；一级干线往返邮路甩挂运输占比100%；科学打包方法封装比例97.09%。

——风险防控。

扎实开展安全生产专项整治三年行动和消防安全专项整治、业务库安全风险专项排雷、打击邮件丢失等活动；圆满完成庆祝中国共产党成立100周年等重大活动期间安全和服务保障工作，全年未发生重大金融风险和重大安全事故。（贵州省邮政分公司）

【邮储银行贵州省分行】

一、经营发展概况

——经营业绩。

2021年实现自营收入31.39亿元，增长10.88%；利润总额14.70亿元，增长35.45%。经济增加值2.19亿元，经济资本回报率12.80%，成本收入比35.79%。

——发展规模。

总资产1580亿元，增长10.50%。各项存款余额1429亿元，增长8.97%，新增存款118亿元；各项贷款余额899亿元，增长14.48%，新增贷款114亿元；存贷比62.91%。

——资产质量。

不良贷款率1.14%，拨备覆盖率301.65%。

二、落实中央决策部署

——支持乡村振兴。

围绕贵州省内12大特色产业，持续缓解特色涉农产业融资困境。投放各项贷款94.39亿元、支持贷款客户及产业项目2.6万个，全面完成监管关于乡村振兴重点领域、全省66个脱贫县区、20个国家级重点帮扶县的各项指标。

——支持中小微企业发展。

通过调结构、促转型、控风险，推进线上线下融合发展。小企业贷款余额62.57亿元，净增5.71亿元，完成全年目标计划114.2%。新增线上贷款3.57亿元，占新增贷款比63%。实现收入2.5亿元，收入贡献度8%，居邮储银行第2位。

——落实碳达峰碳中和战略。

开展绿色银行建设、推进各项绿色金融业务发展，绿色贷款余额62.45亿元，比上年增加8.18亿元，增长率15.08%。绿色融资业务余额54.80亿元，比上年增长105%。绿色债券投资结余6亿元。

三、业务转型发展

——零售金融。

个人金融持续为客户创造价值，个人客户AUM增长22.6亿元，其中代销业务资产增长10.49亿元；储蓄存款超额完成目标，月日均储蓄存款增长13.11亿元，年日均储蓄存款增长9.11亿元；个人VIP客户结存10.82万户，新增1.73万户，增幅19.1%。消费信贷坚持以一手房发展为主，加强二手房业务管理，调整住房贷款业务和客户结构，推进非房线上化，余额352亿元，增长44亿元。住房贷款发展增速15.62%，一手住房净增占比90.72%，比上年增长27.97%。非房线上化转型发展实现“两优先”，实现远程放款33.28亿元，线上获客率73.71%，“邮享贷—优客尊享”白名单转化率7.6%，居邮储银行第3位。

——公司金融。

公司存款日均余额年增长17.36亿元，完成任务计划的248%，机构业务存款年日均增长10亿元。包装专项债12只、金额合计8.42亿元，专项债形成的存款时点7.89亿元，年日均存款0.86亿元。公司客户“+计划”·第一季活动综合评价得分98.17分，居邮储银行第2位，获得第一季最佳一级分行、第一季业务发展先进奖。公司贷款余额348.28亿元，增长37.86亿元。授信旅游项目3户，贷款结余1.3亿元，黄果树、织金洞融资业务入选邮储银行旅游行业优秀案例；获批国家储备林贷款授信20亿元，贷款规模和授信居邮储银行第1位。与5大建筑央企在黔子公司合作，贷款余额126.82亿元。交易银行持续创新和深化交易内涵。落地邮储银行首笔银行备用信用证项下欧元债券投资业务，率先开展项目融资+建设期履约保函组合营销，跨境人民币担保+境外融资联动实现跨境担保和跨境人民币结算业务双增长。

——资金资管。

推进同业生态圈建设，新增同业存单投资81亿元，落地首笔线上同业存款业务0.5亿元；营销属地城商行认购分行重点托管“嘉实现金宝”2亿元；获批邮e贴业务开办权限，直贴买入量4.8亿元，票据业务线上化率100%；新增投资贵州省地方政府债券121.03亿元，比上年增长419%，项目引存12.07亿元。重点托管基金销售实现辖内网点100%覆盖；签署贵阳银行钱柜模式数字人民币战略合作协议，成为邮储银行首家实现钱柜模式的分行。

四、风险管理升级

——信用风险管理。

加强“政府平台类”贷款风险化解力度，实现压缩退出5.57亿元。持续推进潜在风险业务“减退加固”工作，压降9户12.91亿元。处置不良资产9.92亿元，其中现金清收6.71亿元；呆账核销2.5亿元。通过清收有效释放相应拨备占用4.56亿元，释放资本占用金额123.35万元。

——内控合规管理。

通过开展案防内控风险“大起底”“六类重点问题专项排查”“监管关注重点领域排查”“重点岗位重点人员专项排查”活动，累计排查问题881个，揭示和有效处置潜在风险。针对虚假公积金缴存骗贷等案件开展警示教育，规范问责管理，给予组织处理和纪律处分136人，经济处理金额269.92万元。

——内部审计工作。

完成审计项目37个，紧盯风险线索，各部门联动进行问题整治，提出审计建议53条，推动被审计单位修订完善制度8个。

——疫情防控和安全生产工作。

常态化抓好疫情防控，全面完成全行无禁忌人员疫苗接种。聚集重点领域，集中开展消防安全隐患整治、业务库风险排雷行动，整改消防隐患问题75个、业务库风险问题150个。“平安邮储”建设连续3年获评优秀单位，获得省委人民防线建设优秀单位及省公安、省银保监安全防范优秀单位。

五、管理效能提升

——资产负债管理。

完善以RAROC为核心的资源配置机制，提高经济资本精细化管理，压降低效资本占用，累计压降不可撤销贷款承诺29.26亿元，释放低效无效资本占用1.79亿元；经济资本回报率（RAROC）12.80%，比上年提升2.41%。

——财务管理。

实施固定资产投资1.01亿元，其中省内自控投资2120万元；购置生产车辆20台，投资金额558万元；3

家一级支行购置办公楼，投资金额7110万元；省分行大楼追加购置金额285万元。完成网点装修改造项目13个、修缮项目10个，投入1747万元。集中采购140项，采购金额2.18亿元，集中采购率81.36%。成本收入比35.79%，比上年压降0.28%，居邮储银行第7位。

——运营管理。

以重点项目建设为抓手，完成39个省内特色化项目开发，比上年增长290%，残疾人联名卡等项目成功上线，新增数据应用创新4项，实现监管统计报表指标自动化校验，构建信用卡逾期风险预测模型。完成贵州省近4000台生产终端的入网管控，省内邮政金融核心系统完好率99.99%。多维度促进手机银行客户活跃，增长激活客户12.8万户，完成率142%，居邮储银行第5位；月活跃客户20.1万户，完成率124%，居邮储银行第3位。

——人力资源管理。

人才管理机制持续完善，人才队伍结构持续优化，销售人员占比32.5%；建成104人中级管理人才库和320人基层管理人才库，9名中级人才库人员得到提拔录用。人才晋升通道及绩效导向持续完善，员工职级晋升743人，工资总额持续向重点业务及领域倾斜，员工收入增幅10.05%。

六、党建引领

——党史学习教育。

围绕“九个一”活动扎实开展党史学习教育和“牢记殷切嘱托、忠诚干净担当、喜迎建党百年”专题教育，组织各类学习、教学、警示教育及宣讲771次。以“五个用”深入推进“我为群众办实事”实践活动，拟定项目181个，制定措施306条，完成率100%；以“六个聚焦”深化促进“领题破题”实践活动，申报课题140个。

——党风廉政建设。

有效推进巡察全覆盖，加强对“一把手”及领导班子成员、驻村干部的监督。持续发力整治“四风”，深化形式主义、官僚主义整治。纪检机构党纪立案4件，党纪处分16人，开除党籍4人，召开“以案四说”警示教育大会深化信贷领域以案促改。

——企业文化建设。

利用显示屏、宣传栏、办公网等形式，加强企业文化的可视化呈现，通过理念上墙、短片展播，开展先进典型事迹巡回宣讲、“七一”走访老党员老同志、企业文化“五进”活动等方式，将企业文化有机融入经营发展管理各方面。（邮储银行）

【中邮证券贵州省分公司】

一、业务发展

——经纪业务。

截至2021年底，普通账户累计开户16390户，2021年新增开户2359户。年新增有效户527户，累计有效户611户。新增客户资产512.72万元，累计客户资产4623.61万元。销售代理基金283笔，销售金额达354.93万元。

——投行资管。

持续跟进贵州水投能源公司下属水电站ABS立项工作。继续加强资管产品销售工作，销售资管产品2764万元。

——板块协同。

在省邮政分公司的支持下，与邮储银行协同发展有一定进展，与市（州）有较好互动。省邮政分公司出台《关于明确2021年中邮证券业务奖励的通知》，明确中邮证券新增有效户及股票质押、投行资管项目的奖励政策。下发《关于开展2021年中邮证券第三方存管业务营销活动的通知》，下达全省各市州新增有效户的三方存管营销活动目标。邮储银行制订中邮证券开户计划，双方积极协同督促落实。

二、运营服务

——业务管理。

按照《中邮证券公司柜面业务操作规程》《中邮证券公司客户账户非现场开户业务管理制度》等各业务线的规章或办法严格办理业务，经核查分公司交易系统，分公司账户均为正常账户，未发现“禁止”或“限制”标识。

——客户回访。

开展身份证过期客户的回访、新开户客户的回访、年度客户10%存量回访、自查整改回访、创业板开通回访等回访内容，未发现异常的回访记录，回访中未发现员工代客理财、全权委托等情况。

三、企业管理

——人力资源管理。

在职员工8人，其中党员6人，非党员2人，党员占比75%。女性党员4人，占党员总数的75%；汉族党员6人，占党员总数的100%；硕士学历2人，本科学历6人，本科层次及以上学历员工占比100%。

——财务管理。

根据总部下达的收入利润计划进行目标分解、业务指导服务。严格按照中国邮政集团公司贵州省分公司新的财务管理办法做好报销报账工作（2021年分公司仍在省公司报销费用）。按时做好税务申报、银行账户年检、工商年报登记等日常工作。

四、风险防控

——合规管理。

各项业务均严格按照监管和公司的合规要求开展，严格执行适当性管理的相关要求开办业务，符合监管和公司的相关规定，各项业务有序开办和进行。定期开展合规培训，让员工充分认识到合规经营的重要性，确保企业健康稳定发展。严格按监管要求报送各类监管报表。

——反洗钱工作。

按照公司管理要求及时组织反洗钱学习与宣传。按照人民银行、中国证监会及公司总部的相关要求，认真履行反洗钱义务，合规、稳健地开展证券经营活动。认真按照人民银行要求落实反洗钱工作，严格按监管要求报送监管报表。

五、党建工作

——“三会一课”。

严格执行“三会一课”制度。党支部书记组织制订“三会一课”年度和阶段性计划，确定具体的内容和形式，带头讲好党课。党务干部做好记录和相关材料的收集保存工作。严格按要求组织活动。

——巡视整改。

一是制定2021年巡视整改工作方案、2021年专项重点整改计划及2021年常态化全面整改计划。要求相关负责人认真落实推进工作，按时限完成工作。二是按照集团巡视工作的安排于7月26—31日接受集团公司2021年巡视整改专项检查组的现场检查，对检查中存在的新问题，在检查组的帮助下持续推进整改。三是持续做好集团公司巡视各级邮政企业、邮储银行等单位巡视反馈问题的举一反三自查工作。

——党史学习教育。

第一时间成立党史学习工作小组，明确职责确保各项学习有序开展，达到预期效果。先后按要求制定下发“学党史、学业务，促党建、促发展”专项活动工作方案、“三亮三比三评”主题实践活动工作安排，制定支部“领题破题”活动工作清单、“我为群众办实事”实践活动工作清单等专项工作方案计划，要求分公司全体党员按要求推进工作。组织集体学习8次，读书会24次。

——意识形态工作责任制。

一是抓好主体责任落实，实现意识形态工作齐抓共管。二是加强理论学习，推进工作落实。三是坚持正确舆论导向。四是认真落实意识形态工作专项督查和责任制专项检查自查。

——党风廉政建设。

持续整治形式主义、官僚主义突出问题，严防享乐主义、奢靡之风反弹回潮。开展党风廉政教育月活动。及时通报中央、集团有限公司党组、中邮证券公司党委和省邮政公司发布的各类违法违纪的案件。发布节前廉政风险提醒信息5次，要求全体员工严防“四风”问题，杜绝“节日腐败”。

六、疫情防控

严格按照疫情防控要求，做好疫情日常防控工作。按时配备并发放疫情防控物资，做好疫情防控提醒，按公司统一管理规定定时检查并上报疫情。（中邮证券）

云 南 省

【云南省邮政分公司】 2021年全省营业总收入36.3亿元，高效业务收入占比72.83%，比年初提升3.83%，其中：代理金融收入21.89亿元，比去年进升一位，比上年增收2.14亿元；大理财收入2.33亿元，增幅49%，实现比上年增收7624万元，非利差收入占比19.30%，较年初提升1.64%；增值业务实现收入6626万元，全国排名第4位。

一、企业党建

落实新时代党的建设总要求，压实“两个责任”和“一岗双责”，推进党史学习教育走深走实，推进“我为群众办实事”“三亮三比三评”“领题破题”系列活动出真招见实效，常态化开展模范机关建设，集中整治形式主义、官僚主义突出问题。

将党风廉政警示教育活动与“以案促改”警示教育相结合，营造风清气正发展环境。全年接受信访举报22件，比去年同期减少42.11%；处置问题线索33件，立案14件，含巡察发现问题共计问责处分党员、领导干部133人次。

持续推进中央、集团公司党组巡视整改及专项重点整改工作取得实效，分两批对11个州（市）分公司党委、68个县（市）区分公司党支部开展常规巡察，扎实做好巡察整改“后半篇文章”。

二、普遍服务

推进全省运营质量管控、问题整改考核、11183客服体系建设，加强质量预警和过程管控，提升质量闭环管理效果；开展质量问题专项整治，压降客户投诉率、邮件异常发生率、提升问题邮件一次及时解决率；解决客户体验突出问题，保障重点业务、重点项目、重点客户服务质量；加强揽收和投递服务，加快邮件损失赔偿，加大主动客服，提升客户体验。

国家邮政局申诉指标全面达标，有效申诉率为百万分之0.26，比上年压降0.45个百万分点，全国排名第5位，普服邮件申诉处理满意率100%。普遍服务四项业务开办率、乡镇普服网点覆盖率、营业时间达标率、申诉处理满意率、建制村投递频次达标率、边防部队站点通邮率等6项指标均为100%，全国排名第1位。省会城市间普邮全程时限全面达到财政部和集团公司考核要求。巡视类专用邮政信箱管理持续加强，全年寄往巡视类专用信箱邮件零问题，全面消除零收入网点。

全面贯彻落实习近平强军思想和军民融合发展战略的具体要求，完成边海防通邮工作，全省64个边海防站点已实现通邮。

加强对建制村基础数据的管理及应用，开展建制村通邮相关问题自查及整改，努力提升建制村通邮投递频次，全省通邮频次达标率100%。

三、业务发展

——邮政业务。

渠平业务实现收入1.61亿元，报刊业务实现收入2.15亿元，比上年增长6.36%，全面完成党报党刊发行任务，大收订流转额6.46亿元。集邮业务毛利润值3453万元，产品毛利率32%，全国排名第4位。

——寄递业务。

全年标快业务量超过5111万件，比上年增长18.1%，“双十一”期间速递量峰值突破52万件，旺季期间完成业务量695.3万件，增长44%。全省烟草物流项目完成收入5936万元，全国排名第2位，比上年增长20.18%。

——金融业务。

余额规模1468.29亿元；累计新增AUM 177.19亿元，全省AUM规模1681.91亿元。保险开门红再创历史新高。积极推进邮、银、证三大板块协同发展，保险大理财业务及证券业务实现快速发展，科技赋能和金融生态圈建设初见成效。

——国际业务。

昆明—曼谷邮航全货机专线按照集团公司商业化运作模式打造，实现全面自主运营，全年执飞154趟次，运载率85%以上，成为全国邮政航空运营以来单条航线最高的装载吨位。

——交流合作。

强化板块协同和专业融合，走访农民合作社6.44万个，发展会员37.89万个，一级白名单通过7179个，融资E新增贷款1.98亿，全省农产品寄递实现收入1.83亿元，农产品交易额6800万元，军民融合项目实现收入937.31万元，政务业务实现收入2.8亿元，警邮项目向代理金融业务进行客户转介1.02万户，转介客户走访率99%。税邮项目质效双升，代征税款额14.44亿元，规模排名全国第3位，收入实现3278.42万元，排名全国第3位，在全省范围内积极推广“税务＋金融”项目，向代理金融专业转介客户2.18万户。

四、企业管理

——基础管理。

规范和加强财务管理。全面推动零基预算管理，构建全面预算管理体系。推进全省资产盘活，加强成本管控，提高成本使用效率，抓实欠费管控和清收工作。强化财务监督，严肃财经纪律，扎实开展“小金库”专项治理工作，确保企业合规经营。

加强审计、采购与计划建设。完成审计项目1804项，审减金额1945.91万元，综合审减率12.10%。实施采购项目85个，金额约3.02亿元，资金节约率14.34%。优化投资结构，提升投资效益，全省邮政企业固定资产投资总额1.33亿元，有效支撑重点高效和战略性业务，其中寄递业务在去年极大投资的基础上继续投入7016万元，占投资总额比重52.78%。

——能力建设。

聚焦集团公司党组巡视整改问题，推进实施寄递网“五大改革”，实施全省网络优化整合，强化集中管控，实现特快、快包分层组网、普邮上航，各项运营质量指标全面达标。

邮快合作稳步推进，全省建成运营快邮驿站1937个，61个县、514个乡镇、3831个村实现邮快合作下乡进村，全省邮快合作建制村覆盖率30.92%，代投邮政和民营快递邮件日均件数10.64万件。

科技赋能生产管理。成功开发“云南邮政电子地图”“协同客户管理平台”“金融网点积分兑换”“手机快报”等应用程序，强化全省创客信息平台建设，实现网点经营管理“可视化”。

——人力资源管理。

推行任期制契约化试点。持续完善深化三项制度改革各项配套制度。选派17名干部双向交流，完成“三青计划”首批102人的遴选和集中赋能。“下沉一级”从源头抓好四级领导人员队伍建设。完成昆明、大理邮区中心改革工作任务。完成保山、丽江两个州市经理层任期制、契约化管理试点工作。建立完善市场化用工机制，接收见习人员568人，择优招用498人为合同用工，社会招聘286人，石邮院校招聘21人。举办全省性集中培训44期，远程培训58期，推进直播培训新模式，直播培训场次全国排名第2位。

——企业文化和精神文明建设。

建成14个职工之家、45个职工小家、完成65个旱厕改造，投入资金337万余元；帮扶困难职工413人次，帮扶资金60.14万元。统筹抓好精神文明创建、离退休管理、法律事务、信访、档案、保密、宣传等工作，加强舆情管控，营造健康向上、和谐稳定的发展环境。向《中国邮政报》及其新媒体平台报送反映云南邮政改革发展成效的图片和文稿，被《中国邮政报》选用刊登106篇（条）。

——安全生产。

毫不放松抓实常态化疫情防控，妥善做好全省生产运营和服务工作，全省邮政企业始终保持“零病例”“零感染”。聚焦邮政金融安全、寄递渠道安全、消防安全、信息安全等重点领域安全，持续开展安全生产专项整治三年行动、金融机构安全评估和“平安邮政”创建活动，代理金融实现“五个不发生”。全省未发生重大及以上安全责任事故和安保类案件，机要通信确保了质量全红。

五、社会责任

——服务乡村振兴战略。

认真做好脱贫攻坚与乡村振兴有效衔接，加强平台

6 月 19 日，云南省宣威市邮政分公司组织 14 名党员与菜农一起采摘、搬运、装车约 8 吨莲花白，并于当日下午送到该分公司城乡 18 个金融网点和揽投站点进行销售（《中国邮政报》）

对接，推进消费扶贫等重点工作，省分公司连续 5 年定点扶贫考核被评定为“好”，省分公司驻村工作队长许瑞同志荣获“全省脱贫攻坚先进个人”称号。做好省分公司挂钩帮扶点调整交接工作，以示范县项目为契机，通过县乡村三级物流体系建设，强化基础设施建设。全省 50 个县、市分公司争取到电子商务进农村综合示范县项目，获得政府建设资金 1.02 亿元，建设物流仓库 27 个、冷库 21 个，增加冷链车 23 辆，运输车 114 辆，新建各级站点 1288 个。

——绿色邮政。

落实“碳排放达峰”目标，推广应用绿色包装箱、环保胶带、免胶带箱等新包装，加快绿色金融、绿色网点、绿色分拨中心试点建设，推进规范包装、绿色办公、绿邮宣传、义务植树、生态环保评价等工作，全省省际可循环中转袋使用率 90% 以上，“2582”工程 10 项指标均提前达标。

——风险防控。

强化金融内控案防，构建安全金融环境。持续保持案防高压态势，进一步压实各级机构内控案防主体责任，消灭 4、5 级高风险网点。（云南省邮政分公司）

【邮储银行云南省分行】

一、经营发展概况

——经营业绩。

2021 年实现营业收入 29.86 亿元，增长 5.51%；利润 13.62 亿元，增长 2.59%。经济增加值 1.43 亿元，经济资本回报率 11.67%，成本收入比 41.35%。

——发展规模。

总资产 1915.72 亿元，比上年增长 142.44 亿元。各项存款余额 1759.13 亿元，净增 114.19 亿元，其中自营存款余额 290.02 亿元；各项贷款余额 924.55 亿元，净增 83.77 亿元；存贷比 52.56%。

——资产质量。

不良贷款率 0.92%，比上年下降 0.1%。拨备覆盖率 261.74%。

二、落实中央决策部署

——助推乡村振兴战略。

涉农贷款余额 342.29 亿元，净增 38.15 亿元，增幅高于全行各项贷款平均增速 1.92%；普惠型涉农贷款余额 113.77 亿元，净增 8.87 亿元，涉农、普惠涉农贷款净增超额完成监管考核指标，完成率分别为 238%、386%。

——巩固拓展脱贫攻坚成果。

累计捐赠扶贫资金及物资 781.48 万元。设有机构的 39 个脱贫县各项贷款净增 18.56 亿元，整体实现“脱贫地区贷款余额持续增长”监管要求。

——支持民营中小微企业发展。

加大民营中小企业投放力度，民营企业贷款结余 248.22 亿元，净增 4.78 亿元；扎实做好“六稳”“六保”工作，全行普惠小微净增 10.09 亿元，完成监管目标 202%；小微企业首贷户投放共计 278 户，两项监管考核指标全面达标。新授权 11 家一级支行和 26 家二级支行开办小微易贷业务。推出线上化“小微易贷”“极速贷”互联网信贷产品，实现与省税务局的“银税直连”。推进小微企业减费让利工作，投放普惠型小微企业贷款利率 5.74%，比上年下降 16 个 BP。

——落实碳达峰碳中和战略。

针对绿色水电、供水、燃气项目等开通“绿色”通道，绿色贷款净增 23.55 亿元，增速 42.77%，高于全行各项贷款平均增速 32.19%，其中，绿色贷款占比 7.87%，比上年提升 29.02%。

——服务区域发展战略。

内外多种渠道投入省内的资金余额超过 1260 亿元，其中在“四个一百”领域贷款余额 113.87 亿元，在“五网建设”领域贷款余额 345.04 亿元，在“三张牌”领域贷款余额 98.04 亿元，八大产业贷款余额 61.47 亿元。通过差别化投放和精准化管理，支持云南省委、省政府重大发展战略和重大项目建设。

——支持供给侧结构性改革。

认真贯彻落实省委省政府“不抽贷不断贷”要求，支持省属国有企业融资总额 248.71 亿元，增幅 15.84%。

三、业务转型发展

——零售金融。

个人存款。推进财富管理转型，邮银财富客户新增 1469 户；中青年活跃客户绑卡率提升 7%，居邮储银行第 1 位。入围“云建宝”卡代发资金，发放云建宝联名卡 1.72 万张；推进退役军人优待证卡成功试点，新增客户 5481 户。

个人贷款。线上渠道个人经营性贷款净增26.94亿元，比上年提升13.53%。消费信贷提升优化，完成“两提升”目标，一手房净增占比比上年提升9.5%；汽车贷款实现突破，净增2.47亿元，完成年度计划的165%。

信用卡业务。新增客户11.42万户，消费规模306.18亿元，账户活跃率居邮储银行第7位，活跃户均消费、户均消费均居邮储银行第4位。

网络金融。重点推进商户收单、电子支付等业务，有效商户规模完成1.3万户，联动客户资产11.77亿元；手机银行激活客户净增9.83万户、邮储食堂会员净增13.61万户，实现电子支付收入2145万元，比上年增长13.94%。

网点转型。全行16家机构130个网点转型导入完成进度100%，网点支行长、信贷客户经理、客户经理CRM平台岗位活跃率分别提升至83.85%、41.52%、43.79%。

——公司金融。

公司存款。净增3.69亿元，增幅3.55%；抢抓军改机遇，全面开展各项军警业务营销工作；参与省财政厅地方债投资，投债37.77亿元，累计带来23.9亿元国库现金管理定期存款和11.46亿元专项债监管账户存款。

公司贷款。优先支持制造业、乡村振兴、民企、绿色信贷等重点领域，投放124.69亿元，净增62.95亿元；涉农公贷余额185.17亿元，居邮储银行第1位，净增35.61亿元，居邮储银行第2位。

交易银行。落地邮储银行首笔跨境项目银团贷款，发放2.49亿元人民币和600万美元。

——资金资管。

票据贴现业务累计发生50.09亿元，比上年增长161.43%。落实总行同业生态圈战略，累计完成同业生态圈拓客22户，完成总行任务目标137.5%，完成率居邮储银行第10位。

四、风险管理升级

——实施资本管理高级方法。

推进资本管理高级方法在分支行的有效实施。组织参加总行资本管理高级法学习分享活动，参培人数1588人/次，总体通过率99.42%。有效运用于信贷业务授信、重检，生效评级740户，客户余额447.13亿元，有效评级覆盖率99.18%。

——信用风险管理。

在高风险及非高风险地区配置73名风险经理。全面风险管理扎实推进。加大资产保全力度，累计处置不良贷款7.84亿元，推动单体规模最大银政合作项目“昆明以购代建”项目70亿元及利息顺利结清，获得总行通报表扬。

——内控合规管理。

建立“行长督办制”盯紧抓实监管年度通报19项问题整改，将整改情况纳入纪检监督范畴，推动完成“普惠型涉农贷款余额下降”等17项重点问题整改。进一步压实领导干部管理责任，逐级签订案防生产责任书335份。深入推进“内控合规管理建设年”活动，全行自查发现问题192个，问责297人次。

——内部审计工作。

以项目为抓手，聚焦呆核、反洗钱、信贷中心整改等重点风险领域，审计项目15个，发现问题594个，审计建议65条。做实整改问责监督，对近三年内外部审计发现问题重检，完成整改3254条，整改率94%。

——疫情防控和安全生产工作。

推进疫苗接种工作，全行应接尽接率100%，未发生一起确诊或疑似病例。全行职工向省红十字会募捐抗击疫情善款17.24万元；德宏分行累计投入卡点疫情防控资金53.85万元，派出值守31批次273人次参与到边境抵边值守、巡逻工作，筑牢边境疫情防线。安全生产有力保障。对全行所有自营网点进行网格式专项检查及整改。加大物防建设力度，安防达标网点有76个，比集团公司巡视前提升13%。省公安厅对分行司法协助工作书面感谢。

五、管理效能提升

——信息科技建设。

推进省内云建宝系统、社会救助金代发系统上线，自主开发率52%，创历年最高。抓数据统计，在全国邮政金融数据建模大赛中获得二等奖、优秀应用成果奖表彰。

——资产负债管理。

加强资负双线管理，围绕提升RAROC，统筹安排信贷业务的优先投放顺序。每月召开资负委会进行审议，围绕“三大视角”“三大规律”两大原则力争用好信贷额度资源和确保资本不浪费。总行开设专项额度后，争取23.88亿元专项额度和资本，占邮储银行18.34%。

——财务管理。

发挥绩效考核导向作用，完善涵盖省行机关、州市分行、中层领导、员工绩效、网点人员考核及综合营销管理办法。抓降本增效，治理跑冒滴漏，在营运用房租入、购建、装修等重点费用加强管控，业管费列支12.35亿元，完成总行下达预算进度103.35%。进一步激发活力加大资产盘活，成立领导小组，制定盘活方案。加大历史应收贴息欠息资金收回，贴息类贷款累计收回贴息9.06亿元，收回占比70.07%。

——运营管理。

推进总行获准批复新建22个空白县域网点，网点建成后县域覆盖率78%，进一步扩大农村金融服务覆盖面。完成全辖95个代理县整改，整改率100%。加强账户开立管理，排查风险隐患账户20.82万户、倒查“断卡”涉案银行账户2320户。根据集团公司形象管理要求，落实新建设网点新标识要求，继续开展存量营业网点室外7项标识的更换工作，自营网点累计更换率81%，完成总行既定目标。

——人力资源管理。

加强班子及干部队伍建设，选优配强各级领导班子，调整省管干部 20 人、提任 9 人，通过跨省招聘、组织选拔等方式增强 5 个州市分行领导班子力量。推进“领航工程”人才库及机关团队负责人建设，“领航工程”中级管理人才入库 90 人，基层管理人才入库 224 人，为全行高质量发展提供坚强的人才保障和支撑。认真落实国企领导人员任期制和契约化改革的要求，3 次召开培训宣传贯彻会议，推进建立省管中层领导干部任期制和契约化改革配套制度，深化三项制度改革。加大人员盘活力度，推动队伍发展由规模增长向效能提升，引导人员向价值贡献大的分行、岗位倾斜。将培训铁律抓实抓细，加大辖内员工岗位资格持证力度，全行员工持证率 95.84%。推进全行组织开展“周学”14484 期次，“月讲”3604 期次，“读书分享会”3212 期次。

六、党建引领

——党史学习教育。

成立党史学习教育领导小组及办公室，印发党史学习教育实施方案，组织各级基层党组织集中学习研讨和自学，开展“三会一课”、主题党日、读书会等活动。把党史学习教育同总结经验、观照现实、解决云南分行发展中的问题结合起来，积极开展“我为群众办实事”“三亮三比三评”“领题破题”等实践活动。深入怒江等基层联系点开展调查研究，深入大理漾濞指导抗震救灾，深入一线督导旺季营销等，广泛听取基层员工群众意见，及时发现问题、推动解决整改。

——党风廉政建设。

扎实推进巡视整改工作，按周推进巡视整改工作，按月召开整改例会，166 项集团整改措施中完成整改 132 项，阶段性完成且持续推进整改 34 项。持续强化巡察工作，巡察覆盖率 94%，发现并整改问题 99 项。建立整治形式主义官僚主义专项工作机制，坚持周二至周四无会日，全行性会议比上年下降 15.79%，发文数量比上年下降 7.32%，把落实“四制”要求作为“去机关化”、提升服务质量的重要抓手。监督执纪效能持续提升。

——企业文化建设。

启动第三期职工互助帮扶活动，帮扶受灾、重病及困难员工 19 人次，发放帮扶金 22.8 万元；持续开展“职工小家”提质升级，拨付专项建设补助资金 50.152 万元。开展劳动竞赛、评先创优，普洱市分行杨正海同志获得全国脱贫攻坚先进个人、云南省劳动模范荣誉。（邮储银行）

【中邮证券云南省分公司】

一、业务发展

——市场开发。

一是开发梳理云南辖区公开市场企业债、公司债、债权融资计划，资产证券化、并购的项目推进至公司总部，依托项目把握总部风险偏好、区域判断，承销能力，同时建立良好沟通机制。二是梳理云南辖区公开市场评级 AAA 及 AA+ 企业，逐一进行拜访，了解客户的股权计划、融资计划，建立起有效的沟通机制。三是上报总部立项项目两户，分别是云南能投居正资产自持证券 1–X 号，许昌市魏都投资非公开发行公司债券项目；储备两个项目，分别是成都高新资产证券化项目和安能（海南）资产证券化项目。

——联合营销活动。

截至年底，邮储渠道新增中邮证券邮储三方存管户 1455 户，完成集团年度开户目标 1360 户的 106.9%。主要措施：一是分公司全力确保邮储各二级分行开户见证支撑和客户资料审核工作。二是开展昆明分行主城部分支行三方存管业务下点帮扶工作。三是根据各二级分行银证协同培训需求，做好开户和有效户转化培训指导工作。

——协同工作。

根据集团公司金融部《关于进一步推动 2021 年中邮证券第三方存管业务的通知》，于 4 月 1 日下发《关于开展云南邮政 2021 年度证券业务营销活动的通知》，启动全省证券营销活动。全省新增中邮证券有效户 1622 户，完成集团年度全口径指标 1426 户的 113.74%。邮政渠道新增中邮证券有效户 1377 户，完成集团邮政渠道指标 1300 户的 105.92%。主要措施：一是按照云南邮政协同发展委员会安排，分公司协同组织证券营销活动。二是分公司相关人员分别对接 16 个州市分公司金融部负责人，协同推进辖区内州市县现场培训和线上培训组织工作开展。三是通过全省 16 个州市邮政分公司证券协同微信群，开展证券业务指导和有效户转化指导服务工作。四是组织邮政金融条线高管培训和全省投资策略报告会各 1 场，线下业务培训 16 场，线上业务推进培训 14 场。

二、运营服务

投诉处理现场考评。10 月 20 日，云南证券业协会投诉处理工作小组对分公司 2021 年度投诉处理情况进行了现场考评。考评内容主要以投诉处理相关制度建立情况、投诉事件处理记录档案管理、投诉培训开展情况、开销户业务流程、佣金手续费调整流程、回访工作开展情况、客户服务开展情况、线上业务开展情况等 12 个方面进行，考评结果为 B 级。通过考评，分公司强化投诉处理管控工作，增强日常业务的合规性。

三、风险防控

——合规运行。

按照公司年度合规工作要求，组织开展合规审查、合规检查，对照自查并按时提交检查报告、整改意见，根据检查情况出具整改意见 1 份。常态开展合规监测工作，收集员工信息录入内控平台并按月登录系统对员工是否开立证券账户进行监测，及时对新增、离职人员监测信息进行更新，未出现员工违规开立证券账户的情况。组织完成分公司年度合规管理有效性评估自查自评工作；完成证监月度监管报表、合规月报、外部监管函件报送列表等报送任务的报送，无迟报、漏报、错报情况发生。完成人行、协会等外部监管部门配合，及时将相关通知要求在分公司进行传导落实。根据分公司人员岗位变动情况及时完成人员公示信息权限进行变更处理。

——反洗钱工作。

一是分公司切实履行反洗钱义务，按日开展客户评级及身份识别工作。完成客户洗钱风险初评及持续身份识别3446条，完成黑名单回溯审查29户，对职业为个体客户进行电话回访212户，持续开展身份识别工作。二是有效组织开展反洗钱宣传及培训工作。不定期组织开展反洗钱宣传及培训，按季制作测试卷组织分公司员工进行测试，2人次参加中金在线反洗钱培训并通过测试，1人次参加人行组织的培训。三是及时关注可以交易预警信息，按时对公司要求报送的信息进行回复，处理1笔可疑预警排查。四是组织2次分公司反洗钱会议，及时完成反洗钱工作小组成员变更及报备工作。五是按时完成反洗钱各类报表报告报送任务。六是风险管理工作有序开展，年内未发生风险事件。

四、党建工作

——“三会一课”制度。

严格按规定落实“三会一课”制度，认真执行民主集中制度，按月落实上级党委下发党的建设工作责任清单，结合支部实际制订“三会一课”计划并认真完成。

——组织生活会。

在中邮证券公司党委和省邮政分公司党委的分别督导下，召开年度组织生活会和民主评议党员工作，进一步落实全面从严治党责任，强化履职尽责、担当作为。

——党史学习教育。

分公司严格落实党中央、集团公司党组和上级党委党史学习教育部署安排，明确成立分公司党史学习教育工作组，严格按上级党委安排，认真开展党史学习教育讲党课、周读书会、主题党日、红色基地教育活动，积极推进分公司党史学习教育工作稳步开展。

——“永远跟党走”系列活动。

按上级党委安排部署，认真开展“我为群众办实事”实践活动、党支部“领题破题”活动、“三亮三比三评”主题实践活动、“我和党的故事”主题征文活动、青年员工“根在基层”调研实践等系列活动，全面发动分公司党员、干部、群众积极参与实践活动，进一步推动分公司党建工作和中心工作的深度融合，以高质量党建促进高质量发展。

——巡视整改。

根据集团公司巡视工作安排，3月30日至5月31日，集团公司党组第四巡视组对分公司党支部开展常规巡视，于7月14日反馈巡视整改意见，根据《关于巡视中邮证券有限责任公司云南分公司党支部的反馈意见》要求，分公司党支部认真研究部署巡视整改工作，及时传达学习巡视反馈意见，认真梳理整改问题，制定巡视整改方案，明确整改任务、责任部门、整改时限，认真推进巡视整改工作。针对巡视整改反馈指出的5个方面，12个主要问题、17个具体问题，制定17项整改任务、57项整改措施。截至年底，立行立改完成35项，22项已完成阶段性目标，持续推进。（中邮证券）

西藏自治区

【西藏邮政分公司】 2021年实现业务收入40450万元，增幅9.12%，净增3381万元，列全国第8位；完成集团预算101.55%，列全国第4位。

一、企业党建

——党史学习教育扎实开展。

坚持“三个第一时间”学习机制，以中心组学习、“三会一课”、读书会为主要手段，组织开展学习党史书籍，深入学习贯彻党的十九届六中全会精神，习近平总书记“七一”重要讲话和考察西藏时重要讲话重要指示精神，自治区第十次党代会精神。各单位确定为群众办实事项目104项。参观红色教育基地，组织并参加主题征文、歌咏比赛、演讲比赛、党史知识竞赛等活动，庆祝建党百年。各党支部高标准召开党史学习教育专题组织生活会。

——意识形态工作得到强化。

修订完善意识形态工作责任制实施细则，将意识形态工作落实情况纳入年度综合调研和战略绩效考核。开展全区邮政干部职工思想动态调研，针对64条意见建议制定98条解决措施。

——党的组织建设不断夯实。

全年新设独立党支部15个（含7个县），新发展党员42名，组织专兼职党务干部培训。全区各党支部（党小组）申报领题破题课题54个，结题51个。开展党员“三亮三比三评”活动。成立区分公司共青团委。

——全面从严治党纵深推进。

推动同级党委加强对所管理的领导人员的监督。开展“小金库”、使用员工个人账户归集营收或结算业务资金、金融从业人员信用卡使用风险等问题专项治理，“走读式”谈话安全工作专项检查，异地交流任职领导人员违规报销探亲交通费、周转房租赁费问题复查。从严落实中央八项规定精神，驰而不息纠治“四风”，强化纪律规矩意识。全年收到信访举报问题线索32件，党纪处分3人，组织

西藏邮政在"永远跟党走——庆祝中国共产党成立100周年'七一'歌咏比赛"中荣获一等奖（西藏邮政分公司）

处理11人。统筹推进常态化巡视整改及专项重点整改工作，集团巡视整改任务122项，完成119项；开展集团审计整改。启动两批巡察覆盖38家党组织（单位），巡察覆盖率96.8%。

——工作作风向好转变。

坚持问题导向，深入开展"一月一事、消灭最差"活动，公司班子成员带头深入基层一线，实地调研、跟班作业，组织现场办公，调研覆盖7地市8家单位，形成调研报告15篇。持续整治形式主义官僚主义，推进模范机关建设。

二、普遍服务

分公司党委专题研究部署普服工作，政企沟通协调高效顺畅，全年完成区级政企联席会、专题会8次，联合检查2次。机要通信实现连续29年质量全红，保障巡视专用邮政信箱万无一失。累计5地市、21县区实现党报当日见报（2021年新增山南曲松县）。开发"藏邮通"APP。新增智能化信筒（箱）740台。普遍服务平信和给据邮件信息断点率有效压降。信函上航工作成效显著，普服邮件省会互寄2.08天。完成234个乡镇网点的店招更新、场地维修和技术改造。加快"网点+站点"模式落地，推进营销数字化转型，实现线上销售1890万元，完成集团目标的189%；400个转型网点全面激活，零收入网点全面清除，对一、二级干线上15个乡镇网点开展电子化转型，昌都、阿里代售烟草网点开办24处。邮快合作代投量144万件，增幅38.28%。

三、业务发展

——邮政业务。

邮务业务完成收入10572万元，降幅19.55%，完成预算的83.59%；分销收入降幅23.87%，占总收入比重下降2.78%。政务图书项目实现收入830万元，完成进度166%。"建党百年"项目实现收入278万元，完成进度278%。"西藏和平解放70周年"项目实现收入364万元。2022年度报刊大收订实现流转额11880万元，完成进度104.12%，增幅7.48%，进度、增幅排名均列全国第3位。"一月一品"项目超额完成计划；端午、中秋专项营销活动实现收入近千万元，完成计划120%。函件业务依托全区综合营销平台，引进《雅致邮你》文创礼盒产品。文创业务信息系统在全区100%注册并使用；实现收入40.80万元，完成全年计划116.57%，全国排名第4位。全区开发近200单定向制作项目，开发金额718万元，其中函件项目669万元，集邮项目49万元。整合线下媒体资源，有针对性进行客户走访，实现媒体收入167.40万元，比上年增长26.62%。积极探索"天上西藏"主题邮局转型运营工作，实现销售额68.04万元，实现收入6.81万元

（差额列收），创新研发 8 款文化衍生品。

——寄递业务。

完成收入 17291 万元，增幅 39.84%，列全国第 1 位；完成集团预算 117.7%，超预算绝对值 2600 万元，列全国第 1 位；占总收入的比重提升 9.39%。政务项目增幅 61.6%，位列全国第 1 位。生鲜项目增幅 110%。物流业务收入净增 2778 万元。全年陆运网优化调整邮路 17 条，27 项管控指标中 19 个全面提升，5 个部分提升。邮航在拉萨和阿里完成试航首飞。推进拉萨邮区中心改革，精简机构 4 个、压缩管理人员 13 名，全年节约管理成本 200 万元。优化处理中心生产流程和工艺设备，内部处理时限、质量和效率得到进一步提高。基本实现寄递事业部全部生产岗位按量计酬，统筹完善绩效分配体系，稳步建立市场化用工机制。服务质量有效提升，10 项重点指标 7 项达标且优于集团目标值。降本增效有序推进，收分运投和管理支撑五大环节实现三个环节压降、三个环节完成目标。

——金融业务。

完成收入 8764 万元，增幅 5.37%，完成预算的 100.72%。全区余额规模 45.88 亿元，较上年同期增加 1.69 亿元，区内新增存款占比比上年提升 1 位。代理保险期交新单保费增幅 226%，手续费收入增幅列全国第 1 位；非货基金销量完成集团目标的 116%，获评“2021 年基金销售优秀单位”。新增通联收单 1.2 万户，年末月日均资产 5.92 亿元，年新增 1.38 亿元，联动月日均存款 1.85 亿元，净增月日均存款 8187 万元，列全国第 1 位。年放贷 4490 万元；新增公司户 289 户，完成集团目标 240.83%，列全国第 1 位；累计结存公司账户 486 户，结存月日均存款 1.04 亿元；年新增公司月日均存款 0.39 亿元，完成集团计划目标的 1761%，列全国第 2 位。

——交流合作。

军民融合项目取得重大突破。在墨脱和日土 2 个县开展 WRJ 运输投送保障工作，超额完成墨脱 WRJ 项目两期任务并再次中标新一轮项目。开通亚东—洞朗邮路，服务 11 个驻军点。

四、企业管理

——基础管理。

围绕国企改革三年行动方案，多项重点改革攻坚任务落地见效。完成任期制和契约化管理的前期准备工作，并在山南分公司试点推进。积极稳妥推进退休人员社会化管理。推行全面预算管理，发挥零基预算引领作用。推动考核向利润导向、市场对标、高效业务和普服达标倾斜。审计坚持以问题和风险为导向，更加关注整改落实。采购更加关注合规高效，强化集中采购，保障业务发展。推动经营管理创新。坚持项目引领，集团六大重点协同项目收入 4136 万元，区内 18 个重点项目收入 5779 万元。

——能力建设。

强化战略引领，完成区分公司“十四五”发展规划编制工作，并积极衔接地方发改委，落实“十四五”西藏邮政普遍服务基础设施建设项目 1.9 亿元。全区四地市摆轮工艺项目、拉萨国际邮件互换局兼交换站工艺改造工程、柳梧物流仓储场地、山南邮件处理及物流仓储场地、拉萨邮件处理中心优化工程交付使用。年内新增的 1 个地市、4 个县周转房建设完成施工招标，续建的 13 个地市、县周转房交付使用；全区高海拔地区供氧工程项目正在实施。加强制度建设，全区工程项目质量、进度、投资管控明显提升。

深化信息化平台建设，完成“新一代营业渠道系统”等项目。提升寄递智能化水平，提升信息系统集中管控范围，做好寄递业务生产经营技术保障。加强对 ITM、移动展业、助农通等金融智能设备、自助设备应用的技术支撑，推进网点转型。完成年度网络安全重点保障工作，运维质量管控水平得到提升，信息安全防范得到强化。

——人力资源管理。

印发《关于强化县级邮政企业领导人员队伍建设的实施办法》等制度，筑牢干部管理制度体系。开展优秀年轻干部调研工作，建立 23 名区分公司优秀年轻干部人才库，完成区分公司本部 12 名四级正非领导人员的晋升工作。选好配强 4 个地市分公司领导班子。

——企业文化和精神文明建设。

筹集近 60 万元开展三大节日送温暖及“双 11”慰问。多渠道开展员工培训教育，招聘 130 名西藏籍大学毕业生入职。桑布荣获“西藏自治区五一劳动奖章”；昌都分公司中心营业支局被评为“全国巾帼文明岗”。

五、社会责任

——疫情防控和安全生产。

严格落实疫情防控措施。落实八大领域安全工作，全力做好特殊时期和重要时段维稳以及安全服务保障工作，金融风险持续可控，“平安邮政”建设深入推进。

——服务乡村振兴战略。

研究制定西藏邮政服务乡村振兴工作实施方案，明确重点任务措施。在波密建立首个西藏农产品基地，助推“藏货出藏”。开通林芝—拉萨、那曲—贡嘎机场两条专线邮路，将羊肚菌、虫草、松茸、天麻、牦牛羊肉等产品推向全国。通过线上线下结合，展示、销售助农产品 200 余种，为农牧民创收 4900 余万元。与商务厅联合举办“消费促进月”、开展“919”专项活动等，实现工业品下乡 2600 万元。推进三级物流体系建设，实施拉萨曲水县仓储项目。吸纳农牧民约 1900 人参与邮政末端服务，帮农牧民年增收 1 亿元左右。

——绿色邮政。

实施全覆盖的绿色邮政建设专项督导，完成国家局

“2582”工程目标。新能源车辆占比稳步提升。（西藏邮政分公司）

【邮储银行西藏分行】

一、经营发展概况

——经营业绩。

2021年实现自营收入3.61亿元，比上年增幅8.89%，完成总行预算的104.77%。实现中间业务收入2072.87万元，比上年增幅13.37%。利润总额0.8亿元，比上年增幅943.62%，完成总行预算的380.56%。

——发展规模。

各项存款余额97.86亿元，比上年增长6.9亿元，增幅7.59%，市场占有率1.71%，比上年提升0.03%。其中：自营存款余额51.98亿元，增长5.19亿元，自营新增占比75.22%。贷款余额200.05亿元，增长22.36亿元，增幅12.58%，市场占有率3.7%，比上年提升0.12%；存贷比204.43%，比上年提升9.09%，在自治区银行同业中居第2位。

——资产质量。

不良贷款余额1.18亿元，不良贷款率0.58%，不良贷款量、率均管控在总行、分行限额以内，拨备覆盖率379.55%。未发生重大金融风险和安全事故。

二、落实中央决策部署

——支持乡村振兴。

巩固脱贫攻坚成果同乡村振兴有效衔接。严格落实“四个不摘”要求，完成西藏自治区萨市堆龙德庆区羊达街道通嘎社区信用村信用户创建，准入信用户31户，发放首笔信用村信用户小额信用贷款，新增惠农合作项目白名单客户59户，完成全年任务的147.50%，惠农贷款完成全年任务的2411.5%，居邮储银行第1位。

——支持中小微企业发展。

新增小企业法人贷款4.82亿元，新增普惠型小微企业贷款1.71亿元，结余10.34亿元，完成全年任务的169%，增幅19.84%，高于全行各项贷款增速3.45%；新增小微易贷6179.34万元，完成全年任务的772.42%；新增小微企业客户数390户，完成全年任务的378.6%，居邮储银行第2位；新增小企业有贷户代发工资3706.65万元，完成率居邮储银行第1位；新增应收账款融资业务3.31亿元，占比42.1%，超额完成监管考核任务。

——落实碳达峰碳中和战略。

节能环保项目及绿色贷款余额43.62亿元，比上年末增长6.07亿元，增幅16.15%。

——服务国家区域发展战略。

重点支持国家和自治区重点建设项目，累计授信119.22亿元，储备项目150亿元。支持公路、铁路、航空运输发展，累计授信24亿元。取得川藏铁路建设项目第14标段金融服务资格，实现国家重大建设项目营销的新突破。贯彻新时代强边固防战略部署，取得西藏军区应急资金结算合作银行资格。

三、业务转型发展

——零售金融。

自营个人客户总资产（AUM）36.26亿元，新增1.87亿元，增幅5.43%；VIP客户数新增1169户，增幅11.77%，完成任务的292.25%；VIP客户总资产30.53亿元，新增2.38亿元，增幅8.47%。信用卡场景获客促活增强。发卡10093张，新增新客8587户，新客户占比85.08%；信用卡场景分期金额0.29亿元，完成任务的231.68%。代销业务稳中有增。个人理财保有量5.29亿元；代理保险销售1019万元，比上年增长253万元；基金销售1.34亿元，完成任务的101.34%；资管计划销售1.71亿元，新增0.94亿元，完成全年任务的213.14%，完成率居邮储银行第1位；贵金属业务净收入32万元，完成全年任务的138.10%，完成率居邮储银行第2位。手机银行新增激活客户0.77万户，完成全年任务的176.7%，完成率居邮储银行第1位，月活客户新增1.27万户，完成全年任务的127%，完成率居邮储银行第1位；收单商户有效户新增676户，完成全年任务的152.4%；快捷支付绑卡客户新增1.35万户，完成全年任务的134.6%；电子支付收入完成355万元，完成全年任务的102.3%；新增邮储生活会员0.98万户，完成全年任务的196.9%。

——公司金融。

公司贷款新增14.02亿元，余额118.34亿元，增幅13.44%，完成全年任务的121.91%。公司存款新增4.53亿元，余额25.13亿元，增幅22.56%，机构存款新增2.02亿元。公司客户新增1562户，总数4465户，机构账户新增177户，其中“三医”类账户新增148户，占比83.61%。拉萨市堆龙德庆区支行开立区内财政预算单位账户27户。开放式缴费平台年内新增有效户27户，完成全年任务的122.7%，累计交易量1.69亿元，完成全年任务的1686.35%，完成率居邮储银行第2位；建成邮储银行第一个税银社保线上缴费系统，缴费金额1.67亿元；企业网银年内新增1256户，网银开通率提升至62.25%；现金管理账户新增1100户，完成全年任务的224.49%，账户覆盖率和手续费收入完成率均超过200%。

——资金资管。

落地首笔债券主承+包销业务，金融同业收入501.4万元，票据转贴业务余额10.17亿元。落地首笔福费廷（西藏银行业首笔）、保函、保理和银票开立业务。

四、风险管理升级

——全面风险管理。

全面落实合规、审慎的经营理念，将风险偏好限额融入业务、条线、机构的计划和策略中，穿透落地、严格执行。一道防线落实风险管控的主体责任有效落实，二道、三道防线制衡、支撑作用有效发挥。

——信用风险管理。

完成不良信贷资产责任认定252笔6479.93万元，处置不良贷款7647.42万元，完成监管考核目标的184.68%。法人客户信贷风险业务累计压降业务余额4396.4万元，完成压降目标的251.22%。

——内控合规管理。

开展“内控合规提质增效”和“内控合规管理建设年”活动，持续加强内控合规管理和合规文化建设，实现“风险经理+营业主管”双派驻全覆盖，基层风险管理体系更加完善。加大尽职检查、案件风险排查、问题整改和问责力度。开展37项专项检查，发现问题573条，完成整改550条，整改率95.99%；问责440人次，违规积分366人次、625分，扣减绩效26.58万元。全行未发生业类案件和风险事件。

——内部审计工作。

从内部控制、基础管理、操作规程等方面，开展审计工作，履行审计监督职责。完成审计项目32项，发现问题144个，问责87人次，经济处罚24300元，出具审计报告32份。

——安全生产工作。

开展安全生产专项整治三年行动和“平安邮储”创建工作，投入资金90万元，排除办公楼、数据机房、档案室消防隐患问题。建成安全标准化达标网点14个，“双达标”单位2家。防范外部侵害事件17起，监控中心考核连续4个季度居邮储银行第1位，未发生安全生产责任事故。

五、管理效能提升

——信息科技建设。

完成首个“智慧停车场”平台建设。完成市场监督管理局“一网通办”项目、区民政救助信息查询平台、国库集中支付电子化2.0系统、税银缴费平台等8大系统建设，缩小与同业差距，支撑业务发展。

——财务管理。

围绕资本节约、成本压降、风险可控、盈利增长4个维度合理配置资源，强化资源稀缺与回报理念。全面加强预算管理和绩效考核管理，进一步规范财政补贴及利率管理，发挥全行资源配置及战略导向作用，切实做到有保有压、有促有控。向总行争取全额、平价资本支持政策，保障全行信贷需求和业务发展。

——运营管理。

以客户体验管理为抓手，深化“账户、结算、现金、清算”4项专业运营管理，“网点+运营中心”两大阵地平台运营管理能力有效提升。彻底解决全区代理机构和代理业务库历史遗留问题，业务处理系统关键指标达到全国平均水平。

——人力资源管理。

坚持党管干部原则，组织开展优秀年轻干部人才库、“领航工程”中级管理和基层管理人才库建设工作，选拔86名优秀年轻干部人才入库，从中进一步提拔使用15人，为转型发展培养后劲力量。完成分行内设部门借调人员、拉萨市行中层管理人员、二级支行行长、风险经理、营业主管、理财经理等46个专业类岗位的竞争性选拔，完成2次员工职级晋升和1次薪档晋升工作，85人职级晋升，163人薪档晋升。

六、党建引领

——党史学习教育。

制定完成49个“我为群众办实事”重点项目和14个“领题破题”活动课题，扎实开展党员“三亮三比三评”活动，做到学史明理、学史增信、学史崇德、学史力行，党史学习教育持续走深走实。

——党风廉政建设。

全面落实从严治党，驰而不息推进党风廉政建设，持之以恒落实中央八项规定精神，进一步深化纠治“四风”。全年围绕服务乡村振兴、模范机关建设、疫情防控、“两个责任”落实等方面开展专项监督检查23项，针对发现的问题，开展专项治理。持续深入推进常态化整改、中央巡视整改“回头看”及对照集团公司党组巡视反馈问题自查整改工作，坚持巡改办会议、党委会常态化研究整改工作。推进巡察整改，对照自查整改的平均整改完成率90%。完成巡察工作，实现分行所有党组织巡察全覆盖。

——企业文化建设。

分行获得“全国金融系统五一劳动奖状”和区级“文明单位”荣誉称号，拉萨市支行和堆龙德庆区支行分别获得自治区级“五四青年集体”和“青年文明号”，拉萨市支行职工小家获得“西藏金融系统模范职工小家”称号，区分行运营管理部白玛卓嘎同志获得“最美金融巾帼人”称号。（邮储银行）

陕西省

【陕西省邮政分公司】 2021年实现邮政（含寄递事业部）收入54.89亿元，居全国第18位，比上年提升1位，进度高于全国平均7.39%，居全国第13位；收入增幅5.85%，高于全国平均2.19%；实现利润1.89亿元，居全国第9位。全面落实协同发展战略，实现协同考核满分，居全国第1位。企业一线员工人均收入增幅10.5%。

一、企业党建

党史学习教育走深走实，党史学习教育“五维联动”

活动成效得到中国邮政集团有限公司巡回指导组肯定。全省邮政落实“办实事”措施433个，党支部253个“领题破题”项目全部结题。坚持“三个第一时间”学习机制，各级党组织和党员进一步增强“四个意识”，坚定“四个自信”，做到“两个维护”，思想政治建设持续加强。党组织和党员“两个作用”充分发挥。建立无党员网点联系帮扶制度。深入推进“三亮三比三评”主题实践活动，生产旺季、疫情期间党员领导干部坚守一线发挥先锋示范作用。深入推进全面从严治党，坚持巡视整改季例会制度，整改任务全部完成。提前一年半实现巡察全覆盖目标。严格遵守中央八项规定及其实施细则精神，持续纠治形式主义官僚主义突出问题。突出“一把手”和领导班子监督检查，运用“四种形态”问责106人次。

二、普遍服务

财政部三项考核指标全部达标。年初确定“三升、三降、六个百分百”目标全部实现。普遍服务管理办法宣贯落实全面覆盖。普邮全程时限稳步提升。《人民日报》当日见报率、普服网点覆盖率、营业时长达标率均达100%。普服给据邮件、条码平信丢损率均达考核要求。机要通信30年质量全红。分类推进1326个普服网点转型，实现全年70%覆盖率目标。叠加5项服务以上网点占全省73%。普服网点点均收入比上年增幅16.32%，万元收入以上网点占比98%。

三、业务发展

——邮政业务。

完成业务收入4.07亿元，比上年增幅0.91%。成功运营“建党百年”“十四运”两个千万级收入项目。集邮业务定向产品开展完成收入1200万元，完成计划116.59%，比上年增幅38.46%。函件业务加大媒体资源整合，建成621处视频广告发布系统，融媒体广告业务完成收入1300万元，比上年增幅25.64%。报刊业务强化数据营销，政务图书流转额实现1070.3万元，完成计划107.03%。2022年报刊大收订完成流转额6.24亿元。持续构建农村电商生态场景，自营农产品销售额首次破亿元。4个标准化农产品基地销售额2070万元，完成进度115%，比上年增幅24%。培育线下批销站点3486个，完成计划120%，优质站点超六成；线上批销交易额7673万元，比上年增幅59%。邮乐平台获客369万人次，邮乐“9·19电商节”多项指标居全国前列。

——寄递业务。

全省寄递类业务完成收入9.88亿元，经营利润完成集团年预算103.06%，比上年减亏2131万元，业务量1.72亿件，比上年增幅15.01%。特快业务完成收入2.46亿元，比上年增幅18.25%，首次超过竞品。政务市场收入比上年增幅21.7%。超额完成商企客户开发。极速鲜项目实现35%增长，收入规模突破2200万元，打造88个

8月21日晚至22日上午，陕西省汉中市勉县遭受暴雨。陕西省勉县分公司及时抽调人员、调拨车辆，冒雨帮助客户转运物资，避免经济损失（《中国邮政报》）

“一县一品”极速达项目。快包业务完成收入5.5亿元，轻小件业务量、效益农品收入占比、退换货散件市场较快提升。物流业务收入比上年增幅7.16%。国际业务完成收入7864万元。

——金融业务。

完成收入38.19亿元，超收1.38亿元，比上年增幅9.93%。余额规模2635亿元。新增价值存款200亿元，占比高于全国29%。代理保险收入两位数增长，中邮新单保费规模16.07亿元，基金、理财业务发展取得突破。千人理财经理人均销量560万元，居全国第4位。“网点微商圈”等收单场景实现县域大中型商超全覆盖，收单商户规模列省内同业第1位、全国邮政第5位。新增商户资产36.1亿元，居全国第10位。数字货币试点累计发展个人钱包135.6万户，完成进度338%，年日均交易量2.18万笔，完成率居全国第2位。新增代发单位1103个，新发社保卡24.8万张。

——交流合作。

陕西省分公司与陕西省农业农村厅就落实国家乡村振兴战略、深化政企合作进行交流，启动农产品“出村进城”专题调研。省农业农村厅、省邮政分公司、邮储银行陕西省分行三方就数字农村建设、金融下乡建设、共享平台建设、产地品牌建设、深化服务建设及其延伸领域签订战略合作协议。省商务厅、省邮政管理局、省邮政分公司三方围绕发展农村现代流通网络、落实“快递下乡”工作、提升乡村电商站点运营服务能力、多渠道拓宽农村地区农产品营销渠道等方面签订战略合作协议。省邮政分公司、邮储银行省分行、中化现代农业（甘肃）有限公司、中化现代农业（陕西）有限公司签订四方战略合作协议。省邮政分公司与中国人寿保险股份有限公司陕西省分公司签订战略合作协议。中邮保险陕西分公司及中国人寿、人民人寿、华夏人寿、百年人寿、富德生命人寿、合众人

寿、阳光人寿、恒大人寿、新华保险、平安人寿、和谐健康陕西分公司出席陕西邮保多元合作推进会议，就推进邮保多元合作达成战略合作协议。省邮政分公司与陕西高级人民法院、陕西电信分公司、陕西联通分公司、陕西鼓风机（集团）有限公司交流座谈，强化战略合作伙伴关系，围绕法院文书送达服务、国企数字化改造、大数据应用等方面，深化合作机制。第十四届全运会组委会就陕西邮政践行央企责任与担当，深度融入全运会筹办工作，做好服务保障工作发出感谢信，西安市分公司在第十四届全运会村委会工作总结暨答谢会上被评为“特殊贡献单位”。

四、企业管理

——基础管理。

持续推进国企改革三年行动计划。7方面30项改革任务的150项主要措施，已完成或阶段性完成110项，完成率74%。实施全面对标考核管控，构建分组多维、全程立体考核预警机制。复制推广绩效改进实践流程。陕西省邮政分公司荣获国际绩效改进协会2021年度杰出贡献奖。铜川市分公司被中国质量协会审定为“2020年全国市场质量信用AA等级企业”。深化财务管理转型，构建全面预算管理体系，完善资金统筹和成本控制相融合的全流程预算管控机制，提升会计信息质量，开展“小金库”和个人账户归依资金专项治理，建立稽核问题追踪和风险预警防控机制，规范财经秩序。推进审计效能提升，配合集团公司完成多项重点审计工作，全年实施审计项目37个。加强采购规范化水平，全年完成集采项目188个。优化工程建设管理，全年翻建、改造网点363个。

——能力建设。

寄递改革。“两集中”改革在省内网络规划、标准制定、时限提速、流程设计、指挥调度、质量考核、资源配置、运行提效等方面基本实现集中管控。在疫情严重影响收寄发运之际，灵活动态组网，在多个地市组开省际邮路，保障出口，有力支撑经营发展。陆运网改革建成西安辐射各市、重点市相互辐射的二干区域网和省际、本地中心复用、星状辐射的高效本地网。运输方式改革推动52条一干正班省际邮路实现自办往返运行，55条二干邮路转自办。干线车辆装载率57.7%，较年初提升7.9%。大车发运占比46.39%，高于全国9.85%。揽投网改革推进“快包自提＋甩点直投”模式，维护代投自提点2.7万个，代投自提率超60%。推进网格化作业，日均揽投时间增加2小时。打造20个销售化转型示范点，完成53个揽投部销售化转型。邮区中心改革完成机构、人员调整，调减人员458名，车间人均日处理效率较改革前提升近50%，年节约成本超3000万元。网点“转型赋能　协同增效”活动增收、增速、增效成果显著，拉动寄递增收1500万元，网点寄递收入月增幅近30%，六成以上网点赶超行业增速，网点快包件均单价高出全省平均两倍多。

科技赋能。设立数据应用中心，与中邮信科建立合作机制。增设100万元专项奖励资金，整合企业数据资源，实施科技人员基层派驻制，建立数据应用团队。引进“北斗星”金融数据营销系统，自主研发“数据灯塔”等科技项目。全省2个科技项目获中国邮政集团有限公司年度技改发明奖。

——人力资源管理。

建立“件均薪酬”机制，实施阶梯单价标准，“计件工资制”一线重点岗位全覆盖。各市寄递专职揽投岗位、一线主要操作岗位和西安、宝鸡邮区中心内部处理环节实现计件工资制度全覆盖。试点推进领导人员聘任制和契约化管理工作。健全年轻干部培养体系，加大竞争性选拔力度，全省配备35岁及以下干部的县分公司领导班子占比46%。规范用工调配，优化重点岗位人员结构，劳务用工专业化程度稳步提升。代理金融社会招聘440人，劳务用工占比28.1%，比上年末降低8.2%。专职理财经理、大堂经理配备人数分别达到考核目标的114%、129%。邮政高技能人员持证占比列全国第1位。寄递事业部人员劳动生产率比上年增幅7.1%。

——企业文化和精神文明建设。

省分公司获批属地技能认定试点单位，获得快递员、快件处理员职业资格技能认定资质，动态调整专业技术职称聘期和津贴，打通专业技术职务晋升通道。全省合同用工人均工资总额增长超10%，劳务用工劳动报酬增长11.5%，一线员工人均收入增幅高于陕西社会平均水平。重大疾病、意外伤害和补充医疗商业保险参保1.8万人，总保费1578万元，赔付918万元。企业年金单位缴费比例7%。持续做好困难帮扶、一线慰问和职工小家建设，全年补贴各类资金近600万元，三星级职工小家占比70%。咸阳市分公司、洋县分公司获得“第六届全国文明单位”荣誉称号，西安市分公司、西安邮区中心局、汉中市分公司经复查确认继续保留“全国文明单位”荣誉称号。全国人大代表、安康市石泉县分公司女乡邮员赵明翠荣获“全国优秀共产党员”称号，西安市分公司员工马珊被授予“陕西省五一劳动奖章”，陕西邮政3名员工荣获“陕西省国防科技工业劳动模范”称号，2名员工分别荣获“陕西省直机关优秀共产党员”“省直机关优秀党务工作者”称号。

五、社会责任

——抗击疫情。

在省委省政府和省邮政管理部门指导支持下，全力抗疫情、保民生、保畅通。全力确保普遍服务不中断，保障全省县以上城市党报党刊当日见报和机要通信安全畅通。坚决完成抗疫物资运输任务，运输防疫物资80多批次、430余吨、7万多件。完成应急管理局、防疫指挥部等各级政府部门、企业物资运输任务。开通线上购药配送服务，配送平价蔬菜4.5万箱、药品3万单。

——服务乡村振兴战略。

与陕西省农业农村厅、中化现代农业公司开展惠农项目战略合作，金融新增资产规模超5亿元，农产品寄递收入4亿元，农产品销售规模过1亿元。协调推进农村三级物流体系建设，争取资金3237万元，建成6个集团级、10个省级示范县，处理场地总面积1.64万平方米，农村邮路配备121辆揽投车辆。邮快合作建制村覆盖率年增长33%。邮银协同促进县域商业体系建设，12项具体举措有序落地。落实金融科技赋能乡村振兴示范工程行动方案，助力农村金融数字化。构建农村电商生态场景，实现全省重点类别农产品销售全覆盖。

——持续巩固拓展脱贫攻坚成果，扎实开展定点帮扶。中国邮政集团有限公司在商洛定点扶贫点的1288万元帮扶资金和帮扶项目落地见效。产业帮扶项目6200亩辣椒采摘销售，扶持种植食用菌360万袋，魔芋、鲜玉米等示范种植项目带动作用显现。教育帮扶项目协助完成40名年度招生计划，接收49名毕业生入职企业。乡村振兴项目培训900余人次，帮销农特产品580万元。

——绿色邮政。

全省邮政网点包装废弃物回收装置提前全覆盖，布放可循环包装箱（盒）6168个，电商快件不二次包装率98%，营业网点和电商快包一联电子面单使用率均超97%。完成9个绿色网点和分拨中心建设。

——风险防控。

全年核查风险数据2.45万条，连续两年被中国邮政集团有限公司评为一级低风险，陕西代理金融智能风控建模项目获全国数据建模大赛第1名。深化“平安邮政”建设，做好建党百年庆祝活动、第十四届全运会等重大活动期间寄递安全保障工作。全年未发生金融资金案件和重大生产安全事故。（陕西省邮政分公司）

【邮储银行陕西省分行】

一、经营发展概况

——经营业绩。

2021年实现营业收入56.33亿元，增长11.56%；净利润25.67亿元，增长15.16%。经济增加值7.48亿元，经济资本回报率15.97%，成本收入比39.8%。

——发展规模。

各项存款余额3910.61亿元，增长6.78%；各项贷款余额1554.44亿元，增长14.34%；存贷比39.75%。

——资产质量。

不良贷款率1.47%；拨备覆盖率184.02%。

二、落实中央决策部署

——抗击新冠疫情。

全力保障金融服务不断档、服务质量不下降，通过动态调整作业模式、开辟绿色通道、加强特定群体金融纾困等举措，及时提供一系列有温度、有态度、有力量的金融服务。落实落细防控措施，实现员工零感染、零确诊。

——普惠金融。

支持中小微企业发展，普惠型小微企业贷款余额增长21.35%，高于全行各项贷款平均增速5.12%，完成“两个不低于”监管目标。推动巩固拓展脱贫攻坚成果与乡村振兴战略有效衔接，乡村振兴重点帮扶县贷款增速高于各项贷款增速7.22%，普惠涉农贷款余额居省内同业第1位。“基于大数据技术的普惠金融服务项目”纳入人民银行“陕西省金融科技赋能乡村振兴示范工程”。

——服务实体经济发展。

主动服务和融入国家区域发展战略，推动总行与西安市政府签订战略合作框架协议。投放实体经济贷款813.78亿元，增长10.86%，其中制造业贷款67.69亿元。服务国家“双碳”战略，推进绿色银行建设，绿色贷款余额95.35亿元，比上年增加41.19亿元，增长76.05%。

三、业务转型发展

——零售金融。

个人金融以AUM增长为核心，推进财富管理体系建设。新增财富客户5228户，达3.09万户；个人有效客户AUM新增91.32亿元，其中价值存款月日均新增38.27亿元。消费信贷促转型、建场景、抓创新，量收稳步增长，消费贷款新增90.39亿元，非房消费贷款新增占比34.2%，高出邮储银行平均水平19.3%。网络金融聚焦场景搭建和获客能力提升。新增收单商户3.8万户，居系统内第7位，联动活期存款增长12.6亿元，居系统内第2位；手机银行客户激活率84.3%，居系统内第2位；快捷绑卡新增38.5万户。信用卡拓规模、促分期、提消费，拓客22.7万户，场景分期金额6.19亿元，计划完成率排系统内第10位；年增消费332亿元，增长15.18%，居省内国有大行第2位；收入3.47亿元，增长10.28%。数字人民币开立个人钱包664万户，居省内同业第1位，开立对公钱包6104户，拓展数币商户5872户，年日均交易笔数2.37万笔；乡村产业、居民消费、智慧社区等应用场景实现突破。

——公司金融。

公司存款余额580.62亿元，新增51.1亿元，年日均余额净增47.58亿元，排系统内第5位。公司客户新增1.34万户，新增重要资格资质119个，居系统内第2位。公司贷款余额474.24亿元，年增48.09亿元，中长期贷款占比86%，比上年提升25%。实现企业债券承销55亿元，增长272%；落地系统内首笔财务公司牵头，“行外套行内”银团业务。交易银行跨境担保余额折人民币21.09亿元，居系统内第1位；国内信用证项下融资余额66.5亿元，居系统内第2位；上线系统内首笔银企直联2.0业务和系统内首个电费收缴开放式平台。金融同业票据交易逾420亿元，直转联动率55%，再贴现超过26亿元，居系统内第9位；实现新能源汽车绿色ABS首次突破，联动托管资金40亿元。

四、风险管理升级

——全面风险管理能力。

开展资本管理高级法应用落地，经济资本管理、小贷业务自动化审批、消贷数字化转型和操作风险三大工具应用取得实效。非零售客户评级覆盖率100%，居系统内第1位。开展“固堤清淤”“资产质量保卫战”及专项清收活动，累计清收不良5.04亿元，核销呆账2.30亿元，不良贷款率1.47%，比上年下降0.16%。推进风险经理派驻，派驻率78.33%。

——内控合规。

持续保持案防高压态势，从严违规问责，邮银问责3345人次，经济处罚571.7万元。密切邮银协同磋商，累计梳理完善各类有效制度348项。消费者权益保护和反洗钱工作得到监管认可。提升内部审计质效，审计各类项目55个，督促整改风险隐患539个。

——安全生产管理。

加大安防投入，改造完成标准化网点16个。消防安全隐患专项排查整治取得实效，未发生重大金融风险和重大安全事故。

五、管理效能

——科技赋能。

“内控智能识别分析模型”获总行第二届建模大赛第1名，“信用卡精准营销策略分析”等2个项目获大赛数据应用成果奖；“金融零售智能营销管理系统”获总行首届IT技能大赛创新产品设计二等奖。“公交金融综合服务平台”等2个项目分别获得全国邮政企业科技创新一等奖和三等奖。

——资源科学配置。

持续提升资负管理质效，超额挂回动态额度18亿元，居系统内第3位。合理管控付息成本，付息率比上年下降9个BP。科学配置财务资源，出台30余项激励政策加大重点业务转型支持。

——绩效考核机制。

完善激励约束机制，优化绩效薪酬考核和分配机制，调整提高固浮比重，加大对业绩KPI考核力度，实现业绩考核与干部综合评价相融合。完成岗位职级制度落地，突出业绩导向，实现员工职级“能上能下”。

——信审集约管理。

“两小”信审实现平稳集中，强化限时服务管理，小企业贷款业务全流程笔均耗时缩短11.54小时，一次性受理通过率提升53.27%。

——运营集约管理。

设立省级重空及单证调剂中心，整合精简业务库10个。开展客户体验提升活动，对公开户客户临柜等待平均时长缩短25分钟。集中管控广告宣传、网点租赁、办公家具等，压降机构运行费2700万元。

——人才队伍建设。

强化干部梯队建设，加大青年干部选拔培养任用，推进中级、基层管理人员库建设，累计聘任机关团队负责人37名，选派8名优秀干部到基层锻炼。实施2020—2022年人才发展规划，实行行内公开竞聘+社会化招聘，选拔吸纳优秀人才。

六、党建引领

——党史学习教育。

组织开展庆祝建党100周年系列活动，扎实推进“我为群众办实事”实践项目211个、“领题破题”项目160个和“三亮三比三评”等活动，推动办实事、开新局。

——党风廉政建设。

强化监督执纪力度，运用“四种形态”严肃处理330人次。巩固深化集团巡视整改，扎实推进常态化全面整改和专项重点整改任务；实现巡察各级党组织全覆盖，建立健全制度规范118项。举一反三推进“小金库”问题整改，深化清廉金融文化建设。

——企业文化建设。

加强意识形态教育，推动企业文化理念应用规范上墙，企业文化认同感明显增强。开展“品牌提升年”活动。组织职工思想调查研究，畅通员工诉求渠道，人心向上、干事创业的发展氛围更加浓厚。（邮储银行）

【中邮保险陕西省分公司】 2021年实现总保费43.8亿元，计划进度100.4%，比上年增长3.2%，保费排名全省人身险行业第7位，比上年提升1位。

一、经营发展

——业务结构。

长期期交在银保新单中占比65.2%，比上年增长15.6%；重疾险保费3017万元，比上年增长21倍。新业务价值完成2.46亿，比上年增幅162%；新业务价值率达60.8%，比上年增长31%，业务质量指标稳健增长。

——数字化营销。

开展健康险数字化营销试点活动，试点单位实现健康险89笔38万元，累计线上获客3.3万余人，实收保费转化率达9.4%。

——邮银保三方联动。

联合邮银渠道下发文件15个，组织开展专项营销活动10次，深入县乡基层调研督导300余次，培训指导500余场，覆盖1.5万余人。

——团险渠道主营。

实现惠农简易险保费476.42万元，计划达成率125.4%；汽车产业链项目保费收入90万元，计划达成率149%；拜访省级战略客户 12 次，团险保费实现 1423.46 万元，计划达成率 122.71%。全年实现个险长险保费收入 62 万元，年度目标达成率 103.3%，提前 4 个月完成全年计划任务。

二、运营服务

——运营支撑。

全年承保、保全业务超 10 万件，比上年增长 20% 和 44%。研发客真系统，问题件整改率达 98%，全力压降风险隐患。保全时效、理赔申请、人核件全流程处理时效、出险支付 1.01 天、1.13 天、4.82 天、60.38 天，全国排名第 7、第 10、第 12 和第 14 位；理赔赔案留存率仅 0.3%，全国排名第 2 位。

——特色模式。

与陕西邮政配合，推进 22 个新设机构建设进行现场验收工作；组织开展 2 次技能培训班，对各条线相关业务进行系统培训。

——续期催收。

价值类产品 13 月保费继续率 92.74%，全国排名第 8 位；价值类产品 25 月保费继续率 98%，全国排名第 4 位。全年复效保费 6678 万元，保费复效率 42.49%，优于全国 1.68%。

——客服水平。

累计有效客户 36.7 万名，比上年增幅 25.18%，VIP 客户占比 10.33%，比上年增长 2.08%。客户服务体系建设成效初显，累计开展 55 场共计 2 万余人次的增值服务。

三、企业管理

——市场化机制改革。

建立工资总额切块机制，加大绩效薪酬分配向业务条线倾斜力度；组织员工签订业绩合同，深化员工劳动合同和岗位业绩合同“双合同”管理；推进任期制和契约化管理，成立领导小组，研究制定推进方案；制定业务团队管理办法，为员工晋升提供新思路。

——干部队伍建设。

提拔选任中层领导 5 人，平级调整 1 人，优化队伍结构；总省交流人选 4 名，持续加强业务骨干培养力度；加强干部日常监督，开展中层领导提醒谈话 16 人次；组织开展岗位写实工作，岗位职能运行情况；注重干部队伍素质增长，制订年度培训计划，开展各类培训 17 场次。

——财务精细化管理。

变动费用 1294 万，其中银保条线费用支出 736 万，占比 57%。紧缩非生产性费用开支，公杂费列支 8 万元，与上年持平；招待费列支 1 万元，比上年降幅 30%。开展集中采购项目 6 项，公开采购率和公开招标率均为 100%。资金节约率为 10.86%。节约资金 49.8 万元。

——常态化疫情防控与安全生产工作。

坚持紧抓疫情防控工作不放松，持续落实常态化疫情防控各项措施；开展安全知识培训，对职场安全、消防安全、车辆安全、金融安全、信息安全等方面开展安全检查，确保分公司安全平稳运行。

四、党建工作

——党建引领。

制定细化 5 个方面 20 项目标任务的全面从严治党责任清单和 6 个方面 18 项目标任务的党建工作要点，逐级压实管党治党责任。组织开展意识形态工作自查，发现 3 个方面的问题并制定了 4 项整改措施。

——党史学习教育。

召开中心组学习 9 次、党史学习教育读书班 32 期、主题党日活动 3 次切实引导全体党员重温红色党史，感悟伟大历程，坚定理想信念；研究制定“我为群众办实事”措施 16 项，支部“领题破题”清单 5 项；制作宣传展板 26 期强化正面引导，扩大宣传成效，切实把党史学习教育成效转化为推动分公司高质量发展的强大动力。

——巡视整改。

针对常态化全面整改台账所涉及的 12 个具体问题，共细化 29 项措施，完成 29 项；针对 11 项重点整改任务，研究制定的 29 项整改措施，完成 29 项。

——党风廉政建设。

制定分公司党风廉政建设工作落实要点、任务分解表，细化 42 条工作措施、73 项具体安排。坚持挺纪在前，全年推动开展各类廉政谈话 12 次（102 人次），从履职尽责、疫情防控、安全生产、廉洁自律等方面强调要求。坚持常态化纪律教育，组织 4 次全员党风廉政知识讲堂，不断强化党员干部规矩纪律意识。

——员工幸福感。

及时响应员工诉求，积极落实员工建议。通过召开员工座谈会征集建议 40 条，落实职工大会提案 2 件。落实 6 件关心员工具体实事，开展重点节日、生日以及住院、生育慰问 357 人次。

——乡村振兴。

为商洛市商州区、洛南县 1.5 万帮扶人口免费赠送惠农团体意外保险，加大保险保障力度；开展公益帮扶 4 场，助力乡村振兴，履行国企社会责任；推进绿色营销，落实低碳环保运营。重点推动业务线上化，线上承保达到 98%，线上保全达 73%，践行绿色邮政。

五、风险防控

——重点领域。

以乱象治理为中心，组织开展市场乱象治理、全面风险排查、案件风险等专项工作，分阶段、分层级、有重点地对销售行为、人员管理、数据真实性等方面开展自查自纠。

——合规管控。

推进“内控合规管理建设年”，覆盖内控管理全流程，检查 62 个网点；审核方案、课件、制度 505 份，重点识别纠正混淆产品概念、片面比较、夸大误导等问题，严把合规审核关。

——审计监督。

针对有效贯彻落实分公司内部重大决策部署、规范业务发展、防范经营风险等，组织开展内控、反洗钱等7个专项审计项目，充分发挥审计在防范风险、完善管理和提高经济效益中的作用。（中邮保险）

【中邮证券陕西省分公司】

一、经营发展

2021年经纪业务收入10723.30万元，占总收入99.05%；资管业务收入103.14万元，占总收入0.95%。

——机构业务。

在途业务1个，为“金融投11号”陕煤项目，截至12月底，业务总收入103.14万元。对接陕西邮储银行领导班子，会同邮储金融同业部及公司部，进行机构业务方面的座谈，在机构业务协同发展、合作共赢达成一致意见。配合总部投行部，联合邮储银行金融同业部及邮储一级支行，针对邮储未授信的评级为AA及AA+的客户进行业务联合拜访，在企业债、公司债及ABS等业务方面进行交流，积极寻求业务机会。

——协同发展。

与省邮政公司金融业务部进行沟通，召开协同会议，共同协商推进三方存管有效户进展的工作思路。要求分支机构协同负责人全天配合协同开户及有效户激活，提升客户开户效率，为客户提供良好的开户体验。强化业务支撑，及时更新机构业务人员信息，提供业务培训服务。邮政渠道新增有效户1718户，完成目标132.15%；邮储渠道新开账户数2992户，完成目标117.47%。营业部协助邮储银行陕西省分行落地某大型企业资产处置项目，邮储陕西分行在西安电子二路营业部落地开户，涉及托管股票3400万股。

——乡村振兴。

结合地方政府乡村振兴工作规划，协助总部对商洛市商州区麻街镇齐塬村的太阳能路灯项目和杨峪河镇银明村埋设过路排洪管道工程项目开展帮扶活动，对洛南县灵口镇宽坪村集体经济项目和文化广场项目开展帮扶活动。

二、党建工作

——政治建设。

召开党的建设暨党风廉政建设和反腐败工作专题会议。制定党的建设工作要点，印发《中邮证券陕西分公司党委2021年党的建设工作要点》。认真落实意识形态工作，分公司党总支成立后，第一时间成立中邮证券陕西分公司意识形态工作领导小组；制定2021年度意识形态工作责任清单；召开两次意识形态专题会议；观看红色电影，弘扬爱国精神。

——思想建设。

党总支班子积极发挥“关键少数”的表率作用，带头落实“三个第一时间”学习机制；年初制订并下发《中邮证券陕西分公司党委理论学习中心组2021年度学习计划》，各党支部结合实际制订本单位的年度学习计划并严格贯彻落实。扎实开展党史学习教育，成立党史学习教育领导小组，负责党史学习教育的组织推动工作；研究制定并下发《中邮证券陕西分公司党委开展党史学习教育的实施方案》；组织陕西地区各党支部认真学习习近平总书记“七一”重要讲话精神，党的十九届六中全会精神等重要文件；开展题为《从重大历史事件中重温党的百年光辉历程，汲取前进的力量》《如何解读中国共产党百年奋斗的历史意义》的党史学习教育专题党课。开展11次主题党日活动；开展“我为群众办实事”实践活动，制定14项任务清单，完成13项，持续推进1项；开展党支部“领题破题”主题实践活动，列出推进清单7项，完成7项；开展“三亮三比三评”主题实践活动；组织陕分党总支及各党支部召开党史学习教育专题组织生活会。

——组织建设。

完成分公司党总支成立工作。做好2021年发展党员工作，按照省邮政公司党委的相关要求，按计划推进分公司党总支党员发展工作，强化对发展党员程序和材料的审核，提升发展党员工作质量。开展理论学习和发展党员形式主义突出问题专项整治活动，通过组织各党支部自查自纠、重点抽查等，对理论学习、入党材料弄虚作假突出问题进行专项治理。

三、企业管理

——组织机构改革。

改革后的陕西分公司下设3个部门，分别为财富管理部、机构客户部和综合管理部，完成分公司现有人员转隶调整。推进营业部干部选拔任用工作。重点开展西安电子二路营业部总经理、西安开元路营业部总经理的干部选拔任用工作。启动部室总经理的竞聘工作，启动财富管理部、综合管理部总经理的选拔任用，完成推荐、考察环节，并经陕西分公司党总支集体讨论决定，报送公司党委组织部审批。

——人力资源管理。

通过内部调配、校园招聘、社会招聘等方式，不断充实陕西分公司人才队伍。按照分公司岗位设置和职数编制，完成分公司本部及所辖陕西各营业部的定岗定员工作。按照公司对陕西地区营业部领导人员绩效考核管理工作要求，制定《中邮证券有限责任公司陕西地区营业部2021年度领导人员绩效考核方案》，并组织开展2021年度营业部领导人员绩效考核工作。

四、风险防控

组织现有岗位员工对各岗位职责、规章制度、工作流程进行全面的梳理、修订、优化和完善。根据实际工作需要，及时修订《陕西分公司“三重一大”实施细则》《陕西分公司总经理办公会议事规则》《陕西分公司党总支议事规则》等重要决策制度，完善陕西分公司内部反洗钱管理制度、合规管理制度、车辆管理制度、考勤管理制度，安全管理制度等，优化和规范业务办理流程。

五、工会工作

结合分公司实际，做好工会发展计划，会员总数 58 人，覆盖率 100%。参加公司工会组织的各项业务竞赛活动。做好慰问困难员工、员工家属抚慰、金秋助学、“三八”女职工慰问，组织冬季踢毽子比赛等。

六、疫情防控

西安疫情暴发后，陕西分公司第一时间成立疫情防控领导小组，修订疫情防控应急预案，详尽安排部署各项疫情防控工作。每日数次对办公场所进行全面消杀，保证办公环境的安全卫生。及时安排员工轮值现场上班，在西安、咸阳地区实行封控管理期间，积极与证监局、人民银行、公司总部沟通汇报营业部停业后的业务安排情况。对员工进行动态管理，做好信息记录。积极与公司工会联系沟通，为封闭在家的员工及时采购蔬菜并配送上门。联系各方资源，为运营管理总部在疫情期间坚守在岗的员工送上新年慰问物资。（中邮证券）

甘肃省

【甘肃省邮政分公司】 2021 年实现总收入 22.8 亿元，增幅 10.29%，高于全国平均水平 6.63%，增幅列全国第 5 位。

一、企业党建

——基层党组织建设。

全省所有县区分公司实现党的基层组织全覆盖，所有营业网点实现至少有一名党员或流动、包挂党员；及时调整规范党组织建设，指导推动省分公司直属机关党委以及酒泉、兰州、定西、张掖等市分公司党委换届选举工作。

——党史学习教育。

举办党史学习教育专题辅导报告会、全省邮政三级干部党史学习教育等研讨学习班；开展“邮票上的中国共产党历史”展览、党员“三亮三比三评”主题实践和劳模巡回宣讲；哈达铺红军长征纪念馆邮政红色教育基地挂牌；开展“党旗领航　助力发展”、“我为群众办实事”、党支部“领题破题”以及“结对手拉手、协力促发展”活动，推动党建工作与经营工作深度融合。全省完成 319 个“办实事”项目。

——巡视整改和省内巡察工作。

调整巡视整改责任部门，抓好常态化巡视整改，集团公司巡视反馈问题整改完成率 100%；对中央巡视整改、2018 年以来内部巡视整改、“未巡先改”“不忘初心、牢记使命”主题教育整改台账进行系统性梳理，建立“6+1”整改台账，逐项整改；对省寄递事业部党委、省分公司机关部门等 21 个单位（部门）党组织进行巡察，对 5 个市州分公司及县区分公司党组织开展巡察“回头看”，提前一年实现巡察全覆盖，同时有序推进巡察整改工作。

——监督执纪问责。

精准有效开展政治监督、日常监督等 26 个监督项目。对寄递、金融、惠农合作和三级物流体系建设等重点工作落实情况实施专项监督。持之以恒落实中央八项规定精神，一以贯之纠治“四风”。受理纪检业务范围内信访举报 50 件，给予党纪政纪处理 39 人次。

二、普遍服务

省内互寄地市与地市间特快专递优势线路增加 19 条、劣势线路减少 25 条，快递包裹优势线路增加 12 条、劣势线路减少 5 条。以兰州为中心 200 公里范围内的市县城区全部实现当日递、200 公里以上范围的市县城区全部实现次日递。

省会间信件、印刷品、包裹全程时限提升 0.85 天；投递外勤关键节点扫描率提升 98.58%；直接通邮频次周三频以上的建制村占比 99.77%；给据邮件信息断点率压降到万分之一以下；报刊短缺率压降到万分之三以下；营投合一单人局所数量压降 24 个。普服网点营业时间达标率、乡镇普服网点覆盖率、建制村直接通邮率、邮件全程时限达标率等各项指标均达到集团管控要求；机要通信安全率 100%，连续 31 年保持质量全红。

寄递业务初步形成以客服中心受理问题、服务质量发现问题、视察检查督导解决问题的闭环管理模式。强化对邮件丢失及特快未预约投递量率双升突出问题的治理，全省邮件丢失率万分之 0.18；特快未预约投递量全年控制在 400 件以内，全国排名第 8 位。

三、业务发展

——邮政业务。

传统业务实现收入 2.6 亿元，收入增幅 9.2%。其中集邮专业实现收入 7309 万元，比上年增长 11.2%，全国排名第 11 位；报刊专业实现收入 1.4 亿元，比上年增长 8.7%，列全国第 3 位；函件专业实现收入 5018 万元，比上年增长 7.8%，列全国第 12 位。报刊大收订方面，促成《甘肃日报》自办发行 10 年后再次交邮发行；与《读者》集团合作，全年发行《读者》8.4 万份，订阅规模全国第 3 位，发行量 2 年实现翻番。报刊大收订提前 21 天完成 2022 年收订目标，完成流转额 4.34 亿元，增幅 26.72%。政务市场收入突破 5228 万元，比上年增长 24.58%。政务图书销售码洋 1153 万元，其中销售《习近平在福建》1.4 万余册，规模列全国第 5 位。文创产品实现收入 527 万

甘肃省敦煌市邮政分公司员工分拣邮件（《中国邮政报》）

元，新增19个文创专柜，实现销售额482万元，比上年增长280%。函件媒体实现收入1510万元，比上年增长26%。主题邮局新增黄河旅游风情线和敦煌市区2处；升级改造敦煌沙洲夜市、天水麦积山和陇南哈达铺红色主题邮局；在兰州亚欧国际观光体验厅设立高空主题邮局，开发文创奶茶产品"邮你的茶"。自营农产品全渠道销售额6147万元，比上年增长65.5%。建成活跃邮乐购站点2350个，市县级邮乐扶贫地方馆72个，邮乐平台网络零售交易额1414万元，比上年增长33.7%；分销业务整体收入9682万元，比上年增长18.55%，全国排名第6位。商企市场抢夺竞品大客户409户，新增收入323万元；极速鲜业务收入3579万元，比上年增长84.08%。

——寄递业务。

全年业务量4628万件，比上年增长46.17%，其中特快业务量1923万件，比上年增长65.57%；完成业务收入5.03亿元，比上年增长23.34%，全国排名第4位。特快专递实现收入2.6亿元，增幅40.08%，全国排名第7位。"菜鸟裹裹"退换货业务收入380万元。自主开发寄递网运行质量考核报表、生鲜邮件11185后台跟踪和六面扫设备识读监控系统。

——金融业务。

完成收入13.2亿元，比上年增长9.2%，超目标3000万元；利差收入增幅10.8%，全国排名第4位。新增金融资产122亿元。新增储蓄余额99亿元，规模增幅14.9%，增幅全国排名第2位；新增个人存款市占率8.7%，在国有大行中排名第3位，比上年提升1位。搭建线上"微金融"平台，累计发展平台会员81万人，点均近2000人。全省配备专职理财经理432名，实现点均1人，较大规模的网点实现点均2人；开展财富管理、综合柜员、网点负责人、理财经理等全覆盖培训，基金从业持证率40%。邮银联合举办全省理财经理大赛，以赛促学，以赛促教。

——交流合作。

推进法院专递项目，完成收入1310万元，比上年增长56%。主推交管12123手机APP使用，完成业务量12.5万件，比上年增长110%，收入247.5万元，比上年增长89%。商圈市场完成收入2310万元，比上年增长231%。在移动号卡项目全国试点中，激活率、首充率两项指标持续提升，12月激活率全国排名第11位，首充率全国排名第8位，产生特快收入420.5万元。军民融合项目顺利开展，完成兰州仓改造，并顺利通过联保部队验收，完成46.68万件被装物资的提货入库赋码等工作。与省武警部队签订合作协议，项目顺利上线运行。"冷鲜肉"发运旺季申请开通一班邮航专机，兰州—南京航线增加民航发运舱位，省际出口邮航、民航运能90吨。

四、企业管理

——基础管理。

规范物资采购。集中采购项目37个，执行采购预算2亿元，实际采购金额1.8亿元，资金节约率12.81%。通过干线运输、内部处理业务外包等重点项目集采，带动全网提效降本，资金节约率16.33%。

提升审计质量。审计各类项目460项，发现问题131个，提出审计意见230条，工程结算审减额333万元，审减率5%。

优化投资企业。理顺和完善投资企业股权结构，完成机械厂和鸿信印刷厂的公司化改制工作；阶段性完成隆盛公司、瑞通公司和机械公司的吸收合并。引导投资企业发挥自身能力，积极为主业提供包装物料和网点设施服务。

——能力建设。

完善三级物流体系。重点建设"3+13"个示范县区，优化调整23个县域网络组织，升级整合61个乡镇处理中心，建成1.56万个村级邮政综合便民服务站，建制村覆盖率100%。全省2819条县以下农村地区投递段道汽车化投递占比85%，较年初提升24%。华亭、民勤、宕昌3个县分公司中标2021年电商示范县项目，争取资金728万元。

渠道平台转型赋能。推行"4（普服业务）+N（统一叠加）+X（自选叠加）"模式，对815个乡镇网点实施转型，转型覆盖率68.2%，转型网点点均收入53.5万元，比上年增长13.3%；收入万元以上网点占比96%，比上年增加35个。

——人力资源管理。

对长期未交流的10名领导人员进行交流任职；严格落实要求，市州分公司纪委书记全部实现异地交流任职。新提任三级正领导2名。在天水、武威两个单位开展领导人员任期制和契约化管理试点工作。选好驻村干部，健全优秀年轻干部和青年人才遴选机制。

——企业文化和精神文明建设。

开展社会主义核心价值观主题实践教育月活动，组织动员职工参加集团"迎党建百年 展邮政风采"全国邮政职工随手拍邮票照片设计大赛活动，11名职工的作品获得主题类、艺术类二、三等奖。开展“学习党的创新理论，争做新时代产业工人典型案例”征集活动，推荐3个优秀作品参加省总工会“网聚职工正能量　争做陇原好网民”主题活动，组织参加国防邮电系统职工庆祝建党100周年摄影比赛、“陇原工匠 dou 精彩”职工抖音挑战赛，开展“工会进万家”调研走访慰问活动。引导职工利用职工书屋和新媒体新途径因地制宜开展读书活动，组织参加全民健身活动和各项体育赛事活动。全年新建小家13个，提升改造48个。

五、社会责任

——抗击疫情。

疫情期间，各级党组织和广大党员迅速行动，全员“零疑似、零感染、零确诊”。积极履行央企担当，邮件发运工作不间断，生产作业有序进行，为社区居民配送蔬菜1万多份，水果2万多箱，生活物资4.8万余份；配送防疫物资9万件、慈善捐赠10吨。

——服务乡村振兴战略。

与省农业农村厅、乡村振兴局、邮储银行签订四方协议。成立惠农专班，强化邮银协同，深入走访合作社9.6万户，发展惠农会员34万户。针对4万个有效合作社实施分田管户，发展一级白名单客户7617户，销售农品6227万元，合作社理事长新增资产6000万元，寄递造包1155万件，发放融资E贷款1.8亿元。

——风险防控。

持续开展平安邮政创建和安全生产专项整治三年行动，深入落实《安全生产主体责任落实规范清单》任务，健全应急预案体系。推进守护押运外包，全省新增外包7个市州，全面提升守护押运服务的安全性、规范性和专业性。同时，将现有枪支弹药全部依法上缴公安机关，有效防范化解金融安全风险。全年安全生产无事故。（甘肃省邮政分公司）

【邮储银行甘肃省分行】

一、经营发展概况

——经营业绩。

2021年实现自营收入23.6亿元，完成预算目标106%，增幅8.01%；利润总额8.35亿元，完成预算目标102%，增幅9.49%。实现EVA 2.21亿元，比上年增加1.53亿元；实现RAROC 14.39%，比上年上升3.61%。

——发展规模。

资产总额1199.83亿元，比上年增长153.44亿元，增速14.66%。负债总额1192.10亿元，比上年增长151.17亿元，增速14.52%。各项贷款余额605.85亿元，净增贷款49.76亿元。各项存款余额1091.98亿元，新增存款130.43亿元。各项贷款市场占有率2.53%，比上年提升0.02%；各项存款市场占有率4.84%，比上年提升0.26%。

——资产质量。

不良贷款额8.89亿元、不良贷款率1.38%，比上年分别下降1.3亿元、0.36%。处置不良贷款11.1亿元；表外清收1.55亿元。拨备覆盖率179.99%。

二、落实中央决策部署

——支持乡村振兴。

将乡村振兴相应监管指标纳入经营绩效考核，列为省分行党委巡察必要内容，对二级分行党委履责情况进行监督。在张掖市召开乡村振兴、普惠金融及惠农合作项目现场会，专题部署相关工作；研究制定省分行“十四五”时期服务乡村振兴战略规划等3项专题方案，明确任务，按时推进；持续开展“厚植根基服务陇原‘党旗领航·走千企入千村进万家’活动”。省分行涉农贷款结余222.37亿元，占全行各项贷款结余36.7%，净增10.72亿元，完成计划任务的102%。

——支持中小微企业发展。

加强疫情期间服务，支持中小企业发展，支持企业纾困。降低企业融资成本，发放贷款平均年利率5.88%，比上年平均年利率下降16个BP。支持普惠小微企业延期还本付息，对于受疫情影响的小微企业贷款实行应延尽延，减轻企业还款压力，通过展期、变更还款计划等方式，对受困中小微企业主进行贷款延期，疫情期间为71户延期还本付息，涉及贷款金额4091万元。

——落实碳达峰碳中和战略。

绿色贷款结余29.37亿元，比上年增长15.84亿元，增幅117.15%；其中，清洁能源产业贷款余额13.69亿元，比上年增长7.19亿元，增幅110.71%，占绿色贷款46.61%。绿色融资结余30.04亿元，比上年增长14.53亿元，增幅93.69%。

——服务国家区域发展战略。

落实黄河流域生态保护等战略部署，投放公司信贷120.68亿元，年增长44.88亿元，完成全年目标计划的179.51%。

——支持供给侧结构性改革。

聚焦重点领域投贷，服务地方战略。在新能源、城市基础设施建设、垃圾焚烧、煤炭、城镇住建、医药等领域实现新进展，庆阳、平凉、甘南、武威分行实现项目突破后，全行项目储备实现全覆盖。公司信贷客户数量增加到66户，有效授信总额386.05亿元，年增授信客户18户。投资甘肃省地方债41.10亿元。

三、业务转型发展

——零售金融。

一是中收端增收降成本。将中收与信贷规模挂钩，提升贡献降低资本耗用。代销业务实现“价值创造”，自营新单保费规模7.35亿元，手续费收入3327.92万元。权益基金销量占比62%，高出邮储银行平均水平2倍，居邮储银行第1位，基金综合费率也居第1位。新增贵金属净收入357万元。信用卡业务收入1.27亿元，增幅30.86%，占中收整体比重54%。二是负债端价值存款提升。个人存款围绕“十大抓手”，推进社保、退役军人、医保电子凭证及陇明公项目，持续压降二、三年期存款。新增价值存款13.88亿元，居邮储银行第5位，压降三年期存款2.42亿元。三是零售信贷持续优化房贷业务、做强消费信贷。一手住房贷款净增11.60亿元，新增优质客户占比21.15%。消费信贷重点产品排名居邮储银行前列。四是持续提升综合营销、服务能力。综合营销工作抢先抓早，落地综合营销＋业绩评价工作。建成财富管理队伍和理财经理队伍，理财经理168名。全行自营客户AUM为258.68亿元，比上年末增长35.38亿元。

——公司金融。

公司存款推进“政银便民通”系统及甘肃省“一网通办”服务平台对接，紧盯农业农村产改、定点医院和定点基层医疗卫生组织，实现源头获客，全行结存公司客户1.37万户，年增4014户，比上年增长48%，新增客户带动存款增长11.36亿元。公司贷款优化业务调结构，中长期贷款余额124.68亿元，比上年提升17.52%。交易银行开放式缴费平台业务持续提升，开放式缴费平台有效客户完成率257.5%，居邮储银行第8位；交易金额4.75亿元，交易量完成率151.52%；联动开立公司账户593户，服务个人缴费客户约15万户。

——资金资管。

建设“同业生态圈”，打破与农信、农商机构合作“零”的局面，与省联社、兰州农商行、酒泉农商行三家机构共认购总行发行同业存单0.8亿元；与甘肃银行签署全面合作暨数字人民币战略合作协议。

四、风险管理升级

——实施资本管理高级方法。

推进资本高级法落地，组织资本管理高级方法基础知识培训及相关会议12次，不定期开展工作督导检查。行业研究机制初成，制定加速推进行业研究方案，开展定西“中药材行业研究”，推动省行行业研究引领。

——代理金融风险管控。

结合日常投诉监控情况，通过风委会研判、下发风险提示、开展专项检查、督导整改等方式，重点关注代销业务合规经营，切实保障消费者合法权益。邮银联合专项开展代销保险业务合规检查工作；加强旺季期间合规管理力度，确保代理金融合规稳健发展。

——全面风险管理。

坚持“全面、全程、全员”风险管理。一是立足“全面”管控，信用风险方面，开展资产质量保卫战行动、资产保全“固堤清淤”大行动、“全省抵押物大起底、大排查行动”，处置不良贷款11.1亿元，处置压降表内不良超过9.25亿元，清收占比50%；表外清收1.55亿元。构建行领导挂帅清收机制，全行128名管理人员累计认领大额不良贷款315户14.57亿元，回款1.45亿元。二是基于“全程”把关，将流程管理贯穿业务发展全过程，管理前置、引领的同时在流程上并行，突出“把关”质效。信用审批开展实地平行作业，走访客户67户，涉及10家分行；信贷工厂模式审批的业务，不良贷款1830万元，不良率0.2%，低于全国工厂模式不良平均水平0.16%。三是面向“全员”管理，组织完成岗位轮换534人次、计划内轮换率100%；开展强制休假19人次、查处违规行为3人次；开展异常行为排查6次，发现异常行为228人次，查实处理44人次。

——内控合规和法律事务管理。

一是风险经理派驻工作落地。派驻风险经理69名，完成派驻总目标的90%，覆盖辖内全部14家二级分行的55个一级支行、56个二级支行。二是案防持续严基调。开展案件集中清理专项行动，全行清理出7起案件，违规行为追究406人次。三是提升基层消保工作能力。开展履职监督检查32次，检查网点93家。四是提升反洗钱工作水平。向人民银行兰州中心支行报送重点可疑交易35份，居甘肃同业第1位，开展数据补录补正“比学赶帮超”。

——内部审计工作。

提升审计整改质效，下发内部审计发现问题整改问责相关要求，推动问题整改问责工作规范化，年度经济处罚173人次、7.48万元，纪律处分2人次，组织处理2人次。

——疫情防控和安全生产工作。

省分行疫情防控领导小组召开5次专题会议，统筹防疫工作，构建扁平化、网络化的处置报备指挥体系。发布疫情防控各类信息13篇，其中省政府采编1篇。构建省市县三级人文关爱体系，向辖内受疫情影响近1500名员工及疫区内的异地和交流人员45位家属送去党委的关怀和问候。全行600余人次脱岗下沉到街道、社区，参与疫情防控志愿者工作。安全生产方面，开展消防专项安全隐患排查和整治，邮银联合开展全省业务库安全风险专项“排雷”活动，推进业务库安防设施和安全隐患整改，加强了非现场检查力度。

五、管理效能提升

——信息科技建设。

科技赋能业技融合，收到软件开发需求105项，数据提取需求800项，比上年增长218.18%和103.68%。省内自主开发率提升至44%，高于总行40%的计划目标。信息安全方面，完成建党100周年重要时期保障，开展信息科技风险大排查活动，排查风险隐患进行整改。

——财务管理。

财务资源围绕“提中收、调结构”中心工作在成本倾斜、资本管控、经营绩效考核等出台制度办法，促进机制引领；向各二级分行分配财务激励补贴 1.17 亿元。

——运营管理。

“以客户为中心”优化运营。提升窗口服务水平，和政县支行和酒泉市东大街支行获总行“2021 年客户体验标杆网点”称号。打造平凉市西门口支行、武威市文昌路支行和天水市分行营业部 3 个老年服务特色示范网点。

——人力资源管理。

薪酬方面，全行增量工资总额全部配置到二级分行以下机构，提高价值创造区域及岗位的绩效工资占比。人员方面，全辖增配风险经理 69 名；销售队伍增加 132 人，占比全行人员 27.83%，比上年提升 4%；向重点城市分行兰州市分行增配人员。人才队伍建设方面，完成“领航人才库”中级正、中级副、基层三级人才入库工作。推进干部跨层级跨地区跨部门跨专业交流任职，推荐 1 名省分行管理干部到兄弟分行交流；实施“到基层去，到实践去”优秀人才培养工程，组织 34 名业务骨干开展上下交流，到基层一线和困难艰苦地方磨炼工作；开展省分行机关团队负责人岗位轮换，促进业务骨干竞聘至二级分行管理类岗位工作。

六、党建引领

——党史学习教育。

认真学习习近平总书记在庆祝中国共产党成立 100 周年大会重要讲话、党的十九届六中全会精神，组织全辖党组织开展党史学习教育。通过省分行党委会提交“三个第一时间”学习议题 66 项。省行党委理论学习中心组带头学，集体学习 8 次，研讨 6 次；开展巡听 5 次，旁听 8 次，组织读书班学习 44 次；邀请专家授课 5 次。

——党风廉政建设。

持续巡视整改、巡察工作。一是确定常态化全面整改、专项重点整改、集团公司巡视整改、巡察“回头看”4 项重点整改任务，按频次主持召开党委会听取巡视整改工作推进情况。省分行党委召开巡视整改议题党委会 18 次，巡视整改领导小组会议 14 次，各项巡视整改工作完成评估，未完成的整改措施持续纳入全面常态化整改工作中。二是对兰州、酒泉分行开展巡察“回头看”，对临夏、庆阳分行开展常规巡察。强化“一把手”监督，制定省分行关于落实“一把手”监督意见具体措施，进行任务分解督导。持续整治“文山会海”，2 省分行发文比上年下降 24.6%，占全年发文管控目标的 88.29%，召开会议为全年计划的 99.51%，公文、会议管控符合预期计划。

——企业文化建设。

对各二级分行困难职工、一线员工和省部级以上劳模进行慰问；调研职工思想动态，对相关诉求分解至部门进行答复解决；推进 14 项劳动竞赛；开展“玫瑰书香”、植树等公益文体活动。品牌建设方面，省分行认真落实总行新闻舆论与品牌建设管理工作要点，贯彻新发展理念，深入推进构建大品牌建设格局，提升品牌工作整合力，提升新闻宣传影响力，强化声誉风险管理的标本兼治，大幅提升品牌活动的传播力，切实支撑全行转型发展与各项重点工作。发布各类原创新闻稿件 1116 篇。（邮储银行）

青 海 省

【青海省邮政分公司】 2021 年完成收入 5.29 亿元，比上年增长 4.86%，完成省内预算的 93.51%，完成集团预算的 93.84%；业务总支出 10.18 亿元，比上年增长 4.61%；经营利润完成 −1.67 亿元，完成预算目标的 71.46%。

一、企业党建

——党史学习教育扎实开展。

深化党史理论学习，全省各级党组织举办党史学习教育读书会 1650 次，党组织书记讲党课 155 次，理论中心组学习 165 次，专题研讨 99 次；丰富党史学习教育载体，开展党史知识竞赛、红歌大家唱、主题征文等一系列活动；完成“我为群众办实事”项目 137 项；组织开展建党 100 周年系列庆祝活动。

——党的建设全面加强。

以政治建设为统领，党委“把方向、管大局、促落实”作用有效发挥；树立鲜明用人导向，提任三级领导 12 人，平级调整 17 人，改任非领导职务 2 人；规范党内政治生活，基层党组织党内基本制度执行有力有效；全省各级党组织完成支部“领题破题”项目 117 项；广泛开展“三亮三比三评”活动，建立无党员联系点制度，基层党组织战斗堡垒和党员先锋模范作用得到充分发挥。

——党风廉政建设和反腐败斗争持续推进。

精准有效开展政治监督、日常监督，持之以恒落实中央八项规定精神，驰而不息纠治“四风”；始终保持惩治腐败高压态势，处置问题线索 19 件，立案 4 件，结案 4 件，处分 4 人；深化监督执纪，开展领导人员“两费”自查自纠，加强选人用人监督，运用监督执纪“四种形态”处理 126 人次；推动开展采购管理、公务车辆加油卡、“小金库”等专项治理。

——巡视整改及内部巡察落实落细。

强化巡视问题整改，集团专项巡视 79 项整改任务已完成 77 项，完成阶段性目标且持续推进 2 项；常态化对照整改的 47 项问题，已完成 45 项，完成阶段性目标且持续推进 2 项。高效率高质量开展常规巡察，全省巡察有形覆盖率 98.57%。

二、普遍服务

省会城市间普服邮件全程时限平均时长较年初加快 1.51 天，普服邮件进出口处理平均时长较年初分别加

5 月 31 日，青海省邮政分公司组织开展“学史知史、爱国立志、快乐成长”图书捐赠活动（青海省邮政分公司）

快 6.87 小时、5.31 小时。年内 3 个县（市）实现当日见报，当日见报率 65.78%，比上年提升 7.89%。着力压降委代办网点和单人局所占比，委代办局所占比较年初下降 10.04%，营投合一单人局所占比较年初压降 6.92%。巩固建制村通邮成效，全省建制村每周三频次投递达标率 97.42%，较年初提升 3.47%。深入推进邮快合作快递下乡进村，县区覆盖率 100%，乡镇覆盖率 84.97%，建制村覆盖率 59.09%，全省转交寄快递量 135.28 万件，代投快递量 88.33 万件，实现收入 1229 万元。机要通信无失密丢损事故，无“两条红线”类案件发生。

三、业务发展

寄递政务业务新增 365.9 万元，突破 1000 万元，增幅 56.9%，排全国第 2 位，较全国平均增幅高 41%。其中，身份证、公安交管、法院专递、高校教育及医疗卫生 5 个项目收入破百万元，总收入突破千万元大关，打造了继“极速鲜”牛羊肉寄递项目之后的第二个千万级项目。

推进军民融合。完成联保部队被装试点配送，运输投递军用物资 2.8 万件；推进边海防通邮保障工作，为 3 处边海防部队提供服务；高质量完成国防交通专业保障队伍演习任务。

四、企业管理

——基础管理。

财务管理。基于零基预算的全面预算管理体系持续构建；实施营销费用配套至基层管控，充分赋予基层经营单元支配使用权；深化寄递业务降本增效，收、分、运、投、管理支撑 5 大环节比上年分别下降 5.76%、2.99%、8.11%、22.94%、31.75%；加强资金资产管理，资金管理效益持续提升；开展“小金库”问题专项治理。

集中采购和审计管理。持续强化集采力度、扩大集采范围、完善集采流程，深入开展采购专项治理，全年公开采购率 90.93%，公开招标率 84.81%，采购资金节约率 11.18%，节约额 2115.31 万元。组织开展经济责任等常规审计 11 项，开展金融风险管理、农村电商、经营绩效等专项审计 17 项，工程审计项目 57 项，全年实施审计项目 88 项，发现问题 226 个，提出审计建议 46 项，工程审减额 1352 万元。

——能力建设。

有力推动各项改革。寄递网改革。两集中改革突出省指挥调度中心集中管控职能，优化全省市趟、干线布局，统一航空和陆运网指挥调度；加强网业联动，围绕够量市场开展时限大提速，固化优势线路；稳定时限水平，省际进出口时限达成率、省内互寄时限达成率均高于全国平均水平。陆运网改革。进出口邮件陆运时限大幅提升，开通西宁至长沙、西宁至成都往返一级干线汽车邮路，时限提前一天，有效解决东南、西南路向无邮路、时限慢等问题；一级干线往返邮路达到 70%，大车占比 85%，装载率 45%，高于全国平均值。运输改革。提升民航应用效能，西宁出口民航早晚航班使用率 90% 以上；开通西宁至南京邮航专线，带运“极速鲜”类、特快类邮件 450 吨，西宁民航带运 300 吨。揽投网改革。加快自提点建设，累计建成 862 个，自提率 53.89%，比上年提升 26.84%；改革作业模式，重点城市揽投部网格化作业率 100%；妥投率持续提高，标快、快包妥投率分别超目标 11.55、12.23%。

计划建设管理。西宁邮件处理中心工程已进入基础施工阶段；省中心机房如期完成搬迁并投入使用；果洛州邮件处理场地建设项目已交付使用；完成集中维（装）修改造项目 8 个、营业网点形象改造项目 86 个。

信息网重点工程建设。推进青海省分公司中心机房建设和搬迁项目，完成机房电气系统、空调新风系统、综合布线、安防系统、动力环境及视频监控系统等建设内容，并完成 237 台生产设备和 35 个业务系统搬迁、全省 418 条通信电路割接、省分公司办公大楼、视频会议和 11185 客服中心强弱电改造。

——人力资源管理。

推进任期制和契约化管理，完成黄南分公司试点工作；实施寄递操作岗位计件薪酬；加强员工培训，年培训 4700 余人次；推行金融岗位持证上岗，466 人通过从业人员资格认证考试，合格率 84%。

——企业文化和精神文明建设。

海南州分公司荣获“青海省五一劳动奖状”；格尔木市分公司“鸿雁天路”投递班荣获“全国工人先锋号”和“青海省工人先锋号”称号；西宁邮区中心、格尔木市分公司、贵南县分公司荣获全国邮政“模范职工小家”称号；玉树州分公司、黄南州泽库县分公司储蓄班、西宁邮区中心邮件运输中心运输班分别荣获青海省“安康杯”竞赛“先进集体优胜单位”称号；海西州分公司李志强荣获青海省职工职业道德建设“十佳个人”称号；西宁市分公司祁勇荣获青海省“昆仑英才·技术技能人才”“工人技术明星”称号。

青海省邮政工会为各市州分公司、省分公司直属各单位工会拨付“快乐家园”建设专项资金108万元，解决员工生活和工作中的实际困难，丰富员工的业余文化生活。全省48个县级邮政单位全部建立了“职工小家”，建家率100%。

——服务质量管理。

制定下发各类业务指导文件及系统培训文件，开展QQ、微信、电话指导支撑工作；严格落实全省报刊见报处理时限标准，实行每日出报情况微信群报备制度；联合服务质量部、西宁邮区中心跟进发行服务，强化重点产品、重要环节、重点客户时限监控和服务跟踪工作，加大缺报少刊现象综合整治力度，全力解决用户投诉问题，全省见报时限比上年度明显提升，客户体验得到有效改善。

五、社会责任

——赈灾防疫。

果洛玛多“5·22”地震发生后，青海省邮政分公司第一时间建立临时邮局，恢复震区邮政通信服务，及时开通玛多赈灾包裹免费寄递绿色通道；面对新冠疫情突袭，主动服务地方抗疫，运送西宁全员核酸检测样本40余万剂、各类防疫物资10余吨。

——服务乡村振兴战略。

持续巩固脱贫攻坚成果，帮助定点扶贫村整体脱贫摘帽，且持续推进；助农惠农，邮政电商销售农特产品685万元，完成计划的105%。（青海省邮政分公司）

【邮储银行青海省分行】

一、经营发展概况

——经营业绩。

2021年实现收入7.83亿元，其中自营收入6.52亿元，比上年增幅2.3%，剔除2020年盐湖违约金收入，实际增幅10.45%。完成利润1.38亿元，利润总额1.47亿元，利润总额完成总行预算的102.79%。

——信贷投放。

信贷投放171.95亿元，信贷资产余额209.87亿元，净增20.31亿元。信贷产品市场占有率3.09%，比上年上升0.21%。

——业务结构。

零售业务占比由30%提升至50%；中收占比提升至8.63%；小企业法人贷款户均余额由峰值969万元降至190万元。

——资产质量。

零售不良贷款余额1.80亿元，不良贷款率0.81%。

二、落实中央决策部署

——支持乡村振兴。

一是全面巩固拓展脱贫攻坚成果同乡村振兴有效衔接。开创“精准扶贫+乡村振兴”新模式，打造农村综合金融服务生态圈。涉农贷款（全口径）余额20.8亿元，比上年净增3.58亿元，完成监管计划的358%；普惠型涉农贷款余额10.77亿元，比上年净增1.8亿元，完成监管计划的257%；全省42个脱贫县各项贷款余额28.15亿元，比上年净增8.32亿元，增速41.96%。果洛州支行员工扎西闹吾被授予“全国脱贫攻坚先进个人”，获“全国金融五一劳动奖章”。二是全面强化农村信用体系建设。录入行政村340个，评定信用村255个，信用村建设完成率304%，居邮储银行第4位；向4900户农户采集信息，评定信用户3433户，信用户建设完成率196.43%，居邮储银行第4位；发放信用村贷款3139笔，金额3.41亿元，比上年净增2.3亿元；线上信用户“小额贷款”纳入总行首批试点。

——全面支持中小微企业发展。

普惠型小微企业贷款结余15.91亿元，客户数3172户，余额净增1.2亿元；通过“青信融”平台，发放贷款156笔1.34亿元，在省内18家金融机构中居第4位；小企业法人客户数210户，比上年增加32户，2017年来累计服务中小微法人客户1248户。

三、业务发展

——零售金融。

个人金融客户总资产增长率2.4%，个人客户产品覆盖率2.7%，比上年增长0.2%；手机银行月活客户规模5.82万户，完成总行目标的107.79%。网络金融推动线上业务快速发展，收单个人客户AUM增速31.67%，居邮储银行第2位；收单个人客户资产增速贡献27.5%，居邮储银行第2位。信用卡场景分期带动收入增长，获取新客41449户，完成总行目标的103.62%，居邮储银行第4位，收入5833万元，完成率116%。“三农”业务利用“小额贷款”移动展业推进全流程数字化作业，加快上线全省惠农服务平台，“小额贷款”余额23.31亿元，比上年净增8.08亿元，增速53.05%，净增额完成总行目标的269.2%，完成率连续两年居邮储银行第1位。

——公司金融。

围绕“四地”建设，加大对新能源行业和特色领域信贷支持力度，与15家核心客户建立良好的融资业务合作关系，发放公司贷款23笔，金额21.78亿元。公贷市场占有率上升至邮储银行第5位，公贷加权平均利率4.54%，居邮储银行第3位。交易银行累计办理供应链业务263笔、金额5.8亿元，比上年新增57.39%；票据业务46笔、金额8.59亿元，比上年新增301.95%。

——同业板块。

获批省内票据业务交易权限，实现从单一系统内买断向卖断、逆回购的突破，票据规模38.95亿元；获批人行再贴现业务额度，“破零”办理再贴现业务2笔；九州证券开立同业账户，购买同业机构理财1.9亿元，实现证券类同业活期存款及理财业务历史性突破；全面推广线上邮e贴业务，金额1.47亿元，直贴加权平均收益率3%，居邮储银行第1位。

四、风险管理

——风险管控。

一是风控前移。前台成立贷后监测、飞行检查团队，利用大数据模型发现风险苗头；整合14个EAST系统数据主题，以8种常见风险模型为核心，逐月监测贷款客户账户资金流向。二是科技赋能。打造3个内控模型应用场景，上线20个子模型，形成多维度内部风防体系；建立逾期贷款客户“一户一策”管理台账，对新增逾期逐笔保全，对逾期100万元以上客户逐户分析原因。

——内控案防。

派驻11名风险经理，检查发现问题373个；深化案件防控，累计开展防范和打击非法集资、非法放贷、金融诈骗宣传307场次；健全问责体系，问责2022人次，经济处罚104.16万元；开展合规检查项目25个，覆盖183个网点，对394人次给予轻微违规积分、对45人次给予告诫；落实保密管理工作，分行保密宣传片获得总行二等奖。

——审计监督。

围绕经营发展短板，关注重点业务领域，对标监管要求，坚持上下联动，深入实施审计项目24项，机构覆盖率100%，审计金额223亿元，发现问题1113个，提出审计建议118条，问题整改率88%，积分考核人员348人次，处罚金额100400元。

——安全生产。

严格落实疫情防控要求，完成全行无禁忌人员疫苗接种；持续开展“平安邮储”创建工作；全面推进安全保卫工作标准化达标建设，开展消防安全隐患专项排查整治与营运用房消防设计审查验收；加强安全检查和隐患整改常态化管理。

五、管理效能

——聚焦价值创造提效能。

服务国家环保战略，对绿色信贷和绿色债券定价给予下降10个BP支持；新发生贷款平均利率3.94%，比上年增加5个BP，其中公司贷款新发生利率4.55%，比上年增加18个BP，排名邮储银行第5位。

——聚焦网点转型优服务。

全辖57家网点上线公司业务集中处理功能，公司结算类业务处理时长由平均1笔4分06秒降至2分以内；公司账户类退回率由55.05%降至8.02%，退回率居邮储银行第3位；完成大通支行降格与城西支行合并。

——聚焦激励考核强队伍。

绩效考核导向更加明确，全面推行综合营销、差异化绩效考核标准。薪资保障作用持续提升，向劳务用工发放地区津贴、补贴。岗位体系设置更加科学，拓展专业类、销售类、运营类岗位职级范围；充实零售客户经理队伍，切实提高营销人员占比。职级晋升工作常态化，开展两次职级晋升工作，晋升411人，占比40%。人才选用持续加强，为8家支行领导班子配备至少1名40岁（含）以下干部；通过校、社招引进人才63人。

——聚焦科技赋能强支撑。

网络安全、数据安全纵深防御持续深入，信息科技风险检查问责力度加大。自建信息系统7个，自主研发占比40%，2项研发课题获得青海省质量管理二等成果，其中1项获得青海省质量管理活动优秀企业荣誉，实现技术输出零突破。重要IT基础设施、信息系统资源全面纳入集中管理；围绕数据集市开发建设28项模型。

——聚焦时效提升强能力。

强化审查审批队伍建设，对新能源等重点领域给予授信支持，加强信审“绿色通道”服务支撑；优化体系，开展审查审批全流程限时服务管理，限时服务达标率100%。

——聚焦重点项目促协同。

4项集团重点协同项目均超额完成：惠农合作项目融资E贷放款3269万元，目标完成率272.42%；退役军人服务卡发卡1353张，目标完成率197.52%。加大对代理营业机构的管理力度，组织开展全省126个代理网点合规风险等级评价工作；上收代理机构任职人审核权限至省分行；监管转办代理机构客户投诉处理满意度100%。

六、党建引领

——党史学习教育。

坚持把学党史、悟思想、办实事、开新局贯穿始终，成立分行党史学习教育领导小组，组织全行党员收看庆祝中国共产党成立100周年庆祝大会实况，以党委会、支部党员大会形式第一时间组织学习“七一”讲话、十九届六中全会精神。分行党委书记为全行党员讲授专题党课。全辖30家党支部扎实开展专题组织生活会，检视发现问题130条；完成44项“我为群众办实事”活动、22项“领题破题”活动。

——党风廉政建设。

对“一把手”贯彻执行民主集中制情况进行重点监督，组织开展约谈、提醒谈话、诫勉谈话、任前廉政谈话58人次。落实“未巡先改”、全面整改与专项整改监督工作，开展领导人员“两费”自查和零售信贷领域廉洁风险专项整治工作。对乡村振兴、餐饮浪费、采购管理、“小金库”等7项专项治理自查情况进行监督；警示教育大会覆盖率100%。

——提升干部职工归属感。

2018年来固定资产累计投资1.18亿元，其中交通运输工具投资1242万元，新增及更新车辆44辆，全部调配至支行；办公机具器具投资4641万元，其中计算机设备投资1982万元；工程建设累计投资5877万元，其中自有房屋装修改造投资2237万元，改造5家一级支行营运用房，装修改造网点21个。改造职工食堂、宿舍面积2716平方米，“职工小家”建设投入481万余元，职工生产生活条件有效改善。（邮储银行）

宁夏回族自治区

【宁夏邮政分公司】 2021年实现收入6.62亿元，比上年增长16.31%，增幅列全国第1位，完成集团预算进度的100.7%，排名全国第6位。

一、企业党建

——党史学习教育走深走实。

认真组织学习习近平总书记在党史学习教育动员大会上的重要讲话、“七一”重要讲话、十九届六中全会精神。组织每周读书会、专题辅导报告会、党史文献读书分享会，参观红色基地、观看红色影片等活动。开展“信仰与忠诚”党性教育、“党旗在基层一线高高飘扬”、“寻迹百年·邮政青年跟党走”和“学党史、颂党恩”等活动。抓好“我为群众办实事”实践活动，完成区分公司办实事项目32项57条措施，各分支机构办实事项目125项209条措施。

——全面从严治党不断深化。

严格落实中央八项规定精神，持续开展“扬正气、抵歪风、树形象”强化作风建设活动。驰而不息纠治“四风”，开展“昏懒庸”专项整治，约谈干部25人，提醒谈话4人。集中整治在贯彻落实党中央重大战略和集团公司党组重要工作部署方面的形式主义、官僚主义问题，提前一年实现宁夏邮政巡察“全覆盖”。持续强化正风肃纪反腐，做深做实日常监督，开展政治理论学习和发展党员方面形式主义、异地交流领导人员违规报销“两费”、巡视整改、“小金库”、公务车加油卡使用管理和采购等重点领域、突出问题的专项治理。综合运用监督执纪“四种形态”，坚持“三不”一体推进，对15件信访件进行问题线索核查，其中立案4件，给予党纪政务处分4人次，开展提醒谈话14人次、约谈33人次。

——基层党组织建设有力推进。

严格落实全面从严治党主体责任清单和“一岗双责”清单，推广党员联系空白网点和党员责任区建设。认真开展“三亮三比三评”、党支部“领题破题”和打造“103010战斗堡垒工程”等活动。围绕金融转型、寄递改革、降本增效、科技创新应用、农村电商两线融合等企业经营发展重点热点问题开展支部活动，促进了党建与业务工作深度融合。

二、普遍服务

全面完成“三升三降、六个100%”目标，集团通报考核的17项指标全部达标，其中15项指标排名全国第1位。所有建制村均实现周三班以上投递。转型网点覆盖率96%，排名全国第1位；全面消除零收入网点，万元以上网点新增22个。机要通信工作连续33年质量全红。

三、业务发展

——邮政业务。

助力自治区重点产业发展，连续3年引进邮政航空公司落地银川，开通“银川—南京”邮政直航牛羊肉生鲜产品寄递线路。疫情期间，面对民航货运班次大幅减少的情况，克服困难，以时限最快为目标，开通“银川—呼和浩特”冷链陆运线路，保障“极速鲜”牛羊肉邮件无延误、无积压，累计完成寄递量41.3万件，实现寄递收入3046万元。建成滩羊肉、枸杞、葡萄酒3个邮政农产品基地，实现产品交易额2002万元。积极承办、参与自治区“双品网购节”“电商助力特色产业发展”直播带货周等活动，打造11款过万单农产品。

——寄递业务。

全年实现收入1.98亿元，增幅23%，排名全国第5位。在城市核心区推行“众创众享”“准加盟制”，在非核心区推行“加盟制”，“众创众享”揽投部共计33个、“准加盟制”揽投部13个，解决揽收能力不足的问题。围绕生鲜、现费、政务、商企、综合便民服务站建设五个维度制定发展目标，奖励覆盖市、县、揽投部三个层面，充分调动各层级寄递人员的内生动力。特快业务继续保持高速发展，全年实现收入8205万元，增幅47.3%，排名全国第3位，特快收入增幅高于竞品时效件34%。

——金融业务。

实现收入3.44亿元，增幅23.41%。储蓄新增余额27.6亿元，余额规模170.98亿元；提前7个月完成集团非货基金销量目标。2020—2021金融跨赛首次进入全国十强。建设“百人强军”理财经理队伍，理财、大堂经理由46人增加至115人，专职大堂经理由4人增加至43

人。阶段性组建营销专班，集中发展商户收单业务；搭建网点“衣食住行游娱乐购”高频生活场景，实现“一点接入、综合营销”。强化寄递营销，以央企国企客户销号开发及“清风行动”为抓手，落实“首席经理制”，分层开展头部客户营销，开发央企国企客户42户，挖转竞品客户257户。发挥集邮网厅主渠道作用，持续推进线上营销，实现收入2849.7万元，增幅96.9%；收入占比77%，排名全国第2位。

——交流合作。

邮银双方共同推进考核机制落地，六大协同项目实现收入9451万元，增幅31.8%，总部项目实现收入2090万元，增幅16.3%。惠农项目累计走访对接农民合作社16274户，发展个人农户会员6万户，发放融资E贷款7500万元，培育66家实现三项以上业务典型示范社；政务服务项目落实“放管服”和“跨省通办”政策，抓实警邮、法邮、社邮等合作，实现收入1950.5万元，增幅24.2%；军民融合项目做好军粮供应、被装发运、救灾物资运送服务，实现收入228.6万元。

四、企业管理

——基础管理。

落实国企改革三年行动方案总体要求，深化企业干部人事制度改革，制定全区《经理层成员任期制和契约化管理实施方案》，并在中卫市分公司进行试点。深化薪酬制度改革，将薪酬分配向高效业务、创收环节、高绩效员工倾斜，明确薪酬增长“经营一线高于本部”的要求，让贡献大者多得、绩优者多得。

——能力建设。

放权赋能效果凸显。将工资总额、营销费使用充分授权给基层单位和经营一线。根据时间节点及区域情况，及时调整网点营销费用，重点对旺季期间、重点地区中心区域加大营销费用支撑；推进揽投部销售化转型，按照经营单位特快收入的4%、国际及快包收入的2%配套营销费用。网点、揽投部经营自主性、积极性逐渐增强，管理能力、营销能力进一步提升。

寄递改革深入推进。深化“两集中”管控，实施集中均衡作业模式，处理中心全天班次时长压缩9小时，分拣机开机时长压缩8小时，分拣机平均效率提升0.4万件/时，生产人员压减15人。在邮件处理中心包件处理环节试行“加盟制”改革，将专业主体转化为损益主体，确保网运、服务质量等指标稳步提升，综合达标率稳定在93%以上。

——人力资源管理。

做好选育用留“四篇文章”，招收高学历高素质的人才。拓宽选人用人视野，形成竞争择优、充满活力的选人用人机制，选拔经营业绩优秀的人员到四级领导岗位，完成1个县（区）总经理、4个副总经理职位的全区公开竞聘工作；10名金融网点负责人被提任到县（区）分公司四级副领导岗位。建立完善交流轮岗、反馈承诺、绩效奖励等制度。

——企业文化和精神文明建设。

员工人均年收入比上年增长11.9%，企业年金缴费比例提高1%。持续做好送温暖、节日慰问、大病互助等工作，全年投入各类慰问金290万元；切实改善员工饮用水、解决停车难问题；员工疗休养及一线员工正常休假基本解决。疫情期间，为居家隔离的员工送去新鲜蔬菜；旺季期间，组织机关人员送暖心饭菜进网点（揽投部）。拓宽“金秋助学”范围，为51名考入大学的员工子女发放助学金。以“3322”工程为抓手，扎实推进职工小家、食堂、文化阵地等改造工作。

石嘴山市分公司获得“全国跨赛百优地市分公司”荣誉称号，银川荣获全国“代理金融百城标杆争先进位奖”和“爆款基金百强地市最佳效益奖”称号，吴忠三级物流体系建设多次在全国邮政进行经验交流，区寄递运营中心集中均衡作业模式被集团公司作为经验复制推广。

五、社会责任

——抗击疫情。

坚决听从习近平总书记和党中央号令，服从自治区党委政府统一调度指挥，确保“人员零感染、服务不中断”。充分托底百姓生活必需品配送，全力以赴保民生、保畅通。与卫健委、核酸检测定点医院合作开通《核酸检测报告》寄递服务通道。各市、县迅速建立同城寄递绿色通道，免费为社区居民配送蔬菜、水果等物资7500余单，各单位积极响应地方党委号召，下沉社区开展疫情防控志愿服务。

——服务乡村振兴战略。

加快推进县乡村三级物流体系，建成县级仓配处理中心19处，镇级周转运营中心164处，村级收投服务站

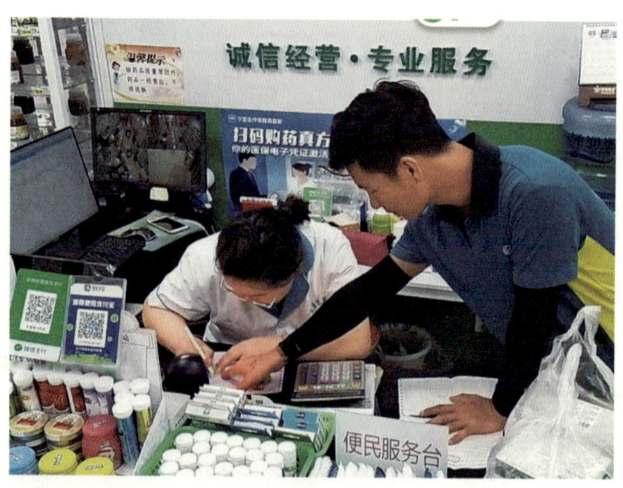

宁夏邮政分公司同城医药配送业务

1093处；加快推进邮快合作下乡及客货邮商融合发展，在17个县、501个建制村开展“邮快合作”，进驻客运站8处，开通3条客运班车邮路。（宁夏邮政分公司）

【邮储银行宁夏分行】

一、经营发展概况

——经营业绩。

2021年实现营业收入8.75亿元，增长1.6%；净利润1.29亿元。经济资本回报率1.60%，成本收入比48.57%。

——发展规模。

总资产321.67亿元，增长16.94%。各项存款余额281.56亿元，增长16.4%，新增存款39.69亿元；各项贷款余额270.04亿元，增长14.11%；存贷比95.91%。

——资产质量。

不良贷款率2.13%。拨备覆盖率157.12%。

二、落实中央决策部署

——支持乡村振兴。

涉农贷款结余69.12亿元，比上年增长10.94亿元，增速18.8%，高于各项贷款增速14.01%；涉农贷款占各项贷款29.73%。普惠型涉农贷款结余48.7亿元，比上年增长11.63亿元，完成全年计划的375.2%，增速31.41%。脱贫人口小额信贷余额2.58亿元；新型农业经营主体贷款余额15亿元，比上年增长9.65亿元；在9个乡村振兴重点帮扶县各项贷款余额50.1亿元，比上年增长11.86亿元，增速31.01%，高于各项贷款增速16.9%。

——支持中小微企业发展。

小微企业贷款余额47.91亿元，比上年增长12亿元。普惠小微企业贷款余额32.17亿元，比上年增长2.77亿元，完成监管计划的139%；普惠小微企业贷款增速9.42%，高于各项贷款增速4.63%。普惠小微企业贷款户数14799户，比上年增长293户。

——落实碳达峰碳中和战略。

支持清洁能源、工业绿色制造、建筑节能减排、绿色低碳运输、绿色低碳技术等领域的贷款需求，绿色信贷余额23.18亿元，增速38.55%。

——服务国家区域发展战略。

加大黄河流域生态保护和高质量发展先行区建设重点领域金融支持。基础设施贷款余额55.9亿元，在各项贷款中占比20.7%，比上年增长20.76亿元，占比上升5.85%。

——支持供给侧结构性改革。

服务制造业贷款客户，多策并举，不断提升制造业金融服务水平，持续加大制造业信贷投放力度。加快对先进制造业、新兴产业的金融支持力度，对主业突出、产品有市场、暂时遇到困难的制造业企业，给予适当政策缓冲，帮助企业渡过难关；对落后、能耗偏高、高碳高污、经营存在风险的制造业企业逐步压降退出。制造业贷款余额9.2亿元，高技术制造业贷款余额220万元。

三、业务转型发展

——零售金融。

个人AUM增长12亿元，增幅14.9%，居邮储银行第4位；其中储蓄年日均余额净增5.54亿元，邮银余额市占率提升0.31%。信用卡发展新客4万户，交叉营销白名单转化率50%，居邮储银行第3位。代理保险新单保费2.72亿元，比上年增长235%，居邮储银行第3位。电子支付手续费收入增长24%，居邮储银行第5位。零售信贷净增25.7亿元，增幅20.1%。通过推进惠农项目、推广信用村建设、突出线上发展，小贷净增再创新高，增幅31.4%。消费信贷客户结构逐步优化，房贷三类以上客户占比提升28%，达48.6%；非房结余占比37%，居邮储银行第2位。

——公司金融。

对公存款净增8.1亿元，余额市占率提升0.35%。公司财顾业务成功破零，债券承销、保函、票据管家等业务稳步拓展。公司信贷克服单一客户大额还款影响，调结构、优布局、抓投放，行业、客户、期限和价格结构显著改善，中长期贷款占比提高24%，达87.7%，“两高一剩”贷款占比由60.9%压降到29.8%。

四、风险管理

——信用风险管理。

始终聚焦资产质量，坚持抓源头控新增，编制区域授信政策指引，明晰发展方向和重点。持续保持清收、核销力度，全口径清收2.05亿元，其中收回核销贷款5367万元，为历年最好。信用卡、房贷通过资产证券化分别出表2261万元、1677万元。小企业通过“腾笼换鸟”退出风险客户，压降不良贷款4822万元，不良率由15.7%压降至11.4%。通过连续3年的不懈努力，全口径清收5.47亿元、核销3.89亿元，累计处置问题资产9.36亿元，推动零售资产质量持续转好。

——内控合规和法律事务管理。

开展“内控合规管理建设年”活动，落实总行内控合规提质增效要求，组织“六类重点问题”风险排查，实施零贷“固本强基”工程。推进风险经理派驻制，实现高风险地区全面派驻。法律事务向主动管理转变，首次开展近年败诉案件溯源分析，建立基层涉诉指导机制。

——内部审计工作。

开展20个审计项目，审计资金50亿元，问题整改率90%以上，比上年提升10%。

——疫情防控和安全生产工作。

全面压实疫情防控责任，抓好常态化疫情防控。全面加强安全管理，建设安全用电监测系统，开展消防安全隐患整治。

五、管理效能提升

——信息科技建设。

完成新中平迁移，自主研发公积金资金监管系统等16个项目，建立并应用代发工资及信贷客户、涉赌涉诈账户分析模型，网络边界及核心防护能力不断加强。

——财务管理。

突出解决“大房小行”问题，4家支行主动压降租金和面积，租期内节约房租215万元。规范采购管理，集中和公开采购率分别为95.8%、91.9%。

——运营管理。

运营管理质效在邮储银行排名持续上升，个人、公司业务差错率分别比上年下降57%、31%，平均差错率为西北5省最低。纪念币钞兑换好评率居邮储银行前五。

——人力资源管理。

推进“领航工程”人才库建设，如期完成21个专业序列岗位资格认证。

六、党建引领

——党史学习教育。

以庆祝建党100周年作为贯穿全年的党建主线，扎实开展党史学习教育，深入学习习近平总书记“七一”重要讲话和党的十九届六中全会精神，广泛开展“三亮三比三评”主题实践活动，全面完成“我为群众办实事”51项，党支部“领题破题”43个，广大党员、干部受到了一次全面深刻的政治教育、思想淬炼、精神洗礼。加强基层党组织建设，全面完成二级分行“两委”换届，完成区行机关党支部优化设置。

——党风廉政建设。

对区行机关进行巡察，提前一年实现区内巡察全覆盖。开展意识形态、理论学习和发展党员问题专项整治。把接受巡视作为梳理工作、检视问题、整改提升的难得机遇，配合集团公司党组第四巡视组对分行党委开展巡视。出台并落实深化整治形式主义官僚主义22条措施，强化公文时效管控，加强会议统筹和会风治理，下级机构请示答复用时减少10天。

七、企业文化

推进企业文化宣传贯彻落地，特别是针对发展承重、质量承压、干部员工收益受影响的现实情况，深入开展思想动态调查和分析研判，注重加强思想引导和员工关爱。（邮储银行）

【中邮保险宁夏区分公司】

一、经营发展

2021年实现总保费收入48487万元，比上年增长17%，高于全国12%。长期期交新单保费收入13236万元，比上年增长26%，其中健康险保费收入325万元，比上年增长2075%。团个险业务保费收入696万元，比上年增长150%。续期保费收入27809万元，比上年增长44%，其中价值型续期保费13058万元，增长265%。银保市场占有率10.4%，列宁夏寿险公司第5位；银保期交市场占有率18.2%，列宁夏寿险公司第2位。

——业务结构。

长期期交新单保费占银保新单保费66.3%，比上年增长18.6%；终身险、缴费期五年产品分别占长期期交92.4%和53.9%，比上年增长70.2%、39.3%；邮银渠道长期期交占代理长期期交保费50%，排全国第4位。续期保费占总保费57.4%，价值型续期保费占总保费47%。新业务价值3501万元，比上年增长144.8%，全国排名第17位，新业务价值率62%，全国排名第7位。

——营销组织。

协调邮银组织落实2021年中邮保险业务发展营销方案，将长期期交纳入区内自主协同项目，将健康险纳入二、三季度目标任务，加强通报督导。抓旺季早安排，总结、固化“2+5+7”实战模式，组织“迎战旺季 红牛拓金”长期期交专项实战培训活动，一季度完成长期期交保费计划133%，组织各市“健康险突击月”“邮保安康”营销培训活动，实现健康险保费301万元，提前完成邮政渠道健康险年度目标任务；抓好9个数字化试点网点营销工作，实现健康险保费14.8万元，规模保费列全国第14位。组织邮银职工内部健康讲座活动8场，实现健康险保费26万元。协同拓展合作项目，完成借意险保费475万元，完成年度目标522%，全国排名第1位；做好战略客户团险续保服务，承保职工及家属4050人，实现保费140万元。

二、运营服务

——续期管理。

严格落实“四库”管理，做好续期管理质量评估，开展失效保单清理工作，办理复效363件、575万元。13月继续率为94.65%，25月继续率为97.7%，行业排名均为第1位。

——运营质量。

运营累计支撑作业量43130件，比上年增长61%。人核件全流程时效、保全时效和理赔申请支付时效分别缩短1.87天、0.02天和0.27天。新契约综合合格率、人核件全流程时效、保全时效、理赔申请支付时效、小额保险5日结案率5项考核指标全国排名前六；保全时效、理赔申请支付时效2项服务指标全区行业排名前三。运营线上化率进一步提高，线上承保率99.97%，纸质保单申请率由83%降至41%，保全线上率由56%提升至71%，理赔线上报案率97%。

——客户服务。

新增一年期以上有效客户11143人，累计有效客户55914人。电话回访成功率99.96%，综合回访成功率

100%，有效投诉0件。推进“客户体验三年提升工程”，开展客服季活动，组织“六省联播”线上健康养生讲座6场；携手中邮大药房开展第一届中药养生节活动。组织“3·15”消费者权益保护教育周、金融知识普及月等活动，组织“进社区、进校园、进乡村”活动6次。开展分公司消保考评工作。

三、企业管理

——队伍共建。

协调邮政制定落实市、县中邮保险中心考核实施细则和市、县中邮保险代管人员考核实施细则。分地市举办邮银渠道网点负责人、理财经理及市县机构岗位人员综合业务素质能力提升培训班，组织市县岗位人员及网点人员运营、续期、合规培训及突发事件应急演练。举办宁夏邮政2021年“星火计划”荣誉定制培训，评选出50个标杆示范网点和50名优秀营销标兵。推进落实区域联系+派驻制，培训督导986场次，实现渠道网点培训100%全覆盖。制定宁夏邮政金融营销团队共建三年方案，着力提升渠道财富管理、资产配置、综合营销能力，启动“飞鹰启航”首轮集中培训，助力跨年度和2022年旺季营销活动。

——内控管理。

深化监管检查问题整改，开展“举一反三”对照自查，涉及销售、客户信息真实性方面6项全部完成整改。组织内部控制合规管理能力评估，对基础建设、管理能力、乱象整治等方面的427项风险点进行分析评价，以查促改。修订完善了分公司“三重一大”决策制度、会议管理制度等32项。组织落实“内控合规管理建设年”活动、制度全面评估、合规知识竞赛等重点工作。绿色邮政建设行动关键指标均达到总公司要求。严格落实安全生产责任制，组织安全生产专项整治三年行动集中攻坚，整改问题3个。

——人力资源管理。

完善绩效考核管理办法，加强价值转型、管理创新、工效提升等方面的8个项目激励。选拔任用中层领导干部3人，推荐全区保险领军人才2名、骨干人才16名。落实干部人才教育培训规划、内部教育培训计划，组织教育培训23场691人次。

——降本增效。

业务及管理费支出1876万元，比上年增长14.2%，低于收入增长3%，费用支出全国最低。新单负债成本率4.32%，优于标准值6个BP。

四、风险防控

联动排查。协同邮银印发中邮保险业务质量通报、召开业务质量分析会，聚焦销售问题件占比偏高和新契约、“双录”问题件整改等问题，下发风险提示函15份，联合组织了旺季保险业务专项检查、市场乱象治理、保险理财类业务合规销售专项排查，共对4个市、6个县（区）、13个网点进行现场检查，累计问责16人次；2021年新契约问题件整改率91%、“双录”问题件整改率100%。

五、党建工作

——党史学习教育。

深入学习贯彻习近平总书记在党史学习教育动员大会上的重要讲话精神，成立分公司党史学习教育领导小组，制定落实分公司党委开展党史学习教育工作方案。组织全体员工收看了庆祝中国共产党成立100周年大会，组织党员认真学习习近平总书记“七一”重要讲话精神，组织以“从党史学习教育中汲取智慧和力量，凝心聚力，开拓创新，促进宁夏中邮保险高质量发展”为主题的专题学习研讨，还成立青年理论学习小组，组织党史学习教育读书会活动20余次。组织参观红色教育基地，组织青年员工演讲比赛。开展了“品读邮票忆党史”“诵读红色家书　赓续红色血脉”等主题党日活动。开展“我为群众办实事”实践活动，推动落实8项重点工作，组织支部“领题破题”活动，开展全体党员“三亮、三比、三评”活动。组织“比学赶帮超”和“一月一事、消灭最差”活动，总结对标情况、典型案例，督办落实情况。

——巡视整改。

调整巡视整改工作领导小组成员，制定分公司党委2021年深化巡视整改工作方案和整改工作任务分解表。按季度召开巡视整改例会，开展整改成效评估。截至年底，专项重点巡视整改已完成全部6项整改任务，整改完成率100%；常态化巡视整改的问题32项，整改完成率71%。配合集团党组巡视，对反馈的问题意见深刻剖析，制定整改清单。

——党风廉政建设。

严格落实中央八项规定及实施细则精神，坚持“逢节必令”，累计发送纪律提醒5次。参加“510·我要廉”警示教育活动，开展党风廉政宣传警示教育月活动，制作廉洁教育宣讲视频5个，联合监管部门、区分行开设“清廉讲堂”。开展了党史学习教育、意识形态、健康险数字化营销、疫情防控、乡村振兴、防范化解金融风险和巡视整改7项政治监督，推动问题整改完成，保障上级重大决策部署落实落地。开展纠治“四风”工作，开展“两费自查”等专项治理6项，紧盯关键环节检查餐饮浪费情况。（中邮保险）

新疆维吾尔自治区

【新疆邮政分公司】 2021年全区邮政完成收入25.72亿元，比上年增长5.5%。收入规模列全国第24位，前移1位。经营利润超集团考核目标3.92%，超额贡献760万元。

一、企业党建

坚决做到“两个维护”，持续落实关于加强党的政治建设54项具体措施，抓好意识形态工作。扎实开展党史学习教育，落实解决304个群众急难愁盼问题。持续推进巡视巡察整改，挽回经济损失195.28万元，问责处理150人次。促进党建和中心工作融合，党支部“领题破题”220个项目，发展党员239名，实现党的工作全覆盖。扎实推进全面从严治党，查处3起违反中央八项规定精神典型问题，处置各类问题线索34件，立案12件，给予14人党纪政纪处分。

二、普遍服务

普服网点营业时间达标率、乡镇普服网点覆盖率、建制村直接通邮率、机要通信安全率均100%。三级物流体系建设成效明显，邮政快递进村实现全覆盖。

三、业务发展

——邮政业务。

邮务业务收入4.25亿元，增幅2.7%。集邮文传业务收入超预算额2638万元。农村电商自营农产品交易额、三大节日营销、云放号业务、两险保费均超额完成目标。集团总部客户实现收入1.33亿元，增幅6.4%；六大重点协同项目实现收入2.3亿元，增幅27.8%。金包联动金融资产19.97亿元，产生寄递收入1967万元。六类转型网点实现叠加赋能，1306个网点实施转型，叠加业务70余种，整体进度率133%。12处标杆网点揽投收入763万元。36个主题邮局收入490.6万元。

——寄递业务。

实现收入8.15亿元，增幅6.0%。实现利润2.5亿元，列全国第3位；收入利润率31.16%，列全国第1位。

——金融业务。

代理金融实现收入12.34亿元，增幅8.2%。年新增储蓄余额111.8亿元，储蓄余额规模突破890亿元。客户AUM年增157.2亿元，增幅17.73%，列全国第2位。

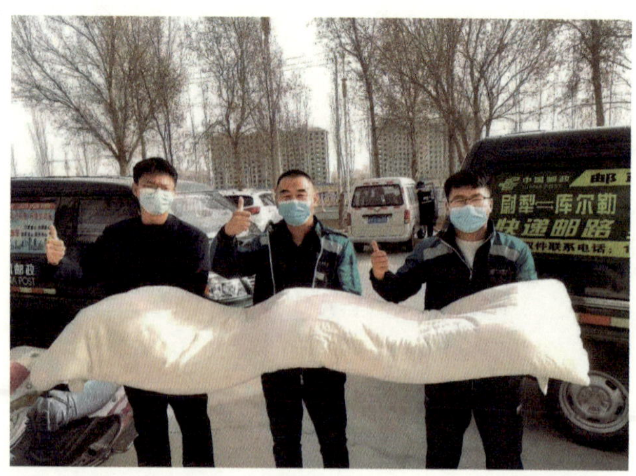

新疆尉犁县分公司员工在帮客户拍摄视频，展示新疆棉花制品（《中国邮政报》）

——交流合作。

全区均完成与党委政府部门联合发文，争取资金补贴超500万元。5911个站点推广使用“快邮通”系统。挂牌118处服务站，开通103条代运邮路。

四、企业管理

——基础管理。

强化财务对标管控，总成本增幅低于收入增幅，成本费用率比上年下降0.2%。客户体验持续改善，寄递看板5项指标比上年提升，投诉率比上年压降18.1个万分点。采购管理得到加强，集采节约率10.09%，公开采购率90.98%，公开招标率89.83%。审计管理水平提升，开展绩效、效能、经济责任和工程审计，工程审减额735.76万元。能力建设不断加强，完成819项中央预算内资金项目建设任务，累计支付5.78亿元。科技赋能推动发展，加大新系统研发力度，支撑金包联动、快递进村等项目。

——能力建设。

全面零基预算管理体系逐步完善，修订优化68项成本费用零基预算模型和定额标准，实现地州市、邮速统一标杆。提质增效成效明显，金融网点利润比上年改善1172万元。寄递管理支撑单环节压降成本3290万元。寄递五大改革持续深化，优势线路赶超竞品147条；省际进口、省内互寄分拣次数比上年下降；大车发车占比比上年提升15.6%；南疆、奎屯出口邮件提速1天；邮区中心改革盘活优化210人；快包代投占比56.49%。销售化转型全面推进，35个示范揽投部特快散户数达7.36万户，增幅100%。

——人力资源管理。

干部人事制度改革稳步推进，在两个试点单位推进领导人员聘任制和契约化管理。提任三级领导2人，调整干部11人。劳动用工制度改革积极推进，从业人员降幅2.3%，全口径人员劳产率增幅3.2%。薪酬分配制度改革深入推进，将寄递事业部工资性人工成本纳入零基预算，在分拣、运输、揽投环节推行计件工资办法。

——企业文化和精神文明建设。

75支工作队、202人参加“访惠聚”驻村（社区）工作，9496人次参加“民族团结一家亲”结亲走访、进村住户“双覆盖”，实现所驻村（社区）社会稳定。投入95.6万元帮扶资金，发展3个邮政产业扶贫项目，成立6类农民专业合作社，帮助4000余人就业。

员工收入平均增幅为近年来最高，职工企业年金单位缴费比上年增长1033.15万元。持续提升民主管理，员工合法权益得到维护。关心关爱员工，坚持开展慰问、生日送祝福等活动，升级改造职工小家132处，互助基金补偿238.6万元，商业补充医疗保险、一单结算理赔550.44元。

五、社会责任

疫情防控有效应对，确保生产场所疫情零发生，员工疫情零感染。绿色邮政积极推进，“2582”全面达标。安全管理落实到位，未发生较大以上生产安全事故及各类金融资金案件。（新疆邮政分公司）

【邮储银行新疆分行】

一、经营发展概况

——经营业绩。

2021年实现营业收入18.97亿元，增长10.14%；净利润6.60亿元，增长44.66%。经济增加值0.59亿元，经济资本回报率11.35%，成本收入比61.80%。

——发展规模。

总资产1330.87亿元，增长12.80%。各项存款余额1209.47亿元，增长11.86%，新增存款128.19亿元；各项贷款余额536.99亿元，增长4.85%；存贷比44.4%。

——资产质量。

不良贷款率0.71%，下降0.30%。拨备覆盖率212.77%。

二、落实中央决策部署

——支持乡村振兴。

巩固脱贫成果，落实“四不摘”政策，投放脱贫人口小额贷款4571户，金额1.53亿元。服务乡村振兴，实施“十大核心项目”，加快农村信用体系建设，评定信用村2276个，信用户52207户，信用户贷款余额18.45亿元，比上年增长10.62亿元。深入推动惠农合作项目，发放新型农业经营主体贷款9.70亿元。打造线上线下有机融合竞争优势，持续推进“三农”金融业务由服务“小农户”向服务“大三农”全产业链金融转变，增强农村地区信贷供给能力，涉农贷款余额103.76亿元，比上年增长16.52亿元。推进普惠金融服务，建立465个助农取款点，布放2381台自助设备，覆盖全区100%的县域。

——支持中小微企业发展。

持续改进中小微企业金融服务的产品体系、运营模式、风控体系和服务渠道，强化“敢贷、愿贷、能贷、会贷”长效机制，主动减费让利，为稳企业、保就业提供金融服务保障，中小微企业贷款结余13200户137.42亿元，分别比上年增长1911户26.76亿元。

——落实碳达峰碳中和战略。

强化授信政策的绿色发展导向，实施绿色信贷全流程管理，加强绿色金融考评管理，加大对低碳经济、循环经济、节能环保等绿色产业、绿色经济的支持力度。绿色贷款余额50.25亿元，比上年增长19.15亿元，其中清洁能源产业贷款余额30.54亿元，比上年增长19.27亿元。

——服务“丝绸之路经济带”核心区建设。

聚焦新疆重点项目，强化与区域政策型银行、国有商业银行的合作，通过银团贷款、“投贷债”联动、并购贷款等多种方式，支持区域公路、铁路、水利、水电、电网等重大基础设施建设和现代农业、文化旅游、民生、特色优势产业等重点领域、薄弱环节，支持重点项目11个，投放贷款11.88亿元，投资新疆维吾尔自治区政府地方债61.2亿元。

三、业务转型发展

——零售金融。

推进综合营销、联动发展、批量获客，开辟储蓄存款来源，自营储蓄存款余额201.95亿元，比上年增长7.13亿元；9家支行取得惠民惠农补贴代发资格，25家支行签订民兵训练补助代发协议。加快投资理财类业务发展，销售理财产品143.31亿元，比上年增长15.18%；理财年日均保有量净增5.47亿元，目标完成率居邮储银行第4位。网络金融业务发展迅猛，手机银行激活客户数完成率144.41%，居邮储银行第3位；实现电子支付收入2523万元，目标完成率居邮储银行第3位。信用卡业务增量提质，新增客户11.23万户，比上年增长23.34%；实现消费金额175.08亿元，比上年增长25.46%，目标完成率居邮储银行第4位。优化消费信贷业务结构，“一手房”贷款投放量比上年增长199.2%，占比提高32.7%；一至三类客户占比30%以上；非房消费贷款投放比上年增长30.16%。

——公司金融。

坚持项目导向，拓展公司存款，在邮储银行率先开立部队基本存款账户，新增机构业务合作资格资质36个，完成总行下达计划的600%。公司存款余额132.39亿元，比上年增长29.82亿元。新增单一客户33户，集团客户4户，上报新增评级授信客户42户。公司贷款余额174.25亿元，比上年增长22%。实现国内证开立、国内证通知、自营福费廷、保理、跨境人民币、智能资金池业务突破。国内业务表内外余额20.69亿元，比上年增长88.95%。开放式缴费平台有效户231户，年交易金额2.26亿元。企业网银新增4284户，计划完成率147.72%；实现收入112.88万元，计划完成率214.4%，计划完成率居邮储银行第2位。

——资金资管。

加快同业生态圈建设，累计拓客25户，目标完成率104.71%。贴现业务累计交易量53.74亿元，计划完成率107.48%，排名邮储银行第5位。再贴现业务市场占有率同业居第1位。实现直转流转和T+0流转交易、总行私募基金管理人准入突破。

四、风险管理

——全面风险管理。

以健全全面风险管理体系为核心，深化全面全程全员风险管理思维，优化全面风险管理运行机制，推进资本管理高级方法建设实施。以资产质量管控为目标，出台本地化风险政策与风险限额管理方案，加强零售和批发类业务风险预警，推进押品数据治理，强化专业领域风险管控。以不良资产处置为手段，规划全年不良贷款清收、核销任务，加强重点区域指导，强化合规理念引导，拓展不良资产处置渠道。

——内控合规和法律事务管理。

开展“内控合规管理建设年”、内控提质增效活动，推进风险经理派驻和非现场预警数据核查，派驻风险经理72名，核查风险数据1449条。加大违规问责和通报力度，警告及以上处分221人次。加大消保全流程管控，做好投诉溯源整改，提高投诉纠纷化解能力。强化反洗钱检查问题整改和基础管理，为公安部门破获重大案件提供线索，报送可疑交易报告890份，其中重点可疑交易报告11份，受到人民银行乌鲁木齐中心支行书面表扬。

——内部审计工作。

强化科技运用和审计结果运用，实现精准打击。完成审计项目30项，发现问题264个，问责处理287人次，提出审计建议37条，有效发挥第三道防线作用。

——安全生产和疫情防控工作。

深入推进“平安邮储”创建工作，持续开展安全生产专项整治三年行动，完成第七轮邮银金融机构安全评估，安全防范能力进一步提高。未发生安全生产和安保类责任事（案）件。做好常态化疫情防控工作，未出现员工感染病例和聚集性疫情。

五、管理效能

——体制机制优化。

坚持价值创造导向，建立与经营业绩和工作职责相挂钩的绩效考核机制，提高优秀基层员工和营销人才待遇水平，调动网点人员综合营销积极性。优化人工成本配置，将劳动生产率、人工成本投入产出率和重点业务发展指标等纳入工资总额核定因素，提升经营效益水平和价值贡献能力。建立统一的绩效考核框架，科学评价部门及员工工作成果和绩效表现，考核等级与绩效薪酬分配、评先评优挂钩，打破平均主义和大锅饭。

——信息科技建设。

自主开发医保电子化等5项软件项目，完成3项中间业务系统迁移新中平工作。上线36项信息化工程，提供228项数据挖掘服务，获得总行第二届数据建模比赛三等奖。未发生信息科技风险事件，安全运行考核居邮储银行第1位。

——计划财务管理。

将收入、利润预算年增幅设定在合理范围，引导基层行获取更多资源配置。强化财务政策引导，对个人、信用卡、投资银行、公司金融等业务给予财务激励政策，进行收入补贴。优化绩效考核体系，提高重点业务、重点经营指标考核权重，引导分支行高质量发展。落实“过紧日子”要求，成本收入比下降1.43%。

——运营管理。

集中上收处理公司结算类、账户类业务，实现单位账户管理集约化。强化网点机构管理，完成5个“邮银合营网点”问题整改。统一网点形象，完成71个自营网点店招更换工作。优化柜面作业组织，77个自营网点开展授权移动化作业。自营网点ITM改造完成率100%，自助设备业务完好率96.4%，比上年提升8.6%。加强备付金限额管理，日均备付金率0.59%，比上年压降1.13亿元。提高网点服务质量，压降服务态度类投诉8笔，比上年下降50%。

——人力资源管理。

加强干部队伍建设，持续推进“领航工程”人才库建设，参与人员934人次；加快优秀年轻干部选拔培养，遴选5名区分行本部青年员工到乌鲁木齐市分行所辖一级支行客户经理岗位锻炼，选派8名干部员工到艰苦偏远地区工作，选拔3名支行长到南疆交流。加强人才队伍建设，组织安排4334人次参加资格认证考试，通过社会招聘，引进管理人才3人，有同业经验专业类、销售类人员46人。拓宽员工职业发展通道，完成1299人的职级晋升工作。

六、党建引领

——党史学习教育。

围绕党史学习教育、党的十九届五中、六中全会，组织学习研讨和调研实践活动，激发党员干部干事创业斗志。严格理论学习和发展党员形式主义突出问题专项整治，严肃党内政治生活。全行各级党组织制定“我为群众办实事”任务278项，制定措施394条，114个党支部确立领题破题项目137个，以党建促发展。2家基层党组织被评为自治区级先进党组织。落实意识形态工作责任制，确保与党中央保持高度一致。

——党风廉政建设。

围绕贯彻十九届五中全会精神、国企改革三年行动方案、任期制与契约化管理、服务乡村振兴等领域加强政治监督，完成3批巡察，覆盖率100%。认真落实党中央关于加强对“一把手”和领导班子监督的意见，常态化开展领导人员廉政谈话。依规依纪严肃查处违规违纪行为，开展“以案四说”工作，推进清廉文化建设，不想腐的观念渐入人心，获新疆银行业协会清廉文化建设二等奖。推进巡视巡察整改，深化10项重点专项巡视整改任务，整改完成率100%。

——企业文化建设。

开展企业文化宣传贯彻，做到全员认同、全员参与、全员共建，践行“邮储人共识”。持续办好人文关怀“八件好事”，加强职工小家建设，积极开展劳动竞赛和各类文体活动，努力让员工拥有更多归属感、获得感和幸福

感。推进劳模工作室创建工作，挖掘、推广、宣传劳模和工匠人才的优秀事迹，掀起学先进、赶先进、当先进的热潮。（邮储银行）

【中邮证券新疆区分公司】

一、业务发展

——经营发展。

公司总账户 34302 户，融资融券账户 21 户，机构户 15 户，经纪业务客户总资产 9.6 亿元。销售基金 3157 万元，收益凭证 3728 万元，私募基金 505 万元。收入增幅列全国省分第 5 位，投行收入列全国第 6 位，公募基金销量列第 6 位，新增资产列第 7 位，在财顾、公司债、股质等业务均有突破，并协助总部推进中建新疆 ABS 及伊犁财通基金债项目。

——自营业务。

打破业务壁垒，将债券融资、股权融资、财务顾问等业务纳入分公司高效业务发展计划，深入开拓疆内资本市场，将 16 个地市国投、城投、优质民企等列入客户发展规划，增强客户拜访力度。分公司成功落地 3 单财务顾问业务，中标 2 单公司债业务，签订 3 份四方战略合作协议，助力广汇实业集团开展股权质押业务并成功融资 5000 万元，与多家国投、城投签订保密协议，获取基本资料，继续推进项目落地。

——协同工作。

争取政策协助，将证券业务发展纳入区邮政公司绩效考核办法及重点营销项目、区邮储银行 2021 年中邮证券三方存管活动中，并定期召开协同发展会议。安排专人负责邮、银、证协同工作，服务覆盖 16 个地州市，在超 20 个微信群中随时解决各类问题，累计发送营销策略及投顾股评信息 2600 余条，电话拜访量逾 1661 人次。按日将全疆业务信息通报到全区代理金融群，强化跟踪，落实业务发展措施。通过“线上 + 线下”的方式，加强基层调研力度。针对市场规模大、业务发展较好的邮政分公司，进行重点布局与督导，配套激励政策，协同开展各类营销活动，通过典范引领推动业务快速提升。不断创新协同发展的形式与内容，利用线上渠道加强与员工及客户的沟通交流，每周二、四针对高净值客户举办财富管理沙龙讲座，不定期进行地市业务培训。

二、党建工作

——理论根基。

持续深化党的政治建设，以求真务实的作风把党中央决策部署落到实处；不断加强政治理论学习，利用新媒体平台营造浓厚学习氛围；严格贯彻执行“三会一课”制度，按时召开党支部大会、支委会、全体党员大会，及时传达学习上级文件精神及工作要求，并结合分公司实际细化目标措施，层层传导抓落实。

——巡视整改。

认真贯彻落实党中央、集团公司及总部各项决策部署，积极配合集团公司 2021 年第四巡视组开展常规巡视工作。坚守初心和使命，不断提高思想认识和政治站位，强化责任担当，将巡视整改的成果运用到生产经营中，严格落实新时代党的组织路线，强化人才队伍建设，严格落实集团公司各项决策部署及中邮证券工作安排的方面逐项整改。

——廉政建设。

切实落实中央八项规定和反“四风”整治工作，在重要节假日前编发廉政提示短信，全年未发生公款吃喝、超标接待、违规接待、公款旅游、公款送礼、公车私用等违规问题。

三、企业管理

不断加强综合管理，以促进业务发展和提升经营效益为中心，强化预算管理和成本管控，严格执行证券行业监管、税务机关材料报送等要求；扎实开展选人用人工作，按照信念坚定、为民服务、勤政务实、敢于担当、清正廉洁的标准选拔和培养后备干部，夯实分公司优秀人才基础。（中邮证券）

附 录

◇ 坚持绿色发展　共创绿色未来

——中国邮政绿色发展报告（2018—2020 年）

◇ 建设创新驱动、协同发展、管理高效、行业领先的企业集团

——《中国邮政集团有限公司“十四五”发展规划和 2035 年远景目标》解读

◇ 国家邮政局公布 2021 年邮政行业运行情况

◇ 2021 年中国快递发展指数报告

坚持绿色发展 共创绿色未来

——中国邮政绿色发展报告（2018—2020年）

近年来，随着电商的爆发式增长以及人们网购习惯的养成，快递行业发展迅速，2020年全国快递量突破了830亿件。同时，伴随着寄递行业迅猛增长带来的包装浪费和环境污染问题也日益凸显，已引起党中央、国务院的高度重视和社会各界的广泛关注。习近平总书记强调："要注意节约环保，杜绝过度包装，避免浪费和污染环境。"

在追求高质量发展和绿色升级的大背景下，如何有效解决寄递行业污染问题成了一道必答题。作为行业"国家队"，中国邮政集团有限公司认真贯彻习近平生态文明思想，坚持绿色发展理念，将服务生态文明建设作为企业的重要责任，全面推动绿色邮政建设，努力探索高质量转型发展路径，坚决打赢打好污染防治攻坚战。2018年，率先启动"绿色行动"，开展绿色包装、绿色运输和绿色金融"三大工程"，努力探索绿色、低碳、高质量发展路径，致力于走在行业生态环保工作"第一方阵"。

在推进绿色行动进程中，中国邮政明确了争当"绿色运营践行者、绿色生活推动者、绿色生态守护者、绿色品牌塑造者"的发展定位。经过近三年持续推进，中国邮政绿色发展水平实现整体跃升，取得了阶段性、可视化的成果，行业引领与示范作用不断加强，在推进生态环境保护上迈出了坚实的一步。

贯彻绿色发展理念 找准发展定位

2018年，中国邮政对外发布《中国邮政绿色行动宣言》，出台《绿色邮政建设行动三年规划大纲（2018—2020年）》，全面启动绿色邮政建设行动；2019年，中国邮政进一步完善绿色采购机制，建立信息管控机制，探索包装回收循环利用，培育发展体系；2020年，中国邮政进一步深入推进绿色包装、绿色运输、绿色金融"三大工程"，大力开展绿色电商、绿色建筑等六项示范行动，持续优化绿色发展模式。

坚守绿色运营践行者定位，大力提升运营环保化和智能化水平。全面推广绿色环保包装，普及窄胶带应用，基本实现电子运单全面覆盖；创建绿色创新实验室，加大绿色科研力度，拓展电子渠道，广泛应用智能自助和分拣设备；推广新能源技术，提升甩挂运输比例。中国邮政绿色运营水平获得大幅提升，节能减排取得显著成效。

坚守绿色生活推动者定位，积极传播绿色生活理念和生活方式。充分发挥集邮、函件等文化服务优势，传播绿色发展理念；发行《中国植树节》《长江经济带》等题材邮票，应用环保制作工艺，充分利用邮政网点、自助终端、物流渠道等网络优势，引导绿色生活方式；充分运用银行信贷、保险资金、融资并购等金融服务优势，支持绿色产业发展。

坚守绿色生态守护者定位，全面打造邮政生态守护立体体系。建设环境友好的"绿色邮局"，布放包装物回收装置，普及绿色包装，发挥窗口示范作用；打造生态和谐的"绿色邮路"，开展环保公益活动，提高运输效能，发挥网络联结作用；培养恪尽职守的"绿色使者"，引导绿色消费，传递绿色商品，让社会经济发展的每个角落都有邮政的绿色身影。

坚守绿色品牌塑造者定位，创新塑造绿色邮政品牌新形象。积极推进业务创新，推出"邮政农品"品牌，丰富绿色产品品种；积极提升质量管控水平和服务品质，推动自动化、智能化建设；积极培育绿色企业文化，倡导绿色办公、爱心服务，赋予邮政"和谐、效率、可持续、负责任"的品牌新内涵。

持续推进重点项目 助力治污攻坚

中国邮政持续推进绿色包装、绿色运输和绿色金融"三大工程"，坚决打赢打好污染防治攻坚战。开展以推进包装减量、强化绿色技术创新、完善循环回收为主要措施的绿色包装工程，全面加速推进包装减量化、绿色化、可循环；开展以优化运输装备用能结构、提高运输组织集约化程度、完善绿色运输管理创新体系为重点措施的绿色运输工程，减少资源消耗，有效抑制环境污染；开展以丰富绿色金融产品和服务、创新绿色金融服务手段、促进绿色金融广泛合作为核心措施的绿色金融工程，提升服务效率，引导资本支持绿色产业。

绿色包装工程，通过降低包装耗材，推广应用绿色低碳包装材料，提升可降解绿色包装应用比例，完善包装循环回收体系，建立资源集约型的绿色邮政包装模式。在减量化方面，推广应用窄胶带，推广“一字”“十字”“井字”科学打包法，避免胶带过度缠绕。2020年胶带使用量比2017年减少5亿米。推广使用电子面单，实现电子面单应用基本全覆盖，2020年比2017年少用40亿张纸质面单。全面推广“轻装箱”，与2017年同规格传统包装箱相比较，平均减少用纸20%以上。倡导电商原包装直发，降低二次包装率，2020年比2017年节约2万吨纸张。在绿色化方面，积极使用可降解材料胶带，不断加强塑料污染治理，建立健全塑料制品长效管理机制；成立绿色包装创新实验室，加大绿色包装产品研发与创新力度。在循环化方面，试点使用循环箱并不断扩大循环箱使用规模，初步建立了邮政可循环包装箱的回收体系；积极开展快递包装回收工作，在全国2万多个网点设置包装废弃物回收装置，引导包装废弃物回收，提高资源利用效率；通过提升循环容器使用率，可循环容器在中转环节利用率超过92%，比2017年减少一次性编织袋数十亿条；推广使用高密度聚乙烯材质拉链邮袋，邮袋循环使用次数由20次提升至60次，装载率提高近20%；使用RFID技术追踪邮袋，促进邮袋循环使用，降低包装耗材对生态环境的负面影响。

绿色运输工程，通过大力推进运输节能，积极变革运输方式，快速提升管理水平，建立环境守护型的绿色邮政运输模式。在优化运输方式方面，大力推进干线邮路甩挂运输与多式联运等模式。2020年，全网一级干线自办往返邮路甩挂运输占比超过80%，全国高铁运输线路数同比增长近1倍。在改善运能结构方面，推广新能源车辆的应用，加快推广新能源或清洁能源汽车投递，提高全网特别是京津冀、长三角、珠三角、汾渭平原和海南省等重点区域新能源汽车使用比例。2020年，新能源车保有量实现大幅提升，全网新能源车保有量达到7800余辆。按车辆正常油耗测算，全网购置和租赁新能源车辆油耗比2017年减少约1000万升，每年减少尾气排放超过2.3万吨。在绿色基础设施建设方面，提升设施的绿色化水平，推动邮件处理中心、信息中心和末端网点的光伏照明、无纸化办公等节能项目建设和运营。

绿色金融工程，通过坚守差异化绿色金融发展定位，大力创新服务产品，积极完善绿色金融服务体系，运用信贷、保险等专业服务，加快推动邮政绿色金融发展，建立环境友好型的邮政绿色金融模式。在创新金融产品服务方面，积极围绕“污染防治”“节能环保”“生态农业”等领域，创新绿色金融产品，推广光伏扶贫贷款、小水电贷款、排污贷、代发碳汇资金等产品，服务绿色产业发展。截至2020年末，邮储银行节能环保项目及服务贷款余额3135.55亿元，较2017年增长90.15%。在完善金融业务协同发展方面，积极推动绿色金融与普惠金融协同发展，充分发挥邮政遍及城乡的网络优势，有效提升绿色金融可得性与覆盖面，以绿色金融激活劳动力与自然要素，有效衔接绿色金融与乡村振兴。在推进服务低碳电子化方面，开展金融服务全过程、全业务线的绿色低碳实践，实施个人业务凭证电子化、客户签字电子化、回单电子化等举措，推进全流程业务档案电子化传输及存档，减少业务受理单据的印制。

案例1：安徽邮政绿色可循环包装箱寄递

为推进绿色邮政建设行动，安徽省邮政分公司以环保理念为切入点，围绕“孝文化”“亲情文化”，推出“两城一箱　邮情邮意”绿色可循环包装箱寄递业务，引导省内客户购买“全年使用权”（即“一次付费，全年使用”），推动邮政可循环包装箱的使用。

安徽省分公司在每个县、区进行定点销售，开展进校园、进部队、进社区地推活动，首批在全省推广10万个可循环包装箱。可循环包装箱具备耐磨抗摔、防水防潮、可循环使用等特性，一箱一码。客户一次性付费48元，就可在1年有效期内使用6次省内寄递服务。

案例2:“碳汇贷”支持余杭苦竹项目发展

中国邮政储蓄银行多年来致力于支持气候融资项目，全面支持余杭苦竹项目发展，适时推出了“碳汇贷”产品。

该产品以信用村为基础，面向余杭区中泰街道的苦竹从业者发放专项信用贷款。该产品为包括种竹、养竹、制笛、售笛及文化推广在内的竹笛产业链从业者提供贷款，并根据项目年固碳量给予专项优惠利率。目前，邮储银行已对多家企业、合作社和个人进行授信，并提供信用卡、结汇等综合金融服务，既支持了当地竹笛产业的发展，又激发了借款人合理利用竹林、发挥固碳优势的积极性，产生了良好的经济效益和环境效益。

深入开展碳减排　响应碳达峰目标

2020年9月22日，中国国家主席习近平向世界郑重宣布，中国将在2030年实现碳达峰、2060年实现碳中和的目标。此碳减排目标及宏伟蓝图是党中央、国务院作出的重大战略决策，体现了中国积极应对气候变化、构建人类命运共同体的责任担当。中央经济工作会议已将做好碳达峰和碳中和工作列为2021年的重点任务之一。

随着一系列制度文件的加速落地，为实现高质量绿色发展，明确邮政碳减排路线图、响应碳达峰目标，践行央企使命，中国邮政积极开展各项碳减排行动。在借鉴国内外相关研究的基础上，结合实际业务情况，通过碳减排项目识别、建立碳减排量化方法、开展林业碳汇量等效换算等举措，科学合理地量化评估中国邮政绿色建设过程中的碳减排成果。

建立了中国邮政碳减排测算方法。在对绿色包装、绿色运输、绿色金融“三大工程”以及绿色物流、绿色电商、绿色建筑、绿色品牌、资源集约、生态守护示范行动的主要减排场景进行识别的基础上，形成了邮政企业碳减排测算方法。

量化了绿色行动碳减排效益。对全网使用可再生能源发电、减少邮政封装用品、新能源车替代燃油车等三类项目场景所产生的碳减排量进行量化。2019 年，全网新能源车替代燃油车项目相比于使用同等规格的燃油车辆减少了碳排放 5903.94 吨二氧化碳当量；屋顶光伏发电试点项目年均碳减排量为 4375.04 吨二氧化碳当量；全网新标准封装箱、减小胶带宽度、提升电子面单使用率、使用免胶带箱等碳减排量为 15551.74 吨二氧化碳当量。2019 年邮路公转铁货运量快速提升，干线运输中公路邮路转换为铁路邮路带来的碳减排效益约为 4700 吨二氧化碳当量。

应用林业碳汇项目方法学开展评估。为掌握中国邮政碳减排情况，助力国家节能减排目标实现，提升企业绿色管理水平，通过单株碳汇项目方法学，将中国邮政各类减排项目所产生的减排量进一步等效换算为植树量，量化全网绿色行动产生的节能减排效果。2019 年，中国邮政实施新能源车替代、屋顶光伏发电、包装碳减排量以及干线邮路运输方式转换等举措，换算的碳减排总量合计为 30530.72 吨二氧化碳当量，相当于 1740926 株杨树一年的碳吸收量。

同时，中国邮政大力开展植树造林公益活动，2019—2020 年共植树 159988 株。根据国家相关方法学估算，中国邮政植树造林行动产生的碳吸收量约为 133.79 吨二氧化碳当量。

完善邮政绿色管理　共创美好生活

中国邮政对内加强内部培训，不断规范绿色制度，完善企业绿色管理；对外开展主题宣传，联合组织植树活动，积极共创美好生活。

强化内部培训，规范相关制度，完善绿色管理。根据行业生态环保要求，中国邮政开展了绿色邮政知识答题，制作“科学打包法”培训课件、免胶带箱操作视频等，重点对生态环境环保工作要求、行业生态环保法规政策、绿色包装操作规范等工作进行培训，并纳入中邮网院线上培训体系，进一步提高全网管理人员、从业人员的生态环保意识。中国邮政下发采购实施办法，对标行业新标准，积极构建绿色供应链，明确了采购项目范围和相关单位责任分工，制定了可循环容器、窄胶带、新标准箱等符合国家环保要求的技术规范，下发新型包装箱、耗材、辅助物料等集采目录。

开展主题宣传，组织植树活动，共创美好生活。中国邮政以“绿色邮政　绿色发展”为主题，在中国品牌日、世界环境日、世界邮政日、绿色邮政宣传周（11 月第一周）等重要时间节点，组织开展绿色邮政主题宣传、绿色邮政品牌推广系列活动；统一设计绿色邮政活动标识、宣传海报、微信长图、视频短片等素材，在央视一套、二套、新闻频道黄金时段播出；在《中国邮政报》《中国环境报》《中国邮政快递报》《快递》杂志和微信公众号等媒体发布邮政绿色行动专版。中国邮政与全国绿化委员会在京共同举办纪念植树节设立 40 周年暨首枚植树节纪念邮票发布仪式，共同宣传生态文明理念；与国家林草局签订战略合作框架协议，开展联合植树、绿水青山马拉松赛、绿色宣传周等环保宣传。

案例 3：绿色主题邮局融入城市发展

作为上海邮政有时尚、有态度、有动感、有都市邮政特色的绿色主题邮局之一，上海外滩邮政支局与城市生活融合，积极宣传绿色邮政建设。

在“绿色邮政　绿色发展”主题宣传月，上海外滩邮政支局举办了绿色金融安全、绿植养护知识讲座及旧书公益回收等形式多样的活动，受到市民的热捧。在做好宣传展示的同时，上海外滩邮政支局与黄浦区绿化和市容管理局签订《创垃圾分类示范区，做文明黄浦时尚人》邮简服务项目协议，陆续为全区 22 万户居民投送邮简，倡导“拾尚回收”新风尚，传递生态环保理念，同时，深化“绿色发展、可持续发展”公益合作项目。

坚守行业第一方阵　共建绿色未来

中国邮政聚焦绿色发展理念，助力打赢污染防治攻坚战，积极争当寄递行业生态环保工作“第一方阵”，在绿色邮政建设中不断创造行业绿色发展之“最”：率先全面启动绿色建设行动，发布《绿色邮政建设行动三年规划大纲》；率先研制并试用可降解纤维素膜基材环保生物胶带；率先形成系统化的碳减排测算方法并完成测算；构建最广泛的包装回收循环体系，布放包装回收装置 21800 处，在 5 万多处网点普遍应用绿色包装，设置数量最多、覆盖范围最广；绿色信贷实现最快速增长，发放绿色信贷规模 3135.55 亿元，与 2017 年同比增速达到 90.15%。

中国邮政加强对外合作、加大宣传推广力度，积极融入全社会污染防治工作之中，绿色邮政品牌影响力不断提升，受关注度、美誉度不断提高，得到了社会各界的好评：集团公司“绿色邮政”行动被评为“全国交通运输优秀文化品牌”，集团公司获得“2020 年度环境社会责任企业”和 2020 年度“六五环境日公益宣传海报突出贡献奖”，获得 2019—2020 年度《经济观察报》评委会特别推荐奖、“中国最受尊敬企业”称号等奖项；集团公司市场部品牌推广处获得“2020 年度全国邮政行业先进集体”。

回首过去，中国邮政集团有限公司以实际行动贯彻绿色发展理念、打好污染防治攻坚战，坚决做党和国家最可信赖的骨干力量，切实履行央企的政治责任、经济责任和社会责任。

生态环境保护工作永远在路上。在未来“十四五”发展规划中，中国邮政将围绕习近平主席提出的 2030 年“碳达峰”的新目标，围绕落实十九届五中全会提出的生态环保的新要求，围绕国家“十四五”规划明确打赢“升级版”污染防治攻坚战的新任务，围绕行业监管部门提出的新标准，进一步探索绿色邮政发展新路径，进一步落实生态环保工作新措施，继续深入碳排放减排与达峰研究，通过管理创新、技术升级和流程再造等手段，不断增强绿色、低碳、可持续发展能力，加快构建绿色邮政发展生态链，为保护绿水青山、建设美丽中国不断贡献邮政力量。（《中国邮政报》3 月 4 日）

建设创新驱动、协同发展、管理高效、行业领先的企业集团

——《中国邮政集团有限公司“十四五”发展规划和 2035 年远景目标》解读

《中国邮政集团有限公司“十四五”发展规划和 2035 年远景目标》（以下简称“规划”）印发。该规划包括 10 个章节、82 项重点任务，主要阐明了集团公司未来五年的战略意图与发展目标，明确了战略举措与保障措施，是“十四五”期间企业发展的总括蓝图，是全体邮政员工的行动纲领。

规划编制的依据

我国发展仍然处于重要战略机遇期，但面临的国内外环境正在发生深刻复杂变化，中国邮政要深刻领会国家要求和宏观形势的变化，顺应行业发展趋势，结合邮政自身实际，科学谋划“十四五”时期邮政发展。《中国邮政集团有限公司“十四五”发展规划和 2035 年远景目标》编制的主要依据有以下三点：

一是遵循国家规划指引。国家规划是对“十四五”时期我国发展作出系统谋划和战略部署，是开展一切行动的指引，集团公司“十四五”规划是在充分借鉴国家规划的基础上编制而成的。规划体例方面，从指导思想、发展原则、战略导向、主要目标、重点任务直至保障措施，保持整体统一、环环相扣。总体部署方面，以高质量发展为主线，立足新发展阶段、贯彻新发展理念、构建新发展格局，提出了邮政应把握的指导思想、原则和战略导向，超前谋划 2035 年远景目标，明确“十四五”时期主要目标。重点任务方面，对照国家规划打造数字经济新优势、深入推进国有企业改革、全面推进乡村振兴战略、积极落实“双碳”目标等涉及邮政领域的重点任务，逐一制订集团规划的任务举措。

二是把握行业发展趋势。充分研判“十四五”时期行业发展趋势，按照市场规律、行业规律、价值规律办事，构建高标准市场体系，邮政才能在激烈的市场竞争中脱颖而出，集团公司“十四五”规划是在深入分析行业政策导向和发展趋势的基础上编制而成的。在政策导向方面，研究交通运输部、国家邮政局等主管部门制订发布的行业“十四五”规划以及近年来发布的相关政策，重点关注行业趋势预测、重点指标、关键举措等内容，分析政策影响点和应对之策。在行业趋势方面，通过广泛调研、资料分析、科学预测，对普遍服务、快递物流、金融和农村电商四个行业市场容量、竞争态势、科技创新等方面进行研究，深化环境分析，明确业务转型发展方向。

三是结合邮政发展实际。规划既要具备前瞻性、指引性，又要脚踏实地、符合实际，集团公司“十四五”规划是在回顾过去发展经验和对现状进行充分分析论证的基础上编制而成的。回顾过去，全面评估集团公司“十三五”规划执行情况，分析中国邮政主要优势和存在不足；立足当前，开展调研访谈，对各业务发展定位、发展模式以及科技创新、深化改革、公司治理、强化协同、防范风险、党的领导和党的建设等发展重点进行系统分析和论证，立足“三新”，聚焦中国邮政高质量发展主题，补短板、强弱项、固优势。

规划的编制过程

根据集团公司“十四五”发展规划编制工作安排，集团公司战略规划部、邮政研究中心、石家庄邮电职业技术学院与德勤咨询公司联合组成规划编制项目组，按照集团公司党组的统一部署，在集团公司领导的带领下，各相关单位（部门）分工协作，反复修订形成规划文本，经集团公司党组前置研究，财政部相关司局审核同意，董事会审议批准并正式印发。规划编制总体可分为四个阶段：

一是基础研究阶段。充分发挥内部科研院所和咨询公司优势，组织开展专题研究，由邮政研究中心承担《中国邮政集团“十三五”发展规划执行情况评估》《中国邮政高质量发展“四梁八柱”发展目标及指标研究》等5项课题，石家庄邮电职业技术学院承担《生产运营型总部建设研究》《国际物流供应链体系研究》等3项课题，德勤咨询公司发挥国际化和专业化优势，开展国际化发展、新零售业务转型等方面专题研究，扎实的基础研究为规划编制提供了基础素材和理论支撑。

二是调研访谈阶段。广泛开展内部调研访谈，逐一访谈集团公司领导，分别对集团公司总部各业务、职能部门和控股子公司、直属单位进行了访谈，现场调研了山东、广东等4省的邮政分公司、邮储分行和保险分公司，访谈各级领导合计超过100人。有重点地开展外部交流访谈，与50余位外部行业专家就快递物流、金融、新零售等行业发展趋势，以及标杆企业运营方式等问题进行交流。通过内外部调研，项目组对邮政实际和行业发展趋势有了充分了解，进一步夯实了规划编制的依据。

三是编制纲要阶段。研究制定了集团公司“十四五”发展规划框架，形成了规划纲要草案，分别就规划总体框架、邮政业务及农村电商、寄递业务、金融业务等专题，向集团公司领导进行4次专题汇报，按照集团公司领导提出的意见和要求，与相关单位（部门）深入交流，修订完善主要内容，呈报集团公司领导审阅后形成规划纲要。

四是编制规划阶段。依据规划纲要，与各板块、单位（部门）共同确定战略目标与举措；实时了解各子规划编制情况，及时将子规划重点纳入总体规划，编制形成集团公司“十四五”发展规划（草案）。8月30日，党组召开专题会议研讨规划，会后密集召集会议和单位（部门）研究确定子规划内容，进一步明确发展定位、确认发展目标、明晰发展路径，加紧总体规划的修订完善，形成集团公司“十四五”发展规划（送审稿）。

9月26日，集团公司召开党组会审议规划。根据党组会意见，修订完成规划并形成文字版。报请财政部经审核同意，并经11月5日董事会审议通过后印发。

完善“1+N”规划体系

“1个总体规划”，即《中国邮政集团有限公司“十四五”发展规划和2035年远景目标》，“N个子规划”，包括省（区、市）邮政分公司、邮储银行、寄递事业部、中邮保险、中邮证券和普遍服务、农村电商、代理金融等8类业务规划，以及财务管理、人力资源、信息化建设和投资4类职能子规划。

总体规划更多体现集团总体安排，以及各业务板块的共同举措，突出公司治理体系、体制机制、统筹协调、职能管理、激励考核等方面内容；同时，也明确各业务板块的发展定位、发展模式、发展重点。各子规划是总体规划的细化，承接总规划相关要求，并依据自身特色制订详细规划，目标和举措更加具体，是具体的工作安排。

参照国家“十四五”规划体例，总体规划分为三大部分：第一部分是总论，包括第一章，主要阐述“十三五”规划执行情况，2035年基本建成具有全球竞争力的世界一流企业长远目标，“十四五”期间发展的指导思想，必须遵循的原则、战略导向和主要目标。第二部分是分论，主要阐述“十四五”期间主要战略举措，包括第二、三、四、五、六、七、八章，明确了科技创新、深化改革、公司治理、业务转型、协同发展、国企责任、加强党的领导和党的建设等方面的思路和重点任务。第三部分是结语，包括第九、十章，主要阐述了人力、财务、投资、采购等资源保障以及审计、安全、工会、企业文化、新闻舆论、规划闭环管理等实施保障。

提出“12345”战略导向

集团公司“十四五”规划提出“12345”战略导向，明确了“十四五”时期邮政企业发展方向、发展路径和发展动力。

第一，以高质量发展为主题，坚持质量第一、效益优先，强化机遇意识、竞争意识、问题意识，聚焦主责主业，主动服务“双循环”新发展格局。主要体现在：一是将利润、劳动生产率、服务满意度等效益、效率、服务质量类指标摆在突出位置。二是首次引入邮政集团EVA指标，首次引入资本充足率、不良贷款率、风险评级等风险防控类指标，完善高质量发展指标体系。三是业务发展举措体现了高质量发展的方向，例如：推动实现传统业务高质量发展，邮储银行个人金融业务坚持高质量发展等。

第二，坚持“两个一以贯之”，把党的领导融入公司治理各环节，建立中国特色现代国有企业制度，在深化国企改革的过程中，坚持党的领导和加强党的建设。主要体现在：规划将“坚持和加强党的领导、党的建设”独立成章，推动把握新时代党的建设总要求，坚持和加强党对国有企业的全面领导，在完善公司治理中加强党的领导，切实把中国特色现代企业制度优势转化为治理效能；切实履行从严治党职责，着力推进正风肃纪反腐，持续推动全面从严治党向纵深发展。

第三，实施体制机制、发展方式、运营模式 3 大变革。一是邮政要打破传统的体制机制壁垒和方式方法制约，以关键问题突破，构建高标准市场体系，如规划第二章聚焦体制机制改革，提出推行经理层成员任期制和契约化管理，全面推进用工市场化，完善市场化薪酬分配机制等；二是发展方式变革是业务转型的需要，邮政要以客户为中心，建立面向客户需求的业务体系，如规划第四章对普遍服务、邮政业务、寄递业务等七大业务发展定位、发展模式进行具体阐述，明确了业务转型的方向；三是运营模式变革要适应管理创新的需要，邮政要建立扁平高效运营模式，如规划第三章提出，通过对标世界一流企业，运用“三个视角”，遵循“三大规律”，开展管理提升行动，加强集团和控股子公司总部能力建设，明晰管理权限，构建系统完备、科学规范、运行高效的现代管理体系。

第四，激活人才、科技、数据、资本 4 类要素。一是邮政要加快构建全方位培养、引进、使用人才体系，提升人才实力，规划提出：深化三项制度改革，推动人力资源转型，为业务可持续发展提供有力人才支撑；二是科学技术和数据是完善要素市场化配置的关键要素，规划提出：邮政要推进全业务、全流程、各环节的科技赋能，以“数据就是生产力”的理念指导大数据分析与应用，驱动传统生产方式的变革，以科技构筑未来核心竞争力；三是资本是快速开展业务布局、扩大业务版图、壮大自身规模的重要手段，规划提出：速递业务探索以资本运营方式快速切入同城配送、冷链、快运等市场，中邮证券择机收购中型证券公司等。

第五，推进平台化、数字化、集约化、特色化、国际化“五化”转型。协同是中国邮政最重要的战略、最核心的优势，平台化是协同的具体体现，规划提出：树立“一个中国邮政”的理念，利用邮政网点遍布城乡和“四流合一”的优势共拓市场，构建“普服 + 金融 + 寄递 + 电商”的协同发展体系；数字化转型是必然趋势，邮政要以数字邮政建设革新传统运营模式、组织形式、资源配置方式，规划提出：加强数字邮政建设，邮储银行打造数字生态银行等；集约化管理要求统一资源配置，缩小管理时空，从而降本增效，规划提出：建立一体化战略管理、风险管理、客户管理、品牌管理等 6 大体系，建立符合现代公司化运营要求的集团管控模式；邮政各业务要依托现有的网络、资金、客户优势，做强特色业务，推出特色化拳头产品，创新特色化服务，以特色化经营凸显竞争优势，例如：中邮保险致力于打造国内领先的具有邮政特色的客户价值驱动型综合寿险公司，中邮证券力争成为国内特色鲜明的中型券商；国际化发展是响应国家实现更高水平的开放，主动服务“双循环”新发展格局的必然要求，邮政要以服务“走出去”战略、“一带一路”建设为重点，加快国际化步伐。

明确“十四五”发展目标

“十四五”期间，中国邮政要建设创新驱动、协同发展、管理高效、行业领先的企业集团，成为主责主业突出、功能作用显著、有力支撑经济社会发展的“国家队”，在构建新发展格局中发挥好央企“主力军”作用，力争实现收入规模万亿元，利润规模千亿元，“四梁八柱”战略框架基本确立，全面增强企业竞争力、创新力、控制力、影响力和抗风险能力（以下简称“五力”）。

围绕这一目标，规划创新构建了衡量邮政高质量发展，包含 5 个维度 59 个指标的“五力”指标体系。该指标体系相较“十三五”，减少了收入规模、市场份额类指标，增加了效益、科技创新、风险防控等新指标；同时，“十四五”规划目标值设定既科学预测、实事求是，也参照行业的平均水平，“跳一跳摘桃子”，部分业务设定挑战目标，做到有质量、有效益、有压力的发展。

描绘 2035 年远景目标

本次规划与国家“十四五”规划保持一致，立足当前，着眼长远，既提出“十四五”发展目标，也提出了到 2035 年，“中国邮政基本建成具有全球竞争力的世界一流企业”的远景目标。

具有全球竞争力的世界一流企业标准是什么？根据国资委相关要求，评价是否成为世界一流企业主要通过“三个领军”“三个领先”“三个典范”。“三个领军”是要成为在国际资源配置中占主导地位的领军企业，引领全球行业技术发展的领军企业，在全球产业发展中具有话语权和影响力的领军企业；“三个领先”是指效率领先、效益领先和品质领先；“三个典范”是要成为践行绿色发展理念的典范、履行社会责任的典范、全球知名品牌形象的典范。

具体到中国邮政，对集团公司而言，主要体现在发展质效和治理能力上，即：践行新发展理念，多元业务融合发展，规模体量和发展质量大幅跃升；实现资源配置高效、行业技术领先、合规守信典范，实现企业治理体系和治理能力现代化。对各板块而言，需在业务规模、效益效率、服务品质等方面提升全球竞争力。如：寄递业务，形成通达全球的寄递服务体系，运营规模位居全球邮政前列；金融业务，建设客户信赖、特色鲜明、稳健安全、创新驱动、价值卓越的一流大型零售银行，建立中国邮政特色的领先综合型保险集团等；农村电商，构建农村电商生态圈，成为落实国家乡村振兴战略的重要渠道。

明确各业务单元发展定位与模式

本次规划基于各业务发展现状，结合最新的发展形势，对“四梁”主要业务发展模式、发展定位进行了系统性谋划，“十四五”期间主要业务将围绕规划确立的发展方向组织开展任务落实。

普遍服务是中国邮政的政治责任、法定义务，也是存在根基、立业之本，更是业务之源、渠道之源、客户之源，是所有板块的协同发展之基。要对普遍服务实行“优先投入、优先保障、优先发展”，致力于打造成国家公共服务基础网络、县域商业流通体系重要环节、城乡寄递物流主干通道、社会综合服务平台的新时期新普服，在厚植党的执政基础、满足人民美好生活需求、促进经济社会快速发展中发挥基础性、战略性、前瞻性、先导性作用，成为推动社会公共服务均等化、助力乡村振兴和军民融合、促进城乡融合发展的不可或缺的重要力量。

邮政业务是依据《邮政法》设立、延伸的基本通信服务。要持续巩固邮政基础性、标志性业务的定位，拓展其内涵和外延，持续深化产品创新升级，丰富产品内涵，加快与新媒体、新技术、新业态融合，完善邮政业态，推动邮政业务升级换代，不断满足人民日益增长的美好用邮需求。

寄递业务是中国邮政主责主业，国有寄递力量是维护国家通信安全稳定的战略基石。要以打造科技引领、高质量发展的综合物流服务商为目标，狠抓“五大体系”建设，持续深化“五大改革”，落实“三差三力”竞争策略，聚力开发“八大市场”，用好“三把尺子”，坚持“三化原则”，聚焦关键要素进行成本压降，向市场要收入、向管理要效益，构建寄递业务新的竞争优势，打造行业“国家队”。

邮储银行以金融科技赋能高质量发展，加速业务模式转型，搭建智能风控体系，提升价值创造能力，着力打造服务乡村振兴和新型城镇化的领先的数字生态银行。以服务高质量发展为主题；服务乡村振兴和新型城镇化，下沉服务巩固县域优势，重点突破提升城市竞争力，形成城乡“双轮驱动”战略格局；坚持服务“三农”、城乡居民和中小企业三大定位；发力普惠金融、财富金融、产业金融、绿色金融四大领域；推进特色化、综合化、轻型化、数字化、集约化“五化”转型，强化科技赋能、客户深耕、中收跨越、人才强行、风控护行协同发展六大战略。

中邮保险致力于打造国内领先的具有邮政特色的客户价值驱动型综合寿险公司，立足集团新增长极定位，坚持“重价值、稳增长、兴科技、优服务、防风险”发展主线，充分发挥协同优势，大力推进改革创新、价值成长及市场化转型。要搭建“一体多元”渠道体系，加快推进业务价值转型，打造一流专业投资平台，逐步构建健康养老综合服务体系，效益水平、服务能力、品牌价值等综合实力向行业一流保险公司迈进。

中邮证券力争成为国内特色鲜明的中型券商。围绕“调整、改革、提升”主基调，全面推进管理转型和经营升级，提升市场化、专业化发展能力，加强内控体系建设，破除业务发展限制，积极探索引战、上市、并购等资本运作方式，打造财富管理、投资银行“两大支柱”业务及全能研究所“一大平台”，在发展规模、经营质量、市场地位、集团贡献方面大幅提升。

代理金融建设成为县域及农村居民金融服务的主渠道。要加快竞争优势重构，拓宽高质量发展路径，积极构建多元增收格局；加快推进从“做储蓄”向“做银行”“做生态”转型，推动结构优化和价值创造能力提升。

农村电商是协同发展的综合电商服务平台，是各板块业务的“黏合剂”、发展的“加速器”。要基于“进城+下乡、线上+线下、生态+专业、共性+差异”发展策略，着力打造农村知名的新零售平台、打造特色农产品电商平台和打造邮政会员权益平台，通过“农村电商+金融业务+寄递业务+邮政业务”协同发展模式，做大农产品进城与工业品下乡商流规模，构建农村电商生态圈。

积极推进规划解码落地

“十四五”时期，是中国邮政高质量发展的关键阶段，要围绕打造行业“国家队”和实现二次崛起的战略目标，以深化改革、科技赋能、业务协同和管理提升为抓手，深耕农村市场、开拓城市市场，承担起国有企业政治、经济和社会责任。“一个行动胜过一打纲领”，好的规划未必得到有效执行，规划落地实施往往遇到“认知障碍”“行动障碍”“资源障碍”，直接影响规划目标的最终实现。为此，需做好以下工作：

一是落实规划责任分工。各板块、各单位（部门）依据集团公司“十四五”规划修订下发相关子规划。制定集团公司“十四五”规划落实任务分工方案，推动规划目标与经营计划、预算、资源配置等有机结合，明确 82 项重点任务责任单位、完成时限、完成标志、配套举措等，确保规划落实责任到人、任务到人、目标到人、考核到人。

二是加强规划闭环管理。开展控股公司、省分公司战略规划体系构建调研工作，学习借鉴大型企业集团战略规划管理体系建设思路，研究修订集团公司战略规划管理办法，实现“横向协同”，提高职能部门与业务板块管理的协同性，使战略规划、预算、投资、人力配置、绩效考核紧密衔接，提升职能部门对业务发展的战略性支撑能力；“纵向穿透”，贯通“集团—板块—重点业务单元”的垂直管理路径，跟踪各个板块及重点业务单元经营状况，每年汇总各板块和重点业务单元规划实施进度和完成情况，向战略委员会进行专题汇报，根据战略委员会要求组织专题质询，依托战略绩效考核保障规划有效落实。

三是广泛开展规划宣导。制作宣贯文本和视频，利用《中国邮政报》、中国邮政公众号、中邮网院等媒体资源，广泛宣传集团公司“十四五”规划目标和重点任务。各控股子公司、省邮政分公司分层分级开展横向到边、纵向到底的规划宣贯，确保“十四五”规划部署深入人心，推动各项任务落地实施。(《中国邮政报》12 月 17 日)

国家邮政局公布 2021 年邮政行业运行情况

2021 年，邮政行业业务收入（不包括邮政储蓄银行直接营业收入）累计完成 12642.3 亿元，同比增长 14.5%；业务总量累计完成 13698.3 亿元，同比增长 25.1%。

12 月份，全行业业务收入完成 1013.8 亿元，同比下降 8.6%；业务总量完成 1289.0 亿元，同比增长 11.9%。12 月份全行业收入数据较低，系个别品牌企业规范收入口径，调整全年数据所致。

2021 年，邮政服务业务总量累计完成 2031.1 亿元，同比增长 8.9%；邮政寄递服务业务量累计完成 271.6 亿件，同比增长 6.2%；邮政寄递服务业务收入累计完成 394.4 亿元，同比下降 2.9%。

12 月份，邮政服务业务总量完成 170.8 亿元，同比增长 18.0%；邮政寄递服务业务量完成 26.5 亿件，同比增长 15.2%；邮政寄递服务业务收入完成 37.2 亿元，同比增长 8.8%。

2021 年，邮政函件业务累计完成 10.9 亿件，同比下降 23.3%；包裹业务累计完成 1823.2 万件，同比下降 10.2%；报纸业务累计完成 163.9 亿份，同比下降 1.0%；杂志业务累计完成 6.9 亿份，同比下降 4.2%；汇兑业务累计完成 646.0 万笔，同比下降 32.8%。

2021 年，全国快递服务企业业务量累计完成 1083.0 亿件，同比增长 29.9%；业务收入累计完成 10332.3 亿元，同比增长 17.5%。其中，同城业务量累计完成 141.1 亿件，同比增长 16.0%；异地业务量累计完成 920.8 亿件，同比增长 32.8%；国际 / 港澳台业务量累计完成 21.0 亿件，同比增长 14.6%。

12 月份，全国快递服务企业业务量完成 102.5 亿件，同比增长 10.7%；业务收入完成 917.6 亿元，同比下降 0.9%。12 月份快递收入数据较低，系个别品牌企业规范收入口径，调整全年数据所致。扣除个别品牌企业调整因素，12 月份快递业务整体单价为 9.70 元 / 件。

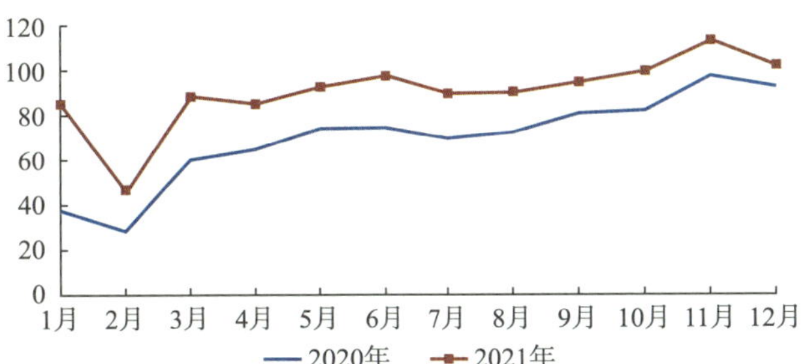

图 1 快递业务量情况

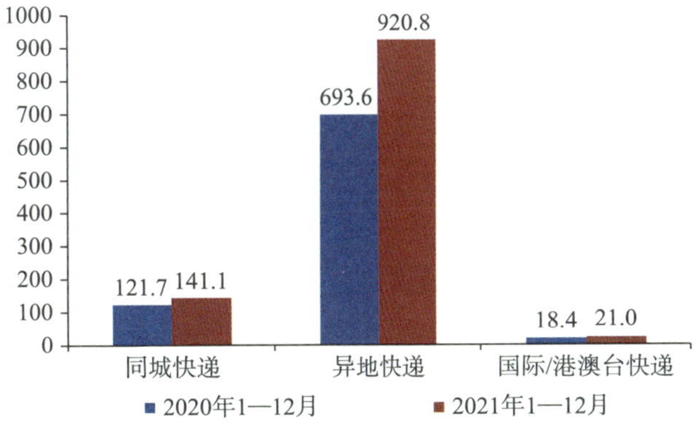

图 2 分专业快递业务量比较

2021 年，同城、异地、国际 / 港澳台快递业务量分别占全部快递业务量的 13.0%、85.0% 和 2.0%；业务收入分别占全部快递业务收入的 7.9%、50.6% 和 11.3%。与去年同期相比，同城快递业务量的比重下降 1.6 个百分点，异地快递业务量的比重上升 1.8 个百分点，国际 / 港澳台业务量的比重下降 0.2 个百分点。

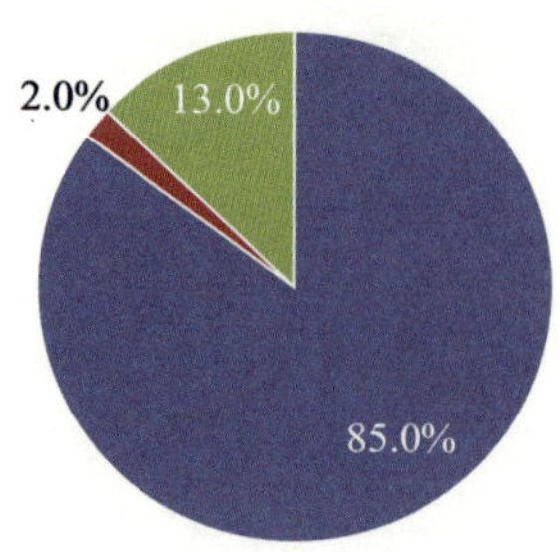

图 3–1 快递业务量结构

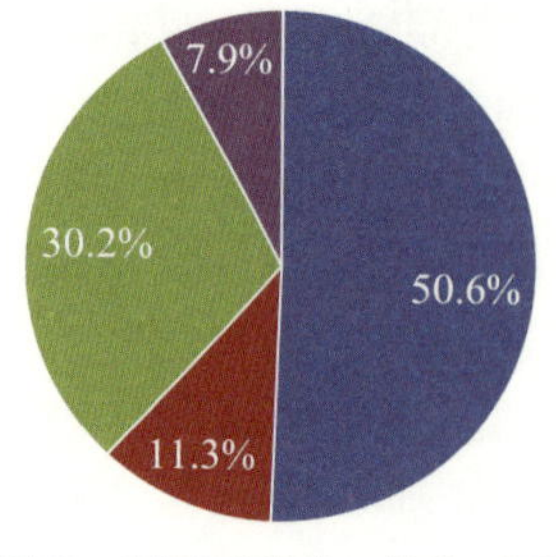

图 3–2 快递业务收入结构

2021 年，东、中、西部地区快递业务量比重分别为 78.1%、14.6% 和 7.3%，业务收入比重分别为 78.2%、12.9% 和 8.9%。与去年同期相比，东部地区快递业务量比重下降 1.3 个百分点，快递业务收入比重下降 1.4 个百分点；中部地区快递业务量比重上升 1.3 个百分点，快递业务收入比重上升 1 个百分点；西部地区快递业务量比重基本持平，快递业务收入比重上升 0.4 个百分点。

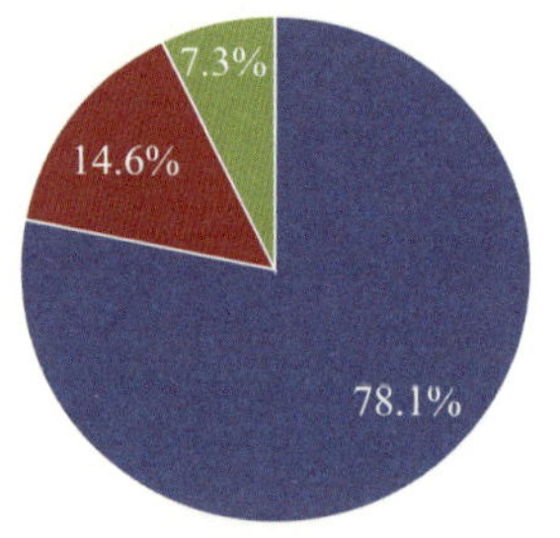

图 4–1 地区快递业务量结构

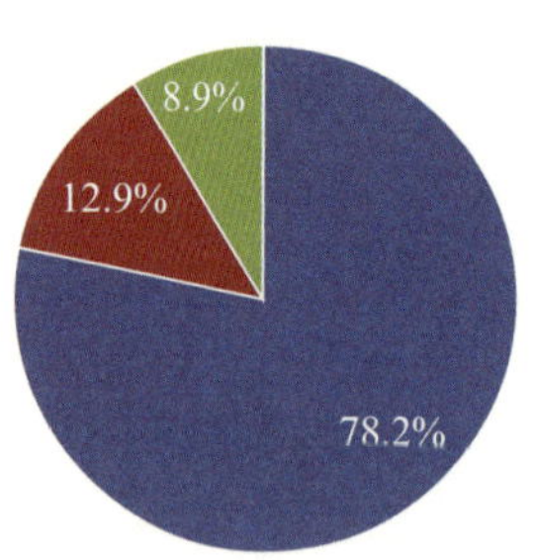

图 4–2 地区快递业务收入结构

2021 年，快递与包裹服务品牌集中度指数 CR8 为 80.5，较 1—11 月下降了 0.2。

注：邮政行业业务总量、邮政服务业务总量按 2020 年不变单价计算，同比增长按照可比口径计算。

全国邮政行业发展情况表

指标名称	单位	12 月份		比去年同期增长（%）	
		累计	当月	累计	当月
一、邮政行业业务收入	亿元	12642.3	1013.8	14.5	−8.6
1. 邮政寄递服务	亿元	394.4	37.2	−2.9	8.8
2. 快递业务	亿元	10332.3	917.6	17.5	−0.9
二、邮政行业业务总量	亿元	13698.3	1289.0	25.1	11.9
1. 邮政寄递服务	万件	2715646.5	265297.3	6.2	15.2
其中：函件	万件	108787.7	7484.0	−23.3	−31.6
包裹	万件	1823.2	165.3	−10.2	−18.3
订销报纸累计数	万份	1638844.9	141910.6	−1.0	−1.9
订销杂志累计数	万份	68550.0	5594.9	−4.2	−4.1

续表

指标名称	单位	12 月份		比去年同期增长（%）	
		累计	当月	累计	当月
汇兑	万笔	646.0	53.0	−32.8	−38.0
2. 快递业务	万件	10829641.3	1024834.3	29.9	10.7
其中：同城	万件	1411121.4	134757.6	16.0	19.1
异地	万件	9208130.1	872508.2	32.8	10.0
国际 / 港澳台	万件	210387.8	17566.5	14.6	−8.8

注：1. 邮政行业业务收入中未包括邮政储蓄银行直接营业收入。

2. 邮政行业业务总量按 2020 年不变单价计算，同比增长按照可比口径计算。

分省快递服务企业业务量和业务收入情况表

单位	快递业务量累计（万件）	同比增长（%）	快递业务收入累计（万元）	同比增长（%）
全国	10829641.3	29.9	103323162.0	17.5
北京	221030.0	−7.2	3134341.1	−5.4
天津	123390.0	33.0	1401165.0	21.2
河北	506015.0	36.7	4036331.4	20.5
山西	78131.4	45.8	901584.2	34.4
内蒙古	26086.0	33.4	519290.1	23.3
辽宁	164328.1	46.8	1677022.7	27.6
吉林	62197.8	39.2	769227.2	26.7
黑龙江	60491.0	32.9	833873.7	18.9
上海	374137.9	11.2	17158198.9	20.1
江苏	860653.7	23.4	7883840.7	11.2
浙江	2278148.1	26.9	12646992.4	18.1
安徽	312664.8	42.0	2168052.1	23.9
福建	415012.3	20.9	3512665.6	16.1
江西	160091.5	42.9	1443098.3	25.9
山东	559785.8	34.8	4496076.7	21.7
河南	435552.7	40.5	3191669.0	28.2
湖北	269341.6	50.9	2413143.4	35.0
湖南	197803.1	34.4	1625079.7	25.3
广东	2945749.4	33.4	24543385.4	12.5
广西	102758.5	31.9	1127596.8	25.0
海南	14503.9	31.7	290023.2	21.3
重庆	97936.0	34.0	1034335.2	24.6
四川	278269.8	29.3	2680665.3	20.1
贵州	39787.1	41.3	666807.3	27.7
云南	84190.5	33.7	908387.2	23.2
西藏	1485.2	30.4	49492.7	40.2
陕西	111806.6	21.9	1209914.7	17.1
甘肃	18457.8	33.5	369628.5	24.1
青海	3686.8	56.3	100922.4	31.4
宁夏	9963.0	36.1	154100.6	30.3
新疆	16185.8	40.9	376250.7	24.4

快递业务量前 50 位城市情况表

排名	城市	快递业务量累计（万件）	排名	城市	快递业务量累计（万件）
1	金华(义乌)市	1163887.9	26	南通市	101304.8
2	广州市	1067831.2	27	重庆市	97936.0
3	深圳市	597984.4	28	无锡市	97260.6
4	上海市	374137.9	29	南京市	91687.4
5	杭州市	367134.0	30	绍兴市	88702.9
6	揭阳市	353294.5	31	济南市	79535.8
7	东莞市	268421.3	32	西安市	78685.7
8	苏州市	247215.2	33	青岛市	77252.4
9	北京市	221030.0	34	沈阳市	76401.1
10	泉州市	216624.2	35	廊坊市	74025.5
11	汕头市	216245.1	36	中山市	72558.8
12	成都市	182528.9	37	南昌市	63637.5
13	温州市	167965.9	38	潮州市	61471.3
14	武汉市	160412.4	39	厦门市	59050.7
15	郑州市	154844.0	40	湖州市	57096.9
16	宁波市	153194.8	41	昆明市	56671.2
17	石家庄市	148812.6	42	宿迁市	56566.5
18	佛山市	142372.9	43	南宁市	55875.3
19	临沂市	132630.1	44	徐州市	54624.4
20	台州市	132257.2	45	福州市	54353.6
21	天津市	123390.0	46	商丘市	51827.3
22	合肥市	120038.4	47	邢台市	50194.6
23	长沙市	118867.9	48	惠州市	49100.9
24	嘉兴市	116051.0	49	沧州市	46043.1
25	保定市	115302.3	50	潍坊市	45441.1

快递业务收入前 50 位城市情况表

排名	城市	快递业务收入累计（万元）	排名	城市	快递业务收入累计（万元）
1	上海市	17158198.9	26	合肥市	877332.2
2	广州市	8171900.1	27	西安市	841790.3
3	深圳市	6489185.1	28	厦门市	819814.9
4	杭州市	4162523.5	29	济南市	775202.2
5	金华(义乌)市	3351505.4	30	保定市	758495.2
6	北京市	3134341.1	31	南通市	742077.1
7	东莞市	2810693.4	32	廊坊市	732628.6
8	苏州市	2454081.5	33	沈阳市	729837.8
9	成都市	1656935.4	34	台州市	720210.3
10	揭阳市	1611212.4	35	福州市	683790.4
11	佛山市	1597063.0	36	中山市	672571.5
12	武汉市	1442769.3	37	南昌市	637282.8
13	天津市	1401165.0	38	临沂市	613778.4
14	宁波市	1369433.7	39	南宁市	567119.9
15	泉州市	1290800.9	40	常州市	552797.0
16	郑州市	1243960.0	41	哈尔滨市	540716.8
17	汕头市	1094205.7	42	惠州市	515598.5
18	重庆市	1034335.2	43	昆明市	497648.8
19	无锡市	1017029.8	44	长春市	484438.3
20	温州市	999223.7	45	绍兴市	462738.9
21	青岛市	948739.5	46	沧州市	418061.1
22	嘉兴市	948488.6	47	徐州市	415225.7
23	石家庄市	941570.8	48	湖州市	400333.9
24	长沙市	900898.3	49	大连市	368028.6
25	南京市	899241.3	50	太原市	362302.5

（国家邮政局官网 2022 年 1 月 14 日）

2021 年中国快递发展指数报告

2021 年，我国快递业克服新冠肺炎疫情影响，奋力推进行业改革发展，胜利完成“千亿万亿”目标，行业与经济社会发展融合度持续提升，服务构建新发展格局的作用有效发挥，高质量发展步伐更加坚实有力，顺利实现“十四五”良好开局。

一、整体情况

2021 年，中国快递发展指数为 1571.5，同比提高 24.8%，行业发展稳中有进。从一级指标看，发展规模指

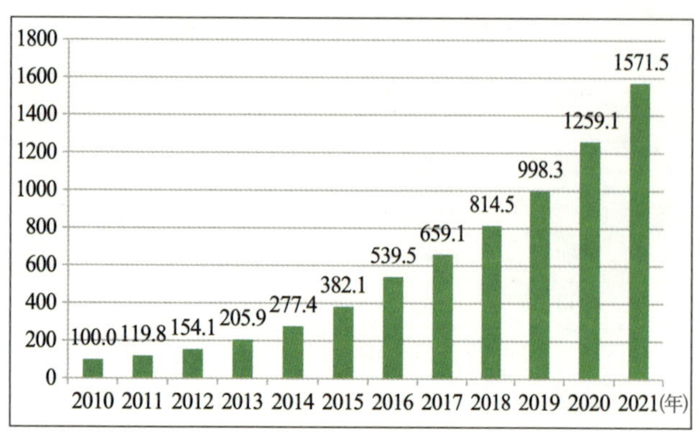

图 1　2010—2021 年中国快递发展指数

数为 3609.4，同比提高 27.5%，规模增速超出预期；服务质量指数为 197.2，同比提高 0.4%，时效水平有所恢复；发展普及指数为 475.1，同比提高 14.1%，城乡发展更加均衡；发展趋势指数为 76.6，发展韧劲仍然较强。

二、分项指数

（一）发展规模指数

2021 年，发展规模指数为 3609.4，同比提高 27.5%，规模增速保持在中高位。

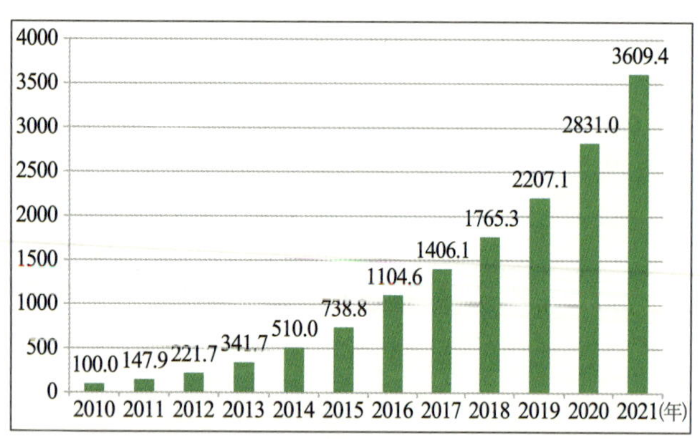

图 2　2010—2021 年发展规模指数

市场规模达千破万。2021 年，全国快递业务量完成 1083 亿件，首次突破千亿件，同比增长 29.9%；业务增量再创历史新高，达 249.4 亿件。行业延续快速发展态势，发展动力依然强劲。日均快件处理量近 3 亿件，最高日处理量达 6.96 亿件，快件处理效率与峰值处理能力稳步提高。2021 年，全国快递业务收入完成 10332.3 亿元，首次突破万亿元，同比增长 17.5%。市场规模扩大的同时，竞争仍然激烈。在政策引导和持续治理的双重作用下，低于成本提供快递服务的行为得到初步遏制。

业务结构变化初现。疫情期间，快递业充分发挥网

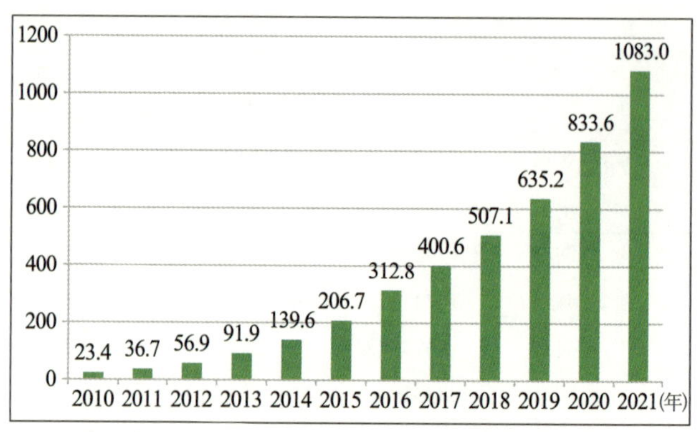

图 3　2010—2021 年快递业务量变动情况（单位：亿件）

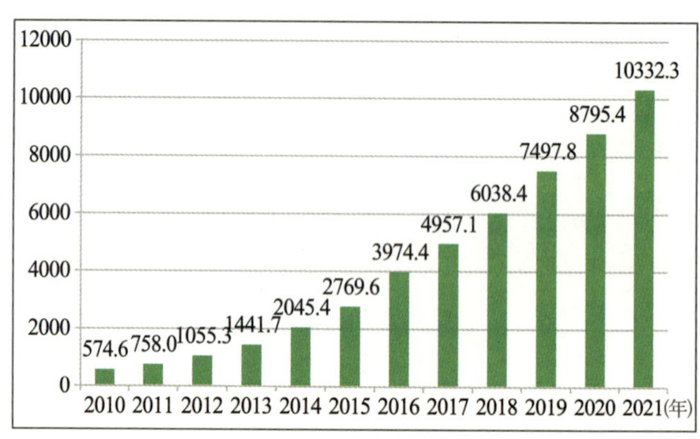

图 4　2010—2021 年快递业务收入变动情况（单位：亿元）

络优势，在畅通国内大循环中发挥重要作用。一是异地业务仍处高位。从全年整体情况看，异地业务保持较快增速，异地业务量仍在高位运行，全年共完成 920.8 亿件，同比增长 32.8%，高于行业平均增速。业务量在全行业的占比达 85%，同比提高 1.8 个百分点。二是同城业务加速发展。2021 年，同城业务量完成 141.1 亿件，同比增长 15.9%。四季度，同城业务增速超过异地业务增速，呈加速发展态势，快递业在助力本地消费方面发挥了更加积极的作用。

区域发展更趋优化。一是城市群业务发展稳定，适当外移促进均衡。2021 年，长三角、粤港澳、京津冀和成渝等四大城市群业务量占比仍超七成，增速为 22.9%，在全国占比下降近 4 个百分点，业务量有所外移。从城市看，业务量排名前十的城市，整体增速低于全国平均水平。省会城市业务量整体增速为 27.1%，在全国占比下降 0.8 个百分点，其他城市与省会城市差距缩小。二是中部发展持续加快，整体规模继续扩大。2021 年，中部地区快递业务量在百亿基础上仍保持高速增长，达 158.1 亿件，同比增长 42.2%，高于全国增速 12 个百分点，在全国的占比达 14.6%，同比提升 1.3 个百分点。中部地区快递业务收入达 1332.9 亿元，同比增长 27.6%，在全国的占比达 12.9%，同比上升 1 个百分点。中部各省业务量增

速均超 30%，整体发力趋势明显。

产业生态协同融合。2021 年，快递业在贯通生产、流通与消费等环节发挥优势，产业生态日益完善，协同共享深入推进，专业化、精细化服务能力有所增强，全环节全领域服务水平稳步提升。与电商协同发展方面，快递企业助力打造短视频直播电商基地，创新“直播 + 寄递”一体化操作方案，与电商平台密切合作，开展多轮促销活动，推动业务量从单峰值向多高点转变。与快递业务密切关联的实物商品网上零售额全年达 10.8 万亿元，在社会消费品零售总额中的比重达 24.5%，有效支撑生鲜、农村、跨境等多领域电商蓬勃发展。与现代农业协同发展方面，快递企业不断完善农产品寄递解决方案，服务深度、广度均有所增强，培育出日照海鲜、信阳毛尖、怀化冰糖橙等 100 个年业务量超千万件的快递服务现代农业金牌项目。全年农村地区收投快递包裹数量不断增加，为加速释放农村市场潜力活力、支撑服务乡村振兴做出积极贡献。与制造业协同发展方面，快递企业为制造企业的产品流通提供有力支撑，积极探索将寄递服务嵌入制造企业生产环节，在医药领域提供“端到端”温控项目解决方案，在家电家装领域提供仓配送装一体化服务，累计打造 1900 多个业务收入超百万元的快递服务制造业项目。

（二）服务质量指数

2021 年，快递服务质量指数为 197.2，同比提高 0.4%，寄递服务保持总体平稳，时效水平得到一定恢复。

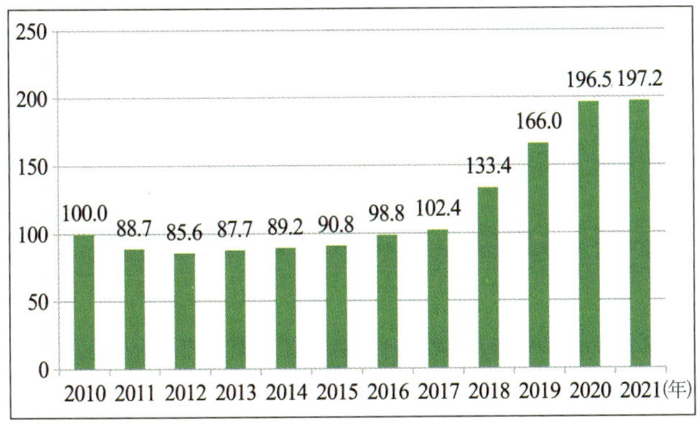

图 5　2010—2021 年服务质量指数

服务质效稳步提高。2021 年，快递服务满意度得分为 76.8 分，较 2020 年提高 0.1 分。其中，时限测试满意度得分为 69.9 分，较 2020 年提高 0.7 分。全国重点地区快递服务全程时限为 57.08 小时，较 2020 年缩短 1.15 小时。72 小时准时率为 77.94%，较 2020 年提高 0.83 个百分点。快递服务有效申诉率为百万分之 0.26。2021 年，快递企业一方面加大网络优化力度，通过增开直发线路、减少中转频次、扩大自有运能规模等多种措施，有效压缩转运时长，提升寄递时效；另一方面加大客户服务力度，通过智能应用和人工客服相结合的方式，实现售后问题精准定位、简单高频问题有效分流，进一步优化客服处理流程，提升售后服务满意度。同时，快递企业聚焦细分市场，创新服务内涵，推广隐私面单和定制化包装解决方案，为高校毕业生、退伍军人提供定制化服务，着力满足个性化需求。

基础能力稳步提升。2021 年，快递基础设施建设进一步提速，网络运转效率持续提升。在网络枢纽建设方面，邢台、潮州、银川、眉山、南宁等智能仓建设运营，兰州、昆明等地智慧枢纽、智能产业园开工建设，广州、胶州、湖州、保定、上饶等多地分拨中心开工建设、投入运营，快递枢纽网络不断健全，干线转运与分拨能力有所提高。在综合运能建设方面，航空运能明显提升，行业专用货机保有量超 130 架，行业自有航空公司新增全货机国际航线 20 余条，鄂州航空货运枢纽建成校飞。公路与铁路运力规模持续扩大，高铁运输快递线路稳步增加，旺季期间实现高铁快递常态运营，中越公路等多条跨境通道得到有效利用。在海外网络建设方面，快递企业不断完善国际快递网络体系，累计建成海外仓 240 个、面积近 200 万平方米。

科技创新加速赋能。一是无人科技推广应用。快递企业持续推动无人车、无人机多场景运营。试行无人机“快递进村”业务，大型物流无人机西北运行基地揭牌运营，支线物流无人机运营航线正式开通。“双 11”期间，数百辆无人车投入运营，单日单车极限运力突破 600 单，有效缓解末端投递压力。二是自动化、智能化、数字化应用更加广泛。自动分拣设施在县域小型分拨中心和揽收端加快推广应用，智能客服、六面扫描仪、RFID 接收器、机械手臂等设备在无人仓、智慧枢纽加速投用，大数据、云计算等技术应用不断深化，实现前端精准预测、中端实时跟踪、后端动态对接，全流程运营效率大幅提升。

（三）发展普及指数

2021 年，发展普及指数为 475.1，同比提高 14.1%，寄递网络的均衡性有所提升，行业发展成果惠及更多百姓。

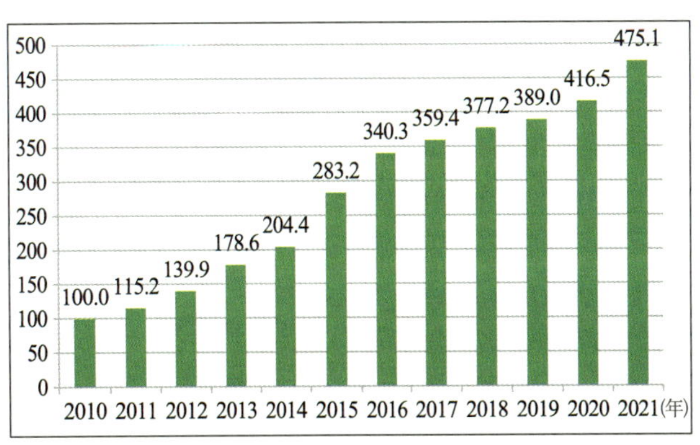

图 6　2010—2021 年发展普及指数

普惠发展成果显著。2021年，快递业有效发挥民生保障作用，通过服务网络下沉农村，使发展成果惠及更多人民群众。年人均快件使用量为76.8件，同比增加17.7件，增幅进一步扩大。快递业务收入与国内生产总值的比值达9‰，同比提高0.3‰，对经济支撑作用进一步增强。在政策推动下，快递员派费水平有所提升，合法权益得到更好保障，为社会稳定做出积极贡献。

末端服务创新融合。2021年，快递业末端服务网络持续健全，智能快件箱规模稳中有升，全国共建成末端公共服务站达16.1万个，增幅明显。末端服务多样化发展，跨界合作不断深化，与医药、生鲜、食品等领域加强协同，不断提供端到端、点到点业务，有力服务群众生活需要。

农村寄递体系不断完善。2021年，“快递进村”工程扎实推进，交快、邮快、快快等合作模式多元发展，寄递末端共同配送、客货邮融合等模式加速应用，“快递进村”覆盖率进一步提高，江浙沪等地基本实现“村村通快递”。多地通过建设县级寄递公共配送中心、农村电商快递物流服务中心、农产品产业园等基础设施，进一步优化“寄递+农产品”“直播+快递”等服务模式，有效助力农产品上行。

（四）发展趋势指数

2021年，发展趋势指数为76.6。2022年，我国经济面临疫情防控、需求收缩、预期转弱等多重压力，行业发展的不确定性因素增多。在实施扩大内需战略、推动消费持续恢复的总体部署下，行业增速将保持在一定合理区间，“贯通”社会生产、“畅通”经济循环的重要作用将得到积极发挥，进一步为建设全国统一大市场提供助力。

在“两进一出”工程的深入推动下，行业将进一步拓展服务领域，涵养产业生态，持续推动形成需求牵引供给、供给创造需求的更高水平动态平衡，为行业创造更大增量空间。

在创新驱动发展战略的引导下，行业将不断提升科技创新能力，加大新一代信息技术与智能装备应用推广力度，促进行业自动化、数字化和智能化升级，更好发挥无人配送优势，为抗击疫情和复工复产做出积极贡献。

同时，规范行业竞争秩序、推动高质量发展的政策将持续落地见效，行业将聚焦精益管理、精准服务、精细布局，提升服务规范水平，统筹区域布局，协同产业集聚，不断激发新动能，实现新发展。（国家邮政局官网2022年5月10日）

编　后　记

本书在编辑出版过程中，得到各单位的大力支持。值此出版之际，衷心感谢集团公司总部各部门、控股子公司、寄递事业部、直属单位、各省（自治区、直辖市）分公司的大力支持。同时，向为本书的编辑、出版付出辛勤劳动的全体撰稿、审稿人员致谢。

由于经验不足，水平有限，《中国邮政集团有限公司年鉴（2022）》难免存在不足和错讹之处，诚请不吝指教。

《中国邮政集团有限公司年鉴》编辑部

2022 年 12 月

2007 年 1 月 24 日，农业部 2007 年饲料质量安全监测工作会议在珠海召开。

2007 年 1 月 18 日，全国畜牧总站站长、中国饲料工业协会秘书长谷继承（左 2）和中国兽医药品监察所所长于康震（左 1）在中牧连锁河北廊坊中心店内参观。

2007年3月27日，中国饲料工业协会会长白美清（左4），副会长季之华（左5）、王随元（左6），全国畜牧总站副站长、中国饲料工业协会副秘书长沙玉圣（左2）等行业领导到绿色伟农集团公司调研，与邵根伙（左3）等同志合影。白美清会长非常赞赏“绿色伟农”的发展方向和思路，他希望“绿色伟农”通过创新，探索出竞合新模式，走出一条把企业做优、做强、做大的新路。

2007年4月4日，农业部饲料法规宣贯暨行业统计培训班在扬州举行。